MW01674559

योगी अरविंद

योगीराज, योगेश्वर, दिव्य-पुरुष श्री अरविंद का समूचा जीवन प्रेरणा से भरपूर है। उनके जीवन को देखने, समझने और वैसा जीने से असीमित आनंद की प्राप्ति होती है और आपको लगेगा की वह स्वयं आप में आ विराजे हैं। श्री अरविंद एक रास्ता हैं, मंजिल तक पहुंचने का सत्य-मार्ग।

श्री अरविंद जब जेल में थे, श्रीकृष्ण के दर्शन कैसे हुए? क्रांति का बीज बोने वाले योग के प्रतीक कैसे बन गए? उन्होंने दुनिया को बताया, मनुष्य ही ईश्वर है, सिर्फ अपने भीतर झांककर देखने और अपने को पहचानने की जरूरत है। यह अन्तर्यात्रा इसी रहस्य को उद्घाटित करती है, परम् आनन्द की ओर ले जाती है और ईश्वर के, अनुभव से जोड़ती है।

श्री अरविंद की इस गाथा का यह उत्तरार्द्ध और इसका पूर्वार्द्ध भाग इस महायोगी के माध्यम से हमें सार्थक, सुन्दर और आनंदमय जीवन जीने की प्रेरणा देता है।

प्रकाशक : डायमंड पॉकेट बुक्स (प्रा.) लि.
X-30, ओखला इंडस्ट्रियल एरिया, फेज-II
नई दिल्ली-110020
फोन : 011-40712200
ई-मेल : sales@dpb.in
वेबसाइट : www.diamondbook.in
संस्करण : 2023

Yogi Arvind
by : Dr. Rajendra Mohan Bhatnagar

योगी अरविंद

श्री अरविंद के जीवन पर आधारित उपन्यास

डॉ. राजेन्द्र मोहन भटनागर

डायमंड बुक्स
www.diamondbook.in

जो महापुरुष हैं, वे संसार के ज्ञान को अपने महात्म्य से ही ग्रहण करते हैं और ग्रहण करने के बाद अपने जीवन में उतार कर जगत में उसकी सच्चाई का प्रकाश चमका देते हैं।

- रवीन्द्रनाथ ठाकुर

योगी अरविंद

उत्तरार्द्ध

1

घर में चहल-पहल शुरू हो चुकी थी। अरविंद बैरिस्टर मनमोहन घोष की कोठी में आ गए थे। अरविंद का जन्म भी इसी कोठी में हुआ था। वे कलकत्ते के लब्ध-प्रतिष्ठित बैरिस्टर थे। गिरीश चंद्र बोस के माध्यम से यह निश्चित हुआ कि शादी उन्हें कलकत्ते आकर करनी होगी। शिलांग बारात ले जाना संभव नहीं है।

बात व्यावहारिक थी। भूपाल चंद्र बसु को समझाया-बुझाया तो बात जम गई। यह भी तय हो गया कि शादी सामान्य होगी। यद्यपि विनय भूषण अरविंद के बड़े भाई यह नहीं चाहते थे कि शादी सामान्य ढंग से हो तथापि उनको भी मानना पड़ा। वहां तो बैरिस्टर मनमोहन घोष की चल रही थी। वह अरविंद के पक्षधर थे।

भूपालचंद्र बसु ने समझाया कि वह अपनी पहली लड़की का विवाह कर रहे हैं अतः विवाह के ढंग से उनकी हैसियत और बिरादरी को देखते हुए होना चाहिए। आख़िर उनके भी कुछ अरमान हैं। उनकी पुत्री के मन में भी कुछ-कुछ है।

अरविंद कोई निर्णय नहीं ले पा रहा था। ब्राह्मण समाज सादगी पसंद था। मृणालिनी वहां की छात्रा थी। उस दिन रवींद्रनाथ टैगोर बैरिस्टर मनमोहन के आमंत्रण पर वहां आए थे। तब घर पर अरविंद नहीं थे। बैरिस्टर मनमोहन घोष और विनय भूषण घोष से सारी बातचीत हुई। रवींद्रनाथ टैगोर ने स्पष्ट कहा कि वह दहेज के खिलाफ है। शादी में फजूल की टीमटाम नहीं होनी चाहिए, परंतु लड़की वालों को केवल दहेज न देने के लिए राजी किय। जा सकता है, शेष वह जैसा चाहें कर सकते हैं। आख़िर भूपालचंद्र बसु वरिष्ठ अधिकारी हैं। उनमें अधिकारी होने का खास रुतबा भी है। उनकी मित्र मंडली भी बड़ी है। इस कारण उनके मन की बात भी मान ली जाए। विवाह एक सर्वोत्तम सामाजिक पर्व है। पता नहीं, उसे धर्म से कैसे जोड़ दिया गया? रवींद्रनाथ टैगोर में तब तक सामाजिक जागृति की लहर काम करने लगी थी।

अरविंद थककर लौटे। उसका चेहरा उतरा हुआ था और उसकी आंखें जल रही थीं। उसके साथ देव चक्रवर्ती भी था।

कल से आज गर्मी तेज थी। हवा में भी गर्माहट थी, परंतु लू नहीं चल रही थी।

अरविंद की चिंता बढ़ गई थी, क्योंकि बारीन का कहीं पता नहीं चल सका। वह बारीन के मित्रों से पूछताछ कर चुका था। कैसी विषम परिस्थिति थी कि शादी का जोश कम होता गया। मनमोहन भी अभी तक नहीं आया था। उसकी पत्नी की डिलीवरी होने वाली थी। सरोजिनी आ चुकी थी और बारीन के बारे में कई बार पूछ चुकी थी।

बैरिस्टर मनमोहन घोष ने आकर रवींद्रनाथ टैगोर से हुई बात का सार समझा दिया। वह समझ भी गए। वह किससे कहें कि बारीन का पता करें?

उधर आशीर्वाद समारोह की तैयारी शुरू हो चुकी थी। लड़की वालों की तरफ से लड़की के पिता, मां, मामा-मामी, चाचा-चाची और रिश्तेदार, मित्र आदि आ चुके थे। सरोजिनी अरविंद के लिए सूट, शर्ट आदि लेकर आई। उसके साथ उसकी बड़ी दीदी (भाभी) भी थी।

"यह क्या है, बऊ दी (भाभी)?"

"विवाह बंधन की पारी का सुप्रारंभ, ठाकुर पो (देवर)। घबराएं नहीं। मंगल कार्य है। इन कपड़ों को पहन कर आओ। बाहर लड़की वालों की ओर से खूब लोग आए बैठे हैं।"

"यह सब झमेला, बऊ दी।"

"शादी कर रहे हो, ठाकुर पो, कोई मजाक नहीं। शादी की जिम्मेदारियों का एहसास यहीं से होने लगता है। बैरिस्टर साहब ने भी खासी भीड़ जमा कर ली है। वो क्या उनसे कम हैं। जब लड़की वाले रोब-दाब से मजमा लेकर आ सकते हैं, तब वह तो लड़के वाले ठहरे।"

"ओह! यह बात हो गई।"

"सरो, कपड़े वहां मेज पर रख दे। ख्याल रहे, नीचे लड़की वालों के पिता भी हैं, ठाकुर पो। उनको इज्जत देना हमारा कर्तव्य है।"

वे चली गई। अरविंद के मित्र आ गए। अरविंद ने पूछा, "आपने आने का कैसे कष्ट किया, महानुभावो?"

"अपना मित्र शादी की तैयारी में जुटा हो और उसके मित्र हाथ पर हाथ धरे सड़कों पर धूल फांके, यह कहां का इंसाफ है?"

"लेकिन...मैंने तो...?"

"तूने तो किसी से नहीं कहा, बैरिस्टर साहब ने जमाना देखा है। उनके यहां से बड़ी धूमधाम से शादियां हुई हैं। उन शादियों की रौनक आज भी लोगों की जुबान से छूटी नहीं हैं। कहते हैं, ईश्वर और मां काली की अनुकंपा है, जिसका जन्मोत्सव इस घर में बड़ी धूमधाम से हुआ, उसकी शादी भी उसी शान से होगी।"

"लेकिन मैंने तो...?"

"तू अपनी मैं-मैं छोड़ और कपड़े पहन कर हमारे साथ नीचे चल।"... तूने तो अपने लिए नए कपड़े नहीं सिलवाए ना।

अरविंद को आश्चर्य हुआ। उसने कहा था, "दा, सादगी से विवाह हो जाए। कोई टीमटाम नहीं। चंद लोग...बस।"

"तू चिंता मत कर, ऑरो, होगा वही जो राम रच राखा। ना कम, ना ज्यादा...और ये सब।" अब वह क्या करे?

बैरिस्टर जी, मित्रा भी आ गए। उन्हें देखकर अरविंद आश्चर्यचकित रह गया। अब उनसे क्या पूछे।

पी. मित्रा ने ही कहा, "बैरिस्टर मनमोहन घोष से ज्ञात हुआ कि तुम शादी का संकल्प लेने का निश्चय यथार्थ में बदलने जा रहे हो। आज आशीर्वाद समारोह है।...मैं तो...।"

अरविंद पी. मित्रा को लेकर दूसरे कमरे में चला आया और पूछा, "बारीन की कोई खबर मिली क्या?"

"उसके नाम का वारंट निकल चुका है। पुलिस चप्पा-चप्पा तलाश करने पर तुली है। फिलहाल...वह धनवाद न होकर बनारस पहुंच जाएगा और नई सूचना पहुंचने तक वहीं ठिकाना बनाए रखेगा।" पी. मित्रा ने बहुत धीमे स्वर में कहा।

"मेरे विवाह का समाचार?"

"वह भी उसे दे दिया।" पी. मित्रा ने जेब से निकाल कर एक पुरजा अरविंद की ओर बढ़ा दिया। अरिवंद ने पुरजा खोला और पढ़ा। उसमें लिखा था –

श्रद्धेय सेजदा,

यह जानकर अत्यंत हर्ष हुआ कि आप प्रणय सूत्र में बंधने जा रहे हैं। आशीर्वाद समारोह पर मैं आ पाता तो...। खैर न होने का अब मुझे मलाल नहीं सताता है। मलाल करने से मन क्यों बिगाड़ा जाए। उस दिन मैं लौट कर नहीं आ सका। पुलिस सूंघती हुई पीछे-पीछे वहां आ पहुंची। एक क्रांतिकारी का जीवन माचिस की जलती हुई तुली है। कहां पूरी सरकार, अस्त्र-शस्त्रों से सुसज्जित और कहां हम मुट्ठी भर लोग। पर हौसला है। शायद कुछ अच्छा ही होगा।

उस दिन महाराज जी ने आपके लिए छेनार कलियां, ढोंकार डालना और छेनार पुलाब बनवाया था। साथ में मटन और चिकेन भी। पर आपको वह सब कहां अच्छा लगा होगा। मेरी चिंता सता रही होगी। झींगन मछली और हिलना मछली देरी से आई थी वरना...।

मजोदादा आ गए होंगे। उन्हें प्रणाम कहिएगा। मेज बऊ दीदी को भी प्रणाम।

आपका

बारीन

बहुत देर तक अरविंद पत्र को देखते रहे। फिर बोले, "आप भी रुकिएगा, मित्रा जी। मैंने तो किसी को आमंत्रित नहीं किया। बैरिस्टर दा ही सब कुछ कर और करवा रहे हैं। देव चक्रवर्ती और उनकी पत्नी उनकी सहायता कर रहे हैं।"

"मुझे तो पहले बिन बुलाए मेहमान मानकर बैरिस्टर साहब ने आदेश दे दिया कि उनसे बिना पूछे यहां से नहीं जाएंगे।"

"बारीन के भाग्य में क्या लिखा है? वह ज्यादा पढ़ नहीं सका। मैट्रिक पास कर मेरे पास आया था।" अरविंद रुक रुककर कहता जा रहा था।

"जो लिखा है, वह अच्छा ही लिखा है। उसने बंधनी मां का मुक्त कराने का बीड़ा उठाया है, यह क्या कोई छोटी बात है!.. बहुत बड़ी बात है। बहुत बड़े कलेजे की बात है। स्वाभिमान और गौरव की बात है।" मि. मित्रा ने कहा, "अरविंद, तुम्हें अपना ख्याल भी रखना होगा। सरकार तुम्हारी गतिविधियों पर पूरा ध्यान रख रही है। तुम्हारा कलकत्ते-बड़ौदा से बार-बार आना-जाना सरकार की निगाह में आ चुका है। उसे यह जानकारी हो चुकी है कि तुम बारीन के बड़े भाई हो।"

"समझ सकता हूं, मित्रा जी।"

"तुम्हारा प्रोफेसर और वाइस प्रिंसीपल होना तुम्हें बचाए हुए है, पर यह आड़ अधिक दिनों तक तुम्हें बचाए नहीं रख सकती।"

"मेरे अंदर भी विद्रोह जन्म से रहा है वरना मैं भी कुछ चाहता हूं।"

"पर विवाह करके...?"

"हां, मित्रा जी, विवाह मेरा व्यक्तिगत मामला है। क्रांति मेरे समय की पुकार है...भारत को उठना ही होगा। उसे पूर्व प्रतिष्ठित पद संभालना ही होगा।"

"उसके लिए हमें प्रतीक्षा करनी होगी। जल्दबाजी से बनता हुआ काम बिगड़ जाता है। अब तैयार हो, नीचे तुम्हारी प्रतीक्षा हो रही है।"

अरविंद तैयार होकर अपने चहेते मित्रों के साथ नीचे आ गए। काफी बड़ा आंगन था। टट्टर डला था। अरविंद ने आते ही सबको प्रणाम किया। चहल-पहल शुरू हो गई। आंगन के बीचोंबीच अरविंद को बैठाया गया।

भूचालचंद्र बसु आगे आए। अरविंद के सामने आकर बैठ गए। उनके पास ही उनकी पत्नी और चाचा-चाची भी बैठ गए। एक थाली में चंदन, दही, धान, मिठाई, मछली आदि और दूसरी थाली में वस्त्र, सोने की जंजीर आदि थे।

सब तरफ से जिज्ञासा चमक उठी। सबके चेहरों पर प्रसन्नता थी। ग्रामोफोन पर चल रहा बंगला गीत बंद कर दिया था। बैरिस्टर मनमोहन की आंखों में जल भर आया था। खुशी का जल! अतीत की यादों से भरा जल।

भूपालचंद्र बसु ने अरविंद की गोद में वस्त्र रखे और सोने की चेन पहनाई। चंदन का तिलक किया, धान लगाया, दही, मिठाई और मछली को छुआ कर एक छोटा सा टुकड़ा उनके मुंह में डाला।

तभी उल्लूह ध्वनि गूंज उठी। हर्ष की ध्वनि। यह ध्वनि पांच बार उठी। जल छिड़का गया। चारों ओर से बधाई शुरू हुई। भूपेंद्रचंद्र बसु ने खास-खास लोगों को, जिनको बैरिस्टर मनमोहन ने बताया था, लिफाफा दिया। अरविंद ने सबको पुनः प्रणाम किया और सबका आशीर्वाद लिया।

दूसरे दिन यही कार्यक्रम लड़की वालों के घर हुआ। गिरीशचंद्र बोस की कोठी पर हुआ। विनयभूषण और उनकी मिसेज चंद्रा ने सारे नेग किए। मृणालिनी के तिलक लगाया। उसे दही, मिठाई आदि खिलाया। वस्त्र दिए-कीमती साड़ी, ब्लाउज, गले में मटरमाला पहनाई। फिर वही उल्लूह ध्वनि हुई। वही पांच बार। वाक्दान हो गया। अब मृणालिनी वाक्दत्ता हो गई।

गुड़िया सी मृणालिनी रहस्य-आनंद से घिरी सबके पांव छू रही थी। सबका आशीर्वाद ले रही थी। उसके अधरों पर हलका सा कंपन था, उसकी आंखों में कुतूहल भरी हलकी सी आशंका भी थी। वह कई शादियों में गई थी। तब शादी उसके लिए कभी सोचने का विषय नहीं बना, सदा हर्षातिरेक से भरकर वह खिलखिलाती रही। कभी नहीं ध्यान दिया कि वह भी कभी पराए घर की शोभा बनेगी। उसका अपना घर छूटेगा।

सुखदा मुखर्जी, कनुप्रिया मित्रा, निर्मला टैगोर, सुधीरा, नलिनी गुप्त आदि के साथ उसकी बहन, भाई आदि सबके सब प्रसन्न हो रहे थे। वह देख-समझ रही थी कि उनकी प्रसन्नता कितनी निश्छल है। कितनी भोली है। मात्र वह अपनी मां तथा पिता के कांपते मन को महसूस कर रही थी।

सात दिन बाद शादी और वह पराये घर की शोभा। मायका छूट जाएगा। नया घर, नया वातावरण, अपना कोई नहीं, सब लगभग अपरिचित-अरविंद भी। दार्शनिक कवि और प्रोफेसर के स्वभाव के बारे में वह क्या जाने? बहुत अधिक पढ़े-लिखे, उच्चकोटि के विद्वान् और प्रायः गंभीर बने रहने वाले शख्स के साथ उस जैसी सामान्य शिक्षिता, स्वभाव से हंसमुख, कुछ-कुछ चंचल और भरे पूरे परिवार के तौर-तरीके में जिंदगी बसर करने वाली की सामान्य आकांक्षाओं का क्या होगा?

रूप और सौंदर्य की चर्चा बराबर बनी रही। राधा कृष्ण की संज्ञा उन्हें दिया गया। नलिनी गुप्त उन सबसे वरिष्ठ थी, उम्र में भी, शिक्षा और अनुभव

में भी। वह सुखदा से कह रही थी, "बाकी सब तो ठीक है, घर-घराना भी ठीक है, परंतु इन दोनों की जोड़ी मुझे कुछ जम नहीं रही है। ईश्वर मेरी काली सोच को ठुकरा दे। उनकी जिंदगी में सदा वासंती बहार बहने दे।"

सरला भागवत ने अपने कथन का समर्थन करते हुए ही कहा, "वो तो ठीक है, दीदी, परंतु उम्र में जमीन-आसमान अंतर को कौन दूर करेगा? रूपवती मीनुदी (मृणालिनी) बहुत मिलनसार है, हर एक के सुख-दुःख में काम आती है। बहुत अच्छा गाती है और निरभिमानी है। अभी उसने देखा ही क्या है? अच्छे परिवार में पली बढ़ी है, चिंता को उसने पास नहीं फटकने दिया है। पहाड़ी प्रपात सी हरदम चहकती-महकती रहती है। कोई रोक-टोक नहीं। कोई अड़चन नहीं। खर्च करने में खुला हाथ! खैर जो होगा, अच्छा ही होगा।"

"क्यों नहीं, भागवत! फिर भाग्य से आगे की कौन जाने, क्या होगा?"

यह सब टुकड़े-टुकड़ों में अरविंद घोष ने भी सुना था। कुछ अड़चन भी हलके-हलके उठी थी। जैसे कृष्णधन ने विदेश से लौटकर पश्चाताप की रस्म अदा नहीं की, उलटे सारे समाज को अंगूठा दिखा दिया। कर ले, समाज क्या करना चाहता है।

"बंधु, यह शादी हम नहीं करावेगा?" जितने पंडितों के पास गए, उत्तर यही मिला।

क्यों भला? क्योंकि तत्कालीन समाज को उन्होंने नीचा दिखलाया था। उसका पश्चाताप तो करना होगा।

"डॉ. कृष्णधन तो रहे नहीं, फिर?"

सवाल रहने या नहीं रहने का नहीं है, सवाल है, परंपरा का। अरविंद के बड़े भ्राता तो यही हैं, वे प्रायश्चित की रस्म अदा करें, तो क्या बुरा है? जरा ध्यान से सोचो, मुरलीधर चौधरी। बात बिगड़ने में देर नहीं लगती।"

भूपालचंद्र बसु जिस किसी पंडित से बात करते, वही यह प्रश्न उठा देता। बरात आने में मात्र दो दिन रह गए थे परंतु इस मुद्दे पर बात जहां की तहां अटकी हुई थी। यहां तक कि गिरीशचंद्र बोस के मित्र रघुराज चक्रवर्ती भी नहीं मान रहे थे। हालांकि उनकी पत्नी इला चक्रवर्ती ने उन्हें खूब समझाया, लेकिन ब्राह्मण समाज के लिए गए फैसले के सामने वह भी नत थे।

कोई उपाय नहीं सूझ रहा था। सीधी-सरल शादी में यह कैसा अप्रत्याशित झंझुट-झमेला। महंत मुखारविंद चक्रवर्ती के सामने जब यह बात पहुंची तो वह और भी उलझनमयी थी। पंडित सफाई दे रहे थे कि पिता इनके इंग्लैंड गए, फिर लड़के गए...तीन-तीन। पर इन्होंने अपने समाज को साफ धता बता दिया। ब्राह्मण समाज का यह घोरतम अपमान है। पंडितों की इस प्रकार की

एकता को देखकर भूपालचंद्र बसु घबरा उठे। हलचल हो उठी। आख़िर पी. मित्रा, बैरिस्टर बीच में आए। उनके पास ब्राह्मण समाज के मुखिया का केस था। उन्होंने उसे बुलाकर समझा-बुझा दिया कि इस शादी में कोई व्यवधान खड़ा मत करो। हां, दंड स्वरूप हम कुछ राशि दिलवा देते हैं। भूपालचंद्र बसु ने पुलिस कमिश्नर से कहलवा दिया।

भूपालचंद्र बसु ने स्वयं आगे बढ़ कर दो सौ एक रुपया ब्राह्मण समाज में दंड स्वरूप जमा करवा दिया। इन क्षणों में मृणालिनी देवी के मन में यह विचार अवश्य उठा कि उसकी मंगनी टूट जाए तो ठीक है। शुरू-शुरू में ही आने वाली कठिनाइयों से उसे लगने लगा था कि यह संबंध आगे चल कर उसके जीवन में बाधाएं खड़ी करेगा। उसने सुधीरा से कहा भी था, "पता नहीं क्यों...कह नहीं सकती। तर्क भी मेरे पास कोई नहीं है सिवा दिल के। क्या करूं? किससे कहूं? कैसे कहूं? और वह भी अब...सुधीरा।...पर तू मेरे दिल की साक्षी है। मैंने तुझसे और अपनी मां से कभी कुछ नहीं छिपाया। यह बात तो मैं अपनी मां पर भी सीधे-सीधे जाहिर नहीं कर सकी।"

"कौन-सी बात? कैसी बात?"

"तू बता, दिल सच बोलता है या दिमाग?"

"दोनों ही या...। मैं कैसे बताऊं? मैंने कभी इस तरह नहीं सोचा।"

"तू दिल की बात मानती है या दिमाग की।"

"जैसा मौका हो।"

"क्या मतलब?"

"मतलब मैं नहीं जानती।"

"अच्छा यह बता कि दिल के बारे में तेरा क्या ख्याल है।"

"कैसा ख्याल, मीनुदी?"

"तू शायद बचना चाहती है।"

"किससे, मीनुदी?"

"किससे बचना चाहेगी?" मृणालिनी ने इतना कहकर अपने चारों ओर देखा। रात कदम बढ़ाकर चार्ज ले लेना चाहती थी।

"किससे?...मैं कुछ समझ नहीं रही।"

"या समझना नहीं चाह रही।"

"तू पहेलियां न बुझा, मीनुदी। जो मन में घुल रहा हो, वह साफ-साफ कह डाल। मन हलका हो जाएगा।"

"वही तो अब तक प्रयास कर रही थी। पर तू है कि कुछ मानने-जानने के लिए तैयार ही नहीं।"

"नहीं, मीनुदी, ऐसा कुछ नहीं है। मैं नहीं जानती कि मैं किससे बचना चाहती हूं?"

"घबरा गई, सुधीरा। अभी जिंदगी पहाड़-सी खड़ी है।...पहाड़ समझती है, देवघर के नहीं, शिलांग के।"

"तू कहती जा। मैं सुनती जाऊंगी।"

"पर कुछ बोलेगी नहीं।"

"यदि मेरी सोच हुई तो अवश्य कोशिश करूंगी।"

मृणालिनी ने अपनी फैलाई गठरी समेट ली। अपने होंठों को जीभ फेर कर तरल किया। दोनों के बीच सघन चुप्पी आ पसरी किसी मोटी औरत के समान जो लेटते ही खर्राटे भरने लगती है। अचानक मृणालिनी ने कहा, "आदमी किससे बचना चाहता है, दूसरों से नहीं, अपने आप से। काश, मनुष्य अपने आप से बचना छोड़ दे तो?...पर ऐसा होता नहीं है।"

"शायद तू ठीक कहती है, मीनुदी?"

"मैं गलत भी कह सकती हूं और वह भी कइयों की दृष्टि में शत-प्रतिशत सही हो सकता है।" मृणालिनी आज कहे जा रही थी। उसका कथन रहस्यात्मक बनता जा रहा था। वह स्वयं भी अपने कथन के प्रति सचेत या सावधान नहीं थी, क्योंकि उसके कथन में बहुत कुछ अकहा, असमाप्त हुआ, आड़ा-तिरछा और अनचाहा हुआ था। उसके मन की बुनावट रह-रहकर खुलकर बिखर रही थी। फंदे पड़ने लगते थे, पर बुनावट बराबर अमूर्त्त बनी रह जाती थी।

सुधीरा बहुत गहरे में उतरकर यह जानना चाहती थी कि उसमें उलटवासियों का दौरा क्यों पड़ रहा है, जबकि अब तक जितना वह जान पाई थी, सब कुछ सहज और अनुकूल था। उसने पूछ ही लिया जो वह इस शुभ अवसर पर पूछने के कतई पक्ष में नहीं थी, "क्या, मीनुदी, तेरा मन नहीं चाहता कि...।"

"चाहने न चाहने का सवाल अब कहां शेष बचता है! हम बहुत आगे आ चुके हैं, जहां से चतुर्दिक मर्यादाएं की आसमान छूती चोटियां ही नजर आ रही हैं। इसी कारण तो मेरे दिल में यह प्रश्न सिर उठा रहा है कि...। काश, मैं उसे रोक पाती या फिर उसको तफसील से जान पाती अथवा उसमें तफावत कर सकती। नहीं सुधीरा, मैं वैसा कुछ नहीं कर सकती। सिवा अपने आपसे या थोड़ा बहुत तेरे से आधा-अधूरा कहकर। चलो, इस कहानी की बुनावट को उसके हाल पर छोड़कर हम कोशिश करें कि अपने को तटस्थ रख सकें।" इसी के साथ मृणालिनी ने बैठने का रुख बदला और दीवार के उखड़े हुए प्लास्तर से बन रही अमृत कलात्मक आकृतियों के अंतर में मचल उठी झंझा को नजदीक से गुजर जाने दिया।

"यह कैसा अदृश्य बंधन है, मीनुदी, कि अपने होने की पहचान बनने के लिए तैयार नहीं है। यदि मानों भी तो कदाचित् हमें उसका अवबोध नहीं है। तमाल संज्ञात्मक जगत् में असंज्ञात्मक चल रहे बवंडर की सहभागिता के प्रति कौन सचेत रहता है? तुम रहती होतो...मीनुदी ...मैं तो परिणाम से पहले नहीं जानती कि...जबकि जानना चाहिए...और वो यों भी कि वह बराबर हमारे चेतन-अचेतन पर दस्तक दे रहा होता है।" सुधीरा ने साड़ी के लटक आए पल्ले को धीरे से कंधे पर रखा और सामने सफेद दीवार पर अज्ञात लिखावट को पढ़ने का प्रयास किया। आश्चर्यजनक अनुभव यह है कि वह अज्ञात लिखावट भी अपने आपको कशिश के साथ व्यक्त होने के लिए पूर्णतया छटपटा रही थी।

"हमें चलना चाहिए, सुधीरा। हमारी खोज शुरू हो चुकी होगी कि शादी की पूर्व रात्रि को वह कहां जा खोयी है? ...यद्यपि खोने को हमारे पास है ही क्या तथापि भाषा का सहबोध ऐसी मायावी रचना क्रम को नहीं छोड़ता जो पारस्परिक घटकों में उतर कर सहज ढंग से अपनी प्रतिक्रिया से साफ हाथ झटक दे।" वृणालिनी अलिखे की घसीटदार लिखावट के माथे पर पड़ रहे बलों को अंदाज से पढ़ने का प्रयत्न कर रही थी। उसकी हल्दी चढ़ी देह तनिक आलस्य से अनागत को पीछे ढकेल रही थी।

वास्तव में यह प्रसंग बहुत कुछ गहराई में उतरकर सोचने के लिए बाध्य करता है। सुधीरा मृणालिनी में हो रहे परिवर्तन को अनुभव कर विचलित हुए जा रही थी। अभी तो उसके जीवन का प्रारंभ भी नहीं हुआ कि उसमें दुष्कल्पनाएं, आशंकाएं और संशय सिर उठाने लगे। माना कि लड़कियों का जीवन बहुत कुछ एक खूटे से खोलकर दूसरे खूटे पर बांधना जैसा ही है। पर क्या हो सकता है? परंपराएं ही ऐसी हैं।

"सुधीरा, तू किसी से कुछ कहना नहीं! व्यर्थ में बात का बतंगड़ बन जाएगा। यों श्री हमारे बीच जो हुआ है, वह अनैसर्गिक है। उसमें मैं कहीं नहीं हूं। जो है, वह अदृश्य है। फिर भी, मैं ऐसे आलतू-फालतू विचारों को अपने मन का एक हिस्सा नहीं बनने दूंगी।"

"हमें शुभ ही सोचना चाहिए, मीनुदी। हर चीज के दो पक्ष हैं। हम क्यों अंधकार वाले पक्ष की शरण में जाएं। आशा जीवन का वास्तविक संबल है।" सुधीरा ने सावचेत होकर मंगलमय जीवन की डगर पर पांव रखा।

मृणालिनी कुछ नहीं बोली। वह चलती रही धीरे-धीरे। अब उसे अंदर से खिलखिलाहट आती सुनाई पड़ रही थी। चहक रहे थे कुछ चेहरे। बच्चे अंदर-बाहर दौड़ रहे थे। उसे सुकून मिला कि उसे लेकर कुछ नहीं हुआ। अब ग्रामोफोन, पर कोई गीत चल रहा था। गीत, अंग्रेजी में था। किसी ने ताना भी

दिया था कि ऐसे शुभ अवसर पर यह म्लेच्छ गीत क्यों? सुधीरा ने जैसे ही अंदर कदम रखा वैसे ही पूछ लिया, "मीनुदी, तेरे साथ थी न सुधीरा।"

"मैं यह रही, मां।" मृणालिनी ने दहलीज पर पांव रखते हुए कहा और मां की ओर टकटकी बांधकर देखती रही। मां मानों उससे कुछ छिपा रही हो। वह टकटकी बांधकर उसकी ओर नहीं देख सकी। उसने मुंह घुमा लिया। तभी साड़ियों के डिब्बे लिए सुहागिन साड़ी भंडार का आदमी आ गया। मां उठी और यह कहती हुई दूसरे कमरे की ओर बढ़ गई, "तुम लोग भी उधर आ जाओ। सुधीरा, तू तो इन मामलों में खासी दखल रखती है। मीनुदी, तू भी उधर आ जा, बेटी।"

मां के पीछे साड़ी वाले का आदमी चल पड़ा। उनके चले जाने के बाद सुधीरा ने कहा, "मीनुदी, मां बुला गई हैं।"

"सुन लिया है, सुधीरा। साड़ी-गहनों का क्या देखना। आज तक उन्होंने जो ला दिया, वही पहना है। कभी इनकार भी नहीं हुई। कैसे होती, मां मेरे लिए जो भी चीज खरीद कर लाई, वह मुझे नापसंद आया हैं, ऐसा कभी नहीं हुआ।"

"फिर भी, मीनुदी, मां ने कहा है तो उनका मन रखना चाहिए।"

"बस, इतनी सी बात है।"

"हां, इतनी सी बात है।" सुधीरा ने दोहराया।

उसी समय निर्मला टैगोर, कनुप्रिया मित्रा, सुखदा भी आ गईं। सुधीरा ने उनको भी साथ ले लिया। अब वे पास वाले कमरे में थीं, जहां उसकी मामी, मौसी, चाची और मां मौजूद थीं। मामी साड़ियां सजाती जा रही थी।

चाची ने कहा, "तुम लोग भी देख लो। मीनुदी, तू भी।"

बनारसी साड़ियां थीं। एक से एक बढ़िया। निर्मला टैगोर साड़ियों को देखते हुए बोली, "मां, आपकी पसंद के आगे कौन ठहर सकता है। बनारसी साड़ियों में भी भारी और आकर्षक कामदार साड़ियां।"

"वे भी सच्चे, काम वाली।" सुधीरा ने कहा। "मीनुदी, तुझे पसंद है न।"

मृणालिनी की आंखें डबडबाना चाहती थीं। वह संभल कर बोली, "मां से ज्यादा बेटी की पसंद कौन जान सकता है?"

"पगली, तू कब तक मां पर अवलंबित बनी रहेगी!" मां का स्वर आर्द्र था। "आजीवन, मां।" मृणालिनी ने मां के पास आकर कहा।

सुखदा ने कई साड़ियों को उसके लगा-लगा कर बताया और कई ओर से यह कथन उभरा, "क्या खूब! खूब जंचेगी ये साड़ी मीनुदी पर। यह तो कमाल की साड़ी है।" निर्मला टैगोर ने कहा, "मीनुदी के पास आकर साड़ियों का भाग्य ही चमक गया।"

"सच कहती है-अपनी मीनुदी के रूप रंग पर हर साड़ी का भाग्य चमक रहा है।"

"प्लीज कनुप्रिया, टैगोर..."

इस पर सब खिलखिला पड़े। मामी कहां मौका चूकने वाली थी, कह उठी, "अपनी लाडो भी हजारों में एक है।"

"ना-ना...सावंती", कहते हुए बड़ी मामी ने ताना देते हुए कहा, "अभी तक आपकी कंजूसी की आदत गई नहीं है, जबकि मां काली की भरपूर कृपा है।"

"ओ हो, तो आप आ ही गईं। बड़े लोग ऐन मौके पर ही टपकते हैं कलमी आम की तरह, सुजदा। इसमें तेरा कतई कसूर नहीं है ये तो बड़े लोगों की अदाएं हैं, जिन पर लोग आहें भरकर मरते हैं। साड़ी के पल्लू को जरा ठीक करते हुए उसी लहजे में कहा, "अब जरा हम भी सुनें कि हमारी कंजूसी का जनाब को ख्याल कैसे आया?"

"वो यों हुआ, धरमतले की जगत् मामी, कि जिसमें रोकड़ नहीं जा रही हो, कम-से-कम वहां तो हजारों के स्थान पर, पान रचाकर, लाखों से मुंह खोल सकती थी ना। क्यों काशी वाली भौजाई, तुम क्या निछावर करती हो?"

"मैं जरूर करूंगी, खड़कपुर वाली मौसी, पहले जरा तुम्हारा बार फेर तो देख लूं।"

"पर खरी बात का साथ नहीं देना है। फिरंगियों के साथ का असर अभी तक गया नहीं।"

"वो कैसे, दीदा।"

"जनाब फिरंगियों की कॉलोनी में दसेक वर्ष गुजार चुकी हैं।"

"यानी कि विलायती टोली की मुखिया हैं, सदर थाने की कोतवाल, खड़कपुर वाली मौसी।"

"तू चुप भी कर, ठुकराइन की चहेती बड़बोली।"

"आप सब भी मीनुदी की चर्चा करते-करते कहां ले बैठीं अपने घर-घराने की चौखट-चौधराहट को।" रजत की मां ने पान बनाते हुए शतरंज की बाजी समेटने का प्रयत्न किया। वह जानती है, जुबान पर लगाम नहीं रखने वाली बड़बोलियां रंग में भंग डाल देती हैं।

सुखदा मुखर्जी ने अपनी महीन आवाज में कहा, "अपनी मीनुदी का क्या कहना।"

"वह तो जापानी गुड़िया है।" कनुप्रिया ने नया मोड़ दिया।

"लाजवंती...जरा शरमा जाए तो काले-काले बदरा झुक आएं।"

"और आशिक पान की ओर हाथ बढ़ाते-बढ़ाते धड़ाम से जमीन सूंघने लगें।"

"वाह! क्या बात है, जेठानी जी, मैं भी सोचूं कि अभी तक खड़कपुर वाली ने खड़ग म्यान से बाहर क्यों नहीं निकाली और जंग शुरू हो जाने दी।" कपिला की मम्मी ने चटखारे के साथ कहा। वास्तव में पान उनके ही होंठों पर रचता है जैसे पारो की आंखों में काजल और जिआ की दुल्हनिया के बालों में जूड़ा।

"वो इसलिए कि, सावंती, जनाब को महावत ने जंग के बीचोंबीच खड़ा नहीं किया, वरना..."

"प्लासी का युद्ध यूं हो जाता...।"

"जैसे बगल में छोरा और गांव-गांव ढिंढोरा, क्यों काशीवाली जेठानी जी!"

"अरे जरा बकझक बंद भी करो।"

"क्यों री तेरे पेट में क्यों दर्द उठ रहा है?"

"कुछ तो शर्म करो, बड़बोलियों, दीखता नहीं है कि अपनी मीनुदी और उसकी सखियां भी यहीं हैं।" दादी बहू के आने पर सबकी जुबान पर ताले लग गए। उन्होंने आगे कहा, "सब मिलकर, देख परख तो लो...कहीं पराए घर में अपनी बिटिया को ताने न सुनने पड़ जाएं..."

सुनंदा ने बहुत धीमे से बुदबुदाया, "दादी बहू के चाहे बत्तीसी न भी हो तो भी खूब लड़ी मरदानी वाली झांसी की रानी की शान-शौकत में मजाल है कोई कमी आ जाए।"

इस पर दबी हंसी होंठों से फिसल कर मैदान में आ गिरी।

"जरा चुप भी कर, बुआ वरना बात के बतंगड़ बनने में देर नहीं लगती।"

"शोशा छेड़ना आसान है, पर उसे झेलना छठी का दूध याद करा देता है।"

"अरे तुम लोग मुंह में पान दबाए क्या बकझक रही हो, जरा लाइन पर जाओ तो हम भी सुनें कि..."

"ना...ना दादी बहू...कुछ नहीं।...वो देखो साड़ियों की कतार वहां से शुरू हो रही है।... आओ दादी बहू, आप इधर आओ।" कहकर सुनंदा उन्हें साड़ी की कतार के पास ले गई। वहीं उसने सबको पुकार लिया। वह देर लगाने लगी, "छोरियो, तुम भी इधर आ जाओ। बहुओ तुम भी...यहां कौन से तुम्हारे जेठ-ससुर बैठे हैं जो परदे की आड़ में खिसक लेना चाहती हो।"

अब क्या था कि सबको उधर आना पड़ा। न आतीं तो दादी बहू सुजदा से एक-एक का नाम पूछती और दादी बहू अपनी पर आ जाती तो सात जन्म के पुरखों का इतिहास अपने पोपले मुंह से जो सुनाना शुरू करती कि ठहरने का नाम नहीं लेती। समझ में तो कम आता पर थूक के छींटों की मार से वे बेदम होकर चक्कर खाने लगतीं।

सुजदा बड़े प्यार से बता रही थी–कांजी...भरम की दो, तांत की साड़ी तीन, असली जरी...सोने चांदी की भारी साड़ियां दो–दो...पट्टे की साड़ी तीन ...बनारसी साड़ी जो द्वार चार के वक्त आपकी लाडो पहनेगी वो असली सोने के काम की है, बीच–बीच में असली मोती टंगे हैं।

"वाह मेरे भूपालू, तूने अपनी दादी बहू के मन की कर दी। जो देखेगा, देखता रह जाएगा। याद करेगा, बेटी नगीना है तो उसका शान–शौकत भी बेमिसाल है।" दादी बहू ने पुकार लगा दी, "मीनू...ओ मीनू बेटी, इधर, आ।"

मीनूदी दबे पांव उधर आई। दादी बहू ने उसके सिर पर हाथ फेरा और बड़े प्यार से कहा, "बेटी, तू ये कभी मत समझ लेना कि तू परायी हो रही है। ये घर जैसे पहले था, वैसे ही सारी जिंदगी तेरा रहेगा। इस घर पर तेरा वही हक रहेगा जो तेरे भाइयों का है।"

"दादी, मां।", कहकर मृणालिनी उनसे लिपट गई। उसकी सिसकियां भर गई। उन्होंने उसे अपनी बाँहों में ले लिया। पुचकारा।

उसे रोने दिया। वह रोकर स्वतः चुप हो गई। दादी बहू के लिए कुरसी ला दी गई। वे कुरसी पर बैठ गई। उनकी गोदी में सिर रखे मृणालिनी बैठ गई। उसका मन दादी बहू को छोड़ने का नहीं हो रहा था।

अचानक वातावरण गंभीर हो गया। दादी बहू ने अपने झुरींदार चेहरे पर ढुलक आए आंसुओं को पोंछा और कहा, "मीनू, मैं तुझे एक राज की बात बताती हूं। तेरी मां भी यहीं है। वह भी सुन रही होगी। क्यों भूपाल की बहूरानी, तू है न यहां।"

"हां, मां ये रही।"

"तब ठीक है।..." कुछ रुककर और खखार कर कहा, "तेरी मां को हम मांग कर लाए थे। पहली दृष्टि में वो मेरी ऐसी बैठी कि मैं अपने को रोक नहीं सकी। साफ–साफ कह डाला, "सालू की दुल्हन रानी, तेरी बेटी हमारे मन में गहरे उतर गई है। अपने भूपाल बसु के लिए हाथ मांगू तो तू न तो नहीं करेगी।"

"जी...ये आप क्या कह रही हैं?"

"लड़के वाली हूं, लड़की वाली की बिटिया मांग रही हूं।"

उसने मेरा हाथ थाम लिया और अपने ढुलक आए आंसुओं को पोंछकर कहा, "बात पक्की।"

"पक्की!"

"भूपाल के पिताजी।"

"उनकी भी हां।"

"वह आप जानो।...और वो जमाई राजा।"

"अपना भूपालिया...ये छड़ी देखी है, उसके लिए इतना ही काफी है।... तब लड़का-लड़की को नहीं देख सकता था।...जैसे इस जमाई राजा ने अपनी लाडो को देखने की जिद्द कर डाली।....लड़की कोई बाजार की चीज नहीं है। पर...ये भूपालचंद्र तो तब भी बेअक्ल था, जब तेरी मां और उसमें अपने यहां अंगूठी ढूंढाई का कार्यक्रम चल रहा था।"

दादी बहू जब धीरे-धीरे बोलती थी, तब उसकी आवाज बहुत कुछ साफ हो जाया करती थी। वह पानी पीकर कहने लगी, "हम...क्या कर रहे थे?"

"अंगूठी ढूंढाई की रस्म के बारे में, दादी बहू।"

"अरे हां, मीनू, तू ध्यान से सुन ले अपने बाप की करतूत। तू भी सुन रही है मीनू की महतारी।"

"जी..."

"पता नहीं, कब वो निखटू तेरी मां पर रीझ बैठा। अंगूठी ढूंढाई की रस्मे हो रही थीं। मीनुदी, वो तेरे ससुराल में भी होंगी। तू पूरे ध्यान से सुनना।"

सारा वातावरण एकदम शांत, जिज्ञासा से भरा और मन-ही-मन आनंद में डूबा हुआ था।

"ऐं, ये सन्नाटा क्यों?...हम सन्नाटा के लिए नहीं आए। लगता है हमने क्यूं लगा दिया है सबके अरमानों पर।...नहीं, हम इसलिए कतई नहीं आए।. ..तुम लोगों को हंसते, मजाक करते देखकर तो हमें अपनी जवानी के दिन याद आने लगते हैं। हमारा बुढ़ापा छूमंतर हो जाता है।...तो हम चलें।"

"ना...दादी बहू...ना दादी बहू, वो किस्सा पूरा करो।" सब ओर से उनकी मांग हो उठी। वे मन-ही-मन मुस्करायी और कहने लगी, "रस्म अंगूठी ढूंढाई की शुरू हुई। चावलों के बीच में अंगूठी छिपा दी गई थी।...वन टू ..थ्री। ढूंढना शुरू। मीनू की मां...यानी मेरी बहू...क्या उम्र थी उसकी...उसे अपना तो चेत नहीं था। चारों ओर से घिरी हुई थी। घूंघट ऊपर से। हिय में धुकधुकी। हंसी-ठट्टे अलग। बहू के पक्ष में लड़कियां आ गई थीं... और अंगूठी मिल गई।"

"किसे, दादी बहू?"

"जिसे मिलनी चाहिए थी।"

"जिसे किसे?"

"जरा तुम लोग भी अपने को दोहरा लो, बहुओ। तुम्हारे साथ क्या हुआ था? कौन जीता था, कौन हारा था? फिर तुम्हें जीतने वाले का खुद-ब-खुद पता चल जाएगा।"

अब सबकी बोलती बंद। सब हारी थीं। सुजदा कह बैठी, "और आप...।"

"मैं...।" कहकर दादी बहू खूब जोर से हंसी। हंसती रही। हंसी थम जाने पर कहने लगी, "हम तुम्हारी तरह हारे नहीं, जीते थे। पर कैसे?"

"कैसे, दादी बहू।"

"जैसे हम दादी से दादी बहू बने। हमारे साथ हुआ सब कुछ अपने आप। हमने कभी कुछ नहीं किया।"

"फिर आप कैसे जीतीं?"

"उन्होंने हमारी हथेली पर अंगूठी रखकर हथेली बंद कर दी और स्वयं ढूंढने का बहाना करते रहे।...यों हम जीत गए।...जीते जरूर पर हम हार गए। ...हमेशा-हमेशा के लिए उनके होकर रह गए। दादी बहू का स्वर आर्द्र हो उठा था। वे अपने कांपते होंठों पर उंगली रख चुप हो गईं।"

"और मीनुदी की मां...।"

"वह मेरी लाडली बहू है।"

"तो?"

"हारती कैसे?...रूप में नंबर वन, नाक-नक्श में बेजोड़, सीने पुरोने में माहिर, गाने-बजाने में शिरमोर, रसोई की उस्ताद! फिर क्या था, वह भी जीती।...भूपाल हार गया। एक दिन, ठंडी रात थी, भूपाल ट्यूर पर था। मैंने उससे पूछा, "बहू, क्या तेरी हथेली पर भी अंगूठी रखकर भूपाल ने हथेली बंद कर दी थी।"

"क्यों?"

"मेरे साथ ऐसा हुआ था, बहू।"

"हा।" कहकर उसने मुंह छिपाया तो मैंने उसकी बांह पकड़ ली और कहा, "तुझे भरपूर प्यार मिलेगा। तू सौभाग्यवती होगी।...ईश्वर मेरी आवाज सुन रहा होगा तो वह अपनी मीनुदी की भी उसी तरह लाज रखेगा जैसी उसने हमारी रखी।" इतना कहकर वह उठ खड़ी हुई।

सब चुपचाप उन्हें देखते रह गए। सन्नाटा हर्षातिरेक की स्मृतियों में खो गया।

मृणालिनी चुपचाप चल दी। उसमें सोच के बिखरे हुए स्वर स्वतः शांत हो गए। उसे लगा कि जैसा वह सोचती है, जिंदगी उससे भी भिन्न हो सकती है। उससे साहस लौटने लगा। प्रेम की फुसफुसाहट को उसका अंतर्मन सुनने लगा। वह डूबने लगी अपने आप में सोनार स्वप्न लिए!

2

आज सुबह से आसमान में बादल आ डटे थे बिन मौसम। गनीमत इतनी थी कि अपने आने का वे ढिंढोरा नहीं पीट रहे थे। एकदम शांत थे किसी नई डाली छावनी की तरह। कोई हलचल नहीं थी। कहीं से कोई आहट नहीं थी। सारा कारोबार रोजमर्रा की तरह चल रहा था। बैरिस्टर मनमोहन घोष अपने मन की चिंता को बैरिस्टर पी. मित्रा के सामने खोल रहे थे।

"मौसम देखते हो, मित्रा।"

"आशंका तो है।"

"आज बारात जाएगी।"

"हां।"

"फिर क्या सोचते हो?"

"क्या सोचूं, बैरिस्टर घोष।"

"तुम्हें वह लोककथा याद पड़ती है।"

"कौन सी?"

"अवश्य वो थी न।...जरा याद करो, मित्रा।...अवश्य दूल्हे-दुल्हन में से किसी ने कड़ाही चाटी होगी।" बैरिस्टर मनमोहन घोष ने इसी के साथ सिगार सुलगा ली। पी. मित्रा स्मोकिंग से दूर थे।

"अरे हां, मिस्टर बोस।...वो तो लोककथा है।"

"क्या लोककथा हमारे समाज का इतिहास नहीं है?...वह हमारा जीवंत समाज है। हमारा सुख-दुःख, हमारा सोच-विचार, चिंतन-मनन, संस्कृति-सभ्यता का सार आदि वही है।" इसके साथ ही उन्होंने सिगार का कश खींचा। थोड़ी देर बाद धुआं हवा में धीरे-धीरे सरका दिया। मानों अनचाहे मन से आसमान में अपनी अकेली पतंग को ढील दे रहे हों।

"आप ठीक कहते। हमारे यहां इतिहास लिखने की परंपरा तो थी नहीं जो कुछ था वह काव्य, नाटक, लोकोक्ति, लोक कथाओं के माध्यम से ही सामने आया।"

"हमारे यहां यही इतिहास रहा-जीवंत इतिहास। रामायण, महाभारत आदि हमारी धरोहर हैं-हमारा इतिहास है।" बैरिस्टर मनमोहन बसु ने इतना कहा था कि पहली बार भेघ गर्जन का कठोर स्वर सुनाई पड़ा।

"हमें अंदर आ जाना चाहिए, मित्र घोष। मौसम के इरादे नेक नहीं हैं।"

"कैसे हो, पी. मित्रा साहब, जब हम लोगों के इरादों में खोट भरा हो। ...इस वक्त तो मुझे अरविंद की शादी की चिंता है। गोधूलि के फेरे हैं।"

"हम लोग चिंता करके क्या कर सकते हैं?"

"फिर मनुष्य का स्वभाव है कि वह अंत तक अपने अनुकूल सोचता है। वह निराशा में आशा का दीया लिए निरंतर आगे बढ़ता जाता है...इस कारण...।"

"चिंता तो सबसे ज्यादा लड़की वालों की होगी।"

"चिंता उनको हो या हमको, बात तो एक ही है।"

"हां बात तो एक ही है।"

"यह भी सुनिश्चित है कि चाहे मूसलाधार वर्षा क्यों न होने लगे पर शादी तो उनकी आज ही होनी है और होगी भी।"

"परंतु मजा किरकिरा हो जाएगा।"

"नहीं, मित्रा, ऐसा कुछ नहीं होगा। मेरे बड़े चाचा की शादी गोवाहाटी से हुई थी। मैं भी उसमें था। ऐन मौके पर वो जम कर वर्षा हुई कि उसने वर्षा का नया रिकॉर्ड बना डाला। फिर भी, विवाह नहीं रुका। लड़का-लड़की वाले के घर कुछ परिजनों के साथ पहुंचा।...तो सब होता है।"

"लीजिए अरविंद भी इधर आ रहा है।" पी. मित्रा ने तनिक गंभीर होकर कहा।

"बैठो, अरविंद। क्या तुम भी वही सोच रहे हो जो हम?"

"मुझे नहीं पता कि आप क्या सोच रहे हैं?"

"सिर पर पहाड़ से मेघ खड़े हुए हैं और आज ही तुम्हारी शादी है।"

"तो?"

"तो क्या? कुछ नहीं, अरविंद।"

"हां, कुछ नहीं।"

"क्यों?"

"क्योंकि आज वर्षा नहीं होगी।"

"यह तुम्हें कैसे ज्ञात हुआ?"

"जैसे आपको वर्षा होने का।"

अरविंद के इस उत्तर ने दोनों को कायल कर दिया। वे दोनों परस्पर एक-दूसरे का मुंह देखते रह गए। अरविंद कह रहा था, "विश्वास में बहुत बड़ी ताकत है। वह लोहे को मोम बना सकती है।"

"तुम्हें इतना विश्वास है, अरविंद।"

"कहा नहीं कि विश्वास एक अद्‌भुत शक्ति का प्रतीक है। उससे ऊपर कोई शक्ति नहीं है, इस बात को शक्ति के उपासक भली प्रकार जानते हैं।"

"क्या बग्घी सजाएं, मालिक।"

बैरिस्टर मनमोहन ने कहा, "क्यों नहीं, अवश्य सजाओ, भाई।"

"साहब, मौसम के तेवर बिगड़े हैं।"

"उन्हें बना रहने दो। तुम अपना काम करो और समय पर बग्घी लेकर आना।" बैरिस्टर मनमोहन घोष ने कहा।

अरविंद वहां से अंदर चला गया था। उसने यह जान लिया था कि शादी बैरिस्टर मनमोहन घोष के अनुसार ही होगी। उन्होंने कैसे कह दिया था, "ऑरो, तेरा जन्म इसी कोठी में हुआ था। तुम्हारे पिता तब खुलना में थे। सवा माह तक तू यहीं रहा। मेरी गोद में ही तू चुप हो जाया करता था। तू बराबर मुझे, खासकर मेरी मूंछों को ध्यान मग्न होकर देखता रह जाता था। तब एक दिन एक पहुंचा हुआ साधु आया। तब तू मेरी गोद में लेटा हुआ था। मैं यहीं, जहां आज अपने बगीचे में बैठा हुआ हूं, वहीं बैठा हुआ था। वह साधु बोला, "सुन ले, वकील, चाहे तो कहीं नोट कर ले, ये शिशु इस संसार का मार्ग प्रशस्त करने आया है।"

"क्या मतलब, साधु बाबा।"

"आज एकादशी है। मेरा वाक्य पूरी तरह सही चरितार्थ होगा। उस नन्हे से चौड़े भाल पर विधाता ने सही की मोहर लगा रखी है।"

मनमोहन घोष उसके माथे की ओर देखकर पूछते, "मुझे तो कहीं नजर नहीं आ रही, बाबा।"

"यदि तुम्हें नजर आ जाती तो इस बाबा को कौन पूछता! जैसे तू गिरगिट भाषा को बांच-समझ लेता है, परंतु मैं उसे न पढ़ सकता हूं और न समझ सकता। ठीक उसी तरह एक गोपनीय भाषा है, जिसे हर बच्चे के जन्म के साथ विधाता लिखकर सही की मोहर लगा देता है। उस भाषा को पढ़ने-समझने के लिए मैं साधु बना हूं और तू बैरिस्टर। हम दोनों का क्षेत्र एकदम अलग-अलग है। कुछ समझ में आया था...अलख निरंजन।"

"निरंजन अलख है, यही ना बाबा।"

"उस अलख को बाबा पढ़ लेता है।"

"तो बाबा, यह बच्चा क्या बनेगा?"

"अलख निरंजन ने उसके भाल पर लिख दिया है कि तू पृथ्वी पर जा और मेरा काम कर।"

"उसका काम, बाबा।"

"हां उसका काम! तू समझता है कि उसका क्या काम है?"

"नहीं, बाबा।"

"जिस लिए उसने इस पृथ्वी को बनाया, उस पर आबादी खड़ी की, पशु-पक्षी बनाए, वनस्पति बनाई और तूने एक समाज बना डाला। उसके नियम कायदे बना डाले। उस जैसी व्यवस्था देने का श्रम किया। उसमें सुराग

छोड़ दिए। न्याय-अन्याय का खेल शुरू किया। उस व्यवस्था में ईमानदार, सत्यवान्, अलख को जानने वाला, सृष्टि के रहस्य को समझने वाले आदि कष्ट पाने लगे। अन्याय बढ़े, अत्याचार बढ़े और उसकी सष्टि रहने योग्य नहीं लगने लगी, तब उसने अपना दूत, पृथ्वी पर भेजा और उसे यह जिम्मेदारी सौंपी कि वह अलख निरंजन के प्रति जिज्ञासा जगाए, कूड़े-कचरे से बाहर निकाले और उस परम की ईश्वरीय दुनिया का अमृत पान कराए।"

"क्या यह सच है?"

साधु मुस्कराया और पूर्ववत् स्वर में बोला, "यह शिशु उसी का दूत है, तू इतना जान ले, परंतु तू इस कथन का प्रचार मत करना। उसे होता हुआ देखते जाना-चुपचाप तथा एकदम तटस्थ बना। यदि तूने मुंह खोला तो तेरा विनाश सुनिश्चित है।...अलख निरंजन...अलख निरंजन।" कहता हुआ वह बाबा जैसे आया था, वैसे ही लौट गया। न कुछ मांगा और न कुछ लिया। ...पता नहीं उसकी बात में कितना सच है!"

अरविंद चुपचाप सुनता रहा जैसे वह किसी नदी के किनारे खड़ा हो और हवा मंथर गति से मस्त होकर बह रही हो। वह नदी की कलकल सुन रहा हो, हवा के स्पर्श से मन-ही-मन गुदगुदी का अनुभव कर रहा है।

बैरिस्टर मनमोहन घोष कुछ रुककर कहने लगे, "इसलिए ऑरो, यह विवाह इस देहरी से हो रहा है तो तुम इसकी प्रतिष्ठा को बना रहने दो। अब मेरा क्या है, कब्र में पांव लटकाए बैठा हूं। फिर भी, मेरी यही कोशिश है कि विवाह जहां तक हो, सादगी से हो-कोई तड़क-भड़क नहीं हो परंतु जो जहां आवश्यक है, वह तो होगा ही ना।"

"क्यों नहीं, अवश्य ही हो।" विनय भषण भी आ गया।

"जैसा आप सब उचित समझें।" कहकर अरविंद उठ खड़ा हुआ था। वह सोचे जा रहा था कि भारतीय संस्कृति में विवाह का बहुत महत्त्व है। जीवन तो उसके बाद शुरू होता है...यह सब तामझाम कोरा दिखावा नहीं है, इनके पीछे भी मंत्र शक्ति सक्रिय है। वह पूर्ण आनंद जो अनंत है, कभी क्षय नहीं होता है। (ऋग्वेद 5, 62, 9)। क्या यहां उसके अमृत्तव की अनुभूति नहीं है? उसने विवाह का निर्णय स्वयं लिया है। शादी पर बहुत कुछ जानकर निर्णय लिया है। यह उनकी बलवती इच्छा थी। लंदन में प्रो. प्रे ने एक बार उनसे पूछा था, "क्या आप दृढ़ संकल्प ले चुके हैं कि विवाह नहीं करेंगे?"

"शायद नहीं, क्योंकि फिलहाल मुझे अपने को कहीं-न-कहीं सेट करना है।"

"उसके बाद, अरविंदो?"

"मैं इस वक्त ठीक से नहीं सोच पा रहा हूं, प्रे। कारण मेरे सामने अभी शादी का मुद्दा नहीं है।"

"यह आप कैसे कह सकते हैं?"

"पता नहीं।"

"मैं जानती हूं कि तुम पवित्र हृदय हो, परंतु इस मुद्दे पर तुम बहुत कुछ उलझे हुए और अस्पष्ट हो।"

"शायद तुम्हारा अनुमान लगाना ठीक है, प्रे।" अरविंद ने आगे कहा, "महात्मा बुद्ध के जीवन-वृत्त से जाना कि शायद उन्हें भी विवाह करने का अप्रत्यक्ष पश्चाताप ही रहा, क्योंकि वह किसी के मन को दुखाना नहीं चाहते थे।"

"वो महात्मा कुछ भी नहीं चाहते थे। सारे संसार को दुखों से मुक्ति दिलवाने वाला अपनी पत्नी यशोधरा के साथ न्याय नहीं कर सका। ज्ञान प्राप्ति के बाद वह घर लौटा और अपनी संतान को और मांग लाया। अपने आश्रम में अन्य मित्रों को रखा परंतु अपनी पत्नी से एक बार भी नहीं कहा, "यशो, तुम भी मेरे साथ आ जाओ। जो ज्ञान मुझे मिला है, उसे हम दोनों मिलकर मानव समुदाय को बांटेंगे।...क्यों, अरविंदो, महात्मा बुद्ध की करुणा-अहिंसा इतनी संकीर्ण क्यों हो गई? यह कैसी अहिंसा थी उनकी?"

"मैं ऐसा नहीं करूंगा, प्रो. प्रे। तुम्हें विश्वास करना चाहिए चेत रहते हुए मैं ऐसा कुछ नहीं करूंगा।...मैं विवाह के पक्ष में हूं। विवाह पर ही मानव जाति का समूचा विकास टिका हुआ है। वह एक नैसर्गिक प्रक्रिया है। मैं उससे वंचित नहीं रह सकता। फिलहाल मैं उसके बारे में नहीं सोच पा रहा हूं।"

खैर, अरविंदो, मुझे ऐसा लगता है कि तुम इस संबंध में उलझे हुए हो। तुम द्विविधा में हो। निस्संदेह यह एक जटिल प्रश्न है। कह नहीं सकती कि तुम इस गुत्थी को सुलझाने के प्रति निष्ठावान् रह पाओगे। फिर भी, मैं मंगल कामना करती हूं कि तुम जितने अपने प्रति निष्ठावान् बने रहना चाहते हो उतने ही उस दूसरे के प्रति भी निष्ठावान् बने रहने की चेष्टा करना जो तुम्हें नहीं जानता।

इस समय अरविंद को वह प्रसंग अपने अतीत का एक अधूरा तथा असहज हिस्सा लग रहा था। इसमें संदेह नहीं था कि प्रे उसके प्रति कुछ ज्यादा ही सोचने लगी थी। यह मान लेना अतिशयोक्ति नहीं होगा कि उसको भी उनसे प्रेम हो चला था। प्रेम सारी सीमाएं लांघ सकता है। यह अतिशय भावुक थी, नितांत अकेली थी, अद्‌भुत कल्पनामयी थी, उन वन कन्याओं के समान, जिनका उल्लेख उसने अपने अधूरे नाटक 'जंगल का सपना' में किया

है और जिसे लेकर प्रे के मन में उसके प्रति स्वप्न-संसार गुनगुना उठा था। आज वह कह देना चाहता था, "प्रे, काश तुम इस समय यहां होती तो देख सकती थी कि मृणालिनी मेरा सर्वोत्कृष्ट चयन है। मैंने और उसने एक-दूसरे को न जानते हुए और न समझते हुए भी एक अदृश्य अध्याय लिखने का संकल्प लिया है। हम दोनों में प्रेम भी नहीं है। यह कहना ज्यादा ठीक होगा कि यह विवाह बिना परस्पर प्यार के होने जा रहा है। आज मैं कह सकता हूं कि तुमको मुझसे प्रेम हो गया था और मैं उसका अनुभव भी करने लगा था, लेकिन मैंने उसे जाहिर नहीं होने दिया। जानती हो क्यों? क्योंकि शादी पूर्व का प्रेमालाप शादी के बाद पूर्व अपेक्षाओं से दूर होता जाता है। हालांकि यह बात मैं दावे के साथ कहने की स्थिति में नहीं हूं और न मेरे पास ऐसा कोई पूर्व अनुभव ही है।"

इसी वक्त वहां चारुदत्त ने आकर उसे चौंका दिया। वह पूछ रहा था, "आपकी तलाश हो रही है और आप यहां सबसे अलग इस वीरान जगह के मंसूबों को आबाद करने पर तुले हुए हो।"

"क्यों, क्या कोई खास बात है, चारु?"

"विवाह मेरा नहीं, तुम्हारा हो रहा है, बंधु और तुम उससे बिल्कुल अनभिज्ञ हो, यह क्या कम आश्चर्य नहीं है।" चारुदत्त ने मुस्कान बिखेरते हुए कहा।

"कहो तो मेरी क्या जरूरत पड़ गई?"

"मेरा वश चले तो समाज को यह निर्णय उजागर कर देना चाहिए कि.. .हर आम और खास को यह इत्तला की जाती है कि कोई अपनी कन्या का विवाह दार्शनिक, आध्यात्मिक और अमूर्त्त कवि से नहीं करें वरना उसके लिए वही पूर्णतया जिम्मेदार होगा।"

"अरे भाई, न यह तेरा मित्र दार्शनिक है, न आध्यात्मिक है और अमूर्त्त कवि।"

"उनसे यह तो गलती हुई है कि वे उसमें भुलक्कड़ महाशय को सम्मिलित करने से चूक गए।"

फिर उनका क्या होता जो कन्याएं उनकी गति-मति के लिए महात्मा बुद्ध ने बहुत पहले, आज से करीब हजारों वर्ष पहले आह्वान किया था, "बंधु, बुद्धं शरणं गच्छामि...संघं शरणं गच्छामि। दूसरी बार, दुतियम्पि, बुधं शरणं गच्छामि, दुतियम्पि संघं शरणं गच्छामि और तीसरी बार यानी ततियाम्पि, बुद्धं शरणं गच्छामि और ततिमयम्पि, संघम् शरणं गच्छामि।"

"मित्र, धम्म शरणं गच्छामि क्यों भूल गए?"

"फिर कहना पड़ता–कामेसू मिच्छाचारा वेर मणि सिक्खा पदं समारियाम्पि।"

"यानी मुझे कहना पड़ेगा कि मैं विषय–विकारों से दूर रहने की शिक्षा ग्रहण करता हूं।"

इस पर वे दोनों खिलखिला पड़े। तभी सरोजिनी वहां आ धमकी और बोली, "वाह, चारु भैया, तुम्हें भेजा किसलिए गया था और यहां गप्पबाजी में मशगूल हो गए।...चलिए सेजदा नीचे सब आपका इंतजार कर रहे हैं।"

"बस इतनी छोटी सी बात, सरो, गुस्सा तैमूरलंग सा।" कहकर वह उसके साथ चल पड़े। नीचे पहुंचे तो सबसे पहले बहू दीदी ने उनकी आरती उतारना शुरू किया, "बहू लेने जा रहे हो, देवर जी, साग भाजी खरीदने नहीं। वहां लड़की वाले चिंत्ति होंगे वे अलग और ताना सुनना पड़ेगा हमें।"

मजली बहू दीदी ने करारा व्यंग्य कसा, "तू चिंता मत कर। वह आकर स्वयं परेड करवा देगी। बच्चू को नोन, तेल और लकड़ी का भाव याद आ जाएगा।"

"तू इसे डरा नहीं। यह बिदकना घोड़ा है, कहीं अर्ध रास्ते से ही भाग न खड़ा हो।"

अरविंद चुपचाप सारे व्यंग्य वाणों को झेलता रहा। अब उनकी तैयारी शुरू हो गई। पहले जहां उनको शादी की तामझाम और रस्में व्यर्थ का पाखंड लगती थीं, अब वह उनके प्रति तटस्थ हो गए था। शादी एक यज्ञ है जीवन समर्पण का, आत्मैक्य का और निर्मुक्ति का। आसक्ति में विरक्ति का अनुभव अपने आप में एक अलग तरह का अनुभव था।

वह शांत चित्त थे, भावना संकुल थे और प्राण–पुलक का अनुभव कर रहे थे।

बाहर बैंड बजना शुरू हो गया था। बरात के चित्त पर उमंग थी, महक थी और उल्लास था। इतने लोग। अंत्तोगत्वा बैरिस्टर साहब का मन भाव–विह्वल हो उठा।

बग्घियां आ चुकी थीं। आठ बग्घियां थीं। अब भी आकाश में बादल थे, परंतु उनकी गतिविधियां दर्शकों की सी थी। उनके रंगों में भी अंतर था। सूर्य दृष्टिगोचर तो नहीं हो रहा था लेकिन उसकी आभा की झलक स्पष्ट नजर आ रही थी। बैंड की मंगल ध्वनि तेज हुई। ड्रम पर थाप तेज हुई। यह जानकर अरविंद को संतोष हुआ कि बांसुरी वादक इस उत्तम ध्वनि का प्रसारण कर रहा था। धर्म प्रेरित ध्वनियां थीं वे। उनमें गति–लय का अच्छा संयोजन था। अरविंद चौंक पड़े। शांति पाठ और वह भी वादक दल द्वारा स्पष्ट उभर रहे थे –

ॐ सहनाववतु
सहनौ भुनवस्तु
सह वीर्य करवावहे
तेजस्विनावधीतमस्तु
मा विद्विषावहै
ॐ शांतिः शांतिः शांतिः।

अरविंद ने संस्कृत किसी से नहीं सीखी थी जबकि बंगला भाषा वह सीख रहे थे। उपनिषद् का अध्ययन कर चुके थे। वह उसके अर्थ को मन-ही-मन दोहरा रहे थे-हमारा साथ-साथ विकास हो। ईश्वर हमारी साथ-साथ रक्षा करे। हमें साथ-साथ सामर्थ्य प्राप्त हो। हमारा ज्ञान तेजस्वी हो। हम किसी से द्वेष नहीं करें तथा सब पर प्रेम का भाव रखें। ॐ शांतिः शांतिः शांतिः। क्या बात है? यह क्या करिश्मा है। अवश्य बैरिस्टर साहब की कल्पना है। कठ उपनिषद् का अमर संगीत उनमें व्याप्त होता जा रहा था। वहवेद-उपनिषद् के प्रति अतीव आस्थावान् होते जा रहे थे।

"दूल्हे को लाओ" की आवाज पड़ी। चहल-पहल बढ़ी। अरविंद बग्घी में बैठ गए। बैंड बाजे ने नई धुन निकालनी शुरू की। वह थी –

सुजलां सुफलां मलयज शीतलाम्
शस्य श्यामला मातरम् 'वंदे मातरम्'।

वाह! अरविंद का हृदय झूम उठा। वह तो बंकिमचंद्र चट्टोपाध्याय के उपन्यासों से प्रेरणा पाकर ही विवाह के बारे में निर्णय कर सके। उन पर अरविंद ने एक लेख भी लिखा था। उनका ही यह राष्ट्र के नाम समर्पित गीत था, जिससे वह गद्गद हो उठे थे। यों बरात चल पड़ी अपने गंतव्य की ओर!

3

गोधूलि के फेरे थे। दोपहर बाद बरात चल दी थी, यह सूचना भूपालचंद्र घोष को अभी-अभी मिली थी। गिरीशचंद्र बोस, भोजन व्यवस्था को देख रहे थे। सब व्यवस्था सहज ढंग से चल रही थी। शहनाई लगातार पांच दिन से बज रही थी। उसने भी नारियों में सोच पर नई धार धरी थी।

मुख्य द्वार को सुंदर सजाया था। उसके पास ही मुरली बैनर्जी खड़ा हुआ, निर्देश दे रहा था। सब किसी-न-किसी काम में अपने को व्यस्त रखे हुए

थे या रखना चाहते थे। सबके चेहरों पर मुस्कान थी, आंखों में चमक थी और हृदय में उत्सुकता।

भूपालचंद्र बसु मित्रों, नाते-रिश्तेदारों आदि से घिरे थे। उनको विश्वास नहीं हो रहा था कि वह शिलांग से कलकत्ता आकर लड़की का विवाह इतनी आसानी से कर सकेंगे। सारी जिम्मेदारी गिरीशचंद्र बोस ने उठा ली थी।

सबसे पहले सर जगदीशचंद्र बसु आए। उनके साथ लेडी अबला बसु थी। व्योमेश चक्रवर्ती जरा ऊंची आवाज में कोई चुटकला सुना रहे थे। लार्ड सिन्हा पत्नी के साथ थे। जज धरमदेव बैनर्जी अपनी दोनों पत्नियों के साथ थे। डॉ. रमेशचंद्र मजूमदार, चित्तरंजन दास, रमेश दत्त और मेघनाथ कृष्णमूर्ति आदि के आने से विवाह का महत्त्व और बढ़ गया था। जगदीशचंद्र बसु बता रहे थे, "मैंने अरविंद बाबू से कह दिया था कि हम तुम्हारा स्वागत लड़की वालों की ओर से करेंगे।"

"क्या आप उन्हीं अरविंद घोष की बात कर रहे हैं जो गर्दभ पुराण के लिए भी जाने जाते हैं।" व्योमेश चक्रवर्ती ने गंभीर भाव मुद्रा में संयत स्वर में कहा।

जज धरमदेव बैनर्जी ने पूछा, "आपका गर्दभ से मतलब गधा पुराण से ही है ना, व्योमेश।"

"ओ हो, आप भी यहां हैं। तब तो आप ही गर्दभ पुराण की प्रस्तावना सुनाएंगे।"

"अवश्य...अवश्य...आज ही सुनाएं परंतु सुनाएं अवश्य, क्योंकि मैं भी आजकल पौधों पर काम करने के बाद गधों के अतिमानस पर काम करने की सोच रहा हूं।" जगदीशचंद्र बसु ने मुस्करा कर कहा।

"पहले यह तय तो कर लिया जाए कि कोई उसकी बिरादरी का खुफिया तो यहां नहीं है। वरना..." रमेशदत्त ने कुछ आगे आकर कहा।

"हो तो हो, वह भी हमारे आपकी तरह खुश हो जाएगा और हो सकता है उस खुशी में कोई खिताब भी हाथ लग जाए।

"कम-से-कम में तो इस खिताबी दौड़ से अपना नाम वापिस लेता हूं ताकि चयनकर्ता को असुविधा नहीं हो।"

"क्यों जनाब, क्यों?" मेघनाथ कृष्णमूर्ति ने तपाक से पूछा।

"यह इसलिए कि जो आनंद तटस्थ रहकर खिताब कमेटी के सदस्य या चेयर परसन बनने में है, वह खिताब की दौड़ में शरीक होने में नहीं है।" रमेशचंद्र मजूमदार ने कंधे उचकाकर अपनी आदत के अनुसार कहा।

"हां तो गर्दभ पुराण के शोध पर तो कुछ सामने आए।...क्यों व्योमेश साहब?"

"लीजिए, सुन लीजिए।...कहकर व्योमेश चक्रवर्ती ने खखार कर अपनी भारी आवाज को थोड़ा पतला करने का असफल अभ्यास किया जो प्राय: ऐसे शाही मौकों पर वह करना नहीं भूलते। वह कह रहे थे, "दो व्यक्तियों में यह सत्र शुरू हो गई कि गधे और घोड़े में कौन अक्लमंद है? यह तो निश्चित था कि घोड़ा गधे से अक्लमंद है। फिर भी रस्साकशी तो रस्साकशी है। दिलीप चटर्जी अकेले पड़ गए गर्दभ के हिमातियों में। सत्र जुए की शक्ल लेने लगी। तब एक ने पूछा, "यह फैसला होगा कैसे?"

"अब सब सन्नाटे में आ गए। तब दिलीप चटर्जी ने कहा, "वह सामने आहता देख रहे हैं, जहां घोड़ा पहले से मौजूद है।"

"तो?"

"गर्दभ वहीं पास में चर रहा है।"

"बेशक है।"

"उसे आहाते में पहुंचाया जाए।"

"फिर?"

"आहाते के दरवाजे पर सांकल जड़ दी जाए।"

"फिर?"

"फिर यह देखा जाए कि उनमें से कौन बाहर आने का प्रयास करता है?"

"यदि कोई भी नहीं करे तो!"

"पहले बताई हुई सेचुएशन तो पैदा की जाए, फिर का सवाल तो बाद में जन्मेगा।"

"यानी पहले शादी फिर बच्चा, है ना।"

इस पर सबने एक साथ मिलकर ठहाका लगाया। आस-पास वाले भी उधर देखने लगे।

"लीजिए साहब, गधा भी वहीं आ गया और दरवाजे की साकल भी लगा दी गई, अब?"

"धैर्य।...पहले यह बताएं कि आप लोग मेरी इस तदबीर से सहमत तो हैं।"

"तदबीर से सहमत क्यों नहीं हैं। हम इसे तजवीज का नाम भी दे सकते हैं।"

"चलो तजवीज ही सही पर पूर्णतया सहमत तो हैं।"

"हां हैं।"

"तो धैर्य से उनके प्रयत्नों को देखते जाइए।"

"यह पागलपन तो नहीं है, मि. व्योमेश चक्रवर्ती।"

"शायद नहीं।"

"क्या मतलब?"

"हर अक्लमंद आदमी पहले पागल होता है, बाद में..."

"बाद में क्या?"

"जरा आप लोग भी सोचिए।"

"इसमें सोचना जैसे क्या है?"

"यानी आप घोड़े की बिरादरी से हैं।"

"सब हम पागल कहेंगे। क्या तुम लोग मि. व्योमेश के बारे में नहीं जानते?..."

"फिर भी...जब तक बरात आती है, तब तक के लिए यह प्रसंग बुरा नहीं है।"

"हां तो सज्जनो, वो देखिए घोड़ा हाथ-पांव मार कर हिम्मतपस्त हो गया।...अब तक गर्दभ महाशय ने आहते का एक चक्कर लगाया। फिर दूसरा। तीसरे चक्कर के बाद वह दरवाजे की सांकल के पास आ खड़ा हो गया।"

"हैं। वो तो उचक-उचक कर दरवाजे की सांकल को छेड़ने लगा है।"

अब तो सब सावधान हो गए। प्रसंग रोचक बनता नजर आया। सबकी दृष्टि गर्दभ महाशय के कारनामों पर जा पड़ी। घोड़ा गर्दभ से लंबा था। वह चाहता तो सांकल तक अपना मुंह ले जा सकता था परंतु वह तो हिम्मतपस्त होकर एक कोने में निढाल हुआ पड़ा था। एकदम निष्क्रिय जबकि गदर्भ सक्रिय था और लगातार सांकल को मुंडे से हटाने का प्रयास कर रहा था। उसने घोड़े की ओर सहायता पाने की दृष्टि से देखा भी परंतु घोड़े ने उसके आग्रह पर ध्यान नहीं दिया।

गदर्भ हारा नहीं, थका अवश्य। उसका सारा शरीर पसीने-पसीने हो रहा था। कुछ देर बाद क्या देखते हैं कि गदर्भ ने सांकल निकाल दी और थोड़ा पीछे हटकर वह दरवाजा खोलने लगा। घोड़ा तब भी निढाल पड़ा था जबकि गदर्भ बाहर आ चुका था और दरवाजे को पार कर चुका था।

"कथा खत्म-व्योमेश!"

"नहीं, यह कथा तो जन्म-जन्मांतर चलती रहेगी।"

"क्यों?"

"हमारी सामाजिक मान्यताएं लाभ पर आधृत हैं। हमारे व्यवहार में भी लाभ के केंद्र में हैं।"

"तो क्या हुआ?"

"फिर भी गधा घोड़े की अपेक्षा कम लाभप्रद है।"

"आप गधे का साहित्यिक नाम ही बना रहने दें।"

"यानी गर्दभ।...क्या गर्दभ गधा नहीं है?"

"फिर भी वह बिगड़ा हुआ, घिसा हुआ और तद्भव रूप है।"

"गर्दभ से गधे तक बनने की लंबी यात्रा पर कौन प्रकाश डाल सकता है?"

"क्या अब हम किसी अन्य टॉपिक पर बात नहीं कर सकते?"

"करना चाहें तब ना! हमारे पास सिर्फ दो ही टॉपिक हैं-पहला गर्दभ और दूसरा बंदर।"

"जो हमारे पुरखे हैं।"

"हमारे पुरखे, उनके पुरखे, उनके भी पुरखे और...।"

"बस-बस, आगे कुछ नहीं।"

"क्यों?"

"पुरात्तव विशेषज्ञ निरंजना चौधरी आ रहा है। उसके सामने यह चर्चा छिड़ गई तो सुबह हो जाएगी और...।" मेघनाथ कृष्णमूर्ति ने कहा।

जगदीशचंद्र बसु, धरमदेव बैनर्जी आदि अंदर चले गए। सुधीरा भूपालचंद्र बसु से कुछ कहकर लौट आए। अंदर मृणालिनी को तैयार किया जा रहा था। वह असली सोने की कामदार बनारसी साड़ी पहन चुकी थी। आभूषण में सबसे पहले गले में हंसुली, मटरमाला, सोनार हार, नेकलेस, कानों में झूमका, माथे सिर पर सिंथि, बाजू पर अनंत, हाथ में शाखा, चूड़ पला और चूड़ियां, नाक में नथ और पांवों में नूपुर पहने थी।

शाखा बसु मृणालिनी का श्रृंगार कर उसे निहार रही थी। उसने कहा, "रूप की रानी, परियों की शहजादी, सौंदर्य की देवी, तुझे मां दूसरों की नजर से बचाए इसलिए कनपटी पर काला टीका लगाए देती हूं।"

"दीदी, आपने इतना श्रृंगार क्यों किया?"

"क्योंकि, मां ने आदेश दिया था कि मेरी मृणालिनी का ऐसा श्रृंगार करना कि कामदेव की पत्नी रति अवाक् रह जाए।"

"क्या बिना श्रृंगार के मैं सुंदर नहीं लगती हूं, दीदी?"

"वह तो अकृत्रिम सौंदर्य! इससे कोई मुकाबला नहीं, लेकिन मानव ने सौंदर्य को भी अद्भुत अलंकरणों से विभूषित कर उसमें चार चांद लगा दिए हैं और वह भी हजारों हजार में कोई एक भाग्यशालिनी होती है, जिसके अंगों पर आभूषण स्वयं को गरिमामय समझते हैं। उनमें से एक तू है।" शारदा बसु ने उसकी ओर प्यार से देखते हुए कहा।

इतने में ही उसकी अन्य सखियां वहां आ गई। सुखदा, कनुप्रिया, निर्मला टैगोर आदि ने एक साथ कहा, "मेरी लाडो, तू सौंदर्य की रानी है।"

"सीधे, स्वर्गलोक से उतरी है।" निर्मला टैगोर ने उसके पास आते हुए कहा।

वहां तक शहनाई, नौबत की आवाज गूंज रही थी। बाहर कुछ शोरगुल बढ़ा।

कनुप्रिया गा उठी, "माला बदल हवे आज राते...।"

"चुपकर, ठाकुर मां इधर ही आ रही हैं।"

यह सुनकर वे सब ऐसे शांत हो गईं जैसे उनके मुंह में जुबान ही न हो। कुछ देर बाद वही बोली, "तुम सब हो तो डरपोक ही–ठाकुर मां का रुआव तो सिर चढ़ कर बोलता है।"

"देखा, सुधीरा दीदी को। वह किसी से कम नहीं हैं।" निर्मला टैगोर इतना ही कह पाई थी कि सचमुच ठाकुर मां अंदर आ धमकी। तभी नाइन ने प्रवेश करते हुए कहा, "ठाकुर मां, आप जरा नीचे चलिए।"

"क्यों? वहीं से तो आ रही हूं?"

"छारना तला से क्या?"

"नहीं छारना (मंडप) तो तैयार हो रहा था इसलिए इधर नहीं गई थी।"

"अब छारना तला (मंडप) तैयार है। जरा आप मुआयना कर देखिए।"

"क्या करूंगी मुआयना! वहां तो एक से बढ़कर एक कारीगर हैं।"

"नीचे सब आपको बुला रहे हैं, ठाकुर मां।"

"चलो भाई, चलो।" वह लाठी टेकती हुई नीचे जाने के लिए चल पड़ी।

फिर धमाल शुरू हो गया।

"लो, बहू ठान को भी अभी आना था। अब शुरू हो जाएगी ज्योतिष के ज्ञान–विज्ञान की आड़ी तिरछी रेखाओं के रहस्यमय चरित्र का बखान।"

"वह भी आज, ऐसे मौके पर।"

"वह तो सदैव से ऐसा ही करती आ रही है, पर हर एक के लिए नहीं। शायद अब तो वह देख दाखकर चुप रह जाती है। कुछ बोलती नहीं है। पूछते हैं तो भी नहीं। कहती है, मैं अपने ज्ञान की परीक्षा लेती हूं।" वह अब समझ गई है कि उसे दूसरे के जीवन के रहस्य खोलने की जरूरत नहीं है।...आने दो।

"ओह! अपनी मृणालिनी दुल्हन के रूप में साक्षात् सौंदर्य की देवी लग रही है।...शायद, तुमने सजाया है। गजब का। काला टीका भी।" कहकर वह मृणालिनी के पास पहुंच गई। उसको ध्यान से देखने लगी।

"क्या है, बहू ठान! तुम कुछ बताना चाहोगी, क्या?" मृणालिनी की बड़ी मामी पूछ रही थी।

"देखो भाई, मृणालिनी का माथा एलिफेंट फोरहैड सा है–उभरा हुआ। ...आंखें बड़ी–बड़ी और जिज्ञासा भरी हैं। नाक लंबी है, खूबसूरत हैं। होंठ पतले। केश लंबे, घुघराले।...सिंह राशि!"

"तो?"

"बहुत सुंदर!"

"क्या!"

"मृणालिनी, तुम कुछ जानना चाहती हो क्या?"

"क्या, बहू ठान?"

"अपनी भावी जिंदगी के बारे में?"

"क्या जानूंगी, बहू ठान, मैं नहीं जानती?"

"क्या तुम काल्पनिक कथा सुनना चाहोगी?"

"कह दीजिए, बहू ठान।"

"तुम स्वाभिमानी हो, जिद्दी नहीं। उदार और श्रद्धावान्...मधुरभाषी, सौंदर्यशालिनी... गरिमामयी, परिपक्व मेधावाली। सुदृढ़ विचार वाली...।"

"फिर, तुम इससे क्या संकेत देना चाहती हो, बहू ठान?"

"शायद बरात आ पहुंची है।...हमें चलना चाहिए।" कहकर वह बाहर की ओर मुड़ गई।

"कुछ तो संकेत दो, बहू ठान।"

"नहीं, मामी जी, रहने दो।...भाग्य की प्रकृति अदृश्य बने रहने की है।"

"तो?"

"हमें भाग्य को कुरेदना नहीं चाहिए।"

"कुरेदा किसने था?"

"वह जा चुकी है, मामी जी।" निर्मला टैगोर ने धीमे स्वर में कहा।

"हैं! वास्तव में बरात आ चुकी है।" सुधीरा ने कहा। सब बाहर जाने लगीं। सुधीरा ने कहा, "मैं तुम्हारे पास हूं, मीनुदी।"

"मेरा दिल धक्धक् कर रहा है।"

"तेरा ही नहीं, जब मैं तेरी जगह थी, तब मेरा भी कर रहा था।"

"फिर?"

"फिर क्या, हम धीरे-धीरे अभ्यस्त हो गए। दरअसल मुझे तो आज तक यही लगता रहा है कि विवाह पारस्परिक संबंधों-स्त्री-पुरुषों के संबंधों के उत्तरदायित्व स्वीकार करने का प्रतीक है-एक स्वस्थ तथा आह्लादित अंतश्चेतना की शक्ति का प्रतिफल है। सामाजिक उत्तरदायित्व की कड़ी में एक महत्त्वपूर्ण कदम है।" सुधीरा का मन सहज सजग हो गया। वह कहने लगी, "मीनुदी, तू मेरे साथ आ।"

"कहां?"

"वहां तक।"

"क्या होगा?"

“तू देख कर बता सकेगी कि बरात कैसी सजी-धजी हुई आई है।”

“मुझे वह सब नहीं जानना।”

“तू जान लेगी तो क्या होगा?”

“न जानूंगी तो भी क्या होगा?”

“वही होगा जो राम रच राखा।”

“फिर ज्योतिष क्यों?”

“जिज्ञासा के लिए।”

“कौन सी जिज्ञासा?”

“वही जिज्ञासा जो सबसे जुड़ी हुई है।”

“फिर उसका क्या जानना?”

“तुझे आदमी का तो भरोसा है या...।”

“पहले तुझे आदमी की परिभाषा बतानी पड़ेगी।”

“तू मुझे परिभाषा में मत फंसा। मैं परिभाषाओं से बाहर रहना चाहती हूं।”

“यानी तू परिभाषाओं को चुनौती देने का इरादा रखती है।”

“नहीं, ऐसा कुछ नहीं है।”

“मैं जान सकती हूं।”

शहनाई की आवाज तेज हुई। बांसुरी दल का स्वर मद्धिम पड़ने लगा।

“यह बांसुरी दल को साथ लाने की क्या सूझी?” सुधीरा मन-ही-मन सोचे जा रही थी। बांसुरी वादकों में गजब का समन्वय था। वे एक प्राण थे और रवींद्रनाथ ठाकुर के गीत गुनगुना रहे थे।

मृणालिनी पूछ रही थी, “सुधीरा, तू भी क्या बांसुरी की ध्वनि सुन रही है?”

“हां, मीनुदी।”

“कभी विवाह-शादी में ऐसा हुआ क्या?”

“नहीं...शायद कभी नहीं। परंतु इस सबसे आनंद महक उठा है। चित्त पर गहरा प्रभाव बनता जा रहा है।”

“अब तो यह कुछ और ही धुन निकलने लगी है।”

“ये एक नहीं, पांच बांसुरी की संयुक्त ध्वनि है।” निर्मला टैगोर ने प्रवेश करते हुए बताना शुरू किया, “तिलक की रस्म पूरी हो चुकी है। आठ बग्घियों में बरात आई थी। बैंड बाजा भी साथ था। दूल्हा शांत, गंभीर और दिव्य सा लग रहा था। वह धोती कुरते में, सिर पर मुकुट धारण किए साक्षात् देवलोक से उतरा शांतिदेव लग रहा है। उस सफेद मुकुट की बात ही कुछ और है। उनकी बड़ी-बड़ी आंखों में अनोखी चमक है। उनके अधरों पर मानों संगीत थिरक रहा है। आज का दिन-माह सब शुभ है। अप्रैल

महक उठा है। आसमान मेघावृत है। पर कहीं-कहीं से खुला-खुला। पवन शीतल है एकदम प्यारी-प्यारी।"

"क्यों न हो, कृषि विभाग के निदेशक की सुपुत्री का विवाह है!" कनुप्रिया ने चहकते हुए कहा।

"ठहर जरा सुन तो।" सुधीरा ने कहा।

"वृंदावनम् परित्यज्य पादमेकम् न गच्छति!...कैसी संगीतमयी ध्वनि है कि भगवान् वृंदावन को छोड़कर कहीं गए ही नहीं। कैसे जाते। प्यार का बंधन जन्म-जन्मांतर का होता है। एक बार यह तीर हृदय के पार उतर जाए, फिर क्या वह मधुर टीस कभी मिटेगी? वह क्या स्वर दे रहा है, कह रहा-आज दिव्य प्रेम की साधु वेला है...चहुं ओर वैवाह्य सुंगध का अमिय लहरा उठा है-प्राणु वायु बन कर जग के कण-कण में। अद्‌भुत वैरल्य, वैलक्षण्य, वैशद्य और वैशिष्ठ्य है।...भगवान् स्वयं आनंदमय संगीत लिए गा उठे हैं। शरीर गा उठा है, मन स्तब्ध है। मन गा उठा है, आत्मा मुग्ध है। चर-अचर सब प्रेमपाश में अदृश्य तरंगों में बह रहे हैं। तुम राधा बन मयूर सा मन लहराओ, मैं मेघ बन तुम्हारी ओर हाथ बढ़ाऊँ। तुम भी हाथ बढ़ाओ।...हो जाए सब एक प्राण। दो देह, दो मन, दो आत्माएं थिरक उठे एक साथ, एक-एक पल में अनेकानेक बार बन एकत्व का महापर्व।"

मृणालिनी में अद्‌भुत संगीत उमड़ उठा। उसकी देह का रोम-रोम आनंद आप्लावित हो उठा। आपादमस्तक नूपुर बन अनुगूंज उठा। उसकी रोमिल देह आनंद से भरकर कृष्णा संग नृत्य कर उठी है। मादक मन विद्युत तरंग के स्फुलिंग मची देह को लिए पवन से भी महीन-हलका और सहज हुआ पराग बन आत्मैक्य हुए जा रहा है। वह चौंक कर कहती है, "ये बांसुरी मुझे पागल किए डाल रही है, सुधीरा।"

"इस बांसुरी ने ही राधा-गोपियों को अपने वश में ऐसा किया था कि वे सारी दीन दुनिया को भुलाकर उसकी ही होकर रह गईं।" सुधीरा कहते-कहते पूछ बैठती, "तू क्या यही अनुभव कर रही है, मीनुदी। क्या वह मेघवर्णीय नीलचंद्र तेरी सांस-सांस में बहकर तुझे उद्वेलित करने लगा है। तू क्या अर्ध मूर्छा की स्थिति की ओर अपने को बढ़ता पा रही है।...कुछ तो बोल मेरी चकोरी, प्राणमयी सुराधा, क्या तू उसे अभी से अपने में अनुभव कर उठी है! ऐसा है तो वह निश्चित ही परम पद्म है।"

"मैं कुछ नहीं जानती, सुधीरा। मुझे यह क्या हो रहा है। अब वही बांसुरी अधरों पर रख मुस्करा रहा है। कह रहा है, आ जाओ, राधे, इधर इन बांहों में, इन प्राणों में, प्राणों के कण-कण में। चहुं ओर आनंद वृष्टि हो उठेगी। अग-जग उनींदा हुआ स्वप्नवत् नव शतदल सा खिल उठेगा!"

सब सखियां सिवा सुधीरा को छोड़कर बाहर जा चुकी थीं। वह कह रही थी, "मीनुदी, अपने को संभालो।"

"पर कैसे। मैं अपने में रह पाऊँ तब न! वह रहने दे तब न। वह मुझे राधा से क्यों संबोधित कर उठा है, सुधीरा?"

"क्या तू उसे श्याम से पुकार उठी है।"

"श्याम को श्याम नहीं पुकारूं तो क्या संबोधन दूंगी उसे! वह क्या श्याम नहीं है?"

"अवश्य उसकी काया श्याम है।"

"नहीं सुधीरा, तू तनिक मेरी आंखों में झांक कर देख तो उसका तन भी श्याम है, उसका मन भी श्याम है, उसकी आत्मा भी श्याम है और वह पूरा का पूरा, अंदर-बाहर से, संकेतों से रागात्मक व्यवहार से एकदम श्याम कांतिवाला, नीलचंद्र, वृंदावनवासी, मुरलिका का जादूगर श्याम ही है, सुधीरा, श्याम ही तो है। तू बांसुरी को रुकवा वरना मैं सारी लोकलाज त्यागकर उसके गले से जा लगूंगी और कहूंगी, चल मेरे दीप प्राण-ज्योति के से दमकते मेघ, मुझे उस पार ले चल, जिधर से तू इस धरा पर आया है।"

"चुप भी कर, मीनुदी। दीवारों के भी कान होते हैं। कोई सुनेगा तो क्या सोचेगा?"

"क्या!"

"कि दुल्हनिया पागल हो उठी है।"

"तो इसमें झूठ क्या है?...पागलपन ही तो दुल्हनिया का सम्मोहन रंग है-प्यार है, मनुहार है, संपूर्ण आसक्ति यज्ञ है।"

"ये तुझे क्या हो रहा है, मीनुदी? चुप भी कर। तुझे मेरी सौगंध। आगे एक शब्द नहीं।"

"क्या चुप करूं, वो तो सामने आ खड़ा हुआ है?"

"तेरी शंका, अशंका...बगीचे में उठे जलजले जैसे प्रश्न-अप्रश्न और घूरती आंखें उन सबका क्या हुआ है।"

"वे बदरा थे, चमके थे, गरजे थे, पर अब बरस रहे हैं, सुधीरा। मैं उसमें भीगे जा रही हूं। कालिंदी का तीर है, वह पगला बांसुरी से मंत्रोच्चारण करता हुआ मेरा हाथ पकड़े मुझे लिए जा रहा है...तुझे कुछ दिखलाई नहीं पड़ रहा है क्या, सुधीरा?"

तभी सुधीरा ने उसे झकझोर डाला। वह हिल सी गई। वह पूछने लगी, "यह क्या है?"

"मेरा सिर, मेरी राधिके।"

"क्या मतलब?"

"तू अभी क्या बड़बड़ा उठी थी।"

"कुछ भी नहीं, सुधीरा, लगता है तेरे कान बजने लगे हैं। तू अति हर्षोन्माद में बहक उठी है।"

"क्यों नहीं मेरी, ठाकुर मां, पगला मैं गई हूं। वह भूत तुझ पर सवार हुआ था। बांसुरी तू सुन रही थी।"

"कहां है, बांसुरी का स्वर, सुधीरा?"

"हैं!" सुधीरा चौंक पड़ी। वहां कहीं भी अब बांसुरी का स्वर नहीं था। एक-एक करके सभी सखियां वहां लौट आई थीं। सबके चेहरों पर संगीतमय उल्लास था, शहनाई में आकंठ डूबी मादकता थी और कण-कण में वासंती परिमल सा उत्साह मुग्ध आनंदातिरेक था।

4

अचानक पवन लहरा उठी। बेला, मौलसरी, चमेली आदि की महक चहुं ओर महक उठी। आनंदित हो उठा सारा पंडाल, घर-आंगन, द्वार-द्वार। मेघ झुक आए शांत-संयमित से बन कर रस स्निग्ध हुए।

अरविंद टोपोर पहना छारना तला (मंडप) के पास खड़ा हुआ था। उसे पावन वस्त्र दिए जा रहे थे। अब वह यह वस्त्र पहनेंगा। फेरे इन्हीं वस्त्रों को पहनकर होंगे।

शहनाई बज रही थी।

नौबत उसका साथ दे रही थी।

मुरालिका सोच मग्न थी।

"वाक दादा, अब?" अरविंद ने अपने बड़े भाई विनय भूषण से पूछा।

"उस कमरे में जाकर तुम्हें ये वस्त्र पहनने होंगे।...और जो वस्त्र तुम पहनकर आए हो वह तुम्हें लड़की वालों को देने होंगे।"

"ये चादर-धोती!"

"हां, ऑरो, इस समय सिले हुए वस्त्र नहीं पहने जाते हैं।...वह पाटिया है, जिस पर अल्पना बनी है, तुम्हारा आसन है। आकर वहीं बैठेगो।"

"और लड़की का?"

"देखते जाओ, वह भी सामने आ जाएगा।" विनय मोहन ने पुकार लगाई, "चारु, इधर आओ।"

अब चारु के साथ अरविंद दूसरी दिशा में बढ़ गए।

"कहां जाना है?"

"मैं पता करके आ रहा हूं, तुम सामने वाले कमरे में जाकर यह नए वस्त्र पहनो।"

"और इन वस्त्रों को?"

"साथ ले आना, मैं लड़की वालों को दे दूंगा।"

"वे इनका क्या करेंगे?"

"छारना तला (मंडप) में अभी एक ही अल्पना सज्जित पाटिया देख रहे हो, वहीं दूसरा पाटिया आएगा।"

"कहां से?"

"अंदर से। उस पर दुल्हन बैठी होगी और घर के चार व्यक्ति उसे उठाकर इधर लाएंगे। उस पाटिया पर तुम्हारे पहने हुए वस्त्र बिछे हुए होंगे।"

"क्यों, चारु?"

"ताकि दुल्हन तुम्हारे वस्त्रों से तुम्हारी अनुभूति पा सके।"...वह तुम्हें जैसे-जैसे महसूस करने लगेगी, वैसे ही वैसे वह उसका मन आश्वस्त होता जाएगा। वह सहज रह सकेगी।

"वस्त्र गंध मात्र से।"

"अनुभूति सत्य दृश्यमान् जगत् से अधिक स्थायी और घनीभूत होता है। हमारी इन परंपराओं के पीछे वही उदात्त मंत्रशक्ति है, वह आधारभूत मनोविज्ञान है और वही सामाजिकता है कि जिससे व्यक्ति द्वैत भाव से अद्वैत भाव में शनैः-शनैः परणित होता चला जाए। वह आत्मैक्य का अनुभव कर सके। वह अर्द्धनारीश्वर को अपने में जी सके। इसी कारण विवाह को आवश्यक माना है, सद्धर्म की चेतना माना है। जिसे फ्रेंच भाषा में 'कलड सैक' यानी बंद गली कहते हैं, उस गली का आगे का द्वार खुल सके। विवाह जीवन को जीने की शैली में ढालता है।"

"यह तुमसे किसने कहा, चारु।"

"पंडित मदन चौधरी ने विवाह पर पांच दिन तक वक्तव्य दिया था। वह कहते थे कि शरीर मन में लिए 'पराइआ' यानी अछूत न हो, मन आत्मा के लिए अछूत न रहे। यदि इस क्रम में आगे बढ़ते गए तो आत्मा परमात्मा के लिए अछूत नहीं रहेगी। यह जीवन का प्रभु चरणों तक पहुंचने का तथ्य है, जो तथ्यों से ऊपर है।" चारुदत्त एक-एक बात याद करता जा रहा था और अरविंद विवाह के गुह्य रहस्य को सुन-जानकर सच्चा जिज्ञासु होता जा रहा था।

"चलें, चारु।"

"चलो।"

चारुदत्त ने देखा कि अरविंद ने बहुत जल्दी वस्त्र बदल लिए। उसने अपने को अभ्यारण्य में पाया, जहां पक्षी दल चहक रहा था, झील में तैर रहा था और घना जंगल नृत्य कर उठा था। साथ-साथ जीने का आंनद ही वास्तविक महोत्सव है, आनंद पर्व है और दिव्यालोक अनुभूति का आंतरिक मेला है, लेकिन उसने अरविंद से कुछ कहा नहीं। अब वह छारना तला के पास आ चुका था। उनके वस्त्र ले जा चुके थे। वह कुरसी पर बैठा दिया गया। मृणालिनी के सामने रखे पाटिये पर अरविंद के उतारे हुए वस्त्र बिछाये जा रहे थे। वह पूछ बैठी, "सुधीरा, यह क्या हो रहा है?"

"तुम्हें इस पाटिए पर बैठाने की तैयारी हो रही है, मीनुदी।"

"और उन पर बिछाए जा रहे वस्त्र, सुधीरा...यह तो पुरुष के हैं।"

"हां, भानजी, यह वस्त्र पहनकर तेरा होने वाला दूल्हा यहां आया है। अब वह हमारे घर से दिए वस्त्र पहन चुका है और उसके उतारे हुए वस्त्र पाटिए पर बिछाए जा रहे हैं।" मामी समझाती।

"पर क्यों?"

सुधीरा उसके कान में कहती, "ताकि तू उसकी सुगंध को अनुभूत कर सके।"

"सुगंध?"

"सुगंध से स्वीकार्य का मानस बनता है। तुम दोनों तो शादी से पूर्व एक-दूसरे को देख चुके हो, बात भी कर चुके हो परंतु हमारे समाज में शादी से पूर्व परस्पर मिलने की अनुमति नहीं है। ऐसी सूरत में दूल्हे-दुल्हन के मध्य अप्रत्यक्ष अनुभूति का यही एकमात्र तरीका है।"

"परंतु अब तो...।"

"मीनुदी, अपने रीति रिवाज अपनी जगह हैं। तुझे फिर भी, एक नई अनुभूति होगी। हमारे यहां स्पर्शानुभूति का बहुत महत्त्व है। स्पर्श सुख अनंत आनंद की तरंगों का अनुभव कराता है। जा तू अब पाटिया पर बैठ। बाद में बताना कि जीजाजी के वस्त्रों से कैसी अनुभूति हो रही थी?" सुधीरा ने बहुत धीमे से कहा।

"चलो बेटे, इधर आओ।" भूपालचंद्र बसु का स्नेहिल स्वर था।

धीरे-धीरे मृणालिनी पाटिए की ओर बढ़ी। अब उस पाटिए को ताऊ, चाचा, मामा आदि ने उठा लिया था और छारना तला के पास आ गए थे। उसके गले में एक माला थी। अरविंद बीच में आ खड़े हुए थे। अरविंद ने इस दृश्य को मंत्र मुग्ध होकर देखा।

मृणालिनी अपने मुंह को पान के पत्तों से ढके हुए थी। उन लोगों ने पाटिया पर बैठी मृणालिनी को लिए चक्कर लगाने शुरू कर दिए। उल्लूह ध्वनि (हर्ष ध्वनि) हो उठी। अब सब कुछ स्थिर हो गया था। वरमाला डालने का कार्यक्रम शुरू हुआ था।

पाटिया को काफी ऊपर ले गए ताकि अरविंद को उचककर माला डालनी पड़े। इस दृश्यबंध पर वहां खड़े सभी शुभचिंतक प्रसन्न हो रहे थे। नाते-रिश्तेदारों में कुतूहल मिश्रित हर्षोन्माद छा रहा था। एक-एक पल आनंद का नव सृजन कर रहा था। हालांकि अब मृणालिनी ने अपने मुंह पर से पान का पत्ता हटा लिया था और जिन हाथों में पान का पत्ता लिया था, अब उनके स्थान पर हाथ में माला थी। माला के पहले चरण में थोड़ी चुहलबाजी कुछ तेज हुई थी। व्यंग्य बौछार भी बूंदाबांदी-सी हो उठी थी। दोनों ने एक-दूसरे के गले में माला डाली। दूसरी बार माला का अदली-बदली तनिक सरल हो गई थी। अरविंद चाहकर भी उस दिव्य सौंदर्य को नहीं देख पाए थे। उनकी ललक पर बीजुरी कौंध जाती थी। दूसरे सारा ध्यान मृणालिनी के गले में माला डालने में था।

तीसरे चरण की मादकता कुछ न्यारी ही थी। सालियां अरविंद का ध्यान बांटने का पूरा प्रयास कर रही थीं। निर्मला टैगोर ने ढोलक पर धीमे से थाप धरी कि उन सब सखियों के मधुर कंठ ने नयनों ही नयनों में मुस्करा कर गीत उठा लिया। गीत था प्रेम ढला मिस्री घुला, अंतर्मन की परिमल मालाओं से महकता हुआ –

लागे रंगा होली कोने वौ गो
माला बदल हबे एई राते, आज माला
ओ गो तोरा उलु दे, रागा बर एल ने
टोपर मायाय दिये चतुर्दीलाते माला।
शांख बाजे सानाई बाजे घोमटा खोलता।

लज्जवती कोने बौएर नोलक ढोलेना हातेर बाजु दोलेना।
कौन बौ धोमटा खोल ओ दुटी नयन तोल
देखे ने के एल छांदनातलाते। माला...
रवई दिलाम, पालक दिलाम सात भरि सोना
राय बोधिनी ननरोगे खोटा दिओ ना (आहा)
कोन बौ रुपसी रेखो ना उपसी
खेते दिओ तोरे रूपोर बयाला ते माह

अरविंद इस गीत के भाव को हृदयंगम कर उठे कि –

इस गीत की लड़ियां तब भी बहुत धीमे-धीमे उठी थीं, जब सात बार अरविंद के चारों ओर पाटिया पर बैठी, पान के पत्तों से मुंह ढापे मृणालिनी को घुमाया गया था। लज्जा के कारण दुल्हन का मुंह लाल हो गया था, क्योंकि आज उसकी जयमाल है। अब दूल्हा आ गया। उल्लुह ध्वनि (उल्लुह ध्वनि मुंह से जीभ निकाल कर एक प्रकार की आवाज होती है, जिसे बंगाली अत्यंत शुभ मानते हैं।) हुई। शंख और शहनाई बजने लगे। दुल्हन एक बार आंख उठाकर दूल्हे को देख ले। पालक, सोना बहुत कुछ दहेज में दिया है। उस पर ताना मत कसना। ननदे उसकी ताना मत देना। उसका ध्यान रखना, चांदी की थाली में खाना देना, उपवास में न रखना परंतु तब पुष्प वर्षा रुक कर हुई थी। बीच-बीच में हर्ष ध्वनि अनुगूंजती जा रही थी।

इस बार उस गीत को एक दाढ़ी-मूंछों वाले नवयुवक ने बांसुरी पर उठा लिया था। बांसुरी की ध्वनि इतनी मधुर थी कि अब उस गीत को अधरों ने अपने प्राण तत्त्व से गाना शुरू कर दिया था। पायल भी थिरक उठी थीं और बीजुरी भी। सारा वातावरण संगीतमय हो उठा था। मानों चांदनी निर्झर झील में उतरकर, तैरते हुए गा उठी हो। गगन नाच उठा हो और अदृश्य पुष्प वर्षा चहुं ओर हो उठी हो।

मधुर कंठ, मुरालिका निनाद और पायल नूपुरों की ताल ने सबके तन-मन को ऐसा सम्मोहित किया था कि किसी को भी अपनी सुध-बुध नहीं रही थी। बेसुधी का सा माहौल हो गया।

अब अरविंद और मृणालिनी पाटिये पर बैठे हुए थे। पंडितजी अरविंद से कहलवा रहे थे वचन! गीत थम गया था। बांसुरी रुक गई थी, परंतु वातावरण अभी तक झनझना रहा था। मानों गीत-संगीत दो तन एक प्राण हुए परस्पर लख रहे हों।

दृश्य हथ बंधन हुआ नहीं कि वह गीत पुनः कंठों और मुरलिका की तान में बहक उठा। नुपूरों का घोष निद्रालु पलों के मन में उमंगित हो उठा। अब बधाईयां बंट रही थीं। वह दाढ़ी-मूंछों वाला नवयुवक मृणालिनी की ओर बढ़ा। मृणालिनी तब सहेलियों के साथ थी। अरविंद भी मित्रों के साथ भोज पर जा रहे थे। उनके बीच में वह नवयुवक पहले अरविंद के चरणों में झुका, तीर के मानिंद, चरण स्पर्श कर उनके कानों में फुसफुसाया, "आपका लघु भ्राता-बारीन। भेष बदलकर आने की गुस्ताखी के लिए क्षमा, सेजदा! मुकुट बहुत जंच रहा है। अब मैं ठाकुर के चरण स्पर्श कर लौट जाऊंगा। ठाकुर को आप संभाल लेना। वह इतनी फुर्ती से पलटा और बहू ठान के ऐसी तीव्र गति

से पांव छुए कि सब चित्र लिखित से रह गए। रघुराज चक्रवर्ती की पत्नी ने वह उत्तरदायित्व संभाला और मृणालिनी के कान में गुरु मंत्र सा फूंका...तेरा लाडला ठाकुर पो।" मृणालिनी देखती रह गई ठगी सी। उसके अधरों पर से मुस्कान फिसलकर सीधे अरविंद की आंखों में तैर गई।

अरविंद की ऊपर की सांस ऊपर, नीचे की नीचे! कहीं...। रघुराज चक्रवर्ती ने अरविंद से कहा, "वह हवा की तरह आया और हवा की तरह ओझल हो गया। चिंता नहीं। बांसुरी वाला कार्यक्रम उसकी ही अक्ल का करिश्मा था। मान ही नहीं रहा था। मैंने ही इस कार्यक्रम को विवाह के क्रम में रखवाया था बिना किसी पर जरा सा भी कुछ जाहिर किए।" सब समझ में आ गया। अरविंद ने मन-ही-मन कहा, "मेरी मातृभूमि के सच्चे सपूत, बंधिनी मां की बेड़ियां शीघ्र दूर करें-क्रांति अमर रहे। मां फिर कभी बंधि नी नहीं बने।" उधर चुहल ठट्ठे हो रहे थे।

"प्रोफेसर की प्रोफेसरी में अब चार चांद लग जाएंगे।"

"वो क्यों, कनुप्रिया?"

"वो यों, मेरी सहेली, अब काव्य के अदृश्य रहस्य स्वयं अवगुष्ठन उठाने लगेंगे।"

"चुप भी कर, कई और भी सुन रहे हैं।"

"तो तू चुपचाप जीजाजी के कान में फूंक मार दे।" सौम्या चटर्जी ने बलखाने की कोशिश करते हुए कहा।

"आइडियालॉजी की धुरी, यह नेक काम तू ही कर दिखा आ, उधर जीजाजी की तरफ आ जा। पर ध्यान रहे, मीनुदी की अब से पूरी चौकसी में है अपने जी...जा...जी।"

इस पर सब लड़कियां खिलखिला पड़ीं। भोजन की महक ने मन को अपनी ओर खींचना शुरू किया। जैसे माछेर कालिया, माछेर बड़ा, मांसेर झोल, लूची। वाह! वाह!

"बेगुन भाजा, लूची, शाक भाजा, चच्चड़ी (मिक्स वेजिटेबल) पुलाव।"

"और संदेश, पानतुआ, रसगुल्ला, मिहिदाना, कमल भोग...वाह! वाह! हर तरह की मिठाई!"

खाना चलता रहा। बातें उठतीं, संवरतीं और मुस्कराती रहीं। आंखें मिलती, बिछुड़ती और शरमाती रहीं। मृणालिनी का मन धकधक कर रहा था। एक तो सुबह से कुछ खाया नहीं था, दूसरे वह अरविंद को नजदीक पाकर नर्वस हो रही थी। यदाकदा अरविंद उसकी ओर देख लेते थे। वह उसे एकदम सौंदर्य की देवी प्रतीत हो रही थी।

दूसरा दिन हुआ। कालरात्रि। मिलन रात्रि नहीं। आज दूल्हा-दुल्हन मिल नहीं सकते। वे दोनों अलग-अलग रहेंगे।

बड़ी बैठक में अरविंद और उनके मित्र और मृणालिनी तथा उसकी सखियां आमने-सामने बैठे हुए हैं। बीच-बीच में हंसी-मजाक हो उठता था। निर्मला टैगोर ने कहा, "जीजाजी, क्या आप मेरी कुछ मदद कर सकेंगे?"

"कहो, क्या मदद चाहिए?"

"एक कविता सुना दीजिए।"

"कविता!"

"बनिए नहीं आप एक अच्छे कवि हैं, यह हम जान चुके हैं, जीजाजी।"

"कैसे?" चारुदत्त ने पूछा।

"आप राधा-गोपी-कृष्णा के झगड़े में मत पड़िए। उद्धव हो, उद्धव बने रहिए।"

चारुदत्त चुप हो गया। उनकी पुनः फरमाइश हुई। अरविंद ने उन सबकी ओर देखा। मृणालिनी सिर झुकाए बैठी हुई थी। वह एकदम शांत थी। कुछ-कुछ घबराए हुए थी। वह बोले, "हम कवि हैं या नहीं। परंतु हमें कविता से प्रेम है। हम उसकी अर्चना-पूजा करते हैं।"

"हमेशा करते रहेंगे।" निर्मला टैगोर ने कहा।

"हां, हमेशा करने का प्रयत्न करेंगे।"

"हमें तो देखते ही ज्ञात हो गया था कि आप कविता-प्रेमी हैं। प्रेमी किसी को कष्ट में नहीं देख सकता। यही सच्चे प्रेमी का साधना है।" कनुप्रिया ने अधरों पर मुस्कान छिपाते हुए जल प्रवाह में दीप दान कर दिया।

"तो सुनो।" कहकर अरविंद ने खखारा। मृणालिनी की ओर टकटकी बांधे देखा। पुनः कहा, "तो जरा आप ध्यान दीजिए, "हे देवी उषा।"

"यहां देवी उषा कौन है?" निर्मला टैगोर ने गंभीर होकर कहा।

"कौन नहीं है? सब हैं?"

"आप ऐसा मानते हैं क्या?" सुखदा ने पूछा।

"चांद को चांद कौन नहीं मानेगा। चांदनी तो चांदनी ही है।"

"आज है भी चांद की रात।" निर्मला टैगोर ने कहा।

"पूनो है-पूरे चांद की रात।" कनुप्रिया खिली।

"पर क्या कीजिए? अभी तो विदाई और कालरात्रि बीच में है।" सुधीरा चहकी।

"तो हम कविता शुरू करें।" अरविंद ने सहज होकर कहा।

"अवश्य, जीजाजी।" मृणालिनी की छोटी बहन ने कहा।

"तो सुनिए पर ध्यान से। ध्यान शब्दों के बाजार से हटाकर मन पर ले जाइए तो आपको लगेगा कि कविता स्वयं अपना अवगुण्ठन उठा रही है। यथा –

हे देवी उषा!
तू तेरे दीप्तिमंत देह से प्रकट हुई है,
विश्व के जीवन के लक्ष्य की ओर
ले जाती हुई,
तिमिर को मिटाने वाली
अमिय ज्योति लिए आई है।

"वाह! वाह!! क्या बात है!" निर्मला टैगोर ने कहा, "अमिय ज्योति लिए आई है।..." फिर मृणालिनी की ओर देखा और मुस्कराई।

"आगे कवि अर्ज कुछ यों करता है और आपका ध्यान चाहता है।"

"मृणालिनी का भी आग्रहात्मक स्वर है, इनकार नहीं।...हां जीजाजी, ध्यान दिया जा रहा है, आप आगे पढ़िए।" सुधीरा का मन झूमकर बोला।

"तो अर्ज है, हे ज्ञान रश्मियों की जन्मदात्री..." नीचे से बारीक आवाज बहुत धीमे से कुलबुलाई, "जल्दी नहीं, अभी समय है। फिर भी..."

हे ज्ञानरश्मियों की जन्मदात्री
हमारे में रचना कर
सत्य प्रदीप्त
औ' भयरहित आनंद भू की।

अब रचना ने नया मोड़ लिया। सबने जाना। अनुभव किया कि कविता में सहज आग्रह है, कहीं गहरे, बहुत गहरे में उतर कर। निर्मला टैगोर ने बहुत ही मधुर स्वर में, पूरी निष्ठा व्यक्त करते हुए कहा, "आगे, जिंदगी की कविता के स्वर।"

"हां तो आगे कुछ यों है। स्वर प्रार्थना का है।" कहकर अरविंद आगे सुनाने लगे –

जो विभाजक है
द्वेषयुक्त है
उसे दूर कर दे।

"क्या कहने, जीजाजी, जीवन रस के प्रणेता। क्या स्वर है, क्या मर्म है, क्या स्पर्श है। एकदम गंगा। धन्य हैं, आप..."

"आगे नहीं निर्मला जी...कविता अपनी बानगी अर्ज कर रही है–"

विस्तार कर हमारे जीवन का
आत्मा की संपूर्ण समृद्धि

आ लेकर, यहां
औ' हमारे जीवन को
सत्य रश्मियों से भर दे।

तालियों की गड़गड़ाहट ने सबकी मन तरंग के अवगुण्ठन खोल दिए। वाह! वाह!! कविता धर्म के ऋषि! वाह!

"तो क्या अब हम भी कोई निवेदन कर सकते हैं।" सरोजिनी ने तुरुप का पत्ता डालते हुए कहा, "यह इक्का है।"

"क्या मतलब?"

"मतलब आप से नहीं, अपनी बहू ठान (भाभी) से है, निर्मला जी, कर सकें तो हमारी सिफारिश कर दीजिए और एक गीत सुनवा दीजिए।"

"मीनुदी, हो जाए।...नहले पर दहला।...यह हम सबकी इज्जत का सवाल है।"

मृणालिनी ने सिर हिलाकर मना किया।

"ठाकुरजी (ननद) की आंतरिक पुकार और हमारी सिफारिश की इज्जत पर बन आई है तो...प्लीज लाज रखिए।"

"ठीक है।" मृणालिनी ने कहा और कुछ गहरे में उतर कर सोचने लगी कि वह क्या सुनाए? क्या वह सुना पाएगी? उसके पास तो भजन हैं, प्रभु के गीत हैं। सब दूसरों के हैं, अपना मात्र कंठ है। कंठ में आत्मा का स्वर है।

मृणालिनी ने जरा अपने कंठ की मन ही मन परख की और कहा, "राग अडाणा, झपताल में यह भजन है। कुछ क्षण बाद वह गा उठी –

तुम बंधु, तुमि नाथ,
निशिदिन तुमि आमार,
तुमि सुख, तुमि शांति,
तुमि हे अमृत पाधार!! ध्रु.॥
तुमिह तो आनंदलोक
जुडाओ प्राण, नाशो शोक,
तापहरण तोमार चरण
असीम शरण दीनजनार॥ तुमि.॥

इस बार गजब हो गया। गीत का भाव सबके अंतर में उतर गया। कंठ के जादू ने सबको सम्मोहित कर डाला। एक स्वर से निकला, "धन्य, मीनुदी, धन्य। धन्य, बहूठान, तुम धन्य हो। क्या कंठ पाया है, क्या मन और क्या हृदय! सब एकाएक।"

"क्यों जीजाजी, आप कुछ नहीं कहेंगे क्या?" निर्मला टैगोर ने टोका।

"कितना मर्मस्पर्शी स्वर! कितना हृदय को मथने वाला उतार-चढ़ाव! कितना आत्म-बल!"

"हो गई, मीनुदी, तू तो...।" कनुप्रिया चहकती हुई पूछती, "क्यों जीजाजी, डिस्टिङक्शन मार्क्स देते हैं न?"

"एवन डिस्टिङक्शन मार्क्स।"

"ओ मीनुदी, सुना तूने..."

"विन द हाइएस्ट डिस्टिङक्शन फॉर...जीजाजी, प्लीज हैल्प मी।...फॉर...। सुखदा मुखर्जी ने मुस्कराते हुए अरविंद की ओर देखा।"

"ब्रेवरि..." निर्मला टैगोर ने तपाक से खुश होते हुए कहा, "...बे वो ...मुनीदी...ब्रे वो।"

"वन्स मोर।" चारु ने कहा।

"और कभी।"

कुछ देर बाद मृणालिनी को लेकर वे लोग उठे और अंदर की ओर चल पड़े। अरविंद ने सोचा था कि शायद मृणालिनी मुड़कर देखेगी परंतु ऐसा नहीं हुआ। वह मंथर गति से उनके हृदय को हिलाकर चली गई हवा में नव खिले सुमनों की गंध बिखेरती हुई।

5

बैरिस्टर मनमोहन की कोठी में चहल-पहल थी। बहू आ गई थी अपनी छोटी बहन और चार सहेलियों के साथ-निर्मला टैगोर, सुधीरा, सुखदा और कनुप्रिया के साथ। मामी ने मृणालिनी और उसकी सहेलियों को एक कमरा अलग दे दिया था। सब थकी हुई थीं। तय यह हुआ कि पहले वे सब थोड़ा सुस्ता लें। फिर नहाना-धोना हो जाए।

मृणालिनी ठीक से कुछ समझ सोच नहीं पा रही थी। वह गुड़िया सी नजर आ रही थी। विदाई के समय वह मां से कैसी लिपटी थी कि वह उसे छोड़ने के लिए ही तैयार नहीं थी। फिर बहन भाई के कंधे लग कर रोती रही। भूपालचंद्र बसु बारंबार उस दृश्य से अपना मुंह घुमा लेते थे। कितना कारुणिक दृश्य था। हृदय भर-भर आता था। यह कैसी मार्मिक घड़ी होती है। एकदम नए घर में नए लोगों और नए रिश्तों के साथ एक अकेली बहू। सबकी अपेक्षाएं तराजू पर तुलने के लिए तैयार।

मृणालिनी ने पलंग पर पांव पसारे ही थे कि वह निंद्रा निमग्न हो गई। उसकी सहेलियों में से निर्मला टैगोर चैतन्य थी। शायद उसे जागने का

अभ्यास था। यों दिन का खाना बहुत देर से हुआ और वह भी पारी-पारी में। अरविंद अपने मित्रों और भाभियों से घिरा था, जो धरती पर चांद उतार लाने के लिए उसे बधाइयां दे रही थीं।

लोहे का कड़ा विनय भूषण की पत्नी ने उसे पहनाया था। भरसक चेष्टा तो यह की गई थी कि बैरिस्टर साहब के परिवार से उनकी पत्नी यह रस्म अदा करें, लेकिन किसी की एक नहीं चली। वही हुआ जो बैरिस्टर साहब ने चाहा था। शाम के पांच बजे सब खाने से निबटे। फिर सब अपने-अपने कमरों में गए। मृणालिनी अपनी बहन और सहेलियों के साथ एक बड़े कमरे में थी। वह छोर एक प्रकार से जनानखाना का था। शेष में पुरुष मंडली विराजमान थी।

जैसे ही मणालिनी की आंख खुली, वैसे ही उसने अपने को अकेला पाया। उसकी सहेलियां और बहन सो रही थीं घोड़े बेचकर। उसे प्यास लग रही थी। उसने चारों ओर देखा। पानी कहीं नजर नहीं आया। अब वह क्या करे? यदि उसे जोर की प्यास नहीं लगी होती तो शायद उसकी नींद भी अभी नहीं खुलती। अभी भी उसकी चेतना में प्रमाद था। वह बारंबार अपनी जीभ होंठों पर फेर रही थी। कसक भर रह जाती थी। यह कैसा रेगिस्तान। उसने सुना भर था कि रेगिस्तान में पानी का नितांत अभाव है, परंतु मृगतृष्णा की झीलों की कोई गिनती नहीं। बेचारी हिरनी इन मृगतृष्णाओं के पीछे पागल बनी दौड़ लगाती है। पानी कहीं-कहीं ही नजर आता। परंतु मृगतृष्णाओं की झीलों का कोई अंत नहीं नजर आता। वह चूर-चूर होकर बेहाल हो जाती है। कंठ सूखकर तिड़कने लगता। ओह! वह आगे नहीं सोच पाती, आंखें बंद कर लेती।

सोचना क्या था! एक अनंत अनदेखा रास्ता, धूमिल, कंटकपूर्ण, अनपहचाना-सा और अकेली वह! सहयात्री अपरिचित, गंभीर, दार्शनिक मिजाज और आत्मलीन। पढ़ाई-लिखाई में अव्वल। फिर...। सामने एक सन्नाटा आ घिरता। जिसके आर-पार देखना एकदम असंभव!

आजकल की अपेक्षा कुछ गरमी तेज थी। हवा में भारीपन था और वह आर्द्रता शून्य थी। मेघ आकाश में नहीं थे। सूरज था कुछ-कुछ क्रोधित।

"हैं!" अचानक वह चौंकी। घबरा भी गई। वह सुपरिटेंडेंट (पुलिस अधीक्षक) क्रेगन था। उसकी शादी में भी कल था साधारण पोशाक में। उसके साथ लाल पगड़ी वाली पुलिस और कुछ लोग थे। क्रेगन कुछ तेज आवाज में पूछ रहा था, "बैरिस्टर, व्हेअर इज मिस्टर अरविंद घोष?"

"उनकी कल शादी हुई है, मि. ब्रेगन।"

"कन्ग्रैचुलेशन्स।...बट ड्यूटी इज ड्यूटी। प्लीज कॉल हिम।"

"यू ऑर अ कॉनसर (गुण ग्राहक) ऑफ ह्यूमन बीइंग, मि. क्रेगन।"

प्लीज़ डोंट वेस्ट माई टाइम।...मुझे तत्काल रिपोर्ट भी करनी है।

"ओ.के. मि. क्रेगन। मैं बुलवाता हूं।"

"वन थिंग मोर मि. बैरिस्टर मनमोहन घोष...। खानातलाशी का ऑडर।" क्रेगन ने कागज आगे बढ़ाया।

"ओ.के. मि. क्रेगन।"

"तकलीफ दिया। हम समझता है इन संवेदनशील पलों को, पर क्या है...ऑडर इज ऑडर।"

"येआ (हां) प्लीज टू डू व्हाट एवर यू लाइक। आई हैव नो ऑब्जेक्शन, मि. क्रेगन।"

मृणालिनी के काटो खून नहीं। वह सीढ़ियों के बीच की जाली से झांक सुन रही थी। कांप रही थी। सिर मुड़ाते ही ओले पड़े। कोई ऊपर से नीचे आया या नीचे से ऊपर आया तो...वह उलटे पांव लौटने लगी। अरविंद घोष को जाते हुए देखा। तब तक वह अपने कमरे में थी। तलाशी हुई थी तो उसकी सहेलियां भी जान जाएंगी। मां मातम मनाने बैठ जाएगी। इसी वक़्त नाश्ता आ गया। पानी भी। वह सबको जगाती कि इससे पहले उसने दो गिलास पानी भर कर गटक लिए। पीछे-पीछे सरोजिनी और उसकी दो सहेलियां आ गईं।

नाश्ता होने लगा। मृणालिनी का कैसा नाश्ता! सरोजिनी ने टोका भी, "बहू ठान, क्या बात है, आपका मन कहीं और है।"

मृणालिनी अपराधी भाव को छिपाकर मुस्कराकर रह गई। नीचे क्या हो रहा होगा? कहीं उन्हें...ना मां...ना काली देवी, ना। वह मन-ही-मन बड़बड़ा रही थी। सरोजिनी ने कहा, "हाथ आगे लाओ, बहू ठान (भाभी)।"

"लीजिए, ठाकुर जी (ननद)।"

सरोजिनी उसकी एक उंगली के सोने की अंगूठी पहना कर बोली, "यह कैसी लग रही है, बहू ठान!"

"अच्छी लग रही है, ठाकुर जी। (ननद) आपका आभार...।"

"ठहरो, बहू ठान, जल्दी नहीं। यह आपके प्यारे से ठाकुर पो (देवर) की तरफ से है।"

"कहां है, वह?"

"कल जिसने आपके पांव छुए थे, बहू ठान।" कुछ सोचकर मृणालिनी ने कहा, "येआ (हां)।...वह कहां है?"

"कहीं काम से बाहर गया है। कुछ दिनों बाद आएगा।"

"चलो तब आभार व्यक्त कर देंगे।" अब सबकी नींद खुली थी। चाय

की चूंट लेकर। फिर भी सुस्ती थी, तन ऐंठ रहा था, कुछ-कुछ भारीपन था। मृणालिनी के कान सीढ़ी के बीच में जाली के पास थे। उसमें अजीब-सी सरसराहट हो रही थी। कब वह घड़ी आ जाए? क्रेगन ने कैसे कह दिया था कि खाना तलाशी...हाउस सर्च इज मस्ट, बैरिस्टर।

"ऐसे वक्त, मि. क्रेगन, जब बहू के पीहर से उसकी छोटी बहन और सहेलियां बहू के साथ यहां आई हुई हों। नाते रिश्तेदार अलग हैं। प्लीज सी माई प्रेस्टीश (प्रतिष्ठा)।"

"आई नो वेल, मि. बैरिस्टर। यू आर अ प्रेस्टिजस (लब्ध प्रतिष्ठित) परसन। ऐसा कुछ नहीं होगा। हम स्वयं ब्लेसिंग्स देने चलेगा। तब?"

"एज यू लाइक, मि. क्रेगन।"

"उन कमरों को छोड़कर शेष कमरों में हमारा ही सी.आई.डी. ऑफिसर जाएगा और उनमें हम आपके साथ चलेगा।"

"ठीक है, मि. क्रेगन-प्रोफेसर अरविंद घोष।"

"ब्रदर ऑफ बारीन घोष।"

"जी हां।"

"प्लीज सिट डॉडन।...प्रोफेसर, प्लीज कॉपरेट मी।...हम कुछ जानना मांगता है।..वेल मि. बैरिस्टर, आप हमारे इन आदमियों को खाना तलाशी करवा दीजिए।...तब तक हम यहां...।" क्रेगन ने उनके चले जाने के बाद कहा, "हमारी खुफिया रिपोर्ट के मुताबिक कल तुम्हारा भाई मि. बारीन घोष तुम्हारी शादी में शरीक हुआ था।"

"नहीं, मि. क्रेगन।"

"फिर ये कौन है जो तुम्हारे पांव छू रहा है। जरा ध्यान से देखो।"

अरविंद ने तस्वीर को ध्यान से देखा। इत्मीनान से कहा, "हां, किसी ने तेजी से झुककर हमारा पांव छुआ था।"

"वो आपका ब्रदर मांगता।"

"सॉरी, मि. क्रेगन, मैं कुछ नहीं देख सका कि वो कौन था?...फिर दाढ़ी-मूंछ...।"

"अब। ये फोटो देखिए। कहिए। इसमें उसके चेहरे से दाढ़ी-मूंछ हटा दिया गया है। दोनों साथ रखकर देखिए।"

"वेल, मि. क्रेगन, यू ऑर राइट बट इट इज ऑलसो अ टूथ कि...उस समय मैं उसे नहीं पहचान सका।"

"पहचानता यह तो पुलिस को इनफॉर्म करता?"

"सच यह है, मि. क्रेगन, मैं यहां कलकत्ते में नहीं, बड़ौदा में रहता हूं चूंकि मैं वहां प्रोफेसर हूं और तब से लगातार वहीं हूं जब से मैं लंदन से भारत

लौटा।...यों मैं अपने परिवार से भी दूर रहा। चौदह वर्ष बाद लंदन से लौटा था। जब पांच वर्ष का हुआ था तबसे दार्जिलिंग में बोर्डिंग स्कूल में था।"

"फिर भी, आप से क्रांतिकारी मिलते रहे। आप सरकार के विरुद्ध लिखते रहे, उन्हें परामर्श बांटते रहे। बारीन आपके पास बड़ौदा में गया था।"

"रहा भी था। आख़िर वह मेरा छोटा भाई है। परंतु मि. क्रेगन, यह याद रहे कि मैं झूठ कभी नहीं बोलता।"

"इस वक़्त भी, जबकि उस दाढ़ी-मूंछ वाले लड़के ने पांव छुए थे।"

"हां, मि. क्रेगन, उस वक़्त भी। सच यह है, शादी से पूर्व उसका पत्र आया था कि वह शादी में सम्मिलित नहीं हो सकेगा।" मैं अभी उसका पत्र लेकर आता हूं।

क्रेगन उसे रोक पाते, तब तक अरविंद पत्र लेने के लिए चला गया था। थोड़ी देर में वह लौट आया। कहा, "यह है वह पत्र।"

क्रेगन बंगला पढ़ना नहीं जानता था। समझता अवश्य था। उसने अपने पास बैठे अफसर की तरफ वह पत्र बढ़ाया। उसने पत्र पढ़कर सुना दिया। क्रेगन ने कहा, "प्रोफेसर, हम आप पर यकीन कर सकता है। ...इस पत्र में पता...।"

"नहीं है।"

"कौन लाया?"

"तब मैं घर में नहीं था।"

"ओह, आई सी!"

इसी समय खुफिया विभाग की टीम खानातलाशी लेकर लौट आई और बता दिया, "नहीं, वह यहां नहीं है और न आया है। नौकर-चाकर से पूछताछ कर ली है।"

"अब वे तीन कमरे बचते हैं, जहां बहू, उसकी सहेली और महिलाएं हैं।" बैरिस्टर मनमोहन ने कहा।

"हूं!...यह क्या माजरा है? क्रांतिकारी...क्या कहें उन्हें? क्या करें उनका? मुट्ठी भर सिर फिरे लोग पहाड़ ढाने की सोच रहे हैं। मुझे उनकी अक्ल पर तरस आता है। क्यों मिस्टर अरविंद, आप क्या सोचते हैं।"

"अभी तो, मि. क्रेगन। अभी घर में कई रस्में होनी शेष हैं?"

"यदि हम प्रोफेसर को अपने साथ ले जाएं तो?" क्रेगन ने खूखार हंसी को पल भर के लिए अपने चेहरे पर चस्पां रहने दिया।

"आख़िर क्रेगन, तुम चाहते क्या हो?"

"वही, बैरिस्टर जो आप जानते हैं और जिसके लिए हमें गुमराह करने की कोशिश कर रहे हैं।"

सब चुप रहे। क्रेगन ने पुनः कहा, "हमने पता किया कि शादी में लड़के वाले बैंड बाजा ले जाते हैं, तुरही वाले को ले जाते हैं, ताशे वालों को ले जाते हैं, लेकिन मुरली वालों को नहीं। वह दाढ़ी वाला मुरली वालों में था। कृपया यह बतलाने का कष्ट कीजिए कि मुरली वालों को जोड़ने के लिए किसने योजना बनाई?"

सवाल टेढ़ा था और घेरे में ले रहा था। बैरिस्टर मनमोहन का तब भी माथा ठनका था, जब एक बग्घी में मुरली बजाने वाले बैठे हुए थे। अरविंद को कुछ-कुछ रघुराज चक्रवर्ती ने बताया भी था। अरविंद ने वक़्त की नजाकत को विरूप होने से बचाने के लिए तनिक सख्त होते हुए कहा, "मि. क्रेगन, आप चाहते हैं कि सवालों की बिना पर कुछ धर पकड़ कर लें, परंतु यह समझने का प्रयास नहीं कर रहे हैं कि जिस घर में शादी का माहौल हो और नई-नई बहू आकर बैठी हो, वहां का सोच क्रांति के फंदे डालने का कभी नहीं होता।... हम जो सच है, वह कह चुके हैं। फिर भी, आपको यकीन नहीं होता तो आप मुझे गिरफ्तार कर ले जाएं, मुझसे बदसलूकी करें, थर्ड ग्रेट फार्मूला अपनाएं...और जो जी आए, करें, परंतु हमारे घर का माहौल तहस-नहस नहीं करें।"

बैरिस्टर मनमोहन अवाक रह गए।

"आप यही चाहते हो, प्रोफेसर, तो यह भी होगा।"

इसी समय रघुराज चक्रवर्ती ने प्रवेश किया। वह आते ही खड़े-खड़े बोला, "गुड ऑफ्टर नून, सुपरिंटेंडेंट क्रेगन।"

"आफ्टर नून।" तुम यहां मि. चक्रवर्ती।

"मैं प्रोफेसर अरविंद घोष का मित्र हूं। उनकी शादी में मैंने भी एक जिम्मेदारी निभाई थी।"

"वह क्या?"

"बांसुरी वादकों को शादी में पहली बार इंट्रोड्यूस करवाया था।"

"वो क्यों?"

"वो यों मि. क्रेगन अली खां उस्ताद का लड़का लाट साहब के सम्मान में दी गई पार्टी में अपना करिश्मा दिखा चुका था। उसमें आप भी थे। वह व्यवस्था भी मेरी थी और उससे क्लेक्टर साहब बहुत खुश हुए थे। यहां भी वही टीम थी। वहां भी तब यही टीम थी।" रघुराज चतुर्वेदी ने एक झटके में सारे रहस्य को बेपर्दा कर डाला।

"फिर उसमें प्रोफेसर का छोटा भाई कैसे आ गया?"

"वहां पुलिस भी थी। सी.आई.डी. भी। यह उनका काम था कि वे जानते और तत्काल उचित कार्रवाही करते। इसमें प्रोफेसर, बैरिस्टर आदि को क्या मालूम? मि. क्रेगन, बड़े हाकिम से मिलकर आ रहा हूं।"

"यह सब भी उन्होंने ही चाहा है।"

"जानते हो क्यों?...सच यह है कि वह सब क्रांतिकारियों की रचना का परिणाम था। वे आए, पुलिस अफसर, सी.आई.डी. आदि की आंख में धूल झोंक कर चले गए। हमारे यहां एक कहावत बहुत मशहूर है कि...सांप निकल गया, अब उसकी लकीर पीट रहे हैं।" रघुराज चक्रवर्ती ने तेजी के साथ कह डाला।

क्रेगन ने कहा, "लगता है, यह रिपोर्ट भी आपने ही उन्हें की है।"

"मुझे नहीं तो किसी को तो देनी ही पड़ती।"

"यह बात आपने हमको नहीं बताई।"

"कैसे बताता, मि. क्रेगन?"

"क्यों, मि. चक्रवर्ती?"

"आप किसी पर विश्वास नहीं करता है, सर। अविश्वास करने की भी एक सीमा है। आप उस सीमा को भी लांघ जाता है। याद रहे, मि. क्रेगन, दुनिया अविश्वास पर नहीं विश्वास पर टिकी हुई है। विश्वास दिल जीतने की अचूक दवा है। जैसे हर अंग्रेज भारतीय आजादी के खिलाफ नहीं है, ठीक वैसे ही हर भारतीय आप लोगों के विरोध में नहीं है। अविश्वास स्वयं अपना शत्रु है। पराये शत्रु से बचने का उपाय हाथ में आ सकता है, परंतु अपने पैदा किए शत्रु से बचने का कोई उपाय नहीं है, मिस्टर क्रेगन।"

"खिसयानी बिल्ली खंभा नोचे।"

"आप क्या कहना चाहते हैं?"

"फिलहाल और कुछ नहीं।"

"अच्छा अब मुझे भी चलना है।" यह कहकर क्रेगन उठ खड़ा हुआ, उसके साथ आया काफिला भी उठ खड़ा हुआ।

"अरे, यह तो मुझे मालूम ही नहीं था कि मित्र चक्रवर्ती, आपकी पहुंच इतनी गहरी है।" अरविंद ने धीरे से कहा। सब उठ खड़े हुए। मन-ही-मन सबने दोहराया कि आई बला टली।

कुछ समय के लिए घड़ी की सुई रुक गई थी। समय ठहर गया था। कुछ समझ में नहीं आ रहा था कि अब क्या करें? क्रेगन एक नंबर का जालिम अफसर है।

"चक्रवर्ती, आपको साहिब बुला रहा है।" एक अंग्रेज पुलिस वाला अंदर आकर कहने लगा। रघुराज चक्रवर्ती ने कहा, "अच्छा मैं अभी आता हूं।"

"तुम एकदम सुस्त क्यों हो?"

"क्योंकि क्रेगन की आंखों में सूअर का बाल है।" रघुराज चक्रवर्ती ने धीरे से कहा।

"तो अब?"

"यही एकमात्र रास्ता था, अरविंद। जैसे मुझे मालूम पड़ा कि क्रेगन आ पहुंचा है वैसे मेरा माथा ठनका। जरूर दाल में कुछ काला है। वरना क्रेगन खुद न आता।"

"और बड़े हाकिम वाली बात...।"

"एकदम करेक्ट, बंधु पर..."

"पर क्या?"

"वह फिर कभी।" कहकर रघुराज चक्रवर्ती चल पड़ा। वह जैसे ही बाहर के बरामदे में पहुंचा, वैसे ही उसकी कमर पर डंडा पड़ा। फिर क्या था डंडे मार-मार कर उसे बेदम कर दिया। वह निढाल होकर जमीन पर गिर पड़ा, तब क्रेगन ने पूछा, "उस मिसकॉट में और कौन-कौन लोग था, चक्रवर्ती।"

वह कुछ नहीं बोला। मुंह से निकलते रक्त को कुरते की बांहों में पोंछता रहा।

नौकर ने सूचना दी कि उनको बेतरह से पीटा जा रहा है। अरविंद ने बाहर जाने के लिए कदम बढ़ाए ही थे कि बैरिस्टर मनमोहन का स्वर गूंज उठा, "ठहरो, अरविंद।"

"क्यों, ठहरूं, चक्रवर्ती पिट रहा है।"

"उसने यह रास्ता स्वयं चुना है। वह तुमसे कहकर गया था...दैट इज ओनली वे।...इसका अर्थ मैं तभी समझ गया था कि वह इस वक्त तुम्हें बचाने के लिए आगे आया है। क्या तुम वहां पहुंच कर अपनी उस जैसी दुर्व्यवस्था करवाना चाहते हो, अरविंद?...जरा अक्ल से काम लो। तुम नई दुल्हन को आज ही तो घर लेकर आए हो। उसके पीहरवाले भी हैं। क्या तुम चाहोगे कि...। मैं नहीं समझता कि इन नाजुक क्षणों में कोई दूसरा हादसा हो।"

"क्या क्रेगन...।"

"मनमानी कर सकता है, अरविंद। उसका इरादा नेक नहीं है। वह बड़ा शुहदा पुलिस अधिकारी है। तुम यहीं रहो, मैं बाहर जाता हूं।"

"कहीं आप...।" अरविंद आगे नहीं बोल सका।

"इसकी तुम चिंता मत करो। इस बूढ़े बैरिस्टर में अभी बहुत जान बाकी है। यह क्रेगन भी जानता है कि कानून की गिरफ्त में लेकर मैं उसकी चटनी बनाने में नहीं चुकूँगा। वह एक नंबर का एय्याश है। उसे सप्ताह में एक दिन देसी सुंदरी चाहिए।"

"तो?"

"तो यह है कि तुम यहीं रहो। मेरे शीघ्र लौटने का इंतजार करो। पर तुम किसी भी हालत में बाहर मत आना तुम्हें मेरी कसम।...हम उसकी कुर्बानी की कीमत वसूलेंगे।...उसे भी और कुछ नहीं होगा।"

अरविंद मन मसोसकर वहीं खड़ा का खड़ा रह गया। उसका चित्त विचलित हो उठा। कोई कानून-न्याय नहीं। मनमानी। राक्षसी वासना। क्रूरतम! वह ठीक से इन प्रसंगों को जोड़ नहीं पा रहा था। वह जितनी कोशिश करता, उतना ही उलझता जाता। गुलामी का तीखा डंक उसके भीतर उतरने लगा। वह चीखना चाहता था। चीखकर कहना चाहता था, "सुन लो धरती और आकाश, सभी दिशाओं और उनका मालिक, वह इस गुलामी के नरक से मानवता को आजाद कराने का संकल्प लेता है। मां, तू चिंता न कर, तेरा यह पुत्र अपना वादा निभाएगा।"

बाहर की हलचल की आग पर शायद कुछ पानी पड़ चुका था। नौकर भी अभी नहीं लौटा था। अरविंद चहल-कदमी करने लगा था। उसमें उत्तेजना का ज्वालामुखी फूट पड़ना चाहता था। तभी उसने आसमानी आवाज सुनी, "ऑरो, धैर्य। धैर्य ही बुद्धि का मित्र है, उत्तेजना शत्रु। अत्याचार, अन्याय और दुःशासन तो अपने राज्य में भी भोगना पड़ सकता है। तू कर सके तो इस ज्वाला को शांत कर दे। आदमी, में आदमियत को जगा। उसे इंसानियत के उसूलों पर चलने का रास्ता दिखा।" अब वह आवाज गायब थी। सन्नाटेनुमा अंधेरे को चीरती हुई वह खामोश आवाज अंतर्ध्यान हो चुकी थी। अब वहां फिर से कुछ अनजानी आवाजें परछाइयों सी हिल उठी थीं। वक़्त दहलीज लांघने का निर्णय नहीं ले पा रहा था।

6

कालरात्रि बीत चुकी थी। मृणालिनी की बहन और सहेलियां जा चुकी थीं। वह आज का अखबार देखना चाहती थी। गत बीते दिन की कतरनें बिखरी पड़ी थीं उसके मन मस्तिष्क में। वह चाहते हुए उन्हें जोड़ नहीं पा रही थी, ताकि जान सके कि उन कतरनों से मुकम्मल शक्ल क्या उतर कर आती है। आती भी या नहीं, कुछ नहीं कहा जा सकता। यों वह दिन भी फुनगी पर जा बैठा था अलविदा करने के लिए।

क्या वह आज कोई ऐसा सवाल उनसे कर सकती है? क्यों करें? धीरे-धीरे वह जान सकेगी। जल्दी क्या है? अब तो जो है, वह पत्थर की

लकीर है। न कुछ इधर और न कुछ उधर। वह श्यामल रंग की लाल चोंचवाली चिड़िया की ओर देखने लगी। अब उसे घना जंगल अनुभव हो रहा था। हवा भी सांस रोके थी। गर्मी बढ़ चली थी, लेकिन वह लाल चोंच वाली श्यामल चिड़ियां आंखें बंद किए धरती को मुंह चिढ़ा रही थी। क्या उसके मन में कोई सपना है? वह अपने स्वप्निल पंख फैलाकर जब चाहे उस पेड़ की डाली से फुर्र से उड़ सकती है और मन चाहे आकाश में स्वतंत्रता से विचरण कर सकती है। उसका होना एक संभावना है। ऐसी संभावना जिसे अपने परतंत्र होने का भय नहीं सताता। यों भी वह निर्भय है। अपने पंखों में आकाश समेटे वह कुछ भी कर गुजर सकती है। हलकी आहट या अंदेशा उसको सतर्क कर जाता है और वह फिर एक पल अपनी जगह नहीं रुकती।

क्या मानुष पक्षी जगत् से सतर्क है? उसका सोच इस स्थल पर आकर ऐसे ठहर गया जैसे उससे आगे सिर्फ चीन की दीवार हो। वह जिसे लांघ नहीं सकता।

धीरे-धीरे दिनांक सरक कर नदी में किसी अज्ञात नौका सा खड़ा रह गया। पानी का बहाव अत्यंत मंथर गति पकड़े है। इतनी मंथर गति कि उसके प्रवाह की हलकी सी आहट भी सुनाई नहीं पड़ रही।

चांद आकाश में आ ठहरा। लगभग वह पूरा चांद है। आज वह नहीं होता तो भी चंद्रिका रात तो होती ही-सुहागरात का मतलब भी कदाचित् यही है। सुधीरा ने उसे समझाया था, "मीनुदी, चंद्रिका रात जिंदगी में आई और आने वाली सभी रातों से भिन्न है। वह जिंदगी में एक बार आती है।"

"मेरा दिल धड़धड़ा रहा है, सुधीरा।"

"प्रायः हर लड़की के साथ इस दिन ऐसा ही होता है। पर...।"

"पर क्या, सुधीरा?"

"तू कल्पना कर, निर्जन झील है, ऊपर पूरा चांद है और भरपूर उसकी सौम्य चांदनी है। हवा झील में नहाते हुए बह रही है। सुगंधित पुष्प अपनी मदहोशी में भाव-विह्वल हो हो रहे हैं।"

"तू काव्य-पाठ मत कर, सुधीरा।"

"जिंदगी उसी दौर की अंतर्कथा है, मीनुदी।"

"हम तो किसी दौर को नहीं जानते, सुधीरा।"

"उनकी शुरुआत यहीं से होती है।"

"शादी के बाद से।"

"शादी से ही।"

"फिर मुझे क्या करना होगा, सुधीरा?"

"धैर्य से, तटस्थ बने रहकर प्रवाह पर दृष्टि रखनी होगी।"

"यह प्रवाह बीच में कहां से आ गया, सुधीरा?"

"जैसे शादी।"

"यह क्या एक प्रवाह है?"

"प्रवाह का मोड़।"

"तुझे आज यह क्या हो गया है, सुधीरा। तू सीधी-सादी बातें छोड़कर रहस्यमयी होती जा रही है?" मृणालिनी ने सुधीरा में हो रहे परिवर्तनों पर दृष्टि गड़ाते हुए कहा।

"इस स्थिति से मैं गुजर चुकी हूं, मीनुदी और तुझे गुजरना है।" "डराती क्यों है?"

"नहीं डराने का तो सवाल ही नहीं उठता। भावी सच के निकट ले जाने की मेरी चेष्टा है। वे क्षण अत्यंत संवेदनशील और गुदगुदाने वाले होते हैं। उन क्षणों में से बहके बिना गुजर जाना। अपनी रामकहानी मत खोलकर बैठ जाना। सच का मतलब यह कतई नहीं है कि उसको एक साथ ज्यों का त्यों उल्था कर दिया जाए। उसके लिए सब्र की जरूरत है।"

यों सुधीरा न जाने क्या-क्या समझाती-सुझाती रही। कितना उसके पल्ले पड़ा और कितना नहीं, इसका न तब उसने हिसाब लगाया था और न अब वह लगा पा रही थी। अब भी उसके पास एकांत था और पांव फैलाकर सोए सन्नाटा। अब उससे हर क्षण कुछ अकहा कह रहा था और पानी पर तैर उठी परछाइयां सा उसे अनुभव हो रहा था। सहसा एक मछली उसमें उछली और वह छुई-मुई सी सिहर उठी। कोई अगीत खुली आंखों से, चुपके से, छिपकर देख रहा था।

इन क्षणों में वह इतनी अकेली हो गई थी, जितनी पहले कभी नहीं हुई। अकेलापन पहले भी उसमें पहाड़ियों पर उतरी मेघों की परछाई सा चुपचाप से उतर कर छाता रहा था परंतु तब उसमें अनजानी बेचैनी नहीं हुई थी जो अब हो रही थी।

इस बीच सरोजिनी भी उसके पास नहीं आई थी और सुखदा सुनाती थी कि उसे ससुराल में किन-किन रिश्तों ने घेरा था और क्या कुछ लगातार कहा था कि उसे कुछ याद नहीं। वह तो अपने में ही जितना सिमट सकती थी, सिमटती गई। उनकी बहूठानियों की रसभरी हिदायतें और ठाकुर जी की सहेलियों को अनबुझे व्यंग्य उसके तन-मन को अचेत-सा कर रहे थे, परंतु यहां तो उसके साथ ऐसा कुछ नहीं हो रहा है।

उसने लजाकर बताया था कि उसके वो पास आए। उसके कंधे पर हाथ रखा। फिर उसके घूंघट को हटाकर कहा, "भोलाबासा एक बारई हय एवं एक जनेर साथेई हय।...प्यार एक बार होता है और एक से ही होता

है। ठीक इसी तरह शादी भी एक से होती है और सदाबहार नदी सी जीवन में बहती है।"

कुछ आहट हुई। अब बाहर चांदनी महक उठी थी। दीवार घड़ी सात को पार कर चुकी है, जब उसने पहले देखा था, तब भी वह सात को पार किए थी। वही, उठी। ठीक घड़ी के नीचे आ खड़ी हुई तब भी उसको घड़ी की टिकटिक सुनाई नहीं पड़ी। वह तो बंद है, लेकिन उसके दिल की घड़ी की टिकटिक हर पल तेज हो रही थी।

चलते समय निर्मला टैगोर ने उसे समझाया था, "मीनुदी, स्त्री होने का यह अर्थ कभी नहीं है कि पति की परछाई है। परछाई बन कर मत रह जाना, क्योंकि न परछाई के दिल होता है और न भेजा। मां काली का ध्यान करना और अपने होने का एहसास देना। पूरे जीवन का प्रश्न है। समर्पण कभी एकतरफा नहीं होता।"

मृणालिनी कुछ नहीं बोली। सब सहेलियों को अनसुनी-सी सुनती रही। परपुरुष स्पर्श साधिकार! चुभन! अनसमझे संबंधों की अचानक गरमाहट। उस गरमाहट में चांदनी का संस्पर्श। वह चलती तो पाजेब का दिल मचल उठता। मटरमाला हृदय प्रदेश पर थिरक जाती। वह कितने धीमे चले कि नूपुर शांत रहें और कंगन बहके नहीं।

सरोजिनी और उसकी सहेलियों ने उसका श्रृंगार किया था। उसने चारों ओर देखा। वहां कोई नहीं था। वह कुछ आगे बढ़ी। आदमकद आइने के सामने जा खड़ी हुई। वह अपने को देखती रह गई। इतना श्रृंगार, इतनी भारी साड़ी और इतना अकेलापन इस तरह उसने कभी नहीं अनुभव किया।

सेज सिहरन भरी थी। फूल शय्या! तभी उसे आहट हुई। किसी ने कमरे का अर्गला लगाई। वहीं से कहा, "यह दर्पण आपका ही इंतजार कर रहा था, मीनुदी...या मृणालिनी।"

मृणालिनी ने दर्पण की ओर पीठ कर ली। सामने अरविंद था। उसने घूंघट खींच लिया।

"ठहरो, एक कविता को जन्म ले लेने दो। इन क्षणों में मात्र कविता ही जन्म ले सकती है। तुम्हारा क्या ख्याल है, मणि।...मुझे तो तुम्हारा नाम मणि भा गया, सजनी। तुम चाहो तो मुझे ऑरो कह सकती हो, यह मेरे घर का नाम है।" अरविंद खिड़की से चांद को निहार रहे थे।

मृणालिनी देख रही थी कि वह आगे नहीं बढ़े। वह कह रहा था, "घर! तुम यतीम का अर्थ समझती हो ना। पांच बरस का था मुझसे घर तब से छुड़ा दिया था और तब से आज तक मुझे घर मयस्सर नहीं हुआ।"

वह रुक गया मानो सांस रुक गई। वह रुका रहा। फिर अचानक बोला, "मणि, मैंने तुम्हें देखा, तुमसे कुछ बात भी की, मुझे उसी समय लगा कि तुम एक भरे-पूरे घर की हो। बड़े स्नेह-प्यार से पली हो, फूलों से सजी हो। शिलांग की वादियां तुम में गुनगुना रही हैं। मुझे ऐसे ही जीवन साथी की तलाश थी, मणि। जो मुझे घर लौटा सके, मेरे बचपन को हराभरा कर सके और मुझे शरारत करने की छूट दे सके और तुम्हें, मणि।"

वह क्या बोले! वह गुमसुम बनी रही। अपने ऊपर से बादलों को गुजर जाने दिया।

वह पहली बार किसी परपुरुष की, इतने घने एकांत में, पवन को पुष्पों को झुलाते-महकाते और अनछुए छूते अनुभव कर रही थी।

"मणि, तुम वादा करती हो कि मेरा घर मुझे लौटा दोगी। श्रीराम तब वयस्क थे, नवविवाहिता दुल्हन उनके साथ थी, जब उन्हें चौदह वर्ष का वनवास हुआ था। यहां तो हम सात वर्ष के थे। अपनी बड़ी-बड़ी आंखों से सन्नाटे के कुहरे को अपने भीतर उतरता अनुभव कर रहे थे। सात समंदर पार थे। अनजाने, अनपहचाने वातावरण में अनजाने लोगों के बीच, तकलीफों और रुकावटों के बीच, कभी-कभी एक डबल रोटी चाय के सहारे, ठंड को स्वेटर से संभालते हुए, भीतर से कांपते हुए, बिना आइना देखे नीले पड़ते होंठों का अनुभव करते हुए, हमें पता नहीं चला, कब बचपन गया, कब किशोर वय आई और कब प्रौढ़ हो गए? कभी लगता था कि हमारे पास कभी बचपन नहीं फटका और हम कभी न नवल किशोर हुए, सीधे प्रौढ़ हो गए। तभी तो, मणि..."

मृणालिनी का हृदय आर्द्र होने लगा। उसकी पायल के नूपुर अवसन्न रह गए। अब चांदनी खिड़की से होकर कमरे में आ चुकी थी और बयार भी नाराजगी छोड़कर मंद-मंद मुस्करा उठी थी, वेला-चमेली को अपनी सांसों में भरकर।

"वयः संधि की दहलीज पर कभी खड़े होकर न पीछे देखा और न आगे।...देखने को था ही क्या! पहली बार मन में विचार आया। विचार ने कहा, "अरविंद, तू यदि घर चाहता है, तो विवाह कर ले। उससे जिसको तरुणाई का पता नहीं हो और जो यौवन मंजरियों से गदगद हो रही हो।...पल भर में फैसला कर लिया कि वह तुम हो, मणि तुम।"

मृणालिनी सकपका गई। अरविंद उससे दूर एक खिड़की से हटकर दूसरी खिड़की के पास जा खड़ा हुआ था।

"मणि, हम पहली ही रात तुम्हें बंधनमयी नियति से मुक्त करते हैं और तुम्हें पूरा अवसर देते हैं कि तुम अपनी वय के इस दौर को पूरे मन से,

आकांक्षाओं के स्वप्न अंजलि में लिए, अल्हड़ पहाड़ी नद् सी जिओ। मैं तुम्हें कभी भी अपने प्रौढ़पन से नहीं घेरूंगा बल्कि तुम्हारी वय की परिमल गंध से अपने बिछुड़े दौर को अनुभव करूंगा।" अरविंद में काव्य अवगुष्ठन उठाने लगा था।

मृणालिनी के संशय कूच कर गए। पुलिस अधीक्षक की उपस्थिति से जो उसमें भूकंप उठा था, वह अब शांत हो गया था। उसे लगा कि उसमें फैली झील तरंगमयी हो उठी। अरविंद कह रहे थे, मृणालिनी यानी कमालिनी और अरविंद यानी कमल को विधाता ने ऊपर से ही एक-दूसरे के लिए बनाकर भेजा है। यह है परमात्मा का अंतःआशीर्वाद। क्या तुम ऐसा अनुभव नहीं कर रही हो, मणि?

मणि ने सिर झुकाकर उनके कथन का समर्थन कर दिया। उसका हृदय पिघल रहा था। कितनी सहजता से अपने को व्यक्त कर दिया। न कोई बड़प्पन, न कोई रौब-दाब बल्कि एकदम सहज और सामान्य जन-सा।

"मणि, तुम काल रात्रि के बारे में जानती हो क्या?" अरविंद ने मणि को बोलने और सहज होने का अवसर देते हुए पूछा। मृणालिनी ने सिर हिलाकर समर्थन किया। वह असत्य नहीं बोल सकती थी।

"तो क्या तुम काल रात्रि की कहानी सुनाओगी?"

मृणालिनी अपनी मुस्कान नहीं रोक सकी। उसका गुलाबी चेहरा आरक्त हो उठा। मृणालिनी ने बहुत धीमे से पूछा, "आप नहीं जानते क्या?"

"नहीं, मणि। पर जानना चाहता हूं और उसके लिए आज से उपयुक्त शायद और कोई अवसर नहीं हो।" यह सच भी था उसने काल रात्रि के बारे में सुना भर था, जाना नहीं था। सोचा था, वह चंद्रिका रात्रि को अपनी पत्नी से सुनेगा।

"सुनाती हूं।"

"फूल सज्जा पर बैठकर सुनाओ, आराम से, रिलैक्स होकर, इत्मीनान से।"

"और आप?"

"मैं टहलना चाहूंगा।"

"यानी खड़े रहोगे।"

"टीचर कहेगा तो स्टूडेंट को बैठना पड़ेगा।"

इस पर मृणालिनी का चेहरा हर्ष से महक उठा। आंखें चमक उठीं चपला सी। वह अपनी खुशी को छिपा नहीं सकी। उसका समूचा तन-मन पुलकायमान हो उठा।

"हम आपको फूल सज्जा तक ले चलें या आप स्वयं...।"

कोई चारा नहीं था। मृणालिनी स्वयं ही फूल सज्जा वाले पलंग पर जा बैठी। कुछ भी अनहोनी नहीं घटी।

"हां, तो ये कहानी..."

मृणालिनी को कहानी सुनाने का खास अभ्यास था। वह कहानी सुनाने लगी।

चंपानगर। खूबसूरत नगर। वहां चांद सौदागर रहता था। वह शिव भक्त था। उसकी पत्नी सनका भी शिव-पार्वती की आराधना करती थी। चांद मनसा देवी को नहीं मानता था। चांद बहुत बड़ा सौदागर था। समाज में उसकी पैठ थी। इस कारण समाज भी मनसा देवी को नहीं मानता था। चांद सौदागर के पुत्र लखिंदर का विवाह बेहूला से हो गया।

चांद सौदागर को यह आशंका थी कि मनसा देवी कुछ गड़बड़ नहीं करे। इस कारण उसने अपने लड़के-बहू के लिए विश्वकर्मा से लोहे का भव्य महल बनवाया। उसमें कोई सूराख न रहे, यह बात विश्वकर्मा को अच्छी तरह समझा दी। मनसा देवी ने विश्वकर्मा को मनाया था कि वह उस महल में एक छेद छोड़ दे। उसने वैसा ही किया।

मुख चंद्रिका वाली रात थी। लखन्दिर और बेहूला फूल सज्जा पर सोये हुए थे कि लखन्दिर को सांप ने डस लिया। बेहूला ने बहुत प्रयत्न किया परंतु वह अपने पति को बचा नहीं पाई। अब क्या था कि सांप के जहर से जिसकी मृत्यु होती है, उसे जलाया नहीं जा सकता। उसे भेला यानी केला के तने और पत्तों से बनी नौका में लेटाकर नदी में छोड़ दिया जाता है।

वही तैयारी हुई। लखिन्दर की मृत देह को भेला में जैसे ही लेटाया, वैसे ही बेहूला भी उस पर सवार हो गई। सबने उसे लाख समझाया, लेकिन उसने किसी की एक नहीं सुनी।

उधर यम चिंत्ति! वह मृत देह के साथ जीवित देह को कैसे ले जाएं?

उधर बेहूला अपने पति की मृत देह को लेकर मनसा देवी की शरण में आई। तप किया। मनसा देवी प्रसन्न हो गई। उसने कहा, "बोल, तुझे क्या चाहिए?"

"मां, मेरे पति को जीवित कर दो।"

"पर कैसे? तेरा श्वसुर तो मुझे न स्वयं मानता है और न किसी को मानने देता है। तू पहले अपने श्वसुर को राज़ी कर।"

बेहूला घर गई। सारी बात समझाई। उसके सामने पुत्र के पुनर्जीवित होने का प्रश्न था। उसकी पत्नी ने भी समझाया। चांद सौदागर मान गया। उसने सीधे हाथ से शिवजी को फूल चढ़ाए और उलटे हाथ से मनसा देवी पर पुष्प चढ़ाए।

मनसा देवी राजी हो गई। उसने उसके पति को पुनर्जीवित कर दिया। तब से शादी के बाद की काल रात्रि मान ली गई और उस रात वर-वधू को अलग-अलग रखा जाता है।

"बस इतनी सी कहानी है। सुन रहे हैं। मृणालिनी, चौंकी। अरविंद आराम कुरसी पर लेटे हुए सो चुके थे। अब हवा में नमी थी। वह ठंडी थी। मृणालिनी उठी और उसने धीरे-धीरे, दबे पांव से चलकर अरविंद को कंधे तक चादर से ढक दिया। बहुत ध्यान से उनकी ओर देखती रही। वह उसे एक संत आत्मा जैसे लगे नीलचंद्र से। मानों एक सरोवर में श्यामवर्णीय कमलों के मध्य एक ऊंचा और बड़ा कमल खिला हुआ हो और अचरज यह कि वह पूनम की रात्रि में, ज्योत्स्ना के रजतमय संसार में, अपनी पंखड़ियां खोले ध्यान मग्न है।

मृणालिनी लौटी। टेबल पर रखे दूध से भरे गिलास को देखा। मेज को उठाकर खिड़की के पास रख दिया, जहां से विमल चंद्रिका की शीतल रश्मियों का उसे स्पर्श मिल सके। उसके चित्त पर एक श्यामल और स्वस्थ आकृति उभर उठी। वह सोते हुए अपनी बड़ी-बड़ी स्वप्निल आंखें खोले हुए थे, उनका मुखमंडल अरुणायुक्त आभावान् था, उन अधरों पर एक शिशु की सहज स्थिति थी। उनका चौड़ा भाल, कुछ-कुछ उठा हुआ हिमालय को उस उच्च शिखर का स्मरण करा रहा था, जो हिमाच्छादित था। उनके मुखमंडल पर, हलके-हलके चेचक के चिह्न अरुणाभ से युतिमान् लग रहे थे। उनके पांव श्यामलाभ लिए चमक रहे थे। उनके पास, पंजों से मुड़ी हुई पुराने ढंग की चप्पल थी। चुस्त संदरी और मोटी धोती पहने वह अति कमनीय, अति नयनाभिराम और अति सुंदर लग रहे थे।

क्या उसे फूल सज्जा पर सो जाना चाहिए? पति आराम कुरसी पर अर्द्ध लेटे हुए जाने कब निद्रा निमग्न हो गया। क्या वह शेष रात्रि बिना सोए, पलंग के एक कोने में व्यतीत कर दे? वह यह सुनिश्चित नहीं कर पा रही थी कि उसके पत्नी धर्म का प्रथम अध्याय क्या कहता है? सोच-विचार के इस शांत मंथन में, शीतल पवन के सुगंधित झोंकों में उसकी भारी पलकों ने कब कपाट जड़ लिए यह उसे भी पता नहीं चला और वह पलंग के पांयते को पकड़े फर्श पर ही बैठे-बैठे सो गई।

अब चंद्रमा ज्योत्स्ना की चादर फैलाए जग रहा था। झील सो रही थी, नदी सो रही थी और दिग् दिगंत सो रहा था। पादक दल सो रहा था, पक्षी समुदाय सो रहा था। जीव जगत सो रहा था। चराचर सो रहा था। निसर्ग निरावरण सो रहा था। कदाचित् समूची सृष्टि को मलयजी नींद निकालते देख अब चंद्रमा भी झपकी लेने लगा था।

7

अरविंद अपने मामा के घर देवधर आए। मृणालिनी उनके साथ थी। अब वह नीरवता को वशीभूत किए थे और परजन के विचार पढ़ने लगे थे बिना उसकी भाषा जाने। वह विचार से आगे स्पंदन को लख, पढ़ और समझ रहे थे। मृणालिनी को लगता था कि वह सोते हुए भी जग रहे होते हैं। उसकी यह धारणा तब और बल पा सकी जब हू-ब-हू मृणालिनी की भाषा में जब उसे कालरात्रि की कहानी सुना दी थी। और उसे यह भी बता दिया था कि उसने उन्हें चादर उढ़ाई थी और स्वयं आत्ममंथन करती हुई पलंग की पाटी के सहारे फर्श पर ही सो गई थी। मृणालिनी से रहा नहीं गया। उसने पूछ ही लिया, "क्या तब आप जाग रहे थे, स्वामी?"

"नहीं मणि। मैं सोए हुए था तुम्हारी और शेष प्रकृति की भांति।"

"तब आप कैसे जान सके कि..."

"तुमने क्या कथा सुनाई और उसके बाद क्या-क्या किया, यही ना।"

"हां स्वामी, यही।"

"ऐसा तुम भी कर सकती हो, मणि।"

"मैं तो कभी नहीं कर सकती, स्वामी।"

"तुम्हें ज्ञात है मणि, विचार से आगे भी कुछ है।"

"नहीं, मुझे नहीं पता है। क्या विचार से भी आगे कुछ है?"

"हां, मणि है। विचार से आगे है-स्पंदन। जिसको अपने अंदर मानसिक रूप दे सकने में तुम, मैं और हर एक जन सक्षम है। न वहां भाषा व्यवधान है और न कोई सम-विषम परिस्थिति। विचार पिंजरा है, स्पंदन खुला आकाश, भ्रम शून्य निर्द्वन्द्व आमुख।"

"मैं कुछ समझ नहीं पा रही हूं।"

"अवश्य, मणि। तुम्हारा कथन पूर्णतया सत्य है। पिंजरे से आगे निकलो-एक महाशून्य को पाओगी जो अंतर्जगत से आगे की तुम्हारी संसृष्टि होगी। तुम उसकी सजक होगी। वहां सिर्फ स्पंदन है। न गोचर है, न अगोचर। मात्र स्पंदन है। तुम उन्हीं स्पंदनों को उपयुक्त मानसिक रूप दे सकोगी।"

"आप ऐसा ही कर रहे हैं, स्वामी।"

"प्रयत्न! प्रयत्न सर्वस्व नहीं है। सर्वस्व को अनुभव करने का मार्ग है। अनुभूति साये का यह अनुभाग शाश्वत सत्य का ही अंश है। वह अंश जिसकी निर्मिति बूंद है और सागर भी। दोनों बराबर। न कोई छोटा और न कोई बड़ा।

मृणालिनी को लगता कि वह तंद्रालु होती जा रही है। उसमें निद्रा विदेह होती जा रही है। देह से हटकर निद्रा जागरण है। प्रसंग पलटा। दृश्य परिवर्तन हुआ। सीधे देवघर से नैनीताल। ब्यूटी क्वीन! महाराजा सियाजीराव का आग्रह आमंत्रण। वही उनकी पुत्री महारानी कूच बिहार जिनको उन्होंने आंग्ल भाषा का अध्ययन कराया था। पति सहित पहुंची थी। उसी की स्टेट में तो उनके बड़े भाई उच्च पदाधिकारी थे-विनय भूषण।

हिमालय का हृदय नैनीताल। झील के चारों ओर बसा नैनीताल। सुरम्य घाटियों में महकता नैनीताल।

वहां आलीशान बंगला 'ब्रुकहिल हाउस'। अप्रैल में उनका विवाह हुआ था और 28 मई, 1901 में अरविंद सपत्नीक नैनीताल आए। ब्रुकहिल हाउस दिव्य निवास-एक बड़ी कोठी स श्रृंगार। त्रिभुजनुमा छत का आकार। सुरम्य! अति सुंदर! नयनाभिराम! धरती का आंतरिक स्वर्ग! पावन! सौम्य! आकाश सी ऊंचाई। आकाश नीचे भी, ऊपर भी। उनकी आंखों में दार्जिलिंग का स्कूल घूम गया।

पवन अनुरागमयी। धूप ज्योत्स्नोज्ज्वल। शीत निद्वंद्व मुखर। सर्वस्व स्पष्ट दृष्टिगोचर। वह भी जो दृग् के पार। क्या वह सपना देख रही है। उसने अपने जीवन में ऐसा महकता, जगमगाता और पंख फैलाए तैरता सपना कभी नहीं देखा। वह रात फिर चांदनी की थी। चांदनी आवृत्त महक की थी। मृणालिनी में हेमंत उल्लास भर उठा था। अश्रुत, अनदेखा, अननुज्ञात और असंग उसमें पर्वत श्रेणियों पर उतरते प्रथम मेघ की तरह आ फैला था।

अरविंद चायना पीक दर्शन के लिए उत्सुक हुए। दो घोड़े लिए। स्वयं घोड़े पर सहज बैठ गए। मृणालिनी चौंकी और पूछा, "आप तो आई.सी.एस. में घुड़सवारी की परीक्षा में..."

"अनुत्तीर्ण नहीं, मणि। यह परीक्षा देने का मन नहीं बना। गुलामी नहीं तो नहीं।"

"पर मैं घोड़े पर कभी नहीं बैठी।"

"आज बैठो। घोड़े पर सवार होकर देखो तो तुम्हें शिलांग नजर आएगा।"

"वहां इतनी ऊंची पहाड़ियां नहीं हैं।"

"तुलना नहीं। सौंदर्य अतुलनीय होता है।" अरविंद ने धीरे-धीरे कहा, "सौंदर्य अंदर है-अपने अंदर, बाहर नहीं, जो दिखलाई पड़ता है। बुद्धि उसके बारे में निर्णय करती है। उसका निर्णय जरूरी नहीं की ठीक ही हो, गलत भी हो सकता। इस कारण मैं अपने मन में कोई सत्य तब तक अंगीकार नहीं करता, जब तक उसके प्रतिकूल के लिए द्वार खुला नजर नहीं आए।"

"मुझे इस सबको समझने में समय लगेगा, क्योंकि मेरा सत्य सम्मुख है। जो देखती हूं, वह मेरे सत्य हैं। सत्य के दूसरे पक्ष तक मैं कभी नहीं गई।"

धीरे-धीरे मृणालिनी में इतना साहस आ गया कि वह बिना भय और संकोच के अपनी बात कह सके।

ऊपर, नीचे पहाड़ियों में बने सीढ़ीनुमा रास्ते, ऊपर से घोड़ा और नीचे गहरी खाई! इन सबसे भयभीत होना अप्राकृतिक कतई नहीं है। पेड़ों से छनकर आती तेज हवाओं के झोंके, कंधे छूती टहनियां और नवल पत्तियों के स्पर्श और घुमावदार रास्ते। जो दूर से ऊपर नजर आ रहा था, अब वह साथ-साथ चल रहा था। हर मोड़ कुछ-न-कुछ कह जाता था अकहा।

आधेक घंटे से ऊपर हो चुका था। उसकी जांघे दुखने लगी थीं। उसका पेट हिचकोले खा-खाकर दर्द करने लगा था।

"हम निरंतर ऊंचाई की ओर बढ़ रहे हैं। कभी-कभी आसमान सिर पर आया लगता था और कभी वे मेघों के बीच से निकल रहे होते थे।"

जब वे उस जगह पर पहुंचे जो चाइना पीक के नाम से पहचानी जाती है, तब पाया कि आस-पास कुहरा जमा हुआ है, धुंध है। झील गायब है। कुछ ऊँची चोटियां नजर आ रही हैं। जहां से कुहराच्छन्न ग्लेशियर अस्पष्ट सा नजर आ रहा है। अरविंद दूर-दूर तक दुरबीन से देखते रहे और मृणालिनी को दिखाते रहे। कई बार मृणालिनी के उरोज उनकी छाती से टकरा गए। उनके होंठों पर मुस्कान फिसल आई और उनकी आंखों में शरारत।

मृणालिनी उनका हाथ थामे चल रही थी। घोड़े वाले दूर रह गए थे। एक जगह ऐसी आई जो बहुत संकरी थी और जहां से बहुत नीची खाई देखकर भय लग रहा था। ऐसे एक मोड़ पर उसका पांव फिसला ही था अरविंद ने उसे अपनी बाहों में ले लिया। वह उसे अपनी बाहों में ही थामे रहा। मृणालिनी का गुलाबी उजास अरविंद के दिलोदिमाग पर छा गया। उसका संयम जवाब देने लगा।

मृणालिनी भी अपनी ही आग से झुलसे जा रही थी। पहली बार अरविंद झुके और उसके गाल पर अपने हस्ताक्षर बना दिए। फिर उसके अरुणाधरों को चूम लिया। वह डाली-सी झूम गई गद्‌गद हुए। तभी किसी के आने की आहट हुई। वे दोनों अलग हो गए। उन्होंने अपने कपड़ों को ठीक किया।

घोड़े वाला कह रहा था, "मालिक, चला जाए। अचानक आकाश में बादल छा गए हैं। कभी भी वर्षा हो सकती है और यहां बचने का कोई उपाय नहीं है।"

लौटना पड़ा। घोड़े नीचे की ओर दौड़ रहे थे। साईस बारंबार चेतावनी दे रहा था, "मैडम, पीछे की ओर रहें, झुके नहीं और न घबराएं। घोड़े अभ्यस्त हैं इन रास्तों के।" मृणालिनी का मन अंदर-ही-अंदर कांप उठा। वह चीख पड़ी।

"क्या बात है?"

"पहले मुझे नीचे उतारो।" मृणालिनी घबरा गई थी। उसकी जांधे, टांगें और गरदन तीनों अकड़ गई थीं।

"बीबी जी, आधा रास्ता तय कर लिया है। मेघ उमड़-घुमड़ रहे हैं। जी पाइंट तक पहुंच जाएं। फिर सब ठीक है।"

हवा तेज। मेघ गर्जना अलग। मृणालिनी ने पूरी तरह से इनकार कर दिया, तब साईस ने कहा, "हुजूर, गुस्ताखी माफ हो। थोड़ी आप मदद कीजिएगा।"

"कैसी मदद?"

"साहिब, इसके अलावा कोई चारा नहीं है।"

"क्या करना होगा?"

"मैडम को आप अपने साथ ले लें। कोई सोच-विचार नहीं करें। वर्षा सिर पर आ खड़ी है। कृपया जल्दी कीजिए।"

अरविंद नीचे उतरे। मृणालिनी को घोड़े पर बैठाया। फिर स्वयं उस घोड़े पर सवार हुए। घोड़ा तेजी से आगे बढ़ने लगा। मृणालिनी ने तो अपनी आंखें मीच लीं। उसकी सांसें तेज होने लगीं। वह पहली बार पुरुष की देह से सटी हिचकोले खा रही थी और अपने तन-मन को आपे से बाहर होता अनुभव कर रही थी। यह उसे क्या हो गया, वह नहीं जानती। नीचे आते-आते बौछार शुरू हो चुकी थी। थोड़ी दूर पर एक रेस्टोरेंट नजर आया। मृणालिनी का हाथ पकड़ कर वह उसे वहां ले आए। वे सीधे केबिन में घुस गए। टॉवेल की मांग की। साफ-सुथरा, चाहे नया टॉवल हो, वह उसकी कीमत चुका देगा।

नया टॉवल आया। स्वयं मृणालिनी ने सिर पोंछा, फिर टॉवल उसकी ओर बढ़ा दिया। अब वर्षा तेज हो चुकी थी। जमकर बरस रही थी। लगभग बीसेक मिनट तेज वर्षा रही। वे दोनों वहीं नाश्ता लेते रहे। मृणालिनी आंख उठाकर अरविंद की ओर नहीं देख पा रही थी। उसकी देह में कंपकंपी दौड़ रही थी। अरविंद ने कहा, "इन स्थितियों से आदम और हौवा भी गुजरे थे। अर्थात् प्रथम पुरुष और प्रथम स्त्री। मैंने प्रयत्न किया। तुमने भी संयम रखा। परंतु..."

"साहब, वर्षा रुक गई है।"

रेस्तरां की काउंटर पर भुगतान किया और नैनी झील की तरफ आगे बढ़ गए।

"उधर क्यों?"

"आज का दिन, आज की रात हम दोनों की अपनी है।"

"भीग जाएंगे।"

"तो क्या होगा, मणि। तुम्हारा मादक रूप भीग कर और भी नशीला हो गया है।" इसी के साथ वह पान वाले की दुकान की ओर बढ़ा और एक पैकेट सिगरेट व माचिस का लिया। सिगरेट सुलगा ली।

"आप..."

"स्मोकिंग करता हूं। बड़ौदा कुछ ज्यादा ही स्मोकिंग करता था।"

"एक बात कहें।"

"कहो, मणि। एक नहीं, अनेक कहो। तुम्हें रोका किसने है?"

"यदि आप सिगरेट छोड़ दें तो..."

"तो क्या, मणि?"

"तुम पहले जैसे आकर्षक और महान् इंसान लगने लगोगे।"

"मैं और महान् इंसान, मणि।"

"मेरा ईश्वर जानता है, स्वामी। मैंने कभी झूठ नहीं बोला है और न कभी किसी की मनगढंत प्रशंसा की है। आप पहले मानुष हैं, जिसकी प्रशंसा करने को मन हुआ है और भय का परदा हटा है। मैं शुद्ध मन से कह रही हूं, स्वामी।" मृणालिनी की संगीतमयी मधुर ध्वनि अरविंद के हृदय को झंकृत कर उठी। उन्होंने ऐसी पवित्र वाणी और ऐसी पवित्र सलाह इससे पहले किसी से नहीं सुनी थी। मंजरी ने कितना ठीक कहा था, "पत्नी और पति का रिश्ता तो शरीर का ही नहीं, दो आत्माओं का है। उनमें जब आत्मिक संवाद के निर्झर महकने लगते हैं, तब निर्विकार आनंद का स्रोत फूट पड़ता है और अनागत शिशु किलकारियां मारने लगता है। जिस दिन, जिन पलों में तुमने उस विमल वाणी को सुनना शुरू किया, उसी दिन, उन्हें पलों में तुम्हें ऐसा अनुभव होने लगेगा कि तुम किसी के संरक्षण में हो। मां से महान् और अभेद संरक्षण कोई नहीं दे सकता। तब पत्नी मां बन चुकी होगी। तुम धीरे-धीरे पत्नी के विराट रूप से परिचित होने लगोगी। हर पत्नी में सत्यवान् को मृत्यु के मुख से वापस लाने की अनोखी और महान् शक्ति है। ये हम तुमसे यों ही नहीं कह रहे हैं, अरविंद, इनके पीछे महान् सत्य छिपा हुआ है। ऐसा हम अपने पति से कभी नहीं बोले, लेकिन तुम से कह गए, क्योंकि जब भी तुम सामने आए तब हमें लगा कि हम एक महान् आत्मा के संपर्क में आ गए हैं।" वही बात मृणालिनी अत्यंत सहज होकर बिना किसी पूर्व प्रसंग-संदर्भ के धीमे स्वर में कह गई है। क्या नारी में यह आकर्षण शक्ति है जिसकी खोज में पुरुष, उससे दूर जाकर, कंदरा में वर्षों बिताकर पाता है कि उठो गौतम, अब से तुम गौतम से बुद्ध हुए। लो, यह खीर चखो और फिर देखो कि जिस सत्य के लिए तुमने देह को इतना क्षीण कर डाला था कि वह अस्थि पंजर

मात्र रह गई थी और तब भी सत्य प्रकट नहीं हो सका, वह सत्य शिशुवत् तुम्हारे सामने मुस्करा रहा है। शिशु से पवित्र आत्मा दूसरी नहीं होती। न शिशु से पवित्र ईश्वर होता है। जो जन्मता नहीं, वह ईश्वर भी नहीं है। जो जन्मता है और मृत्यु पर्यंत शिशुवत् बना रहता है, वही ईश्वरीय अनुभूति है।

"अब मैं ईश्वर को नहीं मानूंगा, सुजाता। मां ही ईश्वर है, यदि उसे मानना पड़ा तो।"

"महात्मा बुद्ध, मां ही ईश्वर को जन्म देती है। हर मां किसी की पहले पत्नी है, बाद में मां। हर जन्म देने वाली शक्ति मां है। जाओ, निर्जन त्यागो और नव सृजन के अंतर्मुखी संगीत की परिमल धारा को मानव जन जीवन में बहाओ।"

अरविंद चौंक पड़े। मृणालिनी क्या शक्ति रूपा है। शक्ति अजर, अमर, अजय, अभेद और अडिग होती है। उन्होंने ध्यान से मृणालिनी की ओर देखा। देखते ही रह गया। उनके भीतर से आवाज उठी, "तू जिसका वरण करके लाया है, यही तेरी उद्धारकर्ता है-नव सृजनमयी, नव मंगलमयी और नव करुणामयी! तू उसी की शरण में आया है।"

"मां!" अपलक अरविंद के मुख से निर्झर फूटा।

"स्वामी, आप ठीक तो हैं।"

अरविंद दूसरी बार चौंके। सिगरेट उनकी उंगलियों में दबी उनको तापमयी कर उठी थी। उन्होंने सिगरेट को डस्टबिन के हवाले करते हुए कहा, "तुम्हारे साथ कभी सिगरेट नहीं पीऊंगा।"

"वह देखो, नैनी मां की आरती सज चुकी है। पावन बेला है।"

"ऊपर आसमान में फिर काले मेघ सिहर उठे हैं। नौका से वहां तक पहुंचने में समय भी लगेगा।" अरविंद का अंतर्मन गुनगुना रहा था, "ओ निष्कंपमयी, चित्रभेदी, रागानुरागिनी, अमल सौंदर्य की अधिष्ठात्री, आज पुनर्जन्म का संगीत सुनने की निर्मल आकांक्षा है।"

"जैसी आपकी इच्छा, स्वामी।"

"मेरी नहीं, मणि, हम दोनों की।" फेरे पर जब बैठे थे, स्मरण है, पंडितजी ने क्या वचन कहलवाए थे कि आज से, अब से हम दो आत्माएं एक हुई अतः हर कार्य निष्पादन में, हर निर्णय में, हम दोनों की भागीदारी बराबरी रहेगी।

"ठीक है, स्वामी। हम आपसे सहमत हैं।"

"स्वेच्छा से।"

"स्वेच्छा से।" तभी अरविंद ने उसके मुलायम हाथ को अपने हाथ में लेकर उसकी हथेली को हल्का सा दबाया। उसे रूई दबाने जैसा आनंद आया। वह गद्गद हो गया।

"आप हस्तरेखा पढ़ लेते हैं क्या?"

"उससे भी आगे रेखाएं होती हैं, मणि।"

"कौन-सी?"

"स्पंदनमयी! शब्दातीत! स्वर-व्यंजना शून्य। अंतर्पट के मर्म की प्रतीक! मैं उन्हें भी पढ़ रहा हूं।"

"हथेली दबाकर।"

"हथेली दबाना ही स्पंदन का रूप-अरूप स्वर, स्वर से परे का स्वर शून्य, मूर्त्त-अमूर्त्त के परे का अंतर्दशन है, मणि।" कहकर अरविंद ने उसकी हथेली को चूम लिया। चूमना नहीं छोड़ा और गहरी-गहरी सांस ली।

"देखो, कोई इधर ही आ रहा है।"

अरविंद ने हथेली छोड़ दी। चारों ओर देखा। मृणालिनी ने भी देखा था, कहीं कोई नहीं था। वह उसका हथेली छुड़ाने का बहाना मात्र था। उसकी अमलतास के पुष्पों से लदी देह गुदगुदी से ऐसे भर उठी थी कि वह इस बहाने का सहारा नहीं लेती तो पगला उठती। सुधीरा उसे समझाते हुए कह रही थी, "महादेव ने कामदेव को अपनी दृष्टि से भस्म कर डाला था। उसका समूचा अमरत्व राख हो गया था। तब पार्वती ने पूछा था, "देव, यह क्या अनर्थ कर डाला। एक बार पहले अनर्थ किया था, तो अपने ही पुत्र गणेश का मुंड उड़ा डाला था। फिर बाद में शिशुवत् हाथी का सिर काट कर उसको लगा दिया था और आशीर्वाद दिया था, पुत्र, तुझसे ही हर कार्य का प्रारंभ होगा। तू सृष्टि में सर्वप्रथम पूजा जाएगा।"

"हां, पार्वती। और आज भी वही हुआ। क्रोधवश क्यों हो जाते हैं आप, जगदीश्वर? यह आपको शोभा नहीं देता। आपका शीघ्र प्रसन्न होकर वरदान दे डालना और शीघ्र ही अप्रसन्न होकर उसका सर्वस्व मिटा डालना, समूचे ब्रह्मांड में चिंता का कारण है। आप अच्छी तरह जानते थे कि कामदेव को इंद्रदेव ने अपने सिंहासन को डोलता हुआ पाकर यह कदम उठाया था।"

"हां, देवी।"

"आपसे ऊपर कौन है? एक तो ब्रह्मा ने देव शिरोमणि इंद्र को स्वर्ग के सिंहासन पर बैठाकर अनुचित किया। उसे बुद्धि-विवेक नहीं है। वह डरा हुआ रहता है। शासन डर-डरा कर नहीं, निडर होकर और सबको निडर बनाकर होता है-सुशासन। शक्ति सौंदर्य रूपा है, क्योंकि वह सत्य की पुख्ता नींव पर खड़ी है। जो शक्ति का उपासक है, वही शिव है और जो शिव है, वही विमल सौंदर्य है।"

"अब?"

"कामदेव की पत्नी रति आपकी शरण में आ रही है। कठोर तप करेगी। तुम्हारा सिंहासन हिला डालेगी। तप शक्ति का प्रतीक है। वह तुम्हारी शक्ति के निर्मल तेज को मद्धिम करने लगता है और तुम विवश होकर उस तपस्विनी से यह जानते हुए भी पूछते हो, "क्या चाहिए! हम तुम्हारी तप-भक्ति से प्रसन्न हुए, देवी।"

"कामदेव को अमरता का वर मिला हुआ था, महादेव, उसे आप लौटा दें।"

"अर्थात् अमर कर दें, रति।"

"हां, महादेव।"

"तो किया, रति पुत्री, पर अदेह बनाकर।"

"क्या अनंग बनाकर, महादेव?"

"हां पुत्री, आज से वह चराचर सब में जीवित रहेगा। सृष्टि के सृजन का मूल होगा। नव सृजन का हेतु बनेगा।"

"और तब से...।" मृणालिनी पूछती।

"वह इस ब्रह्मांड की नव सृजन शक्ति का मूल बना हुआ है...हम तुममें भी वही है-अनंग।"

"ना-ना...ना...कदापि नहीं।"

"वह जगज्जनी में है।"

"ना, सुधीरा, ना।"

"हां-हां...सुधीरा, हां।" मृणालिनी अंदर-ही-अंदर कह उठी।

"तुमने कुछ कहा क्या मणि?"

"नहीं तो।"

"तो मुझे क्यों लगा कि तुम किसी निर्मल कथा के साथ-साथ पुकार उठी हो, स्वामी, तनिक ठहरो।"

"क्यों, क्या हुआ?"

"कांटा चुभा है।"

"कहां?"

इतने में मृणालिनी संभल गई। वह बिना उत्तर दिए, सामने शिखर की ओर देखने लगी। जिसको बादल लगभग ढक चुके था। फिर भी शिखर अपने अस्तित्व को बनाए हुए था। अब उपत्यकाओं के अंक में समाया हुआ वन वानिकी से आवृत्त बुक हिल हाउस नजदीक आ चुका था। वह सपनों का सच सा बनकर खिल रहा था। रात्रि का आगमन हो चुका था, पर चौदहवीं का चांद, छंटते मेघों के प्रकोप से बचकर, बाहर आता जा रहा था। चतुर्दिक निस्तब्ध पड़ा था वातावरण।

दोनों चुपचाप अपने कमरे में आ गए। थके हारे थे। पहले वस्त्र बदले, फिर पलंग पर जा लेटे। मृणालिनी की जांघे ज्यादा दर्द कर रही थीं। वह पहली बार घोड़े पर बैठी थी और वह इतनी ऊंचाई तक टेढ़े-मेढ़े रास्तों पर, चक्कर खाते रास्तों पर अपने को जबर्दस्ती संभाले, अंदर से घबराए हुए बैठी रही थी। उसका सारा शरीर दर्द कर रहा था। वह आराम कुरसी पर निढाल होकर गिर-सी पड़ी।

जब आंख खुली तब रात के दस बज रहे थे। मृणालिनी उठी और गर्म पानी से नहाने चली गई। देर तक नहाती रही। लौटी तो उसने अपने आपको तरोताजा पाया।

अरविंद भी जमकर गर्म पानी से नहाए। जी भर कर पानी से खेले। बाहर आए तो नई उमंग से भरे हुए थे। मृणालिनी खिड़की से चांद की चांदनी को आंखों में रचा रही थी और तन-मन को सहला रही थी। हवा ठंडी थी, जो देह में सुकंपित किए डाल रही थी।

अरविंद चुपके से मृणालिनी के निकट आए और उसे अपनी बाहों में भर लिया। उसकी नाह-नूह कुछ नहीं चली। सारा वातावरण पगला उठा। दिशाओं ने परदे गिरा दिए। संज्ञाहीन होने लगी रात्रि। चांदनी का अंग-अंग गदरा उठा। सांसों के चंदन वन अवाक् से रह गए। पुष्प शरमाकर नत होने लगे। मौन मुखर होकर नूपुरों में समा गया।

अब रात थी। सिर्फ रात। अकेली युवा रात। पलकें खोले। झील में समाती रात!

8

नैनीताल के एक माह के प्रवास में मृणालिनी का रंग-रूप पहले से कहीं आकर्षक, गदराया हुआ, उमंग भरा और अल्हड़ मस्त होकर वासंती हो चुका था। उससे मद झर रहा था और उसकी गति गजगामिनी को लजाने लगी थी। चाहत के सतरंगी इंद्रधनुष उसमें मादकता लिए खिल उठे थे। अरविंद की दीवानगी अपना रंग जमाने लगी थी।

यौवन का स्वर्ग छलछलाने लगा था। प्यार की अननुज्ञात अभिव्यक्ति साकार होती लग रही थी। नैनीताल का अलौकिक सौंदर्य उन्हें ऐसे अभिभूत किए था जैसे वे दोनों उसी ने आमंत्रित किए हों। उनकी उनींदी आंखों में उन्मद वसंत आसमान छू रहा था।

मृणालिनी ने कभी नहीं सोचा था कि शादी एक रंगीला और रसीला सपना है। वह पहाड़ियों के एकांत में पक्षियों-सी खिलखिला उठती थी।

अरविंद भी उसका साथ देते थे। अनजानी डगर, अनखुली पगडंडी और अनसुनी बातें उनमें अद्भुत संसार की कल्पनाओं को साकार कर उठे।

सरोजिनी भी उनके साथ नैनीताल आई हुई थी। उसका काफी समय कूच विहार की महारानी के साथ बीत जाता था। उसका कमरा भी अलग था। रात-रात भर उसमें मृणालिनी का सावन चुभता रहता था। वह स्वयं भी उन दोनों से बचकर रहती थी। ऐन मौके पर चाहे उसे अकेले ही जाना पड़े, सूनसान पगडंडियों पर अनचाहे निकल जाया करती थी। उसे लगा कि बहू ठान (भाभी) ने भैया को अपने वश में कर लिया है। पता नहीं क्या बात थी? यह सुन रही थी। अरविंद का स्वर था। वह अपनी बंगला में कह रहा था, "तुमि जखन आमार सामने थाकोना तखनो आमि तोमार। अनुभव करि। बात शेर मध्ये तोमार स्पर्श पाई, आमार समख चेतन अवचेतन सन्ताय तुमि एकाकार होते थाको।"

क्या ऐसा भी कभी हो सकता था कि कोई भैया के जीवन में ऐसा स्थान बना लेगी कि भैया के सामने न होते हुए भी वह उन्हें देखते अनुभव करते कि वह उनके सामने है।

मृणालिनी में छंद नवमेघ से उठ रहे थे। उसमें बीजुरी उपत्यका को चमका जाती थी। उसका निबंध प्यार नद-नालों में उमड़ पड़ता था। वह अपने हृदय में आस्था के सुमनों को संवार कर रखती जाती थी और अपने अंतः प्रभु का स्मरण कर गा उठती थी –

अंतर मम विकसित करो अंतरतरा हे।
निर्मल करो, उज्ज्वल करो, सुंदर करो है
अंतर मम विकसित...
जाग्रत करो, उन्नत करो, निर्णय करो हे,
मंगल करो, निरलस, निः संशय करो हे –
अंतर मम विकसित...
युक्त करो हे सबार संगे, मुक्त करो हे बंध,
संचार करो सकल कर्मे, शांत तोमार छंद
अंतर मम विकसित...
चरण-पदमे मम चित्त निष्पादित करो हे,
नंदित करो, नंदित करो, नंदित करो हे...
अंतर मम विकसित...

एकांत उपत्यका के एक सुरम्य स्थान पर बैठी मृणालिनी गा उठी थी अरविंद के आग्रह पर। चतुर्दिक अपार शांति छा गई थी। पंक्षीवृंद भी शांत

हो डाल पर जा बैठा था। अरविंद के अंतर में उसका स्वर निनादित हो रहा था। गीत-संगीत की दुनिया इस संसार से कितनी अलग-थलग है, वहां कोई प्रवेश नहीं कर सकता।

स्वयं मृणालिनी अपने पर मुग्ध हो रही थी। पायल के नूपुरों की मादक थाप उस गीत को और मादक बना रही थी। उस पर प्रार्थना के गीत ही आते हैं। सुधीरा ने उसे कुछ चंचल गीत लिख दिए थे, कहा था विद्यापति के हैं, याद कर लेना। उनके साथ एकांत में जब संवाद मूक होने लगेंगे, तब वे गीत जादुई प्रभाव छोड़ते अनुभव होंगे।

मृणालिनी ने उन्हें पढ़कर कहा था, "सुधीरा मैं अपने को दो हिस्से में नहीं बांट सकती कि जो, मेरा अंतर है, वही मेरा बहिर्। जो होगा साथ होगा, एक साथ होगा और एक लय ताल में होगा।"

"तू समझती क्यों नहीं, मीनुदी। तेरी शादी हो रही है। तब वे तेरी भजन-प्रार्थना सुनेगा क्या?"

"क्या जिनकी शादी हो जाती है, उन्हें भजन-प्रार्थना नहीं सुहाते, सुधीरा?"

"नहीं ऽऽ...नहीं...नहीं। कितनी बार तुझे समझाऊं। तेरी मां कहती है कि वह अग-जग के व्यवहार में शून्य है। उसका ध्यान कभी वसंत की ओर गया ही नहीं। दुनियादारी जाने बिना वह कैसे जीवन निर्वाह करेगी। सुधीरा तू उसे समझा बेटी। उसमें चाहते के रंगों का वसंत का अनुभव करा।...पर एक तू है कि कुछ समझने के लिए तैयार ही नहीं है। एक ही रट लगा रखी है, जो मेरे मन को सुहाता है, वही गाऊंगा और उसी चिर अवनाशी, परम सखा और आनंद के नाम गाऊंगी।"

"तो इसमें बुरा क्या है, सुधीरा।"

"ये बुढ़ापे के गीत हैं।"

"तो हर छोटे-बड़े, जवान-बूढ़े, सबके मन को ये क्यों रिझाते हैं? क्यों ये बारंबार मुझसे आग्रह करते हैं कि मुनीदी, एक बार...बहे निरंतर अनंत आनंदधारा, बाजे असीम नभ माझे अनादि रव, जागे अगण्य रवि-चंद्र-तारा। बहे...।"

"बस बस, मीनुदी! यह भजन है।"

"भजन क्या गीत-संगीत नहीं होता। सुधीरा, मन जिसमें रमे वह गीत-संगीत है।...तू जिसे गीत संगीत बता रही, वह मेरे काम का नहीं है।"

"पगली, तू नया जीवन शुरू करने जा रही है। पति है तो परपुरुष ही। उसको खूटी से बांधे रखना पत्नी का दायित्व है। आजकल अपने समाज में नए-नए जोड़े के बीच ऊंच-नीच बहुत हो रही है।" सुधीरा ने सहज होकर समझाया।

"देख, सुधीरा, मुझे ऐसा वैसा कुछ नहीं करना। मैं उस आदमी को जानती तक नहीं हूं। मेरे लिए वह उतना ही अजनबी है, जितना मैं उसके लिए। तू चिंता मत कर। मैं अपने भजन गीत में आनंद से हूं।"

बहुत देर तक मृणालिनी को आत्मविभोर पाकर अरविंद ने कहा, "मणि, तुम कितना अच्छा गाती हो! कितना मार्मिक गीत है। कितना गहरा समर्पण है। गजब की तन्मयता है। तुम्हारा मन ही अहम् शून्य है। एकदम प्राकृतिक!"

"अधिक तारीफ नहीं, स्वामी। मैं कहां और आप कहां। जमीन-आसमान का अंतर है, स्वामी।"

"क्या वह अंतर अब तक मिट नहीं गया, मणि? क्या हम दो शरीर एक प्राण नहीं हुए अब तक? मेरा अंतर्मन तुम्हें पूर्णतया स्वीकार कर चुका है। फिर मैं तुम्हारे लिए मनगढंत क्यों कुछ कहूंगा। तुम हो ही हरित नील वैदूर्य सी। शांत और निस्तरंग अवर्णनीय, अनुभूति-सी। प्रिय, हम जिस दिशा में आगे बढ़ रहे हैं और जिस मनोयोग तथा समग्र समर्पण से बढ़ रहे हैं, जिसमें निजी कुछ नहीं रहता, स्वतः सबका सब सर्वस्व होने लगता है, वह अतीन्द्रिय मानस भूमि का पराकाष्ठा है। यहां मुझे ऋग्वेद की प्रासंगिकता का स्मरण होने लग रहा है। क्या प्रिय, वह प्रसंग सुनना चाहोगी?"

"अवश्य स्वामी, अवश्य।"

"तो सुनो प्रिये-एक लचीली डाल पर सुंदर पंखों वाले दो पक्षी बैठे हुए हैं। उनमें आपस में सखा और सहयात्री का संबंध है। वे दोनों सामने की डाल पर सुंदर पका हुआ सेब देखते हैं। एक का मन जोर मारता है, लालसा खुली अंगड़ाई लेती है। वह एक बार अपने सहयात्री की ओर तटस्थ भाव से देखता है और उड़कर उस डाल पर जा बैठता है। वह ललचाई आंखों से उसे निहारता है। अपने होंठों पर आतुरता प्रेरित जिह्वा फेरता है। एक बार फिर वह सहयात्री की ओर देखता है। वह पाता है कि वह शांत भाव से अपनी ओर निहार रहा है। बताओ तो, प्रिये, वह शांत भाव से क्यों निहार रहा है?"

"वह तप्त है।"

"यदि वह तृप्त नहीं हो तो, प्रिये।"

"उसे वह फल पसंद नहीं है।"

"यदि ऐसी बात न हो तो?"

"इससे आगे तो हम नहीं जानते।"

"अच्छा बताओ, प्रिये, ललचाई आंखों से उस डाली पर बैठा वह सखा क्या सोच रहा है?"

"कहीं इस बाग का माली या चौकीदार तो वहां आस-पास नहीं है।"

"मानों उसे यह इत्मीनान हो गया तो अब वह क्या करेगा?"

उस फल पर अपनी चोंच गड़ा देगा और पहले जल्दी-जल्दी और फिर धीरे-धीरे उसे खा जाएगा।

"बहुत ठीक, फिर?"

"तृप्त होकर उड़ जाएगा।"

"फिर वह सहयात्री क्या करेगा?"

"शायद उसका अनुकरण।"

"यदि वह ऐसा नहीं करता।"

"हो सकता है।"

"तो वह क्या करेगा?"

मृणालिनी सोच में पड़ जाती। उसके बुद्धि में कुछ नहीं आता। वह तनिक गुस्सैल होकर कहने लगती, "आप, स्वामी, हमसे इतने कठिन प्रश्न क्यों करते हैं?"

"वो इसलिए, प्रिये, हम भी उस प्रश्न का उत्तर नहीं जानते।"

"और हम से आशा करते हो कि हम जानते हैं।"

"हां, प्रिये, यही सत्य है, क्योंकि तुम्ही वह सहयात्री हो।"

"हमें नहीं पता।"

"तुमने ही हमें बताया है, प्रिये।"

"कब, क्या बताया है?"

"हर स्थिति-परिस्थिति में शांत, सम और तटस्थ बने रहना। वह सखा है जो उस फल के सौंदर्य और सुस्वाद के ललचाए मन की आतुरता से उस पर टूट पड़ा। तुम उसका साक्ष्य भर हो, मानों हमने वह क्रिया की हो।"

"स्वामी," मृणालिनी कंठ छूकर कहती, "हम कुछ नहीं जानते।"

"यह साधना की और ऊंची अवस्था है।"

"हम साधक नहीं हैं, स्वामी।"

"वह सहयात्री भी यही कह रहा था और सोचे जा रहा था कि क्या फल का सेवन न करने से उसका साक्षी धर्म निभाना ठीक है!...तुम क्या कहती हो, प्रिये?"

"हम क्या कहें, स्वामी, हमें यह भी नहीं ज्ञात।"

"तो स्पंदनमयी गहराई का आश्रय लो।"

"यह स्पंदनमयी गहराई क्या होती है?"

"वही जिसे तुम अभी अनुभव कर रही हो, प्रिये।" अरविंद कहते।

"क्या!"

"इस आकांक्षा का वरण करो।"

"किस आकांक्षा का वरण करें, स्वामी?"

"क्या तुम आकांक्षा शून्य हो प्रिये?"

"पता नहीं।"

"तुम क्या सोच रही हो इस समय प्रिये।"

"क्या सोचें?"

"यही जो हम बराबर तुम से कहे जा रहे हैं।"

"क्या कहे जा रहे हो, स्वामी?"

"क्या तुम्हारे मन में उस फल को चखने की इच्छा है?"

"हम फल नहीं जानते।"

"तो जान लो।"

"कैसे?"

"किसी को प्रिय फल मान लो और फिर सोचो।"

"नहीं सोच सकते, स्वामी। हम गणित में सदा से कमजोर रहे हैं।"

"अच्छा बताओ, वह सहयात्री फल क्यों नहीं चखता, मात्र देखता है?"

"हम नहीं जानते।"

"जरा पास आओ।"

"शैतानी तो नहीं करोगे।"

"डरती हो।"

"नहीं, हम डरते किसी से नहीं हैं, स्वामी।"

"तो?"

"आचार संहिता का पालन करते हैं।"

"कौन सी आचार संहिता, प्रिये?"

"तुम स्वामी हो और हम..."

"हां, तो तुम, प्रिये।"

"दासी।"

"नहींऽ, प्रिये, तुम भी स्वामिनी हो यदि तुम हमें स्वामी मानती हो तो।... तुम्हारा स्वामित्व हम से कम नहीं है, प्रिये, किसी दृष्टि से, किसी कोण से।"

"नहीं स्वामी, यह स्पृहा नहीं है।"

"यही है–वह स्पर्शी पल, जिसने हम में सपनों की भाषा गढ़ी है।"

"नहीं हम पारस पत्थर नहीं हैं, स्वामी।"

तो नजदीक आते हुए क्यों सहम रही हो?

"कहां सहम रहे हैं?" कहकर मृणालिनी अरविंद के पास आ जाती है। अरविंद उसे बांहों में भर लेते हैं। चुंबन कर उठते हैं। कहते जाते हैं,

"प्रिये, हम सहयात्री ही नहीं, सखा भी हैं। वह बहुत लंबी यात्रा है। थका देने वाली कठोर यात्रा, जिसे तुमने जन्म से ही पा लिया है, प्रिये। स्पंदनों को तुम मानसिक नव रूप दे सकती हो।"

"काश हमारे पास, आप जैसी बुद्धि-विवेक होता...।"

"वही तो हमें चाहिए, प्रिये, जो तुम्हारे नहीं है।"

"क्या?"

"बुद्धि-विवेक शून्य सहज मानसिकता...और उससे परे स्पंदनों का स्वजन्मा मानव धर्म का सहज रूप।"

"मान जाइये स्वामी, ये समय..."

"आगे कुछ नहीं, प्रिये। समय को प्रवाहित रहने दो।...बिना चखे आस्वाद कैसे ज्ञात होगा। सहयात्री शायद पूर्व जन्म में...तभी तो वह साक्षी बना रहा। ...प्रिय, तुम साक्षी मत रहो।...सहयोगी बनो।...हम...जानते हैं...तुम सर्वस्व हो, प्रिये...।" यो स्वर टूटते, बिखरते रहे। नूपुर उनमें उन्माद भरते रहे। सहज असहज और असहज सहज होता रहा।

9

आज 30 जून थी, 1901 की। 1 जुलाई, 1901 की दोपहर को बड़ौदा स्टेशन। बग्घी आई थी। मृणालिनी चतुर्दिक देख रही थी। पूछ कुछ नहीं रही थी। वहां तेज वर्षा होकर बंद हो चुकी थी। कोचवान बता रहा था कि दो दिन से वर्षा थमी नहीं। बीच-बीच में वर्षा मूसलाधार हो उठती थी। वह देख रही थी, जगह-जगह पानी भरा हुआ था। नाले चल रहे थे। रत्नगर्भा धरती हरी चुनरी ओढ़े महक रही थी। विश्वामित्री नदी उबाल पर थी। तट तोड़-लांघ चुकी थी। आकाश में बादल आज भी थे। सूरज शायद निकल कर अपने घर लौट गया था। बयार मतवाली होकर पत्तों-टहनियों के पार्श्व संगीत का पूर्व आभास करा रही थी।

यों मृणालिनी एक सर्वथा नए, अपरिचित, अनदेखे-सुने वातावरण में आ गई, जहां उसकी कोई सहेली नहीं थी, न नाते रिश्तेदार-सिवा सरोजिनी के और सरोजिनी उससे कुछ कटकर रहती थी। बोलती-बतियाती भी कम थी और ऐसे अवसरों की तलाश में रहती थी, जब वह मृणालिनी को नीचा दिखा सके अथवा पति-पत्नी के बीच अड़चन पैदा कर सके। मृणालिनी बहुत जल्दी जान गई कि सरोजिनी उसके प्रति तटस्थ नहीं है, परंतु उसने भी

इस ओर ध्यान देना छोड़ दिया, क्योंकि उसे अपने पर पक्का भरोसा था कि वह किसी के प्रति द्वेष भाव नहीं रखती और न किसी की बुराई करती है।

मृणालिनी भोजन बहुत स्वादिष्ट और विविध ढंग से बनाती। उसने प्रतिदिन और दिन में भी दोनों वक़्त भोजन और नाश्ते का चार्ट बना लिया था। वह मानती थी कि रसोई सीता की है। सीता उसकी रसोई का स्रोत थी, प्रेरणा थी और मार्गदर्शन। अरविंद जीवन में पहली बार इतना विविधता पूर्ण और रसपूर्ण भोजन का आनंद ले रहे थे। वह उसकी विविधता के प्रति भी समर्पित हो रहे थे। उस रोज मंजरी दिन में ही आ गई थी। वह उसका किचिन देखकर दांतों तले उंगली दबाने लगी। किचिन में व्यंजन चार्ट। कब क्या बनेगा? किचिन की साफ-सफाई एकदम नंबर वन। उसके भोजन की तैयारी और भोजन बनाने का ढंग एकदम अनूठा। आख़िर उससे रहा नहीं गया। वह पूछ बैठी, "मणि, यह सब तुमने कहां से सीखा?"

"मन से दीदी।"

"मन से।"

"अचरज नहीं दीदी।"

"वह क्यों नहीं?"

"क्योंकि व्यक्ति ही स्वयं का आचार्य है। मैं अपना समय कैसे व्यतीत करूं? दूसरे, प्रायः अधिकांश व्यक्ति होटल के खाने को सबसे स्वादिष्ट क्यों मानते हैं? मुझे लगा कि रसोई स्त्री की साधना स्थली है। वह प्रयोगशाला है।"

"वाह! वाह! मणि, तुमने तो वास्तव में गजब कर दिया।"

"यह रसायनशाला भी है, रसायन शास्त्र भी। मशालों का मिश्रण देखिए और उस मिश्रण के फायदे जानिए तो पता चल जाएगा कि हम क्या ले रहे हैं और उससे हमें क्या मिल रहा है?"

"एक दिन तुम्हें मेरे यहां प्रातःकाल से आना पड़ेगा।"

"सुबह से क्यों, दीदी?"

"क्योंकि अपनी दीदी को सीता की रसोई बनाने में दिशा-निर्देशन दे सको।"

"आप क्यों शर्मिंदा कर रही हैं, दीदी?"

"चलो यही मान लो, भाई पर ख्याल रहे आगामी रविवार सिर्फ मेरे लिए। क्यों, क्या इसके लिए भी अरविंद से इजाजत लेनी पड़ेगी?"

"नहीं तो। हमारी स्वतंत्रता का भी कोई अर्थ है और इस मामले में, दीदी, सबसे अलग लड़की हूं। मैं जान सकती हूं कि इजाजत लेना और सूचित करने में क्या अंतर है।"

"वाह! वाह! मणि, तुम्हारा जीवन के प्रति खरा दृष्टिकोण है।"

सरोजिनी इस कारण और नाखुश होती गई कि मृणालिनी में कलात्मक अभिरुचियों का अद्‌भुत भंडार है। वह मितभाषी है, परंतु बोलती तोल कर है-न रत्ती भर ज्यादा, न कम। एक दिन मृणालिनी ने सरोजिनी को समझाया, "ठाकुर जी, हम से कुछ अपराध बन पड़ा है क्या?"

"नहीं तो, बहू ठान।"

"बन पड़ा हो तो क्षमा दान दे दीजिए।"

"नहीं ना, ऐसा कुछ नहीं है।"

"फिर भी, हमारी खातिर, ठाकुर जी। हमारा छोटा सा घर संसार है, वह फूले-फले और सब आनंद में रहें।...सच में ठाकुर जी, हमसे कुछ आता-जाता नहीं है। हमारी बराबर यही कोशिश रहती है कि हमसे सब प्रसन्न रहें।"

"तो क्या हम आपके मार्ग में बाधक हैं, बहू ठान (भाभी)!"

"कदापि नहीं।"

"फिर यह सब हमसे क्यों?"

"चलो, प्यारी ठाकुर जी, हमसे गलती हो गई, भाई।"

थके हारे अरविंद आए। काफी देर से आए। वर्षा सुबह से हो रही थी। आते ही बिना बूट खाले आरामकुर्सी पर पसर गए। मृणालिनी गरमागरम कॉफी लेकर आई और कॉफी उन्हें थमाकर जमीन पर बैठ गई। उसने अपने घुटनों पर उनकी एक टांग रख ली और बड़े प्रेम से बूट के फीते खोलने लगी। फिर मोजे उतारे। कुछ देर तक उनके पांव सहलाए। अब वह कॉफी 'सिप' कर रहे थे। साथ बहुत सुकून अनुभव कर रहे थे। वह बेहद थका देने वाला दिन था। महाराजा का उन पर बढ़ता विश्वास और इत्मीनान एक तरफ जहां उनकी हैसियत बढ़ा रहा था, वहां दूसरी तरफ उन पर काम का बोझ भी बढ़ा रहा था। सन् 1895 की बात है, जब महाराज उन्हें ऊटकमंड ले गए थे-मद्रास। प्रदेश का एक उत्तम पहाड़ी क्षेत्र। उन पर कोई पाबंदी नहीं थी, जब चाहें, जहां चाहें जा-आ सकते थे। एक दिन पास बुलाकर महाराजा ने कहा, "मि. अरविंद हम एक केस में उलझ गए हैं।"

"कैसा केस? किस केस में, महाराजा साहब?"

"बापट केस अरविंद, वह हमारे गले की हड्डी बन गया है।"

"वासुदेव सदाशिव-वापट ना महाराजा जी, जो एक उच्च पदाधिकारी हैं...बहुत ईमानदार, कर्तव्यनिष्ठ और संभ्रांत मानुष हैं वे।"

"यही तो संकट है, मि. अरविंद, कि यह दुनिया जीते जी ऐसे महान् व्यक्ति का सम्मान नहीं करती बल्कि षड्यंत्र रचती है, उसे अपने रास्ते

से हटाने का और अपने बदख्यालों को जीती जागती शक्ल देने का। इस समाज ने जब ईश्वर के दूत ईसा को नहीं छोड़ा–क्रॉस पर लटका दिया, तब ईश्वर के भक्तों को वह क्यों कर छोड़े?...यह मैं भी जानता हूं, प्रायः अन्य सभी जानते हैं कि वे अंग्रेजों के घोर विरुद्ध हैं। उनकी नाजायज हुकूमत को वे फूटी आंख देखना नहीं चाहते। इससे अंग्रेजों का ऊंचा तबका उनके पीछे पड़ गया और उन पर फौजदारी का एक संगीन आरोप लगा दिया।...वे अंग्रेज अफसर हमारे से भी अंदर–ही–अंदर असंतुष्ट हैं। मानते हैं कि हम उन महाराजाओं की श्रेणी में आते हैं जो ब्रिटिश शासन का पतन देखने में षड्यंत्रकारियों से मिले हुए हैं। उन्हें शरण देते हैं। हमने क्रांतिकारियों को पनाह दे रखी है। अरविंद, हमें अपनी कतई चिंता नहीं है।"

"परंतु हम सबको है, महाराजा साहब, आपकी प्रजा को है।"

इस पर सयाजी राव गायकवाड़ तनिक मुस्कराये और सोचते हुए कहने लगे, "जानते हो, अरविंद, हमने तुम्हें पहली ही नजर में लंदन में क्यों चुन लिया था और तुम से वेतन क्यों पूछा था?"

अरविंद अवाक् बना महाराजा की ओर देखता रहा। महाराजा सयाजी राव गायकवाड़ ने ही आगे कहा, "हम इसी सूचना से समझ गए थे, अरविंद कि तुम आई.सी.एस. में अव्वल रहे, क्योंकि तुम ब्रिटिश सत्ता को यह बतलाना चाहते थे और यह बताकर सचेत भी करना चाहते थे कि भारत में टैलेंट की कोई कमी नहीं है और न भारत इतना पिछड़ा देश है, जिसका उद्धार करने वे लोग भारत पर हुकूमत जमाए हुए हैं। उसे विजुअलाइज कराना चाहते थे ताकि दुनिया के सामने ब्रिटिश सरकार का बेहूदा नाटक का परदाफाश हो सके। इंडियन ऑर ब्रह्लिंग विद वाइटैलटि एंड न्यू आइडिया।...इसमें संदेह की गुंजाइश नहीं रही कि तुम एक सुयोग्य, होनहार और आर्थिक संकट से जूझ रहे देशभक्त हो।"

"नहीं, महाराजा साहब ऐसा कुछ नहीं है।"

"तुम्हें शायद मालूम नहीं, मि. अरविंद कि हम कहीं के महाराजा नहीं थे। यहां के महाराजा खांडेराव गायकवाड़ निःसंतान शरीर छोड़ गए थे। राज्य को उत्तराधिकारी चाहिए था। अंग्रेज सरकार अनुमति दे चुकी थी–दत्तक पुत्र लेने के लिए। महारानी ने बड़ौदा के योग्य तथा ईमानदार दीवान सर टी. माधव राय की सहायता से उत्तराधिकारी की तलाश शुरू कर दी। उनकी दृष्टि नासिक के एक पिछड़े गायकवाड़ परिवार के गोपाल राव पर पड़ी। किसान काशीराव अशिक्षित और गरीब था। राजमाता ने हम से पूछा, तुम्हें यहां क्यों लाया गया है? तो हमने धड़ल्ले से उत्तर दिया था, 'बड़ौदा स्टेट

पर राज्य करने के लिए।' हमारी शिक्षा-दीक्षा हुई और 27 मई, 1887 को हमें महाराजा सयाजी राव गायकवाड़ तृतीय का नाम देकर बड़ौदा राज्य का अधिपति बनाया गया। तब की चेतना हमारी जीवन की अक्षय पूंजी है। वही हमें तुम तक ले गई। महाराजा सयाजी राव गायकवाड़ जब प्रेम के वशीभूत होकर अत्यंत आत्मीय होने लगते थे तब आप मिस्टर रहित संबोधन 'तुम' करने लगते थे।

अरविंद ने कभी यह प्रयास ही नहीं किया सयाजी राव गायकवाड़ महाराजा, प्रजापालक, राष्ट्रप्रेमी, उदारमना और सुयोग्य प्रशासक के अतिरिक्त भी कुछ हैं। उन्हें अनर्गल जानकारी प्राप्त करने की आदत ही नहीं थी। वे अरविंद को सम्मोहित सा होता देखकर कहने लगे, "हमें तुम्हारी ईमानदारी, न्यायप्रियता और कर्मठता पर पूरा-पूरा विश्वास है, यह जानते हुए कि तुम देशप्रेमियों के साथ हो, अतः मि. वासुदेव सदाशिव वापट का यह केस हम तुम्हें सौंपते हैं और वह भी इस आशा से कि तुम नीर-क्षीर विवेक का पालन कर सकोगे। उत्तरादायित्व का पालन संबंधों से ऊपर उठकर कर सकोगे।"

"मैं कोशिश करूंगा। मैंने एक इवैल्युएशन (मूल्यांकन) का मार्ग तलाशा है जो कानून, परंपरा और केस हिस्ट्री से अलग है-जो एथिकिल स्टैंडर्डस् के करीब है।"

"नहीं अरविंद, नहीं। इवन दैन ही वुड नॉट एडमिट हिज मिस्टेक।"

"रिअली ही वाज ऑन मिस्टेक।"

"नहीं पर यह एक रास्ता हो सकता था।"

"जबर्दस्ती।"

"नहीं...बतौर एटिकेट (शिष्टाचार)।"

"अभी मैं कुछ नहीं कह सकता।"

तभी कुछ दूसरे सज्जन आ गए। अरविंद उठकर चले आए। वे उस कार्य में लगे रहे। दो माह बाद महाराजा के सामने दूध का दूध और पानी का पानी अलग कर रख दिया। वासुदेव सदाशिव वापट का बाल बांका नहीं हुआ। अंग्रेज अफसर लज्जित होकर रह गए।

अब मृणालिनी अरविंद के सिर पर बादाम रोगन की मालिश कर रही थी। उनकी सफेद पगड़ी उतार कर उसने मेज पर रख दी थी। टाई की नॉट ढीली कर दी थी। कोट-पतलून वे अवश्य पहने हुए थे। उन्हें काफी राहत मिली थी। वह जान-बूझकर आंखें बंद किए आरामकुर्सी पर लेटे रहे। सोचने लगे। आज के संकट का वह स्वयं कारण है। काश, वह नहीं होते! होते हुए यदि चुप बने रह जाते। आज ही के दिन काका कालेलकर गंगनाथ

विद्यालय से बैरिस्टर केशवराव गणेश देशपांडे अलग हो रहे थे। पूरी तौर पर नहीं, आंशिक तौर पर। वे प्रसिद्ध बैरिस्टर थे। बंबई में उनकी वकालत के पंख लग गए थे। महाराजा को वह सुझाव दे रहे थे, "यह वक़्त नाजुक है। अंग्रेजी सरकार विद्रोहियों को ढूंढ निकालने में एड़ी से चोटी तक का पसीना बहा रही है। उसने उन घटकों पर हाथ मारना शुरू कर दिया है जो जनहित के दायरे में सम्मान की दृष्टि से देखे जाते हैं।

"देशपांडे भयशंका की तलवार का दबाव देना होगा।"

"वो कैसे?"

"साहस और सद्विवेक से।"

"यह समय बचकर चलने का है।"

"नहीं...बचना किससे? कायरता से साहस को नहीं बचाया जा सकता। क्रांति के बिना दूसरा कोई रास्ता नहीं हैं, आज मां को शीश चढ़ाने वालों के हौसले की आवश्यकता है।"

"मुझे मालूम था, मि. अरविंद, ज्वालामुखी ऊपर से कुछ समय के लिए ही ठंडा रह सकता है।"

दोनों चुप।

महाराजा ने कहा, "देशपांडे, फड़के मामा, हरिहर अण्णा आदि ने काका कालेलकर गंगनाथ विद्यालय को जो रूप दिया है, उसे सरकार बर्दाश्त नहीं कर पा रही है।...मि. अरविंद, यह जिम्मेदारी हम तुम्हें सौंपते हैं कि अपने राज्य के उन प्रमुख क्रांतिकारियों की सूची बनाकर हमारे सामने पेश करो, जिससे अपने राज्य पर सीधी आंच आती है।"

"उनकी परिभाषा का क्या होगा?"

"यह दायित्व भी तुम्हें निर्वाह करना होगा?"

यों काफी समय महाराजा के पास बीत गया। वह यह भूल ही गए कि उन्हें आज घर जल्दी पहुंचना था। सैर को जाना था। बाहर ही भोजन करना था। अचानक वह चौंक पड़े। सिर झटका!

"क्यों, स्वामी, क्या हुआ?"

"यह पूछो क्या नहीं हुआ।"

मृणालिनी चमक गई। उसकी कुछ समझ में नहीं आया। वह कह रहे थे, "वह देश कभी स्वतंत्र नहीं हो सकता, जो अपराधियों को हवा दे।"

मृणालिनी उनकी ओर देखती रह गई। उन्होंने प्यार से मृणालिनी को अपनी ओर खींच लिया और पास बैठाकर पूछा, "क्या तुम हमें आज कहीं सैर पर ले जाने वाली थी?"

"मैं!" कहते ही मृणालिनी को याद आ गया कि आज का कार्यक्रम उन्होंने ही बनाया था और कार्यालय जाते समय कहते गए थे, "तैयार रहना। आज खाना बाहर ही लेंगे।" वह तुरंत बोली, "सैर बाद में कार्य पहले। फिर कभी चलेंगे।"

"फिर कब? और कौन कह सकता है कि उस समय ऐसा ही न हो... हम अभी चलेंगे, इसी वक़्त।"

"इतनी रात को, स्वामी।"

"रात हम जैसों के लिए है, गरीब लोगों का दिन तो अब से शुरू होता है।" यह कहकर वह उठ खड़े हुए। तैयार होने चले गए। कहते गए, "दो मिनिट में तैयार। सरो को भी कह दो।"

और ऐसा ही हुआ। घोड़ा गाड़ी थी, जिसे वह विक्टोरिया नाम से पुकारते थे। उस पर यह छोटा परिवार चल पड़ा था। मन में उमंग और उत्साह लिए। बड़ौदा सुप्त पड़ा सा था। नाम मात्र की चहल-पहल थी। सड़क पर लैंपों की मद्धिम पीला प्रकाश टिमटिमा रहा था। वह पूछ रहे थे, "मणि, क्या तुम गिरजा घर में प्यू (चर्च में बैठने के लिए लकड़ी की लंबी बेंच) पर कभी बैठी हो।"

"हम कभी गिरजाघर नहीं गए।"

"क्यों?...कलकत्ते और शिलांग में खूबसूरत गिरजाघर हैं। मैं गया हूं। लंदन में भी। बड़ी शांति मिलती है। तुम्हें भी दिखाकर लाऊंगा।"

"नहीं, हमें नहीं जाना।"

"क्यों?"

"वह विधर्मियों का मंदिर है।"

"तुम भी विधर्मी-धर्मों में भेद करती हो, मणि।"

"हमारे शास्त्र कहते हैं।"

"तुमने उन्हें पढ़ा है?"

"नहीं।"

"फिर?"

"अपने पुरोधाओं से सुना है।"

"नहीं, मणि, नहीं... जो सुना है, वह गलत सुना है। यदि यही बात है तो हिंदू श्नदीश, मुसलमान 'दरिया', क्रिश्चनी 'रिवर' जिसे कहते हैं, वह एक क्यों है? उसमें सिर्फ पानी बहता है। मनुष्य तो मनुष्य पशु-पक्षी भी उससे अपनी प्यास बुझाते हैं। वहां वे एक क्यों हो जाते हैं? ठीक उसी तरह चर्च, मंदिर, मस्जिद आदि नाम का भेद हैं-अपनी-अपनी भाषा के कारण परंतु हैं

तो वे सब पूजा स्थल ही। एकदम नदी जैसे। फिर उनमें भेद क्यों?

"हां, फिर उनमें भेद क्यों!" मणि ने सोचते हुए कहा ही था कि कोचवान ने कहा "मालिक, नोवल्टी होटल आ चुका है।"

घोड़ागाड़ी खड़ी हुई। तीनों नीचे उतरे और नावल्टी होटल की सीढ़ियां चढ़ने लगे। आलीशान होटल। अफसरों का पसंदीदा होटल। शालीन और भव्य होटल!

10

दिन उड़ चले। विदेश से आए पक्षियों की तरह। खुशियां दौड़ लगाती रहीं। वे कब आईं और कब चली गईं, इसका पता ही नहीं चला। भारी तो दुर्दिन पड़ते हैं। एक-एक पल भारी हो जाता है। शिलांग से मृणालिनी के पापा-मम्मी का पत्र आया था। बुलाया था। विवाह की वर्षगांठ वहीं मनाने का आग्रह था। मृणालिनी पत्र को बारंबार पढ़ती। आंखों से छुआकर छाती से लगाती।

यादों के मेघ उमड़ते-घुमड़ते चले आए। मन उनमें भीगने के लिए तैयार होने लगा।

आजकल अरविंद कुछ ज्यादा ही व्यस्त हो गए। बाहर भी खूब जाने लगे-बंबई, पूना, सूरत आदि जगह जाते रहते थे। थोड़ा उनका मन भी उड़ा-उड़ा रहने लगा था। यह कहकर वह चिट्ठी मृणालिनी की ओर बढ़ा दी थी कि उसके घर से आई है। कोई खास बात हो तो बताना। उसे घर बुलाया है, साथ में उनको भी। शादी की वर्षगांठ वहीं मनाना चाहते हैं। क्या इतनी जल्दी एक वर्ष बीत गया!

तीन दिन से मृणालिनी उस चिट्ठी की बात चलाना चाहती थी, परंतु वह रात को बहुत देरी से लौट रहे थे। फिर बात चलाए तो कैसे? वह उसके अच्छे मूड का भी इंतजार करती रहती थी। चौथा दिन था। वह देशपांडे तथा अन्य मित्रों को ट्रेन पर छोड़कर लौट आए। मौसम इंद्रधनुषी-सा हो गया था। हवा में नमी थी।

अरविंद ने कपड़े बदल कर यानी धोती-कुरता पहना और तख्त पर गाव तकिये का सहारा लेकर बैठ गए। मृणालिनी कॉफी लेकर आई। वह स्वयं ही पूछ बैठे, "घर से चिट्ठी आई थी?"

"लाऊं?"

"नहीं। कोई खास बात हो तो बताओ।"

मृणालिनी ने सारी बात बता दी। वह पूछने लगे, "क्या इरादा है?"

"मम्मी-पापा चाहते हैं कि..."

"वर्षगांठ नहीं, मणि-शादी की वर्षगांठ क्यों? फिजूलखर्ची।"

"मिल तो आएं।"

"तुम क्या वहां कुछ दिन रहना भी चाहोगी, मणि।"

"पर यहां की व्यवस्था!"

"उसकी चिंता छोड़ो। सब ठीक हो जाएगा। पहले भी तो हम रहते थे।"

"पहले की बात और थी, स्वामी, तब हम कहां थे यहां?"

"तो क्या हुआ, मणि! तुम यहां नहीं थीं तो भी यहीं थीं-हमारे हृदय में।"

मृणालिनी झेंप गई। उसका चेहरा शर्म से लाल हो उठा।

"चलो, तैयारी कर लो। चलेंगे। चिट्ठी लिख देना, भिजवा देंगे।"

"अच्छा।" मृणालिनी का हृदय बाग-बाग हो उठा। उसके लिए एक-एक पल वहां निकालना अब भारी होने लगा। अपना घर अपना ही घर है। उसे एक-एक कर सबकी यादें आने लगीं।

इधर अरविंद बंबई चले गए। कहकर दो दिन के लिए गए थे, परंतु वहां उन्हें सात दिन लग गए। उसे उनकी गतिविधियां अपने प्रमुख कार्य से हटकर लग रही थीं। वह रात-रात भर पत्र लिखते रहते थे। पहले उनके साहित्यिक मित्र आते थे, उनमें कॉलेज के प्रोफेसर होते थे, लेकिन आजकल अजनबी मित्र आते थे। कभी-कभी वे रात भर वहीं रहते थे और तड़के ही चले जाते थे। वह पूछ नहीं पाती थी कि यह सब क्या हो रहा है? एक दिन स्वयं ही अरविंद ने कहा, "मणि, तुम्हारे मस्तिष्क में अवश्य यह बात उठ रही होगी कि एकदम पूर्व माहौल से इतना अंतर कैसे? मैं तुम से कुछ छिपाना नहीं चाहता। तुम्हारा विश्वास ही मेरा संबल है।"

मृणालिनी मौन बनी रही।

"यह समय बहुत नाजुक है। हमारा देश कैसे आजाद हो, यह विकट समस्या नौजवानों के दिमाग में हलचल मचाए हुए है।"

"तो?" मृणालिनी की चेतना जागी। उसने जो कुछ सुना-सुनाया था, वह विश्वास में बदलने लगा।

"इसीलिए मेरे बाहर जाने की गतिविधियों में थोड़ा-सा इजाफा हुआ।"

"क्रांतिकारियों की ओर आपका संकेत है क्या, नाथ?" आज मृणालिनी ने संबोधन बदल दिया था। ऐसा जान-बूझकर नहीं स्वतः ही हुआ था।

"कुछ-कुछ।...वैसे भारतीय कांग्रेस की ओर से प्रस्ताव है। मैं ठीक से अभी तक कुछ नहीं कह सकता। कहूं कैसे! अभी मैं ठीक से स्पष्ट नहीं हो पा रहा हूं।"

"क्यों, नाथ?"

"मेरे सामने बेड़ियों में जकड़ी भारत मां है। उसे स्वतंत्र कराना सहज कार्य नहीं है, क्योंकि उसे बाहर वालों ने ही नहीं, अपने राजा-महाराजा, ठाकुर-जमींदार, ठिकानेदारों आदि ने भी तो परतंत्र बनाया हुआ है। परतंत्र चाहे अपनों से हो या बाहर की शक्तियों के कारण हो, है तो वह परतंत्रता ही। इस प्रश्न ने मुझे हिलाकर रख दिया है। यदि एक दो बड़ौदा जैसी स्टेट को छोड़ दें तो ही शेष स्टेट अपनों पर अत्याचार और अन्याय ही कर रही हैं।...हम न जाने कितनी श्रेणियों में विभक्त हैं। हम आपस में समान कहां हैं? हम जातियों में बंटे हुए हैं, धर्म से बटे हुए हैं, अमीरी-गरीबी में बंटे हुए हैं आदि! ऊंच-नीच...छुआछूत... उनमें भी विभेदीकरण! ओह! हमारा समाज पराजय के कितने नीचे वाले धरातल में धंसा हुआ है। फिर हमारी स्वतंत्रता का अर्थ क्या है? मैं अभी तक इस द्वंद्व से मुक्त नहीं हो सका हूं।"

"स्वामी, अधिक सोच कर्म का अवसाद है।"

"तो?"

"पहले दिशा-निर्देश स्वयं के लिए तय हों।"

"कौन करेगा?"

"जो उस पथ का अनुगामी बनना चाहता है।"

"वह अशिक्षित है, अछूत है। निर्धन है और...और निर्बल, कर्ज का मारा...।"

"ये सब भेद मायावी हैं, नाथ। संकल्प माया को काटता है। माया की नियति बंधनमयी है, जबकि संकल्प सदा निर्बंधनमय होता है।"

"निरुद्देश्य संकल्प..."

"पहले उद्देश्य का वरण करो, नाथ। फिर कर्तव्य पथ पर चरण बढ़ाओ, हम भी आपके साथ हैं।"

वह मृणालिनी के इस काली रूप से अपरिचित था। उसने साश्चर्य कहा, "क्या, तुम साथ होगी, मणि?"

"कदाचित् इस बंधन की यह भूमिका है।" मृणालिनी ने कुछ रुक कर कहा, "हमारे समाज में स्त्री आजाद नहीं है। पहले पिता की छत्रछाया में वह कदम बढ़ाती है और शादी के बाद पति के संरक्षण में। इस कारण उसमें असुरक्षा का भाव स्थायी हो चुका है। जननी जब तक स्वतंत्र नहीं होगी, तब तक समाज, राज्य आदि की स्वतंत्रता का क्या अर्थ है?"

अरविंद फिर चौंके और यह पूछा, "यह तुमने कैसे जाना?"

"बहुत कुछ अपने को देखकर, अपने आस-पास को देखकर और थोड़ा-बहुत पढ़-पढ़कर, स्वामी। नारी का बाजार तक लगता है, उसे सभ्य

और सुसंस्कृत समाज ने कोठे पर बैठा दिया है, वह रखैल बनने के लिए विवश की गई है।...क्यों न उसके साथ ऐसा हुआ है? उससे वह समाज के सबसे कमजोर और सताये हुए वर्ग से ऊपर नहीं उठ सकी।...शायद यही आप भी सोचते हैं।" मृणालिनी इन दिनों उपन्यास पढ़ रही थी, समाज शास्त्र का अध्ययन कर रही और ब्रह्म समाजी स्कूल के अध्ययन का पुनर्स्मरण कर रही थी। उसमें भी कोई आवाज उठा रहा था। वह कह रहा था, "यही असली समय है, जब नारी समाज में अपने को स्थापित करने के लिए कदम उठा सकती है।"

"आज कल तुम खूब पढ़ रही हो, मणि?"

"हां नाथ, कुछ-कुछ मुझे भी यहां पढ़ने को मिल सका है। पत्नी पति की छाया नहीं है। यह सब मैं बंगला व अंग्रेजी उपन्यासों को पढ़कर समझ पाई हूं। लगभग समूचा भारतीय समाज नारी के शोषण के प्रयत्न करता नजर आता है। क्या नाथ, आप इससे कुछ भिन्न सोचते हैं?"

"तुमने बहुत जल्दी जान लिया, मणि। हम जब तुम्हारी उम्र में थे, मैनचेस्टर, इंग्लैंड में, तब हमें ऐसा कुछ पता नहीं था। मैंने देवदास पढ़ा।"

मैंने भी अभी यहीं पढ़ा है।"

"तो क्यों तुम्हारे मन में पारो को लेकर कुछ ऐसा हो रहा है?"

"कह नहीं सकती।...आपके पीछे प्राय: मंजरी आ जाया करती थी। उसने मुझमें नई दृष्टि विकसित की। जीवन क्या है? यह जानने में मुझे उससे मदद मिली है।"

"क्या है?"

"दूसरों के लिए जीना परंतु अपनी आजादी के साथ।...दूसरे स्त्री अपंग नहीं है और न परावलंबी। वह कमजोर भी नहीं है। उसे प्रकृति ने पुरुष से कमजोर नहीं बनाया है, बशर्ते उसे अपने हिस्से की लड़ाई करना आता हो।"

"वो कैसे, मणि?" आज अरविंद की भी आंख खुल रही थी। उन्हें लगने लगा था कि मंजरी ने अपनी आग की लपटें मृणालिनी में उठाने की एक सफल चेष्टा की है। उसने उससे भी तो साफ-साफ कह दिया था, "यौन पवित्रता क्या पुरुष का जीवन व्रत नहीं है? क्या देहजनक अनुकूलताएं-प्रतिकूलताएं में उसकी कोई भूमिका नहीं है? कब पुरुष यह समझेगा कि यदि पुरुष परस्त्रीगमन करके परित्यक्त अथवा उपेक्षित नहीं होता, तो स्त्री क्यों हो जाती है? यह कौन-सा सामाजिक गणित है जो एक ही स्थिति में एक के लिए प्लस हो जाता है और दूसरे के लिए माइनस। क्या यह सब पुरुष समाज के अहम् पोषित उद्‌गार के नासूर नहीं हैं जिनके

कारण एक ही स्थिति में दो भिन्न नतीजे। एक ही समय में सामने आते हैं। यौन स्वच्छता के लिए सारे मंच क्या स्त्री के लिए ही हैं, पुरुष के लिए नहीं? मैं नहीं जानती, न मैंने पढ़ा ही है, पर सुना है कि रावण जो ब्रह्म ऋषि भी था और उसने सीता अपहरण जैसा कार्य पूर्व में कभी नहीं किया था। उसने सीता का अपहरण क्यों किया? कुछ कहते हैं कि सीता शक्ति रूपा थी। रावण ने शक्ति को राम से वंचित उसी तरह किया था जैसे कैकेयी ने भरत के लिए राज्य चाहा था और राज्य से राम को वंचित किया था। कोई माने या न माने परंतु मुझे उचित लगता है, यह तर्क।"

अरविंद मंजरी की ओर देखता रह गया था। वह शरीर पर बहुत बारीक वस्त्र पहने हुए थी और उसकी आंखों में वह नशा था, जो उसने कभी प्रे में घने एकांत में, निर्जन स्थान पर कहीं देखा था। वह कह रही थी, "पूछोगे नहीं कि क्या?"

"क्या?"

यही कि रावण की बहन की नाक क्यों काटी? उसने प्रणय निवेदन ही तो किया था, अरविंद? क्या प्रणय निवेदन करना अर्थात् अपने मन के उद्‌गार व्यक्त करना कोई अपराध है? राम और लक्ष्मण ने उसे फुटबॉल क्यों बनाया? क्यों एक-दूसरे के पास भेजा?...आप जानते हैं, अरविंद कि कोई पुरुष स्त्री के प्रणय निवेदन के उत्तर में उसकी नाक नहीं काट सकता? क्या आप ऐसा दुस्साहस कर सकते हैं?...बोलो, जवाब दो, चुप रहने का क्या अर्थ है?"

"नही।"

"तुम, प्रो. अरविंद घबरा रहे हो।"

"नहीं।"

"कृपया पसीना पोंछ लो।"

और उसने ऐसा ही किया। वह रूमाल भी मंजरी बिडवालकर का था, यह उसे बाद में, हालांकि पोंछने के तत्काल बाद याद आया।

"वह निर्जन स्थान था एक तरह से! चांदनी रात होनी चाहिए। लक्ष्मण को अपनी पत्नी से अलग हुए कदाचित् बारह-तेरह वर्ष हो रहे होंगे। वह विवाहित था। उनके बीच सीता थी। राम-सीता पर्णकुटी में सोते थे और लक्ष्मण रात भर उनकी पहरेदारी करता था। तुम उस पहरेदारी का अर्थ समझते हो, अरविंद। क्या यह कल्पना कर इसे नहीं समझा जा सकता कोई हम में से किसी एक को बाहर पहरेदारी पर बैठा के और स्वयं पत्नी को लेकर अंदर चला जाए तो तुम हो या मैं और वह भी तब जब दोनों उस एपिल का आस्वाद ले चुके हों जिसने आदम और हौवा के बीच से उस दूरी

को मिटा दिया हो, जो विवाहिता और विवाहित के अधिकार क्षेत्र में आती है, अविवाहित और अविवाहिता के लिए जिसकी सख्त मुमानियत है। अरविंद घबराओ नहीं। मैं मात्र उस स्थिति को स्पष्ट करने का प्रयत्न कर रही हूं। यदि अध्यात्म के आडंबर को हटा दें, तो हमारे-तुम्हारे और सबके समझने में आसानी हो सकती है। अवतार या ईश्वर जैसा भारी-भरकम शब्दों को उनके साथ से हटाकर देखें, तो सहज ही साधारणीकरण संभव है। क्या नाक काटने का अर्थ अविध से लिया जाए? लक्षणा का यह क्षेत्र नहीं है क्या? आप तो शब्द और अर्थ के जादूगर हैं, उनमें गहरी डुबकी लगाते रहते हैं। तो जरा सोचो तो कि लक्षणा से क्या व्यंजित होता है? सत्य धर्म के सनातनी पुरोधा इस प्रश्न पर अगले-बगले क्यों झांकते नजर आते हैं। हम यह प्रश्न राम-लक्ष्मण पर ही नहीं, सारे उन धर्मों के पैगंबर, ईश्वर, आदि पर लगाते हैं, क्योंकि वहां उनके बारे में अति विशेष, असाधारण और अलौकिक से हटकर सोचने पर पहरा लगा रखा है। पर क्यों, अरविंद?"

अरविंद अवाक्। क्या इसीलिए मंडन मिश्र की पत्नी से शंकराचार्य पराजित हुए थे।

"प्रश्न को स्वत: उत्तर तक जाने दो। उसे उंगली पकड़ कर चलाना मत सिखलाओ। देवता, पैगंबर, ईश्वर, गॉड आदि के साधारणीकरण का अर्थ जानते हो, अरविंद। व्यक्ति चाहे कोई सा भी हो, होता वह साधारण ही है। ईश्वर भी इससे इनकार नहीं कर सकता। यह कहने में असुविधा है क्योंकि ईसा नाजायज संतान था। था तो था! फिर पैरडॉक्स (असंगत कथन) क्यों?. ..अ सोसाइटी पैरलाइज्ड बाई रिलिजस डिसप्यूटस ऑर व्हाट सो...। जब ये सब हैं, तब हाऊ कैन ह्यमन बीइंग रेलिश?...किसी की बहन की नाक कट जाए तो उसके भाई का खून नहीं खौलेगा, वह क्या कुछ नहीं कर सकते? उसमें तो वह रावण की बहन थी। उस रावण की जिसने अपनी मृत्यु मुट्ठी में कर रखी थी। जब कभी कोई स्त्री 'रामायण' लिखेगी या कभी कोई मरियम 'बाइबिल', कभी कोई स्त्री कुरआन लिखेगी तब देखना, अरविंद समाज में पुरुष की चौधराहट कैसे पानी मांगती है। हमें उस दिन का बेसब्री से इंतजार है, जो कदीम ताबीजों को मानव की बाह, गले से उतार या खोल कर यह दिखा देगा कि पहचानो उसमें कौन शक्ति और कौन-सा जिन है।"

"तुम्हारा यह सोचना एक सीमा तक उचित है, मंजरी।"

"कभी-कभी मैं पगला जाती हूं। पुरुष स्त्री के प्रणय निवेदन को ठुकरा कर स्त्री की नाक काट ले। नाक काटना मुहावरा है। लक्षणा से इस तथ्य को जानना होगा। क्या वह जबर्दस्ती उसके साथ कुछ कर पाती। क्या मैं...यह

उदाहरण दे रही हूं, अरविंद, तुम्हें बलात् लेकर पलंग तक जा सकती हूं। डरो नहीं, अरविंद सोचो कि...रावण की बहन शूर्पणखा की नाक लक्ष्मण ने क्यों काटी? कदाचित उनको नाक काटने से भी संतोष नहीं हुआ इसलिए लक्ष्मण ने उसके कान भी काट दिए। ध्यातव्य है, लक्ष्मण अकेले थे यानी पत्नी रहित। उसने लक्ष्मण से ही निवेदन किया था। इस प्रसंग को आध्यात्मिका का जामा पहना कर और ईश्वर का लीला प्रसंग मानकर नए अर्थ समाज को देने का यह परिणाम है कि नारी आज तक शादी से पहले और शादी के बाद पुरुष के ही आतंक का शिकार होती रही है। उसे आगे आकर स्वयं यह लड़ाई शुरू करनी होगी। स्वयं रामायण नए सिरे से लिखनी होगी, वरना पुरुष समाज के व्याख्याता उस पौराणिक प्रसंग को ऐसा मायावी बना देंगे कि स्त्री, जहां की तहां छटपटाती रहेगी, कभी मुक्त नहीं हो पाएगी।"

"मैं तुम्हारे मन की पीड़ा को समझ सकता हूं, मंजरी।"

"नहीं, प्रो. अरविंद, नहीं, नारी को अपनी पीड़ा को स्वयं समझना होगा और उन पौराणिक मिथकों पर से परदा उठाना होगा जो उसके समूचे अस्तित्व पर प्रश्न-चिह्न लगाए हुए हैं।"

"बिना स्वयं लिखे क्या, मंजरी?"

"हां नहीं तो, प्रो. अरविंद, उसे मुक्ति कभी नहीं मिलेगी। वह कभी आजाद नहीं हो पाएगी।"

"यदि कोई भी स्त्री ऐसा नहीं कर सकी तो?"

"यथास्थिति बनी रहेगी। हो यह भी सकता है कि उसकी स्थिति बद से और बदतर हो जाए।"

"इसका मतलब है कि अछूतों को यही पहल स्वयं करनी होगी।"

"बेशक, प्रो. अरबिंद, बेशक। वहां भी स्त्री को अपनी पहल स्वयं करनी होगी और समाज से अहल्या जैसे प्रश्न स्वयं हटाने होंगे। गौतम ऋषि होकर अपनी पत्नी को शाप दे बैठते हैं और वह शिला हो जाती है। राम उसका उद्धार करते हैं। अकेली अहल्या का! जबकि समाज में ना जाने कितनी अहल्या राम का आज तक इंतजार कर रही हैं। बिना स्वार्थ कोई किसी की लड़ाई नहीं लड़ता।...सुनती हूं। अनुपम पाटलीवाला बताते हैं कि आप में भारत मां को आजाद कराने की बहुत चिंता है।...क्यों न हो, राज्य भी पुरुष के काम की चीज है।"

"दोनों के लिए वह बराबर है।"

"जबकि पुरुष पराये लोगों के शासन-प्रशासन से इतना उखड़ चुका है। तब जरा सोचो तो स्त्री का शोषण किस सीमा तक और कब से हो रहा

है। तो तुम्हारी यह नजर उसके लिए भी बड़े काम की सिद्ध होगी। वह भी पुरुषों के खिलाफ तुम्हारी तरह जंग छेड़ सकेगी।"

यह सब सोचकर अरविंद का सिर चकराने लगा। उसकी यह समझ में आने लगा कि मृणालिनी जैसी सीधी-सादी और आज्ञाकारिणी के मन में आंधी की ही हलचल अचानक क्यों उठने लगी। उन्होंने मंजरी के चरित्र के बारे में भी कुछ सुना था। उस पर उसने अफवाह मानकर ध्यान नहीं दिया था। जैसे ही अरविंद ने मृणालिनी की ओर देखा, वह हकबका सा रह गया। वहां मृणालिनी नहीं थी। उसकी जगह मंजरी बिडवालकर आ बैठी थी। उसने पूछा, "कब आई, मंजरी?"

"जब आपने देखा, प्रो. अरविंद।"

"फिर भी..."

"आप कहीं और खोये थे आंखें बंद किए।" मैंने मृणालिनी को इशारे से बुलाया और पूछा, यह माजरा क्या है?"

"ओह, आई सी...तो बात यह है...मणि बता रही थी कि तुम नारी निकेतन जैसे संस्था के बारे में सोच रही हो।"

"गलत, प्रो. अरविंद, मेरा सोच ऐसा पंगु नहीं है कि मुट्ठी भर चंदे के लिए अपने दिमाग के कल-पुरजों की बिना कारण मरम्मत कराने की दिशा में आगे बढ़ूं और वह भी पराये धन पर।" मंजरी बिडवालकर ने अपनी छिपी मुस्कान के तेवरों पर धार दी।

"मणि आपकी बहुत तारीफ कर रही थी।"

"मैं आपके कथन से सहमत नहीं हूं, प्रो. अरविंद।"

"क्यों, मंजरी, इसमें असहमति की क्या बात है?"

"क्योंकि, प्रो. तुम्हारे कहने के लहजे से कुछ और ही बात सामने आ रही है।" मंजरी को यह समझने में देर नहीं लगी कि अरविंद और मृणालिनी के मध्य संवाद हुए होंगे और उससे मृणालिनी ने वही कुछ कहा होगा जो प्राय: वह उससे कहा करती है। यों शक की सुई उस पर जा टिकी होगी।

"क्या, मंजरी?"

मंजरी ने मृणालिनी को पुकार लिया। अरविंद ने कहा, "मेरी बात का उत्तर नहीं दिया।"

"कुछ प्रश्नों का जन्म ब्रह्मचारी होकर जीने के लिए होता है, प्रोफेसर।" "क्या मेरा प्रश्न कुछ इस तरह का है?" "तुम तो अब शादीशुदा हो चुके हो, प्रोफेसर।" मंजरी ने चुटकी भरी।

अरविंद भी जानता था कि मंजरी बहुत मुंह फट और तेज तर्रार तूफानी लड़की है। इस कारण वह चुप रह गया। इसी समय अनुपम पाटलीवाला भी आ

गया। वह कुछ जल्दी में था। इस कारण वह उलटे पांव मंजरी को लिए लौट पड़ा। मृणालिनी जब तक अंदर से बाहर आई, वे लोग जा चुके थे। अरविंद कुछ नहीं समझ सका कि यह अचानक क्या हुआ और क्यों हुआ? अरविंद वहां से उठकर अपने स्टडी कक्ष में राइटिंग टेबल के सामने पड़ी कुरसी पर आ बैठा और लिखने की तैयारी करने लगा। मृणालिनी हलकी सी उलझन लिए लौट पड़ी।

11

कलकत्ता। तीखी गरमी। स्टेशन पर कोई लेने नहीं आया था। वह सीधे गिरीशचंद्र बोस के यहां चला आया। बोस बाजार गए हुए थे। उनकी पत्नी चारुदत्ता ने उसका स्वागत किया। मृणालिनी और सरोजिनी को लेकर वह अंदर चली गई। मेज पर वह कुछ अखबार तथा मैगजीन रखती गई। तभी अरविंद ने कह दिया, "मैं स्नान कर सोना चाहूंगा। खाना तब जब मैं जगूं। आप लोग भोजन ले सकते हैं।"

"आप मेरे साथ आओ।"

अरविंद उनके पीछे-पीछे चल पड़ा। बड़ी हवेली थी वह। चारुदत्ता एक बंद कमरे के सामने रुकी। कुंडी खोलकर और उसका दरवाजा पीछे ढकेल कर कहा, "अंदर आ जाओ। मृणालिनी को भेजती हूं। स्नान कर यहीं सोना है। सरोजिनी मेरी लड़की के साथ रह लेगी।"

खूबसूरत हवेली। खूब लंबा-चौड़ा आंगन। आंगन पर टट्टर। रोशनी की कोई कमी नहीं। कमरे में दोनों तरफ खिड़कियां। ऊपर रोशनदान। छत काफी ऊंची, दीवारें एक फुट से कम चौड़ी नहीं थी। कमरा बिन पंखे ठंडा।

थोड़ी देर में मृणालिनी भी वहीं आ गई। उसके पीछे ट्रंक लिए नौकर आ गया। वह ट्रंक रखकर चला गया।

"आपने नाश्ता नहीं लिया। रात को भी कुछ नहीं खाया था।"

"नहा आऊं। फिर मन चाहेगा तो नाश्ता ले लूंगा। मन तो सोने का है, मणि। सो कर उठूगा तो तरोताजा हो जाऊंगा। तब तक...! यह कहकर अरविंद कपड़े उठाकर नहाने चला गया। नहाकर आया तो पलंग पर लेटते ही सो गया। मृणालिनी नहाकर आई तो वह हलके-हलके खर्राटे ले रहा था। प्रायः वह खर्राटे नहीं लेता था, पर कभी-कभी धीरे-धीरे से आलस्य भरे खर्राटे ले उठता था। वह धोती-कुरता पहन कर सो गया था। जब आंख खुली तब शाम ढल रही थी। कमरे में सन्नाटा था। बाहर से दरवाजा उढ़का हुआ था।"

अरविंद ने सिगरेट निकाली और इत्मीनान से पीने लगा। टांग पर टांग चढ़ाए पत्र-पत्रिकाओं के पन्ने पलटने लगा। कहीं आंखें टंग जाती थी। मन उद्वेलित होने लगता था। हालात अच्छे नहीं थे। क्या यह समय नौकरी करने का है? क्या नौकरी उसकी झोली में आजादी डाल देगी। क्या अल्लाह के नाम पर या राम के नाम पर देश आजाद हो सकता है? फिर उसने आई. सी.एस. की शाही नौकरी को क्यों ठोकर मारी?

लक्ष्य कहां है? वह कहां है? क्यों भला? कोई उत्तर नहीं है उसके पास! विवाह और कर लिया। खूटे से बंधकर वह ऐसा साहस और जोश कहां से आएगा, जो उसके मन के दरवाजे-खिड़कियां खोलकर समूची धरती और आसमान को संबोधित कर सके और उनसे कह सके कि वह आज से आजाद है। अब उसके रास्ते में कोई नहीं आ सकता। यदि किसी ने कोशिश की, तो वह मारा जाएगा। सिगरेट के ठूठ को अरविंद ने डस्टबिन में डाल दिया और एक गहरी सांस ली। तभी उसने खटपट सुनी। नूपुरों की धड़कनों की गति पाकर वह समझ गया कि मृणालिनी आ रही है।

मृणालिनी प्यार का प्रदीप्य है। जुहीमुही की कली की तरह पावन है और इंद्रधनुष की तरह मनमोहक। वह पूछती है, "क्या आप कलकत्ता में कोई नौकरी नहीं पा सकते हैं?"

"क्यों बड़ौदा रास नहीं आया?"

"यहां अपने लोग हैं, अपना पहनावा है, खान-पान है, अपनी भाषा और मिलनसारिता है।"

"यह सब वहां नहीं है क्या?"

"आप सब जानते हैं। फिर भी, कहलवाना हम से चाहते हैं।"

"तो किससे कहलवाएं? तुम्हीं तो हमारे हृदय में वास करती हो, मणि।"

"यहां ऐसी बातें नहीं, स्वामी।"

"क्यों, यहां क्या कोई खास बात है, मणि!"

"यहां एक तरह से हमारा पीहर है, स्वामी। हमारे पिताजी श्री बोस को बड़े भाई मानते हैं और हम उन्हें ताऊ जी कहते हैं..."

"और ताई उनको।"

"आप सब समझते हैं।"

"यही हमारा खोट है।"

"राम-राम...आप में खोट। कौन कहता है?"

"तुम, मणि और कौन?"

"कैसे स्वामी?" मृणालिनी का स्वर नम्र पड़ गया। मटरमाला उदास होने लगी।

"तुम बहुत जल्दी उदास हो जाती हो, मणि।...प्यार में तो यह नोक-झोंक चलती ही रहती है। तुम बुरा मान गई, तो एक पान लेकर आओ।"

"पहले खाना।"

"वो रात को तुम्हारे साथ यदि संभव हुआ तो, अन्यथा तुम्हारे सामने।"

"जाते हैं।"

"अभी नहीं।"

"कोई आ जाएगा।"

"तो क्या होगा?"

"हमें तुम्हें बेशर्म कहेगा।"

"कोई कुछ नहीं कहेगा।"

"अच्छा बाबा, मान लेते हैं कि कोई नहीं कहेगा। ठीक है, हम पान लेकर आते हैं।" मृणालिनी चली गई। उसकी आशा की विमल धूप-चांदनी, निश्चल और निष्पाप।

वो तो मंजरी की छाया थी। उस पर नहीं पड़नी चाहिए। फिर वह इतने कार्यक्रमों में व्यस्त है कि उनको बड़ौदा से बाहर आना-जाना पड़ता ही रहता था।

तभी उन्हें बताया कि पी. मित्रा मिलने आए हैं। उन्हें बैठक खाने में बैठा दिया है।

सजी-धजी बैठक। एक तरफ दीवान। कुछ कुरसियां दोनों तरफ। वह मिले। क्रांतिकारियों में मतभेद जन्म ले चुका था। कुछ करना था अन्यथा क्रांति की अग्नि स्वतः मद्धिम पड़ने लगेगी और वे आपस में ही मारे जाएंगे। सारे किए कराए पर पानी फिर जाएगा। उन्होंने मित्रा के घर दोनों क्रांतिकारी दल के मुखियों को बुलवाने की सलाह दी।

समय तय हो गया। मित्रा चले गए कि तभी एक वृद्ध का पदार्पण हुआ। उन्होंने एक चिट्ठी उसके हाथ थमा दी।

वह चिट्ठी पढ़ने लगे। चिट्ठी यों थी –

प्रिय भ्राता श्री घोष,

मैंने आपके बारे में जाना-सुना है। जब एक लक्ष्य के दो राहगीर हो जाते हैं, तब रास्ता बातों में कट जाता है।

मैं स्वामी विवेकानंद जी से 10 नवंबर, 1886 को लेडी हसाबेल मार्गेसन के 63, सेंट जाजेंस, रोड पर स्थित उनके घर पर मिला था। हम उनका भाषण सुनने वाले उन सोलह व्यक्तियों में से एक थे, जो एक विशेष अवसर पर आमंत्रित थे। यह उनके भाषण का ही प्रभाव है कि हम 29 जनवरी, 1898 में भारत आ पहुंचे। लंदन का वह दिन हमारे भाग्य को बदल गया।

स्वामी जी का बीच-बीच में, रुककर शिव-शिव कहना और शिशुवत् होकर चमकती आंखों से देखना कितना मर्मस्पर्शी था कि हम वर्णन नहीं कर सकते। जन्म से हम आयरलैंड से हैं। वह तन का रिश्ता है। मन से लंदन के और आत्मा से भारत के। अब भारत मेरी कर्मस्थली है।

यह मेरे भाग्य में नहीं था कि स्वामी जी का सान्निध्य लाभ अधिक समय तक ले पाते। वे नहीं रहे! हम कुछ माह उनके साथ रह पाए। अब हम यहां के होकर रह गए हैं। हम मार्गरेट नोबेल नहीं रहे। स्वामी जी ने हमारा नामकरण कर दिया भगिनी निवेदिता। हम आपसे मिलना चाहते हैं। हम भी, आपके यहां आ सकते हैं और यदि आप आ सकें, तो पत्रवाहक आपकी सेवा में है, वह आपको बोसपाड़ा गली में, जहां हम एक छोटे से घर में रह रहे हैं, ले आएगा। वहां आप दो चार घंटे तक भी रुक सकते हैं।

शेष मिलने पर...।

आपकी बहन-निवेदिता।

अब क्या था अरविंद में एक भाव जोर मारने लगा कि उन्हें उनसे मिलने अभी जाना चाहिए। कुछ देर सोचा, कपड़े बदले। नहीं। क्यों बदलें। वह उस बूढ़े व्यक्ति के साथ टमटम में बैठकर बोसपाड़ा गली के नुक्कड़ पर उतर गए।

अब वह बूढ़ा व्यक्ति आगे-आगे था और वह पीछे-पीछे। एक सामान्य से घर के सामने वह व्यक्ति रुका। अंदर गया।

वह महिला भाव-विह्वल होकर बाहर चली आई। उसके हाथ श्रद्धा से जुड़े हुए थे। चेहरे पर शिशुवत् मुस्कराहट थी और बड़ी-बड़ी झील सी नीली आंखों में स्नेह था। वह मामूली सी मोटे कपड़े की साड़ी में थीं। वह बोलीं, "आइए, कृपया अंदर आइए।"

अरविंद आवाक् था। अद्‌भुत श्रद्धा-भक्ति! असीम विनम्रता। चिरशांति। अद्वैत मूकता। घर देखा-साधारण। छोटा-सा। पुराने ढंग का। सामान्य और उससे नीचे की श्रेणीवालों के बीच में। निरभिमान। घृणा, द्वेष, ईर्ष्या आदि का लेश मात्र नहीं था। वह पूछ रही थी, "ये सब अपने हैं। इनके बीच में रहने का एक अर्थ है, जिसके बारे में शायद पोथियां मूक हैं।"

"जी! आपका बड़ा दिल है।"

"दिल सबका बड़ा है काश, यह बोध हर एक इनसान को हो सके।"

"आपकी दिनचर्या!"

"इन लोगों के बीच जाना। इन्हें महसूस करना और अपनाने का प्रयत्न करना। स्कूल जाना। पढ़ाना। शेष समय कुछ लिखना, कुछ अनुवाद करना।"

"मुझे आपसे मिलकर खुशी हो रही है।"

"मुझे अधिक। आप इंग्लैंड में पढ़े, बड़े हुए, वयस्क। आई.सी.एस. पास कर, श्रेष्ठ स्थान बनाकर घुड़सवारी की परीक्षा टाल गए। नौकरी नहीं करनी। दृढ़ निश्चय। मातृभूमि के प्रति अपार प्रेम का उदाहरण।"

"अभी हम स्टेट की नौकरी में हैं।"

"तो भी क्रांतिकारियों के साथ। उनकी गतिविधियों के केंद्र में।"

"यह मन नहीं मानता।"

"तभी तो...। यही मन शीघ्र आपको नौकरी के बंधन से भी मुक्ति दिलाएगा।"

"लगता है।"

"कृपया हमें बताएं।"

"क्या?"

"हम क्या करें।"

"क्या करना चाहती हैं?"

"उन लोगों के लिए जो भारत की आजादी के लिए जान हथेली पर लिए दिन-रात संघर्ष कर रहे हैं और जिनके मन में मां की स्वतंत्रता का अकेला स्वप्न है, मैं कुछ करना चाहती हूं।"

"अर्थात् अपने देश के प्रति...।"

"कौन-सा मेरा देश। वह देश जो दुनिया के लोगों पर अत्याचार कर रहा है, उनका शोषण कर रहा है और...। नहीं वह मेरा देश नहीं हो सकता। मेरा देश यह है-मेरा प्यारा भारत! समूची मानवता के प्रति समर्पित भारत!"

"मैं आपकी भावनाओं का हृदय से आदर करता हूं। आप जिन लोगों में अलख जगा रही हैं, वह श्रेष्ठ कार्य है। भक्ति भावना और तल्लीनता का कार्य है। सेवा व्रत है। अनूठा और सशक्त यज्ञ!...मैं नहीं चाहूंगा। क्रांतिकारियों के बीच में आप आएं।"

"क्यों नहीं चाहेंगे! क्रांति भी एक तरह की भक्ति है। मैं चाहती हूं कि भारत शीघ्र स्वतंत्र हो। इसीलिए आपको कष्ट दिया था।"

"वह रास्ता टेढ़ा-मेढ़ा है।"

"मुझे स्वीकार है। मेरी मदद शंका की दृष्टि से नहीं देखी जाएगी।"

"तब ठीक है। क्या इस समय हमारे साथ आप चल सकेंगी!"

"क्यों नहीं! अवश्य चल सकूँगी, फौजी मियां, आप यहीं बैठना हमारे लौटकर आने तक।"

अब वे दोनों पी. मित्रा की बैठक में थे! उनके पहुंचते वे सब खड़े हो गए। उनकी दृष्टि में वह आंग्ल, गोरी चिट्टी, लंबी और खूबसूरत महिला

थी जो उन सबका न केवल हाथ जोड़कर अभिनंदन स्वीकार कर रही थी बल्कि हिंदी में नमस्कार भी कर रही थी। सब बैठ चुके थे। सबकी दृष्टि उस महिला पर संदेह-कुतूहल मिश्रित थी। अरविंद ने सर्वप्रथम उस महिला का परिचय कराया कि यह स्वामी विवेकानंद की शिष्या हैं और उन्हें पिछड़े, दलित, अछूत तथा उपेक्षित वर्ग के बीच समाज सेवा करते हुए लगभग साढ़े चार वर्ष हो रहे हैं। दरअसल आप स्वामीजी का काम में हाथ बटाने यहां आई थीं, लेकिन स्वामीजी के निधन के बाद आप आयरलैंड नहीं लौटी, यहीं रह गईं। आगे आप बहन निवेदिता से सुनिए।"

बहन निवेदिता ने बहुत मद्धिम परंतु महीन आवाज में कहा, "अवर पीपल, हमारे भारतवासी भाइयो, हमें इस देश से प्यार है। यह हमारी कार्यस्थली है। हम मानता है कि हमारे देशवासी जोर जबर्दस्ती यहां हुकूमत कर रहा है। मुफ्तखोरी का चस्का और पराए खून के स्वाद की आदत बना लेने पर बहुत मुश्किल से छूटता है। पर छूटता है, यह हमारा विश्वास है।

"आप सोचता मांगता होगा कि हम भी उनमें से हैं। फिर हम उनके विरुद्ध क्यों हैं? पहले अपने देशवासी बाद में कोई और। ठीक है। हम मानता है कि प्रायः ऐसा ही होता है पर पांचों उंगली एक सी नहीं होती। उन पक्षियों की ओर देखो जो ठंडे, इलाकों से हजारों हजार मील का सफर करके आपके देश में आते हैं और सबके साथ हिल-मिलकर रहते हैं। कभी यहां के पक्षियों ने उन पर संदेह किया।...नहीं। क्यों? क्योंकि वहां भाईचारे की भावना है। सबकी निगाहें शुद्ध हैं।

"जब लंदन में परम पूज्य स्वामी बोला कि उनके पास भारत की नारियों के कल्याण के लिए बहुत से संकल्प हैं। मुझे लगता है कि उन्हें पूरा करने में तुम मेरी विशेष मदद कर सकती हो।...इतना सुनना था कि हम अपने में नहीं रहा।" निवेदिता की आवाज भर्राने लगी। उनका कंठ गद्‌गद हो उठा। वह भावुक हो उठीं और अंत में बोलीं, "हमने प्रोफेसर अरविंद के लेख पढ़े हैं। उनके बारे में सुना, तब हमारा मन उनसे मिलने का हुआ। आज अभी मिले और अब आपके सामने हैं।"

कुछ देर सन्नाटा छाया रहा। फिर वह बोली, "आप क्रांति कर अपने देश को आजाद कराना मांगता है। हम आपके साथ हैं ताकि सारी मानवता यह भी जान सके कि ब्रिटिश शासन के खिलाफ उनके लोग भी थे और इंग्लैंड में भी हैं, पर मुट्ठी भर। सारी दुनिया के लोग एक हैं। वे अन्याय और अत्याचार के विरुद्ध हैं। आप लोग हमारा यकीन कीजिए। हमें आजमा कर देखिएगा। आशा करूंगी कि आप लोग इस बहन की दिली भावना को समझकर हमें अपने कार्य के साथ जोड़ेगा।"

निवेदिता ने अपनी बात समाप्त कर दी। सन्नाटे ने पलकें झपकीं। सबकी दृष्टि अरविंद पर जा टिकीं। उन्हें बोलना ही पड़ा, "दोस्तो आज मुझे बहन निवेदिता को आपके बीच नहीं लाना था। आपकी प्रार्थना को मैं टाल नहीं सका। कल मैं शिलांग जा रहा हूं। वहां से तुरंत लौगा। बहन से कैसा परदा। जब आपको कोई गुरेज नहीं। आप हमारी आजादी के साथ हैं और सात समंदर पार करके हमारे बीच आई हैं। मैं ऐसे बहुत से लोगों को लंदन में जानता हूं जो आज भी हमारे साथ हैं। वे हमारे प्रति सहानुभूति रखते हैं। तब हम लोगों में ऐसी भावना नहीं बननी चाहिए, जिससे अपना छोटा-सा संगठन बिसर जाए या अलग-थलग पड़ जाए। इससे जनता के बीच क्या संदेश जाएगा?"

"मुझे पी. मित्रा जी ने बतलाया था। मुझे आना पड़ा। जो लोग कुर्बानी का संकल्प लेकर प्राणों का मोह त्याग कर, अपनी धरती मां को बंधन मुक्त कराने का ठोस इरादा रखते हैं। उनके बीच मान-सम्मान या अपमान जैसे बिंदु उभरकर सामने नहीं आते हैं। योजना पर मतभेद होना स्वाभाविक है। ऐसी सूरत में अपने हैड का निर्णय मान लेने में प्रसन्नता होनी चाहिए। यह मत भूलो कि कोई अदृश्य महाशक्ति भी है, जो हमारे निर्णय से ऊपर है। ऐसी सूरत में उस निर्णय को उस अज्ञात व सर्वोच्च शक्ति का निर्देश मान लेना ही सर्वहित में है। अपेक्षाकृत आपस में मतांतर को लेकर अवसाद में डूबने के। बोलो, क्या सोचते हो? क्या किया जाए?"

"आप जैसा उचित समझें।" आधे मन से उनमें से एक ने कहा।

"मैं क्यों? सोचना आपको है। पूर्व में आपने सोचा है। उस 'सिचुएशन' पर मेरे से ज्यादा ठीक आप लोग समझ-सोच सकते हैं। मैं आप दोनों दलों के दो-दो प्रतिनिधि मांगता हूं। वह समिति का काम करेंगे। उनका हैड पी. मित्रा रहेंगे। मैं समझता हूं कि फैसले के मानने में आप लोगों को कोई एतराज नहीं होगा। यह देश को आजाद कराने से भी अधिक जरूरी है कि हम में एक अनुशासन बना रहे और हम प्रसन्न मन से आदेश की अनुपालना करें। प्राय: दिमाग गच्चा दे जाता है। दिमाग के साथ पक्ष-विपक्ष दोनों हैं, जबकि समर्पण में हृदय उसके पीछे होता है अत: दिमाग हस्तक्षेप नहीं कर पाता या उसकी नहीं सुनी जाती। हम लोग जिस डगर पर चल पड़े हैं, उसमें समर्पण के लिए आगे आने की होड़ रहे, न कि नुकताचीनी करने की। जो निर्णय यह समिति ले, उसे स्वीकार करना। यह मेरी नहीं उस मां की इच्छा है, जिसको आप लोग बंधनमुक्त कराने निकले हो।"

पी. मित्रा को आश्चर्य हुआ कि दोनों क्रांतिकारी संगठन उसी समय एक-दूसरे में विश्वास जगाने लगे और पी. मित्रा के आदेश को मानने के लिए एकमत हो गए।

अरविंद बहन निवेदिता के साथ टमटम में बैठकर चल दिए। निवेदिता पूछ रही थी, "बारीन आपका भाई है ना।"

"हां, मेरा सबसे छोटा भाई। अभावों में पला। अधूरी पढ़ाई, अधूरी इच्छा। आर्थिक हालत भी खराब। वह हम सब में इसलिए सबसे आगे है कि उसने अपने अधूरेपन को मन की संपूर्ण शक्ति लगाकर मां को समर्पित कर दिया। पता नहीं, इस समय वह कहां है? उसके नाम का गैर जमानती वारंट निकला हुआ है।" अरविंद फ्रेंच मिश्रित अंग्रेजी में बोल रहे थे, ताकि कोचवान के कुछ भी पल्ले न पड़े।

"वह हम से मिल चुका है। उससे हम जान सके कि मातृभूमि का दर्द क्या होता है? कितना समय उसे आजाद कराने में लगेगा? कितनी-कितनी कुर्बानी देनी होगी और कितना कुछ नष्ट हो जाएगा? कभी किसी ने सोचा कि इससे मानवता पर कितना कुठाराघात हुआ? उसकी कितनी हानि हुई, यह नुकसान सारी मानवता का हुआ। ऐसी बदनीयती क्यों? किसके लाभ के लिए? मानुष मानुष का शत्रु! ओह!! अरविंद इस तरह हमने कितनी कितनी रातें सोचते हुए बिता दीं। मनुष्य अपने स्वयं को क्यों नरक में बदलता है?. ..क्या ऐसा करने से मानव चरित्र का हनन नहीं होता! चर्च का क्या अर्थ रहता है। फिर भी, मिशनरी लगी रहती है ज्यादा-से-ज्यादा गैर धर्मवालों को ईसाई बनाने में? क्या होगा उससे? कौन देगा उन लोगों को सजा? उन्हें किसी की चिंता नहीं। ईसा की भी नहीं।...खैर छोड़ें हम इन बातों को इस वक़्त!"

"आपका मुकाम, बहन निवेदिता जी।"

वह टमटम से नीचे उतरी। धीरे से हाथ हिलाया। टमटम आगे बढ़ गई। रात गहरा गई थी। आकाश में तारों ने डेरा डाल दिया था। अब वे झपकी ले रहे थे।

12

बारीन जेल से बाहर आ गया था। क्रांतिकारियों का मन एक-दूसरे दल के प्रति साफ नहीं हो सका था। बारीन ने क्रांति दल के संगठन को पुनः सुदृढ़ किया। उस क्रम में उसने 'युगांतर' नाम से एक समाचार-पत्र निकाला। दूसरे समाचार-पत्र सरकार के डर से उनकी बातें नहीं कह पाते थे। उनको क्रांति दल के माध्यम से क्रांति में भी आग फूंकनी थी। उसके ऐसे कई

लेख पत्र-पत्रिकाओं में नहीं छप सके जो गुरिल्ला युद्ध, क्रांति इत्यादि पर प्रकाश डालते थे। उसमें अरविंद ने भी नाम बदल कर लिखा। 'युगांतर' की मांग एकदम बढ़ गई। 'युगांतर' एक ही दिन में दो या तीन बार छापना पड़ा।

सरकार के कान खड़े हो गए। वह जैसे-तैसे 'युगांतर' को दबोचना चाहती थी। पर कैसे दबोचे? उसमें सब कुछ सरकार के विरुद्ध होते हुए ऐसा कुछ सिद्ध नहीं होता था कि जिसके आधार पर 'युगांतर' को दबोचा जा सके।

अब अरविंद का मन बड़ौदा में नहीं लगता था। उनके मन में उथल-पुथल चल रही थी। सयाजी राव गायकवाड़ पर भी दबाव बनाया जा रहा था। हालांकि महाराजा को उन्होंने अपने इरादे तभी स्पष्ट कर दिए थे, जब महाराजा ने उन्हें कश्मीर बुलाया था। कश्मीर की सुंदर वादियां भी उनका मन नहीं बदल सकीं। वे तख्त सुलेमान की पहाड़ियों पर शंकराचार्य का मंदिर देख कर अवश्य प्रभावित हुए थे। हाउस बोट में वह महाराजा से मिल रहे थे। लगता था कि महाराजा के मन में कुछ था। इधर-उधर की बातें होती रहीं। साहस कर अरविंद ने ही कह डाला, "महाराज, अब देस (बंगाल) याद कर उठा है। बीच-बीच में मुझे जाना आना भी पड़ता है। निश्चित रूप से इससे मेरे कार्य पर प्रभाव पड़ता है।"

"शायद...वह आप ज्यादा बेहतर समझ सकते हैं, अरविंद।"

"मैं नहीं चाहता कि..."

"फिलहाल आप कुछ नहीं चाहें और कुछ नहीं सोचें। कश्मीर दुनिया का स्वर्ग है। उस पर ध्यान दें।"

यों कई बार बात उठी और डूब गई बुलबुले के समान। समय खिसकता गया। 1905 आ गया। वे इस बीच दो बार मृणालिनी से मिल पाए। एक बार शिलांग में और दूसरी बार जब वे मृणालिनी को देवघर लाए थे अपने मामा के घर। मृणालिनी ने कहा भी था, "स्वामी, हम आपके साथ चलना चाहते हैं।"

"शायद इस बार नहीं, अगली बार।"

"कारण, स्वामी।"

"हम बहुत व्यस्त हो गए हैं और बड़ौदा छोड़कर कलकत्ते आने का मन बना चुके हैं। इस उधेड़बुन में हमें जाना आना पड़ रहा है। जल्दी ही, कुछ ऐसी व्यवस्था हो जाएगी कि जिससे न केवल भाग-दौड़ कम होगी, अपितु हम एक स्थान पर रह सकेंगे-तुम्हारे प्यारे शहर कलकत्ता में। क्या तुम यह नहीं चाहती हो कि ऐसा हो?"

"अवश्य, नाथ। हम तो मां काली से दिन-रात यही मनौती करते रहते हैं।"
"फिर?" "आप जाएं, स्वामी। हम इंतजार कर लेंगे।"

मृणालिनी मान गई। दिन पहाड़ होने लगे। कटते नहीं कटते। इस बीच वह शिलांग भी चली आई। वहां सरोजिनी उससे अंदर-ही-अंदर नाराज हो चली थी? अरविंद के उसके पास न लौटने की उसे खुशी भी थी। यह अचानक क्या हो गया? सारे सुख-क्षण झुलसने लगे। वह तीन-चार खत लिख चुकी थी। उनमें से किसी का उत्तर उसे नहीं मिला। हार कर उसने किंचित् आवेश में, सुधीरा के समझाने पर कि घी टेढ़ी उंगली करने पर ही निकलता है, एक खत 24 अगस्त, 1885 को लिखा। सारी स्थिति स्पष्ट कर दी। कलकत्ते आने पर देवघर और शिलांग जहां भी वह होती थी, नहीं आए।

अरविंद ने आज यह सोच ही लिया था कि वह उसे सब कुछ सच-सच समझाने का प्रयास करेगा। क्या वह समझेगी? अभी तक वह किशोर की श्रेणी में ही आती है। उसने अठारहवें वसंत में प्रवेश कर लिया है। वह अपनी सहेलियों को देखती और उनके अनुभव सुनती होगी। तभी तो उसने अपने पत्र में लिख दिया कि क्या वह सब मृगतृष्णामयी संसार था? क्या वह मतिभ्रम का शिकार हुई। कुछ पल्ले नहीं पड़ता। मोह किसे था? माया ने किसे घेरा था? पत्नी के प्रति पति की ऐसी बेरुखी क्यों? कौन दे हमें इन सवालों का जवाब? सारे गली-मुहल्ले में उसका उसके परिवार का आना जाना दूभर हो चला है। किस-किस को क्या जवाब दें। समाज में रहना है तो सामाजिक बनकर चलना ही होगा। क्या यह ठीक रहेगा कि वह अकेली बड़ौदा चली आए। मम्मी-पापा से झूठ बोल दे कि बुलाया है। जब अकेला आदमी कहीं भी जा सकता है, तो वह क्यों नहीं जा सकती?

वह अधिक सोच-विचार वाले व्यक्ति हैं। उससे अधिक नहीं सोचा जाता। शायद उसके हाथ में वह रेखा नहीं पड़ी है। इस कारण वह सीधे सीधे बात कर रही है। इस तरह उसका आना जरूर अचरज में डाल देगा। इस पत्र का उत्तर नहीं मिला तो तुम्हारी मृणालिनी।

अरविंद चमक पड़ा। क्या वह अकेली इतनी दूर आ जाएगी! फिर क्या होगा? वह कुछ-कुछ जिद्दी भी है। उसने एक बार पुनः पत्र पढ़ा और मानस में कुछ तय किया। वह पारिवारिक दुःख से पत्र शुरू करके रुपए-पैसे की चर्चा छेड़ बैठे। दस रुपए के स्थान पर अगले माह बीस रुपए भेजने की बात लिख दी। यहां आकर गाड़ी अटक गई कि उसे बड़ौदा आने से कैसे रोका जाए? वह कई तरह से सोचते रहे परंतु उन्हें कोई विचार रास नहीं आया। इस बार उन्होंने धैर्य से लिखना शुरू किया –

अब पते की बात पर आते हैं। कदाचित् तुम यह जान चुकी हो कि जिसके साथ तुम्हारा भाग्य जुड़ गया है, वह बहुत ही अनोखा मानुष है।

इस देश में इस वक़्त लोगों की जैसी मनोवृत्ति है, उनके जीवन का जैसा लक्ष्य है और कर्म का जैसा क्षेत्र है, एकदम मेरा उस तरह का नहीं है। सब कुछ हटकर है, असाधारण भी। मैं समझता हूं, मृणालिनी, तुम जानती हो कि साधारणजन असाधारण मत, असाधारण प्रयत्न, असाधारण उच्च आशा को क्या कहते हैं या कैसा अनुमान लगाते हैं।

क्या वे इस प्रकार भावों को वे पागलपन नहीं कहते। अवश्य कहते हैं, पर ऐसा भी होता है कि जब पागलपन के कर्मक्षेत्र में सफलता मिल जाती है तो वह पागलपन उनको प्रतिभाशाली करार दे जाता है। वे महापुरुष मान लिए जाते हैं। यह बात दूसरी है कि कितनों को इस क्षेत्र में सफलता प्राप्त होती है।

हजारों व्यक्तियों में से तलाश करो तो इस तरह के दस असाधारण व्यक्ति मिल पाएंगे और उन दस व्यक्तियों में से शायद किसी एक को सफलता मिली हो।

मैं कर्मक्षेत्र में सफलता से न केवल बहुत दूर हूं बल्कि कहना चाहिए कि मैं पूरी तरह से कर्म क्षेत्र में अभी उतर भी नहीं पाया हूं। तो क्या तुम मुझे पागल मान कर नहीं चल सकती, मृणालिनी। जरा विचार करो ऐसे पागल व्यक्ति से नाता जोड़ बैठना कितना अशुभ है। कारण स्त्री जाति की समूची आशा संसार के सुख-दु:ख से चलती है। इसका मतलब है कि पागल अपनी पत्नी को सुख नहीं दे सकता है। हां, अलबत्ता दु:ख अवश्य पहुंचा सकता है।

हिंदू धर्म के प्रणेताओं ने इस बात पर गौर किया था। ये असाधारण चरित्र, असाधारण प्रयत्न और असाधारण आशा को अति सम्मान की दृष्टि से देखते थे। फिर चाहे पागल हो या महापुरुष, असाधारण मनुष्य को श्रेष्ठ मानते हैं। इसका अर्थ है कि इस तरह तो स्त्री की भयंकर दुर्दशा होती है। सवाल पैदा होता है कि उससे बचने का उपाय क्या हो?

ऋषियों ने इसका उपाय सुझाया है। उन्होंने स्त्री जाति से कहा है कि तुम लोग दूसरों की उपेक्षा 'पतिः परमो गुरुः' मानो। तुम्हारे लिए यही एकमात्र मंत्र है।

स्त्री स्वामी की सहधर्मिणी है, अतः पति जिस कार्य को स्वधर्म मानकर ग्रहण करे, उसमें तुम सहायता दो, उत्साह दो, उन्हें देवता मानना। कार्य का चयन करना पुरुष का अधिकार है। उसमें सहायता तथा प्रोत्साहन देना स्त्री अधिकार है।

यहां सवाल यह है कि तुम हिंदू धर्म के पथ की ओर बढ़ोगी अथवा नवल सभ्य धर्म की ओर। तुमने पागल के साथ विवाह किया। यहां आकर

अरविंद रुक गया। उसने विवाह कहां किया है? शायद उससे पूछा भी नहीं गया होगा। हमारे समाज में लड़की की चलती कहां है? फिर वह यह बात उसे लिखकर बेमतलब दु:खी क्यों करना चाहता है? शादी की धूमधाम बस एक वर्ष तक रही। उसके बाद...। वह आगे पत्र बढ़ाने लगा, यह सोचकर कि वह क्या कहती है?

क्या यह तुम्हारे पूर्व जन्म के अर्जित कर्म दोषों का परिणाम है? ऐसी सूरत में अपने भाग्य से एक समझौता कर लेना चाहिए। यह समझौता किस तरह होगा? पांच आदमियों की राय मानकर क्या तुम भी उसे सिरफिरा कहकर उड़ा दोगी? कुछ भी मानों पर पागल तो पागलपन के रास्ते पर ही आगे बढ़ेगा। तुम उसे पकड़कर रखना चाहो तो यह संभव नहीं है। कारण, अपेक्षाकृत तुम्हारे उसका स्वभाव ही अधिक शक्तिशाली है।

तब क्या तुम कमरे के एक कोने में बैठकर आंसू बहाती रहोगी अथवा उसके साथ ही चल पड़ोगी अथवा पागल के उपयुक्त पगली बनने का प्रयास करोगी। जिस प्रकार अंधे राजा की महारानी दोनों आंखों पर पट्टी बांध कर स्वयं भी अंधी हो गई? चाहे हजार ब्रह्म विद्यालय में तुम क्यों न पढ़ी हो, परंतु हो तुम हिंदू धर्म की लड़की, हिंदू पूर्व पुरुषों का रक्त तुम्हारे शरीर में प्रवाहित हो रहा है। मैं आश्वस्त हूं कि तुम ऋषियों द्वारा बताए पथ का अनुसरण करोगी।

अरविंद अपने पत्र की इन पंक्तियों पर सोचने लगे कि क्या उनका इस तरह प्रयास करना उचित है? क्या यह स्त्री की स्वतंत्रता की अवमानना नहीं है? तभी उनको ख्याल पड़ा कि दोनों खिड़कियां बंद हैं। इस कारण कमरे में गर्मी और उमस है। वह उठे। खिड़की खोली। हवा का नम झोंका तेजी से वह उसके पास खड़े रहे। पसीना सूख गया। पुन: वह टेबल के सामने आ बैठे। लैंप तनिक डगमगाकर पुन: स्थिर हो गया था। पीली रोशनी पूर्णतया उस पत्र पर आ ठहरी थी। यह उन्हें क्या हो गया है? क्या वह उनका पत्र पढ़कर जैसा वह चाहते हैं, स्वीकार कर सकेगी? लेकिन उनके पास दूसरा पथ भी क्या बचता है?

पास में रखे पंखे को उठाया और धीरे-धीरे झलने लगे। झलना तो मात्र बहाना था अपने विचारों को पुन: समझने-समझाने का। कुछ देर सोचकर वह पुन: लिखने लगे।

मैं अपने तीन पागलपन की चर्चा करना चाहता हूं। पहला पागलपन तो यह है कि मेरा यह विश्वास है कि उच्च शिक्षा, विद्या और धन सब ईश्वर का है इसलिए खर्च उसी पर हो जो बहुत जरूरी हो। यदि उसके बाद कुछ

बचता है तो वह ईश्वर को लौटा देना चाहिए। यदि मैं सारा धन अपने लिए यानी अपनी सुख सुविधाओं पर व्यय करूं, अपने आराम और विलास के लिए खर्च करूं तो मैं चोर कहलाऊंगा। ऐसा ही हिंदू शास्त्र कहते हैं कि जो भगवान् से धन पाकर भगवान् को नहीं लौटाता, वह चोर है।

मृणालिनी, आज तक मैंने भगवान् को दो आने दे, चौदह आने अपने सुख में व्यय कर, हिसाब चुकता कर, संसार के सुखों में मस्त था। यों मेरे जीवन का आधा समय व्यर्थ ही गया-पशु भी अपना तथा अपने परिवार का भरण-पोषण कर धन्य हो जाता है।

फिर इतने दिनों तक मैं क्या पशुवत् एवं चोरवत् जीवन यापन नहीं किया है? यह मेरी समझ में आ गया है? इससे मुझे न केवल अनुताप हो रहा है बल्कि घृणा भी हो रही है। अब मैंने यह पाप हमेशा के लिए छोड़ दिया है। भगवान् को देने का अभिप्राय है कि वह धन धार्मिक कार्यों में लगाना। मैंने जो समय सरोजिनी और उषा को दिया है, उसके लिए मुझे कतई अफसोस नहीं है, क्योंकि परोपकार करना धर्म है और आश्रित की रक्षा करना परम धर्म परंतु भाई बहन को देने से हिसाब बराबर नहीं हो जाता। इस कुसमय में सारा देश मुझ पर आश्रित है। मुझ पर तीस करोड़ भाई-बहन इस देश में हैं, उनका कल्याण भी करना होगा।

क्या तुम इस विषय में मेरी सहधर्मिणी बनोगी? मैं तो केवल असाधारण व्यक्तियों की तरह खा-पहनकर, आवश्यक चीज खरीदकर, शेष सब ईश्वर को समर्पित कर दूंगा। यदि तुम भी मेरा साथ दो, त्याग स्वीकार करो, तो मेरी अभिलाषा पूरी हो सकती है।

तुमने पिछले पत्र में यह जिक्र किया था कि तुम्हारी कोई उन्नति नहीं हुई, तो क्या तुम इस उन्नति के पथ का अनुसरण करना चाहोगी?

यहां आकर अरविंद ने विराम लिया। रात के एक बज रहे थे। उनकी आंखों में नींद झुक आई थी। इस कारण उसने लैंप की रोशनी मद्धिम की और अधूरा पत्र लिखा छोड़कर उठ खड़ा हुआ। हवा तेज हो गई थी और आकाश में से तारे एकदम गायब हो गए थे। बादल उमड़ते-घुमड़ते चले आ रहे थे। वर्षा के पूरे आसार हो रहे थे। यह सोचकर उन्होंने तख्त के पास की खिड़की बंद कर दी, क्योंकि वहां से भी बौछार या वर्षा के अंदर आने का खतरा था।

वह लेट गया पत्र के प्रसंग याद करता हुआ। क्या यह पत्र उस किशोरी के मन को झुलसा नहीं देगा? क्या लिखने मात्र से किसी पर इतना गहरा प्रभाव पड़ सकता कि वह दीन दुनिया को भूलकर उसके प्रगति पथ का

अनुकरण करने लगे। सोचो, अरविंद सोचो, क्या जो कुछ लिख गए हो, वह व्यावहारिक है? क्या वह स्वयं ऐसा कर पाएगा? सब जान जाएंगे तब क्या होगा? कहीं जग हंसाई न हो। क्या वह अभी इन विचारों को अपने मन में संजोकर नहीं रख सकता? प्रकट करने से सबकी निगाहें उस पर पड़ने लगेंगी। क्या अच्छा हो, यदि वह बिना किसी पर अपना मन प्रकट किए चुपचाप इस पथ का अनुसरण कर देखे कि क्या होता है? अभी उसे साढ़े सात सौ रुपये प्रति माह वेतन मिल रहा है जो उसके व उसके परिवार के लिए बहुत ज्यादा है। परंतु क्या वह उसका अनुसरण करता। कलकत्ता से पत्र आया था कि वह कलकत्ता आ जाए, क्योंकि बड़ौदा रहकर वह क्रांति दल का गतिविधियों को पूरी तरह सक्रिय नहीं रख सकता। थोड़े से ही समय में क्या से क्या हो जाता है। परस्पर मतभेद अलग धुआं दे उठते हैं। कांग्रेस की नीति रीति उसे अनुकूल नहीं लग रही थी। उसकी सक्रियता मात्र कागजों तक सीमित थी। तो क्या उसके लिए इस समय एकमात्र क्रांति दल ही रह गया है? पता नहीं कि उसकी डगर कब करवट ले और क्या ले! कुछ नहीं कहा जा सकता! क्यों, ऐसा संशय, क्यों?

हवा को शीतलता ने अरविंद को राहत पहुंचाई। उनकी आंख लग गई। वर्षा होती रही। फुहारें तेज हवा के साथ अंदर आती रहीं, परंतु उसने टस-से-मस नहीं किया। वह सोते रहा गहरी नींद में।

13

देवघर से अपने भाई के साथ मृणालिनी शिलांग आ गई। देवघर में उसकी सरेजिनी से नहीं पटी। सरोजिनी बात-बात में उसे ताना मारती थी कि उसके पांव ऐसे पड़े कि उसके भैया दीन दुनिया से बेखबर हो गए। वहां उसका सुकून छिनने लगा। उड़ती-उड़ती खबर यह भी आई कि उसे छोड़ दिया है। वह वहां अकेली पगला उठी है। उनके बीच ऐसा कुछ नहीं घटा कि जिससे उनके बीच कोई उलझन पैदा होती।

11 अगस्त, 1905 को 4 अगस्त का चला पत्र उसे मिला। वह पत्र पढ़कर बेचैन हो उठी। उसके जिहन में मंजरी की आवाज गूंजने लगी, "मृणालिनी, भारतीय अधिक पढ़े लिखे या ऊंचे घराने के पतियों में स्यूपियअरिऑरटि कॉम्पलेक्स...स्यूपरिअर लुक...रहता है। वे पत्नी की इच्छाओं-चाहों का प्रत्यक्ष या अप्रत्यक्ष दमन करने में नहीं हिचकिचाते। सारे निर्णय स्वयं लेते हैं। पत्नी

तो बेचारी उनके सामने अपराधिन बनी रहती है।...दे वांट...सप्रेस दि ट्रुथ। मैं नहीं जानती कि तुम कैसा अनुभव करती हो।...अच्छा ही करती होगी।... अरविंद घमंडी नहीं है, परंतु..."

उससे मिलती-जुलती बात निर्मला टैगोर कह गई, "तुझे सतर्क रहना चाहिए, मीनुदी। उसने विलायत का पानी पिया है। कुछ कह नहीं सकते ईश्वर तुम्हारे साथ रहे। उनका यों लंबे समय तक तुम्हें छोड़े रहना संशय को जन्म देता है। क्या तुम्हें नहीं लगता?"

मृणालिनी को क्या लगे, क्या नहीं। उसके सामने अरविंद का मायूस करने वाला पत्र था। कोई सुनेगा तो क्या कहेगा कि उसने किस पागल से विवाह रचा लिया। उसका मन तो तभी खटका था, जब उसके मम्मी-डैडी उसकी उम्र से दुगनी उम्र वाले के साथ नाता जोड़ने के लिए राजी हो गए थे। दोनों के मानसिक धरातल में स्पष्ट अंतर नजर आ रहा था। आख़िर आयु का भी कोई अर्थ होता है।

रात लगभग बीत चुकी थी। बीच-बीच में झपकी भी लगी तो टूट गई। पत्र सिरहाने रखी मेज पर था। उसे हंसी भी आ रही थी और जोर का गुस्सा भी। बचा रुपया भगवान् को लौटा दो? कौन से भगवान् को? जो भगवान् के नाम पर भोली भाली जनता को लूटे जा रहे हैं। आए दिन मंदिर, मस्जिद आदि के षड्यंत्र सामने आ रहे हैं।...ईश्वर को लौटा देंगे। बच्चों का भविष्य के लिए क्या कीजिएगा? कटोरा हाथ में देकर मंदिर के आगे बैठा दीजिएगा? यदि कोई लड़की आ गई तब?...अभी तो ऐसा कुछ नहीं है। फिर भी...

वह उठ बैठी और उनके दूसरे पागलपन की खोज खबर लेने लगी। लिखा था –

...भगवान् के दर्शन प्राप्त करके ही रहेंगे। आजकल धर्म है, जरा-जरा सी बात में भगवान् का नाम लेना, सरेआम प्रार्थना करना और सब पर यह प्रकट करना कि वह कितना धार्मिक है। मुझे यह पसंद नहीं है। यदि भगवान् है तो वह अवश्य अनुभव होगा। उसके साक्षात् दर्शन लाभ प्राप्त करने का निश्चित रूप से कोई-न-कोई रास्ता होगा। फिर वह रास्ता चाहे कितना भी कठोर क्यों न हो, मैं उस कठोर पथ का अनुगामी अवश्य बनूंगा, यह मेरा संकल्प है।

हिंदू धर्म का यह विचार है कि वह रास्ता अपनी देह और मन के भीतर ही है। उन नियमों को मैंने जान लिया है, जिनका पालन उस कठोर पथ पर जाने वाले के लिए आवश्यक है। मैंने उनका पालन करना भी प्रारंभ कर दिया है और एक माह में ही मुझे यह विश्वास हो गया है कि हिंदू धर्म की वे बातें सत्य हैं। उनमें जो-जो चिह्न उल्लिखित हैं, उनको मैं आत्मसात्

कर चुका हूं। अब मेरी यह आकांक्षा है, मृणालिनी, कि तुमको भी उस पथ पर ले चलूं। मानता हूं कि तुम्हें उतना ज्ञान नहीं है कि तुम मेरे साथ-साथ चलो, परंतु तुम्हें मेरे पीछे-पीछे चलने में कोई कठिनाई नहीं होगी। उस पथ पर चलकर हर व्यक्ति सिद्धि पा सकता है। उस पथ पर चलना तो व्यक्ति की अपनी इच्छा पर निर्भर है। वहां कोई तुम्हें पकड़कर नहीं चला ले जा सकता। यदि तुम्हारी इच्छा हुई तो मैं इस विषय में और भी लिखूंगा।

मृणालिनी का सिर घूम गया। उसे ईश्वर के दर्शन नहीं करने हैं। जगदीश चंद्र बसु ने कितना स्पष्ट कहा था, "मैं सबका आदर करता हूं। यह आयोजन और इसके प्रतिफल भक्त गणों ने अवश्य अनुभव किए होंगे। लेकिन मेरी ईश्वर में जिज्ञासा नहीं है और इस संपूर्ण ब्रह्मांड का सृजनकर्ता कोई एक या अनेक भगवान् होंगे, यह समझना मेरी बुद्धि से परे की बात है। इस तरह भक्तों के मन पर एक आतंकी छाया मंडराने लग सकती है। फिर भी, मेरी शुभकामनाएं उनके साथ है, जिन्हें इस जगत् को छोड़ कर अज्ञात जगत् में जाने का मन है और जो ईश्वर के दर्शन करना चाहते हैं बजाए सबमें ईश्वर मानकर सबकी सेवा करने के।" हालांकि उनके इस वक्तव्य से भक्तगण नाराज हो गए, जबकि रवींद्रनाथ ठाकुर के व्याख्यान से प्रभावित हुए, क्योंकि वे उनके पक्षधर रहे।

मृणालिनी ने सोचा कि पहले पूरा पत्र तो पढ़ डालूं। फिर प्रतिक्रिया के बारे में सोचूंगी। वह आगे लिखते हैं –

मेरा तीसरा पागलपन यह है कि प्रायः लोग स्वदेश को एक जड़ पदार्थ, कुछ मैदान, खेत, वन, पर्वत, नदी से ज्यादा नहीं समझते हैं, जबकि मैं स्वदेश को मां मानता हूं, उसकी भक्ति करता हूं और पूजा करता हूं। जरा सोचो तो कि यदि कोई दैत्य मां की छाती पर बैठकर उसका खून पीने के लिए तत्पर हो जाए तो उसके लड़के का क्या कर्तव्य बनता है? क्या वह बेफ़िक्र होकर भोजन करने के लिए बैठ जाएगा या स्त्री-पुत्र के साथ मन बहालएगा अथवा मां का उद्धार करने के लिए दौड़ पड़ेगा। मैं समझता हूं कि इस पतित जाति के उद्धार करने की शक्ति मुझमें है। माना कि मैं शारीरिक बल, तलवार या बंदूक लेकर युद्ध नहीं कर सकता, परंतु ज्ञान बल का तो प्रयोग में कर ही सकता हूं। एक मात्र क्षात्र तेज ही तेज नहीं है, ब्रह्म तेज भी है। वह तेज ज्ञान के ऊपर प्रतिष्ठित होता है। न यह विचार नया है और न यह आजकल विचार है, बल्कि मैंने इसी विचार को लेकर जन्म लिया है। यह भाव-विचार, मेरे रग-रग में भरा हुआ है। ईश्वर ने मुझे इस महाव्रत को पूरा करने के निमित्त इस संसार में भेजा है।

जब मैं चौदह वर्ष का था, तब इसका बीज अंकुरित होने लगा था। अठारह वर्ष का होते-होते इसकी प्रतिष्ठा दृढ़ तथा अचल हो गई।...तुमने चौथी मौसी की बात सुनकर यह विचारा होगा कि मालूम नहीं कहां तक बदजात मेरे भोले-भाले स्वामी को कुमार्ग पर खींचे ले जा रहा है। वास्तव में तुम्हारा ही भलामानस स्वामी ही न केवल उस आदमी को, अपितु सैकड़ों मानुषों को उस कुपथ पर लिए जा रहा है और हजारों हजार को उस मार्ग पर खींच ले जाएगा। यह कार्य सिद्धि में सामने ही होगी, यह तो मैं नहीं कह सकता, पर इतना कह सकता हूं कि यह होगी अवश्य।

अब बताओ, मृणालिनी, तुम्हारा मन क्या कहता है? जानती हो, स्त्री स्वामी की शक्ति होती है! यह तुम्हें सोचना है कि तुम उषा की शिष्या बनकर साहेब-पूजा मंत्र का जाप करोगी या उदासीन होकर स्वामी की शक्ति को विकलांग या बौना करोगी अथवा उत्साह और सहानुभूति से भरकर दुगना करना चाहोगी।

मृणालिनी तुम यह भी सोच सकती हो कि तुम्हारे जैसी साधारण लड़की इन महत् कार्यों में भला मेरी क्या मदद कर सकती है? मैं मन का बल नहीं चाहता और न बुद्धि का। मुझे उन सब पर विचार करने से भय सताता है, परंतु उसका एक सीधा सादा उपाय है कि ईश्वर की शरण में आओ, एक बार ईश्वर प्राप्ति के रास्ते में प्रवेश करो, फिर देखना कि तुम्हारे भीतर जो-जो कमियां हैं, उन्हें वह कैसे दूर करता है। जो ईश्वर की शरण में आता है, उसे भय धीरे-धीरे छोड़ देता है अर्थात् वह निडर हो जाता है।

मृणालिनी यदि तुम मेरे पर भरोसा करो और दस आदमियों की नहीं सुनो तो मैं तुम्हें अपनी शक्ति दे सकता हूं। ऐसा करके मुझे हानि नहीं होगी, बल्कि इससे मेरे बल में वृद्धि ही होगी। हम लोग कहते हैं कि स्त्री स्वामी की शक्ति है। इसका आशय यह है कि स्वामी स्त्री के भीतर अपनी प्रतिमूर्ति देख और अपनी महत् आकांक्षाओं की प्रतिध्वनि सुनकर दुगुनी शक्ति प्राप्त करता है।

क्या हमेशा उसी तरह रहना चाहोगी कि तुम अच्छे-अच्छे वस्त्र पहनों, उत्तम भोजन करो, हंसों, नाचों और हर प्रकार के सुख पाओ। वस्तु तथा मन की यह अवस्था उन्नति नहीं कहलाती। मृणालिनी, आजकल हमारे देश की स्त्रियों ने ऐसा ही संकीर्ण तथा अति हेय आकार लिया है। तुम यह सब छोड़कर मेरे साथ आओ, क्योंकि इस संसार में हम ईश्वर का कार्य करने के लिए आए हैं। आओ, उसी कार्य को शुरू करें।

तुम्हारे में यह दोष है कि तुम अत्यंत सरल हो। जो कोई जो कुछ कहता है, उसी को तुम सुनती हो। इससे सदा मन अस्थिर रहता, बुद्धि का विकास

रुक जाता है और कोई कार्य एकाग्र मन से नहीं हो पाता। इसमें सुधार करना होगा। केवल एक मनुष्य की सुनकर ज्ञान संचय करना होगा, एक ही उद्देश्य बनाकर स्थिर मन से कार्य सिद्ध करना होगा और लोगों के व्यंग्य-निंदा को ताक में रखकर स्थिरचित्त से भक्ति करनी होगी।

मृणालिनी, तुम में एक और कमी है वह कमी तुम्हारे स्वभाव की नहीं काल की है। बंगाल में ऐसा काल आया है कि लोग गंभीर-से-गंभीर बात तो भी कान देकर नहीं सुनते। वे धर्म, परोपकार, महत् आकांक्षा, महत प्रयास देशोद्धार आदि जो कुछ गंभीर, उच्च और महत्त्वपूर्ण है, उसे वे बातों ही बातों में न केवल उड़ा देते हैं, अपितु उसका मजाक भी उड़ाते हैं और उस पर व्यंग्य वाण भी छोड़ते हैं। ब्राह्म विद्यालय में रहकर तुम्हारे में भी थोड़ा-थोड़ा यह दोष आ गया है। तुम्हारे ठाकुर पो बारीन में भी यह दोष है। थोड़ा-बहुत यह दोष हम सभी में है-देवघर के लोगों में यह दोष बेतरह से घर कर चुका है। दृढ़ता से इस बात को मन से निकालना है। तुम आसानी से ऐसा कर सकती हो। एक बार विचार करने का अभ्यास कर लेने पर तुम्हारा वास्तविक स्वभाव सामने आ जाएगा। तुम्हारी परोपकार और स्वार्थ त्यागने की प्रवृत्ति तो है ही, केवल एक और अभाव है, वह भी ईश्वर की आराधना करने से दूर हो जाएगा।

यही मेरी वह गोपनीय बात थी। तुम इन्हें किसी और पर प्रकट मत करना। अपने मन में, दृढ़ चित्त से, इन बातों पर विचार करो। इनमें भय जैसा कुछ नहीं है। पहले पहल प्रतिदिन ईश्वर का ध्यान करना होगा और उसके सामने प्रार्थना रूप से अपने हदय की बलवती आकांक्षा व्यक्त करनी होगी। इस तरह मन धीरे-धीरे तैयार होने लगेगा। उनके समक्ष सदैव यह प्रार्थना करनी चाहिए कि मैं अपने स्वामी के जीवन, लक्ष्य और ईश्वर प्राप्ति के मार्ग में विघ्न न डाल सदा सहायक रहूं, साधनभूत बनूं। यह कर सकोगी क्या?-तुम्हारा अरविंद।

ओह! कितना ऊंचा पहाड़! कितनी ऊंची बात! ईश्वर को देखने की चाह! प्रार्थनारत रहने का सुझाव! यह सब क्या है? क्या यह सब एक संसारी और गृहस्थ जीवन के लिए उचित मार्ग है? महती आकांक्षाओं के महते प्रयास! आकांक्षा महती क्यों? क्या यह सब वास्तविक से हटकर जंगल की ओर जाने का मार्ग नहीं है? उच्च महत्वाकांक्षाओं के रथ पर बैठकर मनुष्य सदा समाज के लिए भारी पड़ा है।

यह पत्र किसी को बताना नहीं। इससे अपने तक सीमित रखे। क्यों ऐसा उसमें क्या है जिससे इस पत्र को वह किसी को नहीं बताएं? क्या-क्या उपदेश दे डाला है? पहले शादी की। लड़की को देखने की शर्त रखी,

जिसका उस समय बंगला समाज में प्रचलन नहीं था और अब वह चाहते हैं कि वह जोगिन हो जाए। घर-गृहस्थी से मुंह फेर ले। मात्र उनकी सहायक हो जाए। नैनीताल और एक वर्ष बड़ौदा में वह जिसके साथ रही, क्या यह वही व्यक्ति है। मृणालिनी ने पूरी रात आंखों में काट दी। सुबह अलसाए हए तन-मन से उठी और बाहर बगीचे में चली गई। उसके सारे मंसूबों पर पानी फिर गया। कोई सुनेगा तो क्या कहेगा? उसने पहले ही मां को बता दिया था कि उसे अभी शादी नहीं करनी है, पढ़ाई जारी रखनी है। उसने अपनी सहेली सुधीरा को स्पष्ट बता दिया कि लड़का बहुत पढ़ा लिखा है। जो आई.सी.एस. को छोड़ सकता है, उसके लिए पत्नी को छोड़ना क्या बड़ी बात है? बंगाली समाज में ऐसा चलन भी चल पड़ा है कि बड़े लोग पत्नी के साथ रखैल भी रखने लगे हैं। परंतु उसकी किसी ने नहीं सुनी। अब वह यह सब किससे कहे? इस योजना में बोस का भी बहुत आग्रह था।

शादी की बर्बादी। अब सब बातें बेकार हैं। सुखदा जरा ज्यादा ही मुंहफट थी, परंतु वह दिलीतौर पर कुछ नहीं छिपाती थी, जो उसके अंदर होता था, वही प्रकट कर देती थी। एक दिन एकांत पाकर वह बोली, "मीनुदी, तुझे अभी शादी नहीं करनी तो मत कर। किसी की एक मत सुन। जीवन तेरा है, उसे तू अपनी इच्छा से चला।"

मृणालिनी के दिमाग में अरविंद का पत्र छाया हुआ था। पुरुष जाति का कोई भरोसा नहीं। वह कहती क्या है और करती क्या! उसने स्त्री को अपनी जूती समझ रखा है। पति जैसे चलाए पत्नी उसी के अनुसार चले। वह स्वतंत्र होकर कोई निर्णय नहीं ले सकती। काश, यह चेतना उसमें जगी होती तो क्या अरविंद उसके अनुसार चल सकते थे? परंतु अब...? वह यह सोचते हुए सुधीरा के घर गई। वह कलकत्ते गई हुई थी, अतः वहां से वह सीधे अपने घर की ओर मुड़ गई।

14

16 अक्टूबर, 1905 महा अंधकार का दिन। इस दिन से बंग भंग प्रभावी हो गया। लार्ड कर्जन ने बंग भंग का कानून शिमला के केंद्रीय विधायिका काउंसिल की बैठक में 1 सितंबर, 1905 को पास करवा लिया। ढाका के तत्कालीन नवाब सर अली मुल्लाह जो बंग भंग के कट्टर विरोधी थे और इसे पाशविक प्रबंध की संज्ञा देते थे, इस विभाजन के पक्ष में हो गए।

इसका डटकर विरोध हो रहा था। लार्ड कर्जन को जिसने अपना सेवा काल पांच वर्ष बढ़वाया था, नवंबर, 1905 में ही वायसराय पद से मुक्ति पाने के लिए विवश होना पड़ा। उनके स्थान पर लार्ड मंटो आए जो इस मत के थे कि यदि उनके देश का विभाजन हुआ होता तो वह भी उसका विरोध करते जैसे इस वक्त बंगाल के विभाजन को लेकर हो रहा है। विदेशी सामान नहीं खरीदने का बहिष्कार शुरू हुआ। देश में तेजी से कपड़े, माचिस, साबुन इत्यादि के कारखाने खुलते गए और बंगाली नवयुवक घर-घर जाकर स्वदेशी सामान बेचने लगे।

बहिष्कार प्रदर्शनों, जलसों आदि में 'वंदे मातरम्' की धूम मच गई। बंग जातीय विद्या परिषद् की स्थापना हुई और इसके अंतर्गत स्कूल-कॉलेज खोले गए। समानांतर शिक्षा अर्थात् राष्ट्रीय शिक्षा का जोर बढ़ा। जहां सरकार के सामने रोज नई चुनौती आ रही थी। रक्षाबंधन राष्ट्रीय उद्‌बोधन का प्रतीक बन कर उभरा। हर व्यक्ति एक-दूसरे के हाथ पर राखी बांध रहा था।

आनंद मोहन पहले व्यक्ति थे, जिन्होंने 'वंदे मातरम्' का नारा बुलंद किया था, जो देखते-देखते सारे भारत का प्रेरणास्रोत बन गया तथा उसने ब्रिटिश सरकार की नींद उड़ा दी। उधर रवींद्रनाथ टैगोर ने एक गीत लिखा रक्षाबंधन पर, जो सबकी जुबान पर चढ़ गया। उस गीत के बोल थे –

बांगलार माटी, बांगलार जल
बांगलार, वायु, बांगलार फल
पुण्य होऊक, पुण्य हाऊक, हे प्रभु...

उधर कवि रजनीकांत का यह गीत जलसे-जलूसों का प्रयाण गीत बन गया कि –

मायरे देवा मोटा कायड़
माथए तुले नेरे भाई
दीन दुखिनी मा जे तोदोर
तार बंशी आर साध्य नाई।*

इस सबने अरविंद के मन को बड़ौदा छोड़ने में मदद की। वह बड़ौदा कॉलेज से इस्तीफा देकर कलकत्ते आ गए और राष्ट्रीय कॉलेज के प्रिंसिपल बनकर डेढ़ सौ रुपए मासिक की नौकरी स्वीकार कर ली और छह सौ रुपए कम मिलने का उनके चित्त पर कोई असर नहीं हुआ। कांग्रेस में वह

---

*मां के दिए कपड़े को सिर झुकाकर स्वीकार कर लो। तुम्हारी मां दीन दुःखी है, इससे अधिक उसके वश की बात नहीं है।

उग्र दल के साथ थे, जिनमें लाला लाजपतराय, तिलक आदि थे। वह दैनिक 'वंदे मातरम्' के भी संपादक बन गए। अब उनके पास प्रफुल्ल चंद्र राय, रवींद्रनाथ ठाकुर, जगदीश चंद्र बसु आदि थे। क्रांतिकारी दल भी उनके साथ था। कांग्रेस में उनकी गिनती लाल (लाला लाजपतराय) बाल (बाल गंगाधर तिलक) पाल (विपिनचंद्र पाल) के साथ की जाने लगी।

यह बहुत कठिन समय था। वह योग पर भी ध्यान दे रहे थे और देश पर भी। कुछ कर गुजरने की तमन्ना उनमें बलवती हो उठी थी। मांस-मछली खाना भी उन्होंने छोड़ दिया। एकदम शाकाहारी हो गए। वह ग्रेस्ट्रीट, कलकत्ते में रहने लगे थे। अत्यंत व्यस्त कार्यक्रम था उनका, जिसमें अवकाश के लिए रत्ती भर भी समय नहीं था। वह मृणालिनी को अपने शिलांग आने की सूचना देकर भी नहीं जा सके। कैसे सारा बंगाल निर्जला एकादशी मना रहा था। किसी के घर चूल्हा नहीं जला। 'वंदे मातरम्' की बांहों पर पट्टी बांधे हुए हर शख्स पर पुलिस लाठी बरसा रही थी और उनकी बांहों से 'वंदे मातरम्' नोच रही थी। अरविंद 'वंदे मातरम्' से उद्घोष कर रहे थे। 'युगांतर' भी हौसले बुलंद कर रहा था। जिन विद्यार्थियों को राष्ट्रीय आंदोलनों में भाग लेने के कारण विश्वविद्यालय कॉलेज से निकाल रहे थे, उन्हें नेशनल कॉलेज में प्रवेश दिया जा रहा था। डॉ. रास बिहारी घोष की अध्यक्षता में टाउन हॉल में एक सभा में राष्ट्रीय शिक्षा परिषद् की स्थापना हो चुकी थी। फुलर ने चाहा कि दो राष्ट्रीय महाविद्यालयों की मान्यता भंग कर दी जाए, ताकि राष्ट्रीय महाविद्यालय से निकाले गए विद्यार्थियों को कहीं स्थान नहीं मिले। शिक्षा को विक्टोरिया के शिकंजे से मुक्ति का यह आंदोलन गर्म हो उठा था, परंतु वायसराय मंटो ने फुलर की सिफारिश को नहीं माना। मंटो कलकत्ता विश्वविद्यालय के वाइस चांसलर भी थे और फुलर के भेजे इस्तीफे को स्वीकार कर एक नया इतिहास रच डाला। लार्ड मंटो आग बुझाने के पक्ष में थे और इसलिए वह कोई भी कदम ऐसा नहीं उठाना चाहते थे, जो तत्कालीन हालतों को बिगाड़ दे।

एक बहुत बड़ी दुर्घटना को होने से सुरेंद्रनाथ बैनर्जी ने रोक दिया था वरना पूर्वी बंगाल के गवर्नर सर बेम्पफील्ड फुलर की हत्या हो जाती। अरविंद दौड़ धूप कर वातावरण को अधिक उपयोगी, सक्रिय और अनुकूल बनाने में जुटे हुए थे। सरकार बराबर यह कोशिश कर रही थी कि उनके दैनिक 'वंदे मातरम्' और उसके छपे लेखों में राष्ट्रीय भावना तथा सरकार के विरुद्ध छपी कुछ सामग्री मिल जाए परंतु सरकार को निराशा ही हाथ लगी। अरविंद का नाम अभी तक 'वंदे मातरम्' पर नहीं दिया जा रहा था,

जबकि वह अकेले ही उसे निकाल रहे थे और 'युगांतर' के लिए भी विशेष सामग्री भेज रहे थे। इस बात का पता लगाने का जिम्मा सरकार ने लंदन से आई मार्गग्रेट को सौंपा। मार्गग्रेट नवयुवती थी, आकर्षक थी और बुद्धिजीवी के साथ अनुभवी भी थी। पढ़ने-लिखने में उसकी गहरी रुचि थी।

वह सुबह शांत थी। शहर चल पड़ा था। अरविंद आकर कार्यालय में बैठे ही थे कि एक स्लिप उनके पास आई-मिस मार्गग्रेट, स्वतंत्र लेखक। वह अंदर आई। बैठी। बोली, "क्या मैं 'वंदे मातरम्' के संपादक-लेखक से मिल रही हूं?"

"शायद आप अपना परिचय और आने का कारण बताना भूल रही हैं।"

"नहीं, मिस्टर।...मे आई नो, युअर गुडनेम?"

"माई सेल्फ अरविंद घोष।"

"हां मि. घोष, मेरी कतई भूलने की आदत नहीं है...दरअसल मैं अरविंद घोष से मिलना चाहती थी, वह अब मैं मिल रही हूं।"

"काम।"

"एक लेखक लेखक के पास किस काम से आएगा?"

"फिर भी बताइएगा भी।"

"मैं बहन निवेदिता की तरह अपने आपको इस देश को समर्पित करना चाहती हूं।"

"ठीक है, कीजिए।"

"पर कैसे, मि. घोष?"

"क्यों?" मैं जो लिखती हूं, वह इस देश की जर जमीन के लिए। पर वह छपेगा कहां?

"जहां आप भेजेंगी।"

"नहीं वहां नहीं छप सकता। हालांकि मैं यूरोप की रहने वाली हूं। लंदन में जन्मी हूं और वहीं पढ़ी लिखी हूं। परंतु सरकार के पक्ष के अखबार तो छापेंगे क्यों?"...मार्गग्रेट ने आंखों से धूप का चश्मा हटाया।

"देखिए, आप अपना लेख चाहें तो छोड़ सकती हैं। संपादक जी आएंगे तो उनके सामने रख दिया जाएगा।"

"बाई द वे...आप वही तो श्री अरविंद घोष नहीं हैं, जो नेशनल कॉलेज के प्रिंसिपल हैं और बड़ौदा कॉलेज की वाइस प्रिंसिपलशिप छोड़कर यहां आए हैं।"

"जी, मैं वही अरविंद घोष हूं।"

"आपकी बहन निवेदिता जी हैं न।"

"हां।"

"वह आपकी बहुत तारीफ कर रही थीं। ऑर यू रेवलुशनरि, घोष? एम

आई करैक्ट?...कविता भी करते हैं और आपने ही 'न्यू लैंप्स फॉर ओल्ड' इंदु प्रकाश के अंग्रेजी संस्करण के लिए लिखा था।"

"शायद आप भूल कर रही हैं- 'इंदु प्रकाश' की लेखमाला का मैं लेखक नहीं था।"

"सर मेरी यह एक गंदी आदत है कि मैं यह पहचानने में देर नहीं लगाऊंगी कि प्रकाशित कविता या लेख का लेखक कौन है? जो 'प्रकाशदीप' में जीरो नाम से छपा, या जो 'वंदे मातरम्' में दूसरों के नाम से छपता है, उन दोनों का लेखक एक ही है, दूसरा कोई नहीं।...ये मेज पर जो हस्तलिखित कागज रखे हुए हैं, ये भी एक ही व्यक्ति के हैं।"

"उनका लेख..."

"हालांकि लिखने वाले ने बदलकर लिखने का अभ्यास किया है तथापि है वह एक ही व्यक्ति का।...और मि. जीरो तथा कैलाश बैनर्जी की शैली, प्रस्तुतीकरण और शब्द चयन में गहरी समानता तथा आत्मीयता है।"

"यह बात वास्तव में काबिले तारीफ है। मिस मार्गग्रेट, यह आपका अच्छा शौक है।"

"'युगांतर' में विशेष आलेख लिखने वाला और 'यह शहर जागता है' का लेखक भी एक ही व्यक्ति है।" मार्गग्रेट ने गंभीर होकर कहा, "सरकार ने इस तरह के एक्सपर्ट बुला लिए हैं।"

"उनमें से एक आप हैं।"

इस पर मार्गग्रेट ने जोर का कहकहा लगाया। अरविंद ने भी उसका साथ दिया। चुप होने के कुछ देर बाद उसने कहा, आप मजाक अच्छा कर लेते हैं।

"अभी तो हमें यही सोचकर मन बहलाना चाहिए, मार्गग्रेट।"

"फिर, आप मेरे इस लेख पर ध्यान दें।" यह कहकर उसने अपने लेखवाली फाइल उसकी ओर बढ़ा दी। उसके लेखों में सरकार से शरारत भरी छेड़छाड़ थी और आंकड़ों की बाजीगरी थी। यदि आंकड़े गलत साबित हो जाएं तो 'वंदे मातरम्' पर बिजली गिरने के शत-प्रतिशत अवसर थे। गोरिल्ला युद्ध के लिए विशेष आह्वान था। अरविंद ने फाइल लौटाते हुए कहा, "मिस मार्गग्रेट, आपने काफी परिश्रम से अच्छा लिखा है-क्रांतिकारी योजना के लिए भी रास्ता सुझाया है...संपादक जी ही यह निर्णय ले सकते हैं कि इन्हें...।"

"छापा जाए या नहीं। यह निर्णय आप क्यों नहीं ले सकते, जबकि इस वक्त आप संपादक की कुर्सी पर बैठे हुए हैं।"

"आप बहुत बुद्धिमान् और समय को परख कर चलने वाली नवयुवती हैं

...परंतु यह भूल गई कि प्रधान संपादक की कुरसी यह नहीं है और न वह यहां बैठते हैं। यह तो संपादक मंडल, समाचार विश्लेषणकर्ता, उपसंपादक व प्रूफ रीडर का कक्ष है। हालांकि बाहर ऐसी कोई तख्ती नहीं लगी हुई थी। उसने अपनी याददाश्त पर जोर डाला। ठीक से वह कोई निर्णय नहीं कर सकी। उसने अत्यंत शालीनता से कहा, "मैं एक दोस्त लेखक को अपना लेख दिखा रही हूं और वह भी इस आशा से कि आपकी तरफ से कोई गाइड लाइन मिल सके।"

"अभी मैं इस स्थिति में नहीं हूं।"

"यह एक धुआंधार और क्रांतिदृष्टा लेखक से हमें उम्मीद नहीं करनी चाहिए।" मार्गग्रेट का स्वर अत्यंत आत्मीय था, "इस तरह मुझे एक श्रेष्ठ लेखक के संपर्क में आने का अवसर मिल रहा था।"

अरविंद की कनपटी पर गिलहरी रेंगने लगी। उसने तनिक आंखें मलते और कंधे उचकाते हुए कहा, "शायद अभी तक आपकी गलतफहमी दूर नहीं हुई।"

"तो बहन निवेदिता की बात का विश्वास मुझे नहीं करना चाहिए, यह ठीक रहेगा।"

"आपके लेखों में जिज्ञासा का सागर लहलहा रहा है। उसकी लहरें कभी भी आकाश छूने के लिए उद्यत हो सकती हैं। हमें इस किस्म की चपेट से बचना चाहिए, क्योंकि यहां आक्रामक शैली क्रूरता की सीमा पार करती हुई हमें आदि युग की बर्बरता का खौफनाक परिदृश्य दिखाने लगती है। व्यक्तिगत रूप से मैं हिंसा के खिलाफ हूं, क्योंकि हिंसा मित्र की हो या दुश्मन की, प्यार की हो या घृणा की...वह है तो आसुरी प्रवृत्ति, जिससे बाहर निकल कर एक आदर्श समाज की स्थापना हो सकती है।" अरविंद घोष ने धीरे-धीरे कहा।

"नहीं मि. घोष। वे अंग्रेज हैं, जिन्होंने भारत को ही नहीं, बल्कि आधी दुनिया को रौंद रखा है। उनको भी हिंसा का जवाब हिंसा से मिलना चाहिए।"

"फिर उदार, शिक्षित मानुष और अनपढ़, अनुदार और क्रूर मानुष में क्या अंतर है। सभ्य और सुसंस्कृत व्यक्ति का आचरण तो बर्बर तथा असंस्कृत व्यक्ति जैसा नहीं हो सकता है ना।...हमें घृणा नहीं फैलानी है, प्यार बांटना है...प्यार जगाना है। जो भाव किन्हीं कारणों से सुप्त पड़े रह गए हैं, उन्हें धीरे-धीरे जागृत कर संपूर्ण मानव बनने की दिशा में लाने की चेष्टा करनी है, मार्गग्रेट।" अरविंद ने कहना जारी रखते हुए तनिक बैठने का रुख बदला और आगे कहा, "केवल भौतिक आजादी ही नहीं, मन की आजादी भी चाहिए।"

"वो कैसे?"

"एक बार, मार्गग्रेट मैंने ध्यान लगाया। पता नहीं क्या हुआ कि मैं एक नर्तक के घर में प्रवेश कर गया और वह भी रूस के मास्को में, जहां ठंड सातवें आसमान पर थी-बूंद गिरने से पहले ही जम जाती थी। मैं उस रूप सुंदरी को स्पष्ट देख रहा था। वह अकेली थी और ग्रामोफोन पर रिकॉर्ड चढ़ा कर उसकी धुन पर नृत्य कर रही थी। उसके शरीर का अंग-अंग स्पष्ट से, स्पष्टतर होता गया। इतने आराम से मैं उसे कभी भी शरीर नहीं देख सकता था। उसका रत्ती भर भी ध्यान नहीं टूटा और न मेरा उस दैवी नृत्य को टकटकी बांधे देखने में। नृत्य के बाद वह आराम कुरसी पर बैठ गई। पसीने-पसीने हो गई थी। कुछ देर बाद उसने अपने एक-एक कपड़े को उतारा। टॉबल से पोंछा और धीरे-धीरे आराम से दूसरे कपड़े पहने। अनावृत शरीर उसका आवृत शरीर से ज्यादा पवित्र और दिव्य था। मेरे में कोई उद्वेग नहीं जन्मा। मैंने चाहा भी कि वह नृत्यांगना मेरी ओर देखे, क्योंकि मैं जानना चाहता था कि मुझे देखकर उसके मन पर क्या प्रतिक्रिया होती है? ऐसा दुस्साहस में सशरीर नहीं कर सकता था। शरीर से आगे की यह भी आजादी जो बिना व्यवधान व रोक टोक कहीं भी आ-जा सकती थी-बिना पासपोर्ट के। जहां लेशमात्र शत्रु भाव नहीं था, जहां उस अनावृत देह सौष्ठव को तनिक भी परदा करने की जरूरत नहीं थी।...क्यों, मार्गग्रेट आप क्या कहती हैं?"

यह सब मार्गग्रेट अभिभूत होकर सुन रही थी। उनका मन स्थिर हो चला था और वह द्वैत भाव शून्य मानसिकता का अनुभव कर रही थी। उसे अपने बाथरूम के टब का ध्यान आ रहा था। वह एकमात्र बड़े टॉबेल को खूटी पर टांग कर निर्वस्त्र टब में सरकती हुई लेट जाती थी। मलमल कर नहाती थी। फिर वह फव्वारा खोल निर्वस्त्र ही स्नान करती थी, बिना किसी रुकावट, संकोच, डर और शर्म के। वह अन्य किसी के सामने ऐसा प्रदर्शन नहीं कर सकेगी। मारे शर्म के गड़ जाएगी। अनुभवातीत अनुभव। एकदम अननुज्ञात अनुभव। वह जान गई कि वह कोई साधारण क्रांतिकारी नहीं है। 'वंदे मातरम्' के सब अंक देख मारे-एक ने नहीं, कई अंग्रेजी के मनीषियों और कानूनविज्ञों ने परंतु उनमें से कहीं भी, एक शब्द भी ऐसा नहीं ढूंढ निकाल सका जिससे यह ज्ञात हो कि उन्होंने जातीय घृणा फैलाने का प्रयत्न किया हो, ब्रिटिश सम्राट की शासन पद्धति पर कोई आक्षेप किया हो और हिंसा का प्रचार किया हो। वह तो यही प्रचार कर रहे थे कि सभी देशों को स्वतंत्रता का बराबर का अधिकार है। भारत को भी यह अधिकार मिलना चाहिए। हालांकि इस सिलसिले में इन्हें गिरफ्तार भी किया गया था, परंतु उन पर कोई अभियोग नहीं बना। वह छोड़ दिए गए परंतु सरकार की न्यायालय दखल से 'वंदे

मातरम्' के मुद्रक को छह माह की कैद हो गई। मार्गग्रेट ने अपने को संभालते हुए कहा, "आप की विचारधारा समस्त मानव जाति के उत्थान की ओर है।"

"क्यों न हो, मार्गग्रेट, यह देश यहां की आबोहवा आदि सब कुछ तो उसी तरह अनुकूल है, जैसे यहां के आमजन के। फिर भारत इंग्लैंड से भिन्न क्यों? क्यों एक जाति, एक देश उसे अपने शिकंजे में जकड़ कर उसकी रीढ़ की हड्डी तोड़ने पर आमादा है? जानवर कौन है? हिंसक कौन है? कारागार में किसे होना चाहिए? जरा आप जातिगत वैमनस्य, जातिगत लोभांधता, स्वार्थधन, शोषण व्यूह रचना आदि के बारे में तटस्थ होकर सोचो तो मैं नहीं समझता कि बहन निवेदिता का संबोध तुम्हें घेरने नहीं लगेगा और तुम संकीर्णताओं का चश्मा उतार कर सारे जगत् को अपना परिवार नहीं समझने लगोगी।

"आपका सच हम सबका सच है। मैं नहीं जानता और न जानना चाहता हूं कि तुम यहां किस लक्ष्य को लेकर आई हो। यदि तुम्हें भी सरकार ने मुझे गिरफ्त में लाने की योजना के तहत भेजा है, मार्गग्रेट, तो मुझमें सच बोलने का पूरा-पूरा साहस है, उसी तरह का जैसा ईसा में था। फर्क इतना है कि ईसा महान् थे, सागर थे, मैं उनकी अपेक्षा छोटी नदी हूं, छोटा इंसान हूं पर हूं तो वही जो वे थे-इंसान। मुझे नहीं लगता कि बूंद और नदी तथा सागर के जल में कोई अंतर है।" अरविंद का मन शांत था, परंतु उसका आग्रह था कि वह ब्रिटिश युवती सत्य के पास से गुजर जाए।

"नहीं, आप छोटे नहीं हैं।"

"क्यों नहीं हूं। ईसा का प्रभाव क्षेत्र और लक्ष्य समस्त मानव समाज था। वे जन-जन की पीड़ा हरना चाहते थे। क्रूस पर उनके बाद कौन चढ़ा? सबने उनके नाम का इस्तेमाल करना शरू कर दिया और दनिया को ईसाई

और गैर ईसाई दो भागों में बांट दिया। जो काम स्वयं ईसा नहीं कर सका, जिसको मिटाने के लिए उसने कुर्बानी दी थी, उसे उनके पवित्र भक्तों ने कर दिखलाया और आज भी कर रहे हैं। दूसरे धर्मवाले को ईसाई बना रहे हैं। वह ईसाई बनते ही पवित्र बन जाएगा। स्वयं तो वे पवित्र नहीं हो पाए, पर दूसरों को वे पवित्र बनाने पर तुले हुए हैं और शासन उनकी मदद करने में कोई कसर नहीं छोड़ रहा है। यह सब क्या पाखंड है?"

"मैं समझ रही हूं, मि. घोष।"

"तो तुम, मिस मार्गग्रेट, यह भी समझती जाओ कि मैं अरविंद घोष ही 'वंदे मातरम्' का संपादन करता हूं। उसमें अधिकांश मेरा ही लिखा होता है। मैं 'युगांतर' में भी लिखता हूं और 'इन्दु प्रकाश' में 'न्यू लैम्पस फॉर ओल्ड' (पुराने दीपकों के स्थान पर नए दीपक) में भी मैंने ही लिखा था। क्या यह बयान तुम्हारी कुछ मदद कर सकेगा, मार्गग्रेट तो मैं अपने को धन्य समझूंगा।...समझूंगा कि कोई तो है जिसको मेरी जरूरत है और जिसके काम मैं आ सका।" अरविंद एकदम सहज होकर कह गया। मार्गग्रेट अवाक रह गई। उसे कोई चिंता फिक्र नहीं। उसके चेहरे पर कोई शिकिन नहीं। वह क्या करे, क्या नहीं। यह मुल्क सच बोलने में भी सिरमौर है। धीरे-धीरे वह उठने को हुई थी कि चाय, बिस्कुट लिए एक लड़के ने प्रवेश किया। अरविंद ने कहा, "बैठिए, मिस मार्गग्रेट।"

"फिर कभी..."

"फिर कभी...कभी नहीं आता। प्लीज...यह हमारे आदर-सम्मान की रस्म है।"

मार्गग्रेट बैठ गई। चाय 'सिप' करती रही, परंतु कनखियों से वह अरविंद को ही देख तोल रही थी। वह भोला-भाला, सहज और निष्ठावान् प्राणी है। अपने देश की आजादी चाहता है तो इसमें वह क्या बुरा कर रहा है? वह कहती गई, "हम तुम्हारा तकलीफ समझता है, मि. घोष। यह तकलीफ हर मानवता प्रेमी की है। सदा एक से दिन किसी के भी नहीं रहे। तुम्हारा देश भी स्वतंत्रता प्राप्त करेगा। हम ईसा से प्रार्थना करता है, वह अवश्य मदद करेगा।"

"आपको कैसे धन्यवाद दूं मिस मार्गग्रेट। मुझे कुछ नहीं सूझ रहा है। फिर भी, मैं आपको एक पुस्तक देता है।"

"परंतु हम पर यह भाषा नहीं आती, मि. घोष।"

"यह सिर्फ भाषा की बात नहीं है। मेरे पास 'मुक्ति कौन पथे' की कुछ प्रतियां हैं, आप चिंता न करें। पढ़िए, जानिए और समझिए कि स्वतंत्रता का रास्ता कौन-सा है? इसमें हमारी 'भवानी मंदिर' की भी क्रांतिकारी विचारधारा है।"

"धन्यवाद, मि. घोष।...बहुत-बहुत धन्यवाद। पहली बार हम ऐसे इंसान से मिला है जो मानव जाति के प्रति ईमानदार है, नेकनीयत रखता है, उसका भला चाहता है और मौत से नहीं डरता। हमें यह जानकर प्रसन्नता है कि पुस्तकों और उपदेशों में ढाल कर छोड़ दिए आदर्श कोई जी भी रहा है...पुनः धन्यवाद, मिस्टर घोष।...फिर मिलेंगे।..." कहकर मार्गग्रेट उठी और धीरे-धीरे

बाहर की ओर चल पड़ी। अरविंद उसे बाहर तक छोड़ने आए। हाथ जोड़ पुनः नमन हुआ, विदाई हुई। वह स्वयं भी प्रसन्न थे अपनी साफ़गोई के लिए।

15

राजनीतिक घटनाचक्रों में तेजी से परिवर्तन होता जा रहा था। देखा यह जा रहा था कि 1857 का पचासवां वर्ष आ रहा था, कुछ-न-कुछ उस ऐतिहासिक विद्रोह की ज्वाला का ठोस असर सामने आएगा। सरकार के दिमाग में भी यही काल्पनिक भय मंडरा रहा था कि कहीं कुछ ऐसा नहीं घट जाए जो उनके लिए गले का फंदा बन जाए। कांग्रेस में गरम दल का बोलबाला बढ़ता जा रहा था। सरकार ने उन मुसलमानों को शह दी जो व्यक्तिगत लाभों को केंद्र में रखकर आजादी की डगर पर आधे मन से पांव रख रहे थे। परिणाम यह हुआ कि मुस्लिम लीग की स्थापना हो गई। बंगाल का पूर्वी और पश्चिमी बंगाल विभाजन बराबर टीस पैदा कर रहा था। बारीलाल सम्मेलन में नवयुवकों के हौसले बढ़कर सामने आए थे। साम्राज्य के अंदर स्वराज्य की मांग को एक सिरे से खारिज किया जा रहा था। यह मांग सन् 1906 में कांग्रेस अधिवेशन में दादा भाई नौरोजी की ओर से उठी थी। बायरन की यह पंक्तियां सुनाई पड़ रही थी कि नेशंस बाई दमसेल्ज आर मेड (वे स्वयं ही राष्ट्रों के भाग्य का निर्माता है।)

अरविंद गरम दल के थे और नरम दल वाले उनसे नाखुश थे। सूरत अधिवेशन ने जिसे नरम दल की कांग्रेस का नाम दिया गया था, वह कन्वेशनिया के जरिए कांग्रेस से अब पहचानी जाने लगी थी और उसके आयोजकों ने कन्वेंश के जरिए कांग्रेस में पनपे गरम दल के सदस्यों पर एक प्रकार का बंधन ही लगा दिया था, जिससे उनका प्रवेश ही कठिन हो गया था।

उधर तिलक को छह माह का कारावास हो गया था। गोखले चाहते थे कि किसी तरह से गरम दल का अस्तित्व नष्ट हो जाए, अतः वह वायसराय को यह बात अच्छी तरह समझा चुके थे कि इस समय यह शक्ति से काम नहीं लिया गया तो नई पीढ़ी गरम दल की ताकत बन जाएगी। वायसराय मंटो ने मार्ले को लिखा कि जहां की नब्बे प्रतिशत जनता अनपढ़ हो, वहां उत्तरदायी सरकार का कोई अर्थ नहीं है। क्रिमिनल लॉ में यह संशोधन कर दिया कि किसी भी संस्था को संदेह मात्र पर गैर कानूनी करार दिया जा सकता है।

अरविंद समझ रहे थे कि भारत की स्वतंत्रता में स्वयं भारतीय नेता रोड़े बन

रहे हैं। युवा पीढ़ी अपनी पर आ गई थी। बम धमाके भी यत्र तत्र सुनाई पड़ रहे थे। वह राजनीति की स्वार्थपरकता से अंदर ही क्षुब्ध हो उठे थे। नेशनल कॉलेज की प्रिंसिपलशिप भी छोड़ दी थी। सूरत अधिवेशन से लौटते वक्त उनका मन वर्तमान राजनीति से विरक्त होने लगा। उनकी मुलाकात ग्वालियर के योगी विष्णु भास्कर लेले से करवाई गई। वह तब बड़ौदा आ गए थे। वहां उनका शानदार स्वागत हुआ था। स्वयं छात्र घोड़ों को हटाकर उनकी जगह जुते थे। यह सब उनके न चाहने पर हुआ था। कोई नहीं जानता था कि उनका मन इतना बेचैन क्यों है? उन्हें शांति चाहिए थी। उठापटक की राजनीति से उनके मन को गहरी ठेस पहुंची थी। उन्हें भारत में आए पंद्रह वर्ष हो गए थे, परंतु उनको नहीं लगा कि सिवा पढ़ने-पढ़ाने के अतिरिक्त वह कुछ कर पाए। उन्होंने नितांत एकांत में लेले से भेंट की। उनका पहला प्रश्न था, "मैं योग साधना करना चाहता हूं।"

"पर क्यों, अरविंद?"

"मेरा लक्ष्य संन्यास अथवा निर्वाण नहीं है, योगी लेले।"

"तब क्या है?"

"कर्म के लिए योग।"

"तुम तो कवि हो, अरविंद।"

"हां, हूं तो..."

"तो फिर तुम्हारे लिए योग साधना दूभर नहीं है। क्योंकि कवि आधा योगी होता है।"

"फिर मुझे क्या करना होगा?"

"क्या करना चाहोगे?"

"आप बताएं?"

"नितांत एकांत! एकदम इस समय जैसा!"

"कब तक?"

"वह तुम पर निर्भर है।"

"फिर भी..."

"यहां कक्षा कक्ष नहीं है, न कालांश। संपूर्ण समय भी और कुछेक घंटे भी। हां, मेरे पास मात्र एक सप्ताह है।"

"मुझे स्वीकार है, योगी।"

"तुम्हारी गति राजनीति में भी है।"

"तो?"

"तो यह कि तुम्हारा मन भटकेगा और अपना साथ-साथ रहना निरर्थक

हो जाएगा। मैं निरर्थक प्रयत्न नहीं करवाना चाहता। न मुझे किसी को अपना शिष्य बनाना है। मनुष्य स्वयं ही अपना गुरु है और स्वयं ही शिष्य। तुम तनिक गंभीरता से विचार कर निर्णय लो। हम चाहें तो कल फिर मिल सकेंगे।"

अरविंद ने देखा उनके सामने जो योगी बैठा है, वह अलौकिक है। उसके चेहरे पर तेज है, आंखों में जगमग करती सौम्य ज्योति है, ललाट उभरा हुआ, चौड़ा और देदीप्यमान है, उसके आरक्त अधर बारीक हैं पर गहरी लालिमा लिए हुए। उसकी भुजाएं लंबी हैं। निस्संदेह वह दिव्य विभूति है। ऐसा निःस्वार्थ और तेजस्वी योगी क्या पता फिर मिले या नहीं। वह खखार कर कहने लगे, "मझे राजनीति नहीं करनी।"

"तुम कौन होते हो, अरविंद, राजनीति करने या न करने का निर्णय वाले?"

"योगी, यह भी आपको शीघ्र पता चल जाएगा। मन मेरी मुट्ठी में है। चंचलता मेरा ध्यान भंग नहीं करती। मुझे निर्णय लेने में ज्यादा सोचना नहीं पड़ता।"

"तब ठीक है, अरविंद...कल से।"

"नहीं योगी राज, आज और अब से। यह एकांत स्थान है। किसी को पता भी नहीं है और जिसे पता होना चाहिए, वह ताले की चाबी सौंपकर 'ट्यूर' पर चला गया है। एक तरह से यह स्थान एकांत में ही है। शिकारी को रात गुजारनी पड़ जाती थी, तब यही स्थान उसकी शरणस्थली होता था। यह शिकार का मौसम भी नहीं है, योगी।"

"यहां भोजन व्यवस्था का क्या होगा?"

"यहां कुछ-न-कुछ अवश्य होगा।"

"ढूंढकर देख आओ।"

अरविंद ने चारों ओर देखा, सारी रसोई तलाश कर डाली, परंतु खाने के लिए कुछ नहीं मिला। वह सिर झुकाए और कंधे लटकाए लौट आया। लेले कह रहा था, "तुम मेरी चिंता मत करो, अरविंद, मैं दो चार माह आसानी से निराहार रह सकता हूं। मुझे तुम्हारी चिंता है।"

"नहीं योगी, आप मेरी चिंता मुझ पर छोड़ें। मुझे भी पंद्रह दिवस तक भूखे रहने का अभ्यास है और साथ ही खुश रहने का भी।" अरविंद ने दृढ़ता से कहा। वह जानते थे कि बड़ौदा प्रेमी भक्त उन्हें एक पल के लिए अकेला नहीं छोड़ेंगे। यही कारण था कि उन्होंने चुपचाप यह अज्ञात व्यवस्था की जानकारी अपने जिगरी मित्र बैरिस्टर बापू राव मजूमदार से करवाई थी।

उसने कहा था, "पता नहीं, तुम अरविंद क्या करने की ठान चुके हो या कुछ भी नहीं। यहां से अच्छी नौकरी छोड़कर कलकत्ते में डेढ़ सौ रुपए की प्रिंसिपलशिप स्वीकार कर ली। फिर उससे भी हाथ झाड़ कर खड़े हो गए।...मित्र, शादीशुदा हो चुके हो। बाल-बच्चे भी होंगे या होने में होंगे। घर गृहस्थी में टांग फंसा कर इस तरह मौज-मस्ती से जीवन बिताना अपने आपको गलत करना है।"

"तू देखता जा, मजूमदार, तेरा यह घास चरता दोस्त एक दिन क्या कमाल कर दिखलाएगा! तू पहले उस एकांत दड़बे की चाबी ला दे। फिर उसका रास्ता समझा दे।"

"तेरी इच्छा, बिगड़े नवाब, हम तो यह भी कर देंगे।...खुद तो तू कंदरा में जा छिपेगा और पूछताछ कार्यालय हमें बनना पड़ेगा।"

बेचारा! सिर धुन रहा होगा। गुस्से में आ गया तो कह देगा, "मेरी पेंट की जेब में है। हाथ डालो और निकाल लो। पर ख्याल रहे प्रायः मेरी जेब फटी होती है।" बेशर्म नंबर वन! कौन लगेगा उस मुंहफट एडवोकेट के मुंह!

विष्णु भास्कर लेले कह रहे थे, "मैं तुम्हें आदेश दूंगा। तुम आंखें बंद किए प्रयत्न करोगे कि तुम नहीं हो, तुम्हारे आस-पास भी कुछ नहीं है। खैर वह मैं तुम्हें निर्देश दूंगा। क्या तुम तैयार हो, अरविंद?"

"जी योगीराज, मैं तैयार हूं।"

"पद्मासन लगाओ।"

"लगा लिया।"

"आंखें बंद करो।"

"कर लीं।"

"नहीं कींऽऽ...।" तुम अब भी देख रहे हो। सोचो, सोचते जाओ-सोचते जाओ। कमरे की दीवारें हट गई। छत उड़ गई। तुम आसमान के ठीक नीचे धरती पर बैठे हो। पहले पांव, फिर हाथ, पेट आदि के बाद धड़ सहित तुम हो गए हो एकदम निराकार। हां तुम निराकार हो...सिर्फ निराकार। तुम्हारा कोई आकार नहीं है। फिर भी तुम देख सकते हो, अनुभव-स्पर्श कर सकते हो, स्वाद ले सकते हो, संघ सकते हो और कह सकते हो कि कुछ नहीं देखा, कुछ नहीं अनुभव-स्पर्श किया, कोई स्वाद नहीं चखा, खुशबू नाम की कोई चीज नहीं है। बस यहीं ठहर जाओ। ठहरे रहो।...सम...सम...सम!"

स्वयं लेले ध्यान मग्न होकर बैठ गया। गहरे ध्यान में! कुछ अता-पता नहीं। यों वह बैठा रहा। योगी ले ले भी बैठे रहे। उसने ध्यान में आदेश दिया, "ए आत्मा, तू अजर-अमर है, चिर सनातन है। तू आलोक की ओर

जा! आलोकमय हो जा कोई ध्वनि नहीं, सर्वस्व निर्ध्वनिमय!"

एक बहुत बारीक और प्रभावशाली ध्वनि उसके अंतर्मन में उठी। अचानक वह अदृश्य हो गई। समंदर...लाल समंदर...लावा...खौलता पानी...तेज तूफान..ओला वृष्टि...। अनावृष्टि।... तूफानों के पार तूफान।

अरविंद के सामने से यह चक्र बहुत जल्दी निकल कर सब कुछ शांत हो गया। शून्य आकृतियों के अलावा कुछ भी नहीं रहा। विचारशून्यता-एक ऊर्ध्व अवस्था। अद्भुत! अनूठी। न वहां एकमद्वितीयम् था, न अनेकार्थक भाव! स्व सत्ता के अतिरिक्त किसी सत्ता के लिए वहां अवकाश नहीं था। अतीव विस्मयकारी निस्तब्धता, अनंत अनिर्वचनीय निरपेक्षता! दिग्दिगंतरव्यापी जगत का लोप। प्रकाश! अंतप्रकाश। अप्रकाश। अद्वितीय अनहद अंत: ध्वनि! क्या था वह! क्या नहीं था। एक सरिता निर्मल झील बन गई थी। सिर्फ झील। तटहीन झील! आकाशरहित झील! धरिणीरहित झील। झील में न तरंगें, न चेष्टा और न गति-अनुगति का अभाव। केवल तटस्थता! न मन, न अंतर्मन, न मानसिक, न प्राणिक अंतर्धारा!

लेले ने आंखें खोली। घड़ी देखी। चार घंटे का समय बीत गया। अरविंद आत्मलीन! चेष्टारहित। निर्विकार नीरवता। चैतन्य। उनका चौड़ा ललाट प्रकाशमय! उनकी बंद आंखों में ज्योतिर्मय अनंत। वह कह उठे, "तुम्हें लौटना है, लौटो। पहले अपने शरीर की अनुभूति करो। अपने अंगों को पहचानो। तुम चेतना में लौटने लगे हो। दीवारें खड़ी हो गई हैं। छत ऊपर आ चुकी है। सुनो, मित्र, कठोपनिषद कह रहा है, सुनो–

न तत्र चक्षुर्गच्छति न वाग्गच्छति, नो मनो न विद्मो न विजनियो यथैतदनुशिष्यादव्यदेव तद्विदितादथो अविदितादधि। इति शुश्रुम पूर्वेषां ये नस्तद्व्यचक्षिरे। यानी नेत्र उस तक नहीं हो वाणी और न ही मन। इस कारण हम उसे नहीं जान पाते और न ही हम यह जानते हैं कि वह है क्या। वह उससे भिन्न है, जो कि ज्ञात है, वह उससे अलग है, जो कि अज्ञात है। ऐसा हमने अपने पूर्वजों को कहते सुना है, जिन्होंने उसके बारे में जानकारी दी है।

जागो अरविंद, यह जागने का समय है। उठो, अरविंद यह उठने का समय है।

धीरे-धीरे अरविंद ने आंखें खोलीं। अपने चारों ओर देखा। कुछ-कुछ चकित से हुए। उनको लगा कि बंद आंखों में जो समाया हुआ था, वह क्या था? आंखें जहां नहीं पहुंच पाती, वाणी भी जहां नहीं पहुंच पाती है। लेले ने पूछा, "क्या हुआ, अरविंद?"

"मुझे क्यों वापस बुलाया, योगी?"

"लौटना तो अनिवार्य है, अरविंद। क्या देखा?"

"वह अनिवर्चनीय, अकल्पनीय है, निस्संग है, निरपेक्ष है और..."

"तुम से किसी ने कुछ कहा।"

"कठोपनिषद् का स्वर सुना था।"

"वह तो मैंने पढ़ा था।"

"वह मैंने सुना था, योगीराज।"

"जाना, अरविंद, मैंने जाना।"

"क्या, योगीराज?"

"यही तुम पूर्व में भी योगी थे।"

"कौन जाने? कम-से-कम मैं नहीं।"

"मैंने जाना, अरविंद।"

"कैसे, योगीराज?"

"तुम बहुत जल्दी समाधि में जा पहुंचे। ढोल पीटे जाएं तो पता नहीं चले।"

"ऐसा था प्रारंभ से ही, योगी। मैं एकाग्र होकर अध्ययन करता रहा हूं। एक बार अध्ययन करने बैठ गया तो जगत् का यथार्थ रास्ते में नहीं आता। मैंने अनुभव किया कि सभा में बहुत शोरगुल हो रहा था। संयोजक बारंबार आग्रह कर रहे थे परंतु वातावरण उत्तेजित होता जा रहा था। संयोजक परेशान हो उठे थे। मैं उठा। मंच पर पहुंचा। इतना ही कहा, "बंधुओ, शांत रहिए..." और सभा एकदम शांत हो गई। मुझे भी अचरज हुआ कि संयोजक भी यही कह रहे थे। मैं इसका कारण नहीं जान सका।"

मैं जानता हूं, कितनी भी सभा अशांत हो, यदि स्वामी विवेकानंद मंच पर खड़े हो जाते थे तो सभा एकदम मौन।...यह है अंतः योग का प्रभाव। साधना की अंतर्ध्वनि। अज्ञात शक्ति का प्रभाव। अरविंद, तुम योगी ही हो और शुरू से इस साधना में रत हो।"

अरविंद भी अनुभव कर रहे थे कि उनमें अत्यंत शक्तिशाली अनुभूतियां घर कर उठीं। उनकी चेतना में आश्चर्यजनक परिवर्तन हुआ कि शून्य आकृतियों की असंसार चहुं ओर सजीव हो उठा। वह भयभीत से परे थे। इहलोक और परलोक दोनों सत्य एक साथ संपूर्ण हो उठे थे। एकमएक। अप्रतिहत।

इस प्रकार लेले ने उनको योग साधना का अनेक दिन, निरंतर, अभ्यास करवाया। अद्भुत अननुज्ञात अनुभव हुए। वह जान सके कि आध्यात्मिक जीवन तथा प्रयत्न पर लागू होने वाला कोई एक नियम नहीं है। न उसे किसी परिभाषा में बांधा जा सकता है। यही कारण है कि भिन्न-भिन्न मानुषों के विकास स्तरों में उत्तर-दक्षिण जैसी असमानता है। रास्ते भी अलग-अलग हैं। वह समझ गए

कि रास्ता स्वयं को ही खोजना होता है। वही रास्ता उसकी पहुंच का होता है। यही असाधारण मौलिकता है। यही नव धर्म का अंतप्रकाश है, जो सबको अपनी ओर आकृष्ट करता है। प्रभा मंडल बनाता है।

यहां से अरविंद को एक सर्वथा नवीन दृष्टि मिली। वह जागतिक मिथकों से हटने लगे। उनके लिए आजादी की दृष्टि बदलती गई। आजादी के भीतर आजादी का यह सिलसिला सिर चढ़कर बोल रहा था। जैसे अपने बाहर-अंदर के बाहर कोई अपरा शक्ति हो, जिसकी तीव्र अनुभूति उसे पहली बार हुई थी। उनका अनुभूति जगत् स्पर्श-अस्पर्श, भौतिक प्राणिक आदि से भी बाहर या अंदर अथवा इन दोनों से परे कहीं और था। कहां?...कहां! यह सोचकर वह उठ खड़े हुए और डूबते सूर्य को तटस्थ नेत्रों से देखते रह गए।

16

यह सप्ताह कलकत्ते के लिए शांति का रहा। कोई तुमुलनाद नहीं, कोई जुलूस-जलसा नहीं। सारा शहर आत्मलीन साधक सा रहा। पुलिस के चेहरे पर रौनक थी और मूंछों में मरोड़। अरविंद सूरत से बड़ौदा कुछ दिन रह कर लौट आए थे। हीरालाल गांगुली उनके पास आ बैठता था। वह 'वंदे मातरम्' की तैयारी में रहते थे। अपने लिखे को इत्मीनान से पढ़ते थे। सुधारना होता तो हाशिए पर लिख देते थे।

हीरालाल गांगुली पूछ रहा था, "मैं देख रहा हूं कि आप यह लेख दो बार सुधार चुके हैं। फिर भी तीसरी बार?"

"हां, गांगुली, तीसरी क्या चौथी बार भी सुधारना पड़े तो सुधारूंगा।"

"परंतु आप अपनी कविता के साथ तो ऐसा नहीं करते।"

अरविंद हंस पड़े। कहने लगे, "बेचारी कविता को बहुत मार खानी पड़ती है। ठीक उस विद्यार्थी की तरह जिसने अव्वल नंबरों से परीक्षा पास कर ली और फिर भी अपने पुराने कोर्स को दोहरा रहा हो।"

"ऐसा क्यों होता है?"

"मन में लगन होनी चाहिए।"

"किसके लिए?"

"कि मैं संपूर्ण बनूं।...संपूर्णत्व सागर है। जितनी बार डुबकी लगाओ, कम है। उसमें मोती खत्म होने वाले नहीं हैं। मैंने 'सावित्री' लिखी थी। पुनः उसे देखा। मन जमा नहीं। वर्णन सा उभर कर आ रहा था। मन को उससे संतोष

नहीं हुआ। पुनः उस पर काम करना शुरू किया। पुनः 'महाभारत' के वन पर्व को पढ़ता हूं। फिर मैं अपनी 'उर्वर्शी' और 'प्रेम एवं मृत्यु' कविताएं लेकर बैठ जाता हूं।" वह कुछ देर सोचकर धीरे से बोले, "उर्वर्शी और प्रेम एवं मृत्यु का कथानक वही है जिसकी बुनावट मैंने 'सावित्री' में डाली थी। तीनों का प्रमुख विषय था-प्रेम, मृत्यु और धरा का जीवन। उर्वर्शी में पुरुवा धरती का राज्य छोड़कर उर्वसी के साथ चला जाता है। 'प्रेम एवं मृत्यु' में प्रियम्वदा की नागदंश से मृत्यु होती है। उसका प्रेमी रूप अपनी प्रेमिका को तलाशता हुआ पाताल लोक छान मारता है। वह प्रियम्वदा को तभी लौटा पाता है, जब वह धरा जीवन का आधा भाग समर्पित करता है।"

"और सावित्री की भी यही कहानी है, यही न।"

"नहीं गांगुली, पूरी तरह यही नहीं है क्योंकि सावित्री धरती के जीवन को नहीं छोड़ती है और बिना धरती जीवन का त्याग किए अपने मृत पति को जीवित करवा कर धरती पर लौटती है।...मैं पृथ्वी और स्वर्ग दोनों को एक बनाने की दिशा में अग्रसर हूं। वेद भी यही कहते हैं। मैं भी पृथ्वी पर दिव्य जीवन के आभिर्भाव के सच का सपना साकार करना चाहता हूं। भविष्य का वह सौंदर्य बोध जो अभी तक प्रकट नहीं हुआ और जिसे प्रकट होना है, मैं उस हिस्से को सामने लाना चाहूंगा। पर उसके लिए वक्त चाहिए जो मुझे निकालना ही है।"

"पर कैसे, अरविंद? वक़्त किसी को उसकी इच्छा से समय नहीं देता। यही तो वक़्त का हुनर है। सावित्री को मैं इसीलिए रच रहा हूं कि वह समय का प्रयुत्तर दे सके, किसी बेबसी का शिकार न हो और भूः, भुवः, स्वः के सोपान पर चढ़कर हमारी दृष्टि के सामने अपने को प्रकट कर दे।...कृष्ण ने गोपिकाओं को अपनी बांसुरी के मधुर संगीत से अभिभूत कर उन्हें अप्रयास ही समर्पित होने के लिए तैयार कर लिया, परंतु 'सावित्री' हमारे युग का ऐसा भविष्य है जो इस धरा को अपने आत्म संगीत से इतना आत्मविभोर कर सकेगी कि कृति और कृतिकार यानी सृष्टि और सृष्टा के बीच कोई भेद नहीं रहेगा।"

"तो क्या वह 'गीता' का स्थान ले सकेगी, अरविंद?" हीरालाल गांगुली पूछता, "प्रतीक्षा, गांगुली, मात्र प्रतीक्षा।"

"समय का यही करिश्मा है, अरविंद, कि वह प्रतीक्षा की सम्मोहिनी के चक्र में फंसा कर उसे समय के सामने आत्मसमर्पण करने के लिए बाध्य कर देता है।"

"पर मैं ऐसा नहीं होने दूंगा, गांगुली। मैं धारिणी को उस अलौकिक

ध्वनि से आनंद के उस अक्षयकोश को स्वत: प्रकट होने के लिए सहर्ष मना लूंगा।"

"काश! ऐसा हो सके, कवि।...यहां मुझे अरविंद नहीं, कवि का संबोधन रुचा है। कवि में सृष्टि और सृष्टाकार दोनों का संगम है। कदाचित् ठाकुर की तुम्हारे पर कृपा बने।"

"महाकवि रवींद्रनाथ क्या?"

"हां ठाकुर का कवि स्वर मुझे सदा उस अमरता तक ले जा सका है, जो मृत्यु के स्वीकार्य के सौंदर्य को दिव्य बनाता है।"

"पर, गांगुली, 'सावित्री' मेरा अनुसंधान होगी। जब से योग की तरफ ध्यान रमने लगा है, तब से दिव्यता, अनश्वरता, अलौकिकता, अस्वरता, निराकार स्वरूप आदि मुझ में प्रकट होने के लिए तत्पर हो रहे हैं।"

"फिर क्रांति...राजनीति...देश की आजादी...मां को शृंखलाओं से मुक्ति का प्रण दिलवाने...और ये पत्रकारिता जो समय-समय पर श्रीकृष्ण की 'गीता' का अनुभव कराती है...उस सबका क्या होगा, अरविंद?" हीरालाल गांगुली क्रांतिद्रष्टा था और दर्शनशास्त्र का प्राध्यापक राष्ट्रीय महाविद्यालय में। दर्शन से अधिक उसे मंच पसंद था। रवींद्रनाथ टैगोर की अनेक कविताओं को मिलाकर उसने नाटक की संसृष्टि की थी और मंच पर उनका सफल प्रयोग कर दिखाया था। वह देख रहा था कि सूरत से लौटकर अरविंद में आंतरिक परिवर्तन स्पष्ट नजर आने लगे हैं।

"देखो, मित्रवर, मुझे मानव सृष्टि का भविष्य दृष्टिगोचर हो उठा है।"

"या सूरत अधिवेशन की दुर्गति तथा मारा-मारी से मन उचटने लगा है।"

"इसमें कोई दो राय नहीं है कि उस अधिवेशन में कुरसियां चली थीं। मार-पीट हुई थी। मंच पर महाराष्ट्र का शेर खड़ा था और उसे घेरे खड़े थे तीन सौ के लगभग मराठे लाठियां लिए हुए। यदाकदा हवा में उन्हें उछालते हुए। नरम दल के नेता पिछले दरवाजे से भाग खड़े हुए थे और ऊंचे स्वर में सारा भवन गूंज गया था-तिलक की जय, रास बिहारी मुर्दाबाद।"

"ऐसा रौद्र रूप क्यों हुआ?"

"तिलक पर व्यासपीठ की देखरेख करने वाले टूट पड़े थे। एक बार लगा कि कहीं वे वहीं ढेर न हो जाएं कि तभी शंखनाद हुआ और तीन सौ मराठे हाथों में लाठियां लिए मंच पर आ गए। निस्संदेह वह दृश्य भयावह था। कुरसियां के अंजर-पंजर ढीले हो गए थे। पुलिस अंदर आ गई थी और उसने भी लाठी बरसाने में कसर नहीं छोड़ी।"

"वह छोटा सा महाभारत था।"

"शायद।...महाभारत ही था। देश की आजादी चाहने वालों का यह रौद्र रूप कल्पनातीत था। अंग्रेजों के हाथ अच्छा अवसर आया था-बांटों और राज्य करो। मुझे तीन दिन के सूरत प्रवास ने बेतरह झकझोर दिया था, लेकिन मैं तिलक की तरह घबराया नहीं था। मैंने कहा भी था- बढ़ता है रोकने से दरिया। मझे नरम दल का अंग्रेजी सरकार के सामने हाथ फैलाना बहुत अखर रहा था।"

"वहां आपने भी तो संबोधन दिया था।"

"हां पर शांत होकर, शांत भाव से बिना उत्तेजना-आक्रोश के सहजता से। हां, उसे लोगों ने शांत भाव से सुना था-कहीं रोका-टोका नहीं हुई। मैंने वहां श्रोताओं को नारायण मानकर नमन अवश्य किया था।"

"क्या सचमुच आपने उन्हें नारायण मान लिया था?"

"झूठमूठ क्यों, गांगुली? मेरे जीवन में झूठ के लिए कोई स्थान नहीं है। मेरे दिल में सब साक्षात् नारायण थे, यही कारण है कि तत्काल श्रोताओं में अपने जीवन का सर्वस्व समर्पित करने का मन बना। जब मैंने कहा कि अपने स्वेदश में बंगालियों को विदेशी न बनाओ, तब सभा का मन आर्द्र हो उठा था, परंतु गांगुली अब, हालांकि मैंने 'वंदे मातरम्' का संपादन संभाल लिया है, लगता है कि...। खैर, अभी कुछ नहीं...प्रतीक्षा...मात्र प्रतीक्षा।"

"आपने तो 'वंदे मातरम्' के 8 फरवरी, 1908 के अंक में स्पष्ट लिखा था कि ये क्रांति के दिन हैं और आज की इस कीर्ति, जनप्रियता और ठाठ-बाट को भविष्य में फेंक दिया जाएगा। आज जिस मनुष्य की गाड़ी सहस्रों जन खींच रहे हैं, जिसके लिए 'वंदे मातरम्' के नारे लग रहे हैं और जिस पर फूलों की वर्षा की जा रही है, कल उसका कोई हाल नहीं पूछेगा। हो सकता है कि उसे दुत्कार कर उसकी बोलती बंद कर दी जाए। यह भी हो सकता है कि जिसे आज प्रगतिशील आंदोलन का सिरमौर माना जा रहा है, राष्ट्रवाद का व्याख्याता और देशप्रेम की साक्षात् सजीव मूर्ति कहा जा रहा है, उसे पीछे खदेड़ कर अलग-थलग कर दिया जाए, वह अपनी महत्त्वाकांक्षा तथा मिथ्याभिमान का जीता जागता स्मारक बनकर रह जाए।"

"तुम पढ़कर सुना रहे हो वही सत्य है। हमें देश की सेवा, कुर्बानी के बदले में कुछ मिल सकेगा, यह सोचना भी गलत है।...क्या हम भारत मां की सेवा पुरस्कार के लिए कर रहे हैं? क्या हम ऐसा पैसा लेकर कर रहे हैं? देशभक्त देश के लिए जीता है, उसी के लिए मरता है, क्योंकि वह ऐसा मां के आदेश पर करता है। परंतु सूरत अधिवेशन में महत्त्वाकांक्षा का प्रदर्शन जिस स्तर पर किया गया है, वह शोचनीय है। हालांकि मैं जानता हूं

कि एकदम से ऐसा माहौल नहीं बन सकेगा। फिर भी हम अच्छे भाव से, संपूर्ण त्याग से और निःस्वार्थ हृदय से ऐसा सोचकर आगे बढ़ना चाहते हैं।" अरविंद के सामने वहां का एक-एक दृश्य आता गया। वह सोचने लगे, इस दिशा में आगे बढ़ने वाले जरूर आएंगे।...सहस्रों वर्षों की गुलामी का भार एक झटके से उतार कर नहीं फेंका जा सकेगा। वह तो देश के आजाद हो जाने के बाद भी बराबर बना रहेगा। शायद गुलामी से ज्यादा।

"क्या यह भी एक तपस्या नहीं है।"

तभी एक सज्जन आए और कहने लगे कि मुझे भी सेवा का अवसर दे सकेंगे क्या?

"कहिए, मुझे क्या करना होगा?"

"'वंदे मातरम्' की एक सौ प्रतियां मुझे चाहिए।"

"मिल जाएंगी।"

"रोज।"

"हां रोज मिल जाएंगी।"

"तो यह दस रोज की अग्रिम राशि संभालिए।"

"यह काम मेरा नहीं है, महाशय। कृपया कैशियर को आ जाने दीजिए।"

"मेरे पास समय का अभाव है।"

"पर मेरे पास नहीं है।"

"मैं मदद करना चाह रहा था।"

"तो सीधे-सीधे भारत मां की क्यों नहीं करते? क्यों नहीं उसके चरणों में शीश चढ़ाते?"

"संपादक।" उसने तेज आवाज में कहा।

"अभी तक आप ठीक थे। कुछ पलों में ही आवाज बुलंद हो उठी, क्या उसकी कोई खास वजह है?"

"आप होशियार मत बनिए।"

"यह मेरे हाथ में नहीं है, महाशय। कृपया मतलब की बात पर आइए।"

"मैं यह अखबार रोज अलग-अलग स्थान पर जलवाऊंगा।"

"तो आप ही वह महान व्यक्ति हैं, जिन्होंने कई बार हॉकर्स से अखबार छीन कर जलवाए थे।"

"आप समझदार संपादक हैं, जो मेरी बात को तत्काल समझ गए।"

"मुझे खेद है महाशय, इस वक़्त आप मेरे द्वार पर हैं और मुझे अतिथि देवो भव का आशय मालूम है।"

"जो लोग दिन में 'जननी जन्मभूमिश्च स्वर्गादपि गरीयसी' की महिमा

में लंबे चौड़े भाषण देते हैं, वे रात में..."

"अब तुम्हें चला जाना चाहिए, महाशय।"

"ना जाऊं तो?"

"मैं चला जाऊंगा।"

अब उसके पास लड़ने का और कोई तरीका नहीं था। फिर भी उसने हिम्मत नहीं हारी। वह कहने लगा, "यह सब चलने वाला नहीं है, मिस्टर।"

"वह बाद की बात है। फिलहाल और कोई बात हो तो कहो।"

"तुम सीधे रास्ते पर आ जाओ।"

"मैं तो सीधे रास्ते पर ही हूं।"

"यह तुम कैसे कह सकते हो?"

"जैसे आप कह रहे हैं और हम सुन रहे हैं, ठीक उसी तरह।"

"यह तुम्हारा दम्भ बोल रहा है, संपादक।"

"पता नहीं।"

"यह देखते हो।" उसने चाकू खोल लिया।

"तुम यह देख रहे हो, महाशय।" अरविंद ने छाती खोल दी। हीरा लाल गांगुली घबरा कर इधर-उधर देखने लगा। उसे कुछ नहीं सूझ रहा था।

अरविंद कह रहा था, "मां को गुलामी से छुड़ाने निकले हैं। शीश चढ़ाने की आरजू है। तुम अपना काम करो, महाशय।...गांगुली, तुम एक शब्द नहीं बोलोगे। एक कागज लाओ, हम उस पर लिख देगा-आत्महत्या की है। किसी को परेशान नहीं किया जाए।...यह महाशय भी यहीं जन्मे हैं। इनमें भी वही रक्त बह रहा है, जो मेरे-तेरे और हर हम जैसे इंसान में। मृत्यु के बाद इस महाशय को कोई परेशान न करे..."

"इसलिए तुम कागज पर लिखोगे।"

"हां लिखूगा। मां तो वह इन महाशय की भी है। फिर मैं नहीं रहा तो क्या उसका दूसरा पुत्र तो है।"

"नहींऽ, मोशाय, नहीं। हमें माफ कर देना। हमें नहीं मालूम था कि तुम्हारा दिल इतना बड़ा है।" इसके बाद वह वहां रुका नहीं, तुरंत तीर की तरह चला गया। अरविंद उसकी ओर देखता रहा। हीरालाल गांगुली अवाक् रह गया।

उसने कुछ समय बाद पूछा, "अरविंद, यह क्या था?"

"जो कुछ भी था, अच्छा था। अब वह हमारे अखबार को जलने नहीं देगा। हमने एक दोस्त पा लिया है, गांगुली।...दुश्मन एक बार दोस्त हो जाए तो समझ लो, तीर मार लिया।" यह कहकर अरविंद ने अपना बैग उठा

लिया। हीरालाल गांगुली भी उनके साथ चलने लगा। वह कहता जा रहा था, "तुम्हें क्या लगता है कि वर्तमान स्थिति में सुधार होगा।" अरविंद ने रुककर कहा, "अवश्य, गांगुली। हालात तेजी से बदल रहे हैं। अच्छे संकेत मिल रहे हैं। सरकार का रुख बदला है। उस पर दुनिया की भी निगाहें हैं। देखो, भाई, हमें भी अपने आपको बदलने के लिए प्रयत्न करने चाहिएं। विदेशी सरकार राजी खुशी कूच कर जाएगी यदि हमने हालात के साथ छेड़छाड़ नहीं की और सरकार के हाथ में अपनी चोटी नहीं दी। लो, आपकी टमटम सामने है। आप जाइएगा।"

वह चला गया। अरविंद पैदल ही आगे बढ़ गया। आज जो हुआ, उसके पीछे कौन हो सकता है? सरकार अपने एजेंटों से ऐसे काम करवा रही है। हौसलें तोड़ रही है। अभी तक तो उसके सामने कुछ नहीं हुआ। वह अभी घर पर ही पहुंचा था कि उसको सूचना मिली की हीरालाल गांगुली का किसी ने कत्ल कर दिया। अब क्या अरविंद बैठ पाता? वह तत्काल विक्टोरिया पकड़कर उसके घर की ओर चल दिया।

17

मृणालिनी शिलांग चली आई। कुछ दिन कलकत्ते गिरीशचंद्र बोस के यहां रह कर। यहां आकर साल दर साल गुजर गए। लगभग तीन साल। उसने 30 अगस्त, 1905 के पत्र का उत्तर दिया था, परंतु विलंब से। उत्तर में संकेत दिया था कि वह उनके पास रहकर ही कुछ समझ सकेगी कि उसे क्या करना है और कैसे करना है? वह समाज छोड़कर कहीं नहीं जा सकेगी, ऐसी फिलहाल उसकी मानसिकता नहीं है।

कुछ दिनों के लिए वह पुनः देवघर लौट आई थी उसके मामा के घर उनके निर्देश पर। वह चाहते थे कि वह स्थिर हो जाए तो उनकी चिंता मिटे। सलाह देते रहते थे कि उसे अकेले रहने से कष्ट होता होगा। यदि वह अपने मन को दृढ़ कर सके और श्रद्धा विश्वास पर बनी रहे तो मन के ऊपर दुःख का आधिपत्य कम हो सकेगा।

यह लिखकर समझाना कितना आसान है कि उसके भाग्य में यह दुःख अनिवार्य है, बीच-बीच में विच्छेद होगा ही। इसका स्पष्ट कारण यह है कि वह सामान्य जन की तरह परिवार एवं स्वजनों के सुख को अपने जीवन का प्रमुख उद्देश्य नहीं बना सकते। ऐसी सूरत में उसे उनका धर्म ही उसका

धर्म मान लेना चाहिए। उनके कार्य की सफलता में ही उसे अपना सुख मान लेने के अलावा कोई चारा नहीं है।

इस कारण उसके पिता भूपालचंद्र बसु और उसकी मम्मी में भी कटुता पैदा हो रही थी। अभी तीन-चार दिन पहले की बात है। उसकी मम्मी कह रही थी, "मैंने कहा था, जिसका परिवार न हो वहां अपनी औलाद को सौंप देना, ठीक नहीं है। उसके भाइयों का परिवार भी अपने-अपने में मशगूल रहता है। किसी से किसी को मतलब नहीं है और कौन है उसका?"

"कितनी बार इस पुराने टेप को सुनाती रहोगी। सोचा तो अच्छा ही था पर..." गिरिशचंद्र बसु आगे कहते हुए ठिठक जाते थे।

"अपनी तो बच्ची की जिंदगी पर बन आई है। जितने मुंह उतनी बातें। समाज में उठना-बैठना मुश्किल हो गया है। कहीं भी मुंह दिखलाने के लायक नहीं रहे, तीन साल हो रहे हैं। अपने समाज की आंखें देखती हैं। एक ने तो कह भी दिया, "सुहागिन बेटी को कब तक घर में बैठाए रहोगी? बेटी तो पराया धन होती है।"

"तो क्या करूं?"

"तुमने उस बाबा जी से अपनी राजकमारी जैसी लड़की को क्या सोचकर बांध दिया था? उनसे कहो जो बिचौलिया बने थे।"

"कुछ नहीं होना।"

"तो एक काम करो।"

"क्या?"

"तलाक करा दो। अभी तो मीनुदी जवान ही-बीसेक वर्ष की हुई है। कोई दूजा सामने आ ही जाएगा और बेचारी सिर ढक कर शेष जिंदगी गुजार लेगी।"

"अब तुम क्या कहते हो, मीनुदी के पिता?"

"मैं पत्र लिखूंगा।"

"पत्र नहीं, नोटिस भेजो ताकि वह भी ईश्वर की राह में बेरोकटोक आगे बढ़ता जाए और अपनी बच्ची को भी उस साधु से मुक्ति मिले।"

"तू जल्दबाजी बहुत करती है और एकदम शिखर पर जा बैठती है।"
"तो क्या तुम उसके बूढ़े होने का इंतजार करोगे। जरा अक्ल से काम लो। दूल्हा राजे ने अपनी लाडली को कोई छह साल से छोड़ा हुआ सा ही है। कलकत्ते तक आया पर देवघर नहीं आया और शिलांग तो शादी के बाद तीन दिन के लिए आया। तब से क्या उसने फिर कभी अपनी सूरत दिखलाई? क्या किसी को लेने भेजा?"

"वह सब सही है पर एक बार अपनी बेटी का मन तो टटोल कर देखो,

तो वह क्या कहती है?"

"अब बेटी को बीच में क्यों ला रहे हो, तब क्या हमने-तुमने अपनी लाडो की जरा सी भी सुनी थी।"

"तब वह सिर्फ हमारी बेटी थी और अब वह अरविंद की पत्नी है।"

"यानी हमारी कोई नहीं क्या?"

"है क्यों नहीं, परंतु पहला हक उस पर उसके पति का है।"

"तुम से कुछ नहीं बनेगा। कभी बना भी नहीं है। एक नंबर के दब्बू इंसान रहे हो। कभी भी मों जैसा निर्णय नहीं लिया है। यह काम भी, लगता है, मुझे करना पड़ेगा।"

"सिर्फ तू अपनी लाड़ली से एक बार पूछ देख। आख़िर कागजात पर हस्ताक्षर तो उसके ही होंगे। वह नहीं मानी तो?"

"चलो, यह भी आजकल में देख लेती हूं, फिर?"

"फिर तू जो कहेगी, वह करूंगा।"

"वादा करते हो क्या?"

"हां वादा, अपने सिर की कसम।" कहकर गिरीशचंद्र बसु ने अपने सिर पर हाथ रख लिया।

"अरे...अरे...यह क्या करते हो? उनका हाथ अपने सिर पर रखकर कहा, "अब लो तो कसम, मीनुदी के पिता।"

"तू इतना प्यार करती है, मीनुदी की मां।"

"तो और कौन करेगा! मां के बाद दूसरे नंबर पर पत्नी ही आती है और कभी-कभी पहले, नंबर पर जबकि वह अपना सर्वस्व निछावर करने में नहीं चूकती।"

"हां समझता हूं।"

"क्या तुम या मैं अलग-अलग रह सकते हैं?"

"कभी नहीं?"

"मुझे पीहर में भी नहीं छोड़ पाते थे।"

"हां, मीनुदी की मम्मी, तू सच कहती है। प्यार होता ही अंधा है।"

"यह अपने दामाद को भी समझाओ जरा।...वह तो..."

"क्या करूं?"

"करना क्या है? कलकत्ते भी आ गया है, तब तो..."

"हां, तब तो।"

"क्या तब तो...दाल में कुछ काला है।...नहीं तो उसे अपने साथ तो रख सकता था। आख़िर वह उसकी दुश्मन तो नहीं है, पत्नी है।"

"तो कल मैं कलकत्ते जाता हूं। उधर तू मीनुदी का मन टटोल कर

देख।"

"वहां अपने मित्र बोस को भी ले जाना। उन्होंने ही तो..."

"पर उन्हें क्या पता था?...खैर, इस समय परस्पर दोषारोपण नहीं करना चाहिए। बोस मेरा दोस्त ही नहीं, भाई भी है। वह स्वयं दुःखी है। उधर उसकी पत्नी चारू उसका चैन हराम किए है। मीनुदी तो उसकी मुंह बोली बेटी थी।"

"अब नहीं है क्या?"

"क्यों नहीं। बड़ौदा से मीनुदी को लेकर अरविंद वहीं रुका था। उसे अपने दामाद से अधिक महत्त्व दिया था। सारे घर में खुशी की लहर दौड़ गई थी।"

"मैं ईश्वर से प्रार्थना करता हूं कि वह इन विषम परिस्थितियों में हमारी मदद करे, सद् दृष्टि प्रदान करे और हमें इस विकराल कठिनाई से उबारे। मैं कलकत्ते जाने का कार्यक्रम शीघ्र बना लूंगा। तुम चिंता मत करो और अपने पर विश्वास रखो। हमने अपनी बेटी को कितने लाड़-प्यार से पाला-पोसा है। उसका बचपन मेरी आंखों के सामने जब नाच उठता है तब मेरे आंसू झरने लगते हैं। ईश्वर को कोई सजा देनी है तो वह हमें दे, हमारी बेटी को नहीं? वह विमल बुद्धि की सरल चित्त वाली सेवाभावी फूल सी राजकुमारी है।"

"यही तो दुःख मुझे दिन-रात मारे डाल रहा है। कुछ करने नहीं देता। पगला जाती हूँ।"

"अच्छा अब सो जाओ। रात के..."

"क्या रात, क्या दिन, मीनुदी के पिता, हमारे लिए सब बराबर हैं।"

"समझ सकता हूं, मीनुदी की मां, सब समझा रहा हूं। फिर भी, यों पगला जाने से क्या होगा? कौन-सा द्वंद्व कटेगा! सम रहने का प्रयास करो, ईश्वर पर भरोसा रखो। कर्ता वह है, हम नहीं। बीज उसने बोये हैं, फसल भी उसकी है और वही काटेगा। वह नहीं, तटस्थ द्रष्टा हम हैं। जिनसे तुम्हें दैहिक, मानसिक और आध्यात्मिक कमजोरी अनुभव हो, उसे विष की तरह त्याग दो। हृदय की शक्ति तो असीम है। तू उस पर भरोसा रख। सुन मुझे नीति शतक का यह श्लोक याद पड़ रहा है। मेरी उससे पीड़ा हरती है। तू भी ध्यान दे –

निन्दन्तु नीतिनिपुणा यदि वा स्तुवंतु लक्ष्मी समाविशतु गच्छतु वा यथेष्टम्।
अद्यैव वा मरणमस्तु युगांतरे वा न्याय्यात् पथः प्रविचलन्ति पदं न धीराः।

"मुझे संस्कृत कहां आती है?"

"तो इसका अर्थ सुन। नीति शतक के रचने वाले राजा भर्तृहरि कहते हैं

कि भले नीति निपुण व्यक्ति निंदा करे अथवा प्रशंसा, लक्ष्मी आए अथवा अपनी इच्छा के अनुसार जहां चाहे चली जाए, मृत्यु आज हो अथवा सौ वर्ष बाद हो, धीर व्यक्ति तो वह है, जो न्याय के पथ पर अविचलित होते हुए अग्रसर होता है।...अपने धीरज को हमें नहीं खोना है।... अच्छा तो मैं चलता हूं।"

वह चले गए। मृणालिनी के मन में फांस छोड़ गए। एक उसके कारण सब दु:खी हैं। क्या सोचा था? क्या वह स्वप्न नहीं था? नैनीताल में...भीगते हुए जब उन्होंने पहली बार बांहों में भर लिया था। देह का रोम-रोम पगला उठा था। आनंद के वे क्षण...एक बार नहीं, अनेक बार पागल बनाते गए। वह समझी कि जीवन वही है। जीवन का अमृत-आनंद तथा परम सुख वही है। उनसे अलग बिताए दिनों में वे ही निर्झरी दिन उसके मन को बेचैन करते रहे। फिर जैसे-जैसे समय बीतता गया, वैसे-ही-वैसे आनंद का वह प्रबल अनुभव घने अवसाद में बदलता गया। लोक लाज के मेघ घिर उठे, सपने कांच के बरतन की तरह गिर कर बिखर उठे। कोई अपना नहीं रहा। अपने भी आंख में गड़ने लगे। क्या है ये जीवन? क्या है इसका सुख-दु:ख? क्या मिल रहा है उन्हें? क्या वह नहीं जानते कि इस तरह से पत्नी को चुपचाप अपने रास्ते से हटाने से उस पर क्या बीत रही होगी?

वह अपने ही राग अलापे जा रहे हैं जैसे हम पर कुछ बीत ही नहीं रही है। पत्र में लिख रहे हैं-(6 दिसंबर, 1907)–वह काम में ऊपर से नीचे तक धंसे हैं, उन्हें मरने की भी फुरसत नहीं है। वे अपने काम को बीच में छोड़ नहीं सकते। तो न छोड़ो, बाबा। उसे अपने साथ एक कोने में तो पड़ा रहने दो। वह उनके लिए बाधा कहां बनेगी?

लेकिन वह लिखते हैं कि उनके लिए अत्यंत दुश्चिता का समय है। चहुं ओर से खींचतान चल रही है। उस खींचतान से उनका दिमाग अस्थिर हो उठा है। ऐसे वक्त यदि वह भी अस्थिर हो जाएगी तो उनकी चिंता और दुर्भावना बढ़ जाएगी। वे चाहते हैं कि वह उन्हें उत्साह और सांत्वना से भरा पत्र लिखे, तो उससे उन्हें विशेष शक्ति मिलेगी और फिर वह प्रसन्नचित्त होकर विपत्ति और भय को निष्प्रभ कर सकेंगे।

उन्हें इतना भी याद नहीं है कि वह देवघर से कब की शिलांग आ चुकी हैं। उनकी लाडली बहन के ताने सुन-सुनकर। पत्र पढ़ा हो तो पता चले। उस पत्र का उत्तर कब दिया! उन्हें अपने पागलपन की चिंता सता रही है, लेकिन अपनी पत्नी की नहीं जो अर्ध विक्षिप्त सी होती जा रही है। वाह! वाह!! क्या कहना कि वह अपने मन को सुदृढ़ बनाए और श्रद्धा-विश्वास पर बनी रहे तो दु:ख उस पर अपना आधिपत्य नहीं जमा पाएगा। नहीं... नहीं

पति देवता, नहीं। बहुत हो गया! नीति विशारद कला के मर्मज्ञ बहुत हो गया। तुम्हारे पत्र का प्रत्येक शब्द तीर की तरह चुभ रहा है! वह कितनी बार पढ़ेगी... याद करेगी उन पत्रों को, उनके तेवरों को और कब तक भड़कने वाले मंजरों की ओर देखती रहेगी!

भगवान्! भगवान्!! भगवान्!!! भगवान् सिर्फ उनके हैं, औरों के नहीं। साहब 8 जनवरी, 1908 को आ रहे थे। सब जानते थे। घर में एक नई उमंग, एक नई रौनक और एक रोशनी की लहर पैदा हो गई थी। एक सिर्फ वह थी जिसके चित्त में न कोई उल्लास था और न उत्साह! खोखला पड़ा था उसका मन! निढाल पड़े थे स्वप्न! भय-आकांक्षा की कड़क कर कौंध रही थी बीजुरी। नहीं आए तो! ऐसा कई बार हो चुका है। मन मसोस कर रह जाना पड़ा है। और वह फिर हुआ। सारा घर- मुहल्ला अवसाद में डूब गया। सुधीरा आई हुई थी, उसे काफी कोफ्त हुई। मां ने डरते हुए पूछ लिया, "मीनुदी, एक रास्ता है।"

"कैसा रास्ता, मां?"

"वर्तमान स्थिति से उबरने का!"

"वह क्या है?" न चाहते हुए भी उसने पूछ लिया।

कुछ देर तक मां खामोश पत्थर की शिला अहल्या सी बनी रही और फिर अचानक कह बैठी, "तलाक।"

मृणालिनी के मनोमस्तिष्क में गूंजता रहा चक्रवात सा तलाक, तलाक, तलाक। सिर्फ तलाक। तीन अक्षरों का चक्रवात। वह घबरा उठीं। एक बार आया कि वह अपने माथे को भीत पर दे मारे! लहू का नव प्रपात फूट उठे। परंतु नहीं, वह ऐसा कुछ नहीं कर सकी। उसने अपने को संभाला। ध ीरज दिया। फिर धीरे से कहा, "मां, उससे क्या होगा? क्या तू मानती है कि उससे मुझे छुटकारा मिल जाएगा? क्या मेरे रिसते घावों की मरहम पट्टी हो जाएगी? क्या मेरा उत्पीड़न बंद हो जाएगा? क्या लोक-लाज पर मिट्टी पड़ जाएगी? मां, बता तो उससे क्या होगा?"

वह क्या बोले? किंकर्तव्यविमूढ़ सी रह गई वह एक बार! उसने इतने प्रश्नों के उठने की बात सोची ही नहीं थी। वह मिट्टी की दीवार यों ढह पड़ेगी और आंधी बन चक्रवात सी घूमने लगेगी। नारी की पीड़ा नारी ही जान सकती है। वह कागज पर लिखा फुटनोट मात्र नहीं है। जीवन है। धड़कता हुआ सह-जीवन। संपूर्ण समर्पण का अंतर्नाद। फिर भी उसने कहा, "मीनुदी, कम-से-कम एक से तो पिंड छूटेगा।"

"उससे आगे क्या फिर कोई दूसरा होगा, मां! स्त्री की ओर कितनी

परीक्षा! कितना दंड और कितनी अवमानना!"

"हां मेरी लाडो, तू सच कहती है। सीता का संपूर्ण सतीत्व अग्नि परीक्षा के बाद भी उसे नहीं संभाल पाया!...उसकी अग्नि परीक्षा क्यों? पुरुष की क्यों नहीं? कौन होता है यह पुरुष समाज द्रौपदी को भरी सभा में नंगा करने वाला! ताल ठोंक कर अपनी जंघा पर उसे बैठाने वाला! मेरा सिर चकराने लगता है, बेटी। जी चाहता है कि आग लगा दूं। फिर रुक जाती हूं यह सोचकर कि किसमें?... तेरे पापा भी तो पुरुष हैं। उन्होंने तो तुझसे भी कभी कुछ नहीं कहा। सदा तेरा ही पक्ष लेते हुए कहते रहते, "मीनुदी की मां, लड़की पराये घर की शोभा है। उसे अपने घर में कतई मत रोक-टोक। पराये घर की कौन जाने? खेल-कूद लेने दे। उसे अपने मन की कर करा लेने दो... वह भी तो पुरुष है।"

"हां, मां, मेरे डैड तो देवता हैं।... उनसे मुझे कोई शिकायत नहीं है।"

"हैरानी है। शादी जो कर दी, तेरे न चाहने पर। तू अभी पढ़ना चाहती थी।" "वो मां, कुछ नहीं है। शादी तो होनी ही थी आगे-पीछे। फिर डैड ने तो मेरा भला चाहा था। वो तो मेरी तकदीर का खोट निकला, मां। उसके लिए किसी को दोष देना भारी भूल है।... पर अब तलाक, ना...। पर क्यों? क्या भरोसा कि दूसरा ऐसा नहीं निकलेगा? काठ की हांडी बार-बार आग पर नहीं चढ़ती। अब तो जो हो गया, सो हो गया! जो आगे होगा, वह कम-से-कम इससे बुरा तो नहीं होगा। पर मां अब कभी तलाक शब्द जबान पर मत लाना, इतना मेरे पर रहम करना। यह मेरी आप सबसे हाथ जोड़कर विनती है। मृणालिनी की आंखें भर आईं, गला भर्रा उठा और चेहरा अस्त होते सूर्य सा अवाक् रह गया।"

वक्त ने करवट बदली या उसे नहीं मालूम। उनका पत्र सामने आ गया। लिखा था, "मृणालिनी, जहां भगवान् ले जाते हैं, वहां जाना पड़ जाता है ...तुम्हें लिखा था। खूब सोच-समझ कर लिखा था कि 8 तारीख को पहुंच रहा हूं, पर यह भगवान् को मंजूर नहीं हुआ। इस बार वह अपने काम से नहीं गए थे, भगवान् के काम से गए थे। अब उनके मन की अवस्था दूसरे प्रकार की हो गई है। वह बात पत्र में प्रकट नहीं कर सकते। तुम यहां आओगी तब बताऊंगा। इस समय तो वह इतना ही कह सकते हैं कि वह अपनी इच्छा के अधीन नहीं रहेंगे। उन्हें जहां भगवान् ले जाएगा, वहीं वे कठपुतली की तरह चल पड़ेंगे। वह जो कराएगा, उसे वह कठपुतली की तरह करेंगे। यह बात वह अभी नहीं समझ सकती, परंतु उससे यह सब कुछ कहना जरूरी है वरना उनकी ये गतिविधियां, उसके आक्षेप और दुःख का

हेतु हो सकते हैं। वह समझ सकती है कि वे उसकी उपेक्षा करके काम कर रहे हैं, लेकिन वास्तव में ऐसा कुछ नहीं है। मानता हूं कि आज तक उन्होंने उसके प्रति बहुत से अपराध किए हैं, जिनके कारण उसका असंतुष्ट होना स्वाभाविक है।"

परंतु वह क्या करे, अब वह स्वाधीन नहीं रहे। आगे से उसे यह समझना होगा कि उनके सारे कार्य उनकी इच्छा पर आश्रित नहीं हैं, बल्कि भगवान् के आदेश पर हो रहे हैं। जब वह वहां आएगी तब वह उनके इस मंतव्य को जान सकेगी। उम्मीद है कि भगवान् ने अपनी महती करुणा से उन्हें जो प्रकाश-पथ दिखलाया है, वह उसे भी दिखलाएंगे। यह है उनकी इच्छा पर! यदि वह उनकी सहधर्मिणी बना रहना चाहती है, तो उसे प्राणप्रण से प्रयत्न करना होगा, जिससे वह उसे भी करुणा-मार्ग दिखा सके।

क्या वह अभी तक उनकी सहधर्मिणी नहीं है? उसे आदेश था कि वह यह पत्र किसी को नहीं दिखाए। कारण, इस पत्र में उन्होंने अत्यंत गोपनीय बातें लिखी हैं। यह बातें उन्होंने उसके अलावा किसी पर प्रकट नहीं की है। वह भी प्रकट नहीं करे।-उसका स्वामी।

कितने अधिकार से पत्र लिखा था। कितने सोच-समझकर पत्र लिखा था! उसे किसी पर जाहिर करना भी मना था। गोकि वह घुट-घुट कर मरे परंतु उस घुटन को प्रकट नहीं करे। क्या वास्तव में भगवान् है? यह ब्रह्मांड क्या कोई एक व्यक्ति या एक शक्ति रच सकती है? क्या भगवान् अपना दरवाजा लगाकर बैठते हैं?... ओह! यह उसे क्या होने लगा है?... एक बार आओ, अपने साथ ले जाओ। देखने दो। समझने दो। मात्र पत्र से झूठी दिलासा देने से क्या होगा! एक बार वह उसके डैड से आग्रह कर देखते ताकि वे उसे कलकत्ते छोड़ जाएं? तब न आती तो कहते। पत्र किसी पर जाहिर भी नहीं करूं और डैड को लेकर पुनः उसकी चौखट पर जा पहुंचूं। नहीं, यह कभी नहीं होगा, भगवान् के सुपुत्र। वह भी मान-सम्मान वाली है। बिन बुलाए, अपने घर में तो मर सकती है, परंतु उनकी चौखट पर पांव नहीं धरेगी। सुहागिन का मान रखना ही पड़ेगा। उसने भी अपना हृदय खोलने का साहस दिखलाया और एक पत्र रात के सन्नाटे और बहती ठंडी हवा के साथ लिख दिया। पत्र में लिखा था –

मेरे हृदय सम्राट,

आपका पत्र मिला। पढ़ा। पहले पत्रों के साथ भी पढ़ा। आप भगवान् का काम करने लगे हैं, यह जानकर कुतूहल भी हुआ और गौरवानुभूति भी। कुतूहल इसलिए कि मैंने कभी भगवान् नहीं देखे। भगवान् देखना अपने आप

में गौरव की बात है। मैं भी भगवान् देखना चाहूंगी यदि उनका अपार करुणा का वरद हस्त मेरे पर हुआ।

आप मुझे बुलाना चाहते हैं, ऐसा कुछ-कुछ लगता है। आपने बहुत सी ऐसी बातें लिखी हैं, जिनको मैं पूरी शक्ति लगाकर नहीं जान-समझ सकी। परंतु आपकी पत्नी होने के नाते मेरा प्रयत्न हो सकता है कि मैं तुम्हारे दिखलाए रास्ते पर चलूं। आप भगवान् के दिखलाए रास्ते पर चल पड़े, तो मुझमें भी यह उम्मीद जगी है कि मैं तुम्हारे रास्ते पर चलूं यानी मैं तुम्हारा अनुकरण करूं, क्योंकि पत्नी का देवता- भगवान् जो भी कुछ है, वह उसका पति है, मुझे तो यही बोध है।

एक बात मन में उठी है। तुम्हारा ईश्वर तो सबका ईश्वर भी तो है। उसकी दृष्टि में सब बराबर हैं। वह अंतर्यामी भी तो है। तो क्या वह आपको यह नहीं कहता कि जाकर अपनी पत्नी को ले आओ। क्या उस तक मेरी आवाज नहीं पहुंचती है? पहुंचती होती तो अब तक वह यह कह देता और आपको उसका यह काम करना ही पड़ता। अब जैसा आपको आपका भगवान् आदेश दे, वही कीजिए। आप आएंगे तो हम भगवान् दर्शन करने के लिए आपके साथ दौड़ पड़ेंगे। क्षमा कीजिए यदि हमसे कोई गलती लिखने-लिखाने में हुई हो तो।-आपकी चिरदासी-मृणालिनी।

अब उसका मन कुछ हलका हुआ और उसने मन-ही-मन कहा, “हे भगवान्, यह पत्र भी आपने लिखाया है। अपने भक्त को आज्ञा दीजिए कि वह आएं और अपने साथ ले जाएं। क्या वास्तव में तुम हो और सबके मन की जानते-मानते हो तो...। आगे क्या कहूं, अंतर्यामी।” वह यह सब सोचती हुई कुरसी से उठ खड़ी हुई। उसे पहली बार अपने पत्र से संतोष हो रहा था और लग रहा था कि कुछ-न-कुछ अनुकूल अवश्य होगा।

18

अभी हालात बिगड़े हुए थे। संदेह के मेघ आंखमिचौली खेल रहे थे। अरविंद के लिए भी यह समय उठा-पटक का था। योग की ओर बढ़ता हुआ झुकाव उनके सामने एक नए मार्ग की ओर बढ़ने का आग्रह कर रहा था। उनको लग रहा था कि मानव जीवन एक कल्पनातीत गूढ़ रहस्य है। वह आध्यात्मिक यथार्थवाद की पगडंडी पर वह चल पड़े थे। अब उनकी समझ में इहलोक तथा परलोक का अंतर मिट चला था। उनमें अनुभूतियों का एक

सर्वथा नवल संसार उदय हो रहा था। यदाकदा उनको असीम शांति मिली थी, जिसमें सूक्ष्म लहर तक नहीं उठती थी, वह शांति उतर कर चुपचाप फैल जाती थी। वह स्वयं को आश्चर्यचकित होकर देखते रह जाते थे।

संध्या रुपहली होकर अवलोक रही थी। संपूर्ण आस-पास का वातावरण लालिमामय हो उठा था। अरविंद सहज भाव से समूचे रंगीन माहौल की अनुभूति कर रहे थे। बीच-बीच में उनका संवाद श्याम सुंदर चक्रवर्ती से हो उठता था।

'वंदे मातरम्' के कार्यालय में वह बैठे हुए थे। अचानक उन्हें एक तार मिला। श्यामसुंदर चक्रवर्ती ने वह तार खोला। वह चौंक पड़ा। तार में यह सूचना थी कि मुजफ्फरपुर में बम फटा है। उसमें दो मेमों की मृत्यु हो गई।

अरविंद ने मुस्करा कर कहा, "देखो, चक्रवर्ती, अभी हम इन दिनों चल रही शांति की चर्चा कर रहे थे।"

"यह क्रांति थमेगी नहीं।" श्यामसुंदर चक्रवर्ती ने कहा, "पर आपके लिए यह तार क्यों?"

"किसने दिया है?"

"नाम शायद अज्ञात है।"

"क्या मतलब?"

"तार भेजने वाले का नाम ही अज्ञात है।"

"यह अज्ञात कौन हो सकता है।"

"कोई भी हो, अरविंद, परंतु भेजने वाले की मंशा स्पष्ट है कि वह आपको सचेत करना चाहता है।"

"किसलिए, चक्रवर्ती?"

"अवश्य, सरकार इस कांड के पीछे आपको देख रही है।"

"मेरा इससे क्या लेना-देना, चक्रवर्ती?"

"परंतु सरकार का हो सकता है।"

"क्या हो सकता है?"

"जहां तक मैं समझ पाया हूं, वह यह है कि तुम्हें कलकत्ता छोड़कर किसी सुरक्षित स्थान पर चले जाना चाहिए।"

"पर नहीं, चक्रवर्ती, ऐसा कुछ नहीं है।"

"अकारण तुम्हें कौन तार देता और देता तो क्यों?"

"मैं इस निरर्थक विषय पर क्यों सोचूं?"

"क्यों नहीं सोचें, अरविंद, यह तुम्हें संकेत दिया है कि खतरा है। सरकार ने कोई षड्यंत्र रचा है।"

"उसमें मैं हूं।"

"बेशक उसमें तुम हो, अरविंद।"

"मुझे ऐसा नहीं लगता, चक्रवर्ती। इस परिस्थिति में मेरा गायब होना सरकार के संदेह को और पुख्ता करेगा!"

"यदि सरकार ने मन ही बना लिया हो तो अरविंद...।"

"कि मुझे वह गिरफ्तार करे।"

"हां, अरविंद।"

"पर किस खुशी में।"

"वह मैं नहीं जानता, परंतु वह गिरफ्तार तो कर सकती है।"

"ऐसा उसने पहले भी करना चाहा था, पर क्या हुआ?...वही ढाक के तीन पात।"

"इस बार मेमों की हत्या का सवाल है। संगीन मामला है।"

"लेकिन मैं तो यहां हूं।"

"संदेह हो सकता है।"

"क्यों?"

"क्योंकि सरकार तुम्हें खतरनाक मान कर चल रही है। वह तुमसे खीझ उठी है। वह तुम्हें अंदर करना चाहती है।"

"पर फिलहाल मैं कहीं नहीं जाऊंगा।"

"यह जिद का समय नहीं है, अरविंद। दूरदृष्टि से काम लो।"

"नहीं, चक्रवर्ती। हमें ऐसा नहीं सोचना चाहिए।"

"समझदारी इसी में है कि इस वक्त तुम भूमिगत हो जाओ।"

"चक्रवर्ती, तुम कैसे क्रांतिकारी हो, जो एक तार से घबरा उठे।"

"अरविंद, मुझे स्पष्ट नजर आ रहा है कि यह साधारण तार नहीं है, इसके पीछे गहरा रहस्य छिपा है।"

अरविंद ने उस विषय पर अधिक बहस करना उचित नहीं समझा। श्याम सुंदर चक्रवर्ती से यह कहकर जान छुड़ाई कि वह कुछ-न-कुछ करेंगे और वर्तमान स्थिति पर पूरा ध्यान रखेंगे। हालांकि उसके सामने पुलिस कमिश्नर का यह कथन बार-बार चक्कर लगा रहा था, जैसा 'एम्पायर' (अखबार) ने लिखा था कि कमिश्नर को पता है कि इस हत्याकांड के पीछे कौन-कौन लोग हैं? उन्हें शीघ्र ही हिरासत में लिया जाएगा।

वह घर आए। रास्ते पर मेमो के बारे में सोचते रहे। रास्ते में सुखचैन दासगुप्ता मिले। वह खुफिया विभाग में थे। वह एक जगह रुककर, इधर-उधर देखने के बाद बताने लगे, "अरविंद समाचार शुभ नहीं है। आपने 'स्टेटमैन' का संपादकीय पढ़ा होगा।"

"नहीं, दासगुप्ता।"

"उसके संपादक ने दो दलीलें एक साथ दी हैं। एक तो 'वंदे मातरम्' के बारे में है कि उसकी एक-एक पंक्ति राजद्रोह से भरी है। दूसरी यह कि उसमें राजद्रोह इस खूबी से छिपाया गया कि कहीं से भी कानून की पकड़ में नहीं आता। वह भाषा और कानून का एक साथ दिग्गज पंडित है जो विद्रोह करना और करवाना भली प्रकार जानता है और उसी खूबी व दक्षता से उससे बचना भी।"

"तब?"

"तब यह अरविंद, वायसराय के सचिव ने उन्हें गुप्त पत्र लिख कर यह सूचना दी है कि इस वक्त देश में राजद्रोह की लहर चल रही है और जहां कहीं भी कुछ घटित हो रहा है। उस सबके पीछे एक ही व्यक्ति है। वह है- अरविंद घोष, 'वंदे मातरम्' का संपादक। हालांकि प्रत्यक्ष में वह इन गतिविधियों में भाग लेता नजर नहीं आता, परंतु अंदरूनी रूप से उसके दिशा-निर्देश पर विद्रोही तथा आतंकी गतिविधियां चल रही हैं। ऐसी सूरत में यदि उसे बाहर छोड़कर शेष क्रांतिकारियों और राजद्रोहियों को जेल के अंदर यह सोचकर डाल दिया जाए कि अब वह क्या कर सकेगा, तो यह हमारा भ्रम होगा। वह अत्यंत चालाक, बेहद खतरनाक और मास्टर माइंड व्यक्ति और मास्टर माइंड व्यक्ति है। वह अकेले ही आनन-फानन में बागियों की दूसरी फौज खड़ी कर देगा, जो पहले से ज्यादा खतरनाक और आक्रामक सिद्ध होगी।" सुखचैन दासगुप्ता ने बहुत धीमे स्वर में कहा।

"घर चलिए, वहीं ...।"

"नहीं...नहीं...नहीं...अरविंद, आपको मालूम है कि हम खुफियों पर भी खुफिया पुलिस कार्य कर रही है।...

आपसे मैं इतना ही कहना चाहूंगा कि कुछ दिनों के लिए भूमिगत हो जाओ। वरना कभी भी, कहीं भी... अच्छा, मैं चलता हूं।" कहकर सुखचैन दासगुप्ता ने एक दूसरी पगडंडी पकड़ ली।

अरविंद का मन भारी हो गया था। बारीन पुलिस की पकड़ में से फरार हो चुका था। बारीन के कारण विद्रोह की सूई उन पर आ टिकती थी। क्या उन्हें भूमिगत हो जाना चाहिए? क्या इससे सरकार का संदेह पक्का नहीं हो जाएगा? क्यों भागूं?

उन्होंने आधे रास्ते से अपना विचार बदला और दक्षिणेश्वर की ओर मुड़ गए। एक विक्टोरिया उधर ही जा रही थी। उसमें बैठ गए। तार और फिर दासगुप्ता! "एम्पायर" और 'स्टेटमैन' में छपे समाचार! यह सब क्या संकेत

देते हैं। वह दक्षिणेश्वर पहुंच गया। गंगा (हुगली) के तट के पास बैठ गया। नौकाएं पड़ी हुई थीं। कुछ नौकाएं इधर से उधर तट पर जा-आ रही थीं। गंगा का बहाव मंद था। एक पार्श्व संगीत-सा चतुर्दिक बिखर रहा था।

रामकृष्ण परमहंस ने विवेकानंद को स्वामी बनने से पूर्व काली मां की शरण में यह कहकर भेजा था, "तू जा। ध्यान लगा यदि लगा सकता है और मां से आदेश पा कि वह क्या कहती है? वही तेरे लिए अंतिम आदेश होगा।" अब रामकृष्ण देव कहां थे! उनकी कुटिया थी। न वहां स्वामी विवेकानंद थे। उनकी अंतिम समय की वाणी उन्हें साफ सुनाई पड़ रही थी, "यदि एक और विवेकानंद होता तो वह समझ पाता कि विवेकानंद क्या कर गया। परंतु समय आने पर ऐसे सैकड़ों विवेकानंद का जन्म होगा! पर हे ऋषि, वह समय कब आएगा? कैसे आएगा? उसे कौन दीक्षा देगा? कौन अपनी शरण में लेगा? कौन उससे कहेगा? वह तो रामकृष्ण देव ही थे जो समाधि से उठकर अश्रु प्रवाहित करते हुए कह रहे थे, "नरेन, आज तुझे अपना सर्वस्व देकर मैं फकीर हो गया हूं। तू इस शक्ति के द्वारा संसार का बहुत कार्य करेगा। कार्य समाप्त होने पर लौट जाएगा।" उन्हें कौन शक्ति देगा? कौन कार्य समझाएगा? विवेकानंद को एक साथ राम-कृष्ण दोनों ही मिल गए थे। उन्हें कौन मिलेगा?

अरविंद ने ध्यान किया कि प्रथम बार नरेंद्रनाथ (विवेकानंद) पश्चिम की ओर के यानी गंगा की तरफ के, दरवाजे की ओर से कमरे में अंदर आया था। दरअसल वह अपने को रोक नहीं पाया। किसी अदृश्य शक्ति ने उसे अंदर खींच लिया। कुछ समय बाद रामकृष्ण उसको उठाते हुए अपने साथ कमरे के उत्तरी बरामदे में ले आए। अंदर से कमरा बंद कर अत्यंत आत्मीय भाव से विह्वल होकर कहने लगे, "क्या इतने दिनों बाद आना चाहिए? मैं तेरे लिए कब से प्रतीक्षा कर रहा हूं, तूने एक बार यह भी नहीं सोचा, क्यों?"

वे रोते हुए आगे कहने लगे, "मैं जानता हूं, प्रभु, तुम वही पुरातन ऋषि हो, नर रूपी नारायण हो, जीव की दुर्गति दूर करने के लिए पुनः शरीर धारण कर आए हो।"

अंत में वह कह रहे थे, "वचन दो कि तुम शीघ्र ही एक दिन मेरे पास अकेले आओगे।" विवेकानंद ने पिंड छुड़ाने की दृष्टि से वचन दिया था परंतु हे ऋषि, परमेश्वर, मुझसे कौन वचन लेगा। मैं भी अकेले शरण में आया हूं। आज भी उत्तरी दिशा से तेज हवा चल रही है। अरविंद ने आंखें बंद कर लीं। ध्यान लगाया। परंतु उनके ध्यान में न रामकृष्ण देव आए और न स्वामी विवेकानंद। वह ध्यान में कह रहे थे, "स्वामी जी, छह वर्ष भी शायद पूरे

नहीं हुए। जब मैं भारत लौट रहा था तब आप सर्वधर्म सम्मेलन में भाग लेने शिकागो गए हुए थे।... मैं आपके दर्शन से भी वंचित रह गया, स्वामी। अब मुझे दिशा दो, बोध दो, मैं क्या करूं? कैसे करूं?"

अरविंद वहां घंटों बैठे रहे। ध्यान मग्न होकर बैठे रहे। जाने कहां खो गए? चित्त शांत हो गया। बवंडर जाते रहे। आंखें खोलीं, गंगा मुस्करा रही थी और आश्वस्त कर रही थी। क्या आश्वासन दे रही थी यह उसे ज्ञात नहीं हो सका। वह उठना चाह रहे थे कि तभी फकीर जैसा, फटे हाल एक वृद्ध सामने आ खड़ा हुआ और बोला, "चिंता नहीं, यह फकीर कुछ मांगता नहीं है। न किसी से कुछ लेता है। हां, जब मन आ जाता है। कोई पात्र सामने नजर आता है तब उसके सामने जा खड़ा होता है। उसे घूरता है।"

"पर क्यों, ब्राह्मण देव।"

"मैं ब्राह्मण नहीं हूं। तुझे जानना चाहिए कि फकीर कोई जाति, कोई धर्म, कोई मजहब नहीं होता। तू गंगा में क्या देख रहा था?"

"क्या देखता! पवित्र जल!"

"और कुछ भी क्या?"

"और क्या? सिर्फ पवित्र गंगा का जलप्रवाह है।"

"क्या वह किसी के नाम, जाति, धर्म, संप्रदाय, मजहब आदि कुछ पूछती है?"

"नहीं।"

"क्या यह शीतल पवन किसी से पूछती है?"

"नहीं।"

"बस, ठीक ऐसे ही फकीर होता है।"

"तो, बाबा?"

"आंखें बंद कर।"

अरविंद ने आंखें बंद कर लीं। एक पल के लिए नहीं सोचा कि उसने ऐसा क्यों किया? वह आंखें बंद किए बैठे रहा। गंगा उसमें बहने लगी। नीरव गंगा। हिमालय से निकल रही गंगा बिना कहीं टहरे-रुके। अचंचल और समाधिरूप में। फिर उसमें एक कमल खिला श्यामवर्णीय कमल! धीरे-धीरे वह फैलता गया। अब वहां गंगा नहीं थी, कमल था। सद्यः प्रकाशित कमल! शिशुवत् मुखमंडल लिए, सस्मित भरा ज्योत्स्नोज्ज्वल प्रदीप ज्योति-सा निर्झरी रूप लिए एकदम नीलचंद्र। अरविंद ने आंखें खोलीं। वहां कोई नहीं था। उसने चारों ओर देखा। चौंक पड़ा। उसकी गोद में सद्यः खिला कमल नीलवर्णीय था। उसने उसकी ओर ध्यान से देखा। वह फिर चौंका,

क्योंकि अब वह फकीर सामने था और नीलवर्णीय कमल गायब था।

उसने अपने को नोचकर देखा। वह जागृत अवस्था में था। अब न वह नीलवर्णीय कमल था और न वह फकीर। यह क्या हो रहा है उसके साथ? उसे कहा भी था कि जब कभी उसे अशांति का अनुभव हो, उसका मार्ग अवरुद्ध होने लगे और वह कोई निर्णय नहीं ले पा रहा हो, तब वह दक्षिणेश्वर जाए। वहां नहीं जा सके तो जहां हो, वहीं से दक्षिणेश्वर का ध्यान करे। वह बारंबार भूल जाता था। लेले ने कहा था, "अरविंद, तुम्हें दक्षिण की राह लेनी पड़ेगी। क्रांति तुम्हारे लिए नहीं है। जाओ, ध्यान लगाओ और प्रतीक्षा करो अंतः आदेश तक।" कब मिलेगा वह आदेश! पर मिलेगा अवश्य।"

वह उठ खड़े हुए। आख़िर घर भी तो लौटना था। अब घर की जिम्मेदारी भी बढ़ चुकी थी। वह अभी मुख्य सड़क पर ही आए थे कि टमटम खड़ी मिल गई। उसे भी एक सवारी चाहिए थी। वह उसमें जा बैठे और मन को उस नीलवर्णीय कमल पर टिका दिया जिसकी आभा से सूर्योदय की आभा द्युतिमान हो रही थी। दादी भी जब वह अपने दादा के घर जाते थे, तब बहुत प्यार से उन्हें नीलचंद्र से पुकारती थी। कहती थी कि उसका नाम अरविंद नहीं, नीलचंद्र होना चाहिए-वही रूप, वही दिव्य आभा और वही सौम्य स्वभाव!

अरविंद के सामने तीन चार वर्षीय ऑरो (घर का नाम) आ खड़ा हुआ। इधर-से-उधर भागते हुए कभी गिरता नहीं था, कभी अंधाधुंध नहीं दौड़ पड़ता था। उसे अपने पर ही प्यार आ गया। बचपन क्या कभी लौटकर आता है। उसे अपने बचपन की यादें कोई खास नहीं थी! मात्र पांच वर्ष ही तो वह घर पर रहा था। यह दुनिया इतनी बुरी क्यों हो जाती है? क्यों मनुष्य मनुष्य के प्रति इतना निर्दय हो उठता है? वह कैसा सभ्य है? वह कैसे सुसंस्कृत है? कहां चले गए उसमें वे विलक्षण गुण जिनके कारण देवता धरती पर आने को तरसते थे और ईश्वर का मन बराबर धरती पर आने के लिए मचलता रहता था। धरती का स्वर्ग क्या यही है?

टमटम तेजी से रुकी। सामने देखा कि एक चारेक वर्ष का बालक गेंद लेने के लिए दौड़ पड़ा था, बिना आगे-पीछे सोचे। वह तो कोचवान ने एकदम लगाम खींच ली थी वरना...। कोचवान ने उस लड़के के मां-बाप पर गुस्सा उतारा। वह बड़बड़ाता रहा। वह बच्चा बहुत सुंदर था और उसकी सेहत भी अच्छी थी। अरविंद के सामने उसका बचपन आ ठहरा। वह मुस्करा कर रह गया। काश, वह इस समय दर्पण के सामने होता, तो वह अपने को अवलोक कर अवश्य मुस्कराता और सोचता रह जाता कि वाह रे, बचपन,

वही बना रहता, उसे प्रौढ़ क्यों किया! काफी देर तक वह बचपन की निर्मल नीर क्षीर सी झील में बिना हाथ-पांच चलाए तैरता रहा। पर उसका बचपन भी बचपन कहां रहा, वह तो सीधे बचपन में ही प्रौढ़ हो गया। उसकी आंखें नम हो गईं और हृदय भर आया।

चौराहे पर पुनः कोचवान ने लगाम खींची थी, पहले से तेज। अरविंद ने संभलकर आगे की ओर देखा। वह सशंकित हो उठा। पुलिस का पूरा काफिला सामने से गुजर रहा था। टमटम शक भरी आंखों से देखे जा रही थी। वह यह हिसाब लगाता रहा कि यह काफिला किस दिशा में मुड़ सकेगा। वह घर से पहले ही उतर गया। कुछ दूरी तक वह पैदल चलता हुआ, इधर-उधर देखता रहा। दूर-दूर तक पुलिस की कोई गाड़ी नहीं थी। वह भांपने की कोशिश करते हुए अपने घर की दिशा में मुड़ गया।

19

जैसे सजल मेघ ऊपर से गुजर जाते हैं और किसान मुंह खोले देखता रह जाता है अवाक्, वैसा ही कुछ-कुछ मृणालिनी के साथ हुआ। उसे बहुत आशा थी कि पत्र को सुनकर उनके ईश्वर उन्हें अवश्य आज्ञा-निर्देश करेंगे और कहेंगे कि जा और अपनी पत्नी को लेकर आ।

समय गुजरता गया। मेघों का दौर भी गुजर गया। रेगिस्तान ही रेगिस्तान रह गया चतुर्दिक। मृगतृष्णाओं का माया जाल भी त्तिर-बितर हो गया। गहरी ठंडी सांसें और भयावह काली रातें परछाई बनी रह गईं। माह पर माह गुजरे। पत्र का उत्तर भी नहीं आया। क्या पता वह पत्र उन्हें मिला भी या नहीं। मिलता तो...। पहले भी वे पत्र का जवाब कब देते थे! क्या पता कहां हों, पत्र लेटर बॉक्स में पड़ा हुआ हो। होने का क्या कुछ नहीं है। वह मरजी में जो आए कल्पनाएं बुने और उधेड़े। उसे रोक कौन सकता है?

वह दिन-रात अपने कमरे में बनी रहकर पुस्तकें पढ़ने का बहाना करती रहती थी, ताकि घर वालों के मन को तसल्ली रहे कि वह अपने में लीन है।

कल-परसों में सुधीरा और निर्मला टैगोर दोनों चली जाएंगी। दोनों अपने पतियों के साथ आई थीं और साथ लौट रही थीं। निर्मला टैगोर ने उसे बताया था कि वह मिले थे। पहले तो पहचाने ही नहीं। उसके साथ उसके पति थे। एकबारगी तो वह घबरा गई, परंतु जब शिलांग का हवाला दिया और मृणालिनी के बारे में बताया तब उनके दिमाग में स्मृति कौंधी और पहचाना।

उसने पूछा था, "मीनुदी, यही हैं क्या?"

"नहीं।" उनका चेहरा तनिक सख़्त हुआ था।

"हम लोग शिलांग जा रहे हैं और आप?"

"ठीक से कुछ नहीं कह सकता।"

न उन्होंने उसे घर चलने के लिए कहा था और न कभी आने के लिए। उनका रुख कुछ-कुछ सख्त था और चित्त कहीं उड़ा-उड़ा सा था। वह कहती गई थी, "मीनुदी, तुझे आगे बढ़कर, साहस से, स्वयं कोई ठोस कदम उठाना होगा। तेरी बातें जानकर लगता है कि वह... तू बुरा न मानना। मुझे और मेरे श्रीमान् को यही लगा कि... तू... कानून की शरण ले।"

मृणालिनी उसकी बातें सुनकर अंदर-अंदर तड़प उठी। उसके मनोमस्तिष्क में चक्रवात चक्कर लगाने लगा। वह जब अपने पति की बातें उसके साथ सुना रही थी, तब उसका हृदय बैठने लगा था। दूसरे दिन सुधीरा आ गई। वह उसे घर से बाहर अपने घर ले जाने के बहाने से बाग में ले आई। दोपहर का समय था। बादल घिरे हुए थे। एक पेड़ के नीचे, एकांत स्थान पर बेंच पर वे बैठ गई। मृणालिनी बराबर पूछती रही कि वह उसे कहां ले जा रही है? परंतु उसने कुछ नहीं बताया। बैठने के बाद अपने घर से सुधीरा जो नाश्ता लाई थी, उसे निकाला। नाश्ता किया। मृणालिनी की इच्छा नहीं हो रही थी तो भी उसको करना पड़ा। फिर वह बोली, "मेरे पास वक़्त बहुत कम है। आज ही हम शिलांग छोड़ रहे हैं, लेकिन मुझे तुझसे कुछ कहना है। न कहूं तो मेरी आत्मा मुझे कचोंटेगी। मुझसे तेरा कोई राज नहीं छिपा है।"

"हां, तो?"

"सुखदा मिली थी। निर्मला तो यदाकदा घर आती जाती है। उसका पति बैरिस्टर है। वह कह रही थी कि तू कहे तो वह तेरा केस अपने हाथ में ले सकते हैं।"

"यह तू क्या बकझक रही है, मेरी कुछ समझ में नहीं आ रहा है।"

"तेरी सब समझ में आ रहा है, मीनुदी। मैं फारसी-अरबी नहीं बोल रही हूं। सीधी सादी बंगला है।"

"तू कह, सुधीरा, मैं तुझे भी सुन लूंगी, कल निर्मला को भी सुना था।"

"तू बुरा मान गई, मीनुदी। सच ही, हम सबसे तेरी यह हालत देखी नहीं जाती। आख़िर तू अकेली कब तक, भरी जवानी में, अपने तन-मन को जलाकर राख करती रहेगी। परसों मां आई थी। उसने मुझसे अकेले में कहा था। मेरा मन रुआंसा हो उठा। मां का दर्द मैं समझती हूं।"

"तो मां भी अब मेरा ढिंढोरा पीटने लगी है।" मृणालिनी ने दुःखी होकर कहा।

"तू गलत मत सोच, मीनुदी। उन्होंने मुझे तेरा सबसे निकट मित्र समझकर कहा है ताकि मैं तुझे समझा सकूं। जरा तू ध्यान तो दे, मीनुदी, वह शख्स जो विलायत में अकेले लंबे समय तक रहा हो, वहीं वह जवान हुआ हो, उस पर वह मेधावी अलग हो और उसकी बड़ी-बड़ी आंखों में खामोशी का सुरूर हो, वह वहां के खुले वातावरण में कितना पवित्र रह सकता है!"

"ना...ना...सुधीरा, उनके चरित्र पर लांछन कदापि नहीं। वे मेरे लिए देवता स्वरूप हैं।"

"देख मीनुदी, यह सवाल भावुकता का नहीं है। हमारे यहां तो घुट्टी में ही यह पिला दिया जाता है कि पति परमेश्वर होता है और पत्नी उसकी दासी। एक बार पुरुष को परस्त्री और शेर को मनुष्य का खून चखने को मिल जाए, फिर वह चाहकर भी अपने को नहीं संभाल सकता। यह भी कुदरत का करिश्मा है। तू इसे अन्यथा न लेना। वरना तो लाट साहब अपनी नव नवेली, नवोढ़ा, साक्षात सुंदरता की देवी को इतने बरसों तो क्या, एक पल नहीं छोड़ सकता था। सारे पर्वत-प्रदेश में तू ही सौंदर्य का केंद्र मानी जाती रही है। तूने ही गायन में सारे इनाम अपनी झोली में डाले हैं।"

"सुधीरा, यह तुझे क्या हो गया है? कहां तो उनके गुणों की चर्चा करते हुए नहीं अघाती थी... और कहां आज तू...।"

"अब जो सामने है, यह सोच उसके कारण है। समय पलटता है और आदमी बदलता है, तो सोचना पड़ता है। पगली, तुझे आज भी अपना कर वह अपना भाग्य ही सराहता।... ना...ना... ना री, अब तेरे पर हो रहा अन्याय नहीं देखा जाता। तेरी मां ने तुझे सही सलाह दी है कि तू उससे पिंड छुड़ा ले। न रहेगा बांस और न बजेगी बांसुरी।"

"सुधि, तू इतना कडुवा कैसे बोल रही है।... तूने तो सदा पति परमेश्वर की राह पकड़ कर चलने की सलाह दी है।"

"दी है और सदा देती भी रहूंगी, परंतु मर्द का ज्यादती बर्दाश्त करने की सलाह कभी नहीं दी है और न कभी दूंगी। देश को आजाद कराने वाले, अपनी मिट्टी को शीश पर चढ़ाने वाले, अन्याय और अत्याचार से लड़ कर मर मिटने के जोखिम में सदा रहने वाले, अपनी पत्नी पर अत्याचार शुरू करें, उसके साथ अन्याय करें, यह कदापि बर्दाश्त के काबिल नहीं है। अपने देश में स्त्री को पति अपने पांव की जूती समझता रहा है और आज भी वह उसे वही समझ रहा है।... ना, ना मीनुदी, तू इस अत्याचार-अन्याय के लिए सिर उठाएगी और मर्द की मनमानी का मुंहतोड़ जवाब देगी, तभी औरत की इज्जत रह पाएगी।"

"परंतु, सुधि, वह ऐसे नहीं है। उनकी वाणी से फूल झड़ते हैं, उनके

व्यवहार से गहरे अपनेपन का सुख मिलता है और उनके होने मात्र की कल्पना से मन पर वसंत छाया रहता है।"

"तू यह बातें कब तक सुनाती रहेगी, मीनुदी! कब तक कोई इन बातों को सुनकर तेरी और उसकी आरती उतारता रहेगा? तू यथार्थवादी बन, व्यवहारवादी हो और अपने हक के लिए लड़ने की कुव्वत अपने में ला। उतार फेंक लाज लिहाज के इस मर्दाने कुफ्ल (ताला) को!... मिटा दे लिलार (माथा) पर पड़ने वाली आड़ी-तिरछी रेखाओं के झाड़-झंखाड़ को तू मां काली के देस की है, दिखा दे उसकी अपार शक्ति को!" सुधीरा में रणचंडी उतर आई थी, अरविंद के लिखे पत्र को पढ़कर। वह अपने को रोक नहीं पा रही थी और कहे जा रही थी, "भगवान् से इतनी निकटता बनाने की डींग हांगने की क्या जरूरत थी? आकर ले जाता। स्वयं भगवान् को देखता और तुझे दिखलाने की कोशिश करता तो.... क्रांतिकारी बना तो तुझे भी क्रांतिदूत बना उतार देता इस महासमर में। तब तो कोई बात थी, पर पत्तर-कागज पर मंत्र पढ़कर देगची पर खौल रहे पानी को कागज की पुडियों से शांत नहीं किया जा सकता, यह समझा दे अपने ईश्वर भक्त, क्रांतिकारी और विलायत तक पढ़े-लिखे उस ईसा मसीह को, ताकि उसे भी मालूम पड़ जाए कि इस देश की औरत पति परमेश्वर की जूती बनकर नहीं रह सकती।... मीनुदी, तुझे यह लड़ाई अपने लिए नहीं, उन सब अभागिनों के लिए करनी पड़ेगी, जो अपने पतियों की ज्यादतियां का शिकार हैं और जो मुंह में जीभ होते हुए भी एक शब्द नहीं बोल पातीं। क्या नारी को स्वतंत्रता नहीं चाहिए? क्या वह पुरुष के बराबर अपना दरजा नहीं चाहती?... तू तो भाग्यशालिनी है, मीनुदी, तुझे एक मौका ऊपर वाले ने दिया है।...मीनुदी, हम सब तेरे साथ हैं। यह लड़ाई हम सबकी है। तू अकेली नहीं है। बोल, क्या कहती है?"

"सुन लिया, सुधीरा और अब सोचना शुरू होगा। जो अंदर से आवाज उठेगी मैं वही करूंगी, उसके अतिरिक्त कुछ नहीं। मैंने शादी की है। मैं ही उसके परिणामों को भुगतूंगी। मैं इतना जानती हूं, सुधीरा, मेरा पति लाखों में एक है और नेक इंसान है। फिर भी... खैर तू राजी-खुशी जा, मेरी चिंता मन में नहीं ला। उससे तेरा चित्त खराब तो होगा ही, साथ में मेरा भला भी नहीं होगा।...सुनती हूं, ये जोड़े ऊपर से ही बनकर आते हैं। फिर, चाहे न आते हों, सुधीरा, परंतु उस रिश्ते की अहमियत से कोई इनकार नहीं कर सकता।" मृणालिनी उठ खड़ी हुई थी। वह आधे रास्ते में से ही मुड़ ली थी, क्योंकि वहां से उसका घर नजदीक पड़ता था। मृणालिनी ने भी उसे नहीं रोका था। दोनों के मन उखड़े-उखड़े थे-एक का सब कुछ कहकर और दूसरे का सब

कुछ सुनकर अपने बनाए रास्ते की घोषणा करके। यद्यपि मृणालिनी अपने कथन से स्वयं संतुष्ट नहीं थी तथापि वह आग में घी डालने के पक्ष में नहीं थी। वह इतनी कमजोर क्यों मान ली गई कि उसको लेकर कई तरफ से आवाजें उठने लगीं।

मृणालिनी का अंतर-बाहर स्वर रहित आठ-आठ आंसू बहा रहा था। वह क्या करे, क्या नहीं, यह उसकी समझ में नहीं आ रहा था। आता कैसे, उसके हाथ कोई सूत्र नहीं लग रहा था। खोट अपना था, परायों से वह क्या कहे! स्त्री जीवन कितना एकाकी, कितना अबल और कितना परावलंबी है। देर रात तक वह सो नहीं पाई। उसे निर्मला टैगोर और सुधीरा की बातें याद आती रहीं। उन्होंने ऐसा बुरा क्या कहा था, अरविंद की बेरुखी न केवल उस पर बल्कि उसके परिवार पर भी उंगली उठा रही थी। सारे घर को एक कोने में मुंह छिपाने लायक नहीं छोड़ा था। उसे बहुत आशा थी कि इस बार उसका पत्र उनको व उनके परमेश्वर दोनों की अक्ल ठिकाने लगा देगा पर ऐसा कुछ नहीं हुआ। तरकश के सारे तीर निशाने से दूर जाकर गिरे।

आधी रात हो चली थी। काली रात थी। बादल हट गए थे। तारे चमक उठे थे। ऐसी गहरी अंधेरी रात में तारों का जगमगाना अज्ञात डर पैदा करता है। डर के ही वह सपने जगाता है। राहत नहीं मिलती। अब उसका कौन रह गया? एक-एक करके वह सबको अपने से दूर करती गई है। आज उसने सुधीरा को भी अपने से अलग कर डाला। एक वही तो उसके सुख-दुख की साथी थी। सबसे पुरानी सहेली बचपन की यादों से जुड़ी। हर अच्छी बुरी यादों की वही तो साक्षी थी।

कोई बात नहीं, सितारों। कोई गम नहीं अंबर। उसे अकेले में जीना आता है। जिसका कोई नहीं होता, जीता तो वह भी है। वह भी जी लेगी- अकेले, निर्जन और सुनसान रास्तों पर चलते हुए वह रुकेगी नहीं, आहिस्ता-आहिस्ता आगे बढ़ती चली जाएगी। वह नीरा थी, वह भी अकेली थी और शान से जी रही थी। उसने उससे कहा था, "मृणालिनी, तू अपने जीवन की परिक्रमा पति के चारों ओर लगाने के लिए क्यों आमादा है कोल्हू के बैल की तरह, जो आजीवन चक्कर लगाते-लगाते एक दिन ऐसा गिरता है कि कभी नहीं उठता। पगला अपना सर्वस्व गवां बैठता है, उसके हाथ तेल की दो बूंद तक नहीं आती। क्या मिलता है उसे? पति से बाहर भी जीवन है, खुला आकाश है, अपनी जमीन है और अपना सुख संसार है। तू जरा साहस कर, कदम बढ़ा और अपने हाथ में परमार्थ का कोई काम उठा, तब तू पाएगी कि तेरे जीने का कोई मतलब है, यदि तू इस संसार में किसी पुनीत कार्य

के निष्पादन के लिए आई है।... मेरी ओर देख। मैंने विवाह स्वेच्छा से नहीं किया। मैं जानती थी कि हमारी जाति में दहेज का मार्केट गर्म है। पिता दीनहीन, निष्ठावान् मास्टर रहे–प्राइमरी के।" इतना कहते-कहते वह रुक गई। उसका ताम्रवर्णीय चेहरा दमदमा उठा। उसकी मोटी-मोटी आंखों अरुणाई के इंद्रधनुष खिल उठे। वह जवान है। सुंदर है। शक्तिशालिनी। उसके बारे में कोई चूंपड़ नहीं कर सकता।

"क्यों नहीं किया, नीरा जी?"

"सच कहूं?"

"हां।"

नीरा कुछ देर सोचकर बोली, "दहेज पर तुरुप का इक्का चाहिए था। वह था प्यार।"

"तूने प्यार किया क्या?"

"हां, मृणालिनी। यह सोचकर कि प्यार पर कोर्ट की मोहर लग जाए तो बेड़ा पार। न हींग लगे न फटकरी रंग चोखा आ जाए! पर वह कमजोर निकला। राजी नहीं हुआ। कहीं उसके मन में भी चोर था। दहेज की चाह शौहर बनने वाले के मन में मद्धिम-मद्धिम सुलगती रहती है।" नीरा थम गई।

मृणालिनी में जिज्ञासा ने अंगड़ाई ली। वह पूछ बैठी, "फिर दीदी?"

"एक आइडिया आया। लोगों की श्रद्धा पर कब्जा करने का। वह नाग पंचमी थी कि मेरे सिर काली मां आ बैठी। हर एक की कलई खुलने लगी। मुहल्ला भयभीत होकर श्रद्धावनत होने लगा। मैं कह रही थी–तुम लोगों ने मनमानी की है, कर रहे हो। मां को धोखा दे रहे हो। उसी का नाम लेते हो और काली करतूतें करते हो। यह खप्पड़ देखते हो, मां कब उठाती है?...उसे प्यास लगी है...वह विधर्मियों की छाती पर मूंग दलेगी। उनका गरमागरम खून पीएगी।...हा...हा...हा...अब नर्तन होगा...अब मुंड कटेंगे। अब लहू बहेगा...यों जाने मैं क्या-क्या कहती गई। बस्ती कांप रही थी। पाप के आसन डगमगा रहे थे।...बस वह जादू मेरा ऐसा चला कि धीरे-धीरे समाज में मेरे प्रति श्रद्धा बढ़ने लगी। मुझे पूज्य और शक्ति का प्रतीक मान लिया गया। तभी कुछ ऐसे चमत्कार हुए, अनायास हुए, मैंने जो भविष्यवाणियां कीं, वे सत्य हो गई।"

"यह तो..."

"वह सब नहीं, मृणालिनी। मैंने अंधविश्वास की फैलती चादर से अपना कवच तैयार किया। जाना कि लोगों पर मेरा विश्वास है। इसका लाभ लेते हुए मैंने सामाजिक कार्यों में हाथ बढ़ाया। जनसेवा को अपने जीने का आधार बनाया। उससे बंद आंखें खुली, जकड़े हाथ-पांव काम में लगे–स्वरोजगार

बढ़े। काम धंधा शुरू हुआ। विधवाओं और परित्यक्ताओं का एक बहुत बड़ा वर्ग स्वालंबन की दिशा में बढ़ने लगा।...यह तू भी कर सकती थी। एक सर्वथा नया सवेरा अपने अंधरे जीवन में ला सकती है। पति का इंतजार नहीं, एक नई जिंदगी की शुरुआत। भूल जा तू किसी की पत्नी है या तेरा कोई पति है...हमेशा-हमेशा के लिए।...अगर तुझे यह रास्ता रास आता नजर आए तो चुपचाप चली आना-एक और एक ग्यारह बनकर कार्य करेंगे।"

वह तो चली गई, परंतु उसकी बातें उसके दिलोंदिमाग में घर करने लगीं। एक नए शुभ प्रभात का उदय। यह डगर उसे भाने लगी और उसने नीरा के नाम एक पत्र लिख डाला, जिसमें उसने अपने लिए गए निश्चय का जिक्र किया था। साथ ही एक पत्र उसने अरविंद को भी लिखा था। उसमें उसने स्पष्ट लिख दिया कि वह ईश्वर के कार्यों को करें, उनके आदेशों की पालना करें, उसे खुशी है कि एक श्रेष्ठ मार्ग पर वह चल पड़े हैं, लेकिन वह उनके मार्ग का अनुसरण नहीं कर सकती। उसका रास्ता सांसारिक है। उसका ईश्वर समाज है। समाज के अतिरिक्त वह किसी को अपना ईश्वर नहीं मान सकती। वह विधवाओं तथा परित्यक्ताओं के बीच में रहकर उनके लिए काम करेगी। उन्हें सम्मान से जीने की ओर मोड़ेगी। पति-पत्नी के बाहर भी अनेक पवित्र रिश्ते हैं जिन्हें जीने का आधार बना लिया जाए तो फिर वह संकीर्ण रिश्ते धीरे-धीरे अपना अस्तित्व ही खो देते हैं। आशा है कि अब उनको उसकी कोई चिंता नहीं सताएगी।

वह अपने पथ पर निर्द्वंद्व और स्वेच्छा से अग्रसर हो सकेंगे। इन दो पत्रों ने सुबह का अलार्म बजवा दिया। अब उसकी आंखों में गहरी नींद थी। उसका शरीर टूट रहा था। उसके तलुए जलने लगे थे। उसका सोच पस्त पड़ा था। वह कुरसी से उठी। पानी पिया और पलंग पर आ लेटी। लेटते ही सो गई। बराबर दरवाजा खटखटाया जा रहा था। शायद सोते हुए उसने सुना भी था। पर वह उठी नहीं थी, कहिए कि उठ नहीं सकी। औंधे मुंह पड़ी रही घोड़े बेचकर।

इस बार दरवाजे को जोर से खटखटाया जा रहा था। खिड़की भी बजी थी। कुंडी भी। कुछ अस्पष्ट आवाज भी सुनाई पड़ी थी। मृणालिनी को कोफ्त हुआ। झक मार कर, पांव पीटते हुए वह उठी। आंखें मलीं। पास रखे लोटे को उठाकर हाथ में पानी लिया और मुंह पर मारा। धीरे-धीरे चेत जागा। वह चौंक पड़ी। सूरज का प्रकाश तेज हो उठा था और दीवार घड़ी सुबह के नौ बजकर सात मिनट दिखा रही थीं।

दरवाजा फिर बजा। जैसे ही वह उठी, उसने मेज पर एक कागज देखा।

उसने उठाकर पढ़ा। लिखा था-हम लोग अपने फार्म हाउस पर जा रहे हैं। घर में तुम अकेली हो। पिछवाड़े ताला लगाकर जा रहे हैं। चाबी पहले की तरह अपने स्थान पर रखी है। तुम आना चाहो तो आ सकती हो। हम लोग दो-तीन बजे तक लौटेंगे। जगाना, तुम्हें भी चाहते थे, परंतु गुड्डी (छोटी बहन) ने रोक दिया। बताया दीदी रात भर पढ़ती लिखती रही है। उसकी अभी आंख लगी है। यों हम लोगों को अपने पूर्व निश्चित मिशन पर जाना पड़ा। वहां तुम्हारी प्रतीक्षा रहेगी। बेफिक्री का निर्णय जो लिया था।

मृणालिनी के चेहरे पर अनायास हलकी सी प्रसन्नता की लहर थिरक कर तुरंत अदृश्य हो गई। वह भारी मन से आगे बढ़ी। अभी तक उसकी आंखों में नींद की परछाई स्पष्ट नजर आ रही थीं। क्यों न हो? उसने एक बेफिक्री का निर्णय जो लिया था।

उसने जुम्हाई ली और कुंडी गिराकर जैसे ही दरवाजा खोला कि वह ठगी की ठगी रह गई। तुरंत सिर पर पल्लू लिया। ऊपर की सांस ऊपर, नीचे की सांस नीचे। वह अपने आप में डूबी हुई केवल इतना ही कह पाई कि 'आप'। उसका मुंह खुला का खुला रह गया। वह सकपका गई। उसके यकायक हाथ-पांव फूलने लगे।

20

शनिवार की सुबह। कोई पांच बजे होंगे। आसमान अधमुंदी आंखें झपझपा रहा था। हवा ठंडी बह रही थी। दरवाजे को खटखटाया। सरोजिनी ने कुंडी खोली। वह चौंक पड़ी। सामने पुलिस थी। पुलिस के बड़े अफसर थे। वह कुछ पूछती कि उसे परे करते हुए सशस्त्र पुलिस अंदर घुस आई। सरोजिनी की आंखों में भय था। उसके सारे शरीर में चींटियां चलने लगी थीं।

एस.पी. क्रेगन ने कड़कदार आवाज में पूछा, "अरविंद घोष कहां है?"

"वहां...।" इशारा करते हुए सरोजिनी ने बमुश्किल कहा।

"चल, बता।"

आगे-आगे सरोजिनी मंद गति से भयभीत हुए चल रही थी। उससे पीछे मुड़कर नहीं देखा जा रहा था। हाथ-पांव कांप रहे थे। वह एक जगह रुक गई। उसने पुकारा, "सेजदा (तीसरे नंबर का भाई)।"

"सेजदा नहीं छोकरी, अरविंद घोष चाहिए।"

पुलिस के साथ विनोद कुमार गुप्त भी थे। उन्होंने सरोजिनी के पुकारने

का अर्थ अंग्रेजी में समझाया। सरोजिनी ने दरवाजा खटखटाया। मृणालिनी ने दरवाजा खोला। पुलिस को सरोजिनी के पीछे देखकर वह एकदम घबरा गई। एस.पी. क्रेगन ने कहा, "एक तरफ हो जाओ।"

विनोद कुमार गुप्त ने बंगाली में पूछा, "अरविंद अंदर है न।"

मृणालिनी ने घूंघट निकाल लिया था। उसने सिर हिलाकर समझाया कि हैं।

अब क्या था कि चार-पांच पुलिस वालों सहित एस.पी. क्रेगन अंदर आ धमका। जमीन पर दो कंबल के बिछौने पर एक श्यामले रंग का, लंबे कद का नौजवान लेटा हुआ था। दमक की हुई तेज खटपट से वह उठ बैठा। 24 परगना के क्लार्क साहब ने उसके चेहरे पर टॉर्च से प्रकाश किया। अरविंद की आंखें मिचमिचाईं। उसने अपने होंठों पर जीभ फेरी। उसका मस्तिष्क का सन्नाटा टूटा। फीते देखकर वह अचंभे में रह गया-सुपरिटेंडेंट पुलिस क्रेगन। एक नंबर का बद्दिमाग, अकडू और तेज तर्रार अफसर था, सिरफिरा था।

"क्या तुम्हीं अरविंद घोष हो?" क्रेगन का कलफदार स्वर था।

"कहिए।"

"बैठा क्या है, खड़ा हो।" डिप्टी सार्जेंट का तीखा स्वर बिजली सा कड़का और चमका।

"बैठा रहूं या खड़ा होऊं, उससे क्या फर्क पड़ता है, इंस्पेक्टर। कहो, क्या है?"

"तेरी सारी ऐंठ धरी रह जाएगी यदि तेरे चूतड़ पर कसकर दो चार जूतों की ठोकर लगाई।" डिप्टी सार्जेंट ने कुछ और तेज आवाज में कहा।

अरविंद ने देखा, लाल पगड़ी वाले बंदूक संभाले हुए हैं। वह जैसा बैठा था, वैसा ही बैठा रहा। इंस्पेक्टर ने कहा, "जानता है-एस.पी. साहब हैं मि. क्रेगन। सलाम लगा।"

अरविंद पर उनकी बातों का कोई असर नहीं हुआ। वह यथावत् बना रहा। क्रेगन ने तेजी से कहा, "बासटर्ड (हरामी) के चूतड़ पर बैटॉन चार्ज करो (बेंत लगाओ)।"

"मि. क्रैगन, कीप युअर टंग।"

"तुम काला मैन अंग्रेजी पढ़ा-लिखा है।" क्रेगन ने व्यंग्य से उसकी ओर देखा।

"सर, वह बी.ए. पास है।"

"ओह! तभी तुम निकम्मा मैन है। सिपाही, गिरफ्तार करो।"

"फॉर व्हाइ मि. क्रेगन?"

"वारंट है?" अरविंद ने खड़े होकर पूछा।

"कानून जानता है। वारंट दिखाओ और उस पर अंगूठा निशानी कराओ।"

एक सिपाही ने आगे बढ़कर वारंट दिखलाया। अरविंद ने उस पर हस्ताक्षर कर दिए। वारंट में बम की बात थी। अब तक उसके हाथों में हथकड़ी और कमर में रस्सी बांध दी गई थी, बिना बॉडी वारंट दिखलाए। एक सिपाही उस रस्सी को पकड़े उनके पीछे खड़ा हो गया। खानातलाशी शुरू हो गई। डिप्टी सार्जेंट ने घिनौनी दृष्टि फेंकते हुए कहा, "तुम धरती पर, गंदे बिस्तर पर, सोता है। शर्म नहीं आती कि तालीमयाफ्ता होते हुए तुम ऐसी गंदी जिंदगी जी रहे हो?"

"व्हाई शेम! मैं गरीब हूं तो मैं गरीब की तरह ही तो रहूंगा।"

"तो क्या तुमने धनवान बनने के लिए यह रास्ता तलाशा है?"

"आप इस पीड़ा को क्या समझेंगे, मि. क्रेगन?"

"तुम समझता है इसीलिए...।" क्रेगन अनाप-शनाप गालियां बकने लगा।

"मैंने आपको पहले भी कहा है कि इज्जत से बात करें। एक सभ्य अफसर को यों गाली बकते देखकर कोई समझेगा कि...।"

"य...अ सर्लि मैन (उजड्ड इंसान)...तम साहब को..." डिप्टी साजेंट आगे कुछ और कहने जा रहा था, तो बीच में ही क्रेगन गरज उठा, "गैलोज् (फाँसी देने का लकड़ी का ढाँचा) देखेगा तो सब समझ में आ जाएगा।"

इसी समय अविनाशचंद्र भट्टाचार्य और शैलेंद्र बसु को वहां पुलिस ले आई। उनके भी हाथ में हथकड़ी थी और कमर में रस्सी। रस्सी को पकड़े पुलिस मैन।

छानबीन में अंग्रेजी, ग्रीक और फ्रेंच में लिखी कविताएं, नाटक के अंश, चिट्ठियां आदि के अलावा ग्रीक, लैटिन, अंग्रेजी आदि भाषाओं की किताबें थीं, जिन्हें क्लार्क देखकर बड़ी बेदर्दी से फेंक रहा था। क्रेगन ने एक पुस्तक को उठाते हुए पूछा, "मि. अरविंद, क्या आप ग्रीक भाषा जानते हैं?"

"हां, मि. क्रेगन।"

"फ्रेंच...लैटिन आदि भी।"

"हां, जानता हूं।"

"सर मि. अरविंद इन भाषाओं में नाटक, कविता, लेख आदि भी लिखते हैं।" विनोद कुमार गुप्त ने कहा।

"ठहरो, मि. क्लार्क, इन पुस्तकों की तलाशी छोड़ दो।" सिपाही की ओर देखकर क्रेगन ने कहा, "मि. अरविंद की हथकड़ी और कमर से रस्सी भी खोल दो।"

सब हैरान। यह क्या हुआ। हथकड़ी खोल दी और रस्सी भी। क्रेगन ने पुनः कहा, "शेष छानबीन जारी रखो।"

सब छानबीन में लग गए। इंस्पेक्टर के हाथ एक पैकिट लग गया। कलार्क ने तपाक से कहा, "इसे इधर लाओ, इंस्पेक्टर चटर्जी।"

क्लार्क उस गत्ते के पैकिट को बहुत ध्यान से देखने लगा। उसके चेहरे पर रौनक आ गई। उसे लगा कि वह जिस लिए आया था, वह काम पूरा हो गया। अवश्य इस पैकिट में विस्फोटक पदार्थ होगी। वह पूछ बैठा, "अरविंद मोशाय, इसमें क्या है?"

"यह तो आपको तभी विश्वास होगा, जब आप इसका विश्लेषण रासायनिक लैब में करवाएं।"

"क्यों मि. गुप्त, आपको क्या लगता है?"

"विनोद कुमार गुप्त ने उस पैकिट को हाथ में लिया और खोलने लगे। क्रेगन की दृष्टि उस पैकिट पर जाम हो गई। सब परिणाम जानने के इच्छुक थे।"

विनोद कुमार गुप्त ने बहुत धीमे स्वर में कहा, "खोदा पहाड़ निकली चुहिया, सर। इसमें मिट्टी है।"

"क्या कहा, इसमें मिट्टी है!"

"हां, सर, सिर्फ मिट्टी।" कहकर उसने वह मिट्टी नमूने के वास्ते अपनी हथेली पर ले ली और कहा, "आप सब मुआयना कर सकते हैं।"

"क्यों, मि. अरविंद इस पैकिट में मिट्टी क्यों रखी है?" क्रेगन का सहज स्वर था। उसमें जिज्ञासा जमीं थी कि मिट्टी को पैकिट में रखने की क्या अवश्यकता हुई?

"मि. क्रेगन। हम लोगों में दक्षिणेश्वर का बहुत महत्त्व है। यह मिट्टी उस पवित्र स्थल की है। आप विश्वास कीजिए कि आपका संदेह निरर्थक है।"

"क्या सुबूत होशियारी से गायब कर दिए हैं?" क्लार्क ने तीखे स्वर में कहा।

अरविंद कुछ नहीं बोला। क्रेगन ने ध्यान से अरविंद की ओर देखा। अरविंद शांत था, स्थिर चित्त, निरुद्विग्न था। विनोद कुमार गुप्त ने बहुत सारे कागज और चिट्ठियां एक थैले के हवाले करते हुए कहा, "सर, यह अपने काम का मशाला है।"

क्रेगन चुप रहा। उधर छोटी मौसी का संदूक खोला गया। उसमें कपड़े-लत्ते के अलावा कुछ पत्र थे। क्लार्क ने जैसे ही उन पत्रों को थैले के हवाले करना चाहा वैसे क्रेगन ने टोक दिया, "ये पत्र इधर लाओ। क्रेगन ने अंग्रेजी के पत्रों को देखकर बंगला भाषा के पत्र विनोद कुमार गुप्त की ओर बढ़ाते हुए कहा,

"इन पत्रों को देखिए, क्या इनमें कोई पत्र अपने काम का है।"

कुछ देर बाद विनोद कुमार गुप्त ने कहा, "इनमें ऐसा कुछ नहीं है, सब घरेलू पत्र है।"

इसी बीच चाय आ गई। सबने चाय ली। अरविंद ने कोको और रोटी ली। इसके बाद नीचे के नवशक्ति कार्यालय की खानातलाशी ली। वहां एक बड़ा संदूक था। उस पर मोटा ताला जड़ा हुआ था। बहुत कोशिश की पर वह ताला नहीं टूटा, इस कारण उस संदूक को ही उठा लिया। ग्यारह बजकर दस मिनट पर अरविंद और उनके साथ अविनाशचंद्र भट्टाचार्य और शैलेंद्र बसु को लेकर वे बाहर आ गए। अब वे तीनों थाने में थे। वहां से लाल बाजार लाए। फिर से रायल स्ट्रीट ले जाया गया। यहां जासूस विशेषज्ञ मौलवी शम्स उल आलम के सामने तीनों पेश किए गए।

मौलवी धर्म पर लंबा व्याख्यान देने के बाद कहने लगे, "आपने बम बनाने के लिए अपना बगीचा अपने छोटे भाई बारीन को देकर बहुत गलत काम किया है।"

बगीचा जैसा मेरा वैसा मेरे भाई का। वहां बम बनाए जा रहे हैं यह सूचना आपको कहां से मिली, मौलवी जी।

मौलवी की श्रद्धा भक्ति विपिन पाल और अरविंद में थी। दोनों ही श्रेष्ठ चरित्र के सत्यवादी मनीषी हैं। वह कह रहे थे, "मि. अरविंद, हमें यह सूचना कहीं से नहीं मिली, यह तो हमारा कयास है।"

अब पुनः उन्हें लाल बाजार लाया गया। अब वे दो ही थे। एक शैलेंद्र बसु और एक वे। उन्हें वहां दो तल्ले एक बड़े कमरे में रखा गया। वहां थोड़ा सा खाने को भी मिला। कुछ समय बाद दो अंग्रेज उस कमरे में आए। कमिश्नर हैलिडे सार्जट पर बरस पड़े, "खबरदार, मि. अरविंद के साथ कोई दूसरा व्यक्ति नहीं रहना चाहिए।" शैलेंद्र बसु को दूसरे कमरे में ले गए। अब वहां कमिश्नर हैलिडे और अरविंद रह गए थे। हैलिडे ने कहा, "मि. अरविंद आप जैसे उच्च शिक्षा प्राप्त व्यक्ति को यह शोभा नहीं देता। यह कापुरुषोचित दुष्कर्म है।"

"आपने यह कैसे माना कि मैं किसी दुष्कर्म में लिप्त हूं।"

"मि. अरविंद, हमें सब पता है। मैं सब जानता हूं।" हैलिडे ने शांत भाव से कहा।

"आप क्या जानते हैं, यह आपको ही मालूम होगा, परंतु मैं इस हत्याकांड के साथ अपना संपर्क पूरी तरह नकारता हूं।"

"यह वाक्य तो हर एक दोहराता है। इसमें नया क्या है? आप एक

समझदार, सत्यवादी और नेक इंसान हैं...क्रांतिकारियों के पथ प्रदर्शक भी हैं। इस कारण मैं समझता था कि आप सत्य-मार्ग अपनाएंगे।"

"मैंने, श्रीमान् वही किया है। मैं कभी झूठ नहीं बोलता। शेष आप पर है कि आप मुझे किस नजरिए से देखते हैं।"

"अभी हम आपको एक दिन का समय और देता है ताकि ठंडे दिमाग से सोच सको, सत्य बोला तो हम तुम्हारी मदद करेगा, यह हम वादा करता है।"

"श्रीमान् मेरा विश्वास कीजिए। सत्यवादी सत्य के अलावा और कुछ नहीं बोलता है। मुझे किसी से डर नहीं लगता।"

"ठीक है, कल तक और सोचो, शायद कुछ याद आ सके।"

अरविंद ने तुरंत ही कहा, "सर, विश्वास कीजिए, मेरा कल भी यही उत्तर रहेगा।.. मेरी याददाश्त काफी अच्छी है।" इतना कहकर अरविंद ने तत्काल चल रहे संवाद सुना डाले।

हैलिडे फिर वहां नहीं रुका, बाहर निकल गया। अरविंद का माथा ठनका। जरूर दाल में काला है।

दूसरे दिन की रात एक इंस्पेक्टर और कुछ पुलिसयों ने आकर उनसे पूछताछ शुरू कर दी।

"क्या आप कोननगर के रहने वाले हैं।"

"नहीं।"

"क्या वहां आपका मकान है?"

"नहीं।"

"क्या वहां आपका आना-जाना लगा रहता है? क्या कभी कोननगर गए हो?"

"सिर्फ एक बार?"

"क्यों?"

"काम था।"

"क्या काम था?"

"यह बताना आवश्यक नहीं, इंस्पेक्टर?"

"क्या बारीन, आपके छोटे भाई हैं? इनकी वहां कोई संपत्ति है?"

"हैं परंतु वहां अपनी कोई संपत्ति नहीं है।"

"क्या वह आपके बगीचे में बम बनाता है!"

"फिर आपको मानिकतला बगीचे पहुंचकर छापा मारना था। उसकी जगह मुझे पकड़ लाए।" अरविंद के चेहरे पर हल्की सी व्यंग्य मिश्रित मुस्कान तैर गई।

सोमवार की दुपहर, 3 मई। उन्हें कमिश्नर हैलिडे के सामने पेश किया।

फिर वही प्रश्नोत्तर शुरू हुए। अरविंद ने स्पष्ट कर दिया, "मुझे अब आपके किसी प्रश्न का उत्तर नहीं देना है।"

"क्यों, मि. अरविंद? हमारा तो काम ही यही है। हमें सत्य बुलवाना भी आता है।"

"क्यों नहीं कमिश्नर आपको वेतन इस बात का मिलता है, परंतु आप मुझे झूठ बोलने के लिए बाध्य नहीं कर सकते।"

इस पर हैलिडे ने उन्हें ले जाने का संकेत दिया। वहां से उन्हें अगले दिन थौर्नहिल मैजिस्ट्रेट की कचहरी ले जाया गया। वहां काफी समय तक पुलिस ने उन्हें मजिस्ट्रेट की कोर्ट में प्रस्तुत नहीं किया। वहां अंदर कार्यवाही हुई। बाद में उन्हें फिर जेल में भेज दिया।

चार दिन बाद अरविंद को जेल के अंदर स्नान करने का अवसर मिला। वहां उन्हें कैदियों को दिए जाने वाले कपड़े मिले। उनके कपड़े वहीं ले लिए। वहां उन्हें एक निर्जन कोठरी में बंद कर दिया। नौ फुट लंबी और छह फुट चौड़ी कोठरी वह ऐसी थी, जहां न दिन निकलने का पता चलता था और न रात होने का आभास होता था। इस कोठरी में कोई खिड़की नहीं थी। सामने एक लोहे का दरवाजा था। इस कोठरी के सामने पक्का आंगन था। दरवाजा खुलने के बाद भी बाहर की खुली जगह देखना असंभव था। एक लकड़ी का दरवाजा था, जिसमें एक जगह छेद था। उससे संतरी थोड़ी-थोड़ी देर बाद झांकता था और पाता था कैदी अभी तक भागा नहीं है। वह मौजूद है।

उस कोठरी में एक थाली थी और एक कटोरा था जो दाल-तरकारी लेने, पानी पीने, नहाने आदि के काम आता था। शौच के लिए पानी भी उसी कटोरे में लेना पड़ता। दो कंबल थे-चाहे उन्हें ओढ़ो, चाहे बिछाओ। स्नान के लिए एक बाल्टी टोंटी लगी, आंगन में रखी थी। एक दिन में एक ही बाल्टी पानी मिलता। उसी पानी को पियो, उसी पानी से बरतन मांजो, शौच निबटो और उसी से स्नान करो। यह पानी मितव्ययता का अद्‌भुत उदाहरण था।

उस छोटी सी कोठरी में एक कोने में तारकोल पुती दो टोकरियां थी शौच-पेशाब आदि के लिए। शौच-पेशाब जाने के बाद कोठरी दुर्गंध से भर जाती थी। मेहतर तो सुबह-शाम आता था। उन्हें साफ करके चला जाता था। एक बार उन्हें दस्त लग गए तो वह कोठरी सड़ती रही बदबू देती रही और बाल्टी में पानी नहीं रहा। फिर शरीर शुद्धि कैसे?

अरविंद का दिमाग बदबू से ऐसा भरा की घृणा से प्यार हो गया। निर्जन कारावास विशेष दंड में गिना जाता था। उसका अर्थ था न जन दर्शन और न खुला आकाश स्मरण। काक स्नान वह भी यदि एक बाल्टी पानी साथ दे

दिया जाए तो संभव था। पानी नहीं तो स्नान की छुट्टी। उखड़े पलास्तर की वह कोठरी दिन में ऐसी तपने लगती थी कि काक स्नान संभव न भी हुआ तो पसीने से नहाकर उस कमी को पूरा किया जा सकता था।

आवश्यकता आविष्कार की जननी है, यह वाक्य पढ़ा कई बार था, परंतु समझा पहली बार। अरविंद ने एक कंबल को बिछा लिया और दूसरे कंबल को तकिया बना लिया। कोठरी जब बुरी तरह तपने लगती थी तब वह मिट्टी में लोट लगाकर अपने मन को तेज गरमी के एहसास से मुक्त कर पाता था। मां की गोद की याद आने लगती।

ओह! भयावह निर्जन! एकांत सा एकांत। पहले दिन तड़प उठा। पर किया क्या जाए! अचानक उनके विचार में अघोरी आया। वह भी निर्जन रहता है। अलबत्ता उसे इच्छानुसार आने जाने की खुली छूट है, लेकिन वह अपनी साधना में कब सूअर की योनि में पहुंच जाए उसे यह पता नहीं रहता। घृण ाा का कार्य-कारण संबंध हटा दे तो घृणा जैसा कोई अस्तित्व ही न रहे। वह भी आत्म संयम का उदाहरण बन जाए। अभाव माने ही नहीं तो भाव तंग नहीं करते।

तीसरे दिन जोरदार पानी पड़ गया। धूल-धप्पड़, उड़ते पत्तों ने तांडव शुरू कर दिया। उधर कोठरी में पानी भर गया। उससे एक कंबल भी भीग गया। दूसरा कंबल भी आधे से ज्यादा भीग गया। अब सोना कैसे हो? सारा सोच चीन की इस दीवार के सामने हाथ बांधे खड़ा हो गया। शून्य! क्या यही मानसिक अवस्था शून्य में प्रवेश करने का पहला द्वार है। सारी रात उसने अर्ध गीले कंबल के साथ उकड़ू बैठकर, बिताई। थोड़ी बहुत सूखी जगह थी, शौच के आस-पास। बहुत देर वह देखता और सोचता रहा, पर संस्कारों ने अनुमति नहीं दी।

अरविंद को इन विषय और प्रतिकूल परिस्थितियों में जीने का एक सर्वथा नवीन सिलसिला शुरू। गैरी वर्क्स ने लंदन के हिलक (छोटी पहाड़ी) सभागार में व्याख्यान दिया था और अनेक दलीलों से यह सिद्ध किया था कि अंग्रेज कोम दुनिया में सबसे अधिक सभ्य और सुसंस्कृत है। यह उनका भाषण न्यू इयर्स ईव पार्टी (किसी विशेष दिवस की पूर्व संध्या) पर हुआ था। वह कह रहे थे, "दुनिया को सभ्य और सुसंस्कृत बनाने का जिम्मा क्राइस्ट ने हम लोगों को सौंपा है। हम एक शांत प्रिय घृणारहित और खुशहाल समाज की ओर दुनिया को ले जाएंगे।" करीब आधेक घंटे के भाषण में उसने यरोप और उसमें भी इंग्लैंड की भरपूर प्रशंसा की। इसमें तनिक भी संदेह नहीं था कि वह प्रौढ़ युवा न केवल देखने में सुंदर था

बल्कि अंग्रेजी बोलने, व्याख्यान के लिए तर्कों का संतुलित करने और अपनी भारी परंतु मधुर एवं प्रभावी आवाज के कारण मंत्र मुग्ध करने वाला था। उसने अपने भाषण का उपसंहार करने तक सबका दिल जीत लिया था यह कहकर, "मित्रो, मुझे यह कहने में तनिक आपत्ति नहीं है कि इंग्लैंड से बड़ी हस्तियां संस्कृति और सभ्यता के क्षेत्र में पुरानी भी हैं और शालीन भी। किन्हीं कारणों से अपने अतीत को वर्तमान तक ले जाने में वे सक्षम नहीं रह सकी। इतिहास का यह क्रम सदा से अपने को दोहराता रहा है।" परंतु इस समय वह महान् सभ्यता और संस्कृति का उदाहरण पेश कर रहा है। दूसरे देशों पर अत्याचार, बर्बरता और अन्याय से शासन कर रहा है और वहां के इतिहास के साथ छेड़छाड़ कर उन देशवासियों को सोची-समझी योजना के तहत अपने अतीत से घृणा करने की स्थिति पैदा कर रहा है। वाह! वाह!! विशुद्ध और महान् ब्रिटिश राजतंत्र के लोकतांत्रिक उपासको। आपके कार्यों से जो शालीन इतिहास रचा जा रहा है, वह तुम्हें अतीत बनकर सताएगा, तब मालूम पड़ेगा कि मानवता के पुजारी ने क्या किया था?

इस कारागार का पहला दिन जब जेल के कपड़े पहना कर इस तंग और अंधी कोठरी में लाया गया था, तब अरविंद ने एक पल को ऊपर देखा था और मन-ही-मन कहा, "ओ ईश्वर, जब तेरे राज्य में ऐसा जीता जागता अंधेरा है, तब मनुष्य के अंधेरे के बारे में कुछ भी कहना निरर्थक है। बता तो मैंने क्या गुनाह किया है जो आज मैं यहां इस नरक में हूँ।"

कुछ देर बाद आवाज गूंजी, "ओ मेरी संतान, यह तूने ही चाहा था कि तुझे आजादी चाहिए।"

"तो?"

"तो यह कि मैंने तुझसे पूछा था कि कैसी आजादी?...तब तूने कहा था कि आप जैसी आजादी...हर प्रकार की आजादी। मेरे काम में दखल नहीं। मुझे मेरे रहमो-करम पर छोड़ दो।...जब तक मैं नहीं पुकार लगाऊं, तब तक मेरे बीच में मत आना। मुझे अपना स्वर्ग, नरक बनाने दो। मैं सृजन, निर्माण, संरक्षण और पोषण का अनुभव लेना चाहता हूं।...मैंने तुझे बहुत समझाया था, पर तू नहीं माना। आख़िर मुझे तथास्तु कहना ही पड़ा, क्योंकि तूने ही अपने सृजन-निर्माण का जिम्मा अपने पर लिया था। ऐसा देवलोक में किसी ने साहस नहीं दिखाया। तूने चाहा कि तू अपनी दुनिया बनाएगा-बिगाड़ेगा, फिर बनाएगा यह क्रम चलता रहेगा। याद आया, मेरे पुत्र।"

"सब याद आ गया, मेरे पिता, सब याद आ गया।" फिर कोई आवाज नहीं। निःस्वनता, एकाकी और वह कोठरी उसके ही सृजन का बेहतरीन

तोहफा। अब तक बाहर से ताला जड़ कर संतरी जा चुका था।

21

सन्नाटा कुलबुला उठा। कुत्ते नाली के पास लेटे हुए थे। अरविंद तनिक सावधान हुए आगे बढ़ रहे थे। कुंडी खटखटायी। सरोजिनी ने दरवाजा खोला। अरविंद कुछ देर तक बैठे रहे आंखें बंद किए। वह कह उठी, "भैया, आज बहू ठान ने व्रत किया है।"

"तब?"

"खाना आपको खिलाकर ही खाएगी।"

"तो मैं अभी नहा कर आता हूं, सरो।"

मृणालिनी ने खाना एक जगह रखा। सरोजिनी ने थाली कटोरियां जमायी। पानी भर कर गिलास रखे। अरविंद आया। खाना हुआ। कुछ देर तक इधर-उधर की बातें हुई। फिर सरोजिनी ने भाभी से एक गीत का भजन सुनाने के लिए कहा। बहुत दिनों बाद सरोजिनी मृणालिनी को लाड़ कर रही थी। मृणालिनी ने गुनगुनाना शुरू किया और फिर धीरे-धीरे वह गा उठी –

सत्य मंगल प्रेममय तुमि
ध्रुव-ज्योति तुमि, अंधकारे।
तुम दा जार हृदे बिराजो
दुःख ज्वाला सेई पासरे –
सब दुःख ज्वाला सेई पासरे।
तोमार ज्ञाने तोमार ध्याने
तव नामे कत माधुरी।
जेइ भकत सेइ जाने
तुमि जानाओ जारे सेइ जाने।
ओहे तुमि जानाओ जारे सेह जाने॥

वह गुनगुनाती जा रही थी सेइ जाने ...और उसका अत्यंत मधुर स्वर चंऊ ओर गूंज उठा। क्या भाव! क्या स्वर! क्या लय-ताल! मन को बांध दिया था। सरोजिनी कह रही थी, "हमारी बहू ठान (भाभी) स्वर साम्राज्ञी हैं। कोकिल कंठ पाया है।"

इसके बाद मृणालिनी और अरविंद अंदर की ओर मुड़ गए और सरोजिनी

अपने कमरे की ओर। अरविंद ने कहा, "मृणा, तुम बहुत अच्छा गाती हो! गाती क्या उस भजन की आत्मा से स्वर उठाती हो।"

मृणालिनी चुप बनी रही।

जमीन पर बिछौना बिछा हुआ था। अरविंद की आंखों में नींद नहीं थी। एक सप्ताह तो हुआ था मृणालिनी को लाए, जिसमें चार दिन वह बाहर रहे थे। उन्होंने हाथ पकड़ कर मृणालिनी को अपनी ओर खींच लिया था। वह पतंग की तरह खिंची चली आई थी। कुछ देर वह उसे अपने सीने से लगाए रहे। उसकी सांसों को अनुभव करते रहे। सोचा भी क्या उन्हें प्यार करना नहीं आता? रूप की राशि को कैसे इतने दिन अलग कर सके! अपूर्व सौंदर्य! उसके मधुराधर को उंगली से छुआ। वह तरंगवती हो उठी। पूछा, "तुम अभी तक नाराज हो, मृणा!"

मृणालिनी ने धीरे से सिर हिलाकर जता दिया कि नहीं। अरविंद ने पुनः पूछा, "इसका मतलब तुमने गलत कहा था?"

मृणालिनी के मुख से अनायास निकल गया, "क्या?"

अरविंद अपनी आंखों में उस चांद को उतार चुका था। वह बोला, "हमने पूछा था कि क्या तुम अब तक नाराज हो और तुमने सिर हिलाकर जताया था कि नहीं। तो इसका मतलब यह हुआ कि तुम इससे पहले हमसे नाराज थी।"

"हम नाराज और आप से! कदापि नहीं, स्वामी।" मृणालिनी ने उनके दिल की धड़कनों को गहराई से अनुभव करते हुए कहा।

"तब भी..."

"कब?"

"जब हम सुबह-सुबह तुम्हारे यहां पहुंचे थे। रुक-रुक पंद्रह मिनट तक दरवाजा खटखटाते रहे थे। शायद सारा मुहल्ला जान चुका था।...तुम बहुत गहरी नींद में थी।"

"हां थी।" मृणालिनी की धड़कनें तेज हो गई थीं।

"फिर कितने देर तक दरवाजे पर खड़ा रहा। वह तो हमें ही कहना पड़ा था कि क्या हमारा अंदर आना मना है?"

"सच में हम घबराये हुए थे-आश्चर्य से डरे धमके हुए थे।"

"कि ऐसा अजूबा नहीं हो सकता था कि हम तुम्हें लिवाने पहुंच जाएं।"

मृणालिनी ने पुनः सिर हिलाकर अनुमोदन किया।

"तुम्हें कैसे बताएं, मृणा, हमारी धड़कनों में तुम कैसी रची बसी हुई हो-आड़ी तिरछी होकर कि हम निकालना भी चाहें तो तुम्हें नहीं निकाल सकते।" इसी के साथ वह उसकी बांहें थाम कर चलने लगे।

"स्वामी, आपके पत्र पढ़कर हम अपने में नहीं रह पाते थे। आख़िर हर

लड़की का घर शादी हो जाने के बाद अपनी ससुराल हो जाता है। हम यहां अकेले पीहर में पड़े थे, इस प्रश्न का उत्तर नहीं खोज पाते थे। हमारे घर वालों के चेहरे पर छाई उदासी हमारे को कचोटने लगती थी। हम क्या करें, क्या नहीं...लगता था कि हम आपके योग्य नहीं हैं...।"

"नहीं...नहीं, मृणा, ऐसा स्वप्न में भी नहीं सोचना। हमें एक तुम्हारे पर ही तो भरोसा है। तुम्हें हमने पत्र में भी यही तो समझाया था कि पत्नी पति की शक्ति होती है।"

"हम क्या जानें, स्वामी। हमारा ज्ञान-ध्यान तो घर-गृहस्थी तक ही सीमित है। हमारे तो भगवान् आप हैं।" मृणालिनी का कंठ भर आया। उसके आंखों की कोर से मोती झलकने लगे।

"तुम्हारा सोचना गलत नहीं है, मृणा...।" मैं तुम्हारा अपराधी हूं। मैंने जीवन में कभी किसी को दुःख नहीं पहुंचाया।

"यह मेरा मन भी मानता है।"

"सच मृणा, मैं कुछ नहीं कह पा रहा हूं। अपने प्यार से कुछ छिपा भी नहीं सकता। प्यार ही जीवन की सबसे बड़ी शक्ति है। मैंने अपनी शक्ति खो दी? तो मेरे पास क्या शेष रहेगा? मैंने चाह से विवाह रचाया था। परंतु अचानक मेरा लक्ष्य बदलने लगा। मेरी दिशा बदलने लगी। राजनीति से मोह टूटने सा लगा है। परंतु...।" कहते-कहते अरविंद रुक गए। वह क्या सफाई दें? कैसे दें? मृणालिनी सहज है। प्रतिभाशालिनी है। घर-गृहस्थी ही उसके जीवन का रचाव श्रृंगार है।

मृणालिनी अरविंद को पलंग पर बैठा छोड़कर बाहर चली गई। अरविंद पुनः सारी स्थिति का विश्लेषण करने लगे। पत्नी की पति से क्या अपेक्षाएं होती हैं। वह उनसे ज्यादा महत्त्वाकांक्षाएं नहीं रखती है। उसके जीवन सरल रेखा सा है। उसने कितने सरल शब्दों में अपने मन को पत्र में अभिव्यक्त कर दिया था। लिखा था –

हम नहीं जानते और हमारे अंदर न ही कोई ऐसी जिज्ञासा जन्म ले पाती है, जिससे हम मानुष की ऊर्जा शक्ति से परे की किसी शक्ति या महाशक्ति के बारे में सोच पाएं। आपने लिखा है तो सत्य ही लिखा होगा, परंतु हमारी तो अपनी सीमा है।

हमने जीवन से कुछ नहीं मांगा। मांगने की कभी जरूरत भी नहीं पड़ी और कभी पड़ी भी तो हम मांगने से मर जाना ज्यादा ठीक समझेंगे। जो चीज अपने वश में है, हमारा उसी पर तो अधिकार हो सकता है। जैसे हम आपको पत्र लिखते रहते हैं और आगे भी लिखते रहेंगे, क्योंकि अपने पति

के सामने हमें अपने को खोलते रहने का अधिकार है। यदि आप उनका उत्तर नहीं दें, तो यह आपकी मर्जी है, आपका अधिकार है।

हमने साथ रहने का समाज के सामने एक-दूसरे से वादा किया है। शायद इसलिए हम एक से दो हुए हैं कि इस समाज के लिए पहले से बेहतर कुछ कर सकेंगे। यह आपकी इच्छा है कि आप अकेले ही इस क्षेत्र में कुछ कर पाएं।

याद नहीं पड़ता कि हमने कहां पढ़ा था कि समाज की बेहतरी इसी में है कि वह एक-दूसरे के लिए पवित्र मन से कुछ-न-कुछ मंगल करता रहे। उसमें झूठ-फरेब न हो-लाग-लपेट न रहे। आकांक्षाएं आसमानी न हों, जमीनी हो। जहर और अमृत में कोई अंतर नहीं है यदि उसका प्रयोग आता हो तो जहर ही अमृत हो सकता है और न आता हो तो अमृत जहर भी बन जाता है। हालांकि हम सोचने-विचारने के मामले में कोई खास दखल नहीं रखते। फिर भी, हम सोच की पराई कैद से मुक्त नहीं हो पाते। यह सोच ही तो है जो दूसरों के क्षेत्रों में जाकर अनचाहे दखल देने की योजना बनाता है और दखल देता भी है। सोच समंदर उछालने के मंसूबे बनाता है। काश, कोई शक्ति सोच को जीने की राह पर डाल सके तो सोच के भारीपन से मानुष जाति को आजादी मिल जाए।

हम किसी दूसरे की बात क्यों करें, अपने बारे में ही क्यों न बात करें कि हम यहां आपसे इतनी दूर क्यों हैं? यह है न दो सोच का फासला, जबकि हम दोनों सोच के इस फासले को दूर करने के लिए एक हुए हैं, लेकिन हुआ तो उलटा है कि फासला पहले से ज्यादा बढ़ा है। पहले भी आप हमारे सोच के हमराही नहीं थे। हम एक-दूसरे को जानते ही कहां थे? तब आपका दिन आपका था, आपकी रात आपकी थी और हमारा दिन हमारा था और हमारी रात हमारी थी। तब एक-दूसरे के सोच में न आप थे और न हम। पर अब हैं। यह पत्र उसी सोच का परिणाम है कि जब सब गहरी नींद में सो चुके हैं यानी रात्रि का एक पहर बिता चुके हैं और हम टेबल लैंप के सामने बैठे सोचे जा रहे हैं कि ऐसा क्या लिखें कि आप दौड़े चले आएं और हमें गले लगा लें। थोड़ी देर के लिए ही सही, आप यह भूल जाएं कि आप क्या हैं, और हम भूल जाएं कि हम क्या हैं तो सोच में उठा यह तूफान थम सकता है।

हमारे साथ तो ऐसा हुआ है। नैनीताल हमने आपके साथ पहली बार देखा था। यों तो हम दार्जलिंग अपने मम्मी-डैडी के साथ कई बार जा चुके थे। पहाड़ सदा से हमारा तीर्थ रहा है, लेकिन आपके साथ ब्रुकहिल हाउस,

नैनीताल में बिताए एक माह का प्रतिदिन, प्रति घंटा, प्रति मिनट और प्रति सैकेंड हम में जीवन के प्रति हिमाच्छदित पर्वत शृंखलाओं को ऐसे उघाड़ गया जैसे सूर्य की रेशम सी रश्मियों ने प्रथम बार उसका स्पर्श कर उसमें स्वर्णिम कल्पनाओं को सतरंगी कर दिया हो। आप तो कवि हैं। हमने कभी कविता नहीं की। तब भी नहीं जब हम मम्मी-पापा के साथ दूसरे पहाड़ी स्थानों पर गए।

पता नहीं क्या हुआ। ग्लेशियर देखकर लौट रहे थे। आपने कहा था, "वो देखो, प्रिय, इंद्रधनुष धरती पर उतर आया है।" संध्या का समय था, सूर्य तापरहित हो चमक रहा था। उसकी रंग-बिरंगी किरणों ने धरती-आसमान दोनों को विविध रंगों से रंग डाला था। सचमुच हमें तब यह आभास हुआ कि हम भी उन रंगों में रंगे हुए हैं। आपने हमें अपने पास खींचकर कहा था, "लो, शेष रंग हम तुम्हें दिए दे रहे हैं। वह प्यार आज भी ब्याज मांग रहा है।"

"बताओ तो क्यों दिखाए थे, वे स्वप्न? क्यों भरा था स्वप्नों का संगम मेला? क्यों किया था प्यार का अलिखा प्रस्ताव? क्यों भरे थे उनमें फेनटेसटिक (विलक्षण) उमर ख़्य्याम के ख़्याल? क्यों रच डाला था एक मधुर स्वप्निल संसार? उसी का यह फल था कि हमने कहा था, "यहां कुछ देर बैठें।" प्रकृति उन्मुक्त होकर, आत्मलीन हुई अपने सर्वश्रेष्ठ लैंडस्केप की निर्मिति पर जश्न मनाने लगी है।

"हम बैठ गए थे। आपने हमारे कंधे पर हाथ रखा हुआ था और अपने चंचल नेत्रों से हमें देखे जा रहे थे। अजीब-सी गुदगुदी हो रही थी। शायद दो शरीर एक प्राण का स्वप्न किसी महान् तपस्वी ने इन्हीं क्षणों में ईजाद किया होगा। जब प्रकृति ने पुरुष को स्वीकार किया होगा और पुरुष ने प्रकृति को। कितना समय बीत गया पवन के संगीत की बाहों में झूलते हुए। हमने कहा था, "एक कविता सुनोगे।"

"तुम कविता करती हो।"

"नहीं। पर आज कविता हो उठी है अपने आप।"

"ओह! तो हम अवश्य सुनेंगे।"

"हम नहीं जानते कि वह कविता है भी या नहीं, परंतु हमारे पास उसे सुनाने के लिए दूसरा कोई नाम भी तो नहीं है।"

"तुम हमारी सबसे सुंदर कविता हो, मृणालिनी।"

"हम आपको कविता दिखते हैं, क्या?"

"उससे भी बढ़कर-न केवल आप दीखते हैं, बल्कि हमारी अंतरंग

गहराइयों में अनुभव भी होते हो।"

"यह हम क्या सुन रहे हैं। वह पत्नी कितनी खुशनसीब होगी, जिसका स्वामी इतना महान् होगा कि..."

"आगे नहीं, प्रिये। आगे कविता।"

"अभी हमने उस कविता को कोई नाम नहीं दिया है। फिर भी...।" कहकर हम कुछ देर तक खोए रहे। पवन महकता रहा। खखार कर हमने बताया था, "संगीत के तीन सप्तकों-मंद्र, मध्य और तार-में से पहला मंद्र है, जो तराने कभी-कभी मक्र चांदनी का सा भ्रम भी पैदा कराने लगता है। इस वक्त हम उसके नजदीक अपने को महसूस कर रहे हैं और एक साथ लैंड्स एंड, टिटिन टॉप, कैंची का स्मरण कर उठे हैं।...हां तो..."

ए ग्लेशियर, नैनी झील के समंदर
आकाश को बांहों में समेटे
सारी दुनिया से बेखबर होकर
प्रथम प्रणय की सांसों के चंदन वन
छेड़ रहे हो पल-प्रतिपल प्राणों का नव संगम
कितने अनुपम आह्लादित मन से!

काश! ये क्षण जीवन का पाथेय बन
अभ्यंतर के कण-कण में अभिव्यक्त हो
ज्योत्स्ना के अमृत, अक्षय निर्झर
वन उपवन की सावन झूलती डगर पर
खिलखिलाते पक्षियों के मादक कलरव
खामोशियों की वादियों पर हिमपात से छा जाएं
काश, धरिणि के रोम-रोम का अछोर मरुस्थल
हरितिमा की अनछुई चादर बन लहरा उठें
अंधेरों की छायाओं से महकते हुए बदन
सूर्य आतप के नवोदय से प्रकाशित हो उठें
हिमाच्छादित शिखर के एकाकी कंदराएं
गंगा बन जन जीवन में प्रार्थनाएं लिखें।

मृणालिनी आंखें बंद किए धीमे स्वर में गाते-गाते रुक गई थी। उसका गाना भी गद्य को पद्य में उठाने जैसा था। एकदम किसी अति मंथर नदी के मोड़ का स्मरण कर रहा था। उसकी आवाज में गहनता थी और अद्‌भुत

लयात्मक तरलता, जो सीधे हृदय को वशीभूत कर गई थी। अरविंद ने उसकी ओर सम्मोहन में डूबते हुए अपलक देखा। उसके मुख मंडल पर एक ललक भरी, लावण्य सजी अबोध किशोरी किसी अज्ञात लोक से आ उतरी थी। उन्हें लगा कि पवन उस कविता की सुगबुगाहट को परिमल की तरह चतुर्दिक बहाए ले जा रहा था। अब आसमान अंतर्मुखी हो रहा था। पक्षी वृंद की चहक डूबती-तिरती किसी अंतरा को तरंगित कर रही थी। समूचा परिवेश सुखमय हो रहा था। मृणालिनी ने आत्म-सम्मोहन की तंद्रा से उन्मुक्त होते हुए चतुर्दिक देखा। वह अवाक् सी रह गई। उसके नयन उठते-गिरते रहे।

"तुम्हारे कंठ में जादू है, मृणा। ईश्वर ने तुम्हें उपहार में अपनी आवाज दी है, हृदय दिया है और सघन एकाग्रता दी है।" अरविंद भावुक होकर कह रहे थे तल्लीनता से। कभी-कभार शब्दों से बाहरी अर्थ भी इतने सघन और गहरे हो जाते हैं कि वहां शब्द नहीं, केवल अर्थ ही अभिव्यंजित होते हैं।

"हमें चलना चाहिए। सूरज डूब रहा है।"

"तुम यह अनुभव कर रही हो कि दिनांत की टहनी पर अज्ञात लोक का थका हारा पक्षी बैठा हुआ फैलते हुए तमस को जिज्ञासा से देख रहा है।" अरविंद में कविता का अंतस् खिल उठा।

"आपकी कल्पना में कितना सौम्य सौंदर्य है, स्वामी!" मृणालिनी ने गद्‌गद होकर कहा। साथ ही मन-ही-मन उस संपूर्ण परिदृश्य को अनुभूत किया।

अब वे उठ खड़े हुए थे। गूंगे बनकर उतर रहे थे। सकता (अचरज) से चतुर्दिक देखते हुए सोच रहे थे। सोच का हृदय आत्म विस्मृत-सा अवलोक रहा था। कभी व्यक्ति देखते हुए कुछ नहीं देख पाता है, उसे कुछ अनुभव नहीं होता है और उसके होंठ सिले से रह जाते हैं। उसकी भावनाएं शून्य की ओर ठहरी रह जाती हैं। बहुत कुछ ऐसी स्थिति में दोनों इस वक़्त गुजर रहे थे। उतराई के घुमावदार मोड़, संतरी से ठहरे हुए रास्ते और बहती हुई कहीं दूर से आती पहाड़ी नदी के स्वर का अनुमान वे अपने-अपने में समेटे हुए थे।

आधेक घंटे में वे नीचे पहुंच गए बिना संवाद किए आत्म-संवाद में लीन! एक प्रकार का खुला तन-मन लिए, सहज हुए और गोपनीय प्रसन्नता का रहस्य जानकर। सच की अनुभूति इतनी अनाविल, इतनी ऋजु, इतनी मृदुल, इतनी गद्‌गद और इतनी कमनीय होती है कि बहता हुआ पावन नीर, बहता हुआ परिमल पवन और खिलती हुई ज्योत्स्ना की गंध सबके सब अनुभूत गंध बन निःस्वन से चहक उठते हैं। मृणालिनी ने नीचे उतर कर

अरविंद की ओर नहीं देखा और न आने-जाने वालों की ओर देखा, फिर भी उन्हें लगता रहा कि अरविंद की अपलक दृष्टि उनकी ओर ही है और वह कह रही हैं, "मृणा, समर्पण ही प्रेम भाव (इमोशन) की अंतिम स्थिति है। फिर ऐक्य भाव रह जाता है, द्वैत नहीं रहता।"

"परंतु गोपी-राधा और श्रीकृष्ण के मध्य आत्मेक्य के बाद भी द्वैत नहीं रहा था, क्या स्वामी।" मृणालिनी पूछती है।

"यदि ऐसा होता तो वह दधि को कृष्ण ले लो कह कर नहीं बेचतीं। स्वयं श्रीकृष्ण का शृंगार नहीं करतीं। उनमें और श्रीकृष्ण में कोई द्वैत रहा नहीं, देह की सत्ता देखने मात्र सी रह गई, वे परस्पर ऐक्य हो गए। फिर भी, श्रीकृष्ण चर्चा-प्रसंग में सदा बहते रहने का भाव बनाए रहे।... मृणा, यह हमारा प्रेम स्थल... हम दोनों के मुक्त प्रेम भाव का चिर संगम स्थल सदियों तक नव वृंदावन की धारा की अनुभूति कराता रहेगा। प्रियम्वदा और रुरु के कथा मंत्रों का उद्घोष करता रहेगा। रिअली द प्लेस इज एन एमब्लम (प्रतीक) ऑफ लव एण्ड पीस।... दि प्लेस वेअर द एम्ब्रेस्ड मी, आई एम्ब्रेस्ड यू... बोथ एम्ब्रेस्ड ईच अदर। अवर स्पीच इवोक्ड एकोज ऑफ द पास्ट। युअर लवली वाइस बिल एवोक मेमोरीज ऑफ अवर यूथ।"

"एंड युअर।"

"विल ऑलसो। व्हाट आई एम? व्हाट ऑर यू?...बोथ ऑर वन।... ऐज बी ऐम्बल्ड (धीरे-धीरे चलना) अलांग फार माइल्स।...डू यू फील! बट इट इज अ ट्रुथ दैट ब्यूटी इज लाईफ एंड लाईफ इज ब्यूटी।"

"इट इज अॅ ऐम्युलट (तावीज) ऑफ अवर लव?..." मृणालिनी ने मुस्करा कर कहा।

"व्हाई नॉट, माई लाईफ।... इट इज सो...।" अरविंद धीरे-धीरे गुनगुना उठे। कह उठे, "सुनो, मृणालिनी, यदि सुन सको... एक नदी जो गंगा सी पर्वत के हृदय से पिघलकर बहती हुई हमें बहाए लिए जा रही है एकदम मंद पवन की तरह/जो चुपके से सुमनों की मादक गंध लिए/मतवाला होकर बहे चला जा रहा है/सारी दीन दुनिया को भूलकर अपनी ही मस्ती में, अपने ही साथ...!... और सुनो-यह पवित्र आख्यान तथा कल्पित गाथा? यह तो तेरी देह की जीवन तृष्णा है/यह तेरी रगों की उत्कट पिपासा है।"

"हां... हां... मैंने सुना है, परंतु सच यह भी है –
प्रेम देहजनित देहोपरि अंतः उद्गार है
प्रेम प्रमाद तृष्णा, पिपासा मात्र नहीं
सह जीवन का अमृत आधार है

चेतना-अचेतना का मिलन अंतर्द्वार है
साक्षी है, नैनीताल हमारे प्रेमतीर्थ का, नाथ
प्रेम प्रतिष्ठा का यह मंदिर, ललाम है।।"

अब वे ब्रुकहिल हाउस की ओर मुड़ गए संवादों के अंतर्मन को लिए, कभी आकाश और कभी सौम्य प्रवास स्थल की ओर देखते हुए अपनी तेजोमयी शरणस्थली के रागानुरागानुबंधमयी अनुगुंजन की परिकल्पना के परिदृश्यों सहित। मृणालिनी का मन अंदर-ही-अंदर आहलादित हो उठा था। जीवन का सर्वथा एक नव्य अध्याय लिखा जा रहा है पवन पत्र पर अदृश्य, लिपिरहित, अगोचर, अनंत!

22

इसमें कोई संदेह नहीं था कि लाल बाजार की हवालात से अलीपुर का कारावास कई कारणों से भिन्न था और सोच को कई अदृश्य स्तरों के रहस्य से जोड़ता था। लाल बाजार से वह अरविंद को रायड स्ट्रीट लाए थे, जहां उनका सामना जासूस मौलवी शम्स अल आलम से हुआ जो मजहब के बारे में अत्यंत उदार धारणा रखते प्रतीत हुए थे। उनका समन्वयकारी और चमत्कारपूर्ण वक्तव्य हिंदू धर्म और इस्लाम धर्म को लेकर उस समय शिखर छूने लगा था, जब उन्होंने ओंकार में तीन मात्राओं (अ उ म्) और कुरआन के पहले तीन अक्षर अ ल म में भाषा विज्ञान के नियमांतर्गत 'ल' के बदले 'उ' व्यवहृत होता है, की व्याख्या की। अर्थात् दोनों मंत्र अ उ म हुए। दोनों धर्मों का मूल मंत्र एक ही है। यह सीख, उनकी बड़ी-बड़ी आंखें जो काजल से और चमकदार हो उठी थीं, कहीं गहरे में उतरती लगीं। अनायास वह पूछ बैठे, "मैं समझ सकता हूं, अरविंद, आपमें और विपिनपाल में एक गहरी रेखांकित समानता है, और वह है दृढ़ चरित्र बल की-सत्यनिष्ठा की। फिर भी, अनजाने में और असोचे ऐसा घट जाता है जैसा आपके साथ हुआ। काश, आप अपने भाई को अपना बगीचा नहीं सौंपते। परंतु आपको क्या पता था कि वह स्थान आपका भाई बम बनाने के लिए प्रयोग में लाएगा। निस्संदेह इसके लिए आप दोषी नहीं हैं। यह बात मैं यहां सबको समझा चुका हूं। आप चिंता नहीं करें। मेरे जीवन का मूल उद्देश्य ही यह है कि चरित्रवान्, दयावान् और सत्यवादी की भरसक सहायता करूं।...और अल्लाह की फज्ल से मुझे इस मकसद में सहायता मिली है।"

अरविंद की दृष्टि आंगन से सटे हुए उस वृक्ष की टहनी पर जा गड़ी, जिस पर चमकदार काले रंग की परवाली और लाल चोंचवाली चिड़िया आ बैठी थी। इस तरह वे एक से दो हो गए थे और मौलवी साहब वहां से गायब थे। उनकी दाढ़ी अभी तक हिल रही थी, परंतु वह स्वयं नदारद थे। वह चिड़िया उड़ गई और अब उस जैसी छह कोठरियों के सामने दार्शनिक मुद्रा में एक संतरी चक्कर काट रहा था। उसकी पदचाप में एक कर्कश सच्चाई थी जो कदाचित् उस संतरी की विवशता का मौन खुलासा कर रही थी।

अरविंद ने कभी नहीं सोचा था कि उसे उन छह कोठरियों में से एक में रखा जाएगा, जिनमें विचाराधीन खतरनाक कैदियों को रखा जाता है। खैर, अब जो कुछ होगा, वह सब सहना होगा। क्या पता सरकार की मंशा कहां तक है? वह क्या चाहती है? उसे उससे भय है। क्या उसे सरकार के इरादों से आशंका नहीं है? सरकार किसी भी हद तक जा सकती है। मौलवी साहब के बाद अरविंद का सामना रामसदय मुखोपाध्याय से हुआ। वह कह रहे थे, "बंधु, सरकार आपके प्रति कड़ा रुख अपनाएगी। वह आपको क्रांतिकारी दलों का प्रमुख समन्वयक और प्लानर मानती है।"

"वह सरकार की अपनी मरजी है मुखोपाध्याय, मैं इसमें क्या कर सकता हूं?"

"थोड़ा बहुत सरकार की नजरों में उठ सको।"

"क्या मतलब?"

"उसके विश्वासपात्र बनने की चेष्टा कर सको।"

"यानी झूठ का अवलंब लूं।"

"समझदारी से काम करो। आख़िर अपने को बचाना है। निर्जन कारागार अपने आप में बहुत बड़ी सजा है—मृत्युदंड से भी भयावह। इतालवी राज हत्यारे ब्रेशी का भयावह अंत। उसे सात साल के निर्जन कारावास की सजा हुई थी। ब्रेशी एक साल में ही विक्षिप्त हो गया था। फिर उसने आत्महत्या कर ली थी।"

"मेरे साथ ऐसा कुछ नहीं होगा, मुखोपाध्याय, आप विश्वास रखें।" अरविंद कह रहे थे, "मैं सत्य मार्ग का अनुयायी हूं, भय मुझे नहीं घेरता है।"

"इस बारे में मैं और कुछ नहीं कह सकता हूं। उन विषम परिस्थितियों की आप अभी कल्पना नहीं कर पा रहे हैं, मि. अरविंद। मेरी सलाह है कि बच बचाकर चलो, सरकार के हाथ बहुत लंबे हैं।"

"शुक्रिया, मि. मुखोपाध्याय। ईश्वर के हाथ से लंबे शायद सरकार के हाथ भी नहीं हैं। यह आप भी याद रखें।" अरविंद ने इतना कहकर मुंह दूसरी ओर घुमा लिया।

अब वही निर्जन कारावास। अरविंद कंबल पर बैठा हुआ वृक्ष और सूनी पत्तियों को अनमना होकर देख रहा है। आज 9 तारीख है, जून की और रविवार है। एक सप्ताह ही गुजरा था कि सन्नाटा चारों ओर काले मेघों की तरह छाता चला गया। देखते-देखते दिन गहरी काली रात में डूब गया। आंखों के सामने तटहीन समंदर की निर्जन लहरों में अजीब-सी खामोशी थीं।

आंगन का दरवाजा खुला रहता तो अरविंद सरियों के पास आ बैठता था, जहां से गोहालघर के कैदी गायों को साथ लेकर गुजर जाते थे। मनुष्य और पशु को देखकर उसे अनुभव होता कि वह दुनिया के एक कोने में अपने होने की अनुभूति कर पा रहा है। मानुष दर्शन के बिना वह कितना अकेलापन अनुभव कर उठता था, यह वह तय नहीं कर पाता। दिन कितने लंबे खिंच जाते थे कि आंखें थकने लगती थीं, शून्यता से टकरा कर भी दिन अपनी जगह से टस से मस नहीं हो पाते थे। सब कुछ स्वाद रहित लगने लगता। खाने के बारे में उसने सोचना बंद-सा कर दिया था-मोटा भात, भूसी के साथ कंकड़ और दाल में जल ही जल। सब्जी के नाम पर घास पात को पाकर वह संवेदनहीन हो चला था। सुबह शाम, दिन-प्रतिदिन वही मेन्यू (भोजन/व्यंजन तालिका), वही स्वादहीन भोजन से वह उकता उठा था। उसकी समझ में नहीं आ रहा था कि वह इस अकल्पित जिंदगी को किस तरह से बिताए?

दिन चिकने फर्श पर बिन हिले-डुले पानी की तरह पसरा पड़ा रहता था। पानी सूखाने का वहां कोई साधन नहीं था, सिवा कंबल से पोंछने के। वह खड़ा होकर अपने चारों ओर देखता। उसे लेले का यह वाक्य याद आने लगता, "अरविंद, कल्पना करो, अपने में शून्य बुनो और अनुभव करो कि आप हवा में तैर रहे हैं। धीरे-धीरे आप ही हवा होते जा रहे हैं। कुछ समय बाद वहां मात्र हवा रह जाती है। कमरे की दीवारें, छत, वातायन द्वार आदि कुछ भी नहीं रहता।" अरविंद ने लेले के साथ बिताए दिनों में सघन एकांतवास का अनुभव दिन-रात किया था। वह शून्य में जा पहुंचा था-भाररहित होकर तैरता रहा था। तब लेले ने पूछा था, "कहां थे, अरविंद?"

"था या नहीं था, ठीक से नहीं कह सकता, क्योंकि मैं जहां भी था वह अनुभवातीत है—स्मृति से परे है। क्या वही अनंत था, गहरा शून्य, जहां समंदर था परंतु उसमें उत्ताल तरंगे नहीं थी, जहां अनंत रेगिस्तान था, परंतु उसमें आंधी-अंधड़ कतई नहीं था, जहां न आकाश था, न धरा, जहां न हवा थी और न जल के स्रोत जहां न अंधकार था और न प्रकाश।" वह कहे जा रहे थे। फिर भी अपने कथन से वह संतुष्ट नहीं थे। वे दिन उनमें एक सर्वथा अजगत्

का नव सृजन कर रहे थे। न पूर्व था, न अपूर्व, न अतीत था, न वर्तमान, न कल्पना, न स्वप्न, न अनागत था, न आगत। परंतु कुछ था। तब वह हलके हो उठे थे। तब न उनमें विकार रहा था और न अविकार। सत्य-असत्य के परे की कल्पना इससे पूर्व उन्होंने कभी नहीं की थी। सर्वस्व था, अचेष्टा से, भाव-अभाव रहित, प्रत्यक्ष-अप्रत्यक्ष, साकार-निराकार अथवा इन सबसे परे।

लेले ने उनके मस्तिष्क को छुआ और फिर कहा था, "अब, अरविंद?"

अरविंद कुछ समय तक कदाचित् निश्चेष्ट, संज्ञाविहीन और आधार रहित रहे। फिर कहने लगे, "यह क्या था, योगी लेले?"

"जो था, वह अनुभव से परे था-साक्ष्य होते हुए असाक्ष्य था। शब्दातीत था।"

"हां था। मैं था, मैं नहीं था। अथवा दोनों से परे था-न मैं था, मैं था और न ना मैं था। फिर मैं कहां था, योगी लेले? क्या मैं सम्मोहित था?"

"नहीं, सम्मोहन नहीं था। इस अनुभवातीत अनुभव को हम कोई नाम नहीं दे सकते थे, क्या आप दे सकते हो, अरविंद?"

"कदाचित् नहीं।"

"कदाचित् क्यों?"

"हां, मुझे कदाचित् को बीच में नहीं लाना चाहिए।" अरविंद ने संभलते हुए कहा।

"योगी कदापि अनुकरण नहीं करता है, अरविंद। जो अनुकरण करते हुए योग से जुड़े रहते हैं, वे देह तत्त्व से थोड़ा ही परे हटकर उस साक्ष्य की हलकी-सी अनुभूति की अंतश्चेतना का संस्पर्श कर पाते हैं-मात्र देह में अदेह होने की कल्पना कर पाते हैं।"

"क्या वह योग नहीं है?"

"है पर देहजनक योग। योग की प्रथम क्रिया-प्रक्रिया।"

"दूसरा, योग?"

"देह से अदेहात्मक। जगत् से परे। इसे अजगत् कहा जा सकता है।"

"और इसके बाद...।"

"योग...महायोग...स्व योग...। आत्म योग...अंतर्योग..."

"क्या मतलब?"

"यह मतलब है कि योग की यह अवस्था को अंतिम अवस्था कह सकते हैं, क्योंकि यह यात्रा स्वयं योगी को करनी होती है, स्वयं इसके लिए रास्ते तलाशने होते हैं। पूर्व तलाशे हुए रास्ते काम नहीं आते। योगी इस यात्रा को स्वयं शुरू करता है। रास्ता कोई नहीं होता। उसे ईश्वर के दर्शन करने की उत्कठ उत्कंठा घेरती है। ईश्वर सर्वत्र है-कण प्रतिकण में है, जड़ चेतन

में है, श्वास-प्रश्वास में है, घर-बाहर सब जगह है। फिर भी दृष्टिगोचर नहीं होता। उसके लिए मार्ग का अनुसंधान कैसे किया जाए, यह साधक-योगी पर निर्भर है, उसकी साधना, तपस्या, योग आदि पर आश्रित है। यह मात्रा पूर्णतया एकाकी है, स्व अनुसंधानित मार्ग पर सुनिश्चित है। ऐसे एकाकी, सत्यानुरागी, एकांत समर्पित, आत्मत्यागी योगी ही ईश्वर का साक्षात्कार कर पाते हैं।" लेले ने कुछ सोचकर आगे कहा, "जैसे एवरेस्ट है, सब जानते हैं परंतु वहां कौन पहुंच पाता है! कितनों ने प्रयत्न किए, रास्ते बनाए, उन पर चले भी, पर क्या हुआ। उनमें से कितने को पता नहीं कहां रह गए, आज तक नहीं लौटे? ठीक इसी दृष्टांत से यह जाना जा सकता है कि सर्वव्यापी उस अदृश्य, अगोचर, निराकार से साक्षात्कार करना कितना कठिन, दुर्लभ और महत्त्वपूर्ण है। यह सब उस योगी के अनुभव से प्रकाश में आ सकता है और वह भी बहुत ही अल्प।"

अरविंद को वहां, लेले के साथ, निस्संदेह दिव्य अनुभूति हुई। और अब यहां, इस कठोर एकांत आवास में, जो उन्हें विचाराधीन कैदी मानकर सौंपा गया है, अनुभवों के अंतराल उलट रहा है। अनेक रौद्र रूप निकट से गुजर रहे हैं। बहुत देर तक, बदबूदार उस तंग कोठरी में, अरविंद को नींद आई। कई दिनों से वह रात आंखों में काट रहा था। शाम के सात बजे प्रमुख जमादार कैदी वार्डरों को इकट्ठा कर ऊंचे स्वर में नाम सुनाता है। उसके बाद सब अपने-अपने स्थान पर लौट आते हैं। शाम के साढ़े पांच बजे रात्रि खाना होता है। फिर लौह-द्वार बंद हो जाता है। तब से अब तक अरविंद के सामने एक रील चल रही थी।

गोहालघर का एक कैदी अरविंद के कपड़े धो देता था और बरतन भी मांज देता था। शुरू के दो दिनों तक उन्हें स्वयं ही यह सब काम करना पड़ा था। सुबह का खाना दोपहर से पहले सुबह ग्यारह बजे होता था। उससे वह खाना नहीं खाया जाता था। जैसे-तैसे, आधा-अधूरा खाना वह निगल पाता था।

आज उमस भी थी और गरमी भी। पसीने आ रहे थे। फिर भी, अरविंद की आंख लग गई थी। तभी कड़कदार आवाज ने उन्हें हिला दिया। छेद से पहरेदार पूछ रहा था, "मोशाय, ठीक तो हो।"

"क्या इतनी रात गए, यह पूछना जरूरी था, जमादार भाई।"

"हां था... जितनी बार ड्यूटी बदलेगी, उतनी ही बार आपकी कुशल ड्यूटी का खास हिस्सा है।"

"पूछो, भाई, जरूर पूछो। सब अपनी-अपनी ड्यूटी निभाओ। अपनी

ड्यूटी में कोई कसर मत रखो।" अरविंद ने सारशून्य लहजे में सरल भाव से कहा। कैदी को कारावास में बेफिक्री की नींद निकालने का अधिकार भी नहीं होता है।

सुबह सवा चार पहली घंटी बजती। सब कैदी उठ बैठते। पांचेक मिनट बाद दूसरी घंटी बजती। कैदी बाहर आने लगते। हाथ-मुंह धो ले। फिर लापसी लेते। लापसी भी तीन तरह की थी। पहले दिन मांडयुक्त उबला हुआ भात, दूसरे दिन दाल के साथ खिचड़ीनुमा लापसी और तीसरे दिन गुड़ युक्त भात। मीठा चावल, धूसर रंग वाला। अरविंद की जिंदगी का सर्वथा नवीन और अधूरा पृष्ठ हवा के थपेड़ों में बलखाता हुआ लहराता रहता।

गोहालघर का वह वृद्ध कैदी, जिसने अपनी जिंदगी का एक चौथाई हिस्सा कारावास में बिताया था, काफी तजरबेदार और वहां के कर्मचारियों से काफी हिलमिल गया था।

वह कैदी वार्डर उसकी देखरेख के लिए नियुक्त किया था। नहा तो वह लिया पर कपड़े कैसे बदले। वहां तौलिया नहीं मिलता था। उसने ही अपनी कारगुजारी से उसके लिए डेढ़ हाथ चौड़ा एंडी का कपड़ा जुटा दिया था। वह पूछ रहा था, "सिर पर खून का इलजाम है क्या?"

"पता नहीं।"

उस वृद्ध ने आंख फाड़कर उसकी तरफ देखा और पुनः पूछा, "ऐसा क्या खतरनाक काम किया जो छह डिक्री का सुख भोग रहे हो?"

"नहीं जानता।"

"पर क्यों?"

"क्योंकि मैंने ऐसा कुछ नहीं किया।"

"बिना किए कराए ही।"

"यही सच है, बाबा।"

"वह भी इतनी भयंकर हवालात।"

"हां।"

"कैसे चक्कर में आ गए।"

"पता नहीं, सोते से उठा लाए।"

"खानातलाशी हुई थी।"

"हां, हुई थी।"

"क्या मिला?"

"था क्या जो मिलता!"

"कुछ तो...।"

"कुछ पुरानी-नई चिट्ठियां अंग्रेजी-बंगला में लिखी हुई।"

"अंग्रेजी जानते हो।"

"कुछ-कुछ।"

"इन फिरंगियों को क्रांतिकारी पसंद नहीं हैं। ये लोग 'वंदे मातरम्' को हथगोला मानते हैं। तुम तो उनमें दिलचस्पी नहीं रखते, बाबू?"

"कौन नहीं चाहेगा कि अपनी बंधनी मां मुक्त कराना।"

"तुम क्रांतिकारी हो, बाबू।"

अरविंद कुछ नहीं बोला। उसे चुप पाकर वृद्ध बोला, "ये फिरंगी खराब खोपड़ी के हैं। झूठे-सच्चे केस लगा देते हैं। जज भी इन्हीं के हैं। आरोप ये गढ़ते हैं। गवाह ये जुटाते हैं। सरकारी वकील एक से एक कांटे के हैं, इनके पास। फिर भी अपने को बचाने का प्रयत्न करना। ये भेड़िए हैं, मीठा घात करने में नहीं चूकते। इनका भरोसा मत करना। मेरे लायक कुछ काम हो तो बेहिचक कह देना। अपने पर इनको कुछ-कुछ यकीन है। कोशिश जरूर करूंगा। पूरी जिंदगी हाथ साफ किया है, छोटी-मोटी चोरियां की हैं। सरकारी गवाह भी बना हूं। कहना यह है कि अब तक कोई अच्छा काम नहीं किया है सिवा इसके कि शादी नहीं की, अन्यथा वह भी दुःख पाती। कलपती मरती।"

यों उससे अरविंद की दो तीन-बार हलकी-फुलकी बातचीत अवश्य हुई थी। अब तो पिछले तीन दिन से उससे कोई बात नहीं हुई और न उसने कोई बात की। खामोशी संतरी की ड्यूटी सी तनी रही। सोच कि कच्ची-पक्की भित्ति पर धूप की लकीरें अपने अदृश्य निशान छोड़ जाती थीं, जिन्हें अरविंद जैसा तेज दिमाग उलटता-पुलटता रहता था, बिना यह जाने-बूझे कि वह किसी तह तक पहुंच पाएगा अथवा नहीं। उसे तो अपने को कहीं-न-कहीं उलझाना था ताकि समय चुपचाप खिसकता रहे और वह वहां अपने को उकताहट की चौखट पर खड़ा न पाए हरदम। घंटी बज गई। यानी सवा चार बज गए। अब उठना है। वह सो ही कहां पाया था! वह उठ खड़ा हुआ।

23

पूर्णमासी थी। व्रत रखा था मृणालिनी ने। कई दिनों से उसकी दायीं आंख फड़क रही थी। अटारी पर काग टेर लगा रहा था। उसका मन भी कुछ-कुछ हलका हो रहा था। साधु-महात्मा ज्योतिषी भी होंगे, यह उसे पता नहीं था। वह घर में अकेली थी। अलख निरंजन का राग अलापता हुआ वह दाढ़ी

धारी, कृशकाय परंतु प्रसन्नचित्त, बड़ी-बड़ी सौम्य आंखों वाला चिमटा बजाता हुआ उसके द्वार पर आ खड़ा हुआ था। उसने न चाहते हुए भी कुतूहलवश दरवाजा खोला था। सुखदा शिलांग आई हुई थी। वह उससे जिद कर रही थी कि श्रीराम कृष्ण मंदिर में वृंदावन से एक तपस्वी आया हुआ है। वह आगे-पीछे की सब बता रहा है। वह भी चले और पूछे, लेकिन उसने स्पष्ट मना कर दिया। वह क्या पूछेगी? उसका आगा-पीछा उसके सामने है। उसके बारे में वह तपस्वी उससे ज्यादा क्या जान सकता है, लेकिन इस वक्त बात दूसरी थी, वह अकेली थी और दुपहर का ढलान था।

"बेटी, तू कष्ट में है।"

"कष्ट में कौन नहीं है, बाबा? क्या आप नहीं हैं!"

"तू कुछ ज्यादा ही कष्ट में है, बेटी। यह बाबा कष्ट में नहीं है।"

"क्यों नहीं है? घर-घर जाकर आप आवाज लगा रहे हैं।"

"बेटे, हम जन-जन में अलख जगा रहे हैं। जन सोया पड़ा है, उसे जगा रहे हैं।"

"क्या आप यह काम अपना घर-बार त्यागकर कर रहे हैं, बाबा?"

"हां बेटी! सबके हित में अपने हित छोड़ने ही पड़ते हैं?"

"पति-पुत्र-पुत्री, सब छोड़ने ही पड़ते हैं न, बाबा!"

"अलख का होना है तो सारे नाते-रिश्ते, सारे ममत्व-स्वार्थ, माया-मोह आदि तो छोड़ने ही होते हैं, बेटी।... इस संसार में सबका सब उसका है, अपना कुछ नहीं है।"

"यह बोध होते ही आपने पत्नी-पुत्र आदि सबको छोड़ दिया।"

"हां, पर तुझे कैसे ज्ञात हुआ, बेटी?"

"जैसे आपको बाबा कि हम कष्ट में हैं। क्या कष्ट प्रभु स्मरण की प्रगाढ़ता का मंत्र नहीं है?"

"है पर ...।" इस बार तपस्वी ने ध्यान से उसकी ओर देखा।

"क्या आपको घर-परिवार, बाल-बच्चों की याद नहीं आती है?"

"सारा संसार अपना घर-परिवार है, बेटी।"

"नहीं बाबा, आपकी पत्नी आपकी पत्नी है। उसे किसके सहारे छोड़ा है? क्या सोचकर छोड़ा है? जानते हैं, बाबा वह किस हालत में होगी? यह समाज कितनी शुभ्र दृष्टि रखता है अकेली औरत पर?... जोगी किसके खातिर बने? क्या ये ही कष्ट कम हैं। यों आपको क्या मिल रहा है? वह कौन-सा सुख-आनंद है जो घर में नहीं है, बाहर है और अनजानों-अजनबियों के बीच में है?" मृणालिनी की अंतर्पीड़ा पिघल उठी थीं।

तपस्वी हतप्रभ सा सुंदरता की देवी की ओर देख रहा था। मृणालिनी

कह रही थी, "घर छोड़ना तप नहीं है, बाबा, घर जोड़ना तप है। जरा उन देवी-देवताओं, ईश्वर-भगवान् के नाम तो बताओ जिनके लिए आपने घर-बार छोड़ा और उन्होंने भी। कृष्ण के साथ राधा-रुक्मणि है, राम के साथ सीता, शिव के साथ पार्वती, ब्रह्म के साथ कमला...जरा ध्यान से विचारों तो सबके साथ उनकी पत्नी हैं। कोई देवी-देवता, भगवान्-ईश्वर पत्नी रहित नहीं है, बाबा। फिर आपने पत्नी-बच्चों को क्यों छोड़ा? किसके कहने से छोड़ा? क्या कोई ऐसा संसार है जिसमें जोड़ों के बिना बढ़ोत्तरी हो रही हो?"

तपस्वी की आंखें खुलीं। उसे अपनी युवा पत्नी की याद आई। क्या दोष था उसका? एक पुत्र भी था दूध पीता। ठीक-ठाक था घर बार! सुख-चैन था। मौज-मस्ती थी। क्या पता, अब उन सबका क्या हुआ हो? तपस्वी पूछ रहा था, "तू कौन है, बेटी?"

"बेटी हूं। इस बेटी से रिश्तों का संसार खुला है। यही बेटी किसी की पत्नी बनती है, किसी की मां, किसी की भौजाई, ननद और न जाने क्या-क्या, बाबा?... आप इस सुरम्य जगत् को छोड़कर अकर्तव्य पथ के राही बन गए। स्वयं का मोक्ष! संसार को मोक्ष की ओर ले जाने का प्रयत्न करने लगे। यह भूल गए कि मोक्ष घर में है, घर से बाहर नहीं। ईश्वर गुफा-कंदराओं में नहीं है, घर में है। निश्चिंतता भ्रम है, चिंता चुनौती। जो चुनौती से भागता है, वह कापुरुष है।"

"तुम्हें यह सब किसने बताया है, बेटी?"

"कौन बताता, बाबा? किसी ने अपने से गहराई में उतर कर पूछा क्या? पूछा होता तो वह कहता कि घर-गृहस्थी ईश्वर का धाम है, उसका सर्वश्रेष्ठ मंदिर-ठिकाना है। जो अपने को जानना चाहता है, वह घर को जाने। घर के अंदर को जाने। हर पति का ईश्वर पत्नी है और हर पत्नी का ईश्वर पति। इन दोनों के समन्वय का ही दूसरा नाम ईश्वर धाम है। जो जगत् से भागता है, ईश्वर की सृष्टि को नकारता है, वह ईश्वर को जानने का थोथा दावा कर सकता है, ईश्वर को जान नहीं सकता।"

मृणालिनी कहीं गहराई में उतरती चली गई। उसे अपना भी ख्याल नहीं रहा। उसे यह भी पता नहीं चला कि सुखदा उसके पीछे दबे पांव आ खड़ी हुई है। वह कहे जा रही थी, "बाबा, ईश्वर कभी अकेले नहीं रमता। रमता होता तो यह सृष्टि नहीं बनाता। महात्मा बुद्ध जंगल में तप करते रहे। सारी देह सुखा डाली। सर्वज्ञान तो सुजाता से पाया। उन्होंने भी क्या किया, बेटे को मांग लिया, परंतु पत्नी यशोधरा को साथ चलने के लिए नहीं कहा। आम्रपाली को अपने संघ में ले लिया। संघ बनाए। क्या घर की तुलना में

संघ अपने अस्तित्व को श्रेष्ठ सिद्ध कर पाए? घर से बड़ा कोई संघ नहीं है, न मठ-मंदिर है। बुद्धम् शरणम् गच्छामि नहीं, घरम् शरणम् गच्छामि ही परम आनंद का जीवन स्रोत है। जा बाबा, अभी भी वक़्त है, देहरी-देहरी मांगना छोड़, पर नगरी सौंदर्य का रसपान त्याग, और मोक्ष की चिंता छोड़ क्योंकि मोक्ष भ्रम है- भूल भुलैया में जीवन तलाश करने का अंध भ्रम ही माया है।... अलख निरंजन नहीं, बाबा। एक बार उसके साथ बोल तो, पूरे वेग से, पूरे जोश से, लख निरंजन।"

आश्चर्य! सुखद और अनूठा आश्चर्य। तपस्वी के मुख से स्वतः ही निकल गया-लख निरंजन। अब तपस्वी लौट रहा था। उसके पांवों को मानों किसी ने खोल दिया था और उसके हृदय पर से मानों किसी ने पहाड़-सा बोझ हटा लिया था। वह पवन बन उठा था, उसमें धूप चांदनी बन खिल उठी थी। उसे कोई पुकार रहा था-पापा, मैं यहां हूं।...यहां हूं।

सुखदा ने ताली बजाई। मृणालिनी चौंक पड़ी। पूछा, "तू कब आई, सुखदा?"

"जब तेरी दृष्टि पड़ गई, प्रभु।"

"चुप कर।"

"क्या चुप करूं?"

"यही कि घरम् शरणम् गच्छामि के जन्मदाता मेरे सामने हैं।"

"तो क्या करती, सुखदा! क्या मैंने कुछ गलत कहा?"

"नहीं, मीनुदी, तूने एकदम सच कहा। घर छोड़कर जब ईश्वर नहीं रह सकता, तब मनुष्य क्यों रहे? कैसे कहे कि उसे ईश्वर का दर्शन हुआ है। ईश्वर है तो मनुष्य है, मानुष में है। ईश्वर जानने की वस्तु नहीं है, वह अपने को मानने का आधार है और उसकी एकांत साधना नहीं बल्कि पत्नी सहित आराधना उसकी साधना है।"

"मुझे लगता है कि पुरुष प्रधान व्यवस्था में नारी को दोयम दरजे और कभी-कभी निम्न स्तर पर रखा है। पुरुष ने अपने अनुसार अपने हित में उसका प्रयोग किया है।...जो पति करे, जिसे पति उचित समझे, वह पत्नी के लिए अनुकरणीय क्यों?...सुखदा, तू यह मत समझना कि यह सब उनसे विलग होकर सोचने का प्रतिफल है। इसमें दो मत नहीं है कि उस घनीभूत त्रासदी ने भी मुझे ऐसा सोचने के लिए विवश किया है...यों भी हम बंगाल की नारियों की ओर देखें तो एक तिलमिला देने वाला अनुभव होने लगता है।..." मृणालिनी के सामने वे विधवा और परित्यक्ता महिलाएं घूम गई जो मंदिरों के बाहर भिखारी जीवन जी रही थीं। उनको उनके परिवार वालों ने

घर से बाहर निकाल दिया था। विवाह के सारे पवित्र मते उनको अंगूठा दिखा चुके थे। उनमें से अनेक युवतियों को कोठे-चकले पर ला बिठलाया था। उनको वहां तक ले जाने वाला भी तो पुरुष ही है।"

"मीनुदी, तेरा कहना-सोचना गलत नहीं है। आजकल तेरे उनका क्या हाल है?"

"मुझे पता नहीं। शायद वे आंतरिक सत्ता के निर्देश को अहमियत देने लगे हैं।"

"तुझे कुछ लिखते-लिखाते हैं क्या?"

"पता नहीं।"

आश्चर्य से सुखदा ने मृणालिनी की ओर देखकर कहा, "यह तुझे क्या होता जा रहा है, मीनुदी।"

"क्या, सुखदा?"

"कि तुझे पता नहीं है।"

"हां, सुखदा, यही सच है। भूले भटके यदि उनके पत्र आ जाएं, तो मैं उनका लिखा पढ़ तो जाती हूं परंतु समझ नहीं पाती।" मृणालिनी धीरे-धीरे कहती, "इस वक़्त तो वह कारागार में हैं।"

"एकांत कोठरी में।"

"कुछ होने में है।"

"क्या, सुखदा?... अंग्रेज शासक उनके पीछे हाथ धोकर पड़े हुए हैं।"

"तू तो कहती है कि वह किसी और दुनिया की बातें लिखते हैं।"

"ऐसा उनके पत्रों से जान पाई हूं। पता नहीं, वे मुझसे क्या चाहते हैं और क्यों चाहते हैं।"

"तूने उन्हें क्या लिखा?"

"जो मेरे दिल ने उस वक़्त कहा, लिख डाला।"

"उन पत्रों का उत्तर क्या दिए?"

"अधिकांश पत्र रद्दी की टोकरी में गए। उनके लिए शायद जगत् निस्सार है।" मृणालिनी तनिक मुस्करा कर कहती, "मुझे वह ईश्वर के दर्शन करवाना चाहते हैं।"

"क्या उन्होंने ईश्वर के दर्शन कर लिए हैं?"

"तू ईश्वर के दर्शन करना चाहती है क्या, सुखदा?"

"घर-गृहस्थी से फुरसत कहां मिलती है, मीनुदी! मेरे सास-ससुर वृद्ध हैं। सास से चला भी नहीं जाता है।...मेरे तो यही सब ईश्वर हैं। इनके मैं रोज दर्शन कर लेती हूं।" सुखदा ने गहरी सांस छोड़कर कहा।

"क्या किसी को ईश्वर के दर्शन करने का अवकाश है? जब वह सर्व व्याप्त है, कण-कण में व्याप्त है, चर-अचर में व्याप्त है, तब उसके दर्शन करने का क्या अर्थ है? क्यों व्यर्थ में समय नष्ट करें और क्यों ईश्वर भक्तों

की संख्या बढ़ाएं? जितने ईश्वर भक्त बढ़ेंगे, उतने ही लड़ाई दंगे भी बढ़ेंगे, उत्पाद होंगे, ढकोसलों की चढ़ बनेगी। इस प्रकार की साधना के पक्ष में मैं नहीं हूं, सुखदा।" मृणालिनी ने अपने मन को उल्था करने का प्रयास किया। एक पत्र में उसने उन्हें लिखा भी था, "स्वामी, काश मनुष्य सहज जीवन टेढ़ा-मेढ़ा न बनाए तो यह दुनिया सुख से जी सके, आनंद का अनुभव कर सके और परस्पर प्रेम से रह सके। हालांकि सब कुछ इन्हीं के नाम पर शुरू होता है, परंतु उसके परिणाम प्रतिकूल निकलते हैं। तनिक आप इस तरह सोच कर भी देखें।" कोई उत्तर नहीं आया।

"जीवन का यही सच है। जितने भी देवी-देवता, ईश्वर-अल्लाह आदि बढ़ेंगे, उतना ही जीवन नरकीय बनेगा और अशांति, कलह, घृणा, द्वेष, ईर्ष्या, हिंसा आदि का साम्राज्य फैलेगा, पनपेगा और बढ़ेगा।"

"पर उन्हें कौन समझाए, सुखदा। ईश्वर की जरूरत आम आदमी और निम्न स्तर के मनुष्य को नहीं है, जबकि ऊंचे लोग ईश्वर के नाम पर जनता का डटकर शोषण करते हैं, समाज में वर्ग भेद फैलाते हैं, फासले बढ़ाते हैं। सुखदा, ईश्वर की उनको जरूरत है, जिनके पास जीवन-जगत् के लिए कोई कार्यक्रम नहीं है। वे ही अंतरात्मा की आध्यात्मिक पुकार सुनने का सत्यापन करते हैं। वे आसक्ति रहित जीवन जीने का अभ्यास करते हैं। वे आध्यात्मिक जीवन में पार्श्व-द्वार से प्रवेश करते हैं। वही उनका दिव्य जगत् है उनके वही सामंजस्य और रमणीय सौंदर्य का जगत् भी है। वहां प्रत्येक वस्तु व्यवस्थित से है। वह आदर्शों का जगत् है। वह सत्य, शक्ति और आनंद युक्त गतियों का जगत् है।... यह सब उनकी पहुंच का जगत् है, मेरी पहुंच का नहीं।" मृणालिनी कुछ-कुछ गंभीर होने लगी।

सुखदा ने उसका साथ दिया और कहा, "एक दिन मेरी पड़ोसिन मुझे सत्संग में ले गई। एक युवा महात्मा बता रहा था कि तिब्बत में एक हस्तलिखित पुस्तक मिली है। उसमें लिखा है कि ईसा भारत आए थे। उन्होंने यहां बौद्ध धर्म को आत्मसात किया था। उन्होंने यरुसलम जाकर उसका भी प्रचार किया था। बताओ तो इन सबसे हमें क्या लेना-देना? इससे बैठे ठाले का विरोध जनमेगा।... नहीं, मीनुदी, मैंने उस पड़ोसिन से साफ-साफ कह दिया कि मेरी जिज्ञासा इस तरह के प्रवचनों में नहीं है। वह बोली कि मैं घर घुसूं हूं। मुझमें चेतना का गहराई में डुबकी लगाने की कामना नहीं है।... मैंने स्वीकार किया कि हां मैं ऊपरी जगत् तक ही सीमित हूं। मीनुदी, मुझे ऐसी जिज्ञासाएं, सर्वोच्चता के नाम पर, महानता के नाम पर और गोपनीय रहस्यों को आत्मसात करने के नाम पर ढकोसला प्रतीत होती हैं।" उसने कुछ रुककर तथा खखराने के बाद आगे कहा, "मैं क्या करूं, सुखदा? मैं महानता के कल्पित आकाश में विचरण नहीं करना चाहती।"

"वह तुझे साथ ले जाने का और साथ रखने का मन तो रखते हैं न।"

"कहते तो हैं, परंतु...।"

"परंतु क्या?"

"शायद, अभी नहीं।"

"फिर कब?"

"चल छोड़ सुखदा, इस प्रसंग को।"

"क्यों, मीनुदी?"

"वह इसलिए कि दो दिन बाद तू उनके साथ जा रही है। तू सुख-आनंद से रह, इन पहेलियों में उलझ कर अपना मन खोटा मत कर? मैं अपनी पहेली स्वयं सुलझाती रहूंगी। मुझे चिंता भी नहीं है। चिंता करके करूंगी भी क्या, सुखदा?" मृणालिनी ने धूप को बादलों की ओट में समेटने का उपक्रम किया।

"तू हम सबसे ऊपर थी, हर क्षेत्र में। शिलांग-सुंदरी से जानी जाती थी।"

"वह तो मैं आज भी जानी जाती हूं, सुखदा।" मृणालिनी ने मुस्करा कर कहा, "अरे पगली, अतीत वर्तमान नहीं होता।"

"परंतु तेरा अतीत अभी तक वर्तमान ही है, मीनुदी।"

"हो सकता है, मुझे वैसा नजर नहीं आता। अब तू कब आएगी, सुखदा?"

"सच बोलूं?"

"हां री, सच तो बोलना ही चाहिए।"

"परंतु कोई बोलता नहीं है। पर मैं बोलती हूं, जब तू बुलाएगी, मैं आऊंगी...अवश्य आऊंगी...सिर के बल चल कर आऊंगी। वादा भी करती हूं, मीनुदी।" इतना कहते-कहते सुखदा का कंठ अवरुद्ध हो उठा। वह मृणालिनी से गले मिली। अपने आंसू नहीं रोक सकी। कुछ भूलती हुई-सी लौट पड़ी। मृणालिनी के सामने किशोर जीवन की मनभावन झांकियां आती-जाती रहीं। एक सपना, सुखद सपना जिसे उसने अपनी सहेलियों के साथ पूरे अल्हड़पन से जिया था और दौड़ते-फांदते, लहराते-बलखाते और गद्गदाए मन से संभाला था, वह अब किसी अंतर्लीन स्रोत की कहानी बन कर रह गया था।

24

21 मई, बृहस्पतिवार। आज उमस गहरी थी। सारी देह चिपचिपाहट से बेतरह घिरी हुई थी। दोपहर को आंधी आई थी। धूल उड़ी थी। पत्तियां भी बिखरी थीं। वह भी देह से जा चिपटी थीं। लगता नहीं था कि वह अरविंद

की देह है। क्या वह अरविंद है भी? वह अपने आपसे ऐसे प्रश्न करता था। क्या कभी उसने ऐसा सोचा था? वह जिस अपराध में गिरफ्तार किया गया था, वह चोर-डकैती या अपहरण का जुर्म नहीं था। वह संगीन जुर्म था सरकार के विरुद्ध यानी सरकार का तख्ता उलटने के प्रयत्न का जुर्म था।

'समानता' एक शब्द अरविंद में उछला। जब वे सूरत कांग्रेस अधिवेशन में जा रहे थे, तब वे भी अपने साथियों के साथ तीसरे दर्जे में यात्रा कर रहे थे। उसमें हर श्रेणी, हर जाति और हर प्रांत के जन थे। वे सब बिना भेद-भाव के साथ रहते थे, साथ सोते थे, साथ खाते थे। सबमें मातृभक्ति का गहरा भाव हिलोरे ले रहा था। यही बात यहां अलीपुर जेल में उनको अनुभव हो रही थी। सभी कैदी बिना वर्ग, जाति, धर्म आदि भेद के एक थे-एक सा आहार, एक सा रहन-सहन, एक से कपड़े। फर्क था तो यह कि उन जैसे कुछ कैदियों को एकांत कोठरी में पटक दिया था।

घर से साढ़े ग्यारह बजे जब उन्हें पुलिस पकड़ कर ले जा रही थी, तब उनके सामने मौसा जी भूपेन बाबू पड़ गए थे। वह पूछ रहे थे, "यह क्या मामला है?"

"मुझे नहीं मालूम?"

"सुपरिटेंडेंट क्रेगन साहब, किस अपराध में अरविंद को गिरफ्तार कर ले जा रहे हैं?"

"वह जल्दी ही मालूम पड़ जाएगा।"

"आख़िर गिरफ्तारी की वजह तो कुछ होगी।"

"सब्र कीजिए, वह भी उजागर हो जाएगी।"

"पर कब?"

"अभी नहीं।"

"क्या मैं बॉडी वारंट देख सकता हूं, मि. क्रेगन।"

"नहीं।" क्रेगन ने तेजी से कहा और आगे बढ़कर वह गाड़ी में बैठ गया।

अरविंद की तब भी कुछ समझ में नहीं आया था और अब उसकी समझ जवाब दे रही थी। कोई नियम-कायदा नहीं। कानून नहीं। पुलिस का आतंकवाद अपनी चरम सीमा पर। एक ही छोटी सी कोठरी में रहना, वहीं शौच से फारिग होना और वहीं शयन! कमाल का समाजवाद स्थापित किया हुआ था। इससे ब्रिटिश सरकार और ब्रिटिश जाति का गौरव अवश्य सातवें आसमान को छू रहा था। परतंत्रता का कसैला अनुभव अरविंद को यदाकदा उद्विग्न कर उठता था। जेलर के यह शब्द उसके कानों में गूंज रहे थे, "मि. अरविंद, मैं नहीं जानता कि आपने सरकार को पलटने के लिए कुछ किया

या नहीं किया, परंतु इतना अवश्य स्पष्ट कर देना चाहता हूं और वह भी अपने अनुभव के आधार पर कि सरकार अपनी हो या पराई, उसमें कोई खास भेद नहीं है। सत्ता में रहने वाले आम जनता के कभी नहीं हुए हैं। पुलिस से अब जो कुछ कराया जा रहा है, वही अपने राज्य में भी उससे कराया जाएगा। तब भी अनेक अरविंद इसी तरह यातना से गुजर रहे होंगे। अन्याय और अत्याचार तथा शोषण और दुष्चक्र हर सरकार-सत्ता की कुछ कम या कुछ ज्यादा अपनी प्रकृति है-उसके जीने का आधार है।...उसे कोई नहीं बदल सकता। हां, यदि समाज बदलता है, बलशाली होता है तब अवश्य सत्ता-सरकार रास्ते पर आने लगती है। सरकार नहीं, समाज ऊपर आए तो दृश्य बदलते अनुभव किए जा सकते हैं।" वह तो कह कर चला गया, परंतु अरविंद उसके कथन पर जब तब सोचने बैठ जाता था।

"आजादी किसे चाहिए? क्या राजाओं के राज्य में आजादी है? क्या बोझा ढोने वाले, सड़क पर पत्थर कूटने वाले, तांगा चलाने वाले, दो वक्त की रोटी नहीं मिलने वाले, मोची, धोबी, लुहार, आदि को आजादी चाहिए? ...आज वे ही आजादी पाने के अधिक दीवाने लग रहे हैं। कुर्बानियां वे ही सबसे ज्यादा दे रहे हैं।...आजादी के बाद उन्हें क्या मिलेगा? कौन-सी उनकी गरीबी दूर होगी!"

"तो फिर?"

"अरविंद, जरा गहराई से सोचो कि पहले सरकार बदली जाए या समाज।"

"इस वक्त तो..."

"इस वक्त क्या और उस वक़्त क्या, अरविंद? वक्त सदा वक़्त ही है। समाज की आजादी सबसे जरूरी है। नीचे का तबका लगातार नरक की ओर जा रहा है। उसे कभी पूरे न होने वाले सपने दिखलाए जा रहे हैं। उसके लिए आपने क्या किया है?"

अरविंद ने दिमाग पर जोर डाला। एक बार महाराजा सयाजीराव गायकवाड़ और वह साथ-साथ घुड़सवारी पर थे। एक किसान से गठरी नहीं उठाई जा रही थी। वह बराबर प्रयत्न करता और हार जाता। महाराजा सयाजीराव ने घोड़े से उतरकर उसकी गठरी को हाथ लगाया। गठरी अब उस किसान के सिर पर थी। वे दोनों भी आगे बढ़ गए। सयाजीराव गायकवाड़ को बहुत अचरज यह सोचकर हुआ कि अरविंद ने इस प्रकरण पर कोई टिप्पणी क्यों नहीं की?

वह पूछ बैठे, "अरविंद, आपने कुछ देखा-सोचा।"

"क्यों नहीं, महाराजा साहब? अभी तक वही सोचने-समझने का प्रयत्न

कर रहा हूं परंतु...।" कहते-कहते अरविंद रुक कुछ-कुछ उलझन में पड़ गए, क्योंकि वह जो कुछ सोच रहे थे, वह अभिधा न होकर व्यंजना में था।

घोड़े की लगाम खींचकर रोकते हुए सयाजीराव गायकवाड़ ने पूछा, "आप रुक क्यों गए?"

अरविंद के मन में हलकी सी मुस्कान यह सोचकर उठी कि पहले लगाम किसने खींची और रुका पहले कौन? अपने होंठों पर जीभ फेरकर कहा, "महाराजा साहब, मेरी समझ में यह नहीं आ रहा है कि एक प्रजापालक महाराजा को प्रजा का बोझ कम करना चाहिए या बोझ उस पर लादना चाहिए।"

सयाजीराव गायकवाड़ ने बिना उनके इस प्रश्न का उत्तर दिए कहा, "हम काफी दूर निकल आए हैं। हमें लौटना चाहिए।" इसके साथ ही उन्होंने घोड़ा मोड़ लिया और एक ऐड़ लगाई, घोड़ा सरपट दौड़ने लगा। अरविंद ने उनका अनुकरण किया। एक मोड़ पर आकर अरविंद अभिवादन सहित उनसे अलग हो गया।

आख़िर महाराजा से उनके इस कथन से क्या अभिप्राय था? क्या वे प्रजा का बोझ बढ़ा रहे हैं? जबकि सच यह था कि महाराजा प्रजा का बहुत ध्यान रखते हैं। प्रजा का हर मुसीबत में उसका साथ देते हैं। बाढ़ आई थी तो स्वयं बाढ़ प्रभावित इलाकों में गए थे। अपनी प्रजा से हाल-चाल पूछा था और प्रजा की हर संभव मदद करवाई थी। उसे महसूस करवाया था कि उसका कोई सच्चा सरपरस्त है जो उसके आड़े वक्त में उसके साथ पूरी तैयारी से खड़ा है। फिर बोझ लादने का प्रश्न क्यों? उनका महाराजा जनप्रिय है, प्रजा का सच्चा शुभचिंतक है और उसका भरपूर ध्यान रखता है।

महाराजा ने अपने सभी प्रमुख पदाधिकारियों को बुलाकर कहा था, "मित्रो, मैंने आपको यह स्मरण कराने के लिए आमंत्रित किया है कि हम सब का वजूद प्रजा से है, उसके सुख आनंद और खुशहाली से है। यदि प्रजा दुखी तो हमारे सुख, आनंद पर ग्रहण लगा समझो। हमें सदा यह ध्यान रखना है और हर पल प्रजा को यह अनुभव कराते रहना है कि हम प्रजा के सच्चे सेवक हैं और सच्चे शुभचिंतक हैं। प्रजा हमारी परीक्षक है। वही हमारा मूल्यांकन करती है और उसी का मूल्यांकन सच्चा तथा सर्वमान्य है। हमारी आंखें दो हैं, उसकी हजारों, हमारे हाथ दो हैं, उसके हजारों, हमारे पांव दो हैं, उसके हजारों, हमारे कान दो हैं उसके हजारों। तो जरा सोचो, महान् कौन है, शक्तिशाली कौन है और सर्वोपरि कौन है? वही हमारा दर्पण है।"

महाराज मात्र कहते ही नहीं थे, बल्कि रात-विरात वे अकेले जनता के

दरबार में हाजिर होकर, उनके सुख-दु:ख को जानते-समझते भी थे। उसकी परेशानियां नोट करते थे और अगले ही दिन से संबंधित अफसरों की परेड लेना शुरू करते थे। उसके दु:खों का निवारण शुरू करवाते। सबको पता था कि वे स्वयं जनता के बीच पहुंच कर किए जा रहे कार्यों पर जनता से राय लेंगे। उसकी सुनेंगे। उनका यही तकियाकलाम था कि 'बी प्रेक्टीकल'। आगे महाराजा ने कहा, "दो हाथ, दो पांव, दो आंख, दो कान वाले प्रजा के सेवकों, आपको यह सिद्ध करना है कि आपके हाथ, पांव, आंख-कान आदि हजारों हैं। कौन इस क्षेत्र में कितना आगे आता है, वही हमारे सबसे निकट है, हमारा चहेता है और हमारा हितचिंतक है।"

महाराजा ने सबके साथ खाना खाया। हलके-फुलके चुटकले सुनाए-सुने। कमर कसकर अपने लक्ष्य पर डट गए। वे इसे शांति के युद्ध की संज्ञा देते थे। राजा की असली हार-जीत का इसे ही कुरुक्षेत्र मानते थे। कहते रहते थे "जो इस युद्ध क्षेत्र में जीत्ता है, उसे कोई नहीं हरा सकता। एक बार जनता को इतना प्रबुद्ध, इतना आत्मबली, इतना कर्मठ तो बनाओ कि वह राज्य को अपनी धरोहर मान बैठे। फिर देखना कि विदेशी ताकतें कैसे बिना लड़े ही भाग खड़ी होती हैं। शायद हम वह सब कभी नहीं कर पाएं जो जागृत जनता कर दिखलाए।...मैं जनता के इस्तेमाल के विरुद्ध हूं। वे नेता, महाराजा जो जनता को सीढ़ी बना कर प्रयोग कर रहे हैं, जनता को अंधकार की ओर ले जा रहे हैं, उस रास्ते या जरिए से प्राप्त आजादी, जो अभी आस-पास कहीं नजर नहीं आ रही है, लोकतंत्र के लिए प्राण वायु सिद्ध नहीं हो सकेगी।"

महाराजा सयाजीराव गायकवाड़ का अपना दर्द था। वे स्वतंत्रता के सिपाहियों की मदद कर रहे थे। क्रांतिकारियों की भी सहायता कर रहे थे। अंग्रेज सरकार उसकी गतिविधियों के प्रति बहुत सावधान बनी हुई थी। हर समय संदेह की सुई उन्हीं पर आ टिकती थी।

अरविंद बहुत ध्यान से महाराजा सयाजीराव गायकवाड़ को समझने का प्रयास कर रहे थे। हर बार अरविंद को लगता रहा कि महाराजा उसकी पकड़ से आगे निकल गए हैं, लेकिन आज बोझ के प्रश्न पर महाराजा मौन रह गए। कुरेदा भी महाराजा ने ही था। वह अपने प्रश्न को उलट-पुलट कर जानना चाहता था कि वह महाराजा होता तो इस प्रश्न का क्या उत्तर देता? महाराजा ने तो नेक और भलाई का काम किया था। उसकी मदद ही की थी। यदि वह घोड़े से उतरकर उस गरीब की सहायता नहीं करते तो वह पता नहीं कब तक बोझ सिर पर उठाकर चलने का इंतजार करता रहता और अंदर-ही-अंदर कुंद होता रहता। अब तक वह अपने ठिकाने पर पहुंच

चुका होगा। घर पहुंचकर उसने सबको यह घटना सुनाते हुए कहा होगा, "वो भला इंसान था। वह काफी रुआब रुतबे वाला आदमी लगता था। अच्छे कद-काठी के मजबूत घोड़े पर सवार था। वह अच्छे लिबास में था। ऊंचे घर का लगता था। मुझे उससे स्वप्न में भी यह उम्मीद नहीं थी कि वह मेरे पास आकर घोड़े की लगाम खींचेगा और घोड़े से कूदकर, उतरकर मेरी सहायता करेगा।...उसका मैं शुक्रिया भी अदा करना भूल गया।...जा भाग्यवान्, अब कुछ खाने को तो ला।"

"तुम्हें कितनी बार समझाया है कि भोली के पिता, जोश खरोश में अपनी उम्र को ताक में मत रख दिया करो। साठ पार के हो चुके हो। बीमारी-सिमारी की चपेट में आए दिन आते रहते हो। अकेले कमाने वाले हो। जरा अपना भी ख्याल रखा करो। कोई वस्तु जीवन से ज्यादा मूल्यवान नहीं है।"

"अब अपनी बकझक बंद भी कर। भूख जोर से लगी है।"

"गडुआ भरा रखा है। जरा मुंह पर दो चार छींटे मार कर तरोताजा हो जाओ, तब तक मैं मिर्च की चटनी, प्याज, छाछ और रोटी लेकर आती हूं।"

"आज क्या बात है-चटनी, प्याज और छाछ...।"

"गुड़ भी।...लडुवा भी।"

"ये छप्पन भोग किस खुशी में और कैसे?"

"अपने जमींदार का छोटा लड़का देश से बाहर पढ़कर लौटा है।"

"तो क्या हुआ?"

"आज जमींदारिनी ने बुलाया था।"

"पर क्यों?"

"घर का छोटा-मोटा कामकाज था...सोंठ, हल्दी कूटनी-पीसनी थी।"

"ऐसे टेढ़े-मेढ़े काम के लिए हमेशा उसे तेरी याद आती है।"

"तो क्या हुआ, पेट तो पलता है। कुछ मिलता ही है, इन हाथ-पैर का क्या घिसता है?"

"सारी जिंदगी यों ही गुजर गई, भाग्यवान्...कच्ची-पक्की झोंपड़ी, घास-फूस की छत... जरा सी तेज बरखा शुरू हो जाए तो टपक पड़ती है। ...याद नहीं पड़ता कि भरपेट दो जून कभी पेट भरा।"

"चुप भी करो। खुशहाली के सामने अपनी गरीबी का रोना लेकर बैठ जाते हो।"

"भाग्यवान्, तू ही सदा से यह कहकर ढांढस बंधाती रही है कि बारह वर्ष में तो घूरे के दिन भी बदल जाते हैं, तो क्या हमारे नहीं बदलेंगे, भोली

के पिता? जरा सब्र करो।"

"वह तो मैं आज भी कहूंगी और सारी जिंदगी कहती रहूंगी।"

"पर तेरे बारह कब पूरे होंगे?"

"होंगे। जरूर होंगे।"

"ये सुनते-सुनते चालीस बरस से ऊपर तो हो चुके। माटी का तबा लोहे के तबे में आज तक नहीं बदला।"

"बदलेगा-एक दिन जरूर बदलेगा। हुजूर के इंसाफ में देर हो सकती है, परंतु अंधेरे नहीं। तुम उस पर विश्वास रखो।"

"क्या विश्वास रखू, भाग्यवान्। अब तक एक उसी को तो मानता रहा हूं, परंतु अब नहीं मानूंगा।"

"ना मानो, उससे क्या होगा? वह तो है और हमेशा ही रहेगा। तुम चाहे आकाश को न मानों या धरती अथवा नदी, पर्वत, झील आदि को, तो क्या तुम्हारे न मानने से उनका अस्तित्व समाप्त हो जाएगा, भोला के पिता?"

तू चार अक्षर क्या पढ़-लिख लेती है कि अपने आगे किसी को कुछ नहीं समझती। ऐसे उलटे-सुलटे तर्क देकर सदा मुझे भ्रमित करती रहती है।"

"ना...ना...भोला के पिता, ना। उससे क्या लड़ना-झगड़ना। हम तो पैदायशी गरीब हैं पर फिर भी, गरीबी का जीदारी से सामना करते हैं। आधा पेट खाते हैं, तो क्या हुआ? किसी से मांगते मूंगते तो नहीं। मन में असंतोष भी नहीं उठता।" यह कहकर वह चली गई। थोड़ी देर बाद लौटी। पत्तल परोसी। लड्डुओं की सुगंध उसके दिमाग में चढ़ने लगी। पूड़ी भी थी, आलू की सब्जी भी। रायता अलग। लो, अब क्या सोचने बैठ गए? आते ही भूख-भूख चिल्ला रहे थे। चलो, जीमो भी।

"तू जीम चुकी क्या?"

"तुम्हारे बिना क्या कभी जीमी हूं।"

"आज तू भी साथ में जीम ले।"

"ना...ना...ना, तुम जीम लो। फिर मैं भी।"

"कभी-कभार तो धणी का मन भी रख लिया कर, भाग्यवान्।"

"क्या इससे पहले कभी ऐसा हुआ है!"

"तो आज जन्मपत्री में ठोकर मार दे।"

"आज थारी बात मान जाऊं।"

"हां।"

"तो लो, मुंह जूठा कर लेती हूं।" कहकर उसने पूरी का एक गस्सा आलू की सब्जी से लगा लिया।

“तू तो अभी छाछ रोटी, प्याज चटनी परोस रही थी।”

“यों ही कह दिया था।” कहते हुए वह लजा गई।

“यों ही क्यों?”

“बस यों ही।” कहकर उसने पूरी का टुकड़ा उसके मुंह में लगा दिया।

“पगली, मानी नहीं, हठ अपनी ही रखी। पहले मुझे ही खिला दिया।” उसका हृदय छलक पड़ा। तभी अरविंद ने आवाज सुनी कि कोई उन्हें पुकार रहा है। सारा सपना टूट गया। उसकी मादक गंध महकती रह गई। दरवाजा खोला। सामने महाराजा का मुंह लगा सेवक खड़ा था। पूछा, “कैसे आना हुआ? सब ठीक तो है।”

“जी, कल सुबह आपको दरबार में हाजिर रहने के लिए महाराजाधिराज ने आदेश दिया है।”

“कोई खास बात है।”

“क्या पता, साहब।”

“ठीक है, आ जाएंगे।”

वह चला गया। अरविंद ने एक पल सोचा, फिर वह अपने सपने के साथ जुड़ने की कोशिश करते रहे, लेकिन वह उस सपने से अपने को नहीं जोड़ पाया।

चौंका देने वाला दिन। दिन के दस बजे थे। दरबार में अरविंद को सदा की तरह उच्च स्थान मिला। वह रह-रहकर कभी महाराजा सयाजीराव गायकवाड़ और कभी उनके सामने खड़े उस व्यक्ति को देख रहे थे, जिस व्यक्ति के सिर पर उठाकर बोझ रखा था। वह दुबला-पतला और सामान्य कद का व्यक्ति खड़ा-खड़ा कांप रहा था। शायद वह पहली बार महाराजा के सामने खड़ा हुआ था और वह सोच-सोच कर अंदर-ही-अंदर कांप रहा था कि उससे ऐसी क्या गलती हुई है, जिससे महाराजा ने दरबार में तलब किया है।

उसकी अंदर की धंसी आंखें शायद यह सोचकर भी चौंधिया रही है कि सामने गद्दी पर विराजमान महाराजा और उस व्यक्ति में बहुत कुछ साम्य है। कहीं वह व्यक्ति महाराजा ही तो नहीं था। उससे पूछा जा रहा था, “तुम एकांत स्थान पर कल क्या कर रहे थे।”

“रास्ता भटक गया था।”

“और बोझ उतार कर किसी का इंतजार कर रहे थे?”

“नहीं माई-बाप, यह सत्य नहीं है।”

“फिर सत्य क्या है?”

"मैं थक गया था। मेरी गरदन दुखने लगी थी। सारी देह पसीने-पसीने हो गई थी। बिना कुछ सोचे-भाले मैंने जैसे-तैसे सिर पर से बोझ उतार कर धरती पर रख दिया था। वहीं कुछ देर तक बैठकर सुस्ताया। देह को ठंडी बयार लगी। चित्त को राहत मिली। फिर घर लौटने की सुध आई। पूरे दमखम से बोझ उठाने की कई बार कोशिश की, पर बोझ उठा नहीं और मैं किसी आने-जाने वाले व्यक्ति की टोह लेने लगा ताकि उसकी मदद से बोझ उठा सकूं और घर की राह पकड़ूं।" धीरे-धीरे उसने कहा।

"आख़िर वह व्यक्ति मिल गया।"

"हां, माई बाप, वह मनुष्य नहीं, साक्षात् देवता था। चित्तीदार घोड़े से कूदकर बिना कुछ कहे उस महान् इंसान ने बोझ उठाकर सिर पर रख दिया और आनन-फानन में वह ओझल हो गया।"

"क्या तुम उस व्यक्ति को पहचान सकते हो?"

"वह घबरा गया। न उससे ना कहते बन रहा था और न हां। वह पसोपेश में पड़ गया था।"

"जवाब दो।" इस बार पहले से तेज आवाज थी।

"क्या जवाब दूं, माई-बाप?"

"क्यों, जवाब देने में क्या परेशानी है?...अच्छी तरह चारों ओर देखो।... ध्यान रहे। कोई चालाकी नहीं।"

उसने चारों ओर देखा। घूम-फिरकर उसकी कमजोर निगाहें महाराज पर ठहर कर तुरंत फिसल जाती थीं। वह यह सोचकर कांप उठता था कि क्या वह व्यक्ति महाराजा था? सब उसे पागल कहेंगे। उसने नाड़ हिलाकर कहा, "नहीं, माई बाप।"

"क्या नहीं?" आवाज कड़कदार थी।

"नहीं पहचान सकता, माई बाप।"

"क्या डर लग रहा है?"

"नहीं, माई बाप, एक तो मुझे कम दीखता है। दूसरे, संध्या हो चली थी। तीसरे, वह महान् इनसान इतनी फुर्ती से घोड़े से उतरा और बोझ उठाया और घोड़े पर बैठकर गायब हो गया। मुझे तो केवल घोड़े की टापें सुनाई पड़ती रहीं कुछ देर तक।"

"सच कहते हो?"

कंठ छूकर उसने कहा, "सवा सोलह आने सच, माई-बाप।"

"तो ठीक है, अब इसकी सजा सुनाई जाए।"

वह भौंचक्का सा अगलें-बगलें झांकता रह गया। उसकी आंखें तेजी

से मिची और कांप उठीं। कांपें उसके पांव भी, होंठ भी। सजा! किस बात की सजा? उसे नानी-दादी याद आ गए। उसकी पत्नी ने कहा था, "जाओ, जाओ, महाराज ने बुलवाया है। ऊपर वाले ने हमारी सुन ली।...ऊपर वाला जब देता है, तब छप्पड़ फाड़ कर देता है।" पगली, सठिया गई है। दिन-रात ऊपर वाले का कीर्तन करती रहती है।...यह किया उसके ऊपर वाले ने! हे राम! रक्षा करना। महाराज के फैसले की कहीं और सुनवाई भी नहीं है।

"तुम्हें मोती राम, यह कठोर सजा सुनाई जाती है, संबंधित अधिकारी कृपया नोट कर लें," तीन माह में तुम्हारा घर तोड़कर..." बीच में वह बोल पड़ा, "दुहाई, महाराज साहब, दुहाई। रहम करो। हम...।"

"चुप भी कर। आगे से बीच में एक शब्द नहीं। चुपचाप अपनी सजा सुनता रहा।... हां तो तीन माह में मोती राम के झोंपड़े को पक्के मकान में बदला जाए। घर के साथ खेती के लिए तीन बीघे जमीन भी दी जाए। उस जमीन पर तीन साल तक लगान माफ और प्रति माह चालीस रुपए खजाने से सहायता दी जाए।"

इसके बाद महाराजा गायकवाड़ उठ खड़े हुए। उन्होंने एक बार अरविंद की ओर साभिप्राय दृष्टि से देखा। कुछ कहा नहीं, पूछा नहीं। अरविंद धीमे कदमों से अपने निवास पर लौट आए। सारे रास्ते सोचते रहे कि महाराजा ने जो किया, वह क्या जनहित की दृष्टि से ठीक है! ऐसे वह और कितने गरीब परिवारों की सहायता कर सकते हैं? तब...? क्या यह उदाहरण अपनी जनता का मनोबल बढ़ाने वाला है?

इस वक्त घंटे बज उठे। पांच बार बजे। अरविंद अपनी असली दुनिया में लौट आया। वह जेल के सीखचों में बंद है-बदबूदार तंग कोठरी में। उसने कोई अपराध नहीं किया। एक पूरी-पूरी कौम...पूरा देश अपराधी है। उसने अपनी कैद में एक पूरे देश को बंद कर लिया है। इस पर भी उसे संतोष नहीं हुआ तो उसने यथार्थ के सामने लगने वाले मानवता प्रेमियों को काल कोठरी में बंद कर दिया है। समूचे मानवता प्रेमी और संस्कृति-सभ्यता प्रेमी, उदार तथा महान् देश और उसके लोग चुपचाप देख रहे हैं कि बाहर के एक देश ने जबरदस्ती एक देश को गुलाम बना रखा है। कोई बोलता नहीं और जिनको यह पीड़ा सालती है, उन्हें उसकी तरह एक अंधेरे, बदबूदार और तंग कोठरी में डाल दिया जाता।

"ये भारी भरकम सवाल किसी ने मुस्लिम सल्तनत के विरुद्ध क्यों नहीं किया? उनकी इस्लामिक सत्ता को कैसे एक लंबे अर्से से कबूल किए रहे।"

"एक गलती हुई तो क्या अब उसकी भी पुनरावृत्ति होने दी जाए?"

"क्या राजाओं का शासन उनकी आजादी को नहीं रौंदे हुए था? और आज भी वे शांत-नत और अपने में डूबे हुए हैं। आजादी दिलाने का जुनून कुछ शख्सियत पर ही क्यों सवार है?"

ओह! यह उसे क्या होता जा रहा है। घबरा कर उसने सींखचों से बाहर देखा-वह पेड़, परछाई बना चुपचाप खड़ा हुआ था। कोई पत्ता नहीं हिल रहा था। उसकी देह पसीने से लथपथ थी। सोच थम कर पसर चुका था। मानो वह खामोशी उदासी उसके सोच की थकान का प्रतीक है।

25

आज कोर्ट में लाया गया था। न केवल अरविंद को बल्कि अन्य शातिर कैदियों को भी। कल रात तो तेज वर्षा हुई थी। उस तंग एकांत कोठरी का तीन चौथाई भाग पानी से भर गया था। शेष भाग भी काफी गीला हो चुका था। सुबह कोई सफाई करने वाला नहीं आया था। कोठरी में बदबू, सीलन थी और उसका फर्श गीला था।

अरविंद को कब्जियत बनी रहने से पेट और सिर दर्द हो रहा था। वह चाहकर भी तारकोल पुती उस टोकरी में शौच नहीं जा सका, जो कल शाम से साफ नहीं हुई थी। वह कब से हाजत को दबाए हुए था। बदबू उनके सिर चढ़ गई थी। गाड़ी में बैठकर अरविंद ने बाहर की ओर देखा। बमुश्किल कुछ नजर आया और कुछ तेज आवाजें सुनीं। वह यह अंदाज नहीं लगा सका कि गाड़ी किधर से गुजर रही है। फिर भी, वह कुछ राहत महसूस कर रहा था-उस तंग कोठरी से चाहे कुछ समय के लिए ही निजात मिला हो, पर मिला तो। दिमाग को हलका सा सुकून तो मिला!

गाड़ी तेजी से मुड़ी। वे सब आपस में हलके से टकराए भी पर किसी ने कुछ नहीं कहा। कहने जैसा कुछ था भी नहीं। कोई आपस में बात भी नहीं कर रहा था। सबके सब अपने सोच की कब्र में कैद थे। अरविंद के प्रति उनमें मामूली सी जिज्ञासा थी। उसके गंभीर और चिंतनमयी मुद्रा देखकर किसी की हिम्मत उससे बात करने की नहीं हो रही थी। एक खुला-खुला शहर। बटेर की तरह आंख खोले शहर। उसकी अंदर से मुड़कर गुम होती गलियां। चौड़ी सड़कों पर गाड़ियों के अलावा टमटम या विक्टोरिया। उनकी भिनभिनाती हुई टूटती बिखरी आवाजें। अरविंद कुछ-कुछ अनुमान लगा रहा था। सोच के लिए मैदान था-लंबा-चौड़ा मैदान।

कोर्ट पहुंचे। कुछ समय बाहर ही बीता फिर वह गाड़ी लौट पड़ी। अरविंद ने पूछा, "क्या हुआ?"

"अकस्मात् जज छुट्टी पर चला गया।" एक मरियल सा जवाब हांफता हुआ सुस्ताने लगा।

एक कैदी बोला, "क्या जज के घर में कोई मर गया है।"

"चुप कर।" पुलिस वाले ने डांट दिया।

"मरना क्या हमारे तुम्हारे हाथ में है, दारोगा जी।"

"मैं दारोगा नहीं हूं।"

"तो हुजूर बहुत जल्दी हो जाओगे।"

"क्या पता?"

"दारोगा कोई ऊपर से नहीं आता है। ये सब यहां के रचे रचाए खेल हैं। कभी हम चोर सिपाही खेलते थे और आज...। पर भविष्य की कौन जाने? कजा आते देर नहीं लगती।...इसके मिसाल हम हैं न।"

वातावरण में से तनाव कूच करने लगा। वार्ता रसमयी हो चली थी। एक दूसरा कैदी बोला, "सिपाही जी, आपने कौन-सा अपराध किया है कि आपके जिम्मे हम जैसे खतरनाक अपराधी कर दिए हैं। यदि हम भाग निकले तो आपकी नौकरी पर आ बनेगी।"

"भागने देंगे तब न।"

"कितने ही कैदी हम से पहले भाग चुके हैं?...कितने ही पुलिसवालों पर गाज गिरी... इससे डर लगता है।"

"कैसा डर?"

"अपने राम के लिए कोई जेल ऐसी नहीं है जो हमने फांदी न हो।"

"तो क्या?" वह सिपाही भौंचक्का सा रह गया।

"ले बीड़ी पी।...अच्छा, यह बता कोई आदमी एक को मारे या दस को, उसे कितनी बार फांसी लगेगी।"

"एक बार ही..."

"क्योंकि फांसी का फंदा उसे पहली बार में ही टें कर देगा। फिर क्या सरकार उसे दुबारा फांसी देगी?...नहीं, ना...ला, बीड़ी इधर ला। एक सुट्टा म्हारे को भी खींचने दे।"

बीड़ी से जोर का कश खींचा और कुछ देर बाद नाक से धुंआ निकाल दिया। वह फिर खखार कर बोला, "म्हारे पर तेरह खून के इल्जाम लगा रखे हैं। कोरट-कचहरी इसी तरह रेंगती रही तो कम-से-कम तेरह साल मुकदमें

में लग जाएंगे। एक मुकदमें में एक साल का अवधि माने तो।" इसके बाद वह जोर से अट्टहास लगा उठा। वह सिपाही उसे ऐसे घूरने लगा जैसे वह चलती गाड़ी में से हथकड़ी खींच कर भागने वाला हो और इस कारण उसके मुंह से अचानक सीटी बज गई। सब एकबारगी सतर्क हो गए। ड्राइवर ने तेजी से ब्रेक लगाया।

"बादशाह, तूसी गड्डी हांको। हां तो मैं कह रहा था तेरह वर्ष। गोकि मौजूदा सरकार की घंटी बज चुकेगी। देश आजाद होगा तो क्यों बड़े भाई ...ये जेल और इस जेल के पंछी आजाद नहीं होंगे।" उसका इशारा अरविंद की ओर था।

अरविंद ने कभी इस तरह नहीं सोचा था। वह किंकर्तव्यविमूढ़ रह गया।

"पर दीवान जी, जो तुम एक बार डिसमिस हो गए तो दिन में तारे नजर आ जाएंगे और तुम्हारे लिए देश को मिलने वाली आजादी कोई खुशी का पैगाम लेकर नहीं आएगी। इससे तुम्हें समझाता रहता हूं कि आपस में भाईचारा बनाए रखो और जितना चूना लगा सको, उतना इस जानलेवा फिरंगी सरकार को लगाओ।...क्या समझे अक्ल की दुम।...ध्यान रहे, म्हारा खाना-पीना तो अप-टू-डेट चलता रहे।"

सबकी बोलती बंद। सबकी दृष्टि आपस में टकराई। अब वह अकड़ कर ऐसा बैठा था, जैसे मस्जिद में मिंबर पर इमाम बैठा हो। उसने अपनी अधकचरी मूंछों पर ताब दिया और कहा, "अपना राजमहल आ गया है।"

एक-एक करके सब उतर गए। अरविंद सोचता रहा कि उस बंदे को चिंता-फिक्र रत्ती भर भी नहीं है। एकदम मस्त था। वह क्यों नहीं उसकी तरह मस्त और जिंदादिल रह पाता है? उसे चिंता क्यों घेर लेती है? क्यों वह अपने वर्तमान के प्रति विद्रोही हो जाता है! क्यों वह सबको नकारने लगता है? भगवान् के प्रति भी क्यों ऊलजलूल सोचने लगता है? वह यह क्यों मानने के लिए तैयार नहीं होता कि यह व्यवस्था जिसका वह शिकार हुआ है, भगवान् कृत नहीं है, मनुष्य कृत है। वह वहां आकर भी उलटा सोचने लगता है कि फिर यहां भगवान् का क्या काम? क्यों उसकी पूजा-अर्चना? क्यों उसके स्मरण ध्यान का जाल-जंजाल?"

देर रात को वह सो पाया। एक तो आज गर्मी तेज थी। ऊपर से हवा बंद थी। सारे दिन की धूल धक्कड़ अलग थी। पेबंद लगा सोच बगावत पर अलग उतर आया था। यों चित्त में बेचैनी थी। सारा शरीर दर्द कर रहा था। हाथ-पांव ढीले थे। कहां तो यह सोचकर उसका मन संतोष पा

रहा था कि कम-से-कम इस बहाने वह सड़क, सड़क की गरमागरमी, खट्टे-मीठे दृश्य-अदृश्य और इतने सारे उन लागों को तो वह देख व अनुभव कर सकेगा, जिनके बीच रहते हुए उसने शायद कभी उनका कोई खास नोटिस नहीं लिया था। कितने दिन हो गए थे, उसे बाजार से गुजरे, उसको सुने-देखे! आदमी को आदमियों के बीच से निकाल बाहर करो और गहरे ध्वनिरहित निर्जन सन्नाटे में डाल दो, फिर देखो उसका मन उस बेसुरी, बेस्वाद, बेमतलब और खाली पीली बातों को सुनने के लिए कितना व्याकुल हो उठता है। ठीक उस मछली की तरह जिसे पानी से बाहर निकाल कर फर्श पर डाला हो।

आदमी की जिंदगी, वास्तव में आदमियों के बीच है। फिर वह आवाज कैसी भी क्यों न हो? पर होना वह आदमियों का समाज चाहिए। उसमें एक दार्शनिक और आध्यात्मिक शब्द उभरा-एकांत! एकांत में ध्यान लगाओ। शून्य तक पहुंच जाओ। फिर देखना, एक सर्वथा नवीन और लोमहर्षक जगत् उसका स्वागत-अभिनंदन करता मिलेगा। सारे कष्टों-दुःखों से मुक्ति-एक चिर व शाश्वत आनंदमय जगत्। ईश्वर का जगत।

इसमें कतई संदेह नहीं है कि वह लेले के साथ जिस एकांत में रह कर जो कुछ अनुभव कर सका, वह इस जगत् से परे का जगत् था-चिर शांति के बाद वह फिर अपने संसार में लौट आया था। संसार में जिससे कुछ समय के लिए निजात पाकर वह अपने आप में फूले नहीं समा रहा था। मानों उसको ऐसा क्या मिल गया था। उस क्या को नहीं जानते हुए भी वह एक बहुत बड़े सत्य से मुड़ रहा था।

वह एकदम नवीन अनुभव का अनजाना, अनभोगा और असमझा परिवेश था। मानों समुद्र के अतल का विस्मयकारी निर्जन समाज या सर्वोच्च उतंग पर जा पहंचने का अदमित, अपार और सीमा शून्य विराट का चाक्षुष अनुभव।

नहीं ऽऽ। सच यह है कि वह एक अंधी और मरी हुई हवा की सड़न भरी कोठरी में है और सरकार उसे फांसी पर झलाने का पख्ता इंतजाम करने में जटी हुई है। सरकारी वकील नार्टन महाशय अपनी कारगुजारियों के लिए कुविख्यात है। एक तो करेला ऊपर से नीम चढ़ा। जब बिना कुछ किये हुए को वह निर्जन हवालात में पटक सकती है तब हवालात से फांसी के तख्ते तक वह क्यों नहीं ले जा सकती? उसके खिलाफ निरंतर षड्यंत्र चल रहे हैं। भाड़े के चशमदीद गवाह तैयार किए जा रहे हैं। जो यह कहेंगे कि उन्होंने उसे देखा है बम बनाते हुए, सरकार का तख्ता उलटने का षड्यंत्र रचते हुए। तब! हां तब?...

वह कितना अकेला पड़ता जा रहा है। परसों वह मिलने आई थी–मृणालिनी। उसकी आंखों से टप-टप आंसू गिर उठे थे। उसे क्या मालूम कि जेल क्या है? जेल में भी वह कहां है? कोलतार पुती टोकरियों की माया क्या है। वह कह रही थी, "भगवान् के घर में देर है, अंधेर नहीं है।"

वह चीखना चाहता था मंच पर खड़े उस नायक की तरह जिसका सब कुछ जोर-जबर्दस्ती छीना जा चुका था और फिर भी उस पर इल्जाम यह थोपा गया था कि उसका जो कुछ माल-मशाला सामने आया है, वह सबका सब चोरी का है-उसकी खून-पसीने की कमाई का नहीं है। ओह! उस नायक ने उन विषम और थोपी गई उग्र मानसिकता के तनावों को किस तरह अपने हाव-भाव और चंद शब्दों के उतार-चढ़ाव से कैसे समूचे वातावरण को क्षुब्ध और झंकृत कर डाला था। वैसे शक्ति उसमें नहीं है। वह चीख-चिल्ला कर कहे तो क्या कहे और किससे कहे! वह किसी नाटक के पात्र की भूमिका नहीं निभा रहा है, जिसे डायरेक्टर ने यह समझाया था, "थोड़े समय के लिए तुम यह भूल जाओ कि तुम अरविंद हो। तुम अरविंद नहीं सोमेश हो। वह सोमेश जो ईमानदार, निष्ठावान, कर्मशील और परोपकारी था, पर जिसे इस वक्त सबके सामने बेइज्जत, बेआबरू और नंगा किया जा रहा है। उस पर वह तोहमत लगाई जा रही है कि वह चोर है, पतित है ओर दुश्चरित्र है। काश, चुल्लू भर पानी होता तो वह उसमें डूब मरता। वह कितना लाचार है, हाथ-पांव सही सलामत होते हुए वह कितना अपंग है कि अपनी सफाई में एक शब्द नहीं बोल पा रहा है। हर इंसान यीशु नहीं हो सकता जो अपने षड्यंत्रकारियों के शुभ के लिए ईश्वर से उनकी सलामती और उनको क्षमा करने के लिए प्रार्थना कर सके। यह हाड़-मांस के उन लोगों की सबल और लाचार, सच्ची और झूठी, विश्वासी और अविश्वासी, कुर्बानी देने का नाटक करने वाली और दूसरे की कुर्बानी लेने वाली, ईमानदार और बेईमान दुनिया है। यहां कुछ भी स्थायी नहीं है। यहां का सच बेरहम है। यहां का झूठ-फरेब निर्दय और क्रूर है। खामोश, तुम ऐसी दुनिया के सामने खड़े जलील किए जा रहे हो, जिसके पास न कान हैं और न आंख। मानो हैं भी तो वह उनका इस्तेमाल नहीं कर सकती। सच स्वयं अपनी पैरवी नहीं कर सकता इसलिए वह झूठ के हाथों पिट जाता है।...यहां जहांगीर का न्याय भी उसके खुद के साथ न्याय नहीं कर सकता।"

"नहीं ऽऽऽ..." सारे पहाड़ी वातावरण में यह आवाज किसी विशाल पहाड़ी पत्थर की तरह नदी में छलांग लगा बैठी। हां-हां...वह सोमेश नहीं, अरविंद है जो किसी नाटक का पात्र नहीं, स्वयं अपना पात्र है और उसकी आवाज सारे

इंसानी जंगलात को कंपा डाल रही है। वह सीना ठोक कर बुलंद आवाज में कह रहा है, "ओ अपनी तकदीर की बेरहम मलिका, तख़्ते ताऊस की बेशुमार धन-दौलत की मालकिन, महाशक्ति के तीसरी आंख होने की पहचान कराने वाली दंभी सुंदरी तू देख-सुन सकती है तो देख-सुन ले तेरे नापाक इरादों, षड्यंत्रों, जालसाजियों और कारनामों का पर्दाफाश करने वाला तेरे सामने खड़ा, तुझे ललकार रहा है कि अब तेरे दिन पूरे हो गए और अब मैं आ गया हूं। अब सत्य लाचार नजर नहीं आएगा। अब शिव सुंदर ही नजर आएगा। तू मेरा बाल भी बांका नहीं कर पाएगी और मैं तुझे कहीं का नहीं रहने दूंगा।"

परंतु ऐसा कुछ नहीं हुआ। अरविंद कहने लगे, "मृणालिनी, मयूर की तरह अपने पांवों की ओर नहीं, सदा मतवाले इंद्रधनुषी आसमान की ओर देखो, तभी तुम निश्चिंत होकर, आंतरिक लय-ताल की अनुगूंज सुनते हुए सुंदरतम नृत्य कर सकती हो। जीना लाचारी का नहीं, साहस-हौसले और चुनौती स्वीकार करने का नाम है।...ए अर्जुन, अपने अगल-बगल, आमने-सामने क्या देखता है। उठाओ गांडीव और रणभेदी बजने दे। वे हास्य करे या तांडव पर उन्हें मरना है। सवाल मुख्य यह है कि वह मरा तो कैसे और किसके लिए?...तुम हौसला रखो, तेरा यह सरकार कुछ नहीं बिगाड़ सकेगी। याद है, झूठ के पांव नहीं होते।"

"कि भूत के।" मृणालिनी यह सोचकर रह गई, क्योंकि उसे याद आ गया कि नानी कहा करती थी कि भूत के उल्टे पांव होते हैं। मृणालिनी का मुख मंडल उदास था। उसने इधर-उधर से जो-जो बातें सुनी थीं, उनसे वह हिल गई थीं। दिन-रात अकेली गहरी चिंता में डूबी रहती थीं। कौन था उसका जो उसे ढांढ़स दिलाता? मम्मी-पापा उसे समझाते अवश्य थे, परंतु उनके समझाने का उस पर कोई असर नहीं होता था, क्योंकि वे स्वयं मर्माहत थे। उन्हें अपने कहे पर स्वयं यकीन नहीं था कि वे जो कुछ कह रहे हैं, वह सत्य है या नहीं। सत्य कुछ होता भी है क्या? जो सत्य वही झूठ हो जाता है और जो झूठ है, वह सत्य। सत्य और झूठ कुछ नहीं है पर बहुत कुछ है यदि सिद्ध करने की कला में कोई माहिर हो नॉर्टन की तरह। नॉर्टन इसलिए प्रसिद्ध सरकारी वकील है, जो अघटित को घटने के लिए मजबूर कर देता है।

'मी लार्ड' नॉर्टन के मुंह से जब निकलता है, जबड़ा कुछ टेढ़ा हो जाता है और आंखें कुछ-कुछ डरावनी। केवल अभियोगी जानता है कि वह सफेद झूठ बोल रहा है। क्या उसकी आत्मा इतनी मर चुकी है कि वह जिंदे और मुर्दे का फर्क नहीं कर पाती।

"मैं तो यह भी नहीं कह सकती स्वामी, अपना ख्याल रखना। यहां कौन किसका ख्याल रख सकता है! परंतु स्वामी, मुझे इसके अलावा और कुछ सूझ भी नहीं रहा है।" मृणालिनी यह सब कह नहीं पाती। उसे निर्देशक की आंख नजर आती है और आता है उसकी आंख का हलका सा संकेत। तब उसे याद आता है कि नाटक में उसकी भूमिका उस अधेड़ औरत की है, जिसने जीवन में कभी वसंत नहीं देखा और जो जुबान होते हुए कभी नहीं बोल सकी। हमेशा-हमेशा अहल्या की तरह शापग्रस्त हुई पत्थर की बेजानदार मूर्ति सी बनी रही।

"जाओ मृणालिनी, जाओ, यहां बोलना वर्जित है। यहां जोर-जबर्दस्ती का नाटक नहीं होता है, जिसके लिए रिहर्सल की जरूरत हो। सीधे ही सब कुछ हो रहा है और उसके हर पात्र को बिना सोचे-समझे करना पड़ रहा है। यह कैसा लुच्चा विचार है, जिसे लुच्चा कहने की ताकत खरीदने के लिए पैसा चाहिए और उसको जीने के लिए भाड़े के आदमी। मानों तो कानून, नहीं मानो तो...।"

मृणालिनी गूंगी, दीवार से चिपकी उस छिपकली की तरह हो गई थी जो भूख-प्यास से अधमरी होकर मौत का प्रमाण पाने वालों की लंबी कतार में खड़े-खड़े गिर पड़ने वाली हो। उसकी आंखों का खामोश समुद्र तप्त रेगिस्तान को अपने में सोख लेना चाह रहा था। तभी आवाज पड़ी। सुप्त चेतना जगी। संतरी कह रहा था...मिलने का टेम खत्म।

26

आंखों में नींद नहीं, दिल में विश्वास बौखलाया हुआ। सारा शरीर लकवाग्रस्त हो चुका था मानों किसी राक्षस ने शरीर का सारा रक्त चूस कर दोने की तरह उसे फेंक दिया हो। फरियादी फलकजदा होकर फूहड़ हास्य को बिखेरने के लिए मन-ही-मन निदेशक की तीसरी आंख का अनमान लगाकर रो पड़ता है और रोते-रोते हंसने लगता है। हंसता ही जाता है। मानों हंसने का उसे दौरा पड़ा हो। उसकी आंतें बाहर आने को हों और वह अपने निर्जीव हाथों से उन्हें पकड़े हुए है।

"ठहरो, अरविंद।"

अरविंद चौंका। उसे अचरज हुआ कि वह कंबल पर बैठा हुआ है, चल

कहां रहा है जो वह ठहरे। अंधेरा सकपका रहा। पलस्तर जगह-जगह से झड़ने के कारण नई कला को समझने की दावत दे रहा था। यह कैसा दौर था जब हिमालय की कंदराओं का सन्नाटा था और निर्जन स्थान था। लेले ने उसे अपने साथ रखकर समझाया था योग के लिए सघन एकांत चाहिए। चित्तवृत्तियां उसे कठपुतली बनाकर नचाए नहीं, उसके लिए योग जरूरी है। परंतु अरविंद को एकांत कहां मिलता था! काम पर काम। एक काम पूरा भी नहीं हुआ कि दूसरा सिर पर सवार। फिर भाग-दौड़ अलग।

यहां तो योग के लिए स्थिति एकदम अनुकूल है-बात करने वाला कोई नहीं है, न कहीं जाना-आना, निर्जन ऐसा कि उनके अलावा दूसरा कोई नहीं। पढ़ने-लिखने के लिए न पोथी, न कागज, कलम-दवात। कोई काम नहीं। यहां पता चला कि एक दिन में चौबीस घंटे होते हैं और घंटे में साठ मिनट। दिन कितना लंबा होता है कि खाने को आने लगता है। आखिर कैसे कटे एक दिन। यों दिन कितना-कितना जान लेवा हो रहा है।

दो तीन तो काली-लाल चीटियों के साथ अरविंद ने बिता दिए थे-एकदम एकाग्र होकर। चीटियों की कतार लंबी रेखा सी नजर आ रही थी। दूसरी तरफ से लाल चींटियां आ रही थीं। दोनों चौराहे पर क्या मिल रही थी कि काली चींटी लाल चींटियों को देखते ही आक्रमण कर रही थीं। लाल चींटियां खेत रह रही थीं। अरविंद का मन लग गया। ठेठ वहां से उनका मन उनके साथ-साथ चल रहा था, जहां से चीटियां आती नजर आ रही थीं। वे लाल चींटियों को बिना बंदूक तमंचे के भूने जा रही थीं। क्या गांधी ने कभी ऐसा दृश्य देखा। देखते तो क्या कहते? यहां उनकी अहिंसा क्या काम आती। यह नई सिचुएशन उनके मन पर दबाव डालने लगी। आखिर उनकी दारुल हुकूमत है कहां! वे तो जन पथ के निवासी हैं। फिर भी उनमें जंग जारी है। पर किसलिए? उनमें कोई छीना-झपटी नहीं। न हुकूमत का नशा-निशान।

अचरज एक भी लाल चींटी ऐसी नहीं कि काली चींटी को मार गिराए। लाल चींटी अंग्रेज। काली चींटी हिंदुस्तानी। काली चींटी यहां भी लाल चींटी को नहीं छोड़ेगी। सरेआम एकतरफा युद्ध। हे मां काली! कब बनाओगी इन तैंतीस करोड़ काली चींटियों को अपने जैसा प्रचंड योद्धा, आक्रमक और प्रलयंकारी।

क्या मजाल है कि वे लाल चींटी का कीमा बनाकर तनिक भी ठहरें-रुकें। चलती जाती हैं बिना विराम लिए। उनके लिए आराम हराम है। वे कितनी अनुशासनबद्ध हैं! मजाल है कि उनकी पंक्ति तनिक-सी इधर-उधर दीखें। बिल्कुल नाक की सीध में। वो देखो, महारानी चींटी की सवारी कितने

शान से निकल रही है।

पार्वती ने समझा दिया कि कुछ ऐसा-वैसा काम न कर डालना, जिससे जान बचाने के लिए सिर पर पांव रखकर भागना पड़ जाए। अचानक बीच में ये पार्वती कहां से आ गई। नहीं-नहीं दृष्टि भ्रम...नहीं-नहीं ध्वनि भ्रम, ये तो मृणालिनी है जो दबे स्वर में, अपनी आवाज को हवा से महीन बनाकर पूछ रही थी, "पहाड़-सा दिन, ये काल कोठरी, आपके सिवा यहां न कोई आदमी न कोई परिंदा। कैसे बीत्ता होगा एक-एक पल। पुस्तकें भी नहीं। वे होती तो मैं निश्चिंत हो सकती थी, क्योंकि तुम उनमें ऐसे खो जाया करते थे, न तुम्हें नहाने-खाने की सुध रहती है न कॉफी, चाय, नाश्ते के ठंडे होने की। पानी भरा गिलास रखा होता था। ऐनक आंखों पर चढ़ी होती है और आवाज लगाते रहते हो किसी गहरे कुएं से...मणि, जरा पानी ला दो...अरे मेरा चश्मा! तुमने देखा क्या...।" हम हंसी नहीं रोक पाते थे। पूछते थे, "यह तुम्हें क्या हो जाता है कभी-कभी मानों हंसी का दौरा पड़ गया हो।"...हम कहते थे तुम्हें देखकर कौन हंसी रोक सकता है भला।...चश्मा आंखों पर चढ़ा है और पानी भरा गिलास तस्तरी से ढका सामने रखा है।...हमें तो डर लगता है कि किसी दिन यह न पूछने लगे, मणि, कहीं तुमने अरविंद को देखा है क्या! वह अभी यहीं कुरसी पर बैठा था।

"वाह क्या खूब, मणि! या तो गूंगी बनी सारे दिन परछाईं सी घर के कामकाज में लगी रहोगी अथवा जब बोलोगी तू अच्छे-अच्छे की बोलती बंद कर दोगी।"

यादों की ठंडी बयार उनके अंतरंग को आर्द्र कर जाती। उनमें पायल की मंद-मंद कमनीय ध्वनि अनुगूंज उठती। वह कैसे बताएं कि जिस तरह हवा, पानी और अग्नि खुद-ब-खुद अपनी जगह बना लेते हैं, ठीक वैसे ही मनुष्य को अपनी जगह तलाश लेनी पड़ती है कि वह हर परिस्थिति में अपने आपको कैसे बनाए रखे? क्या करे? उसने कभी नहीं सोचा था कि उसकी तीसरी आंख ये काली-लाल चींटियां बनेगी और उनसे कहानी का छूटा हुआ किस्सा फिर शुरू हो जाएगा पिछले दिन की तरह।...नहीं...नहीं पिछले से भी पिछले दिन की तरह, जब उसकी तीसरी आंख ने चौंकाना शुरू कर दिया था। वे बता रही थीं...ये चहारदीवारी नहीं है, दिक् काल की बेआवाज की घंटी है जो समय-असमय आदमी को उसके वजूद को पहचानने में उस समय मदद करती है, जब आदमी को अपने न होने की आहट हवा बंद कोठरी में बेतरह से छीलने-कुतरने लगती है।

तब दिक्काल गाइड के स्वर में चुपचाप सुनाता है... ये दीवारें जिनके पलस्तर उखड़े हुए नजर आ रहे हैं, जिनसे तुम्हें बेहद चिढ़ होती जा रही है

और तुम जिन्हें नोच लेने का मन बना रहे हो, वे तुम्हारे पूर्वजों की देन है। उनका खोया हुआ इतिहास है, जिसे तुम ढूंढकर एक बड़े खिताब के दावेदार बन सकते हो, बशर्ते तुम में ऐसा बनने की कुव्वत हो, आग हो और तुम्हारे नाखून गिद्ध की चोंच की तरह इतने तेज हों कि आर-पार उतर जाएं। जब आदमी को गुस्सा बिना डकार लिए नहीं पी रहा होता है, तब उसकी दृष्टि में सब कुछ पलट जाता है और विध्वंसक बम को परे सरकाकर, अपने नाखूनों की मदद से इन दीवारों पर बड़े दतचित्त होकर, अपने सारे हुनर को दांव पर लगाकर, कुछ अमूर्त्त रेखाचित्रों को जन्म देकर अपनी काबिलीयत का भरोसा दिलाना चाहता है कि वह कभी खाली नहीं बैठा रह सकता और न कभी अपने को पहचानने की भूल कर सकता है। उसके लिए अभी तक ऐसा कोई दरबा नहीं बना जिसमें उसके वजूद को कैद किया जा सके।

अरविंद सुने जा रहा था, मानों उसका समूचा बाहर-अंदर मात्र शब्देन्द्रिय होकर रह गया हो। वह आगे सुन रहा था, मौत नागुजीर (अवश्यंभावी) है। तुम्हारी तो जबान ही शीरीं है। उसमें तल्ख-कलामी (कटु वचनों) कहां है? तुम तो तरक्की पसंदों में से हो। प्राय: तुम्हें अच्छे नाकदि (आलोचक) मिले हैं। फिर तुम खुद ही चंद लम्हों में भटककर अपने गिरेबान को पकड़कर ऐसे झकझोरना चाह रहे हो, जैसे पगलाई हवा पतझड़ में दरख्तों पर से खुद गिरने वाले पत्तों को गिरा डालने लगती है और अपनी ताकत से अपने रकीब (प्रतिद्वंद्वी) का हौसला पस्त करना चाहती है।...ऐसा करने की सोचने भर से तुम इस कदर थक गए और मलूल (उदास) हो बैठे कि तुम्हें लगा कि मुसीबतों के हथौड़े एक साथ तुम्हारे सिर, शाने (कांधे) और सारी देह पर पड़ने लगे हों और तुम ख्वाब में अपनी तकलीफदेह रूह से पुरजोर लगाकर भी चुटकी भर आवाज नहीं निकाल पा रहे हो।"

"आहिस्ता! आहिस्ता!! आहिस्ता!!! तुमने अनजाने में मेरी दुखती नस को क्यों छू लिया और मेरी तरह उलटवासियां क्यों कर बैठे, मेरा यार, मेरे रहनुमा। तुम्हें तो किसी की नफरत ने नहीं सताया, मेरे भाई। न किसी मेहरबान ने दगा दिया। फिर ये सब..."

"इन दीवारों के उखड़े हुए पलास्तर को गौर से देखो और इन्हें गौर से पढ़ो, इनमें तलाशो...तलाशते जाओ तो तुम्हें इस कारा के उन बेदाग मसीहियों के लहू के कतरे आपबीती बहुत सब-जब्र से सुनाते मिलेंगे।...तुम यहां खुद नहीं आए हो, तुम्हें यहां रब ने भेजा है। पढ़-सुन सको तो इन अमूर्त्त चित्रों में नजर नहीं आनेवाली उन बारीक नसों में सूख चले लहू की धड़कनों पर कान दो, जो तुम्हारे यहां आने का स्वागत कर रही हैं। उनकी तुमसे कुछ

आशाएं हैं।"

"कैसी आशाएं? क्यों आशाएं हैं! तुम्हें नजर नहीं आ रहा है कि हम इस घटाटोप निर्जन में अपनी सहायता नहीं कर पा रहे हैं। विवश हैं।"

कोई प्रत्युत्तर नहीं। अंधेरा झपकी ले उठा। सन्नाटा योगासन करने लगा। उस घुप्प अंधेरे में पता नहीं कहां से घुरघुराहट का अनसुना स्वर अंदर-ही-अंदर कुरेदने लगा था। अरविंद ने दीवारों के नजदीक आकर उखड़े हुए पलास्तर को ध्यान से देखने का प्रयास किया। शनैः-शनैः अस्पष्ट आकृतियां कुछ किसी खास आकार में ढलने का प्रयास करने लगीं। अरविंद चौंका, क्योंकि वे अस्पष्ट आकृतियां एक उजड़ी हुई बस्ती में बदलने का प्रयास कर रही थीं और अत्यंत धीमे स्वर में कह रही थीं, "जहां नदी नहीं होती, बाढ़ वहां भी आ जाया करती है-धुर रेगिस्तानी निर्जन में, जहां गांव एक संकेत होता है और वहां के रहने वाले उस संकेत की निर्धूम आवाज।"

तभी ड्रम बजने लगा बिना किसी आकार-आकृति के। अरविंद ने एक आकृति पर अपनी उंगली घुमाई। वह घुमाने लगा। उसे मांस-मज्जा का अनुभव हुआ। उनकी शिराओं में रक्त की तासीर कुछ-कुछ कहना चाहने लगी।

"स्वामी, यह क्या हुआ? किसकी नजर लगी हमारे हंसते-खेलते गृहस्थ को।"

"मेरी नजर!"

"कभी नहीं।"

"तो तुम्हारी।"

"हां, यह हो सकता है।"

"तो यह क्यों नहीं हो सकता है कि उसे मेरी नजर न लगी हो!"

"नहीं, स्वामी, कदापि नहीं।"

"सच यह है कि इसमें किसी की नजर-बजर नहीं लगी और मान लो तुम्हारी बात सही भी हो तो वह नजर हमें ब्रिटिश सरकार की लगी है। उन्हें हमारा स्वतंत्र घूमना-फिरना नहीं सुहाया। हम उनकी आंख के कांटे हो गए। 'वंदे मातरम्' उनका चैन छीनने लगा। सरकार अंदर-ही-अंदर तिलमिला उठी। एक म्यान में दो तलवार नहीं रह सकती। सरकार रहे या हम, यह तय करना मुश्किल हो गया तो संदेह-शुबहा की सुई चारों तरफ घूमती-घूमाती हमारे पर आकर ठहर गई। बस इतनी-सी बात है। खोदा पहाड़ निकली चुहिया तब सरकार क्या करे? खिसयानी बिल्ली खंभा नोचे। सब कुछ एकदम स्वाभाविक दर्पण-सा। इसमें कोई दोषी नहीं है, सिवा व्यवस्था के।"

"तो?"

"कान में रूई डालो, आंखें मींच लो, मुंह पर कपड़ा बांधो और अपने रब का स्मरण करने लगो।"

"उससे क्या होगा?"

"तमाशा!"

"कैसा तमाशा! चूहा भाग बिल्ली आई, पीछे देखे मार खाई।"

"यह आप क्या-क्या बड़बड़ा उठे हैं, स्वामी। मां इनकी रक्षा करो। हमारी गलतियां क्षमा करो।"

"कौन-सी गलतियां! किसकी गलतियां? गलती करने वाला सांड की तरह, दुस्साहसी होकर जहां माल देखता है, वहां मुंह मार रहा है। बेरोक टोक और बिना हिचक, सीना ताने, अहंकार से सिर उठाए, सबको चुनौती देता हुआ घूम रहा है सरेआम। है कोई माई का लाल जो उस आवारा सांड से इतना पूछ भर सके कि ये क्या तुम्हारे बाप का माल था, जो निगल रहे हो और डकार तक नहीं ले रहे।"

नहीं, यह आवाज, यह टोन, अरविंद की नहीं है। वे कभी इस तरह से बाजारू भाषा का प्रयोग नहीं करते। आवेश, उत्तेजना और क्रोध में नहीं आते। फिर? मृणालिनी से उनकी ओर देखा तक नहीं गया। वह उन पुरुषों में नहीं हैं, जो अपना आपा खो बैठें।"

कुछ देर बाद वे शरद की नदी की तरह अपनी चिर परिचित लय-प्रवाह में आ गए। वह कहने लगे, "सॉरी, मणि, मैं अपने में नहीं रह सका। तुम चिंता, छोड़ो?"

मृणालिनी कुछ पीछे खिसक गई। उसे उनकी ऐसी स्थिति देखी नहीं गई। मृणालिनी के पिता भूपालचंद्र बसु ने कुछ आगे बढ़कर अंग्रेजी में कहना शुरू किया, "मीनुदी, क्या चिंता छोड़ेगी, अरविंद! वह पगली हो उठी है। उसने अपने कमरे में पलंग निकलवा दिया है, फर्श पर कंबल बिछा कर सोने लगी है। अपने कमरे के सारे खिड़की-दरवाजे बंद कर अब वह दिनपति की किरणों तक को अंदर नहीं आने देती। खूब समझाते हैं, पर वह कुछ मानने को तैयार नहीं हैं।"

"पापा...प्लीज।"

भूपालचंद्र बसु चुप बने रहते। अरविंद मृणालिनी को संकेत से पास बुलाकर समझाने लगते, "यह पागलपन क्यों, मणि? तुम मेरे लिए अपने को क्यों दंड देने पर तुली हो? तुम्हारी इस व्याधि को जानकर मेरा चित्त और उदास रहने लगेगा। तुम यह अच्छी तरह जानती हो कि मैं निर्दोष हूं, तो फिर हमें चिंता क्या? सब ठीक होगा।"

"समय हो गया है।" सिपाही ने सचेत किया। मृणालिनी की आंखें डबडबा आई। अरविंद ने स्वयं ही पीठ फेर ली। वह मृणालिनी को रोता हुआ नहीं देख सकता था।

सब चले गए। आवाजों ने मानों पलायन कर लिया हो। अब फिर वह उस कारा का निरीक्षण करने लगे। उनकी दृष्टि भित्ति पर ऐसे चिपक गई जैसी छिपकली चिपकती है, लेकिन अब भित्ति सिर्फ भित्ति रह गई थी। उसका मायालोक मृणालिनी के सामने टिक नहीं सका। वह क्षण भर को उदास हो गए और कंबल पर आकर बैठ गए पांव फैलाकर और आंखें बंद कर ली।

27

अरविंद में सन्नाटा उतर कर झनझना उठा था। कोठरी से बाहर फिर निकलने का आज अवसर मिल रहा था-कचहरी ले जाने के लिए। कचहरी में क्या होगा, यह अनुमान लगाने का उनका मन नहीं हो रहा था। पहली बार जब उनको कोर्ट ले जाया गया था, तब जज के अचानक छुट्टी पर चले जाने से, उस दिन कोई कार्यवाही नहीं हो सकी थी, तब उसके मन में अवश्य बहुत कुछ ऊंचा-नीचा था, आशंका से भरा, झूठ को सच का दस्तावेज बता कर पेश किया जाना था। कानून, न्याय, जनहित रक्षार्थ के मायने का क्या ढोंग है? कितना बेशकीमती समय जाया किया जा रहा था। कैसी इंसान को हैवान बना डालने की साजिश रची जा रही थी। उसमें कितने आला दिमाग, नादिर शख़्सियत और सच्चाई के पहरुये बददिमागी, जालसाजी और षड्यंत्र के बोझ तले दबे आमजन को नजर आएंगे। कितना धन अपव्यय होगा। यह सब क्या हो रहा है? क्यों हो रहा है? और इस सबके लिए ईश्वर को हाजिर-नाजिर मान कर हो रहा सारा काम है।

"ओ नवयुवक, सोच का बोझ सिर से उतार कर जमीन पर रख दे।"

यही वह अभियुक्त था, जिसने सारेआम कई खून किये थे और जिसके चेहरे पर शिकन तक नहीं थी। इस वक्त भी वही रुआब रुतबा, वही चमक-दमक, वही बेखौफ मौजमस्ती, हंसी-ठट्टा और जबर्दस्त आत्म-विश्वास था। अरविंद ने उसकी ओर देखा। वह कहने लगा, "दिल छोटा करने से काम नहीं चलता, दोस्त। यहां कुछ भी अच्छा-बुरा नहीं है। होने को क्या नहीं हो रहा है-रोज-रोज सूअर-बकरे काट कर कसाई की दूकान पर लटके

होते और उनके टुकड़े-टुकड़ों का मोल भाव होता। हमें कोई शेर का मांस उसकी हड्डी टांग कर दिखाए, साले हीजड़ों की औलाद, धर्म-कर्म के मरियल पिल्ले। दारोगा जी, एक बीड़ी तो निकाल, सुट्टा तो खींचने दे।"

उसने बीड़ी को होंठ के नीचे दबाई। पुलिसवाले ने माचिस से तीली निकाली और बहुत एहतियात से उसे जलाई और उसने बीड़ी सुलगाई। एक जोर का मर्दाना सुट्टा खींचा और उसी जोर से बाहर उसे फेंका जैसा गोरी चमड़ी वालों ने दक्षिण अफ्रीका में फर्स्ट क्लास का टिकट होते हुए गांधी बाबा के साथ किया था कि बिस्तर बोरिये सहित उन्हें प्लेटफार्म पर फेंक दिया था। क्या कर लिया था उस डेढ़ पसली के अहिंसावादी पुतले ने। मां कसम उसकी जगह, काश हम होते तो उनको ऐसा छटी का दूध याद कराता कि वे उल्लू के पट्ठे खुद ही सिर पर पांव रख कर भागते नजर आते।...ले रे, सरकारी खजाने की बेवक्त पैदाइश, तू भी दो सुट्टे खींच ले।" कहकर उसने बीड़ी उस पुलिस वाले की ओर बढ़ा दी। उसमें डर-दहशत, मिमियाते हए खाजदार कबूतर की तरह गुटर गूं कर रहे थे। न सूते तो मरना और सूते तो अपने आप में सरकारी वर्दी पर थू-थू-थू।

"स्साली अपभ्रंश की सरकारी जमात, तुझे जो करना हो सो कर हमारी तरह। हमने अल्ले-सल्ले, अटरम-सटरम सरकारी पिल्लों को नहीं पाला था और न किसी ऊपर वाले के हुक्म का इंतजार किया था। जो करना-सोचा, कर डाला। फिर उस सोच को खंजर की तरह फेंक दिया। यह हमारे दौर की अकेली ऐसी शुहरत थी कि बच्चा-बच्चा जानता था कि महदी रजा रकाबत पर दिल नहीं लाता है और जिस खंजर से काम तमाम करता है, उसे हवा में उछाल देता है। न खुदा को बीच में लाता है, न रिआया को हिफाजत के नग्मे सुनाता है। जो करना है, मां कसम, चुटकी में कर डालता है।...वे ये स्साली पिहुद्दई पिनपिनाती पिपीलिका सी सरकार न जनानी है, न मर्दानी।" कहकर उसने वहीं पर थू कर डाला।

किसकी मजाल थी कि कोई उस पर एतराज दर्ज कराता। जैसे सड़क उसकी वैसे ही टुनटुनी मोटर गाड़ी उसकी। पहली बार किसी ने जज की मौजूदगी में भरी कोर्ट में छींका था और कठघरे की रेलिंग पर मसला था, फिर थूका था और कहा था, "जज, तुझे जो करने को कहा है, मां कसम, तू वही और फौरन कर, वरना कहीं ये सात फुटा शेर तेरी सारी इंजामियत को धता बता गया तो सबसे पहले तेरे गले को रेतेगा ताकि सनद रहे कि महदी रजा की हुकूमत में इंसाफ में देर नहीं, चुटकी बजाते हो जाता है।"

सारे अखबारों के पहले पन्ने पर उसी का बयान छपा था मय फोटो के।

अरविंद सोच रहा था कि ऊर्जा की बेखौफ दीवानगी को क्यों नहीं तनिक-सा उधर की ओर मोड़ा, जिधर दीवानों की टोली मां की मुक्ति के लिए सिर को हथेली पर रख निकल पड़ती है। तब तो अब तक हिदुस्तान छोड़ कर कब के ये गोरे रफूचक्कर हो गए होते। उसमें दिलचस्पी बढ़ी ही थी कि कोर्ट की सीमा में सरकारी गाड़ी दाखिल हो गई।

आख़िर बारी आई। आवाज पड़ी। जज की छोटी-सी कोर्ट। चंद आदमी। पहरा कड़ा। वकील मुस्तैद। नाटक के पहले अंक का पहला दृश्य। अरविंद आंखें फाड़-फाड़कर देखता रहा। अपना यार। जज बीचक्राफ्ट। बालों में सफेदी, मूंछों रहित चेहरा, चौड़ा माथा, हलके से नीचे के होंठ बाहर की ओर, आंखों पर गोल चश्मे की ऐनक। सूटेड-बूटेड, टाई-साही में लंबा चेहरा, चेहरे पर वही जाना-पहचाना सदाबहार सहज अंदाज, जिसे ली कहती थी, "बीच, जब तुम आदमी बनोगे तब भी तुम्हारी आदमियत की चिर-परिचित यह हुकूमत बरकरार रहेगी। वह कभी प्रौढ़ या बूढ़ी नहीं होगी, क्योंकि ईसा ने उठने से पहले उस कागज पर वही सही बना दी थी, जो इस वक्त तुम्हारे चेहरे पर है। वही भोलापन, वही आंखों में अनजाना चमक और वही न बदलता माकूल चेहरा, जिसके बाद ईसा ने चेहरा बनाना बंद कर दिया था।"

वह सामने होगा और उसका मिलना इस तरह होगा कि वह दोस्त को दोस्त कह कर नहीं पुकार सकेगा और एक हलकी टीस बनकर रह जाएगा बदबख्त का वह उम्दा लम्हा! कभी सोचा भी नहीं था। उसने मजाक-मजाक में कहा जरूर था, "अरविंदो, कभी हिंदुस्तान आना हुआ तो मैं होटल में नहीं, तेरे घर ठहरूंगा। उन पुरानी यादों के साथ जो तू लंदन में छोड़े जा रहा है। बता किस होटल में मिलेगी उन यादों की स्पेशल प्रेपेशन्...एकदम लजीज...सोचो तो मुंह में पानी आने लगे! प्यूबर्टि (यौवनारंभ) के उन दिनों में साथ देखे ख्वाब, साथ बिताए दिन! है न!"

"तू रुला देगा अपने दोस्त को जुदाई के उन अफसानों की रूह टटोलते लम्हों में? क्या तू सोच कर चला है कि रुखसत की इन घड़ियों में दिल छलक आए और आंखों में अनचाहे दर्द की कसक टपक पड़े।"

"चल छोड़ भी, उन पराई बातों के गुमनामी में दाखिल होते उन सिलसिलों को, जिनके साथ रहते हुए खुश्बू की तरह हम सबने साथ-साथ जिया है। आ, गले मिल, रुखसत ले। हमारा लंदन यहीं छोड़ जा और अपने हिंदुस्तान की तरफ रुख कर, जिसे तूने आज से ठीक चौदह वर्ष पूर्व अलविदा कहा था, तब तू सात वर्ष का था और अब...। क्या आदमी को अपने देश की माटी की सुगंध पराए देश से इतनी भिन्न महसूस होती है कि

उसके लिए चौदह वर्ष का बुनियादी वक़्त एक झटके में बिखर जाता है।"

"नहीं, बीच, कभी नहीं। माटी से प्यार करने वालों का मजहब एक होता है, जमात एक होती है, प्यार एक होता, हसरतें एक होती हैं। न उनके कोई देश आड़े आता है और न कोई दीवार। उनकी दुश्मनी में प्यार होता और उनके प्यार में आवेहयात। तू तो जानता है कि आई.सी.एस. क्यों छोड़ी! वतन से गर्दिश ने खत भेजा है। मां, तेरी हो या मेरी, वह मां ही है। उसकी पुकार टालने का हिम्मत-हौसला न तुझमें है और न मुझमें।"

"तू तो बातों का सिकंदर है और तर्क के दरिये में से मोती निकाल कर लाने का हौसला रखने वाला जांबाज गोताखोर।"

"अब तो आरोप लगाना छोड़ मेरे यार। मित्र, आ गले लग जा।"

यों बिछड़ना हुआ था। जहाज के लंगर खोल दिए गए थे। जहाज चल पड़ा था। अरविंद खड़ा-खड़ा तट की ओर देख रहा था। तट ओझल होने लगा। बड़े आकार वाला लाजवाब शहर अब ख्वाब बनकर रह गया था। लंदन के दिन, लंदन की रातें और लंदन के गुमसुमी ओढ़े माहौल में सेंध लगाता वह अकेला कितना खुशकिस्मत था कि उसे हर साल में उससे बेइन्तहा प्यार मिला, सुकून मिला और जिंदगी को देखने का एक नजरिया मिला। उसे वह कैसे भूला सकेगा, लंदन! उसने ही तो उसे अपनी शरण में पनाह भी दी, हर मुश्किल में राह दिखलाई थी। उसका तहे दिल से शुक्रिया, उसके हमदर्द, उसके रहनुमा, लंदन।

"मी लार्ड, अभी तक मैं आपका ध्यान इस ओर ले जाने की कोशिश करता रहा कि यह मुकदमा बहुत संगीन है और वर्तमान सरकार की चूलें हिलाने की साजिश का एक अहम् हिस्सा है।...आप इस भोले चेहरे के पीछे छिपे उस शातिर चेहरे को देख पाएं जो सरकार के खिलाफ साजिश रचता है और उस साजिश को अंजाम तक पहुंचाने में कामयाबी हासिल करता है।" नार्टन, सरकारी वकील पूरी तैयारी के साथ आया था और इस इशारे से आया था कि वह उस पर लगाए गए इल्जामात को कबूल कर ले। वह काला लंबा चोगा पहने हुए था। उसका लंबा तथा पतला चेहरा और लंबी नाक के दोनों ओर छोटी-छोटी आंखों में शैतान करवटें ले रहा था। धुंघराले सफेद बाल और पतले होंठों के बीच से अनल के गोले अभियुक्त को जला डालने के लिए निकल रहे थे। पांचेक घंटे का धुआंधार वाक्चातुर्य का कौशल अरविंद की खुली आंखों को बद् सपना सा अनुभव हो रहा था। कभी-कभी उसके नीरस और लिपे पुते भाषण पर उसे हंसी भी आ गई थी।

अरविंद को पता ही नहीं चला कि कब साढ़े चार बज गए और सार्जेंट चारों ओर नजर आने लगे। उसने गिने पूरे पच्चीस सार्जेंट थे। यूरोपियन सार्जेंट

की यह छोटी पलटन पिस्तौले लटकाए किसी खतरनाक हादसे की प्रतीक्षा कर रही थी। मोटर गाड़ी में चढ़ते-उतरते इन अभियुक्तों को वह घेरे रही थी।

अरविंद सोच रहा था कि जरूर उन सब वयस्क लड़कों को सशस्त्र पुलिस और यूरोपियन सार्जेंट से घिरा देखकर जनता कयास लगाने लगी होगी कि वे कितने जालिम खतरनाक और शातिर मुजरिम हैं। कहीं भाग छूटे तो शहर पर कहर बरपाने में रत्ती भर भी कसर नहीं छोड़ेंगे।

कोई कहने लगता अपनी अनुभव की चाशनी को चखते हुए, "उनके चेहरों पर कैसी मासूमियत है नजर आती है। वे कतई ऐसे खूंखार नहीं लगते। सरकार ने उन्हें अपने जाल में फंसाया है।"

"तू तो सदा सकारात्मक सोचता है। जिनके चेहरों पर मासूमियत का ठप्पा लगा होता है, वे ही जालिमों के सरताज निकलते हैं।"

इतने में मोटर गाड़ी चल पड़ी। बाजार का दृश्य जैसे-तैसे नजर आया। बाजार, घर, नाते-रिश्तेदारों और मित्रों के बीच में रहने वाला इंसान जब निर्जन में ला पटका जाए तब उसकी सोच के चीथड़े उड़ने लगते हैं और उसके मंसूबों पर मुसीबत के पहाड़ टूट पड़ते हैं। पता ही नहीं चला और अलीपुर कारावास आ गया। बड़ा फाटक खुला। मोटर गाड़ी अंदर धंसी और फिर वे लोग एक-एक करके उतरते गए। शस्त्रधारी पुलिस ने ठंडी सांस भरी मानों उनके सिर पर से बहुत बड़ा बोझ उतरा हो। अपनी-अपनी खोली में चलने से पहले सबने दुआ-सलाम की और फिर मिलने का आश्वासन देकर वे आगे बढ़ गए। सशस्त्र पुलिस अभी तक उनके साथ थी। अरविंद आज के दिनांक की पोथी की मुख्य घटनाओं को क्रम देने की कोशिश करने लगा ताकि सोच सिलसिलेवार आगे बढ़ सके और किसी नतीजे की सरहद पर जा खड़ा हो।

28

अरविंद की समझ ने साथ नहीं छोड़ा। यदि वह तनिक लापरवाह हुए तो उनकी जिंदगी को खतरा हो सकता है। नॉर्टन जिस तरह उस सारे केस को अपनी पकड़ में लेकर उसका गला मरोड़ने की कोशिश में जी-जान लड़ाए दे रहा है, उससे लगता है कि वह अपने आड़े-तिरछे तरीकों और किराए के गवाहों से उसके केस को संगीन दिशा में मोड़ना चाहता है। कभी-कभी तो उसके तर्कों को सुनकर चिल्लाने का जी होता है। कह दे कि यह नाटक बंद करो, परंतु जज की कुरसी पर सी.पी. बीचक्राफ्ट को देखकर वह अपनी और कोर्ट की शालीनता को आघात नहीं पहुंचाना चाहता है। वह मिसमिसा

कर रह जाता है।

हालांकि अरविंद को बीचक्राफ्ट से कोई आशा नहीं थी, तथापि उसका मन जरूर कहता था कि वह इंसाफ के मान को बरकरार रखेगा। कहां वह उसके घर ठहरने की बात करता था और कहां अरविंद स्वयं सरकारी दड़वे में घुटन, सीलन, तापमान के उच्च ताप और निर्जन के शाप को भोग रहा है। उससे घर छीना जा चुका है। क्या सोचता होगा वह? क्या-क्या कल्पनाएं की थीं! उसे उसके आई.सी.एस. से बाहर निकलने का दुःख था। वह अरविंद के उत्तर को सुनकर मौन रह गया था। अरविंद ने कहा था, "बीच, हमने जिंदगी को सुख-सुविधाओं के लिए नहीं तपाया है। जहां हमारी जरूरत है, वहीं हमारा डेरा है। खोकर जो मिलता है, वह पाने से अधिक महत्त्व का और स्थायी होता है।"

"कुछ भी कहो, अरविंद, लेकिन तुम्हें अपने आदर्शों के लिए एक दिन पछतावा जरूर होगा।"

"शायद, वह दिन मेरी जिंदगी में कभी नहीं आएगा।"

वह चौंक पड़ा। सामने सादे लिबास में बीचक्राफ्ट ही खड़ा था और अपनी सदाबहार मुस्कराहट को छिपा नहीं पा रहा था। उसकी बड़ी-बड़ी आंखों में हलका व्यंग्य था। वह पूछ रहा था, "क्या तुमने कभी सोचा था, अरविंदो, कि हम ऐसे नाजुक मोड़ पर मिलेंगे?"

"नहीं बीच, कभी नहीं।"

"और हम साथ-साथ रहकर भी जब मिलेंगे, तो यह जाहिर करना मुश्किल हो जाएगा कि...।"

"तुम ठीक कहते हो, बीच। आज इतने अर्से बाद मिले और इस हालत में कि हमें अजनबी बन जाना पड़ रहा है।"

"हां, अरविंदो, यह मेरे लिए सबसे कठिन परीक्षा की घड़ी है। मैं चाहूं तो अपना तबादला करवा सकता हूं अथवा लंबी छुट्टी पर जा सकता हूं, परंतु मैं ऐसा नहीं करूंगा और जो कोई करवाना चाहेगा तो ऐसा कदापि नहीं होने दूंगा।"

"क्योंकि मैं तुम्हारे सामने हूं।"

"नहीं अरविंदो, तुम मेरे सामने एक दोस्त के बतौर नहीं हो बल्कि एक ऐसे अभियुक्त हो जिसे जनवरी, 1883 तक जानता था और जिसे मैं अब पहचानने से इंकार कर रहा हूं। कारण, फर्ज में दोस्ती बीच में नहीं आ सके।"

"मुझे तुम्हारे इस फैसले का मानने में फ़ख्र महसूस हो रहा है।"

"फिर भी मेरी तुममें दिलचस्पी है, अरविंदो, क्योंकि तुम ईमानदार हो और अपने जमीर को किसी भी सूरत में अनदेखा नहीं कर सकते। दूसरी ओर सरकारी वकील है–नार्टन। एक शातिर खिलाड़ी, मक्कार और झूठ के नसीब में सच लिखाने वाला शैतान। वह अपने व्यवसाय को गहराई से समझता है और पैसों का लालची है। दुर्भाग्य से वह तुम्हारे सामने है। गवाहों की खरीद–फरोख्त करने में माहिर है। गवाहों को तोते की तरह रटाने में अपनी सानी नहीं रखता। विदेशी हुकूमत में उसके होने का एक खास मतलब है।...और अरविंदो मैं चश्मदीद गवाहों, वारदात की असलियत और तर्कों के आधार पर अपना जजमेंट देने के लिए विवश हूं। मेरे जानने का कोर्ट के जानने से कोई मेल नहीं है।" बीचक्राफ्ट धीरे–धीरे बोल रहा था। अरविंद कुछ नहीं कह रहा था, सिर्फ देख–सुन रहा था। बीचक्राफ्ट के चुप हो जाने पर खामोशी मुंह लटकाए किसी असफल संन्यासी सी मन–ही–मन पश्चात्ताप कर रही थी।

"अरविंदो, इंग्लैंड से चलते वक्त मैंने अपनी पत्नी से कहा था कि कलकत्ते पहुंचने पर तुम्हें अपने ऐसे दोस्त से मिलवाऊंगा, जिसकी दोस्ती एक मिसाल है और तुम्हारा पता मिलता खोता रहा। तुम्हारी गतिविधियों ने मेरा रास्ता रोक दिया। और अब जब तुम मेरे सामने हो, तब मैं न तुम्हें अपने यहां आमंत्रित कर सकता हूं और तुम्हारी ओर से मुझे आमंत्रित करने का अब प्रश्न नहीं उठता। भविष्य किस मोड़ पर अतीत को ला खड़ा करता है, कोई नहीं जानता।"

"बीच, नसीब में यही लिखा है तो हम दोनों अजनबी बनकर रह लेंगे।"

"पत्नी तुम्हारा नाम जानती है। उसने तुम्हारी फोटो देखी है और अखबार में तुम्हारी फोटो देखकर पूछा था–बीच, यही हैं तुम्हारे अभिन्न मित्र अरविंदो।"

"हां, जैनी।"

"परंतु..."

"तुम से कहा था कि अरविंदो अपने देश को आजाद कराने के लिए कुछ भी कर सकता है। वह आजादी का दीवाना है।"

"तुम यह सब जानते हुए भी, बीच।"

"हां जैनी, यह सब जानते हुए भी। गुलामी को मैं अभिशाप मानता हूं। कोई देश गुलाम क्यों हो? मानव मानव का शोषण क्यों करे? यह सबसे बड़ा अपराध है।"

"फिर भी, उसकी नौकरी कर रहे हो।"

"ताकि, उन अभागों के साथ न्याय करने की एक हलकी सी किरण जगमगाती रहे।"

"तो तुम, बीच..."

"तुमने गलत नहीं समझा, जैनी। यह जीवन पता नहीं फिर मिले या न मिले, लेकिन जो मिला है, मैं उसके साथ न्याय करना चाहता हूं।"

"बीच, तुमने यह सब कहा।"

"नहीं, यह सब किया, अरविंदो?"

तभी लोहे के जालीदार दरवाजे पर सिपाही ने डंडा बरसाया और पूछा, "कैदी भाई ठीक हो।"

"तुम देख तो रहे हो कि मैं काल कोठरी में सुरक्षित हूं।"

वह एक बार और दरवाजे पर डंडा बरसाता चला गया। अरविंद ने पाया कि वह वहां अकेला है। वहां बीच नहीं है।...तो अब तक वह...। ओह! यह उसे क्या होने लगा है! अब उसे गरमी सताने लगी। होंठ जीभ से तर कर वह हाल के स्वप्न-यथार्थ को अवाक् हुए देखता रह गया। आकार रहे या न रहे, लेकिन एक बार उसके होने का आभास मिल जाए और वह दिल को छू जाए तो वारे-न्यारे हो जाएं। अरविंद उलझने लगा। ठीक इसी समय हवा का एक झोंका आया। वह उसकी देह-मन को ठंडा कर गया।

"सो जाना चाहिए।" कहकर अरविंद ने अपने को समझाया और बिछे हुए कंबल को हाथ से झाड़ा। लेट गया। कभी-कभी वह दिवा-स्वप्न देखने लग जाता है। आंख अधखुली-सी, चित्त कहीं और डूबा हुआ-सा और स्वप्न सामने से ऐसे गुजरने लगता जैसे कोई संवेदनशील व्यक्ति बाजार को अपने मकान की खिड़की के पास बैठा देख रहा हो। इससे पहले उसमें यह आदत नहीं थी। उसे स्वप्न भी कम आते थे। लेले ने उससे कहा था, "अरविंद, जब तुम योग से चित्त एकाग्र करने में सफलता की ओर बढ़ने लगोगे, तब तुम्हें जगते हुए स्वप्नों के साथ गुजरना पड़ सकता है और सोते हुए भी। वे स्वप्न तुम्हें भविष्य पढ़कर सुना रहे होंगे। उनसे घबराने या चिंता करने की कोई जरूरत नहीं है।" अरविंद ने पांव फैलाकर एक दूसरे कंबल के आधे भाग से सिरहाना बना लिया। फिर लेट गया। सोच को उलिच-उलिच कर एक तरफ करते हुए वह थक चुका था।

लेटते ही उसे नींद आ गई। काम न करने से भी थकान होती है, जो काम करने के बाद महसूस होने वाली थकान से अधिक भारी लगती है।

एक बारीक स्वर उभरा और तत्काल डूब गया। ड्यूटी पर तैनात पहरेदार लोहे का दरवाजा खटखटा कर पूछ रहा था, "ठीक हो न, भाई।"

कोई आवाज नहीं आई। उसने हथेली पर तंबाकू बनाई और उसमें चूना मिलाकर उसे रगड़ा। फिर उसे चुटकी में भर कर मुंह एक तरफ रखा और

हथेली झाड़ कर अपने आप से कहा, "चल भाई, बैनर्जी, उसे दो पल सोने दे।"

वह गया। मानों वह आवाज उसके जाने का इंतजार कर रही थी। वह आवाज उठी और अति मधुर होकर बोली, "उठो अरविंद, यह सोने और अफसोस मनाने का समय नहीं है।...काम में लग जाओ-हां, काम में लग जाओ। शीघ्र, शीघ्र। इधर-उधर मत देखो-समय मत खाओ, दिन-पर-दिन काल तुम्हारे और अधिक नजदीक आता जा रहा है।"

फिर वही आवाज। ठीक अर्द्ध रात्रि के बाद जब सब गहरी निद्रा में सो रहा था, चारों ओर गहरी शांति थी। अरविंद उठ बैठे। बार-बार लिपे-पुते अंधेरे की आंख में झांकने लगा। क्या नजर आता! कुछ नहीं। उन्हें अपनी आंखों पर रहम आया। वह कितनी दीनहीन हैं।

शब्द फिर चमक उठे। वे आवाजें बुलंद हो उठीं। उसके कानों में ड्रम बजने लगा। दिशाएं अवाक रह गईं।

"आज आवश्यकता है वीर्यवान्, तेजस्वी, श्रद्धासंपन्न और दृढ़विश्वासी, निष्कपट नवयुवकों की। ऐसे सौ मिल जाएं, तो संसार का कायाकल्प हो जाए। इच्छा शक्ति संसार में सबसे अधिक बलवती है। इसके सामने दुनिया की कोई चीज नहीं ठहर सकती, क्योंकि वह साक्षात् भगवान् से आती है।"

इस बार अरविंद समझ गए कि यह आवाज स्वामी विवेकानंद की है। अब कान देखने लगे थे और आंखें सुन रही थीं और वक़्त ठहर गया था। अरविंद की थोड़ी देर के लिए धड़कनें तेज हुईं, फिर एकदम शांत। इसके बाद वे सो नहीं सके। अपने को उलटते-पुलटते रहे। हुगली की तेज धार उनके पास से गुजर रही थी। यकायक मुट्ठी तनी, हवा में झूली और फिर निःशब्द होकर अपने आपको निहारने लगी।

ये सब क्यों? सुपरिटेंडेंट क्रेगन, क्लार्क और लाल पगड़ियां सबके सब उन्हें घूरने लगे। जैसे उन्होंने कभी आदमी देखा ही न हो। क्रेगन ने कड़कदार आवाज में पूछा, "कौन है अरविंद घोष?"

पलभर के लिए अरविंद चुप रहे। उन्होंने अपने चारों ओर देखा। उनके अलावा सब वे ही लोग थे। उन्होंने धीरे से कहा, "मैं ही अरविंद घोष हूं।"

"गिरफ्तार करो।" क्रेगन की भारी भरकम आवाज उस वातावरण में देर तक अनुगूंजती रही। अरविंद घोष यथावत् बने रहे। उनकी काली मूंछों और काली दाढ़ी के छितरे बालों में घर्षण हुआ। कई दिनों से स्वामी विवेकानंद की भारी भरकम आवाज उनका पीछा कर रही थी- "मैं तुम्हारे साथ हूं और जब मैं नहीं रहूंगा, तो भी मेरी आत्मा तुम्हारे साथ काम करेगी।...संसारी कीट की तरह मरने की अपेक्षा कर्तव्य के क्षेत्र में सत्यम का प्रचार करते

हुए मर जाना कहीं श्रेष्ठ है-लाख गुना अधिक श्रेष्ठ है। अरविंद, क्या सोचते हो, आगे बढ़ो। वासुदेव की सुनो और गुनो।"

"कहां है यहां वासुदेव? मैं ठीक से निर्णय नहीं कर पा रहा हूं कि मैं तुम्हें ही सुन रहा हूं अथवा...।" अरविंद आत्म संवाद कर उठते।

कोई उत्तर नहीं। वह नींद से विरत ही थे। अंधेरे से घिरे थे। वह अकेला था उस नौ फुट लंबे और साढ़े पांच फुट चौड़े स्थान पर। वहां कोई वातायन नहीं था। था एक बृहत् लौह का दरवाजा।

यह सब क्या माया है? नींद में अपने आपको उठता देख रहे हैं। अपने हाथ-पांव हिलाए। चुटकी भरी। विश्वास हो गया कि वह जग गया है। चारों ओर आंखें दौड़ाई। हलकी सी प्रकाश होने के पूर्व की झांकी का आभास हुआ। क्रेगन फिर कहां से आ गया। स्वामी विवेकानंद की आवाज का क्या अर्थ है? उसे क्या समझना चाहिए? क्या यह भी कोई संकेत है? कैसा संकेत?

"राम-राम, भाई।" रात की ड्यूटी वाले चौकीदार की आवाज थी। "राम-राम" कहकर अरविंद ने उठने की कोशिश की। फिर कुछ सोच कर वह बैठे रह गए। मानों सोच की उलटवासियों ने उन्हें छोड़ना नहीं चाहा। वह आज किंकर्तव्यविमूढ़ की स्थिति में थे। रात की घटनाएं उन्हें उलझन में फंसाए हुए थी। हारकर वह खड़े हुए और लोहे के गेट के पास आकर रुक गए। उसके सामने खुले आंगन को निहारने लगे। उस पथरीले आंगन पर कुछ पत्तियां पड़ी हुई थीं, उसे लगा कि प्लेटफार्म पर कुछ मुसाफिर सोए पड़े हैं। पता नहीं कि आंगन का दरवाजा इतनी जल्दी कैसे खुला या रात को उसे खुला छोड़ दिया। कुछ भी हो, दिन के जग जाने का साथ निभाने के लिए वह तैयारी में जुट गए।

29

धीरे-धीरे यूरोपियन सार्जेंट की संख्या एकदम कम होती गई। पच्चीस सार्जेंट से अब चार-पांच सार्जेंट ही साथ रहने लगे। जो साथ थे, वे भी कैदियों-अभियुक्तों की तरफ से निश्चिंत हो गए थे। वे इस नतीजे पर पहुंचे थे कि इनमें से कोई भी अभियुक्त भागने वाला नहीं है। उन्हें अचरज इस बात से हो रहा था कि ये बम बनाने व फोड़ने वाले अभियुक्त इतने सुस्त और शांत कैसे हैं? इनमें क्रोधावेश, उत्तेजना और आक्रमक नजरिया क्यों नहीं है?

आज सुपरिटेंडेंट उनको डांट पिला रहा था, "यह क्या हो रहा है?"

उस सार्जेंट के हैड ने उत्तर दिया, "वही जो होना चाहिए।"

"इतने कम सार्जेंट।"

"सर, इनमें से कोई भागने वाला नहीं है।"

"यह तुम कैसे कह सकते हो?"

"सर, आज तक हमारा पाला भी तरह-तरह के कैदियों-अभियुक्तों से पड़ता रहा है। ये लोग उनमें से नहीं हैं।"

"तुम्हें मालूम है कि उन्हें पकड़ने में हमें कितना जोर लगाना पड़ा। ये खतरनाक लोग हैं। बम बनाते हैं। धमाके करवाते हैं।"

"लेकिन इनमें से कोई भागने वाला नहीं है। उनमें वह चीनी छाप दाढ़ी मूंछे रखने वाला तो एकदम नहीं। वह थिंकर-फिलोस्फर है।"

"तुम्हें धोखे में रखना चाहता है, ताकि मौका मिलने पर फरार हो सके।"

"आप यह जिम्मेदारी मुझ पर छोड़िए।"

"तलाशी लेते हो।"

"लेते हैं। क्या था उनके पास-रोटी और चम्मच भर चीनी के दानों के अलावा उस दढ़ियल के पास तो एक पुस्तक थी। वह शांत होकर पुस्तक पढ़ता रहता है। वह तल्लीन होकर फुरती से पृष्ठ पर पृष्ठ उलटता रहता है। इतनी मोटी किताब एक घंटे में पढ़कर बंद कर दी।"

"उस किताब के अंदर देखा क्या?"

"कुछ नहीं-नो चिट, नो पेपर, नथिंग। सर, आप बेफिक्र रहें।"

"वह किताबों में डूबा रहने वाला शख्सियत बहुत दूर की सोचता है और जो सोचता है वह तत्काल कर बैठता है।"

"और ध्यान रखेंगे।"

"क्या जज के सामने उन्हें जूते पहनकर जाने देते हो?"

"यस सर।"

उनमें से कोई-सा भी अभियुक्त ताव में आकर जज के ऊपर जूता निकाल कर फेंक सकता है। बम फेंकने वालों के लिए जूते फेंकने में कोई देर नहीं लगेगी और वह धब्बा सरकारी सुरक्षा तंत्र की बखिया उधेड़कर रख देगा।

"ओ.के., सर। आइंदा से उनके जूते बाहर खुलवा लिया करेंगे।"

वे लोग अंग्रेजी में बात कर रहे थे। अरविंद उनके वार्तालाप को सुन समझ रहा था। तभी सरकारी वकील नॉर्टन और कमिश्नर पेड़ के पास आकर कुछ देर के लिए रुके।

"मि. नॉर्टन क्या सोचा है?"

"फंदे से कम नहीं।"

"वंडरफुल मि. कॉर्टन। अरविंदो बहुत खतरनाक आतंकवादी है।"

"क्रांतिकारी।"

"वो जो भी कहो, है वही ब्रिटिश सरकार को उल्टा करने वाला। प्लीज बी एलर्ट। यह हमारी और सरकार की नाक का सवाल है।"

"डोंट वरी, कमिश्नर। मेरा नेटवर्क कभी फेल नहीं हुआ है।"

"गॉड ब्लेस यू।" कहकर कमिश्नर चला गया।

अरविंद दूसरी ओर देखने लगा। तभी हैड सार्जेंट आया और बोला, "अपने-अपने जूते-चप्पल उतार कर वहां सामने रख दो।"

"किसी जूते में बम हुआ तो कोर्ट की धज्जियां उड़ जाएंगी और उस अंग्रेज की बीवी रांड हो जाएगी।" पहले वाला वही दबंग अभियुक्त बोला, जिसके सिर पर कई जनों के खून का इल्जाम था।

"इस पर सब हंस पड़े।"

"चुप हो जाओ, शैतानों।"

"हुजूरआला, हमारी बात थ्रिनोट थ्री की गोली है। पर जरा गौर फरमाएं ...यदि किसी के जूते में बम हुआ तो मरेगा वह भी न। मरना कौन चाहता था हममें से-न तुम, न वह और न मैं। फिर ऐसी नादानी हम में से कोई नहीं करेगा। उस बम को ही रखवाना होगा तो मोटरगाड़ी में तब रखवाइएगा, जब हम लोग उतर कर सुरक्षित स्थान तक पहुंच चुके होंगे।"

"चुप भी कर।"

"हमारी चुप बोलने से ज्यादा खतरनाक है। आप लोग बाल बच्चे वाले हो। आपको दो वक़्त की रोटी चाहिए, घर का खर्च और छोटी-मोटी इच्छाओं की पूर्ति। उसके लिए जान हथेली पर क्यों रखे घूमते हो? भेजे का इस्तेमाल करो, सरकार को चूना लगाओ और हम जैसों के जेब खर्च का इंतजाम करो। ऐसा मध्यम रास्ता निकालो कि लाठी भी नहीं टूटे और धमाका होता रहे। समझे, मियां।" इतना कहकर उसने बीड़ी सुलगा ली और एक जोर का कश खींचा।

कोर्ट के अंदर नाटक शुरू। नॉर्टन को सरकार प्रत्येक दिन का एक हजार रुपए दे रही थी। साथ ही जीत का सरकार को नार्टन भरोसा दिला रहे थे। नॉर्टन गवाह से पूछ रहे थे, "क्या तुम इनमें से किसी को पहचान सकते हो?"

गवाह अपने सामने खड़े क्रांतिकारियों की ओर देखकर कुछ कहता। कोई हां कहता तो कोई न भी।

हां वाले साक्षी से नॉर्टन प्रसन्न होकर पूछता, "बताओ।"

वह एक-एक को देखता। बार-बार देखता। आख़िर में कहता, "नहीं,

सर।"

"गौर से देखो और निडर होकर कहो। हम जानता है कि ये क्रांतिकारी लोग, बहुत खतरनाक है। जरूर धमकी दिया-दिलाया होगा। उससे घबराओ-डरो नहीं। सरकार तुम्हारे साथ है।"

नॉर्टन का शैतान चेहरा गवाह के मन पर दहशत छोड़ने लगता। गवाह घबरा कर कहता होता, "हां, पहचानता है।"

"ओह, नॉर्टन, यह तुम क्या कह रहे हो? एक नया नाटक रच रहे हो जो कभी हुआ ही नहीं। मुझे ही उसमें खलनायक सिद्ध करने जा रहे हो। क्या मैं नॉर्टन, तुम्हें मिल्टन के 'पैराडाइस लॉस्ट' का शैतान लगता हूं?...यह क्या सृजन कर रहे हो कि यदि मैं पकड़ा नहीं गया होता तो दो वर्ष के भीतर भारत में अंग्रेजों के साम्राज्य का अता-पता नहीं मिलता।" अरविंद अपने में खोए हुए अपने आपसे कहे जा रहे थे, "ओह! कितना बड़ा झूठ! क्या नॉर्टन उसे अपने जाल में फंसा कर उसके अंत की प्रतीक्षा कर रहा है?"

नॉर्टन की आवाज अरविंद के कानों में गूंज रही थी, मी लार्ड, अरविंद घोष 'वंदे मातरम्' और 'युगांतर' के नीति निर्देशक हैं। 'युगांतर' में आपका भाई बारीन कुमार घोष, स्वामी विवेकानंद के भ्राता भूपेंद्रनाथ दत्त के साथ संपादक हैं।... 'वंदे मातरम्' के रूप में एक नया नारा जनता को मिला। सरकार ने इस पर प्रतिबंध लगाया तो जुलूस दर जुलूस निकलने शुरू हो गए। ए. रसूल और उनकी पत्नी के नेतृत्व में 'वंदे मातरम्' का अभियान चल रहा था। कवि रजनीकांत का गीत गा रहा था –

मायरे देवा मोटा कापड़
मायाय तुले देबे
दीन दुखिना मा जे तोदोर
तार बेशी आर साध्य नाई।

यानी माँ के दिए मोटे कपड़े को सिर झुकाकर स्वीकार कर लो। तुम्हारी मां दीन दुखी है, इससे अधिक वह कुछ नहीं कर सकती।...मी लॉर्ड, अब 'वंदे मातरम्' में इस जुलूस की रपट सुनिए-जुलूस में सम्मिलित हुए लोगों की भुजाओं पर 'वंदे मातरम्' लिखे बिल्ले लगे हुए थे। जुलूस शांत चल रहा था। पुलिस, खार खाए ताक में बैठी कि कब जुलूस 'वंदे मातरम्' कहे और वह उन पर जो निहत्थी हैं, शांत हैं, टूट पड़े। वही हुआ। पुलिस लाठी बरसाने लगी। लाठी का उत्तर था 'वंदे मातरम्'। पुलिस लाठी बरसाती, 'वंदे मातरम्' के बिल्ले नोचती और डंडा डोली कर उन्हें तालाब में फेंक देती। बहने-बहुओं की इस्मत लूटी गई।...मी लार्ड, इससे क्या निष्कर्ष निकलता

है?...यह आंखों देखा हाल 'वंदे मातरम्' अखबार का जनता को उपहार है ताकि जनता रोष से पागल हो उठे और सरकार को उखाड़ फेंके, क्योंकि इस देश और सरकार में कुल मिलाकर मात्र डेढ़ लाख अंग्रेज हैं, जबकि तैंतीस करोड़ हिंदुस्तानी हैं। संख्या बल के प्रदर्शन से ये अखबार क्या संकेत देना चाहता है? क्या इससे स्पष्ट नहीं है कि वह जनता को भड़का कर भारत से अंग्रेजों की हुकूमत को उखाड़ फेंकने का एलान कर रहा है।

अरविंद सुन समझ रहे थे कि वह इस नाटक के ऐसे खलनायक बनने जा रहे हैं, जिसका अंत फांसी से होना तय है। उनकी निगाहें अपने वकील चितरंजन दास पर भी थीं जो धैर्य से शांत चित्त होकर नॉर्टन को सुन रहे थे। उनके चेहरे-मोहरे से कहीं ऐसा नहीं लग रहा था कि वे कुछ कर पाएंगे। यहां तो ईंट का जवाब पत्थर से देने वाला वकील चाहिए, जिसकी आवाज गोली चलने जैसी गूंज पैदा कर सके। नहीं, उन्हें ही अपने लिए कुछ करना होगा। वे स्वयं इस नाटक का अंत लिखेंगे।

उस दिन अरविंद ठीक तरह सो नहीं पाए। वे उन दलीलों के उत्तर तलाशते रहे। बचाव पक्ष में नोट्स तैयार करते रहे, जिन्हें वे अपने वकील चित्तरंजन दास के साथ शेअर करेंगे। अफसोस दूसरी सुबह चित्तरंजन दास उनके पास नहीं आए। उनका माथा ठनका। अब वे 'शेअर' क्या करेंगे? उन्होंने सारे दिन उन नोट्स को पुनः पढ़ा और उसका संक्षिप्तीकरण किया ताकि कोर्ट के बाहर ही वे इन नोट्सों को अपने वकील के हवाले कर सकें। अब उन्हें बेसब्री से कल का इंतजार था। इस कारण उन्हें रात को नींद देर से आई। सोने से पहले उन्होंने रात्रि पर तैनात पहरेदार से कहा, "भैया, आज ढंग से सो लेने दो। तबियत कुछ ठीक नहीं है। हम कहीं भागने वाले नहीं हैं। क्यों भाई, क्या आप इतनी सी सिर्फ आज कृपा कर सकेंगे।"

वह मान गया।

देर रात को अपने आपसे लड़-झगड़ कर मजबूरन वह सो गया। उसका वश चलता तो पूरी रात आंखों में काट देता। उसके सामने जीवन-मृत्यु का सवाल था। सरकारी वकील उसकी गरदन का नाप लेने की तैयारी कर चुका था। वहां तो सब कुछ दरोमदार अपने वकील की तैयारी और उसके केस लड़ने की शैली पर था कि वह कैसे नॉर्टन के स्थापित निष्कर्षों पर पलटवार कर पाता है? उनका कैसे थोथा सिद्ध कर दिखाता है? कानून के इस महाभारत में वह अभिमन्यु अवश्य है, परंतु महारथियों के बीच में घुसकर उनको पीट पाट कर बाहर निकलने वाला अभिमन्यु! अपने समय से दो-दो हाथ करने वाला अभिमन्यु। इतिहास साक्षी है कि जब कभी सत्य

को अवसानोन्मुखी होना पड़ा है, तब-तब सत्य पुनर्बल लेकर उदय हुआ है और उसने अपने समय के कौरवों का सफाया कर दिया है।

एक स्वप्न एक आवाज वही चिर-परिचित आवाज। वह कह उठा, "आप स्वामी जी, फिर यहां?"

"हां वत्स, सत्य अटल है, वह कभी मरता नहीं, चिरंतन है।"

"मैं आपको प्रणाम करता हूं, अपने युग के अवतार।"

"नहीं, तू आज उनसे मिल रहा है, जिनसे मिल कर मैं नरेंद्र-नरेन से स्वामी विवेकानंद बना था।"

"किससे प्रभु?"

"तेरे सारे प्रश्नों का अब वे ही उत्तर बनेंगे, जिनके आगे प्रश्न हाथ जोड़े खड़े रहते हैं।"

"कौन, स्वामी जी!"

"एक वे ही तो चिरंतन सत्य हैं, वत्स!...वासुदेव!"

"वसुदेव के पुत्र न, स्वामी जी।"

"हां, वही वासुदेव, अरविंद!"

"जिन्होंने अर्जुन का मार्ग प्रशस्त किया था और जिनके रथ में सुंदर व बलिष्ठ सफेद घोड़े जुतवाए हुए थे और जिसकी लगाम स्वयं वासुदेव ने थामी हुई थी।"

"हां, वही वासुदेव! तूने तो महाभारत और गीता दोनों पढ़े हैं।"

"हां, स्वामी जी!"

"अब समय आ गया है कि तू उन शाश्वत मंत्रों को अपने उदात्त चरित्र से व्यक्त होने दे।"

अरविंद के सामने साक्षात् स्वामी विवेकानंद खड़े थे. सिर पर साफा बंधा था और नीचे तक रेशमी भगवा (केसरिया रंग) चोगा। श्याम वर्ण एकदम तपदीप्त! चौड़ा माथा। मुखमंडल तेज युक्त।

अचानक सारा परिदृश्य एकाकी रह गया। उस परिदृश्य में एकमात्र अरविंद बैठा हुआ था। वहां स्वामी विवेकानंद दूर-दूर तक नहीं थे। धीरे-धीरे पृष्ठभूमि से जैसे सूर्य उग रहा हो, ऐसे ध्वनि का प्रसारण होने लगा।

"पुत्र, जन्म से पहले इस संसार में जो कुछ है, वह अप्रकट है और मरने के बाद भी सब कुछ अप्रकट है। मात्र बीच में प्रकट के लिए क्या सोचना? सच तो यह है कि न किसी प्रकट का जन्म होता है और न कोई प्रकट करता है। आत्मा अवध्य है। उसे कोई नहीं मार सकता। यथार्थतः नत्वं

शोचितुमर्हसि- तू शोक करने योग्य नहीं है। फिर तू चिंतित क्यों?"

"आप कौन हैं, महाशय? सामने आएं।"

"मैं सामने ही हूं, वत्स, तनिक अपने हृदय में झांक।"

"झांका, महाशय।"

"और झांक।"

"और कितना, महाशय? कृपया अपनी मात्रा समेटिए। सामने आइए। मैं पहले ही हताश हूं और आप मुझे अपने चक्कर में लेकर और मेरे सामने संकट खड़ा कर रहे हैं।"

"तुझे भेजा भी मैंने है, वत्स।"

"तो फिर?"

"तुझे मेरा ही काम करना है।"

"फांसी लग जाने के बाद।"

"तुझे कोई फांसी नहीं लगा सकता।"

"आप शातिर नॉर्टन को नहीं जानते। यह मेरी जिंदगी मिटाने के लिए हाथ धोकर मेरे पीछे पड़ा है।"

"वह तेरा बाल भी बांका नहीं कर सकता।"

"सारे सबूत, बहस मेरे विपक्ष में जा रहे हैं।"

"जाने दे। तू एक मेरे पर विश्वास कर। मैं ही आदि, अनादि, अंत हूं।"

"होंगे, उससे मुझे क्या?"

"बहुत कुछ है। तुझमें विश्वास की बेल फैले। तू निर्भय हो सके। अपना सर्वस्व मेरी झोली में डालकर निर्द्वन्द्व हो सके, इसीलिए मुझे तेरे पास आना पड़ा है, वत्स।"

"पर आप हैं कहां?"

"तू मुझे कहां देखना चाहता है या कहां-कहां देखना चाहता है, यह तू निश्चय कर।"

अरविंद सोच में पड़ गया। क्या उत्तर दे? अचानक उसके मुंह से निकल गया, "सर्वत्र।"

"तो देख, जहां तक तू देख सकता है।"

"अरविंद ने दीवारों की ओर देखा, छत की ओर, काल-कोठरी से बाहर, लोहे के फाटक को, तारकोल से पुती दो टोकरियां, लकड़ी के दरवाजे में गोलाकार छेद ...और जिधर-जिधर देख सकता था, देख रहा था कि चहुं ओर वासुदेव नारायण, उनके उंगली में सुदर्शन चक्र है। वे अर्जुन के रथ के सारथी हैं।"

"आप वासुदेव, आप!" अरविंद के आश्चर्य का ठिकाना नहीं रहा। क्या

...सा ही है। वह वासुदेव के दर्शन कर रहा है। वह बोले, "यहां, प्रभु!"

...हां वत्स, अब तुझसे छोटा-सा काम कराना है, तो आना मुझे ही पड़ेगा न। अन्यथा तुझे विश्वास कैसे होगा कि तू इस जगत् में मेरे कार्य हेतु आया है या मैंने तुझे अमुक कार्य हेतु भेजा है। इस जगत् में अटल विश्वास के बिना कोई मनुष्य कोई काम नहीं कर सकता।...तुम मेरी शरण में हो, अरविंद।"

अरविंद इस चमत्कार को समझ नहीं पा रहा था। पता नहीं कैसे उसकी आंख खुल गई और वह चारों ओर देखने लगा। कहीं कुछ नहीं था। फिर क्या वह सब स्वप्न में देख रहा था। स्वप्न का क्या भरोसा?

अरविंद ने गहरी सांस ली। उजाला हो रहा था। सूर्य नारायण शायद निकल रहे थे। वह इस सारे प्रकरण से अपना ध्यान हटा कर कचहरी की कार्यवाही के लिए तैयार होने लगा।

30

आज कोर्ट खचाखच भरी हुई थी। अरविंद के मुकदमे की कार्यवाही देखने के लिए दूर-दूर से युवक आए थे। जैसे ही अरविंद पुलिस की गाड़ी से उतरा, वैसे ही अरविंद की जय-जयकार होने लगी और ब्रिटिश सरकार की हाय-हाय शुरू हो गई। अरविंद ने पुलिस अधीक्षक से पास आकर कहा, "दो मिनट मुझे इनसे बात करने दीजिए। सब कुछ शांत हो जाएगा और ऐसा ही हुआ। अरविंद ने कहा-मित्रो, यह कोर्ट है। यहां शांति बनाए रखना अपना कर्तव्य है। कृपया अब कोई नारेबाजी नहीं।"

अरविंद को कोर्ट के अंदर ले जाया गया। सबकी निगाहें सरकारी वकील नॉर्टन पर से होती हुई अरविंद पर जा ठहरी। नॉर्टन गवाहों से सवाल कर रहा था। उन गवाहों से जिन्हें वह स्वयं तैयार करके लाया था। पहचान शुरू हो चुकी थी। इससे पूर्व उसने गवाहों से वही उगलवा भी लिया था, जो वह चाहता था। चित्तरंजन दास कोर्ट में बैठे हुए थे। अरविंद उन्हें अपने मुकदमे के संबंध में कागज पर जो लिखकर लाया था, वह कागज नहीं दे सका, इसका उसे मलाल झकझोर रहा था। नॉर्टन की आवाज गूंज रही थी।

"फिर से, भली प्रकार देखो। इनमें से उसको पहचानो।"

"नहीं, सा'ब, मैं किसी को नहीं पहचानता।"

"तो फिर पहले कैसे कहा?"

"वैसे ही, सा'ब।"

"वैसे ही की सजा-जुर्माना जानते हो।"

"जो पा रहे हैं, उससे ज्यादा नहीं।"

"क्या पा रहे हो?"

"इस पापी पेट के लिए झूठ बोलने की विवशता।"

"क्या बकते हो?"

"वही जो समझाया गया था, पर बाद में समझ में आत्म ज्ञान टिमटिमाया और अपने पेट की खातिर दूसरे को फंसाने के लिए गवाही देने से वह इंकार हो गया।...आगे कुछ और पूछना है, सा'ब, तो बोलो। नशे में नहीं हुआ तो झूठ नहीं बोल सकता। दारू पीने की यही एक कमजोरी है कि वह झूठ बोलने से, तुरंत मुंह फेर लेती है और सच बोलने के उपाय ढूंढने लगती है।"

"सा'ब, हमने पहले ही कहा था कि उसको पहले रोकड़ा मत दो। रोकड़ा मिलते ही वह सीधे दारू की दुकान से अद्धा खरीदेगा ओर सीधे पेट में उलट लेगा। फिर जब तक नशा साथ नहीं छोड़ेगा, बेधड़क सबकी पोल खोलता रहेगा।"

"तुम बीच में क्यों टांग अड़ा रहे हो।"

जज बीचक्राफ्ट का स्वर था, "बीच में कोई नहीं बोले।"

कोर्ट में सन्नाटा तन गया।

"नॉर्टन, पूछताछ जारी रखो।"

नॉर्टन ने कंधे उचका कर कहा, "तुम्हें यह बताना है कि तुमने क्या देखा?"

"क्या देखा, सा'ब?"

"यही तो तुम्हें बताना है।"

"क्या कुछ नहीं देखा कहने से काम चलेगा, सा'ब?"

"ओह नो..." नॉर्टन को अंदर-ही-अंदर गुस्सा आ रहा था। फिर भी उसने कहा, "जरा सा भी मन में भय नहीं झांक पाए।"

"फिर तो दारू चाहिए।"

"मी लार्ड, इसे अंदर बंद करवा दीजिए, बेचारे को दिन में ही तारे नजर आने लगेंगे।"

"इससे कोर्ट का अपमान हुआ है, मी लार्ड।" चितरंजन दास ने कहा, "ये गवाह स्वयं ही बेसिर की बातें कर रहे हैं। इन पर यकीन करने का प्रश्न ही नहीं उठता। उलटे कोर्ट का कीमती समय बर्बाद हो रहा है। लगता है, इन्हें तैयार करके लाया गया है। ये किराए के गवाह हैं।"

"नो, मी लार्ड, गवाह तो गवाह हैं। उन्हें बिना सबूत किराए का गवाह कहना उनका अपमान है। गवाह यहां अपमानित होने के लिए नहीं आते।" नॉर्टन का तेज स्वर था।

"अब क्या कहते हो?"

"कुछ नहीं, सा'ब। हम क्या कहेंगे, कहना तो आपको है?"

"फिर यहां क्यों आए हो?"

"आपने कहा था इसलिए।"

"कुछ बताना भी तो है।"

"हम झूठ नहीं बोल सकता, सा'ब।"

"झूठ बोलने के लिए तुमसे किसने कहा?"

"सा'ब, आपने।"

"हमने...ह्वाट नोनसेंस। यह क्या बकवास है?"

"वह हम नहीं जानता, सा'ब।"

"दूसरे गवाह को बुलाने की इजाजत दीजिए, मी लार्ड।"

दूसरा गवाह आ गया। चितरंजन दास का माथा ठनका, क्योंकि वह बहुत शातिर, चालाक और धूर्त गवाह था। गवाही देना उसका व्यवसाय था। गवाही देने में उसका सिक्का माना जाता था। नॉर्टन का उस पर विश्वास था कि वह उनके हाथ आया तुरुप का इक्का है। लेकिन चितरंजन दास तनिक भी विचलित नहीं हुए।

इसी समय अरविंद क्या देखता है कि जज के कमरे में वह जिधर दृष्टि डालता है, उसे साक्षात् वासुदेव नारायण नजर आते हैं। जज बीचक्राफ्ट, नॉर्टन, चितरंजन दास, वह शातिर गवाह और वहां जितने लोग उपस्थित थे, वे सबके सब वासुदेव थे। वह अपनी आंखें मलकर पुनः देखता। वही पूर्व वाला दृश्य। कोर्ट में वासुदेव! सब तरफ वही-वही। यह क्या है? क्या जो स्वप्न में देखा-सुना वह सच है। इससे पूर्व उन्होंने ऐसा दृश्य नहीं देखा था। वासुदेव का चित्र देखा था, ऐसा याद पड़ रहा था। कभी इस दृष्टि से उस चित्र पर दृष्टि नहीं डाली थी कि वासुदेव ऐसे ही होंगे। होंगे भी या नहीं, इस पर भी वह कभी सोच नहीं पाया था। मूर्ति और चित्रों के भगवान् पर कभी उसमें आस्था नहीं जगी थी। कैसे जगती। कोई जगाने वाला नहीं था। लंदन में जब प्रे ने यह कह दिया कि वह क्रिश्चियन होते हुए भी यह नहीं मानती कि ईसा संपूर्ण ब्रह्मांड के निर्माता हैं।

प्रो. अकबर चिश्ती ने भी उनका समर्थन करते हुए कहा था, "इस्लाम धर्म के पैगंबर या अल्लाह के रसूल हजरत मुहम्मद साहब भी सारी सृष्टि

के रचयिता नजर नहीं आते। ये सब तो जमीन के इस टुकड़े के भी पूरी तरह सर्जक नहीं हैं, जिसे पृथ्वी कहा जाता है। बेशक कुरआन की आयतों से हिकमत (तत्त्वज्ञान) की शिक्षा मिलती हो।"

अरविंद ने भी उनके कहने-पूछने पर कह डाला, "मैं भी हिंदू धर्म के ईश्वर का...।"

"ईश्वरों को कहिए।" अकबर चिश्ती ने बीच में टोक दिया।

"हां, प्रो. चिश्ती, आप ने ठीक कहा है परंतु सच यह है कि मैं हिंदू धर्म के बारे में कुछ नहीं जानता। जानना भी नहीं चाहता। न केवल हिंदू ध र्म के बल्कि दूसरे धर्मों के बारे में भी। मुझे नहीं लगता कि इस ज्ञात-अज्ञात ब्रह्मांड को जन्मदाता, पालनहार और संहारक कोई एक या दो-तीन व्यक्ति उनका ईश्वर, गॉड, अल्लाह आदि कोई सा नाम हो सकता है या हो सकते हैं। मुझे तो लगता है कि इस ब्रह्मांड में बूंद के माफिक जो धरती है, जिस पर मानव रहता है, उसका भी इन भगवानों में से कोई सृजक नहीं है।"

"अर्थात् अरविंद, तुम्हें जगत् नियंता ईश्वर में विश्वास नहीं है।"

"कभी ध्यान से, गहराई से सोचा नहीं, सोचने की जरूरत भी नहीं पड़ी। इतनी सी बात सहज समझ में आ सकती है कि ये जितने भी भगवान् हैं, वे धरती के एक भाग विशेष तक सीमित हैं। सारा झगड़ा झमेला इसी बात को लेकर है कि इन भगवानों में से कौन-सा सृजक है और कौन सा नहीं। प्रत्येक मजहब उन कुएं की तरह है जिनमें अलग अलग मेंढ़क रहते हैं। मेंढ़क अपने-अपने कुएं को जगत् मानते हैं। बहुत कुछ ऐसा ही इन मजहबों के पीछे है।"

"और ताज्जुब तो इस बात का है कि अधिकांश मजहबी अपने-अपने मजहब के उसूलों-नियमों का पालन नहीं करते बल्कि सरेआम उनकी उपेक्षा करते हैं। यह सब भी मजहबी सियासत का एक अहम् हिस्सा है।" अकबर चिश्ती सोचते हुए कहे जा रहे थे।

तभी जज की तेज आवाज सुनाई पड़ी, "मि. नॉर्टन, यह क्या तमाशा है, जिन्हें आप गवाह के रूप में प्रस्तुत करते जा रहे हैं, वे स्पष्टत: उस तथ्य से इनकार होते जा रहे हैं, जिनके लिए आपने गवाहों को यहां पेश किया है।"

"मी लार्ड, मेरी वकालत की जिंदगी को एक लंबा समय होता जा रहा है। मैंने भी इससे पहले ऐसा नजारा नहीं देखा। आज क्या हो रहा है? गवाह अनर्गल बोल रहा है।"

"मी लार्ड, इजाजत दीजिए तो मैं भी कुछ कहूं।"

"इजाजत है।"

"आज जो करिश्मा नजर आ रहा है, उसके पीछे एक बहुत बड़ी शक्ति कार्य कर रही है और वही हमारा मार्गदर्शन भी कर रही है कि हमें सच्चाई को स्वीकार कर लेना चाहिए। याद रहे, जब यह बहस समाप्त होगी और वर्तमान संघर्ष तथा उथल-पुथल विराम पाएगा और यहां तक कि वे सब इस संसार में नहीं होंगे, तब श्रीमान् अरविंद को राष्ट्रीयता का नायक, मसीहा और मानवता प्रेमी के रूप में याद किया जाएगा। अरविंद के स्वर, उनके न रहने के बाद, न केवल हिंदुस्तान बल्कि संपूर्ण संसार में गूंजेंगे। मैं दावे से कह रहा हूं कि वह मानुष मात्र आज की अदालत के सामने नहीं, अपितु विश्व इतिहास की अदालत के सामने खड़ा है।" चित्तरंजन दास ने अंत में कहा, "मेरा आग्रह न केवल माननीय जज महोदय से है अपितु माननीय नॉर्टन साहब से भी है कि सत्य को ही सामने आने दें।"

कोर्ट का समय पूरा हो गया। पुलिस गाड़ी में अरविंद बैठे ही थे उनकी जय-जय कार होने लगी। अरविंद कुछ समझ नहीं पा रहा था। आज उसने जो कुछ देखा, अनुभव किया, उस पर वह कुछ नहीं कह सकता। कोई उसकी बात का विश्वास भी नहीं करेगा कि उसने साक्षात् वासुदेव के दर्शन किए हैं। वासुदेव कण-कण में है। ब्रह्मांड उसी से है। पता नहीं है कि वासुदेव उनसे अपना कौन-सा काम कराना चाहते हैं। उन्होंने उसे किस खास काम के लिए इस धरती पर भेजा है। अरविंद एकदम गूंगा हो बैठा। दूसरे दिन रविवार था। मृणालिनी मिलने आई थी। उसके चेहरे पर संतोष नजर आया। उसके साथ गिरीश कुमार बोस थे। वह इन दिनों कलकत्ते में उन्हीं के पास रह रही थी। सुधीरा मृणालिनी की बचपन की सहेली थी, कलकत्ते अपने पति के साथ रह रही थी। वह भी आई थी।

"अब कैसा महसूस कर रहे हैं, स्वामी?"

"ठीक-ठाक।...नए-नए अनुभव से जुड़ी वे बातें, जिन पर कोई सहज विश्वास नहीं कर सकता।"

"जैसे"

"अभी उनकी चर्चा करनी जल्दबाजी होगी। इंतजार करना होगा।"

"चित्तरंजन दास बता रहे थे कि..." गिरीश कुमार बोस आगे कहने ही जा रहे थे कि अरविंद ने टोक दिया, "वे मनुष्य नहीं, देवता हैं। उन्होंने अपनी सारी प्रैक्टिस छोड़कर ध्यान इस केस पर लगा दिया। ऊपर से अपनी फीस लेने से इनकार कर दिया। वे हमारा शुभ नहीं सोचेंगे तो कौन सोचेगा?"

"उन्हें उम्मीद है कि..."

"हम छूट जाएंगे।"

"फैसला आपके पक्ष में होगा।"

"हम शुरू से ही जानते थे।"

"फिर भी, आशंका थोड़ी बहुत थी।"

"अभी हमें शिथिल नहीं पड़ना चाहिए।"

"जानता हूं, मि. चित्तरंजन दास हारने वाले नहीं हैं।"

"आज हम खाना लाए हैं।"

"वह हमारे मतलब का नहीं है।"

"क्यों?"

"हम आम कैदियों में से एक हैं। यहां ऐसे भी अभियुक्त हैं, जिनके घर वाले मिलने नहीं आ पाते और जो यहीं का, जैसा भी भोजन मिल रहा है, बिना किसी प्रकार की नाह-नूह किए ले रहे हैं। मैं नहीं चाहता कि यहां अभियुक्तों के बीच भेदभाव की अदृश्य दीवार खड़ी की जाए। हमें जो मिल रहा है, वही ठीक है।...मृणा, तुम कुछ पढ़ती-लिखती रहा करो।"

"क्यों नहीं?" गिरिश कुमार बोस कह रहे थे, "देवी-देवताओं की अर्चना-पूजा से समय मिले तब न कुछ और करे। दिन-रात उन्हीं की सेवा में लगी रहती है। बहुत कुछ रोका टोकी की जाती है तो गमगीन स्वर में कहती है, "वे निर्दोष हैं। उन्हें फंसाया गया है। उनका कौन है? और मैं उनके लिए सिवा इसके और कर भी क्या सकती। कृपया मुझे रोको-टोको नहीं, चाहे आपका उन पर विश्वास न भी हो, लेकिन मेरे विश्वास को बना रहने दो। पहली बार तो हम लोग ग्रेस्ट्रीट में रहने लगे थे कि अचानक यह पहाड़ सी मुसीबत आ गई।...परसों मुझे मां ने दर्शन दिए थे। फिर सुबह वासुदेव भगवान् ने मुझे सोते से उठाकर कहा था, "तू चिंता मत कर, उसका वहां रहना भी जरूरी है। वह भी उसके लिए तपोभूमि है।"

अब अरविंद क्या कहता! अवश्य यह भी कुछ अंदरूनी संबंधों का योग है। उसने भरपूर दृष्टि से मृणालिनी की ओर देखा। उसे लगा कि कहीं-न-कहीं वह भी उसी तार से ही जुड़ी है, जिससे उसका जुड़ना हो रहा है। सुधीरा ने कहा, "आपकी रिहाई सुनिश्चित है, जीजाजी। रिहाई होते ही हमारी मीनु दीदी को साथ लेकर रहिएगा। वह अकेली पड़कर अंदर-ही-अंदर घुलती जा रही है।"

घंटी बजी। मिलने का समय समाप्त हो चुका था। मृणालिनी की आंखें भर आई थीं। उसने सबके चले जाने के बाद धीमे स्वर में कहा, "स्वामी, आप सुधीरा की बात पर कोई खास ध्यान नहीं देना। अपना काज करना, यही मेरी प्रार्थना है।" अरविंद बाहर-अंदर से कांप कर रह गया। उसकी आंखों

में पानी उतर आया था और वह सुधीरा के कथन के महत्त्व को समझ रहा था। कहां रह पाई थी मृणालिनी उसके साथ। उस बेचारी के चहल-पहल भरे जीवन में उसने निर्जन शून्यता भर दी। पति के साथ की बात ही कुछ और है। क्या सोच रही है उसकी सहेलियां, उसके घर वाले और आस-पास वाले। शादी के बाद लड़की का घर ससुराल होता है। वह लकड़ी के दरवाजे पास खड़ा-खड़ा सुधीरा की बात पर विचार करता रहा। मृणालिनी के भीगे स्वरों ने उसे अंदर तक हिला कर रख दिया। अभी उसकी अवस्था ही क्या है? वह क्या-क्या न सोच जाती होगी। क्या उसे कभी-कभी अपना घर काटने को नहीं आता होगा? वाह, अरविंद, वाह! यह उसने क्या कर डाला? उसने बूटों की भारी-भरकम आवाज एक साथ सुनी। उसी के साथ एक गर्जना सुनाई पड़ी, 'वंदे मातरम्'। सब मिलकर बोलो और इतनी जोर से बोलो कि सात समंदर पार बैठी ब्रितानिया सरकार भी सुन सके। 'वंदे मातरम्'। पुनः समवेत स्वर बहुत तेजी से उठा- 'वंदे मातरम्'!"

31

अरविंद और हेमचंद्र दास को ख़ासतौर पर जब तक खतरनाक व्यक्ति समझा जाता रहा, तब तक वे निर्जन वास में रहे। फिर उन्हें अलग-अलग एक बड़े कमरे में स्थानांतरित कर दिया गया। उस बड़े कमरे के सामने बड़ा बरामदा था और उसके सामने एक बड़ा मैदान। इस बड़े कमरे की आधी ऊंचाई उठाकर तीन भागों में बांटा हुआ था। यहां भी कैदियों के तीन दल बन गए और तीन दलों में वे लोग भी बंट गए। बुद्धिजीवी वर्ग और आध्यात्मिक रुचि वाले अरविंद के पास एकत्र होने लगे। यह भी अरविंद के मूड पर था कि वह अपना कुछ समय सबके साथ बिताना चाहें तो! प्रायः अरविंद का समय ध्यान तथा समाधि में व्यतीत होता था। वह किताबें भी खूब पढ़ता था। कारागार के कर्मचारी भी उसकी बातें ध्यान से सुनते थे।

कभी गीत होते, कभी प्रहसन, कभी पाठ, मूकाभिनय, कहानी कथन आदि होते रहते थे। इस नए वातावरण में जहां जब कैदियों-अभियुक्तों को अपनी ओर खींचा था, वहीं उनमें जीवन की नई दिशाएं भी खोल दी थीं। आज अरविंद मूड में था और वह बड़ौदा काल में लिखे 'सावित्री' प्रकरण पर प्रकाश डालकर तद्विषयक कविता पाठ करने लगा –

अपने इस निर्दय जगत् में उसने नग्न कर भेज दिया

ऊपर से उसने दुःख व पीड़ा के घड़ों से पीटा
ताकि मैं उसके कदमों पर गिर गिड़गिड़ाऊँ-रोऊँ...
अपने लहू और अश्रुओं से पूजा कर अर्घ्य चढ़ाऊँ
ताकि पशु की तरह श्रम कर मैं उसी की तरह मर जाऊँ
मैं विद्राही होने के साथ क्रीत दास भी हूं
सदा मेरे भाग्य और मित्रों ने मुझे ठगा
मैं शैतानी करतूतों का एक शिकार हूं,
मैं नियंता हूं आसुरिक कार्यवाहियों का,
अनिष्ट हेतु सृजा गया, वही मेरी नियति है
मैं अमंगल हूं, वैसा ही बना जीऊंगा।

चहुं ओर सन्नाटा छा गया। न किसी ने दाद दी और न कोई टीका-टिप्पणी की। सत्येन बोस ने जरूर कहा, "ये कविता नहीं, जीवन का अंतर निनाद है।" फिर प्रहसन हुआ। क्या गजब का अभिनय। बारीन भी वहीं जेल में था। उसने चंद्रनगर के क्रांतिकारियों से संपर्क साध लिया था। उसने अपनी योजना कुछ खास व्यक्तियों के लिए तैयार की थी। वह बता रहा था, "जिस दिन एक सिपाही की देख-रेख में उसे बाहर जाने की छूट मिलेगी-खुले मैदान में।"

"तब?"

"बाहर से कुछ साथी सीढ़ियां और रस्सियां अंदर फेंकेंगे। मैं सबसे आगे हाथ में रिवाल्वर लिए जेल की दीवार पर खड़ा हो जाऊंगा। आप लोग उनकी सहायता से ऊपर चढ़ेंगे और जेल की दूसरी तरफ उतर जाएंगे। वहां घोड़ा गाड़ियां तैयार मिलेंगी। उनसे गंगा तट हम लोग पहुंचेंगे। वहां से नौका द्वारा सुंदर वन।"

"फिर?"

"फिर क्या! कौन सुंदर वन में हिंस्त्र जानवरों का शिकार होने अंदर आएगा।...वहां से अपने गंतव्य की ओर।"

"हिंस्र पशु हमें छोड़ देंगे, इसकी क्या गारंटी है?"

"गारंटी तो एक क्षण की भी नहीं है, मेरे दोस्तो। कन्हाई को फांसी की सजा हुई थी कि वह सजा के दिन से एक माह पहले ही मर गया।...रिस्क तो लेना होगा, क्यों दादा, आपका क्या ख्याल है?" बारीन ने अरविंद की तरफ इशारा करते हुए पूछा।

अरविंद शांत भाव से सोचता रहा। फिर बोला, "बारीन, मैं कारागार में रहना अधिक उपयुक्त समझता हूं।"

"तब भी जब आप यह जानते हैं कि नरेंद्रनाथ गोसाई सरकारी गवाह बन चुका है।"

इस समय अंदाजन रात का एक बजा होगा। शचींद्र सेन, हेमचंद्र दास आदि महफिल जमाए हुए थे। उच्च स्वर में गायन चल रहा था। बीच-बीच में हंसी, गप्पें, ठठोली आदि की आवाज भी कारागार के सन्नाटे को वेंध रही थी।

अविनाश कह रहा था, "दादा, यह बड़े संकट की चेतावनी है। नरेंद्रनाथ गोसाईं मुखबिर बन चुका है।"

"गुसाईं ने मुझसे भी कहा था कि पुलिस उनके पास आती है।...तब मैंने उन्हें सुझाव दिया था कि वह पुलिस को बता दे कि सर ऐंडू फ्रेजर गुप्त समिति के मुखिया हैं।...गोसाईं ने कहा कि उसने सुरेंद्रनाथ बनर्जी को नाम बता दिया है...तब मैंने उसे सचेत कर दिया था कि वह ऐसी शरारतों से बाज आए वरना उसे लेने के देने पड़ जाएंगे।"

"क्या हुआ उस सबसे, दादा, वह नीच है। वह किसी हद तक नीचे गिर सकता है। इस समय वह पूरी तरह पुलिस की गिरफ्त में आ चुका है। पुलिस जो चाहेगी, वह उससे करवा लेगी।" अविनाश कहता जा रहा था, "उसकी गवाही, क्योंकि वह चश्मदीद गवाह होगा, इस मुकदमे का रुख एकदम आपके विपरीत कर देगी और अब तक की नॉर्टन की असफल हुई कोशिशें अचानक सफलता का शिखर चूम लेंगी।"

"दादा, गोसाईं की गवाही आपको बहुत मुश्किल में डाल देगी।"

"देखो बारीन, अब ऊँट किस करवट बैठता है?" अरविंद ने छोटा-सा उत्तर दिया।

"आप जान-बूझकर मौत के कुएं की ओर बढ़ना चाह रहे हैं, दादा।" अविनाश ने दृढ़ता से कहा।

"मुझे मौत से डर नहीं लगता, अविनाश।"

"क्रांति को आपकी जिंदगी चाहिए।"

"वह मर कर भी क्रांति की आवाज बुलंद करेगा।"

"नहीं दादा, यह भावुकता के क्षण नहीं हैं।" बैरिस्टर चित्तरंजन दास ने सारी शक्ति झोंक दी आपको जमानत पर छुड़ाने के लिए, परंतु...।

"वे सफल नहीं हुए।"

"आपको अस्पताल अवश्य भेजवा सके।"

"ज्वर पीड़ित था, बारीन।"

"और अस्पताल के प्रधान डॉक्टर के न चाहते हुए भी आप पुनः इस कीचड़ अंधियारे में लौट आए।"

"क्रांतिकारी झूठ नहीं बोलता, बारीन। मेरा ज्वर टूट चुका था अतः मुझे लौटना ही था।"

"डॉक्टर न चाहा तो भी।"

"हां, तो भी, बारीन। सुविधाएं मनुष्य को जीते जी गड्ढे में गाड़ देती है।"

"क्या आप जानते हैं दादा गोसाई को यूरोपियन कैदियों की सेल में क्यों भेजा गया है?"

"क्या करूंगा जानकर, अविनाश?"

"दादा, यह जानना जरूरी है। पुलिस के लिए गोसाई की गवाही ऐसा साक्ष्य है कि फिर सारे साक्ष्य बेकार। पुलिस को कुछ भनक लगी है, इसी से उसे अपने बीच में अलग-थलग कर दिया है।"

"हो सकता है कि तुम्हारी जानकारी ज्यादा ठीक हो।"

"जानते हैं सत्येन बोस अस्पताल में क्यों भरती हुए हैं और क्यों कानाई लाल दत्त अस्पताल में दाखिल हुआ है?"

"क्यों?" अरविंद ने तटस्थ भाव से पूछा।

"क्योंकि वे आपके इस उत्तर से वाकिफ थे।"

"तो?"

"तो क्या, अब हमें ही कुछ सोचना होगा।"

"यदि छोड़ना सोच सको तो?"

"नामुमकिन।"

"नरेंद्रनाथ गोसाई का अर्थ...।"

"क्या अर्थ?"

"कुछ नहीं।"

"क्या मुझसे भी कुछ छिपाया जा रहा है?"

"छिपाने के लिए हमारे पास है क्या?"

"गोसाई को कुछ न हो, बारीन।"

"गारंटी चाहते हैं, दादा।"

"आग्रह है।"

"यह सब हमारे हाथ में नहीं है, दादा।" अविनाश ने विनम्र होकर कहा, "ईश्वर की इच्छा सर्वोपरि है।"

"हां है।"

"तो फिर क्या सोचना। जो होगा, उसमें भी उसकी इच्छा होगी न।"

"परसों गवाही होनी है।"

"हमने कारागार से मुक्त होने की योजना को खारिज कर दिया है।"

सब चुप रह जाते। अरविंद उठने लगता। उसे लगता कि कुछ अनहोना होने में है। कहीं गोसाई को...। नहीं ऐसा नहीं हो सकता। उस पर दबाव बनाया जा सकता है। संदेह तो उस पर उन्हें था। तभी तो उससे कहा था, "गोसाई दादा, हम सब एक हैं और अपनी मां को 'आजाद' कराने के लिए जी-जान की बाजी लगाए हुए हैं। तुम कुछ ऐसा मत करने की सोचना,

जिससे अपना बंगाल बदनाम हो जाए। वैसे तो तुम खुद समझदार हो कि क्रांतिकारी मां के शत्रु के प्रति वे कितना कठोर रवैया अपनाते हैं।"

"ऐसा कुछ नहीं हो सकता, ददा। आप मुझ पर पूरा यकीन कर सकते हैं।"

"मैं तो उस सर्वशक्तिमान पर यकीन करता हूं, गोसाईं। आज कल अपने आस-पास की हवा में कुछ गरमी अनुभव हो रही है। क्या तुम्हें इसका एहसास है या नहीं?"

"कैसी गरमी, दादा?"

"सत्येन बोस को तुमने कुछ कहा क्या?"

"नहीं तो।...हां, वह यहां के वातावरण से घबरा गया है। वह बाहर जाना चाहता है।"

"और तुम उसकी मदद करने जा रहे हो, यही न गोसाईं।"

"नहीं तो।"

"वह तुम जाने दो। जो भी करो, वह बहुत सोच-समझ कर करना। नॉर्टन के चक्कर में मत पड़ना। उस पर विश्वास भी मत करना। वह व्यक्ति का प्रयोग करना बखूबी जानता है।"

"समझता हूं।...यही कारण है कि मैं उसे भ्रम में रखे हूं ताकि वह मुझ पर ही निर्भर रहे और किसी का कुछ भी नहीं बिगाड़ पाए।...आपको यह मालूम नहीं है कि नॉर्टन महाशय के संपर्क में रहने से यह तो फायदा है कि उसकी भावी योजनाएं पता चल जाता है।

"तुम्हारे पास रूमाल है, गोसाईं।"

"क्या, दादा?"

"पहले अपने चेहरे के पसीने को पोंछ लो। घबराहट में पसीना, आ जाता है।"

"मैं क्यों घबराऊंगा?"

"यह तुम जानो, गोसाईं।...अच्छा अब हमें भी उठना चाहिए।"

अरविंद ने ध्यान से देखा कि नरेंद्र नाथ गोसाईं के पांव डगमगा रहे हैं। उसकी चाल में संदेह का भारी बोझ है।

वह लौटे तो उसने पाया कि रसिक मंडली जोश में है। हेमचंद्र दास ने कहा, "दादा, हमने सुना है कि आपने यहां भी एक कविता लिखी है।"

"ठीक सुना है।"

"कृपा कीजिए। हमें भी उसका आस्वाद लेने दीजिए।"

"अब रात काफी हो गई है। फिर कभी सही।"

"फिर कभी, कभी नहीं आता, दादा। कृपया पांच सात मिनट और सही। फिर यह अनौपचारिक कवि सम्मेलन का समापन।"

"समापन पूर्व की आपकी कविता, कृपया सुना दीजिए।" यह आग्रह सब की तरफ से था। अरविंद बैठ गए और कहने लगे, "मैं तब कोर्ट में सुनवाई के समय कहीं और जो खोया था। तभी मन में भावों का ज्वारभाटा मचल उठा और वहीं बैठकर 'आमंत्रण' नाम से एक कविता पूरी कर बैठा। मैं यहां वही कविता सुना रहा हूं। इसमें कहीं आप भी हो सकते हैं-आपकी मानसिकता भी तो सुनिए मित्रो –

अपने चहुंओर टकराते मौसम झंझावात को लेकर
कर रहा बंजर भूमि की ओर प्रस्थान और ऊपर पर्वत पर।
आएगा कौन मेरे साथ? कौन करेगा मेरे साथ अध्यारोहण?
कौन करेगा विषम नदी को पार, हिम के बीच करेगा कौन संवरण?

तुम्हारे दरवाजों और तुम्हारी दीवारें आवृत
नगरों का तंग घेरे नहीं है, मेरा आवास,
ईश्वर है मेरे ऊपर का नीलांबर
और है झंझा और पवन का मेरे ऊपर उत्पात!

इस स्व प्रदेशों में करता एकाकीपन से मनोविनोद
विपद और अभाग्य बने हैं मेरे अभिन्न मित्र
रहेगा कौन विशाल होकर, कौन जिएगा होकर स्वाधीन?
यहां पवन से परिमार्जित शिखर धराओं पर करके आरोहण!

मैं हूं पर्वत और सैलाव का अधीश
मैं हूं स्वतंत्रता और स्वाभिमान का चैत्यामन्।
जो मेरे संग हो और मेरे राज्य का हो अंशधर
होना चाहिए उसे अटल और संकटों का इतिजन!

कविता को विराम मिला। अरविंद चुपचाप उनके बीच से उठ खड़ा हुआ। किसी से कुछ नहीं कहा। सब एक प्रकार के सम्मोहन से आवृत्त होकर रह गए हतप्रभ! कोई दिशा नहीं थी सामने जबकि सब रास्ते थे खुले और परिचित। फिर भी पांव नहीं उठ रहे थे। सोच कहीं गहरे में उतर चुका था और दिशाएं मौन हुई देखती रह गई थीं वह सत्यारोहण।

"कैसी गरमी?"

"यह बात तुम्हें बतलाने की आवश्यकता है क्या?"

"फिर भी...।"

"ज्यादा चालाक बनने की कोशिश मत करो, गोसाई। दरअसल तुम्हारी असलियत सामने आती जा रही है। मुझे तुमसे डर नहीं है, लेकिन तुम्हें अपने आप से डर जरूर लगने लगा है।"

"नहीं।"

"नहीं क्यों? तभी तो तुम यूरोपियन कैदियों के बीच चले गए हो।"

"यह असत्य आरोप है।"

"तो मुझे खुशी है, गोसाई, ऐसा ही हो वरना।"

"वरना क्या?"

"कुछ भी।"

"जैसे।"

"अब हमें चलना चाहिए, गोसाई।"

"मन में शंका छोड़कर।"

"पुण्य और सत्य सदा निःशंक होता है।"

फिर अरविंद नहीं रुके। वह यह अवश्य जान सके कि नरेंद्रनाथ गोसाई गुप्तचरी कर रहा है। वह खतरनाक साबित हो सकता है। फिर वासुदेव के दर्शन और कथन का क्या! या कुछ है तो...। अब उसे वासुदेव नारायण पर एकमात्र भरोसा करना ही पड़ेगा, चाहे वह उसे माने या न माने। वैसे नहीं मानने का कोई कारण नहीं है। यह सोचते हुए वह आगे बढ़ता चला गया।

32

शाम का घंटा बजा। प्रमुख जमादार कैदी वार्डरों का एकत्र करने लगा। फिर वह ऊंची आवाज में कैदियों के नाम बोलने लगा। इसके बाद सब अपने-अपने स्थान पर चले गए। देखते-ही-देखते सारा खुला मैदान सन्नाटे में बदल गया। रोज शाम यही होता था।

आज दोपहर में फिर मांड सहित उबला हुआ भात खाने को मिला था-यानी लापसी मिली थी। इसे अरविंद ने प्रज्ञाभाव नाम दिया था, क्योंकि इसमें किसी प्रकार की मिलावट नहीं होती थी। कभी लापसी का एक दूसरा रूप सामने आता था जिसे वह हिरण्यगर्भ रूप मानते थे। इसमें दाल के साथ सीझी हुई खिचड़ी होती थी। प्रज्ञा और हिरण्यगर्भ का सेवन अभी तक

अरविंद नहीं कर पाता था। वह गुड़ मिश्रित लापसी का अवश्य सेवन कर लेता था, परंतु एक वक्त खाना खाकर काम चला लेता था।

अंग्रेज सुपरिटेंडेंट इमर्सन एक आदर्श क्रिश्चियन थे। वह शांति प्रिय, विवेकशाली, न्यायप्रिय, सरल चित्त, भद्र और व्यवहार कुशल थे। जेलर योगेंद्र बाबू भी सबके प्रति सद्भाव बनाए रखते थे, अपना सारा काम निष्ठा से करते थे और उन्हें अपने साहब इमर्सन को प्रसन्न रखना उन्हें खूब आता था। डॉ. डैली का कृपा भाव अरविंद पर कुछ ज्यादा ही था। वह हंसमुख थे। धर्म, राजनीति आदि विषयों से जब-तब अरविंद से चर्चा करके प्रसन्न होते थे। वह आयरिश थे पर उदार-भाव प्रवण और सहज। अरविंद उनके लाख समझाने पर यह स्वीकार नहीं कर सका कि वर्षा काल के कुप्रभावों से बचने के लिए वह वार्ड में बना रहे।

इमर्सन ने उसे घर से धोती, कुर्ता और पुस्तकें मंगाने, जेल के छपे कागज दवात और कलम की सुविधा भी मुहैया करवा दी थी। गीता और उपनिषद् का गहन अध्ययन उसने वहीं किया। अब वह सुबह-शाम दो-तीन घंटे ध्यानवस्थित रहता था।

टहलते हुए उस रोज शाम ढलने से पूर्व डैली साहब ने कहा, "मि. अरविंदो, मैंने वहां भारतीय कैदियों का गहन अध्ययन किया-विशेषकर नवयुवक कैदियों का। मैं यह दावे के साथ कह सकता हूं कि चरित्र और गुण में वे यूरोपियन से बहुत ऊँचे हैं। जबकि वे नवयुवक अराजकतावादी घोषित किए गए हैं, परंतु वस्तुतः उनमें न तो मैं क्रूरता देख पाया और न अधीरता-धृष्टता।"

"यह सब अपने नजरिए की बात है, डॉ. डैली।"

जब कोर्ट में चित्तरंजन दास की आवाज सुनाई पड़ती थी तब हवा भी थम जाती थी। उनके तर्क, प्रस्तुतीकरण और शब्द चयन इतना सटीक, प्रभावोत्पादक विद्वतापूर्ण होता था कि चार्ल्स पॉर्टन बीचक्राफ्ट मंत्र मुग्ध होकर सुनते थे। जब चित्तरंजन दास को अपने चेंबर में बुलाया तब उन्होंने कहा था, "मि. दास, क्या आपको पता है मि. अरविंद और हमने केम्ब्रिज में साथ-साथ अध्ययन किया था और साथ-साथ इंडियन सिविल सर्विस की परीक्षा पास की थी। वह टॉप पर था उस लिस्ट में। उसने नहीं चाहा कि वह सरकारी नौकरी में आए।"

"जी, मि. बीचक्राफ्ट।"

"मैं 1892 में बंगाल में नियुक्त हुआ। मजिस्ट्रेट का प्रशिक्षण लिया। 1905 में जब बंगाल विभाजन से स्थिति बेकाबू होने लगी और मुकदमे-दर-मुकदमे आने

लगे तब सरकार ने अलीपुर क्षेत्र की न्याय व्यवस्था का भार मुझ पर डाला। मि. दास, आपको अचरज होगा, अरविंद से हम बीस वर्ष बाद मिल रहे हैं और वह भी ऐसे नाजुक हालात में। उसे अभियोगियों की कतार में देखकर माथा ठनका।"

"फिर?"

"फिर क्या न्याय के सिंहासन पर बैठकर अन्याय न हो जाए, इस कारण मुझे गहराई में जाने की जरूरत पड़ी। इस केस की गहरी छानबीन की, मुझे उनके लेखों, संपादकीय और भाषणों के छपे अंशों में न कहीं हिंसा मिली, न उत्तेजना और न उनके भड़काने के आधार।"

इतना कहकर चित्तरंजन दास ने अरविंद से कहा, "यह वार्ता उनके साथ आज हुई थी।"

"मैं जानता हूं कि बीचक्राफ्ट नेक, ईमानदार और मानवतावादी दृष्टियों का है। वह अन्याय नहीं होने देगा। मेरी तरफ से उसे धन्यवाद कहिएगा, मि. दास।" अरविंद ने कहा ही था कि बारीन आ पहुंचा, "मि. दास, नरेंद्रनाथ गोसाई सरकारी गवाह बन चुका है और वह इस मुकदमे की 'रिद्म' बिगाड़ने में सहायक होगा। वह नंबर एक का छटा हुआ मक्कार, चालाक, धूत और प्रपंची इंसान है। उसे चश्मदीद गवाह बनाकर नॉर्टन इस मुकदमें में उतार रहा है।"

"यह ठीक नहीं है। वह सारी स्थिति का अध्ययन कर चुका होगा।"

"फिर क्या करना चाहिए?"

"सरकार यह मुकदमा हारना नहीं चाहती। यह मुकदमा उसकी प्रतिष्ठा से जुड़ चुका है मि. बारीन।"

"फिर?"

"उसे समझाया जाए। रोका जाए।"

"वह समझ भी जाएगा और रुक भी जाएगा।"

"ऐसा ही प्रयत्न हो, मि. बारीन।"

"पर कब तक, जब तक वह कोर्ट के मैदान से बाहर है। कोर्ट में आने पर तो...। दरअसल उसकी आंख में सूअर का बाल है।"

"क्या जरा हम यहां रुककर यह भी सोच सकते हैं कि तुम्हारी उस योजना का क्या हुआ?"

"आपने तो दादा, उस योजना से अपने को बाहर कर लिया था।"

"तो क्या हुआ, तुम उस योजना को अंजाम दे सकते थे, बारीन?" तुम अपने बारे में क्यों नहीं सोच सकते?

"क्या सोचूं? पहले से पहरा तेज कर दिया है। फिर, वकील भी मानता है। मेरा केस मि. चित्तरंजन दास भी देख चुके हैं।"

"क्या निर्णय निकाला, मि. दास?"

चित्तरंजन दास को काटो तो खून नहीं। वह क्या कहें?

"आपकी चुप्पी से तो...।"

"हां, मि. अरविंद, वह केस अपने हाथ से जाता नजर आ रहा है। चश्मदीद गवाह और सरकार का अब तक तगड़ा शिकंजा कस चुका है।"

"क्या तगड़ा शिकंजा, मि. दास?"

"मैं बताता हूं, वह मेरे गरदन की नाप ले चुका है। मुझे आशंका है कि वह तुम्हारे पीछे भी उस लय-तान में पड़ा हुआ है। सरकार की ओर से सचिव स्तर पर यह प्रयत्न जारी है कि..." कहते-कहते बारीन रुक गया।

"मेरी चिंता छोड़ो, बारीन। मेरे लिए मि. दास और किसी सीमा तक मि. बीचक्राफ्ट का सॉफ्ट कॉर्नर कॉफी है और मुझे पूरा यकीन भी है कि सरकार...।"

"यह यकीन मुझे भी था, दादा! कानून के हाथ लंबे हैं। सरकार की इच्छा का भी कोई खास अर्थ है।"

"तुम मुझे इतना बताओ कि रिवाल्वर प्राप्त हो चुकी है।"

"हां।"

"कहां है?"

"जहां हम सोते हैं। वहां की जमीन थोड़ी उठी हुई है। वहां मिट्टी का फर्श है। फर्श खोद कर उसमें उसे रख दिया है। उस पर चादर बिछाकर सो जाते हैं।...शुरू-शुरू में कन्हाई लाल को कुछ भय सा लगा, अतः वह दिन का अधिकांश समय लेटकर, चादर ओढ़े गुजारने लगा और पूछने पर बताने लगा कि वह अंतर्जगतों में प्रवेश करने का यत्न कर रहा है।" बारीन ने अत्यंत धीमे स्वर में बताया।

"तो तुम, बारीन..."

"आपका हिंसा पर से तो विश्वास उठ गया है न, दादा।"

"लेकिन तुम्हारे लिए मेरी भरपूर अनुमति है।"

"अब बहुत देर हो चुकी है। मेरे पर पहरा बढ़ा दिया है। बाहर जाने के रास्तों पर पुलिस की पूरी और कड़ी निगरानी है।...अब कुछ नहीं हो सकता। क्यों हो? खुदीराम बोस, तो कितनी कम उम्र में मुजफ्फरपुर के हत्याकांड में खुशी-खुशी फांसी पर चढ़ गया।"

"जरूरी नहीं है कि हर एक खुदीराम के रास्ते पर चले।"

"जरूरी है, दादा। उसी से जनता के बीच गरमाहट रहेगी। जागृति बनी रहेगी। मैं मौत से नहीं डरता। काश, मेरी मौत देश के काम आ जाए और न भी आए तो भी मुझे चिंता नहीं है, क्योंकि मेरी नजर परिणाम पर न होकर अपने कर्म पर है। मरने का उद्देश्य स्पष्ट हो तो मौत भी जिंदा बने रहने से

कहीं ज्यादा कारगर सिद्ध होती है।" बारीन के स्वरों में दृढ़ता थी, उसके चेहरे पर तेजोस्विता थी और उसकी आंखों में आत्मसंतोष।

"फिर भी, बारीन...।" अरविंद के सामने उस बारीन का चित्र घूम गया, जब मम्मी-डैडी उसे इंग्लैंड पढ़ने के लिए छोड़ने आए थे। वह सात वर्ष का था। बारीन का जन्म इंग्लैंड में ही हुआ था। नवजात प्यारा-सा शिशु, बड़ी-बड़ी आंखें, लंबा चेहरा और एकदम प्रसन्नता से भरा। कितना प्यारा लगता था तब वह। कहता था, "ममा, उसे भी हमारे साथ छोड़ जाओ।"

"चिंता मत कर मेरे बच्चे, यह भी यहां बहुत जल्दी आ जाएगा।"

"कब मां?"

"एक बार खुद खाने-पीने और चलने योग्य हो जाए-बस।"

"कब होगा, मां?"

"त प्रश्न बहुत करता है अरविंद।"

"प्रश्न करना क्या बुरा है?"

"किसने कहा?"

"आप ही तो कहते-कहते..."

"हां, मेरी आंखों की ज्योति, मेरे प्राणों के टुकड़े, मैं ही कह रही थी। वो क्या है कि कभी-कभी तेरे प्रश्न तेरी उम्र से बहुत बड़े हो जाते हैं।"

"कितने बड़े, ममा?"

"इत्ते बड़े।" कहकर मां (स्वर्णलता) ने हाथ ऊपर उठाकर उसे समझाना चाहा तो अरविंद ने भी अपनी मां का अनुसरण किया। अपने छोटे-छोटे हाथ ऊपर उठा दिए। मां हंस पड़ी। अरविंद तुरंत पूछ बैठा, "मां, आप हंसी क्यों?"

स्वर्णलता ने उसे अपने पास खींचकर बांहों में भर लिया और उस पर चुंबनों की बरसात कर उठी। फिर वह कुछ नहीं पूछ सका। जब मां इंग्लैंड से उन्हें छोड़कर लौट रही थी, तब उसने अपनी छोटी-छोटी बांहों में बारीन को लेकर बहुत प्यार किया था।

बारीन बड़ौदा में आया था, तब भी वह उसे छोटा सा लगा था। उसने मैट्रिक ही तो पास की थी। उसकी पढ़ाई की व्यवस्था ठीक नहीं हो सकी। यह टीस कहीं अंदर अरविंद को भी थी। वह कितनी जल्दी क्रांतिकारी बन गया और कितनी जल्दी वह अधिक वयस्क और कर्मनिष्ठ हो गया। इस समय अरविंद में वही प्यार उमड़ा जो इंग्लैंड से उसे ले जाते समय उसमें उमड़ा था। उसका सबसे छोटा भाई कितनी जिम्मेदाराना बातें करने लगा है। जीवन और मृत्यु के फैसले स्वयं लेने लगा है। कहीं ऐसा हुआ तो...। वह आगे नहीं सोच पाया। अरविंद अब अपने आपको नहीं रोक सका। वह कहने लगा, "बारीन, तुम्हें कारागार की चारदीवारी से भाग जाना चाहिए।"

"कहां, दादा?"

"जहां तुम सुरक्षित रह सकते हो?"

"कहां सुरक्षित रह सकता हूं।"

"ब्रिटिश साम्राज्य की सीमा से बाहर जहां उसका काला कानून तुम्हारा पीछा नहीं कर सके।"

"छोटे भाई के प्रति इतनी आसक्ति उचित नहीं, दादा।...सच यह है कि मैं एक क्रांतिकारी हूं। मैं क्रांति धर्म का अंत तक पालन करूंगा। क्रांतिकारी पीठ पर नहीं सीने पर गोली का स्वागत करता है। वही आपके लिए भी गौरव की बात होगी।...मौत अवश्यंभावी है। उससे कोई नहीं बच सकता। सवाल यह है कि वह मरा तो कैसे और किस उद्देश्य के लिए? यही मौत का मूल्यांकन है।...आप मेरी चिंता नहीं करें। मेरे लिए परमपिता से प्रार्थना करें कि मैं अपने फर्ज निभाने में खरा उतरूं। बारीन का स्वर चट्टान की तरह ही था और उसका मन एकदम शांत था।"

33

दोपहर का समय। बाहर धूप थी। हवा में शीतलता थी। सत्येन बोस और कान्हाईलाल दत्त दोनों अस्पताल के बाहर टहल रहे थे। चारों ओर सन्नाटा नजर आ रहा था। उन दोनों की परस्पर दृष्टि मिलती और कुछ रहस्यमय संकेत करती। आखिर सत्येन बोस से नहीं रहा गया। वह कहने लगा, "नरेंद्रनाथ गोसाई बड़ी उड़ती चीज है। वह भांप गया होगा तो..."

"नहीं। वह बहुत लालची और कमीना इंसान है। उसकी आंखों पर स्वार्थ का चश्मा चढ़ा है। वह हर चीज उसी ऐंगल से देखने का अभ्यस्त है, सत्येन।" कान्हाईलाल दत्त ने कहा।

"कहीं उसके कानों में कुछ भनक पड़ गई या उसे हमारी नीयत पर शक हो गया तो...दत्त?" सत्येन बोस ने सोचते हुए कहा।

"उसकी देखरेख पुलिस कर रही है। उसे हमारे से अलग भी इसलिए किया है।"

कन्हाईलाल दत्त ने पतंग की डोर को ढील देते हुए कहा।

"डॉक्टर डैली और उनका दल मुआयना के लिए इधर ही आ रहा है। अच्छा चलूं, सत्येन बोस इतना कहकर मुड़ लिया।"

कन्हाईलाल दत्त बेड नं. 7 पर आकर लेट गया। पेट दर्द का वह मरीज है। वह सोच रहा था जब तक गद्दारों को क्रांतिकारी सजा नहीं देंगे तब तक वे मुखबिर का दुस्साहस उसके मन से उतरेगा नहीं। इस समय अकेला

नरेंद्रनाथ गोसाईं क्रांतिकारियों के रास्ते का कांटा बना हुआ है-विशेषतया अरविंद के लिए।

डॉ. डैली, डॉ. वैद्यनाथ बाबू आदि उधर आए। डैली पूछ रहे थे, "पेट दर्द में कुछ फर्क पड़ा, दत्त?"

"मामूली-सा।"

"खाना खाने के बाद ज्यादा दर्द महसूस होता है, या भूखे पेट।"

"भूखे पेट भी रहता है, डॉक्टर साहब, पर कम।"

"यहां कितने दिन और रहने का मन है।" डॉ. डैली ने अच्छी तरह मुआयना करते हुए कहा, "मुझे नहीं लगता कि अब दत्त को अस्पताल में रखना चाहिए, डॉक्टर वैद्यनाथ।"

"तो आज क्या डिस्चार्ज कर दिया जाए, डॉ. डैली।"

डॉ. डैली आगे बढ़ गए। दूसरे मरीज को देखने लगे। चलते समय बोले, "कल, दत्त को डिस्चार्ज कर दो, डॉक्टर। मुझे वह रोगी नहीं लगता है। उसे भर्ती करने की भी शायद जरूरत नहीं थी। बी एलर्ट, डॉक्टर। खुफिया विभाग की गतिविधियां यहां तेज हुई हैं। आपने दत्त के चेहरे-मोहरे के हाव-भाव और उसकी बड़ी-बड़ी रक्तिम आंखों की ओर देखा। मुझे उसमें रहस्य की परछाई नजर आई है।"

"तो आज ही क्यों न उसे डिस्चार्ज कर दिया जाए।"

"नहीं। मैं पुलिस को संकेत दे दूंगा ताकि कोई साजिश रची जा रही हो तो उसका पर्दाफाश हो सके। आप भी वार्ड ब्वॉय को सतर्क कर देना कि वह उसकी गतिविधियों पर ध्यान रखे।"

"हालांकि यह बात वार्ड के बाहर बरामदे में अंग्रेजी में हो रही थी। सत्येन बोस का बेड किनारे पर था। वह अंग्रेजी जानता था अतः आंखें बंद किए सब कुछ सुन सका।"

31 अगस्त। सोमवार का दिन। कल सत्येन बोस ने नरेंद्रनाथ गोसाईं पर अपनी विपदा व्यक्त करते हुए कहा था, "मैं दमे सी पीड़ित हूं। इस प्राण लेवा बीमारी के कारण जेल जीवन से मुक्ति चाहता हूं। कृपया मदद कर सकें तो कीजिए।"

नरेंद्रनाथ गोसाईं ने उसकी ओर बहुत ध्यान से देखा और कुछ आश्वस्त होकर कहा, "बदले में तुम क्या सहायता कर सकते हो। अंग्रेजी सरकार क्या चाहती है, यह तुम अच्छी तरह जानते हो।"

"यदि आप मुझे आश्वस्त कर सकें कि मुझे इस कारा-जीवन से मुक्ति मिल सकेगी और वह भी जल्दी तो मैं अनेक गुप्त जानकारियां दे सकता हूं।"

"तब आपका जमीर तो बीच में नहीं आएगा क्या?"

"मरता क्या नहीं करता, गोसाई। मनुष्य परिस्थितियों का दास है। मैं यहां रहकर समय से पूर्व सड़कर मरना नहीं चाहता।"

"यह पक्की बात है, बोस।"

"एकदम पक्की।"

लेकिन वह आज अभी तक नहीं आया। उसकी दृष्टि अस्पताल की दीवार घड़ी पर थी। समय आगे बढ़ चुका था। वह कैसे कन्हाईलाल दत्त तक यह समाचार पहुंचाए कि कल डॉक्टर उसकी अस्पताल से छुट्टी करने वाला है। फिर वह अकेला रह जाएगा। उसका निशाना चूक भी सकता है। यदि निशाना चूक गया तो लेने के देने पड़ जाएंगे।

वार्ड ब्वॉय की दृष्टि घूम फिरकर उस पर केंद्रित हो जाती थी। सत्येन बोस ने अपने पास वाले युवा मरीज का प्रयोग करना उचित समझा। इससे पहले वह उस युवा मरीज के बारे में कुछ नहीं जानता था। उसके अलावा उसके पास कोई अन्य रास्ता नहीं था।

अचरज वह युवा मरीज संकेतों में सारी बात समझ गया। उसने कन्हाईलाल दत्त को सारी बातों से आगाह कर दिया। लौटकर उसने सत्येन बोस को आश्वस्त भी कर दिया।

समय काफी गुजर चुका था। शंका हुई कि कहीं उसे भनक न लग गई हो, क्योंकि उसकी सुरक्षा का भार अंग्रेज अंगरक्षक पर था। वह अकेला कोई निर्णय नहीं ले सकता। वह आया भी तो पूरी तैयारी के साथ आएगा। हारकर सत्येन बोस ने उस तरफ से सारा ध्यान हटा लिया और एकदम नॉर्मल हो गया। एकदम शांत। उसने करवट भी बदल ली। कम्पाउंडर उसके नश्तर लगा कर चला गया। उसने रोज की तरह आज भी उससे कोई बात नहीं की। कुछ रुककर वह लौटा और उसने ही पूछा, "अब तबीयत कैसी है, बोस?"

"दमा जाने वाला रोग नहीं है, डॉक्टर बाबू।" वह उस कम्पाउंडर को डॉक्टर के संबोधन से बात करता था।

"हिम्मत रखो, वसु भाई।"

"पर कहां तक, भाई। यहां पड़ा सड़ता रहा तो समय से पहले मृत्यु निश्चित है।"

"यहां से निकलने के लिए प्रयत्न करो, बोस।"

"कैसे?"

नरेंद्रनाथ गोसाई की मदद लो। वह कुछ करवा सकता है। उसे अंग्रेजी सरकार ने अंगरक्षक दिया है-रिवाल्वरधारी।

"पता नहीं कि वह कुछ करवा सकेगा या नहीं। खैर, उस पर भी भरोसा करके देख लेता हूं। मुझे इस नरक से मुक्ति चाहिए। वह चाहे किसी कीमत पर हो।"

"जमीर बेचकर भी क्या?"

"हां, जमीर बेचकर भी। जमीर में है क्या? इस नरक से मुक्ति मुझे कौन दिलवाएगा।"

"फिर क्रांतिकारी?"

"उनकी मुझे चिंता नहीं है। मेरी अक्ल पर पत्थर पड़ गए थे, जो उनके साथ हो लिया। आजादी क्या दो चार खून खच्चर करने से मिलेगी? फौज का मुकाबला क्या क्रांतिकारी कर पाएंगे?" सत्येन बोस जानता था कि वह भी मुखबिर है। कम्पाउंडर के चेहरे पर हल्की सी प्रसन्नता उसे नजर आई। वह चला गया।

इधर सत्येन बोस ने भी सोच लिया कि नरेंद्रनाथ गोसाई अब नहीं आएगा, क्योंकि लगभग दो घंटे का समय ऊपर हो गया था। इंजेक्शन के लगने पर उसे नींद आती थी अतः धीरे-धीरे वह सो गया।

इसी बीच में नरेंद्रनाथ गोसाई आ गया। कम्पाउंडर ने उसे सब कुछ बतला दिया। यों संदेह दूर हो गया। सत्येन को गहरी नींद में सोता पाया तो वह चक्कर में पड़ गया। कल उसकी कोर्ट में गवाही होनी है। पता नहीं वह कौन-सी आवश्यक जानकारी उपलब्ध करवा दे। नॉर्टन ने उससे कहा था कि उससे जानकारी लेकर ही आए। वह जेल के वातावरण से घबरा उठा है। उसकी मदद भी की जाएगी ताकि सरकार पर विश्वास कायम रह सके।

नरेंद्रनाथ गोसाई ने धीरे से उसे पुकारा। पुकारने का कोई असर नहीं पाकर उसने उसे झकझोरा। वह अपने निंद्रित अवस्था में आंख मलता हुआ उठा। वह पूछने लगा, "क्या बात है?"

"अरे सत्येन बोस, मैं नरेंद्रनाथ गोसाई।"

"आप और इस समय, आपको तो...।"

"हां, बहुत पहले आना था, कुछ कारण वश विलंब हो गया।"

"कुछ कारण...।"

"आपकी यहां से मुक्ति।"

"कुछ हुआ क्या?"

"पक्का। अब...।"

"हां..." सत्येन बोस ने ध्यान से नरेंद्रनाथ गोसाई के अंगरक्षक की ओर देखा। फिर धीरे से कहा, "ऊपर चलें-एकांत चाहिए न।"

"हां, चलो।"

सत्येन बोस ने चुपके से अपने पास वाले को इशारा कर दिया। वह समझ गया कि उसे कन्हाईलाल दत्त को सूचना देनी है कि उसके पीछे पहुंचे। वह बोला, "परंतु गोसाईं, वह अंगरक्षक।"

"होने दो।"

"गोपनीयता भंग न होगी, इसकी क्या गारंटी है?"

"वह यूरोपियन अंगरक्षक है।"

"केवल इतना काफी नहीं। पिस्तौल के सामने से यूरोपियन सबसे पहले नाक रगड़ते है।"

"ठीक है।" नरेंद्रनाथ गोसाईं ने अंगरक्ष को समझा कर थोड़ा दूर रहने के लिए कहा।

अब दूसरे मंजिल के एक कोने की ओर बढ़ रहे थे। नरेंद्रनाथ गोसाईं ने कहा, "यह जगह उपयुक्त है। वह अंग्रेज अंगरक्षक भी दूर है।"

"हां, गोसाईं, तुम इस देश में जन्मे हो।"

"हां, जन्मा हूं।"

"यह देश तुम्हारी भी मातृभूमि है।"

"फिर तुम क्रांतिकारियों के खिलाफ झूठी गवाही क्यों देने जा रहे हो?"

"क्योंकि मुट्ठी भर क्रांतिकारी इस देश को आजाद नहीं कर सकते।"

"फिर भी, सरकार उनसे भयभीत तो है।"

"क्या तुम्हारे पास ये ही गोपनीय सूचना है जिसे देकर तुम अपनी मुक्ति का रास्ता तलाश कर रहे हो?"

"तुम अपने भाई हो, गोसाईं, आख़िर तुम्हें एक मौका देना हमारा भी फर्ज बनता है, ताकि अंग्रेज सरकार यह समझ सके कि भारतीयों में कोई गद्दार नहीं है। इस प्रकार की गद्दारी के कारण ही हम आज तक गुलाम बने हुए हैं।"

"तो तुम मुझसे क्या चाहते हो?"

"कि गवाही देने का अपना इरादा बदल दो, तुम्हारी सेहत के लिए वही लाभदायक है।"

"ना बदलूं तो?"

"तो?" कहकर कन्हाईलाल दत्त ने रिवाल्वर निकाल ली। सत्येन बोस ने भी रिवाल्वर निकाल कर कहा, "क्षमा करना, गोसाईं, तुम्हें रोकने के लिए इसके अलावा हमारे पास दूसरा कोई रास्ता नहीं है।"

नरेन्द्रनाथ गोसाईं अपने अंगरक्षक को बुलाने के लिए चीखा ही था कि रिवाल्वर से गोलियां चल गईं। वह और उसका अंगरक्षक दोनों आहत हुए, परंतु भाग निकले। कन्हाईलाल दत्त और सत्येन बोस ने बराबर उन दोनों का

पीछा किया। वे लगातार गोलियां बरसाते आगे बढ़ रहे थे ताकि उनके रास्ते में कोई रुकावट नहीं डाल सके। तभी एक गोली गोसाई की रीढ़ की हड्डी में लगी और वह वहीं पास की नाली में लुढ़क गया। इस समय अंग्रेज कैदियों ने उन दोनों कैदियों को अपनी पकड़ में जकड़ लिया था।

उसी समय जेल में खतरे की घंटी की तेज आवाज गूंज उठी। यह घंटी संकट कॉल में बजती थी। इस समय कैदी रोज की तरह उस आंगन में सैर कर रहे थे। कोई संवाद नहीं था उनके बीच। एक कैदी तेजी से उधर दौड़ता हुआ आया और उतनी तेजी से उसने कहा कि नरेन्द्र गोसाई ठंडा हो गया। सब चौंक पड़े। अरविंद रुक गया और अपनी सेल की ओर देखने लगा। उसके पीछे-पीछे संगीनधारी पुलिस की एक टोली वहां आ गई। सभी की तलाशी ली और सबको हवालात में ठूंस दिया।

चारों ओर सनसनी फैल गई। ब्रिटिश सत्ता के खुफिया विभाग पर प्रश्न-चिह्न लगा। जेल के अधिकारी भी संकट में पड़ गए। यह हुआ तो हुआ कैसे? रिवाल्वर अंदर कैसे आई? ऊपर से शांत, मधुर और नेक दिखलाई देने वाले व्यक्ति अंदर से बड़े खतरनाक हैं। उन पर विश्वास करना मूर्खता है, स्वयं को धोखे में रखना है। वे दोनों भी नहीं रहे। कन्हाईलाल दत्त के साथ जब सत्येन बोस को भी मृत्युदंड की सजा सुनाई गई तो उसने न केवल ऊपर अपील करने से मना कर दिया, बल्कि यह भी कह डाला कि आत्मा कभी नहीं मरती। शरीर तो है ही नश्वर। आगे पीछे उसे तो मरना है।

अंग्रेजी सरकार को धक्का लगा। उसको मुख्य मुखबिर से हाथ धोना पड़ा और अब क्रांतिकारियों पर लगे संगीन आरोपों के लिए सबूत जुटाना मुश्किल हो गया। नॉर्टन हारे हुए जुआरी के समान सरकारी व्यवस्था की खामियों के लिए कोसने लगा। सन्नाटा सरकारी हलके में छा गया। प्रबंध व्यवस्था पूरी तरह चौकस थी। कहीं कोई कमी नहीं थी। कभी भी उन पर अति विश्वास और रहम करने की जरूरत नहीं है। अरविंद हैरानी से सोचता रह गया, उन संवादों को, जिसमें उसकी भी कहीं तक भागीदारी थी। वह यह नहीं जानता था कि जेल में क्रांतिकारियों का नेटवर्क इतना सशक्त है कि वे चाहें तो जेल को भी उड़ा दें। हालांकि ऐसा करना अत्यंत मुश्किल काम था, परंतु इन लोगों पर एतबार करना खतरे से खाली नहीं है। इस कांड से डॉ. डैली के एतबार को बड़ा धक्का लगा होगा और इमर्सन का अंदरूनी देवता भी हिल गया होगा। उनसे लंबी पूछताछ चलेगी।

अरविंद ने डॉ. डैली से कहा था, "डॉक्टर कर्तव्य के बीच रहमदिली का ख्याल नहीं आना चाहिए। आप मुझे वर्षा के प्रकोप से बचा लेंगे पर

क्यों? यही न कि मैं आपकी दृष्टि में पाक और नेक इंसान हूं। मेरा ज्ञान और अध्ययन बहुत गहरा है, परंतु डॉक्टर इन बातों का ध्यान अपने फर्ज से ऊपर मत रखिए। मुझे आपके फर्ज और अपने उत्तरदायित्व का पूरा-पूरा ध्यान है।"

चाय के प्याले पर हुई अति संक्षिप्त बैठक डॉ. डैली के मन पर अपना गहरा असर छोड़ गई थी। आज डॉ. डैली को उसकी बात का ख्याल आ रहा होगा। इमर्सन ने उसे घर के कपड़े पहनने के साथ लिखने-पढ़ने और किताबों को जो रियायत दी थी, वह अरविंद की अंदरूनी ख्वाहिश थी, भूख थी और जिज्ञासा भी।

बारीन ने चलते समय कहा था, "दादा, हम दोनों में से एक का रहना बहुत जरूरी है। मेरे बचाव का कोई रास्ता नहीं है, परंतु आपको तो फंसाया गया है अतः झूठे मुखबिरों की शह पर सरकार की जीत नहीं हो सकेगी।"

तब भी अरविंद यह नहीं जानता था कि नरेंद्रनाथ गोसाई को उन्होंने खत्म करने की योजना बनाई हुई है वरना उनको रोक देता। पर अब उसमें सन्नाटा भरता जा रहा था और सोच के पंख थककर और अपने में सिमट कर चुपचाप अपने घोंसले में आ बैठे थे।

34

बंगले पर नेम प्लेट थी-चार्ल्स पोर्टन बीचक्राफ्ट, जज। समय संध्या का था। डॉ. डैली आ चुके थे, इमर्सन और उनकी मिसेज आने वाली थीं। कर्जन के बंग-भंग योजना ने बंगाल के वातावरण में तनाव पैदा कर दिया था। मुसलमानों को अलग प्रतिनिधित्व की बात स्वीकार्य योग्य मानी जाने लगी थी। मिसेज बीचक्राफ्ट भारत की राजनीति में दिलचस्पी रखती थीं और सोचती थीं कि किसी उन्नत संस्कृति तथा सभ्यता के पतन का मुख्य कारण बाहर से आए आक्रमणकर्ता नहीं, वहीं के विशिष्टजन तथा खास राजनेता होते हैं। पतन सदा ऊपर से शुरू होता है। जब सत्ता विश्वासघाती, चरित्रभ्रष्ट, शोषणोन्मुखी और स्वार्थांधता में लिप्त हो जाती है, तब उस देश का पतन स्वाभाविक है। स्वराज्य का मायने बदल गए। मुसलमान की सोच थी स्वराज्य और हिंदुओं की सोच भी थी स्वराज्य, परंतु अंग्रेज नहीं चाहते थे कि वे दोनों एक हों। अंग्रेजों ने उनमें अंतर्विरोध और संशयों को हवा देकर एक प्रकार से एक-दूसरे को अंदर-ही-अंदर शत्रु बनाने का काम किया। यदि यह कार्य अंग्रेज सत्ताधारी और राजनेता नहीं करते तो भी हिंदू और मुसलमान स्वतः इस नतीजे पर पहुंच जाते। इमर्सन और मिसेज इमर्सन भी

आ पहुंचे। एक छोटी सी दावत थी। उसमें कोई राजनेता नहीं। सभी समान विचार वाले और मानवतावादी दृष्टिकोण के थे।

बीचक्राफ्ट अरविंद घोष के संबंध में उनकी गतिविधियां जानना चाहता था, क्योंकि वे लोग बिना लाग-लपेट के बातचीत करते थे। बीचक्राफ्ट स्वयं चुप रहते थे। यह उनकी मजबूरी भी थी। जैसा बीचक्राफ्ट सोचते थे, वैसी उनको रिपोर्ट मिलती थी। वह अरविंद को बहुत अच्छी तरह जानते थे और एक प्रतिभा संपन्न और योग्य महापुरुषों की श्रेणी में रखकर वे उसके बारे में सोचते थे। उनका पुख्ता मत था कि अरविंद विध्वंसक गतिविधियां नहीं चला सकता था। उसकी ऊर्जा का स्रोत ज्ञान, प्रज्ञा और सम विवेक है। उसमें किसी के प्रति घृणा और उपेक्षा नहीं है।

मिसेज बीचक्राफ्ट जो इस प्रकार की लघु आकारीय और अंतरंग मित्रों की बैठकों में खूब हिस्सा लेती थीं, भी कह उठीं, "आज हम विशेष मकसद से रू-ब-रू हो रहे हैं। चाहे हम कुछ नहीं कर सकें, लेकिन न्यायसंगत सोच के तो पक्षधर हो ही सकते हैं। इस दुनिया में एक जमात ऐसी भी है, जो अल्पसंख्यक है, परंतु सोच को नापाक नहीं होने देती और सर्वहित के नजरिये से आगे आती है। सरकारी नौकरी के साथ कुछ मजबूरियां हैं जिन्हें चाहकर भी अनदेखा नहीं किया जा सकता। यह बात एकदम अलग है कि वह अपनी नौकरी की परवाह नहीं कर कुछ कर बैठे।"

"हां, यह उसूलन तो ठीक बातें हैं। फिर भी स्व विवेक की अपनी अहम् भूमिका है, जिससे परहेज नहीं किया जा सकता।" डॉ. डैली ने बात के क्रम को आगे बढ़ाते हुए कहा।

"मैं यह मानकर चलता हूं कि आज अलीपुर जेल में जो दुर्घटना हुई, वह कतई अनहोनी नहीं है। आप किसी की जमीन दबा लें तो जमीन का मालिक किसी हद तक जा सकता है। उससे वफादारी की उम्मीद करना ठीक नहीं है।" इमर्सन ने धीरे-धीरे पर प्रवाह में कहा।

"फिर भी हम निंदा उसकी करते हैं और सूराक-सबूत ढूंढते हैं?"

"ढूंढेंगे ही, मिसेज बीचक्राफ्ट।" इसके अलावा हमारे पास कोई चारा भी नहीं है।

"डॉ. डैली, आपको आदमी की सूरत देखकर पहचानने की आदत है।"

"मैं कन्हाईलाल दत्त को ताड़ गया था। उसकी उसी दिन अस्पताल से छुट्टी भी करना चाहता था, परंतु यह सोचकर रह गया कि उस पर निगरानी रखी जाए तो उनकी विकट योजना का भंडाफोड़ हो सकता है और इसी कारण निगरानी की व्यवस्था भी तेज करवा दी थी।"

“मात्र एक दिन की ही बात थी, डॉ. डैली। दूसरे दिन तो आप उसे पुनः उसकी जगह भेज देते।”

“बेशक, इमर्सन।”

“कभी शतरंज खेली है।”

“नहीं।”

“इतिहास की कुछ गहरी जानकारी है।”

“नहीं।”

“तभी, डॉ. डैली, यह निर्णय लिया जा सका। इसका दूसरा पक्ष यह भी है कि आपके संदेह की खबर उन तक पहुंच गई हो।”

“नहीं।”

“थोड़ा हम विषय के केंद्र बिंदु पर आ जाएं तो शायद परस्पर आरोप-प्रत्यारोप से हटकर भी सोच सकते हैं।” मिसेज बीचक्राफ्ट ने बैठने का रुख बदल कर कहा।

“जैसे।”

“जैसे अरविंद के बारे में। वह गवाही उनके विरुद्ध देने जा रहा था, हालांकि उससे अन्य क्रांतिकारी भी प्रभावित हो रहे थे। परंतु उनमें मुख्य अरविंद था।”

“तो आप यह कहना चाहती हैं कि इस योजना के पीछे अरविंद का हाथ था।”

“बारीन अरविंद का छोटा भाई है और वह जान चुका है कि उसे मृत्युदंड की सजा होनी है, जिसके लिए वह अपील नहीं करेगा।” मिसेज बीचक्राफ्ट ने अपनी बात जारी रखते हुए आगे कहा, “वह अपने भाई को अवश्य बचाना चाहेगा।”

“आपका मतलब है कि बारीन ने यह षड्यंत्र रचा है।”

“मात्र संदेह है।”

“यह भी सच है कि कुछ दिन पहले अरविंद, बारीन आदि की मुलाकात देर तक चली थी।” इमर्सन ने कहा।

“तब कुछ पका हो, यही न।” डॉ. डैली ने तपाक से कहा।

“अरविंद किसी की जान लेने की योजना में सम्मिलित नहीं हो सकता।” बीचक्राफ्ट ने बहुत धीमे से कहा, “वह जान भले ही दे, पर ले नहीं सकता। वह हिंसक प्राणी नहीं है।”

“क्रांतिकारी है।”

“‘वंदे मातरम्’ में जो छपा है, उसमें कहीं भी सरकार के खिलाफ जन मानस में उबाल लाने की चेष्टा नहीं है। यह मैं ‘वंदे मातरम्’ के गहन

अध्ययन करने के बाद कह रहा हूं।" बीचक्राफ्ट ने अपने दृष्टिकोण को स्पष्ट किया।

इस वक्त सबमें एक प्रकार का सन्नाटा छा गया। बीचक्राफ्ट ने पुनः कहा, "यह संभव है कि चाहे मनुष्य अनंत काल तक किताबें पढ़े, पढ़ता जाए और चाहे वह संसार की समस्त भाषाएं सीख ले और उन भाषाओं की समस्त पुस्तकें पढ़ डाले तो भी उसकी वह ज्ञान की पिपासा शांत नहीं हो सकती, क्योंकि ज्ञान की भी सक्रियता पीसते रहने में है। निस्संदेह हमारे अंदर जिसे ज्ञान तथा प्रगति की खोज है, वह मन नहीं है, अवश्य उसके पीछे कुछ और है, जो बेशक मन से भिन्न है। बुद्धि जिसे उचित ठहराती है, सच वह भी है और जिसे वह अनुचित ठहराती है, सच वह भी है।"

"क्या दोनों सच हैं?" डॉ. डैली से रहा नहीं गया, वह पूछ बैठे।

"क्या एक ही समय दोनों सत्य हो सकते हैं?" इमर्सन का प्रश्न था।

"वह कह रहा कि मुझे तब तक कोई सत्य स्वीकार नहीं है, जब तक कि उसके विपरीत के लिए भी दरवाजा न खुला हो। फलतः मुझ पर से बुद्धि की अकेली पैठ उठ चुकी है।... वह हैरान रह गया। उसका यही भाई बारीन तेज ज्वर से रजाई में लिपटा कांप रहा था कि उधर एक नागा संन्यासी आ निकला। उसने कुछ नहीं मांगा सिवाय एक गिलास पानी के और उस पानी भरे गिलास की ओर देखकर उसने मन-ही-मन कोई मंत्र पढ़ा, फिर बोला, "जा उसे पिला दे जो तेज ज्वर से कांप रहा है।" पल भर के लिए वह ठिठका। वह नागा संन्यासी पुनः बोला, षगिलास तेरा, पानी तेरा। मैंने इसमें कुछ मिलाया नहीं है, यह तू भी देख रहा है, फिर संशय क्यों? जा आदेश की पालना कर, बुद्धि की तराजू में सब कुछ तौलने की आदत छोड़, वरना तू किसी रईस का तोशकखाना बनकर रह जाएगा। तौके गुलामी से अपने को निजात दिला। जा, अब खड़ा-खड़ा क्या देख रहा है? उसे हिलना पड़ा यह सोचते हुए कि उस नागा संन्यासी ने उस पानी पर एक चिह्न बनाया है और फिर कोई मंत्र पढ़ा था। हां मिलाया कुछ नहीं था। वह पानी बारीन पी गया।"

"फिर?"

पांच मिनट में वह तेज ज्वर गधे पर सींग की तरह छूमंतर। बारीन स्वस्थ होकर पुकार उठा, "दादा, मैं ठीक हो रहा हूं।"

"आश्चर्य!"

वह बाहर आया। दूर-दूर तक देखा परंतु वह कोपीनधारी नागा संन्यासी कहीं नजर नहीं आया। वह हैरान। यह उसकी आंखों देखी घटना है, कोई सुनी-सुनाई नहीं। उसका वह स्वयं चश्मदीद गवाह है और स्वयं ही जज।

कोई फैसला बाहर से नहीं, किसी दूसरे से नहीं, स्वयं से–आजाद बने रहने का या गुलाम बने रहने का। भौतिक आजादी एक घोषणा है, उससे अधिक कुछ और नहीं। फिर कोई गारंटी नहीं है कि उसके पा जाने के बाद, जिसके लिए उसने जान दी है, लड़ाई की है, दर–दर की ठोकरें खाई हैं और अपनी जवानी का खून किया है, उसे आजादी का सुकून दे सके। हो सकता है कि वह गुलामी से ज्यादा बुरा अनुभव करने लगे। इस तरह वह उस प्रभु से प्रार्थना कर उठा, जिसे वह नहीं जानता था और जो न मंदिर में है, न चर्च और न मस्जिद या अन्य कहीं, स्थान पर।

"फिर प्रार्थना किससे?"

"मैथमेटिक्स पढ़ा है न आप लोगों ने।"

"थोड़ा बहुत।"

"इस बिंदु से उस बिंदु तक एक रेखा खींची है।"

"हां।"

"तो फिर यह भी माना होगा कि ए बराबर बी के।"

"हां, माना है।"

"यह सब क्या है?"

"क्या है?"

"कल्पना है और क्या है।"

"तो क्या ईश्वर कल्पना है।"

"मैं नहीं कहूंगा, क्योंकि मेरी पहुंच वहां तक नहीं है। परंतु वह कह रहा है, "प्रभु अब तक मैं नास्तिक था, अज्ञेयवादी था, संशयवादी था और दासता से भारत को मुक्त कराने के लिए शक्ति की आवश्यकता स्वीकारता था परंतु अब...आगे मैं नहीं जानता। जानना चाहता हूं कि जो नजर आ रहे हैं, वे कहीं ज्यादा महत्त्वपूर्ण है, कीमती, बेशक़ीमती है।"

"तो?"

"तो वह प्रार्थना कर रहा हूं कि यदि ईश्वर है तो वह उसकी बात जानता है कि उसे मोक्ष नहीं चाहिए और न वह दूसरों की तरह वह सब चीज की ख़्वाहिश ही रखता है, जैसी वे उससे रखते हैं। वह इस देश का उद्धार करने के लिए शक्ति से प्रार्थना करता है। वह उन लोगों के जीवित रहने के लिए काम करना चाहता है, जिन्हें वह प्यार करता है, डॉ. डैली। ही इज अरविंद।...यह है उस छापामार युद्ध के संयोजक का असली रूप, उस क्रांतिकारी आंदोलन के मुखिया का पावन स्वर और अविनाशी शांति के तत्त्व के लिए प्यासातुर का विनम्र निवेदन। जो विचारों को ऐसे गुजर जाने

देता है, जैसे खग समूह निष्पंद वायु में अंबर से गुजर जाता है। कोई हलचल नहीं। कोई पहचान-चिह्न नहीं। उसे ऐसी शांति की तलाश है, जो प्रचंड से प्रचंड झंझावत को गुजर जाने दे और उसकी मूलभूत निश्चलता बनी रहे। उसमें यह सब दिव्य-अति दिव्य चल रहा है, दोस्तो। वह सोच रहा है कि उसने अपना कितना कीमती वक्त इस झमेले में जाया कर दिया कि हम यही नहीं कर सकते, वह नहीं कर सकते, क्योंकि वह इस नियम के विरुद्ध है या उस नियम के विरुद्ध है। हमने कितनी बड़ी जिंदगी असंगत-संगत, अस्वाभाविक-स्वाभाविक घोंघे के मानसिक खोल में काट दी। क्या वह कारा वर्तमान अलीपुर कारा से तनिक भी भिन्न है। एक पल के लिए खुली हवा में सांस नहीं ले सके। वह खुली हवा में सांस लेना चाहता है, उस खुली हवा में जहां चहारदीवारी न हो, हो तो वह उसे ढहा दे।"

"अर्थात् अलीपुर कारागार की चहारदीवारी से भाग जाए।" डॉ. डैली कह बैठते।

"नो डैली, नो नेवर। वह उस समस्त और सर्वत्र को अपना घर बना देखना चाहता है जिसे चहारदीवारी ने कैद नहीं कर रखा है। सार्वभौमिक मानस। विचार के कारखाने में मजदूर होकर वह नहीं जीना चाहता। विचारमुक्त होकर जीना चाहता है, एक स्वच्छंद प्रजा के साथ, एक सर्वस्व के साथ जिसका हर जोड़ शून्य बनाता है। हिअर इज अरविंद, माई डियर फ्रेंड्स। वी वाज नोट ग्रेटली चिअर्ड बाई दि न्यूज।"

सब अवाक्। दीवार पर टंगे चित्र की तरह गुमसुम। मिसेज बीचक्राफ्ट कुछ सोचकर बोलीं, "अरविंद इज नोट ऑ शोविनिस्ट (अंध देशभक्त)। इज इट करैक्ट?"

"इसके लिए कानून क्या कहता है, मित्रो, यह मेरे चिंतन का विषय है। क्या अब भी आप, कई माह उस दुर्घटना के गुजर जाने के बाद, अर्थात बाढ़ का पानी उतर जाने के बाद, जब नदी शरद ऋतु में प्रवाहवती हो रही हो एकदम पारदर्शी, चांदनी सी चमकदार और स्वच्छ-पवित्र होकर, तब किसी निष्कर्ष पर पहुंच पाए या अपनी व्यवस्था की मजबूती में लगे रहे, जिसमें प्राय: लगे रहते हैं और अंत तक किसी निष्कर्ष तक नहीं पहुंच पाते अथवा गाद के नीचे बैठने का इंतजार करते रहते हैं।"

"सचमुच हमारी आंखों पर से परदा हटा है मि. बीचक्राफ्ट।"

"लगाम लगाओ यदि लगा सकते हो-क्रोधावेश के स्पंदन पर, कामना-सहानुभूति के स्पंदन पर। कर सको तो स्पंदन पर पूर्ण विराम लगाओ और वह भी तब, जब स्वत: स्पंदन ग्रंथियों का आंतरिक सागर उछाले ले

रहा हो। फिर अपने अंदर के अनेक स्तरों को अधिकाधिक स्पष्ट रूप से भिन्न-भिन्न देख सकोगे।... इससे बहुत आगे है वह।...आज तक मैं किसी के प्रभाव में कभी नहीं आया और न आऊंगा, लेकिन जो प्रभाव मुझमें से उभर कर मुझे ही आंनद की ओर ले जा रहा है, वह संगति है, मानसिक आवरण रहित विभिन्न स्नायु ग्रंथियों से आगे जहां मैं नहीं पहुंच सका हूं और जहां वह प्रवेश करने वाला है। वह ईर्ष्या, असूया, कामना, क्रोध, लोभ आदि से परे का यात्री है। वह दैहिक, मानसिक और प्राणिक उन सहस्रों स्पंदनों में लीन चेतना को युक्त करने का सहयात्री है। अंर्तपुरुष। चैत्य पुरुष! अग्रवर्ती व्यक्तित्व के पीछे निश्छल नीरवता में अंतरात्मा विकसित होती है। ऊपरी तल की भीड़ के छट जाने का इंतजार शांति से करो। विश्वास से आगे अनुभव की अंतर्यात्रा है, स्पर्शेन्द्रिय से आगे अस्पर्शेन्द्रियों की यात्रा है, जहां परछाई का अस्तित्व नहीं है। वह कारा में नजरबंद, जहां वह नजरबंद होते हुए करोड़ों करोड़ स्वच्छंदता को जी लेने का विश्वास रखने वाली शख्सियत से इतना आगे और स्वच्छंद है कि मृत्यु उसके सामने नत है। उसे कौन मारेगा? सरकार को उसकी मौत क्यों चाहिए? न्याय किसके साथ हो? मात्र प्रज्ञा का कानन इंसाफ नहीं कर सकता। करता होता तो ईसा मसीह को क्रूस पर नहीं चढ़ना पड़ता। उस ईसा को जो बाद में ईसाई धर्म का प्रवर्तक हुआ और आज है। हमें उसे मार कर भी संतोष नहीं हुआ। उसे नमूना बना डाला-क्रूस का। चर्च-गिरजे में जकड़ कर उसी इंसाफ की डगर पर हम चल रहे हैं, निरंतर आगे बढ़ रहें हैं, जिसके लिए वह क्रूस पर चढ़ा था। आज भी हम वहीं हैं, उसी मानसिकता से ग्रस्त हैं, जिससे ईसा के समय वे थे, जिन्होंने उसे मृत्युदंड दिलवाया था और उस पाप को सहर्ष अपने सिर पर लिया था। सच यह है कि हम किसी धर्म-मजहब को नहीं मानते, उसका ठोंग करते हैं, यही हमारे सबकी पीड़ा का मुख्य कारण है। जानते हो अरविंद कितना आगे बढ़ चुका है, कहां जा पहुंचा कि आज वह विचार को पारदर्शी देखना चाहता है। मन से आगे का विचार जो प्रतिद्वंद्विता रहित है, विकल्प-संकल्प से परे है, उसको जी लेना चाहता है।"

"आपने निश्चित ही उनका बहुत गहन अध्ययन किया है।"

"हमारी समझ वहां तक नहीं पहुंची।"

"यही कारण है कि उस पर किसी निर्णय तक पहुंचने के लिए हमें वही गलती नहीं करनी है, जो ईसाकालीन जनता ने ईसा के साथ की थी।"

"सच यह है कि हमने उनकी प्रत्येक गतिविधि को प्रत्यक्ष-अप्रत्यक्ष देखा तो पाया कि वह तनिक भी विचलित नहीं हुआ। डॉ. डैली ने यहां तक अरविंद से कह डाला कि ऐसी योजना क्यों बना डाली कि...।"

"तुम्हारा मुझ पर इतना-सा ही विश्वास है तो मुझे कुछ नहीं कहना, डॉक्टर।"

"यह सवाल तुम्हारे मौन से और उलझता नजर आता है। यह तो जानते हो, नरेंद्रनाथ गोसाई के पास ऐसी सूचनाएं थी, जिनसे तुम्हारे केस पर गहरा असर पड़ सकता था।"

"तो?"

"उसकी गवाही नहीं हो वरना..."

"नहीं ऐसा मैंने कभी नहीं सोचा था, डॉ. डैली।"

"बारीन आपसे मिला था।"

"मिलने दिया तो तभी..."

"उसके सिर खून के इल्जाम है।"

"अभी सिद्ध होना शेष है।"

"उसमें सिर्फ फैसला आना शेष है।"

"तो फिर?"

"खून एक का किया हो या अनेक का सजा तो उसकी एक ही है-मौत।"

"यह आपका सोच है, डॉक्टर डैली और बहुत कुछ तर्काधृत भी है, लेकिन मैं ऐसा नहीं सोच सकता। मुझे ऐसा सोचने की कोई जरूरत नहीं है।" अरविंद ने इत्मीनान से कहा। उसके चेहरे पर पहली जैसी शिशुवत् हंसी निश्छल थी। नीचे अहमदाबादी मोटी धोती और चुस्त सदरी थी।

"पर क्यों आपको सोचने की जरूरत नहीं, मि. अरविंद?"

"विश्वास, डॉ. डैली। वह एक अंतर्ज्ञान है जो सत्य के अनुभव तक पहुंचा देता है। उसे प्रमाणित होने के लिए अनुभव की अपेक्षा नहीं करता। जिस आदत के हम अभ्यासी हैं, वह हमें अपने पाशविक विकास से विरासत में मिली है। आंख में वह अदृश्य ज्योति जग जाए तो सब कुछ नजर आने लगता है, जिसे हम पहले नहीं देख पा रहे थे और फिर वह एकदम गहन-गंभीर और अपूर्व हो उठता है।" अरविंद एकदम सहज होकर, निष्ठापूर्वक और निर्भीकता से कह गए। फिर उसने धीरे से आग्रह किया, "अब मेरे ध्यान का समय हो रहा है।"

"डॉ. डैली ने चारों ओर देखा, वहां कहीं घड़ी नहीं थी और न उसकी कलाई पर घड़ी बंधी हुई थी। फिर समय का आभास कैसे?" वह पूछ बैठे, "आपके ध्यान का समय?"

"संध्या के छह बजकर बीस मिनट से।"

"यह आपको कैसे पता चला कि इस समय छह बज कर बीस मिनट हो रहे हैं?"

"आप आठ बज कर चालीस मिनट पर यहां आकर अपनी घड़ी से समय का मिलान कीजिए, विश्वास हो जाएगा। ध्यान रहे, घड़ी भौतिक सत्य है। वह खराब भी हो सकती है और आगे-पीछे भी हो सकती है। मेरे पास इस घड़ी से सर्वदा भिन्न घड़ी है जो कभी खराब या आगे पीछे नहीं होती। जो व्यक्ति मृत्यु को जीवन का निषेध नहीं मानकर, जीवन को एक क्रिया मानते हैं, उन्हें अस्तित्व की अंतश्चेतना कभी धोखा नहीं देती।"

"इसका अर्थ हुआ कि...।" डॉ. डैली आगे बोलते-बोलते रुक गए।

"मैं यहां एक उदाहरण की ओर आपका ध्यान चाहूंगा। उसके बाद कोई प्रश्न-उत्तर नहीं होगा, क्योंकि मेरे ध्यान करने का समय शुरू हो जाएगा। तो सुनिए, डॉ. डैली, सन् 1813 में जर्मनी ने फ्रांस में नैपोलियन की प्रवृत्ति का अंत किया और सन् 1870 में फ्रांस की शेष चौधराहट को बर्फ में लगा दिया, लेकिन जर्मनी ने जिसको समाप्त किया था, वह उसी मनोवृत्ति का स्वयं शिकार हो गया। नाश की मनोवृत्ति को व्यक्ति जयी होकर भी स्वयं में जन्म दे डालता है। वह यह भूल जाता है कि वही मनोवृत्ति अब उसका नाश समय आने पर कर सकेगी...अच्छा तो, डॉ. डैली, अब मैं क्षमा चाहूंगा।" इतना कहकर वह पद्मासन में बैठ गए और पलभर में आंखें बंद कर लीं।

डॉ. डैली अपनी बात खत्म कर चुके थे।

"यही कारण है कि हमें अपने समय का सत्य नजर नहीं आता। उसकी अनुभूति तो दूर की चीज है। खैर, हमारी आज की बातों से अरविंद के पीछे छिपे अपूर्व अरविंद की झांकी सामने आ सकी। हमारे आज का यही शाश्वत सत्य है।"

"एक सत्य आप लोगों का वहां भी इंतजार कर रहा है।" मिसेज बीचक्राफ्ट ने डायनिंग टेबल पर खानसामा का इशारा पाकर कहा। सब उठ खड़े हुए। इमर्सन सहज में कह गए, "आप याद नहीं दिलातीं तो आज हिंदुस्तानी फास्ट हो जाता।" इस पर सब खिलखिला पड़े और वॉश बेसिन की ओर बढ़ गए। बीचक्राफ्ट अंदर की ओर चले गए, शायद कपड़े बदलने के लिए या...

35

5 मई, 1908 को अरविंद ने अलीपुर जेल में प्रवेश किया था और 8 मई, 1909 की सुबह उन्हें जेल से मुक्ति मिली थी। पांच-छह माह तक उनके फैसले का सरकार पुनः निरीक्षण करवाती रही और बंबई हाईकोर्ट से

उसने उसकी राय मांगी। सारे जरूरी कागज बंबई हाईकोर्ट को भेज दिए गए। राय-मशविरा चलता रहा। सरकार का मन बन रहा था कि वह अपील में जाए, परंतु उसे यह डर भी अंदर-अंदर सता रहा था कि ऐसा कदम उठाने से कहीं जनता नहीं भड़क जाए। बंगाल के सचिव जनरल यह मानने को तैयार नहीं थे कि अरविंद जैसा कुशाग्र, मेधावी, दूरदर्शी, चतुर और बौद्धिक ऊर्जा से लबालब इंसान दोषी है। 'वंदे मातरम्' का संपादन करते हुए उसने जिस खूबी से उस अखबार के अस्तित्व पर आंच नहीं आने दी। उसकी कलम का लोहा तो मानना ही पड़ेगा, परंतु अब जब वह पूरी तरह से सरकार के कब्जे में है और उसके खिलाफ नॉर्टन जैसा सरकारी वकील अपने तमाम दांवपेचों और कारनामों को जन्म देने के बाद भी नकारा ही साबित हुआ है। तब सोचना कुंद हो उठा है कि आगे क्या करें। नार्टन उसे राजद्रोही मानकर चल रहा था। क्या ये तथ्य, पर्याप्त नहीं थे कि अरविंद का मानिकतल्ला के बाग में आना-जाना रहता था? क्या 'वंदे मातरम्' के माध्यम से हिंसा को नहीं भड़काया गया? क्यों मिष्टान्न शब्द को बम का पयार्य नहीं माना गया? क्यों छोटे-बड़े कुरते से बारीन और अरविंद का अर्थ लगाया गया?

अरविंद की बहन सरोजिनी ने देशवासियों से अपील कर उच्च श्रेणी का वकील चितरंजन दास मुफ्त में पा लिया था और धन सहयोग अलग से प्राप्त किया था।

फैसले के तीन सौ पृष्ठ में जज ने ऐसे कोई जगह नहीं बनने दी, जिसमें संदेह की दरारें नजर आने लगतीं। उसने उसे एक प्रतिभाशाली, धार्मिक तथा आध्यात्मिक पुरुष बताकर हीरो बना दिया। इधर वह सीमा भी निकल गई, जिसमें सरकार अपील कर सकती थी, क्योंकि छह माह बातचीत में ही निकल गए। सेक्रेटरी जनरल ने यह पक्का मन यह बना लिया था कि वह सबसे अधिक खतरनाक और भयंकर विरोधी को खुला नहीं रहने देगा। अरविंद की जय को ब्रिटिश सरकार की हार के रूप में लिया जा रहा था। अरविंद ने बंगला पत्र के माध्यम से उन सब व्यक्तियों के प्रति हृदय से आभार व्यक्त किया था, जिन्होंने उसके बचाव के लिए खुले मन से धन उपलब्ध कराया था और जिन्होंने उसके प्रति आदर व्यक्त किया था और प्रार्थनाएं की थीं।

सरकार की तीसरी आंख सारे नजारे देख रही थी। उनके उत्तरपाड़ा में दिए भाषण की छानबीन करवा रही थी।

चितरंजन दास ने सचेत करते हुए अरविंद से कहा था, "सरकार फिर से जाल बुन रही है। उसे तुम्हारी जीत हजम नहीं हो रही है।"

"समझ सकता हूं, दास साहब, परंतु यह भी सच है कि जेल में रहकर मुझे जो कुछ मिला, उससे आगे की यात्रा की दिशा ही एकदम बदल गई। मुझे वासुदेव ने जो काम सौंपा है, अब मुझे वही करना है।"

"पर ब्रिटिश भारत में रहकर वह संभव नहीं होगा। डॉ. डैली के माध्यम से बीचक्राफ्ट ने कहलवाया है कि उसे ब्रिटिश भारत की सीमा से बाहर चले जाना चाहिए। सरकार उससे खार खाए बैठी है। प्रशासक के कीड़े न अध्यात्म समझते हैं और न धर्म-विचार के प्रयोग।"

"मुझे ध्यान रहेगा, परंतु यह भी स्पष्ट है कि मेरे लिए वासुदेव का ओदश ही मान्य होगा। 'वंदे मातरम्' बंद हो चुका है। अब 'धर्म' बंगला में और "कर्मयोगिन्" अंग्रेजी निकालने जा रहा हूं।"

"सावधान रहें।"

वह अकेले रह गए। सब साथी चले गए। उसने अपने शुभचिंतकों से आग्रह किया था कि उनके मुक्त होने को जीत के रूप में नहीं लिया जाए और न ही कोई उत्सव मनाया जाए। सहज लिया जाए। समय की नब्ज को टटोल कर चलना बहुत जरूरी है। हमेशा अति उत्साह होश खो देता है। विवेक संयम चाहता था और संशय असंतोष।

मृणालिनी के साथ वह कलकत्ते में नए घर में आए, जिसकी व्यवस्था गिरीश चंद्र बोस ने की थी। कुछ दिन वहां रहकर अरविंद अपनी छोटी बहन सरोजिनी और पत्नी मृणालिनी को लेकर देवघर अपने मामा के पास आ गया। मृणालिनी और सरोजिनी में प्रायः अनबन रहती थी। वह हर क्षण जब मृणालिनी को नीचा दिखाया जा सकता हो, खाली नहीं जाने देती थी। एक दिन देवघर में उन दोनों के बीच वाक् युद्ध हो गया। सरोजिनी ने कहा, "बहू ठान, आप भैया के पीछे परछाई सी क्यों पड़ी रहती हैं?"

"वह मेरे पति हैं।"

"थे, हैं नहीं।"

"तू क्या उन्हें मुझसे ज्यादा जानती है?"

"हां, ज्यादा जानती हूं। वह मेरा भाई है।"

"मैंने कब इनकार किया कि वह तेरा भाई नहीं है।"

"तू चाहे तो भी नहीं कर सकती।"

"मैं ऐसा नहीं चाहूंगी।"

"पहले तेरे साथ कलकत्ते के ग्रेस्ट्रीट में रहते थे।"

"तो?"

"तो क्या! एक वर्ष उसे अलीपुर जेल में रहना पड़ा।"

"उसका कारण मैं नहीं हूं।"

"यह मैं अच्छी तरह जानती हूं कि तू ही उनके जेल जाने का कारण थी।"

"झूठे आरोप मत लगाओ।"

"सच को क्या सच नहीं कहूं।"

"आख़िर आप मेरे पीछे क्यों पड़ी हुई हैं?" मृणालिनी ने विनम्र स्वर में कहा।

"तू उनका पीछा छोड़ दे।"

"एक बार अपने भैया से यह कहलवा दे-बस।"

"क्या तुम्हें दिखलाई नहीं देता है?" सरोजिनी ने तेवर बदल कर कहा।

"नहीं, यही मान ले।"

"क्या वे तुम्हारी जिंदगी से दूर नहीं भागते रहते हैं?"

"नहीं।"

"तो तुम्हें अकेले में अपने को दर्पण में निहारना चाहिए।"

"पर क्यों?"

"ताकि बहू ठान, तुम्हें नजर आने लगे।"

"ठाकुर जी, मुझ पर रहम करो। हर समय मुझे परेशान मत करो। एक साल बाद वे आए हैं।"

"उसमें तूने क्या किया? अपील निकाली तो मैंने। वकील-सकील के चक्कर काटे तो मैंने। दुनिया के आगे हाथ फैलाया तो मैंने। तेरे बाप ने तो एक फूटी कौड़ी देना भी मुनासिब नहीं समझा। यह फर्क होता है अपने और पराए में।"

मृणालिनी अब वहां नहीं ठहरी। चुपचाप अपने कमरे में पड़े पलंग की पाटी पर आ बैठी और धीरे-धीरे अंतर्मन की व्यथा को निःशब्द बह जाने दिया। वह यह नहीं कह सकी कि उसके पिता ने क्या-क्या नहीं किया? वह कहां-कहां नहीं गई? जब सुधीरा उसे रामकृष्ण परमहंस की धर्मपत्नी शारदा मणि देवी के पास लेकर आई थी, तब वह अपनी व्यथा पर से निःशंक परदा हटा सकी थी। सुधीरा शारदा मणि देवी को शायद सब कुछ बता चुकी थी। वह अपने पिता के साथ शिलांग से कलकत्ते आती रहती थी। यह सुन-सुनकर विचलित होती रहती थी कि ब्रिटिश भारत सरकार उन्हें अब नहीं छोड़ेगी। शारदामणि देवी ने अत्यंत सौम्य, सरल चित्त, गंगा सी पावन और सौंदर्य की उपासिका को ऊपर से नीचे देखा तो आश्चर्यचकित होकर देखती रह गई। उनके कुछ पल अपने में ही आंखें खोलते और मुंदते बीत गए। उनका ध्यान कहीं और चला गया। वह वहीं से, गहरे कुएं के अंदर से मानो बोल उठी हों, ऐसा लगा। वह कह रही थी, "तू उषा है-राजा बली की पुत्री।...श्रीकृष्ण के बड़े पुत्र अनिरुद्ध की पत्नी! एकदम द्वापर युग का पुनर्जन्म! तू जन्म-जन्म से उनकी पत्नी है। इस बार वह अरविंद है और तू मृणालिनी। परंतु यह संबंध उनसे तेरा आज का नहीं है, द्वापर युग से चला आ रहा है और सदा चलता रहेगा, जब तक हिमालय है, गंगा बह रही है, चांद दमक रहा है और सागर उछालें भर रहा है। हे पावन पुत्री, तुझे अपने

पास पाकर मैं धन्य हो गई। तू अपने मन में से सारी चिंता निकाल फेंक जिसका पिता स्वयं वासुदेव हो, उसका यह संसार कुछ नहीं बिगाड़ सकता है। उसमें इतनी शक्ति ही कहां है, जो सृजक की संसृष्टि पर भारी पड़ जाए। पुत्री, तेरा इस संसार में आना वासुदेव की हत्या का परिणाम है और अरविंद के रूप में तेरा पति होना भी वासुदेव का ही आशीर्वाद है। वो देख, परमहंस भी तुझे आशीर्वाद दे रहे हैं और मुझसे कहलवा रहे हैं कि मैं कहूं कि उनका जन्म वासुदेव की इच्छा का परिणाम है और उनके ही निहितार्थ है। तू अपने मन से यह भयाशंका बिल्कुल निकाल दे कि तेरे पति को कोई चुटकी भर भी हानि पहुंचा सकता है। वासुदेव की लीला अपरंपार है, असोची और अनदेखी है। इसी कारण तो वह लीलाधर है। वह अर्जुन के रथ का सारथि बन कर उसे कुरुक्षेत्र में खड़ा करवा सकता है–विशाल सेना और अनगिनत महायोद्धाओं के सामने और वह इस प्रण के साथ कि वह स्वयं इस महासमर में अस्त्र-शस्त्र नहीं उठाएगा, मात्र सारथि बना रहेगा। अर्जुन अपने ही रिश्तेदारों, सगे, संबंधियों, समुद्र की लहरों-सी सेना के सामने कैसे डटा रहे, जबकि अर्जुन चाहता रहा कि रथ लौटा लिया जाए, यही श्रेयस्कर है।

तभी आवाज गूंज उठी, "वत्स, श्रेयस्कर क्या है, क्या नहीं, उसे मैं अच्छी तरह जानता हूं। तू तो मात्र निमित्त है, अर्जुन। तुझे यहां क्या करना है? वह देख-मैं कहां-कहां हूं। जन्म पा रहे, खिलखिला रहे और फिर मृत्यु का ग्रास बन रहे प्रतिदिन अनंत जन, बाल, युवा और वृद्ध सब मुझमें समा रहे हैं। तू क्या कर रहा है, कुछ भी नहीं। तू कर्ता है कहां? फिर चिंता, डर, मोह, ममता किसलिए? ले उठा गांडीव, मैं शंख ध्वनि करता हूं।"

यह कैसा अंतर्नाद! यह कैसी मूकध्वनि! यह कैसा अंतर्प्रकाश! यह कैसी अमरत्व वर्षा! वह उसमें समा गई और किसी को कानों कान खबर भी नहीं हुई।

लौटते हुए मृणालिनी ने सुधीरा से पूछा, "तूने कुछ सुना क्या?"

"क्या सुनती? कहा ही क्या था?"

"तूने कुछ देखा सुधीरा।"

"यही कि शारदामणि देवी मां ने तुझे आशीर्वाद दिया था।"

"और कुछ क्या?"

और कुछ क्या देखती? तूने भी आंखें बंद कर ली थीं। तू भी कहीं जा खोई थी और वहां देखने को क्या था?

"एकदम सच, सुधीरा।" मृणालिनी अपने को समझा रही थी कि जब वासुदेव अर्जुन को समझा रहे थे, दिखा रहे थे, तब वहां अनेकानेक महायुद्धाओं में से किसने सुना और किसने देखा। किसी ने नहीं, न सिर्फ अर्जुन ने देखा और अर्जुन ने सुना।

वह अपने पिता भूपालचंद्र बसु से बोली, "आज उनसे जेल में मिलकर घर लौट चलेंगे।"

"तुम्हें तो मीनुदी कुछ दिन यहीं रुकना था।"

"था, पिताजी, पर अब नहीं...सोचा था कुछ सप्ताह कलकत्ते रहूंगी, उन्हें देख आया करूंगी। मन को तसल्ली हो जाया करेगी। शिलांग में असमंजस की स्थिति का सामना करना पड़ता रहता था। मन में बुरे-बुरे ख्याल आते रहते थे। चित्त कहीं नहीं लगता था।"

"पर अब?"

"मां शारदा मणि देवी से मिली तो मन शांत हो गया। विश्वास को उर्वरा शक्ति मिली। रहस्य पर से परदा हट गया, पिताजी। जब तक परदा नहीं उठता तब तक रहस्य कुलाचे भरता रहता है-न स्वयं चैन पाता है और न पाने देता है। मानव चरित्र को ऐसे विलक्षण अनुभव कम ही हो पाते हैं क्योंकि उसका समस्त सोच और चिंतन तथा देखना-दिखाना आकार के प्रकार तक निहित रहता है। यह आकार ही तो वह परदा है, जो परदे के पीछे और परदे के आगे झांकने नहीं देता।"

"यह तू क्या बहकी-बहकी बातें कर रही है।" भूपालचंद्र बसु ने उसकी ओर ध्यान से देखते हुए कहा।

"इस जीवन की अंतरंग लिखावट को जब कोई साधक-संन्यासी पढ़ कर सुना देता है, तब समझ नासमझ नहीं रहती, न धैर्य अधीर होता है, न चेतना रात और दिन के साथ डूबती और तैरती है, न संयम चंचल रह पाता है और न प्रश्नों को उत्तरों की चाह बेवश करती है। प्रश्न ही उत्तर हैं, यह जानने की यात्रा इस संसार से बाहर की है, पिताजी। आप चौंकों मत, अपनी बेटी पर विश्वास करो। वह पगला नहीं रही है। कभी वह पगलाई हुई थी। रात तारों को गिनकर गुजार देती थी, लेकिन अब ऐसा नहीं होगा, उसे तारों को गिनना नहीं पड़ेगा। उस राह पर अथक और अनवरत चलने से क्या लाभ जिस राह को स्वयं का ही अता-पता न हो कि वह कहां जा रही है और क्यों जा रही है?"

"यह तू नहीं बोल रही है, मीनुदी, तुझमें कोई और बोल रहा है। यही कारण है कि मैं तुझे शारदामणि देवी के पास जाने से रोक रहा था। वह स्वयं तो संन्यासिनी हैं-संसार से परे को जीती हैं, असुने को सुनती हैं और अदेखे को देखती हैं। कौन जाने उसमें क्या सत्य है, क्या असत्य? उनकी छाया, मीनुदी, तुझ पर पड़ी, तभी तू बहकी-बहकी बातें कर उठी है। तू यहां के लिए घर से चली थी, तब मुझे क्या समझा रही थी कि पिताजी कुछ दिनों के लिए तुझे मैं गिरीश बोस के घर छोड़ दूं। वहां तेरा मन आश्वस्त रह पाएगा। चिंताएं घोंसला नहीं बना पाएंगी।"

"हां पिताजी, यह सच का एक पहलू है। जब रोग का इलाज हो जाए, तब कौन रोगी बना रहना चाहेगा! आप किसी चिंता-फिकर में नहीं डूबे। कशल तैराकी नौका नहीं होने की शिकायत में समय नष्ट नहीं करता।... बिल्कुल ठीक हूं, पिताजी।"

"काश, ऐसा ही होता।"

"पिताजी, आप तो भाग्यवादी हैं। भाग्यवादी कभी निराश नहीं होता।"

"मैं निराश कहां हूं, मीनुदी।"

"फिर थकी हारी ये बातें क्यों?"

"तू यह बात नहीं समझ सकेगी, बेटी।"

"क्यों नहीं समझूंगी, यदि आप समझाएंगे?"

"कुछ बातें अनुभव सिखाता है। उसके लिए हमें उपयुक्त समय की प्रतीक्षा करनी होती है।"

"उसके लिए मैं तैयार हूं।"

"यही बहादुरी की निशानी है, बेटी। परंतु..." कहते-कहते भूपालचंद्र बसु रुक गए। उन्होंने आज कारागार में अरविंद और मृणालिनी के बीच की बात सुनी थी।

मृणालिनी ने कहा था, "स्वामी, निर्दोष को अव्वल तो सजा होती नहीं है और मानों हो गई तो आने वाला समय उसका इंसाफ करता है।"

"मैं सजा से नहीं डरता, मणि...मुझे तो रास्ता दिखाने वाले को परखना है।"

"नहीं स्वामी, मनुष्य को कोई बाहर से आकर रास्ता नहीं दिखला सकता। हर रास्ता उस महान् व्यक्ति की खोज है, जिसने पहले पहल स्वयं चलकर रास्ता बनाया।"

"मृणा, यह तूने कहां से पढ़ा?"

"अपने दिल से और मां शारदामणि देवी से।"

"परमहंस की पत्नी, न।"

"हां, वही।"

"तू वहां जाती है क्या?"

"सुधीरा मुझे वहां ले गई थी।"

इतने में ही मिलने का वक़्त खत्म हो गया। इधर मृणालिनी ने पिताजी को खोया हुआ देखकर कहा, "आप अन्यथा न सोचा कीजिए। भाग्य पर भरोसा रखिए। सच में मैं बिल्कुल ठीक हूं, पिताजी।"

"वही तो मैं देख रहा हूँ, मीनुदी। जिसे मैंने गोदी में खिलाया, जो मेरी उंगली पकड़कर चलना सीखी, जिसके मुंह में निबाले को मीड़कर मैंने दिया और चबाना सिखाया, आज वही मुझे रास्ता दिखाने चली है। ना-ना...बेटी,

ना।" भूपालचंद्र बसु अत्यंत भावुक होकर कहे जा रहे थे, "हे देव, हम पहले से ही संकट के मारे हैं। ये संकट हमारी बिटिया की झोली में मत डाल। हम पर रहम कर। मेरी फूल सी गुड़िया ने तभी कहा था कि वह अभी शादी नहीं करना चाहती। अभी पढ़ना चाहती है। शादी दो परिपक्व समझ के हमराही बनने की साक्षी है। वह तो मेरी ही बुद्धि पर पत्थर पड़ गए थे कि मैं इस रिश्ते के सम्मोहन में फँसता चला गया। मैं आकाश देखने लगा, मैंने धरती को अनदेखा और उपेक्षित कर दिया।"

"नहीं पापा, नहीं। कृपया आप विलाप मत कीजिए। अपने को मत कोसिए। आपने जो किया, वही सर्वश्रेष्ठ है। उससे अच्छा संभव ही नहीं था।"

"तभी तो तू विवाहिता होकर पति के साथ नहीं रह पा रही है। तेरी ठाकुर मां ने ठीक ही कहा था कि मैंने अपनी बेटी के भाग्य में राख डाल दी है। उसके नवजात शिशु से करतल और चरणतल इतने आरक्त थे कि उन्हें अलक्तक लगाने की कभी जरूरत ही नहीं पड़ी। तुझे अपनी ठाकुर मां से हर समय यही शिकायत करते पाया था कि तुझे सखियां यह कह कर क्यों चिढ़ाती हैं कि उसके हाथों में रूई भरी है?...ठाकुर मां, क्या यह सच है? मां तुझे अपनी छाती से लगा लेती थीं और कहती थीं, "तू है ही इतनी सुंदर, इतनी कोमल, इतनी मुलायम कि स्वयं सुंदरता, कोमलता और मुलायमियत तेरी चेरी बन अपने भाग्य पर इठलाएं।...तू जिस घर में जाएगी वहां रोशनी महक उठेगी और उसकी किरणें गुनगुनाने लगेंगी।"

"क्या ठाकुर मां, मैं कोई बड़ा दीपक हूं?"

"तुझसे बड़ा कोई दीपक नहीं है इस धरती पर।"

"वो कैसे ठाकुर मां?"

"वो ऐसे मेरी फूल सी गुड़िया, कि दीपक परजीवी है।"

"ये परजीवी क्या कोई बड़ा कीड़ा होता है, ठाकुर मां?"

ठाकुर मां का हृदय छलक आता और वह उसे अपनी गोद में समेट कर बड़े लाड़-प्यार से कहती, "परजीवी वह होता है जो दूसरों पर जीवित रहता है।"

"वो कैसे ठाकुर मां?"

"वो ऐसे मेरी सुंदर-सी परी, कि दीपक माटी या धातु का होता है, फिर उसमें तेल या घी भरा जाता है, रूई की बत्ती लगाई जाती है और अंत में माचिस की तीली से उसे जलाया जाता है। वह दीपक तब प्रकाश देता है।"

"और हमें इस सबकी जरूरत नहीं है न, ठाकुर मां?" वह ठाकुर मां की गोदी से उछल कर खड़ी हो जाती और हाथ नचाकर कहती, "ठाकुर मां, हम जिस घर में जाएंगे, वहां उजाला कर देंगे न।"

कुछ सोचकर वह फिर कहती, "परंतु ठाकुर मां, अभी तो ऐसा नहीं है।"

"अभी तू बड़ी कहां हुई है?"

"हम बड़े कब होंगे, ठाकुर मां?"

"जल्दी होगी। लड़कियां लड़कों से जल्दी बड़ी होती हैं, मेरी बतरसवंती गुड़िया। तू भी जल्दी बड़ी होगी।"

"सच, ठाकुर मां।"

"हां सच, एकदम सच। सौ टके सच, मेरी छुईमुई।"

भूपाल चंद्र बसु के सामने से अतीत का एक दृश्य इस प्रकार से निकल गया मानों वह नाटक देख रहे हों और नाटक का एक दृश्य पूरा होने पर दूसरे दृश्य के लिए परदा खींच दिया गया हो।

मृणालिनी भी उस दृश्य में ऐसी खो गई कि वह पल भर के लिए गुड़िया ही बनी रह गई। बचपन कितना प्यारा होता है कि उसके सामने सारी दुनिया के रंग फीके लगने लगते हैं। इसी समय उसके सामने विनय मोहन बैनर्जी आ विराजे। श्यामल रंग के वयोवृद्ध अध्यापक। सदा अध्यापक ही रहे, जब कि उनकी काबिलियत के कारण उन्हें बिना प्रार्थना पत्र दिए प्रोफेसर के 'ऑफर' कॉलेज और विश्वविद्यालय से मिले थे। वह स्कूल से रिटायर हो रहे थे। उन्हें कौन रिटायर करता! वे स्वयं रिटायर हो रहे थे। सारे दबावों के बावजूद उन्होंने किसी एक की नहीं सुनी। वह इतिहास और भाषा पढ़ाते थे। मजाल है उनकी कलास में चूं हो जाए। पिन्ड्रॉप साइलेंस। मानों शरद नदी में कोई नौका बहे जा रही हो। वे अपने रिटायरमेंट के अवसर पर सबको संबोधित कर रहे थे। भारी सभा जुड़ी थी। दूर-दूर से टीचर आए थे, प्रोफेसर आए थे। ऐसा इससे पूर्व कभी नहीं हुआ था।

वे कह रहे थे, "मित्रो और मेरे भारत की नई चिरागो, मैं एक मास्टर रहा हूं। रिटायरमेंट के बाद भी मैं मास्टर ही रहूंगा। मास्टर बनाम किसान। मास्टर नई पौध में स्वप्न बोता है। उसे स्वप्न दिखाता है पर स्वयं स्वप्न नहीं देख सकता। जैसे उजाला देने वाला हर दीपक स्वयं अंधेरे में रहकर दूसरों को प्रकाश देता है। जैसे नदी स्वयं पानी नहीं पीती, दूसरों को पीने देती है। जैसे वृक्ष स्वयं फल न खाकर दूसरों को खाता देखकर आत्मसंतोष से भर जाता है। जैसे मां अपने शिशु को स्तनपान कराकर उस अमृत्व के आनंद से छलक पड़ती है। एक मास्टर ठीक वैसा ही होता है, नींव का पत्थर। याद रखना जिस दिन मास्टर अपने लिए जीने लगेगा, उस दिन से वह मास्टर जैसे गरिमामय पद से स्वतः बाहर हो जाएगा। वह मात्र एक वेतन भोगी मास्टर रह जाएगा। उस दिन से इतिहास में कालरात्रि का आरंभ होगा और भूगोल अपनी धुरी से हटने लगेगा। कोई सिगनिफिकन्स (तात्पर्य) नहीं रहेगा। सब अपनी जड़ों से हिलने लगेंगे। यह अदृश्य कार्य शुरू हो चुका है। मेरी उनसे

प्रार्थना है जो मास्टर बने हैं, बनने जा रहे हैं, अपने स्वधर्म गुण की ऊर्जा को बनाए रखने के लिए नींव की गहरी ईंट बनने का जितना प्रयत्न कर सकें, करें। याद रहे, तुमसे देश बनता है, समाज बनता है, संस्कृति गौरवान्वित होती है, सभ्यताएँ गलबाहें डालकर मिलती हैं। मैं इस अवसर पर यह प्रार्थना कर सकता हूं कि मेरा भारत सबका भारत बने और सारी दुनिया को गंगाजल बनकर प्रेरणा देता रहे। जय 'वंदे मातरम्'।"

मृणालिनी को क्या पता था कि उसका विवाह 'वंदे मातरम्' से ही होने जा रहा है। वह भाव विह्वल होकर कहने लगी, "पापा, आप कभी नकार भाव में नहीं बहना, वहां सिर्फ रेत है, जहां तक दृष्टि जाएगी वहां तक रेत, रेत के भूकंप और तूफान हैं, आंधियां हैं। पापा, हमारे मास्टर विनय मोहन बैनर्जी ने एक बात हमें याद करवाई थी कि कोई अपने को किसी से बड़ा छोटा नहीं समझे, सबके जीवन लक्ष्य एकमात्र अर्ध्य चढ़ाना है, समर्पण है। आज मुझे उसकी बातें बहुत याद आ रही है।"

"वह तो देवता थे।"

"पापा वे कहा करते थे, जो देता है, वह देवता है और जो सर्वस्व दे डालता है, वह ईश्वर के समतुल्य है। ये डिग्रियां मानवकृत विश्वविद्यालय नहीं बांट सकते, यह तो स्रष्टा के विश्वविद्यालय की डिग्रियां हैं बिना कागज, छापे नाम आदि की डिग्रियां, जिसे कोई देता नहीं है बल्कि जिसके अनुरूप मनुष्य को बनकर पाना पड़ता है। क्यों न पापा, वे कितना सत्य कहते थे, जिसे किसी तराजू और भौतुक तुला पर नहीं तोला जा सकता है न।"

"हां, मीनुदी है तो पर...।"

"पर क्या?"

"हम ऋषि-मुनि नहीं हैं।"

"तो क्या ऋषि-मुनि कोई हम से अलग होते हैं। वे तो कहते रहे कि सब मनुष्यों में से होते हैं, यहां तक कि इस धरती का ईश्वर भी। धरती को जितने भागों में बांटों उतने ही ऋषि-मुनि, नबी, अल्लाह, गॉड, ईश्वर। ये सब इंसानों में से ही हुए हैं, उनसे ही हैं। कहीं ऊपर से नहीं आए। ये सब समर्पण के स्तर की संज्ञाएं हैं, समाधियां हैं जो उन्हें अपने ही समाज से मिली हैं। ये सब हम सब में हैं। इनको जानने के लिए इन जैसे बनो, इनके रास्तों पर चलो। पिता जी, आज मुझे ये बातें, जिन पर मैंने पहले कभी ध्यान नहीं दिया था, अब ध्यान में समाती जा रही हैं।"

"वे मास्टर थे। उनसे कुछ छिपा नहीं था। मैं उनके पास भी गया था जब तूने विवाह से इंकार किया था। उन्होंने कहा था, "बसु वासुदेव हो सकता है, मृणालिनी उषा हो सकती है। फिर वर अति सुंदर, नेक और तेजस्वी है।"

"क्या उसका जीवन सुखी रहेगा?"

"बसु, सुख-दुःख की परिभाषा बड़ी जटिल है। यह व्यक्ति आश्रित है-कोई भरपेट स्वादिष्ट भोजन करने पर दुःखी, अपार धन होने पर भी दुःखी है और कोई फाका कर सुखी है, कोई झोंपड़ी में रहकर और रूखा-सूखा मिल जाने पर भी आनंद से भरपूर है-जैसे सुदामा। यह नापतोल संभव नहीं है।"

"फिर आपका क्या आदेश है, मास्टर जी?"

"मैं किसी को आदेश देने की शक्ति नहीं रखता, बसु। आदेश मानना है तो अपनी आत्मा का मानो। मन भी आदेश देता है, परंतु उसके आदेश मानने पर अधिक भरोसा नहीं किया जा सकता है।"

अचानक घोड़ा बिगड़ गया। टमटम सड़क से कच्चे में उतर गई, जहां कीचड़ था। जैसे-तैसे कोचवान टमटम को सड़क पर लाया। घोड़े को पुचकारा, खाने को दिया। अतीत के परिदृश्य अदल-बदल गए। मन ने थाम लिया। भूपालचंद्र बसु ने पूछा, "अब भी सोच ले, बिटिया।"

"सोच लिया, पापा। अब मैं निश्चिंत हुई। उनका कोई कुछ नहीं कर सकेगा।"

"ईश्वर ऐसा करे, मीनुदी।"

उसे अपनों से अपना काम करवाना है तो वह वैसा ही करेगा, जिससे उसका कार्य पूरा हो सके। मृणालिनी ने कुछ रुक कर आगे कहा, "चित्तरंजन दास जी ने अपनी सारी प्रैक्टिस दांव पर लगा दी है।"

"हां, यह तो है।"

"किसके कहने पर?"

"किसके, मीनुदी?"

"उसके कहने पर जो मेरे स्वामी को सबसे बचाकर कारागार में लाया है, अब वहीं उन्हें छुड़ाकर बाहर लाएगा।"

"ये तुझे अचानक क्या हुआ है?"

"वही जो पहले होना चाहिए था।"

"पहले क्या होना चाहिए था?"

"माँ शारदामणि देवी ने कहा था कि अपने में इतना विश्वास पैदा करो कि दिन चाहो तो रात का आभास देने लगे। दृढ़ता उत्तम लक्ष्य की पहचान है।" मृणालिनी ने धीरे-धीरे कहना जारी रखा, "पिता जी पता नहीं, मां से मुझे ऐसी कौन सी शक्ति मिली कि मैं अपने में आश्वस्त हो चली।"

"मैं क्या तेरी मां भी यही चाहती है कि कुछ दिन तो कलकत्ते रहेगी तो तेरा मन शांत बना रहेगा।"

"क्या मैं बोझ हो गई हूं, पिता जी।"

"मीनुदीऽ!...ऐसा कभी कल्पना में भी मत सोचना। तू क्या अपने

माता-पिता को इतना ही समझ पाई है। इतनी बड़ी-बड़ी बातें करती है और..."

"ना...ना...ना...पिता जी, मुझे माफ करना। दरअसल मुझे अब यहां रहने की जरूरत नहीं है...यहां उनकी बहन..."

"सरोजिनी क्या?"

"हां वही, पिता जी, मुझे फूटी आंख नहीं देखना चाहती है। उसने बंगला पत्रिका में विज्ञापन निकलवा कर चंदा क्या इकट्ठा कर लिया कि..."

"कि क्या, मीनुदी, उसके लिए मैंने अपने प्रभाव का इस्तेमाल किया था और मैंने..."

समय मुझे अपने तेज प्रवाह में बहा लिए जा रहा है और मैं तटस्थ बना देख भर रहा हूं। मणि, मेरा अब तक का जीवन एक कठपुतली की तरह रहा है। जब मैं क्रांतिकारी गतिविधयों से दूर निकल जाना चाहता हूं तब वे चंद क्रांतिकारी मेरे पीछे पड़े हुए हैं। मुझ पर भीरू होने का लांछन तक लगाने में वे नहीं चूक रहे हैं। दूसरी ओर सरकार ने मुझे घेरने की पूरी तैयारी कर ली है। अब तुम्हीं बताओ कि मैं क्या करूं? यहां रहा तो सरकार मुझे पुनः अंदर कर देगी, क्योंकि इतनी बड़ी सरकार को मैं अकेला ही उलटने वाला हूं। जेल में रहकर मेरे जीवन का लक्ष्य ही बदल गया है। यह बात न अपने साथी मानने को तैयार हैं और न सरकार। फिर...?

"इस सफाई की क्या जरूरत है। स्वामी, जो ठीक लगे, वही कीजिए।"

"मैं तुम्हारी और तुम्हारे घर वालों की दृष्टि में गुनहगार हूं। ऐसा न मानने का कोई कारण भी नहीं है।"

"आपसे यहां किसी ने कुछ कहा क्या?"

"यहां कौन कहता?"

"फिर ऐसा प्रश्न क्यों उठाया?"

"मेरे मन में यह प्रश्न उठा है, मणि।"

"आप अपने लक्ष्य की ओर बढ़ते जाइए, स्वामी। यही मेरे लिए उपयुक्त है।"

"मेरा अपना कोई लक्ष्य नहीं है, मणि। लक्ष्य भी उसका है और चला भी वही रहा है। मैं तो उसके हाथ की कठपुतली हूं।"

"वह मैं क्या जानूं, स्वामी, कि कौन किसकी कठपुतली है।"

"आख़िर मैं अपने को तुम्हारे प्रति उत्तरदायी मानता हूं।"

"मत मानिए। हम जैसी स्थिति होगी, उसमें जी ही लेंगे...दरअसल स्वामी, आप तो कुछ जानते तो हैं कि कौन आपको नचा रहा है, परंतु हम तो सिवाय आपके किसी और को नहीं जानते। हमारे तो परमेश्वर भी आप ही हैं।"

"यही भ्रम हमें मारे डाल रहा है।"

"तो बोलिए, हम क्या मानकर चलें। अंधे की लाठी किसे बनाएं? कौन है हमारा? शादी हो जाने के बाद लड़की का घर ससुराल हो जाता है। आपका अपना कोई घर नहीं है। इधर-उधर रिश्तेदारों में घूमना कब तक और किस आधार पर? हम कुछ नहीं समझ पाते हैं, स्वामी। हमें आपकी आज्ञा मिल सके तो हमें संतोष हो।...अपना देश परंपराओं को सर्वाधिक महत्त्व देता है। उनका पालन होता देखना चाहता है, क्योंकि परंपराओं की जड़ें हमारी संस्कृति में हैं। इस कारण हम कुछ-कुछ...।" आगे मृणालिनी नहीं कह सकी। उसने वही कहा जो वह अनुभव कर रही थी और जिन परिस्थितियों का सामना करने में समर्थ नहीं हो पा रही थी। सोच रही थी कि अरविंद कारागार से एक बार बाहर आ जाएं, फिर वह कहीं और जाकर नई सिरे से जिंदगी शुरू करेंगे। सुधीरा सरकार की भी यही नेक सलाह थी, लेकिन अरविंद के मन में क्या है, यह वह क्या जाने?

"मणि, तुम्हारा कहना अत्यंत व्यावहारिक है और रीति-नीति का पोषक है। फिर भी, मैं अपने आपको विवश पाता हूं। मेरा अपना कोई ठौर-ठिकाना नहीं है। तुम्हें अपने साथ कैसे रख सकता हूं। यदि थोड़ा और इंतजार कर सको तो मैं अपने नए लक्ष्य की ओर इत्मीनान से कदम बढ़ा सकता हूं।" अरविंद अपने आप में उलझ रहा था और आगे कह रहा था, "मणि, जैसे ही मैं व्यवस्थित हुआ वैसे ही तुम्हें अपने पास बुला लूंगा। अब भारत की सीमा में मेरा रहना खतरे से खाली नहीं है। क्या होगा यदि सरकार ने फिर से जेल की सलाखों के पीछे डाल दिया तो...?"

"नहीं...नहीं...स्वामी, आप जाएं, जहां जाना चाहते हैं। जहां आपको सुरक्षा नजर आए। जरूर जाएं, मैं रह लूंगी। आपके बुलावे की प्रतीक्षा पूरी जिंदगी भी कर लूंगी। आप मेरी चिंता छोड़ें।"

"पूरी जिंदगी क्यों?"

"मुझे आप पर भरोसा है। मैं आपके भरोसे को टूटता नहीं देख सकूँगी। आपको कुछ हो जाए तो मेरा रहने न रहने का क्या अर्थ, स्वामी? ...आपको हमारी कसम है, आप जाएं और जल्दी जाएं। हम दुबारे आपको जेल की सलाखों के पीछे देखना तो दूर अब सोच भी नहीं सकते।" यह कहते हुए मृणालिनी का गला भर आया और उसकी आंखें नम हो उठीं।

अरविंद भी चुप होकर रह गया। ये तनाव भरे लम्हे बहुत भारी पड़ने लगे। मृणालिनी ने कहा, "आज तुम्हारी मनपसंद सब्जी फूलगोभी, रायता, दम आलू, आलू मटर की सब्जी बनाई है। गरमागरम आलू के परांठे बनाती हूं। आओ, चल कर वहां सामने बैठिए।"

"इतनी चीजें एक साथ।"

"रसोई का आस्वाद भी रसोई वाले से है। अकेले का खाना तो भूतही हो जाता है।"

मृणालिनी उनका हाथ पकड़ कर अंदर ले गई। मन कुछ हलका हुआ। खिड़की से चांदनी छनकर अंदर आ रही थी। हवा में ठंडक थी। मृणालिनी ने रसोई से बाहर आकर परांठा देने के बाद सरोजिनी को पुकारा, "ठाकुर जी, इधर आ जाओ। रसोई तैयार है।"

सरोजिनी सहज आ गई और आते ही बोली, "बहूठान (भाभी), आज भैया के पास बैठकर उनका साथ दो, गरमागरम परांठे मैं बनाती हूं।"

"नहीं ठाकुर जी (ननद), आज अपने भैया का साथ उनकी प्यारी बहनिया ही देगी।" आख़िर सरोजिनी को भी वहीं बैठना पड़ा। खाना बहुत स्वादिष्ट था। अरविंद बहुत धीरे-धीरे पूरा आस्वाद लेकर भोजन करते थे। अतः उनकी प्रिय मिठाई संदेश और राजभोग भी आया। अभी पानतुआ और है। मृणालिनी की छोटी बहन पानतुआ लेकर आई थी।

मृणालिनी की आंखें भर आईं। उसका प्यार छलक छलक पड़ रहा था। कई साल बाद ऐसी रसोई महकी थी।

खाना हो गया। रात की आंखें चमक उठी। आज मृणालिनी ने नथ, कड़ा, बाला चूड़, पांव चौड़ा, मटरमाला आदि सब पहने थे। फीरोजी रंग की कामदार साड़ी पहनी थी। अरविंद मृणालिनी के अनुपम रूप को देखकर मंत्र मुग्ध रह गया। हाथ बढ़ाकर उसे अपनी ओर खींच लिया। वह छुईमुई सी सिमटने लगी। तभी हाथ बढ़ा अरविंद ने लाईट ऑफ कर दी।

36

'कर्मयोगिन्' कार्यालय। 10 फरवरी, 1910 की डूबती संध्या। स्वतंत्रता पर जबर्दस्त पहरा। घटाघोप अंधकार। अरविंद कह रहे थे, "हमारा अतीत महान् था, है और सदा रहेगा, जिससे हमें निरंतर नवजीवन शक्ति की अनुभूति होती रहेगी। यदि हमारे पास मौलिक और ऊर्जावान् अतीत नहीं होता तो हमारी भी वही स्थिति होती जो ईसा पूर्व सातवीं सदी में एसारहड्डान, असीरिया राजा और कोसराज... सस्सीनिद, फारस का अंतिम शासक, जिसने सातवीं ईसवीं तक राज्य किया था, की हुई थी...। हम भी उनकी तरह यूनान और सीजरों के रोम के साथ उन कब्रों में पड़े-पड़े लंबा समय गुजार चुके होते, जहां अनेक मृत राष्ट्र पड़े हुए हैं। अब हमें तो इतना करना है कि हमने जिस बौद्धिक स्वतंत्रता और सोच को खो दिया है, उसे कैसे वापस लाएं? कैसे भारतीय युवक को विचार करना सिखाया जाए? जब मौलिक विचारकों का अभाव होने लगता

है तब देश राजनीतिक आजादी का लाभ लेते हुए भी परतंत्रता की यातना से ग्रस्त होता है। यदि किसी राष्ट्र के पास ऐसी स्वतः संपूर्ण अंतर्निहित ऊर्जा और आध्यात्मिक शक्ति-सौंदर्य का अकाल पड़ता जाएगा तो उसे अंतः बहिरऊर्जा का आध्यात्मिक और प्राणवान् संबोध शनैः शनैः मिलना बंद होने लगेगा और वह राष्ट्र स्वतः पराङ्मुख होने लगेगा। अभी तक भारत के साथ ऐसा नहीं है। उसे सुप्त पड़ी, दिग्भ्रमित युवा पीढ़ी को विचार के क्षेत्र में मौलिक और अंतर्दृष्टि युक्त बनाने का प्रयत्न होना चाहिए।"

अरविंद की वाणी से निर्झर झर रहा था और आने वाले 'कर्मयोगिन' की सामग्री तैयार हो रही थी। वह आगे कह रहे थे, "सुधार अपने आप में कोई अच्छी चीज नहीं है। न हठपूर्वक रुढ़िवादियों की तरह पुरानी राह पर बिना हिले-डुले खड़ा रहना सुरक्षित और अच्छा है। सुधार तो यदाकदा रसातल में ले जाने वाला पहला कदम सिद्ध होता है। मध्यमार्ग भी सदा सुनहला नहीं होता। सत्य की कसौटी न पुरातनता है और न आधुनिकता। जैसे सभी ऋषि अतीत नहीं होते और न हर वह वस्तु जो अतीत में राष्ट्रीय थी, वर्तमान और भविष्य में भी राष्ट्रीय होगी, यह संभव नहीं है। मैं कहता हूं कि ओछी हरकतें छोड़ो, कमजोरी की बातों से पिंड छुड़ाओ, रोओ मत, गिड़गिड़ाओ मत, अपने पर विश्वास बनाए रखना सीखो, अनुभव करो कि बाढ़ का तेज पानी ऊपर से गुजर चुका है, तुम अपनी जगह खड़े रहो और तुम्हारी दृष्टि अतीत के सम्मोहन पाश से निकल कर पुनर्जन्म की ओर बढ़ रही है तो राष्ट्र मर नहीं सकता, कोई शक्ति उसे मार नहीं सकती, क्योंकि सुदृढ़ विचार, सुदृढ़ और स्वस्थ चरित्र उन्नत तथा शक्तिशाली, स्वाभिमानी और उन्नत राष्ट्र की एकमात्र पहचान है। थोड़े से प्रयत्नों से आजादी ला सकते हो, परंतु बिना सुदृढ़ चरित्र के उसका लाना न लाने के बराबर होगा।" अरविंद पल भर के लिए ठहरा। उसका मुखमंडल तेजस्वी सूर्य की तरह दमक रहा था। वह साक्षात् निर्भीकता की अमर ज्योति सा दमक रहा था।

अरविंद ने उत्तरीय ठीक किया। गहरी सांस ली और कहने लगा, "अर्द्ध सत्य, पाखंड, मिथ्याचार, व्यभिचार आदि विनाश की ओर ले जाते हैं। व्यक्ति और राष्ट्र स्वतः उस ओर चलने लगता है और अंततोगत्वा मरता है, अपना स्वरूप नष्ट करता है, लेकिन तब भी उसकी आत्मा नहीं मरती। उसे कोई मार नहीं सकता, क्योंकि वह तब भी ज्योतिर्मय रहती है और प्रेम, शक्ति और प्रज्ञा को स्व पद्म में बंद किए होती है। उसे सुनहरी सुबह की प्रथम किरण की प्रतीक्षा है। उसके स्पर्श मात्र से वह बंद पद्म खिल उठेगा और उसका सुवासित स्पंदन अक्षय आनंद का स्वर-श्वास और सद्कर्म का अनंत उल्लास उसे नव जीवन और नव दृष्टि से समग्रतः नव नव पुनर्जीवित कर उठेगा। भारत से सारे संसार को यह अक्षय संदेश जाएगा जो अभी भारत

की आत्मा में सोया पड़ा है और जागरण की प्रतीक्षा में है। आओ, आगे बढ़ो और अपनी आत्मा से संवाद करो और अद्यतन आधुनिक तथा शाश्वत सद्धर्म को पहचानकर रुको नहीं, निरंतर जहां हो, जैसे हो, वहीं से गति को लयबद्ध करो और हर सांस-सांस में अमरता भरो। समूची संस्कृति, हे भारत, तुम्हारे उठने की प्रतीक्षा में है, उठो।" यह अंतः आह्वान दिग् दिगंत में अनुगूंज उठा। चतुर्दिक विमल प्रकाशाभा शंखनाद कर उठी। दिक्काल की प्रथम टंकार सबको चपला सी युतिमान होती दृष्टिगत हुई।

यह एक ऐसा सच था, जो अरविंद के सामने किसी मिथ्या अथवा आडंबरी शक्ति को टिकने नहीं देता था। साथ ही सामने वाले के अंतर्ज्ञान को छूकर उद्वेलित कर जाता था। दासता यहीं से, इसी से पराङ्मुख हो दिक्काल में अपने मिथ्या अस्तित्व को अंतर्लीन कर देगी ओर वह एक सर्वथा नवीन उदय को क्षितिज पर प्रभावान् होते देख नमन कर उठेगी। तब ऐसा लग रहा था अरविंद की ओर देखकर सोचते और मनन करते हुए कि जन्म-जन्मांतर उनको सुनते रहें, उनके सहचर बनें और कालातीत तिमराच्छन्न से मुक्ति पाएं।

गूंगा सन्नाटा अचानक बहरा हो गया और अंधकार-प्रकाश के पार चला गया। उसी समय रामचंद्र मजूमदार जो 'धर्म' और 'कर्मयोगिन्' के सहयोगी थे, हांफते हुए अंदर दाखिल हुए। उनका चेहरा ही बता रहा था कि संकट भारी है। अरविंद ने कहा, "मजूमदार भाई, पहले श्वास संयत करो ताकि तुम जो कुछ अति आवश्यक सूचना लेकर आए हो, उसे संयम और धैर्य से सुना सको। सुनाना सुनने जैसा ही श्रेष्ठ कर्म है। यह संसार है, साथ रहने का व्यवहार है, यहां हाट भी है, मेला भी है और श्मशान भी है। तुम्हें तटस्थ होकर उससे गुजरते जाना है, यही एक कर्मयोगी का मानस धर्म है, जिसके लिए हम सब यहां एकत्र होते हैं, संवाद उठाते हैं, गिराते हैं, नाटक के परदे की तरह। फिर चाहे वह नाटक मंचित हो रहा हो या संचित। उसकी कतई परवाह नहीं रहती, क्योंकि नाटक के पात्र नाटक नहीं होते, नाटक का पहचाना या अनपहचाना अथवा दोनों का मात्र एक हिस्सा होते हैं। नाटक तो संपूर्ण है। उस संपूर्ण का एहसास कराने-करवाने का प्रयास मात्र पात्र करते हैं, क्योंकि उनमें कोई सूत्रधार नहीं है। मैं समझता हूं, हमारी आज की बैठक का समापन और 'कर्मयोगिन' का अग्रलेख दोनों का काम इतने मात्र से चल जाना चाहिए।"

गोविंद सरकार जो उनके कथन को त्वरित गति से शोर्ट हैंड से लिपिबद्ध करता जा रहा था, अरविंद की ओर एकटक होकर देखे जा रहा था कि क्या विचार ही अरविंद का पर्याय है।

अरविंद ने, स्मित भरकर कहा, "सरकार बंधु, तुम अपने को संदेश मुक्त करो। आश्चर्य संशय के आगमन का सूचक बनता है यदि आश्चर्य में सद्‌विवेक अपने स्थान छोड़ दे अथवा थोड़ा-सा भी आगे-पीछे हो जाए।"

अब गोविंद सरकार के आरक्त अधरों पर स्मित विलुलित हो रही थी और अरविंद कह रहा था, "मजूमदार, अब कहो, क्या बात है?"

"आपके नाम का वारंट निकल चुका है।"

"और बाहर गुप्तचर भी नहीं हैं।"

"हां हां... यह भी है।"

रामचंद्र मजूमदार ने साश्चर्य उनकी ओर देखते हुए कहा।

"आज शुक्लपक्षीय एकदशी की रात है और चंद्रमा निद्राविहीन होकर अकेले यात्रा कर रहा है।"

जहां वे सब बैठे थे, वहां चंद्रमा नहीं था। अरविंद पुनः मुस्कराया और बोला, "हर बात के लिए प्रमाण की ओर मत भागो, अपने पर विश्वास लाओ।"

"अब?"

"अब हमें चलना है तो चलें।"

"फिर?"

"बाहर कुछ नहीं है। मार्ग प्रशस्त है। हमें जाना है। रामबाबू गंगातट तक हमें पहुंचा देगा।"

"पर मैं आपके साथ चलूंगा।" गोविंद सरकार ने तपाक से कहा।

"बिना जाने और बिना अपने घर में सूचना दिए।"

"घर उस दिन नहीं रहा जब से आपके साथ हो लिया। एक व्यक्ति का एक ही घर होता है।"

"मेरे पास तो कोई घर नहीं है।"

"असली घर ही वही है। ये संसार क्या है?... क्या यह हमारा शाश्वत घर नहीं है, जिसे स्वयं विराट् सत्य पुरुष स्वयं अपने हाथों से बनाता है और अपनी इच्छा से उसे अंतर्ध्यान कर देता है।"

"तो चलो, भाई, तुम भी साथ चलो। पर ध्यान रहे अपने पास पैसा टका नहीं है।" "होता तो चलना भी नहीं होता। मेरे पास भी कोई जेब नहीं है।"

"तब और भी ठीक है। आज रीते का ही व्यापार करेंगे।"

"जो भरने पर भी नहीं भरता, उसे रीते होने की आशंका डराती रहती है। पर हमारे पास डर के लिए कोई खुराक नहीं है।" गोविंद सरकार नवयुवक था। सुदृढ़ कदकाठी का गौरांग व्यक्तित्व का धनी था। बी.ए. पास था। ब्रह्मचारी था। वह शांतिप्रिय तथा निःशंक और निडर था। उसकी दोनों आंखों में अमर ज्योति का उल्लास था। एकमात्र उसने कारागार में आकर कहा था, "दादा, इस नाटक पर से परदा भी स्वतः गिरेगा। यह कालावधि आपको नव संसृष्टि का अवसर प्रदान के लिए अपरिहार्य है। आप एकांत

चाहते थे, निर्जन की संकल्पना करते थे और शांति के लिए आह्वान करते थे। वह सब यहां है। पर मुझे आज्ञा कीजिए, क्या करूँ?"

"वेदों का गहन अध्ययन, पुराण-ब्राह्मणों का निचोड़ तैयार करो, फिर जानो कि तुम क्या थे और क्या बन गए?"

"आज्ञा शिरोधार्य, गुरुदेव।"

उस दिन के बाद गोविंद सरकर कभी जेल में मिलने नहीं आया। मुक्त होने पर भी उसका अता-पता नहीं था और एक दिन अचानक चला आया। बोला, "गुरुदेव, आ गया हूँ।"

"तुम! इतने दिन कहाँ रहे?"

"वेद, पुराण, ब्राह्मण, उपनिषद् आदि के जंगलों में भटकता रहा।"

"क्या पाया?"

"कुछ खास पा जाता तो यहां आपको तलाश करता नहीं आता।"

"क्या मतलब?"

"इन ग्रंथों में संकेत भर है, गुरुदेव।"

"तुमने मुझे बिना दीक्षा लिए गुरुदेव क्यों बना दिया?"

"मैंने नहीं, गुरुदेव, उस सच ने जो निरंतर आपके साथ बना हुआ है और भयावह से भयावह संकट से निकाल कर यह जतलाना चाहता है कि एक वही है जो सत्य भी है, शिव भी है और सुंदर भी है।"

"यह तुम कैसे कह सकते हो?"

"यह मैं नहीं कह रहा हूं, गुरुदेव, यह वही मुझसे कहलवा रहा है, जिसने आपको कठोर और निर्जन काल कोठरी से इस स्वच्छंद और मुक्त वातावरण में लाकर आगे प्रस्थान करने का संदेश दिया है।" गोविंद सरकार जितना आज्ञाकारी, शांत चित्त और परोपकारी धर्मनिष्ठ भक्त है, उतना हृदय से निश्छल और सुंदर भी।

"चला जाए।" अरविंद ने सोचकर कहा और उठ खड़े हुए। उनके साथ ही रामचंद्र मजूमदार भी उठ खड़ा हुआ। अरविंद ने पुनः कहा, "मेरे पीछे गुप्तचर हैं, पुलिस है और सूंघ कर पता ठिकाना जानने वाले प्रशिक्षित कुत्ते हैं।"

"तो चलना है।"

"मेरा क्या है, सरकार पीछे पड़ चुकी है, उनके हाथ लग गया तो इस बार वह मुझे बंगाल से बाहर की जेल में डालकर भूल जाएगी। मैं तुलना नहीं कर रहा हूं। सिर्फ समझाने के लिए एक प्रसिद्ध नाम का जिक्र कर रहा हूं। इसी सरकार ने मुगल बादशाह बहादुरशाह जफर को रंगून रवाना कर

दिया। सर जांस लारेंस के आदेश से उन पर राजद्रोह का मुकदमा चलाया गया–21 जनवरी से 9 मार्च, 1858 तक मुकदमे की सुनवाई चली। उनके वफदार भी उनके खिलाफ गवाही देने में नहीं चूके। आख़िर उन्हें देश छोड़ने की सजा सुनाई गई। लगभग एक साल वे और उनकी बेगम जीनत महल एक काल कोठरीनुमा दुर्गन्ध से भरे माहौल में रहे। अक्टूबर, 1858 को उन्हें और बेगम सहित अन्य जनों को सरकारी इंतजाम और देखरेख में बैलगाड़ियों से कलकत्ते के लिए रवाना कर दिया और कलकत्ते से रंगून के लिए। रंगून में ही इन्होंने अंतिम सांस ली। यह किस्सा सुनने में जितना दिल को छूता है, हकीकत में बड़ा खौफनाक और दर्दीला है-खून के आंसू रुलाता है।" इतना कहकर अरविंद तनिक रुके। दोनों की ओर देखा। मजूमदार की आंखों में भय की काली छाया थी और सरकार बेखौफ था। वह खखार कर गला साफ करने के बाद बोले–उस अमर बादशाह शायर ने अपने चंद अरमानों का यों जिक्र किया है –

छोड़ कर यार हमें सब हुए चलते-फिरते,
अपनी महरूमी पै हम हैं हाथ मलते-फिरते।
आशंना जितने हैं अपनी गरज के हैं याराना,
खूब देखा हमने अपना आशना कोई नहीं।
दोस्त अपने हुए 'जफर' दुश्मन,
इस मुसीबत को कौन पहचाने।
हुए दफन जो कि है बेकफन, उन्हें रोता अबे-बहार है,
कि फ़रिश्ते पढ़ते हैं फातेहा, न निशान है, न मज़ार है।

हिंदुस्तान की बादशाहत का मालिक, चुपचाप बेगानी जमीं पर दफना दिया। उसे अपने मुल्क का साढ़े तीन गज टुकड़ा नसीब नहीं हुआ, सरकार।"

"आप बादशाहत से बहुत दूर हैं।"

"सरकार तो हमें बादशाह से अधिक खतरनाक मानकर चल रही है और राजद्रोह का मुकदमा हम पर चलाना चाहती है।"

"फिर भी मुझे साथ चलना है, गुरुदेव।"

अरविंद गोविंद सरकार के बारे में अधिक नहीं जानता था पर अब तक जितना जाना उससे उन्हें यकीन हो गया कि उसमें कहीं-न-कहीं गौरांग और कबीर आंख खोले बैठा है।

अब वे भागीरथ के तट पर थे। रामचंद्र मजूमदार खेवट से बातचीत कर रहा था। वह राजी हो गया। नौका में अरविंद के साथ गोविंद सरकार भी

बैठा। मजूमदार ने खेवट को तय की राशि देकर अरविंद के पांव छुए और तब तक तट पर खड़ा रहकर, नौका को देखता रहा जब तक वह उसकी आंखों से ओझल नहीं हो गई।

37

चंद्रनगर फ्रांस के अधिकार में था। फिर भी वहां ब्रिटिश भारत के गुप्तचर अरविंद का पीछा कर रहे थे और जैसे-तैसे दबोचकर ब्रिटिश भारत में ले जाने की तैयारी कर रहे थे। क्रांतिकारी वहां भी थे, परंतु अब वे नहीं के बराबर सक्रिय थे। उन्होंने नए धंधे शुरू कर लिए थे। इस कारण अरविंद का वहां रहना खतरे से खाली नहीं था।

अरविंद को कोई चिंता नहीं थीं। वह ध्यान योग में लीन था। वहां निरंतर उसे तीन देवियां दर्शन दे रही थीं। ये तीनों देवियां वैदिककालीन थी-इला, सरस्वती और मही।

अरविंद को कलकत्ता छोड़ने से पूर्व अंतः आदेश हुआ था, "चंद्रनगर जाओ।" चंद्रनगर पहुंचने पर फिर आदेश हुआ कि पांडिचेरी जाओ। वह पानी के जहाज से पांडिचेरी के लिए चल पड़ा। अब उसके साथ गांविंद सरकार के अतिरिक्त विजय नाग और मणि चक्रवर्तीय भी थे।

1 अप्रैल, 1910। पौ फूटी। कलकत्ता बंदरगाह से, ब्रिटिश भारत का राजद्रोही डूप्ले जहाज से सीमा पार जा रहा था। 4 अप्रैल, 1910 की संध्या को, चार बजे जहाज पांडिचेरी पहुंचा। मणि चक्रवर्ती और श्रीनिवासाचारी एक ग्रामीण के साथ नौका लेकर उसके पास पहुंचे। वहां से उन्हें पांडिचेरी के धनाढ्य नागरिक शंकर चेट्टी के तिमंजले मकान लाया गया। रात होने वाली थी। सन्नाटा छाने लगा था। मणि चक्रवर्ती प्रत्येक गतिविधि का बहुत गहराई से अध्ययन करता जा रहा था, क्योंकि उसे जो कुछ व्यवस्था दिखलाई और बताई थी, यह व्यवस्था उससे भिन्न थी। अरविंद को उसी मकान में ठहराया गया था, जहां स्वामी विवेकानंद आकर ठहरे थे।

अरविंद, विजय और मणि को वह समझा चुके थे कि वह अब अपनी साधना में लीन होना चाहते हैं, फलतः वे किसी से नहीं मिलेंगे। वह सोच रहे थे कि आते ही पांडिचेरी चिर-परिचित सा क्यों लगने लगा? क्यों वह उनमें धीरे-धीरे आंखें खोलने लगा?

वह तेईस दिन के उपवास पर चले गए। बीच वाले कमरे में आ गए। वहीं ध्यान चला, वहीं योग। वह आठवें दिन अनुभव करने लगे कि बुद्धि की सीमा से बाहर भी कोई लोक है जो उनमें एक नवीन जिज्ञासा को जन्म दे

रहा है। इससे पहले वह कारागार में दस दिन का उपवास कर चुके थे, परंतु इस बार पंद्रहवें दिन बाद भी उन्हें किसी प्रकार की कमजोरी का अनुभव नहीं हुआ। वह अपने को पूर्णतया स्वस्थ अनुभव कर रहे थे। उनका चित्त एकाग्र हो गया था।

एक रात, रात के एक बजे के बाद ध्यानावस्थित स्थिति में बैठे हुए अरविंद को लगा कि उन्हें कोई पुकार रहा है, "अरविंद, उठ और सीधे मेरे पास आ।"

अरविंद ने चतुर्दिक देखा, वहां कोई नहीं था। पुनः वही आवाज उभरी कि जहां कोई नहीं होता है, वहां मैं होता हूं।

"तुम कौन हो?"

"जो तू है?"

"मैं क्या हूं?"

यह मैं क्या जानूं। अपने आपको तो जानता नहीं है, फिर मुझे क्या जानेगा?

"क्यों, नहीं जानूंगा? अवश्य जानूंगा। उसी के लिए यहां आया हूं। तेरे पास रहूंगा। तुझसे खाली समय में बतियाता रहूंगा। यों धीरे-धीरे तू खुलने लगेगा और मुझे अपने से जानने की बाधा से मुक्त कर सकेगा। सच में, मुझे अपने को जानना भी नहीं है।"

"क्यों नहीं जानना?"

"तुझे जानकर फिर कौन पागल होगा जो अपने को जानेगा। फिर अपना रहेगा ही क्या? खैर यह बातें बाद की हैं। अब आज्ञा क्या है?"

"यह मुझसे क्यों पूछ रहा है?"

"क्यों न पूछूं। तूने कहा चंद्रनगर जा। वहां जा पहुंचा। तूने कहां पांडिचेरी पहुंच। वहां भी आ गया। जब कारा में था तब कहा था कि तू मुझे वहां लाया है, तू ही वहां से निकालेगा और वही हुआ।...अब तक मैं तेरी आज्ञा मानकर ही तो चलता आ रहा हूं और फिर यहां बुलाकर कहता है कि मैं तुझसे नहीं पूछूं? यह तेरी चालें मुझ पर असर नहीं डालेंगी, याद रखना।"

"तू तो बिगड़ उठा। मैं इसलिए तुझे यहां लाया कि आल-बाल, आधि-व्याधि, ऊपरी हवा, मूठ आदि से तू ऊपर उठकर कुछ ठोस काम कर सके, क्योंकि आत्मा की प्यास बुझाने के लिए कोई अस्थायी प्याऊ भी नहीं लगा रहा है। सब शरीर के शंख में हवा फूंख कर मन में खुश हो रहे हैं। आत्मा कोई त्योहार नहीं है और न कोई उत्सव है। वह आत्मा ही है जिससे तू मुझे अंदर ही अंदर सुन रहा है, समझने का यत्न कर रहा है।"

"पता नहीं।"

"तू मुझ पर इतना अवलंबित भी मत हो कि मेरे बिना दो कदम भी नहीं चल सके। मां तो चलाना सिखलाती है, कपड़े पहनना और खाने के

स्वाद लेना सिखलाती है। जब वह बड़ा हो जाता है तब उसे ही यह सब काम स्वयं करने पड़ते हैं। अच्छा बता क्या तू अब निर्वस्त्र होकर मेरे सामने चल फिर सकता है, क्या अब मैं तुझे कपड़े पहनाकर साज-संवार कर बाहर भेज सकती हूं?"

"तो फिर?"

"अपना कार्य स्वयं कर। अपने से आज्ञा लेने लायक तू बड़ा हो चुका है।"

"इनकार करूं तो?"

"तो ये ले, मैं चला। तू मेरे लौटने की बाट जोहता रह।"

"क्या तू नहीं लौटेगा?"

"नहीं।"

"लेकिन मैं तो..."

"तू तो लौटाकर ही रहेगा मुझे, यही न। तू इस भ्रम में मत रहना। अपने साकार को निराकार के पार ले आ, फिर वहां तू मेरे स्थान पर स्वयं को खड़ा पाएगा और तुझे फिर यह पहचानने की अक्ल नहीं रहेगी कि इसमें तू कौन-सा है और मैं कौन-सा?"

अचानक स्वर अदृश्य। स्वर के साथ तो वह सब भी अदृश्य हो गया था, परंतु अब तो स्वर भी अदृश्य। यह क्या हो रहा है?

हैं! एक दिन वह फिर चौंका। चौंकने का कारण उसे हवा दिखलाई पड़ रही थी, नदी में तैरती हुई अकेली। चांद खिला हुआ था। धरती सतरंगी चादर ओढ़े नैनों से मुस्कराए जा रही थी।

"क्या मैं हवा को समीर बनते देख रहा हूं? अब मुझे वह छूकर जा रही है। मैं चाहूं तो उसकी क्लाई थामकर अपने पास बैठा सकता हूं। पर मैं ऐसा चाह नहीं सकता। हां, पंख होने वाले पक्षी की आजादी में मैं बाधा खड़ी नहीं कर सकता।"

"यह बात मैं किस पर जाहिर करूं।"

"कर के भी देख, तुझे लोग पागल समझेंगे। इसलिए ऐसा पागलपन नहीं दिखाना कि अपने घर को आग लगाकर, उंगली में पहनी नई अंगूठी को बार-बार दिखलाना चाहे। तब यह सोचने से बड़ा दुःख होगा कि घर भी जलकर राख हो गया, परंतु अंगूठी की तरफ किसी का ध्यान नहीं गया।"

कोई कह रहा था-आज पंद्रहवां दिन है अन्न को छुए। जल पर हैं। स्वस्थ हैं। मांस छटा है, बादरी हटी है, परंतु चित्त पर लावण्य महका है, सूरत पर निखार आया है।

हैं। विचार।...हां-हां...विचार। आकार रहित विचार। मात्र विचार ही। साथ में कोई सह विचार नहीं। वह सामने आ खड़ा हुआ। कह रहा है कि अब वह आंखें मूंदे रहे या खोले रहे, परंतु वह आकार रहित होकर साकार बना रहेगा।

"कैसे?"

"जैसे कपड़े पहने हुए आदमी भी अंदर से नंगा ही होता है। दुनिया की कोई शक्ति मनुष्य के नंगेपन को नहीं ढंक सकती।"

अरविंद निरुत्तर, अवाक् और आश्चर्यचकित हुए पहली बार विचार को पारदर्शी देख रहे थे आर-पार। स्फटिक शिला का स्मरण हो आया था। वह संत जिसको सिर और लंबी दाढ़ी के बाल एकदम सफेद, चमकदार और रेशम से मुलायम थे, उनका एक-एक बाल स्पष्ट स्पष्टतर हो रहा था। उसने बताया था कि वह स्फटिकाचल यानी कैलाश पर्वत से सीधे आ रहे हैं। उनकी आंखें बहुत बड़ी और चमकदार थीं। वह कह रहे थे, "तू जानता है, तुझे कहां जाना है?"

"नहीं, मुझे कुछ नहीं पता।"

"तू जानेगा।"

"यदि आप ठीक समझें तो।"

"तू जेल जाएगा।"

"जेल क्यों?"

"तो तू हिमालय जाना चाहेगा।"

"नहीं, मुझे संत-फकीर नहीं होना।"

"तुझे क्या होना है क्या नहीं, ये तेरे हाथ में नहीं है।"

"मैं कुछ नहीं जानता।"

"तू ही क्या कोई कुछ नहीं जानता। मैं भी नहीं और जितना जानता हूं तो उतना ही, जितना वह बताता है।"

"कैलाश पर्वत पर भयानक ठंड है। वहां कोई नहीं रहता।"

"मैं वहीं रहा। पूरे बारह साल रहा। मेरे बाल वहीं सफेद हुए। मैंने वहीं अपना एक सौवां वर्ष कैलाशपति को समर्पित किया था।"

"यह कितने वर्ष पुरानी बात है?"

"आज से कोई सातेक वर्ष पुरानी।"

"वहां क्या पहनते थे?"

"यही भभूत जो अब भी तन पर लगा हुआ है। यह भभूत गरमी में ठंडा और सर्दी में गरम रहता है। इतनी गरम की शीत के भी पसीना आ जाए। तू चौंक मत। यही सच है। पर तू नहीं मानेगा, क्योंकि तू उस सच के साथ कभी नहीं रहा है।"

"यह सच है।"

"तू भी ऐसे सच से गुजरेगा, जिसे कोई मानने के लिए तैयार नहीं होगा। सिवा बहुत हुआ तो श्रद्धा उड़ेलने के और शीश झुकाकर चरण स्पर्श करने के।... सच पारसमणि है, परंतु जन उससे बचकर चलता है। आश्चर्य यह है कि वह उसके पाने के लिए बात चलने पर लालायित भी हो उठता है।"

कुछ समय खामोशी छिपकली सी वातावरण के जा चिपकी। अरविंद ने पूछा, "वहां आपके भोजन की व्यवस्था क्या थी?"

"क्या होनी चाहिए?"

"मैं नहीं जानता।"

"तू निराहार करके देखना।"

"क्या मतलब?"

"उपवास।...ऐसा उपवास कि फलाहार भी नहीं। जब तू एक आसन में स्थिर रहेगा तब तू जान जाएगा कि भूख क्या होती है?"

"क्या नहीं होती?"

"यह उत्तर करके जानने से जाना जाएगा।"

"मैं दस दिन तक व्रत रख चुका हूं।"

"व्रत की सीमा नहीं होती। व्रत निराकार होता है, निश्शंक होता है और निर्विचार होता है। फिर तू पवन को मेरी तरह देखेगा, सुगंध को मुस्कराते देखेगा, अस्पर्श को छूते देखेगा, हिमपात के पार देखेगा और जल को पारदर्शी होता पाएगा। धीरे-धीरे एक स्थिति वह भी आ सकेगी जब तू नहीं होगा, मात्र वह होगा जिसे न भूख लगती है, न प्यास, न गरमी लगती है न, सर्दी और न जिसमें कामना जगती है और न सक्रियता न निष्क्रियता। वहां न दिशा होती है और अंतर्दिशा। वहां क्या होता है, यह सच वहां का हर व्यक्ति के साथ अलग अलग है। अच्छा चलता हूं।"

"कुछ लाऊँ क्या?"

"ला सको तो जरा-सी आंखों में मुस्कराहट लाओ और मुझे विदा करो। इस बाबा को दुनिया की आंखों में मुस्कराहट चाहिए। वह जानता यह सहज नहीं है। शायद यह असंभव भी हो, परंतु तुम्हारे लिए नहीं, वत्स।"

इसके बाद वह रुका नहीं। मैं आकार को निराकार होने तक देखता रहा। अपलक और अन्तरमौन लिए भावभावों से परे होकर जैसे मैं बस में बैठा यात्रा कर रहा होऊं और एक के बाद एक दृश्य-परिदृश्य आंख के सामने से गुजर रहे हों और अचानक एक चकित करने वाला परिदृश्य पास से गुजरने लगे। तब वह परिदृश्य तो गुजर जाता है, परंतु उसके अज्ञात-ज्ञात रंग आकार निराकार होकर ह्रदय पर अंकित रह जाते हैं।

अरविंद की ध्यान मुद्रा ने अल्प विराम लिया। उसे चंहु ओर निर्ध्वनि अनुगूंजती अनुभूत हुई जैसे प्रसिद्ध शहनाई वादक के महफिल में आ जाने से उसकी शहनाई की अनुगूंज शहनाई बजाने से पूर्व ही महक सी उठती है।

यों तेईसवां दिन आ गया-न भूख और न प्यास। न निःस्वनता और न अनुगूंज। फिर भी कुछ था अवश्य। अनुभूति से परे, अव्यक्त, अदृश्य। उस पार से लौटते मुसाफिर सा अचरज आत्मलीन और समाधिस्थ सा था। मौन से

परे का मौन, दृश्य से परे का दृश्य, अज्ञात से परे का अज्ञात और विचार से परे का विचार। वहां न शब्द जा सकता है, न शरीर। वह शब्द और शरीर से परे का है। वह तरंगविहीन, रंगविहीन, ध्वनिविहीन, शून्याशून्य और अनचरज।

यह कैसा अनुभव था कि जो आठ पहर बना रहता था, वह साधना अनुरत रहा, अपने से भी परे जा सका। जहां का वातावरण सीमा शून्य है और जहां शेष भी निःशेष है, जहां निराकार भी निरा शून्य है। जहां शून्य भी शून्य नहीं, अशून्य से परे है।

अरविंद ने स्थूल शरीर को घटते पाया। उसकी देह की चर्बी घटी। मोटापा कम हुआ, परंतु चेत तेज युक्त सनातनी रंग में रंगा हुआ अनुरंजित था।

विजय आया, मणि भी। रसोई बनाई। अरविंद ने रसोई पूर्ण आस्वाद से जीमी। कोई परहेज नहीं किया।

विजय से नहीं रहा गया। आख़िर उसने पूछ ही लिया, "आपको भूख-प्यास नहीं लगी क्या?"

"नहीं। अनुभव ही नहीं हुई और आज मैंने डटकर प्रसाद पाया है, जिसके लिए हमारे विधान में निषेध है। मैंने कुछ नहीं माना। सब कुछ सेवन किया।"

"परंतु भूख तो एक स्वाभाविक प्रक्रिया का अंग है।"

"हे, मणि। मैं भी मानता हूं। कारागार में रखे उपवास ने जहां मुझे दस पौंड घटाया था और मुझे तीन रातों में एक दिन सुलाया था, वहां इस बार मैं नहीं जानता कि कभी सोया। न भूख का मुझमें हजारवां भाग जागा। अब निर्णय कर पा रहा हूं कि ऐसी स्थिति में मनुज को भौतिक तत्त्वों के स्थान पर प्राणिक स्रोत से अंतः शक्ति मिलती है। वह ऊर्जा का कभी न खत्म होने वाला स्रोत है तभी तो वह संत या उस जैसे बहुत से साधु-संत, निराहार रहकर, तप कर लेते हैं, क्योंकि जीने के लिए ऊर्जा का अक्षय स्रोत प्राणिक होता है। कहते हैं, उससे ऊपर का स्रोत ही अमरत्व का केंद्र है, जहां का रास्ता नाभि से शुरू होता है और षड्चक्र कमल दल में विलीन हो जाता है। अभी मैं उसके बारे में कुछ नहीं जानता। यहां आकर शास्त्र, मंत्र, जप आदि साथ छोड़ देते हैं और कहते हैं, उससे आगे का रास्ता स्वयं खोजना है और उस पर चलना भी स्वयं है, क्योंकि वहां साधन ही साध्य बनता है ...और पता नहीं क्या-क्या है! मैं जिज्ञासा की राह पर चलते-चलते थककर बैठना नहीं चाहता। स्थिर होकर गतियुक्त बने रहना चाहता हूं। आंखें मूंद कर देखना चाहता हूं और उड़कर उस महाचैतन्य के सम्मुख बना रहना चाहता हूं, जो है भी और जो नहीं है।"

एक लंबा प्रवचन। स्व-संवाद की तरह का। अढका, खुले आकाश सा, आकाश के पार जाता, पार के अपार भी, जहां आना-जाना परस्पर नहीं

बदलते अपना अक्षय स्रोत स्वयं बन जाते हैं। या कुछ और...कुछ नहीं कहा जा सकता।

अब अरविंद उठ खड़े हुए थे। टहलने का संकेत दे रहे थे। विजय और मणि चुपचाप चले गए। आहिस्ता से दरवाजा उढ़क गए। सारा पांडिचेरी आत्मलीन योगी सा नीरव हो गया, मात्र सागर की पारदर्शी उचाल तरंगों के।

38

कभी-कभी अरविंद सुबह या संध्या को टहलने निकल जाते। विजय मणि प्रायः साथ रहते और कभी अकेले जाना उनके मन को भाता। सुबह सूर्योदय से पूर्व और संध्या को सूर्यास्त के बाद। स्व-चयनित रास्ता। यों भी पांडिचेरी जितना फैला हुआ था, उसे पैदल ही आसानी से तय किया जा सकता था। कितना छोटा और कितना बड़ा कि उसकी अंतर्यात्रा का कोई ओर-छोर नहीं। आज वह अकेले ही तड़के दिनचर्या से निवृत्त होकर चल पड़े थे। मस्त पवन उन्हें छेड़ रहा था। सागर पार्श्व संगीत दे रहा था, पक्षी वृंद पंक्तिबद्ध होकर उड़ चले थे कहीं दूर।

अभी पांडिचेरी में छह माह हुए थे कि उन्हें धनाढ्य शंकर चेट्टी का तिमंजिला मकान छोड़ना पड़ा। चार वर्ष में उनको कई मकान बदलने पड़ गए, परंतु ब्रिटिश सरकार ने उनका पीछा नहीं छोड़ा। फ्रांस सरकार पर ब्रिटिश सरकार ने भारी दवाब डाला कि अरविंद खतरनाक क्रांतिकारी है। वह पांडिचेरी में भी क्रांतिकारी दल खड़ा कर रहा है। वह पांडिचेरी में रहकर ब्रिटिश सरकार की नींद हराम कर रहा है। अरविंद ने किसी की चिंता नहीं की और पांडिचेरी में बने अपने मित्रों से स्पष्ट कह दिया, "वे न फ्रांस सरकार से भयभीत हैं और न ब्रिटिश सरकार से।"

"आपको फ्रांस सरकार अल्जीरिया भेजने का प्रस्ताव कर चुकी है।"

"उसने अभी प्रस्ताव ही तो किया है, भेजा तो नहीं। वह भेजेगी भी नहीं।...हमें इस तरह की बातों में अपना समय नष्ट नहीं करना चाहिए।"

अब 'अरविंद ओल्ड गेस्ट हाउस' (आजकल इसे दोरत्वार एनेक्स से जाना जाता है) में रहने लगे थे। यहां उनके साथ दो अनुयायी और आ मिले थे-नगेन नाग और उनका बावर्ची वीरेन राय। वीरेन राय विजय नाग पर खुफिया दृष्टि रखता था। इधर उनके पास लाया धन खर्च होता गया। वह कोई रोकड़ बांधकर तो घर से निकले नहीं थे। प्रदेश में पैसा कहां से आए? किससे मदद पाएं? अंतिम पूंजी उनके पास मात्र डेढ़ रुपए थी। उससे आगे एक बड़ा प्रश्न था निरुत्तर सा।

"अब?" विजय नाग ने आर्थिक स्थिति की ओर संकेत किया।

"यही उचित समय है जब हम परिस्थितियों से घिर कर अलग हो सकते हैं।"

"क्या करें? कहां जाएं?"

"मुझे तो बांके बिहारी पर विश्वास है। आपका मुझे पता नहीं।"

"उसमें पता होने का प्रश्न कहां उठता है? हम तो आपके साथ ही आए थे।"

अभी यह बात चल ही रही थी कि वीरेन राय खड़ा होकर बोला, "नगेन नाग को एक ऐसे व्यक्ति की जरूरत थी जो उनके साथ पांडिचेरी जा सके। विजय नाग के पत्रों से प्रभावित होकर नगेन नाग के परिवार वालों ने आबोहवा बदलने और गुरु महाराज श्री अरविंद के संपर्क में आकर तपेदिक से ठीक हो जाने की दृष्टि से उन्हें पांडिचेरी भेजना चाहते थे। दिक् के मरीज का ऐसा सेवक कौन साथ जाए जो बावर्ची का काम भी कर सके और इसके लिए मैं तैयार हो गया।"

"ये बातें सब जानते हैं, तुम चुपचाप बैठ जाओ।"

"नहीं, कृपया गुरुदेव, आज मुझे बोलने का मौका दीजिए, इसके बाद कभी नहीं। मुझे पश्चात्ताप करना है।"

"कहो वीरेन राय, आज हम तुम्हें भी सुनेंगे।"

"धन्यवाद, गुरुदेव। मैं अपनी सेवा और रसोई बनाने की कला में दक्ष होने के कारण यहां रसोइया से रसोई का मालिक बन बैठा। हर छोटी बड़ी चीज मैं ही लाता, बनाता, परोसता। अब मुझे कलकत्ते लौटना था। मैं अपने बोस की मंशा पूरी नहीं कर पाया। मेरा स्थान लेने एक नया आदमी यहां आ रहा था, जिसे मैं यहां रखवा कर अपने देश लौटने वाला था, परंतु ऐसा नहीं हो सका।" इतना कहकर वह कुछ पल ठहरा। सन्नाटा तनिक कुलबुलाया। वह खकार कर कहने लगा, "मैंने आज सिर मुड़वाया था। मैंने लाख मना किया कि मणि साहब, आप सिर नहीं मुड़वाएं? वह नहीं माने।"

"तो?" मणि चक्रवर्ती ने पूछा।

"मेरे स्थल पर वह व्यक्ति पांडिचेरी कल या परसों आ रहा है वह मुझे कैसे पहचानेगा, इसके लिए यह पहचान तय हुई कि उसे पांडिचेरी में जो तत्काल मुंडन कराए व्यक्ति मिले, उससे यह पूछना है। अमरूद मीठे कहां मिलेंगे?...परंतु हाय रे दुर्भाग्य, अब यहां सिर मुड़े दो हो गए। वह कैसे पहचानेगा कि..."

"तो क्या हुआ?...तुम्हारा घर लौटना जरूरी हो तो तुम लौट सकते हो। पहले तुम यहां नहीं थे तो हम सब यह सारे काम आनंद से कर लेते थे।..."

"ठहरिए गुरुदेव। बात इतनी सी नहीं है कल आप मेरे स्वप्न में आए।

कहने लगे, "उठ वीरेन, तू अपने घर जा। काम वहां भी कम नहीं है। तू अच्छा बावर्ची है, तेरे लिए कहीं काम की कमी नहीं है। तेरे बूढ़े मां-बाप हैं, जवान पत्नी है। नहीं रे, तू अब लौट जा।

"आप मेरे कितने शुभचिंतक हैं। आपको मेरे बारे में सब मालूम है, जबकि मेरे मालिक, नाग साहब, मेरे नाम के अलावा जो कुछ जानते हैं, वह झूठ है। आपको यह सब किसने बतलाया?"

"तूने और किसने, वीरेन राय तेरी पत्नी मछली पकाने में बहुत दक्ष है।"

"आप यह भी जानते हैं।"

"क्यों नहीं, भाई। जब तू स्वयं ही बतलाएगा और कहेगा, गुरुदेव! कभी आप कलकत्ते आएं तो मैं अपनी पत्नी की तैयार की गई रसोई जरूर जिमाऊंगा। आप उंगली चाटते न रह जाएं तो मेरा नाम भी..."

"तू नाम की बात मत कर। रसोई तू भी बहुत अच्छी बनाता है। मेरा ध्यान मेरी मां जैसा रखता है। मैं तेरा उपकृत हूं, आभारी हूं, राय। यह ले पचास रुपए और अपने घर जा। ईश्वर तेरा मंगल करेंगे।"

"गुरुदेव, जब मेरे बारे में इतना सब जानते हैं तो आप से यह छिपा भी नहीं होगा कि मैं कौन हूं? मैं एक जासूस हूं। ब्रिटिश पुलिस का जासूस।"

"तो क्या हुआ, वीरेन। हम यहां किसी-न-किसी के जासूस हैं। मैं ईश्वर की जासूसी करने में लगा हुआ हूं। ये विजय और मणि मेरी जासूसी करने में लगे हुए हैं। यहां हर कोई किसी-न-किसी की जासूसी करने में लगा हुआ है। आश्चर्य यह है कि वह इस बात से संतुष्ट है कि उसे कोई नहीं जानता। उसे कौन जानेगा भाई और क्या जानेगा भाई? जब व्यक्ति स्वयं को नहीं जानता तो उसे कौन जानेगा? अब तूने अपने को जान लिया, यह बहुत बड़ी बात है। लोगों को अनेक जन्म पाने के बाद भी यह पता नहीं चलता कि वह कौन है और वह भेजे गए थे हरि भजन को लेकिन ओटन लगे कपास। जिसकी आंख जब खुल जाए, उसके लिए तभी सवेरा है।"

इतना सुनकर वीरेन राय उनके चरणों में गिरकर फूट-फूटकर रोने लगा। वह सिसकियां भर कहने लगा, "मैं कितना बड़ा पापी हूं कि अपने भगवान् के साथ छल करने में नहीं चूका।...मुझे आप अपनी शरण में ले लें, मैं आजन्म आपकी सेवा में रहना चाहता हूं।"

"नहीं, वीरेन। विधि का विधान अटल है। होगा वही जो विधि ने रच रखा। हम तो उसकी कठपुलियां हैं। डोरी उसके हाथ में है। अब मेरी मां यहां आ रही है। उसे कहलवा भेजा है कि वह आ जाए। मुझे जिस लिए वासुदेव नारायण ने यहां भेजा था, वीरेन तेरी तरह मेरा या कहो, उसका काम हो गया। अब तो मुझे उसके बगीचे का माली बनकर उसके काम को, दिन-रात, उठते-बैठते, सोते-जागते, खाते-पीते...हर समय करना करवाना है।

तू जा। संतोष का भरपूर प्रसाद लेकर जा और अपना पश्चात्ताप यहीं छोड़कर जा–एक नया सवेरा तेरा इंतजार कर रहा है। एक नया जीवन भी।" अरविंद ने उसके सिर पर ममता भरा हाथ रख दिया।

वीरेन राय चकित रह गया। उसका मन एकदम शांत हो गया। उसमें पाप जाता रहा। उसमें गंगा की तरंगे हिलोरे लेने लगीं। अरविंद कह रहे थे, "तेरी पोटली के नीचे पचास रुपए रखे हैं।"

"रुपए मेरे पास हैं।"

"होंगे पगले, बहुत होंगे। परंतु ये रुपये नहीं हैं, मेरा प्रसाद है। तू सुबह तड़के चले जाना। डुप्ले जहाज से तुझे जाना है जिससे मैं आया था। तेरा टिकिट भी वहीं रखा है।... अब तू यहां से जा। अपना काम कर यदि कोई रह गया हो।"

वीरेन राय उठकर चला गया। मणि चक्रवर्ती ने उत्सुक होकर पूछा, "गुरुदेव गुरुआनी आ रही हैं।"

"लिखा भी है, कहलवा भी दिया है। अभी यहां सौरीन, नलिनी गुप्त आदि यहां आए थे।"

"हां, आए थे।"

सौरीन ने यहां से जाते समय कहा था, "मैं मृणालिनी से भी मिलूंगा। क्या आप उसके लिए कोई संदेश देना चाहेंगे।"

"सौरीन, मृणालिनी वहां कष्ट में हैं यदि आप उसके यहां पहुंचने की व्यवस्था करवा सके तो मैं आपका आभारी होऊंगा।...हालांकि इस वक्त यहां कम कष्ट नहीं है। खतरे भी हैं। फिर भी, मैं चाहता हूं कि वह आ जाए। उससे उसके मन का बोझ कम होगा और मुझे भी राहत मिलेगी। तुम मेरा यह संदेश जरूर दे देना। मैंने उसे लक्ष्य प्राप्ति तक वहीं रहने के लिए समझाने का प्रयास किया था। अब सोचता हूं कि मेरा यह कदम उठाना ठीक नहीं था। क्या वह यह नहीं सोचती होगी या उसे कोई यह नहीं सोचवा सकता कि..." अरविंद ने इतना कहकर बैठने का रुख बदला।

नलिनी गुप्त बोल पड़ी, "आपका यह सोचना एकदम उचित है।"

"मुझे यहां आए सातवां वर्ष...नहीं...नहीं...सातवें वर्ष से शायद तीनेक माह अधिक। इतना समय कम नहीं होता है।"

"हमारे बंगाली समाज में शादीशुदा युवती को यदि लंबे समय तक मायके रहन पड़ जाए तो उसके अर्थ–अनर्थ की सीमा पर दस्तक देने लगते हैं।" नलिनी गुप्त का महीन स्वर था।

"हां, तुम ठीक कहती हो, गुप्त। आख़िर हमें अपने समाज को नजर अंदाज नहीं करना चाहिए। ऐसा करने पर गलत संदेश जाएगा ही, चाहे आप उसके लिए कितना भी जोर लगाएं, परंतु..."

"उनके तो पत्र आते रहते होंगे और आपके भी..." सौरीन ने चलते-चलते प्रश्न किया।

"हां, उसके पत्र आते रहते हैं पहले ज्यादे आते थे, फिर कम होते गए। कारण स्पष्ट था कि मैं उनके उत्तर बहुत कम, यों कहना अधिक समीचीन है कि नहीं के बराबर, उत्तर दे पाया। क्या करता? अपने में लीन रहता था। मेरा किसी पद्मचाप पर ध्यान केंद्रित होता था। मैं अपने आपको इसके लिए क्षमा नहीं कर सकता। काश, मुझे मालूम होता कि मेरा जीवन यों 'टर्न' लेने वाला है तो...। परंतु अब तो उस पर समय नष्ट करने से कोई लाभ नहीं। ...तुम लोग मेरा यह संदेश दे देना कि मैं उसके आने का स्वागत करूंगा।" अरविंद के मन में कसक पिघल उठी थी। इसके बाद वह उठ खड़े हुए और अंदर की ओर चल पड़े।

मणि चक्रवर्ती ने कहा, "सौरीन, अब उनके ध्यान का समय है।" नलिनी गुप्त ने कहा, "हम लोग जा रहे हैं। हमारा उन्हें प्रणाम कहना।"

वे चले गए। विजय नाग से नहीं रहा गया। वह बोला, "मणि, तुमने यह झूठ क्यों बोला?"

"यह उनके ध्यान का समय है, यह बात तुम भी अच्छी तरह जानते हो।"

"हां, जानता हूं पर इस सच के साथ कि आज उनसे ध्यान नहीं होगा। वह करेंगे भी नहीं। तुम्हें याद है उस फ्रेंच युवती के आगमन की बात जो...।"

"जो मार्च के अंतिम सप्ताह में सन् 1914 में आई थी।"

"हां, वही फ्रेंच भद्र महिला।" उसका पति पॉल दिशार बहुत पहले अरविंद से मिला था...शायद तभी हमें आए कुछ माह ही बीते थे।

"उसके साथ में गुह्य अर्थवाला एक प्रतीक चिह्न था।"

"यहूदियों का प्रतीक चिह्न, जिसे अरविंद ने बताया था कि वह गुह्य प्रतीक चिह्न यहूदियों के यहां सोलोमन का शील से जाना जाता है या मैगेन डेविड से।"

"हां-हां...दिशार ने अरविंद से पूछा भी था कि इस प्रतीक चिह्न में पद्म का क्या अर्थ है? और अरविंद ने बताया था-चेतना को ईश्वर की ओर विकसित करना।"

तब दिशार ने कहा था, "यह आपके लिए है।"

"आपकी ओर से।" "नहीं, उनकी ओर से जो शायद बाद में आपसे मिलने वाली है।"

अरविंद मुस्करा कर रह गए और फिर धीरे से कहा, "हम इस प्रतीक चिह्न को स्वीकार कर उन्हें लौटाने के लिए आपको दे रहे हैं। इससे वह भी गुह्य अर्थ जान सकेंगी।"

"29 मार्च, 1914 समय दोपहर बाद साढ़े तीन बजे यह महिमामंडित युवती अरविंद से मिलने आई थी और उसने अपने तेजस्वी रूप-रंग के सम्मोहन से सारे बहिर अंत: वातावरण को अद्‌भुत आत्मीयता की अनुभूति से भर दिया था।"

"वह कैसे जबकि वह भारतवर्ष के बारे में कुछ नहीं जानती थी? आपको उसने स्वप्न में एक बार नहीं अनेक बार देखा है। श्याम वर्ण दीप्ति लिए, उज्ज्वल क्रांति से दमकती आंखें अत्यंत तीक्ष्ण पार्श्वरूप (प्रोम्पाइल), अव्यवस्थिति दाढ़ी लंबे केश, धोती पहने हुए, उसी के एक छोर से कंधा ढका हुआ, लंबे हाथ, चौड़ा माथा, चेहरे पर हलके से चेचक के दाग थे। वह उनके चरणों में साष्टांग प्रणाम कर बैठी थी। यह अधिकार उसने कैसे पाया और किससे पाया। वह बैठते हुए कह रही थी कि वह जैसे ही सीढ़ी चढ़कर ऊपर पहुंची कि वह सामने अरविंद को देखकर बोली, "आपसे मिलने की हृदय में कब से चाह थी। दिशार ने ठीक कहा था कि आप से मिलकर मेरी जिज्ञासाएं विराम पाएंगी, नवीन दिशाएं खुलेंगी और आत्म साक्षात्कार का अनुभव करेंगी।" वह अंदर आकर उनके पास बैठ गई थीं। वह कान बंद किए सुन रही थीं, आंखें खोले कहीं ओर देख रही थीं या आंखों से सुन रही थीं, यह सुनिश्चित करना मुश्किल था।"

"महासमर होगा। तमस सिर चढ़ बोल उठा है। परछाइयों की जंग में यही सब होता है-अहम् टकराता है, विवेक बुद्धि को छूकर लौटने लगता है। फलित आसुरी का तांडव देखिए, जानिए कि वह कैसे समूचे विकास को पैरों तले कुचलने लगता है। प्राणियों के संहारकर्ता के लिए वैदिक ऋषियों ने 'भक्षक' क नाम दिया है।...भारत उससे बिलकुल अलग है, वह संसार को मुक्ति के क्षेत्र में तो ले जाने का यत्न करता है। वह आत्म-बल पर आधृत होता है।"

"यह महाविनाश...।" पॉल दिशार पूछ रहे थे। अरविंद ने कहा था, "निश्चित है। तमस बल का शिखर भी यही है, उल्लास भी यही है, पर्व भी यही है और उपलब्धि भी यही है।"

"और आधेक घंटे के बाद वह उठी। वह लौटते हुए कहीं नहीं देख रही थी, "क्या हमारा लौटकर आना बनेगा, अरविंद।"

"इसमें क्या को स्थान कहां बचता है?" और वह लौट गई। तीन माह भर में अनेक बार आई। अकेली भी आई और अरविंद को बाहर समुद्र तक भी ले गई। 'आर्य' पत्रिका की पहचान बनी। दिशार ने उसे प्रमोट किया। लेखन का भार अरविंद पर छोड़ा। वह अंग्रेजी और फ्रेंच में निकले, यह भी तय हुआ। पत्रिका निकली। चर्चित हुई। अरविंद फिर से सामने आए।

"और वह लौटने लगी-22 फरवरी, 1915 का था वह दिन। अरविंद ने कहा, "लौट रही हो, अच्छा है।" और वह सचमुच लौट गई। उसके पत्र आते रहे। अरविंद उसके पत्रों के उत्तर देते रहे, परंतु...।

"परंतु क्या?"

"उन्होंने अपनी पत्नी के पत्रों का उत्तर नहीं दिए। साधना की आड़ ले ली। क्यों?"

"अब वह गुरआनी को बुला रहे हैं?"

"पता नहीं, सौरीन को क्यों कहा?"

"नलिनी गुप्त ने भी सौरीन से कहा था, "खुद किसी को भेजकर क्यों नहीं बुलवा लेते? मृणालिनी के पिता पूरी सहायता करने में सक्षम हैं। फिर भी..."

"वे भी चले गए। पॉल दिशार के साथ आई। उनकी पत्नी मीरा अल्फासा भी चली गई। अरविंद ध्यान से लौटै–विजय नाग और मणि चक्रवर्ती बातें करते हुए देखकर लौटने लगे तो मणि चक्रवर्ती ने कहा, "आप, लौट क्यों रहे हैं। हमें आपकी ही प्रतीक्षा थी।"

विजय नाग ने कहा, "आज गोविंद सरकार आया था। पुन: रविवार को आएगा।"

"वह स्वयं को पारदर्शी देखने के लालायित है।...मैंने कहा था, "गोविंद, तुम्हारे नाम में स्वयं वासुदेव नारायण विराजमान हैं।"

"मैं ऐसा नहीं सोचता, परंतु कुछ दिनों से सागर की लहरों के पार फैले हुए अनंत एकांत में मुझे बाहों में भर कर छोड़ते हुए कहा, "अनुकरण तुम्हारा लक्ष्य नहीं लगता।"

"मुझे भी तुम से यही कहना है।"

"मुझे उसके लिए भी आपका आशीर्वाद चाहिए।"

"वह सदा रहेगा। सत्य स्वयं में अपना आशीर्वाद है। फिर भी..."

"वह तब चला गया था। आज लौटा। लौटना उसकी नियति नहीं है। इस रविवार को वह नहीं आएगा। उसने रविवार ही तो कहा है और रविवार का कोई अंत नहीं है।"

"एक बात मन में उठ रही है, अरविंद। मणि चक्रवर्ती ने विनम्रता से कहा।" "क्या बात है, कहो।"

"सौरीन और नलिनी गुप्त भाभी को नहीं भिजवा सकेंगे...क्यों न मैं चला जाऊं? मैं उन्हें ले आऊंगा।"

"उसके लिए सरकार से आज्ञा चाहिए।"

"आपको या मुझको या विजय को क्या सरकार से आज्ञा लेनी पड़ी थी?"

"वह बात और थी।"

"हम पहले मद्रास आएंगे।"

"तुम पकड़े गए।"

"शायद ऐसा नहीं होगा।"

"और हुआ तो।"

"तो मुझे कोई पश्चात्ताप नहीं होगा। और यदि मैं उन्हें यहां ला सका तो इन सबको उनका भी आशीर्वाद मिल सकेगा। आप हमें अपने आशीर्वाद से विदा कीजिए, यह हमारी आकांक्षा है।" मणि चक्रवर्ती ने द्रवित होकर कहा।

"अभी कुछ दिनों सौरीन का हमें इंतजार कर लेना चाहिए।"

"जैसी आपकी आज्ञा।"

अरविंद लौट लिए। मणि चक्रवर्ती ने तल्लीन होकर अरविंद की ओर देखा। वह अपने कक्ष में चले गए। हलके से दरवाजा बंद कर लिया। विजय नाग के होंठों पर कसक भरी मुस्कान आ ठहरी और उसकी बड़ी-बड़ी आंखों में अपने को निहारने लगी। मणि चक्रवर्ती बाहर चले गए। एक प्रकार की खामोशी भीत पर पसरती गई। भीत छोटी पड़ गई, परंतु उसने पसरना नहीं छोड़ा। विजय नाग फिर वहां नहीं रुक सका, अपने कक्ष की ओर बढ़ गया। पार्श्व संगीत में कोई द्रवित स्वर नम होता रहा।

39

समय सदाबहार नदी सा निर्बाध प्रवाहित हुए जा रहा था। मृणालिनी समय के आर-पार देख पाने में सक्षम हो गई थी। अब वह अपना सारा समय उद्यान और पूजा घर में बिताती थी। संध्या को प्रायः वह ध्यान कक्ष में जा बैठती। मांस खाना छोड़ दिया था। साधारण वस्त्र धारण करती थी। व्रत-उपवास रखती थी। रामकृष्ण परमहंस और स्वामी विवेकानंद का साहित्य पढ़ती और उसे समझने के लिए उद्यान और पूजा-घर में चली जाती थी। वह संध्या मृणालिनी में उतर आई तब वह ध्यानावस्थित थी। वह संध्या एक परम ज्योति से जगमगा उठी। ज्योति स्थिर थी। उसका रंग पीत और अरुणाभा लिए था। उस ज्योति ने आंख खोलीं। देखा। सहज स्मित भर उठी। पता नहीं वह ज्योति कब और कैसे काली मां में परिणत हो गई।

"मीनुदी आंखें खोलो।"

मृणालिनी ने धीरे-धीरे आंखें खोलीं। बहुत धीमे स्वर में कहा, "मां, आप और यहां।"

"मां वहीं तो होगी, बेटी, जहां उसकी लाडली होगी।"

"मां, नारी जीवन उपेक्षित क्यों है?"

"नहीं तो, मीनुदी। मैं सामने हूं।"

"आप शक्तिपुंज, अपवाद हैं, परंतु यहां की नारी के जीवन में उदासी है, मलाल है, तनाव है और अवहेलनाएं हैं।"

"न हों, हो सकता है, परंतु पराधीनता।"

"मां, कब कटेंगी बेड़ियां?"

"जब नारी का स्वाभिमान जाग उठेगा और वह शौर्यवती हो उठेगी। पंचम स्वर में वह गा रही होगी। स्वयं दिक्काल उसमें उतर कर ज्योति बन सारे अग-जग को प्रकाशित कर उठेगा।"

"पर कब, मां। यह सब मैं कब से सुनती आ रही हूं, परंतु...।"

"स्वाधीनता आत्म-शक्ति का प्रकाश है। आत्मा कैसे जगे? मनुष्य विश्वयुद्ध में जूझ रहा है-मरने मारने के वीभत्स उदाहरण पेश कर रहा है। जो इस वक़्त इस युद्ध में है, उनमें प्रायः स्वाधीन देश हैं। जो अपने को नहीं जीत सकता, वह दूसरे को जीतने के भ्रम में हारता है। पराजय, पलायन, विवेकशून्यता, तमस, अदृश्य घृणा और अहंकार-अहमता मनुष्य को मनुजता से दूर ले जाते हैं। तब सब कष्ट और यातना में होते हैं- जेता भी और जो पराचित हुआ है, वह भी। फिर मैं क्या करूं? मेरी पूजा-अर्चना करने से क्या लाभ? विध्वंस का जाप करने वाले स्वयं के लिए मृत्युंजय जाप करवाते हैं। तू शांत रह, पुत्री।"

"मां, आपने मुझे पुत्री मान लिया।"

"तू तो थी ही पुत्री तो पुत्री तो पुत्री ही रहेगी।"

"फिर मां यह सब?"

"तुझे पूजा शांति देती है न। तुझे उद्यान सुहाते हैं न।"

"पर वो।"

"तू वो की चिंता वो पर छोड़।"

"विवाहिता हूं, मां।"

"तुझे पति चाहिए। वह पति जो तुझे यहां छोड़ गया।"

"हां, वह पति, मां।"

"नहीं, मेरी अबोध पुत्री, कदापि नहीं। वह तुझे नहीं, अपने को छोड़ गया है। वह स्वयं से भागा है। अब चेत हुआ है तो वह स्वयं से संवाद कर रहा है। स्त्री-पुरुष धुरी का संतुलन है। इस धरती का सौभाग्य है।"

"तो, मां?"

"यातना को बिलोती जा। एक दिन उसमें से अमृत स्वयं ही छलक उठेगा।"

"मैं अमर नहीं होना चाहती, मां।"

"तू क्यों, इस संसार में कोई भी अमर नहीं हो सकता, परंतु तू उस अमृत की अनुभूति पाकर स्वतः गद्‌गद हो उठेगी। तेरे सारे प्रश्न शत्रु की पराजित सेना की तरह हथियार डाल कर खड़े होंगे। तब तू निःप्रश्न होगी-शून्यमयी, करुणामयी और ममतामयी!"

"समझी नहीं।"

"कोई बात नहीं। समय स्वयं समझ के उन द्वार को खोलकर प्रहरी की तरह खड़ा होगा, जिनके खुलने की प्रतीक्षा में सारी दुनिया ज्वालामुखी पर आ बैठी है और शांति के सफेद कपोत दोनों हाथों से उड़ा रही है। उसी क्षण तोपें धुआं छोड़ती हैं, आग उगल रही होती हैं। यह विडंबना है, स्वयं से छल है।"

"फिर, मां।"

"तू भी ध्यान से उठ और मुझे चलने दे।"

सचमुच मृणालिनी ने आंखें खोल दीं।

"तो जग गई राधारानी-महारानी।"

"तू, सुधीरा।"

"हां, मैं। इसमें आश्चर्य कैसा!"...तुझे देख रही थी। पढ़ रही थी।

"मुझे क्या पढ़ रही थी?"

"जैसे बरसात में मेघ उमड़ते-घुमड़ते चले आते हैं। उनका आवागमन प्रत्यक्ष नजर आता है, ठीक वैसे ही तू थी।"

"क्या?"

"तेरे अरुण अधर खुलते और बंद हो रहे थे, तेरी आंखें सुन रही थीं और तेरा हृदय मौन वेदपाठी होकर हवन कर उठा था। तब तू नहीं थी, मीनुदी।"

"तो कौन था?"

"जिसके लिए तू ध्यान में बैठती है, पूजा-घर में राग अलापती है और उद्यान में अकेले उससे और अपने आप से बतियाती है, तब भी तू नहीं होती, मीनुदी।"

"तो फिर कौन होता है?"

"वो कौन?"

"जिसकी परछाईं तेरे पर से, मेरे से बातचीत करने के बाद भी नहीं हट रही है।"

"तू यह क्या रहस्य की पोटली खोलती जा रही है?"

"तुझे ऐसा क्यों लग रहा है, मीनुदी?"

"कैसा?"

"इस कविता से मैं परेशान हूं। इसका मेरे पास कोई उत्तर नहीं है?"

"है! तेरे पास इसका भी उत्तर है।"

"क्या है?"

"वह तू जानती है।"

"मना करूं तो?"

"तो क्या! तू नहीं जानेगी।"

"सुधीरा, तू भी परेशान करने चली आई।"

"समुद्र में एक लोटा भर कर पानी डालने से उसकी सेहत पर कोई असर नहीं पड़ता। ...अब तो उठ मेरी मां, अपनी सबसे प्यारी सहेली की कुछ खातिर-तवज्जुह कर, पंसारी से तबीब (हकीम) बनना छोड़।"

मृणालिनी उठ खड़ी हुई। सुधीरा ने उसे हाथ पकड़ कर बैठा लिया और तुनक कर कहा, "कहां चली, मीनुदी संन्यासिन!"

"जलपान।"

"तू मुझे जलपान में ही टरकाना चाहती है क्या!"

"आज तो तेरे हाथ की उंगली चाटते रह जाने वाले प्रिय भोजन में हाथ बंटाने की शुद्ध आकांक्षा से आई हूं-घर पर मना करके।"

"सचमुच।"

"नहीं, जगज्जनी, झूठमूठ।...तू जानती है कि मैं भूखे नहीं रह सकती। बचपन की यही तो एक अच्छी आदत है जो मेरा पिंड नहीं छोड़ती। तू ही कुछ करना, तपस्विनी-जादू-टोना, जंतर-मंतर...जो तेरा जी चाहे।"

"तब ठीक है।"

"घर में फूलगोभी तो है न...।"

"तू घर की चिंता मुझ पर छोड़। तुझे बढ़िया खाना चाहिए, वह मिलेगा।" मृणालिनी इतना ही कह पाई थी कि डाकिया आ गया। चिट्ठी उसी की थी। सुधीरा ने वह चिट्ठी उससे खींच ली। वह बोली, "इजाजत हो तो मैं पढ़ दूं।" चिट्ठी तो पांडिचेरी से आई है। जीजा जी की है।

"हां है तो।"

"व्यक्तिगत है।"

"ना बाबा, उनकी व्यक्तिगत चिट्ठी भी सार्वजनिक ही होती है। चल तू भी क्या याद करेगी कि तेरे मन को रखने वाली भी कोई है। तू पढ़।" मृणालिनी अंदर से फूलगोभी उठा लाई। वह फूलगोभी काटने लगी और पुनः कहा, "पढ़ती क्यों नहीं है?"

"ना री, कहीं...।"

"लजाए मत। उनकी साली बनी है तो आधी घरवाली होने का भी फर्ज निभा और झटपट सुना डाल। आज तो घर में भी मेरे-तेरे सिवा कोई नहीं है।" मृणालिनी इत्मीनान से कह उठी।

सुधीरा ने ऐनक ठीक की। ठीक से पलंग पर जमकर बैठी। खखार कर गला साफ किया और लिफाफा खोला। कागज निकाला और मृणालिनी की ओर देखकर पढ़ना शुरू किया।

01 दिसंबर, 1918

प्रिय मृणालिनी,

तुम्हारी कई चिट्ठियां मिलीं। मैं उत्तर नहीं दे सका। यह भी भगवान् की इच्छा है। मैंने पहले भी तुम्हें लिखा था कि मैं उसकी कठपुतली बनकर रह गया हूं। वह जो चाहता है, करना पड़ता है। वह जहां ले जाता है, वहां मुझे जाना पड़ता है। मैं विवश हूं। मेरी ऐसी बातों पर सिवा तुम्हारे और कौन विश्वास करेगा।

संतोष हुआ। यह जानकर कि तुम्हारी आंखें ठीक हो गईं। कलकत्ते से पुनः रांची होकर अपने घर जा पहुंची।

अब तुम यहां आ सकती हो। मेरी साधना सफल हुई। मुझे अपना लक्ष्य और सिद्धि प्राप्त हो गई। कुछ समय पहले यहां सौरीन और नलिनी गुप्त अन्य साथियों सहित आए थे। संदेश मिला होगा पर अब तुम आ जाओ और मेरे कार्य में संगिनी बन जाओ। मुझे विश्व के लिए बहुत से कार्य करने हैं। तुम यह जानती हो कि मैं वहां नहीं आ सकता। ब्रिटिश पुलिस यहां भी हमारे पीछे हाथ धोकर पड़ी है।

मुझे तुम्हारे यहां आने की प्रतीक्षा है। परिवार में माता जी-पिता जी को प्रणाम और छोटों को आशीर्वाद।

तुम्हारा स्वामी
अरविंद

कुछ देर तक वे दोनों मजाक करती हुई पुरानी बातों को दोहराती रहीं। सुधीरा ने कहा, "कल मैं कलकत्ते लौट रही हूं, तू वहीं आ जा। वहीं से सीधे पांडिचेरी निकल जाना। वह कितना मुबारक दिन होगा जब तू स्थाई रूप से अपने प्रियतम के पास होगी। आगे-पीछे की सारी कसर निकाल लेना।"

"तू तो बातूनी हो गई है, सुधीरा।"

"काश, तेरे पंख होते तो मैं देखती रह जाती। तू अब तक उड़कर पहुंच भी चुकी होती।" सुधीरा ने झूम कर कहा।

मृणालिनी ने गोभी छोंक दी। भूभल में आलू दबा दिए। दही सुधीरा की ओर बढ़ाकर कहा, "तू इसे अच्छी तरह बिलोना। मैं तब तक आटा माँड़ती हूं।"

काम बंट गया। दाल भिगो दी। चावल दूसरी थाली में भिगो दिए। हलके गरम पानी में आटा मांड लिया। पास वाले चूल्हे में दाल चढ़ा दी। हरा धनिया, मिर्च और अदरक काटने लगी। वह बोली, "मैं मछली नहीं खाती। शाकाहारी हो गई हूं। तेरे लिए...।"

"मां शारदा मणि देवी ने मुझे भी शाकाहारी बना दिया है।" सुधीरा ने दही मथ कर एक ओर सरका कर चावल वाली थाली उठा ली और उसे मलने लगी।

"यह तो अच्छा हुआ।" मैंने मिर्च भी कम लेना शुरू कर दिया है।

"मैंने भी।"

वह चटनी पीसने लगी।

"आज खाने में मजा आ जाएगा।"

"क्यों नहीं यदि तू...।"

"मैं क्या?"

"तू चच्चड़ी (मिक्स्ड वेजीटेबल) काट दे।"

"और मिठाई...।"

"रसगुल्ला और राजभोग है।"

"तब ठीक है।"

यों रसोई बन गई। डटकर खाई गई। चलते हुए सुधीरा ने याद दिलाया, "तू तुरंत कलकत्ते चली आना। मेरे उनके पहचान का एक अंग्रेज अफसर है, वह पांडिचेरी जाने का आज्ञा पत्र तुरंत निकलवा देगा।"

सुधीरा चली गई। मृणालिनी मुख्य द्वार बंद कर अपने कक्ष में आ बैठी। वह पत्र उठाया। उसे देखती रही। सम्मोहित होती रही। नौ वर्ष बाद पुनर्मिलन होगा-एक युग बीत गया। वह नहीं जानती या न जानना चाहती कि एक युग क्या होता है, परंतु उसे ऐसा लगता है कि उसके लिए वह एक युग के समान है। वह असहाय मन की कैद में पड़ी खाली आंखों से अदृश्य और अज्ञात को निहारती हुई अपने से आँख नहीं मिला पाती थी। उसकी छटपटाहट अंतर्मुखी होकर मूर्छित सी हो जाती थी। उसकी सारी देह में चींटियां-सी चलने लगती थीं और सिर चकराने लगता था। आखिर बारह वर्ष में कूड़े के दिन भी फिरते हैं। उसकी शादी को हुए अठारह वर्ष हो रहे थे। वह बत्तीस वर्ष की हो रही थी और अरविंद छियालीस वर्ष के। एक लंबा फासला था, जिसे मिटाया नहीं जा सकता था। पूरे राम जी के वनवास सा! फिर भी, न

जाने उसे कौन सा संकोच अंदर-ही-अंदर घेरने लगा। वह आंखें बंद करके पलंग पर लेट गई, वाचाल मन के कान मरोड़ कर।

40

महायुद्ध तेज हो गया। तमस के बादलों ने चारों ओर घेर लिया। ज्वालामुखी अथवा तमस दोनों में से एक बना रहता था। अरविंद से भी प्रश्न किए जाते कि वह क्या देख रहे हैं? वह मुस्कराकर रह जाते। बहुत पूछने पर इतना ही कह पाते, "तमस के आक्रमण में झुलसते, मरते, अपार जन। कौन बचाएगा उनको? कि कम-से-कम वह नहीं। कारण, उसमें बचने को रह ही क्या गया है? फिर बचना किससे?"

आज अरविंद का मन नहीं लग रहा था। वह प्रार्थना सभा में नहीं आए। वह प्रार्थना बहुत कम लोगों तक सीमित थी। गिनती के लोग!

आज की डाक विलंब से आई। अरविंद ने कुछ लिफाफे बिना खोले ही एक ओर रख दिए। अचानक वह रुके। अब दो पत्र उनके सामने थे-पहला पत्र भोपाल चंद्र बसु का था और दूसरा पत्र पाल दिशार का। बसु का पत्र अंग्रेजी में था और दिशार का फ्रेंच में। बसु का लिफाफा खोला। पत्र निकाला और पढ़ने लगे-प्रिय अरविंद, आशीर्वाद। बधाई गाई। तुम स्वयं सिद्ध साधक हो गए हो और सारी मानव जाति को कष्टों से उबारने के लिए अपनी नवीन यात्रा शुरू करने जा रहे हो।

मृणालिनी तो गद्‌गद हो उठी थी। बिना यह जाने कि साधना व लक्ष्य की सफलता का क्या अर्थ है? उसने तो शाम को पाँच किलो मिठाई का प्रसाद मंगवा कर बाँट दिया।

हम लोग तुरंत कलकत्ता आ गए-गिरीश बोस के पास। सुधीरा के पति ने दो जनों की पांडिचेरी जाने की अनुमति भी दिलवा दी।

हम यहां 10 दिसंबर को आ गए थे। उसी रात को मृणालिनी को तेज ज्वर आया। डॉक्टर ने मलेरिया बतलाया। उसकी सारी देह कांपती हुई दुहरी हो गई थी। उसकी हालत कंट्रोल में आते न देखकर हमने बड़े डॉक्टर डॉ. बटलर को दिखलाया। उसकी हालत बहुत नाजुक है। डॉक्टर ने कहा कि सबको उसके लिए प्रार्थना करनी चाहिए।

घर से चली थी तो कितने उल्लास और उत्साह से भरी थी। वह जानेगी कि उन्हें सिद्धि में क्या प्राप्त हुआ है? सिद्धि प्राप्त होते ही उन्होंने

बुलावा भिजवा दिया है। आखिर पति की उपलब्धि पर पत्नी का उतना ही अधिकार होता है, जितना पति का। कलकत्ते आकर उसने उनके लिए एक सफेद रेशमी मर्दानी धोती खरीदी थी। पूछेगे कि उसने क्या किया इतने सालों और कैसे बिताए वे निरीह और निर्जन दिन तो वह उनके चरणों में चुपचाप रेशमी मर्दानी धोती रखकर कह देगी कि इस आशा में कि एक दिन...।"

अब तेज ज्वर के बीच वह बड़बड़ा कर इतना ही कह पाती थी कि उनको बुलवा दो। बस एक बार उनके चरणों की रज माथे पर लगा लूं। उसे सिंदूर बना लूं। कभी कभार कहने लगती, "उन्होंने तो सिद्धि पा ली है। वे सर्वेश्वर हो गए हैं। अब जानते हैं। देखना कि मेरा वह सर्वेश्वर कैसे भागता चला आता है नंगे पांव!"

अब आप चले आएं।

उसके पिता ने उसे समझाया था कि सरकार उसे ब्रिटिश भारत में पांव रखते ही पकड़कर जेल के सीखचों के पीछे कर देगी। उसने सुना। कुछ नहीं कहा। जब डॉक्टर आया तब वह बोली, "डॉक्टर दा, जिसने सिद्धि पा ली हो, क्या वह किसी से डर सकता है? कोई शक्ति है कि फिर उसे रोक सके। जो कारा से छुड़ाकर बेदाग ले जा सकता है, वह क्या ब्रिटिश भारत को कानों कान खबर होने देगा। क्या उनका वासुदेव नारायण जन्म लेते ही कंस की कठोर कैद से बाहर नहीं आ गए थे? तब किसी को क्या कानों कान उनके बाहर आने का पता चला था! ना...ना...माना, ना...ना...डॉक्टर वह किसी की एक नहीं सुनेगा।...लो वह आ रहा है। सफेद घोड़े पर बैठा हुआ। घोड़े को तेज दौड़ाते हुए वह इधर ही आ रहा है...इधर ही...।"

डॉक्टर कहता है, यह सब तेज ज्वर का दुष्प्रभाव है। वह अर्द्धमूर्छित अवस्था में है। डर है कि वह ज्वर उसके दिमाग पर न चढ़ जाए।"

मैं उम्मीद करूंगा कि आप उचित कदम उठाकर मीनुदी को बचा ले जाएंगे।

आपका शुभचिंतक
पिता

अरविंद ठहर गया। अवाक रह गया। शून्य में जा पहुंचा। आंखें बंद कर लीं। फिर भी, आंखें नम हुए बिना नहीं रहीं।

दिक्काल सामने था कर जोड़े। आदेश की प्रतीक्षा में मौन खड़ा था सिर झुकाए और दिशाएं साश्चर्य देख रही थीं। नभ की आंखों में आर्द्रता आ सिमटी थी। एक अनुगूंज गुंबज में गूंज रही थी और सब स्थिर हुए सुने-अनसुने से अदृश्य को मानों लख रहे थे, लखते जा रहे थे।

आधेक घंटे बीत जाने पर अरविंद ने दूसरा पत्र खोला। पत्र जापान से था। साथ में एक फोटो था, जिसमें रवींद्रनाथ ठाकुर, मीरा, उनके पति पॉल दिशार, हिरासावा और पियर्सन थे। पृष्ठभूमि में महात्मा बुद्ध की विशाल प्रतिमा थी।

मि. अरविंद, हमें फ्रांस छोड़ना पड़ा। युद्ध के कारण हालात बहुत खराब हो गए। कई मंजिल भवन दो भागों में बंट गए। उनका एक भाग पूर्णतया ध्वस्त हो गया। युद्ध क्षेत्र से ट्रनों में भरकर घायल सैनिकों को लाया जा रहा था। मुझे जापान में नौकरी मिल गई, अतः हम लोग इंग्लिश चैनल के मार्ग से चीन की जमीन को छूते हुए जापान जा पहुंचे। हालांकि वह यात्रा खतरों से भरी थी और जर्मन पनडुब्बियों ने जापान के इस जहाज पर भी हमले किए थे। जापान आकर मीरा अल्फासा खुश है। उनके प्राकृतिक प्रेम और जीने की शैली से वह बहुत सुकून पा सकी है।

मीरा अल्फासा का जन्म पेरिस में हुआ था। उनकी नानी पीरा इस्मालून मिश्र देश में जन्मी थी। इस्मालून वंश का आदि स्थान हंगरी था। उसकी नानी के पिता मिश्र के थे, परंतु उनके पुरखे स्पेन के। उनके परिवार की प्रतिष्ठा बहुत थी। मीरा अल्फासा भी अपनी पेंटिंग्स से पहचानी जाती थी। फ्रांस के वह साइकिल पर चक्कर लगा चुकी है। वह सोचती है कि धरती की सभी चीजों पर क्यों लिखना पसंद किया जाता है? ऐसे थोथे यथार्थ से वे क्या दर्शाना चाहते हैं। वह टेनिस खेलती है। उसमें उसे चौंपियनशिप भी मिली है।

जब वह मात्र तेरह–चौदह वर्ष की थी तब वह अकेली बैतेनब्लू के प्रसिद्ध जंगल में जाया करती थी। उसका कहना है कि पेड़ भी हम से मित्रता करना चाहते हैं। पेड़ चाहते हैं, उन्हें काटा न जाए। उन्होंने पेड़ों को गुहार करते सुना है।

वह ऑर्गन बजाने में निपुण है। वह मानती है कि संगीत ऊर्ध्वलोक में ले जाता है। वह गूढ विद्या को भी समझती है। वह आध्यात्मिक क्षेत्र की यात्री है। उनके जीवन के अनेक अलौकिक प्रसंग हैं। दिव्य प्रसंग।

उसने अपनी मां की बात को ध्यान से सुना और हेनरी मारस्ये से शादी बना ली। वह कलाकार था। तब वह बीसेक वर्ष की थी। उससे एक पुत्र का जन्म हुआ–आंद्रे। फिर तलाक हुआ और फिर से वह अकेली हो गई। पेरिस के एक पुस्तकालय की एक हजार से अधिक पुस्तकें पढ़ डालीं। उनमें उपन्यास ज्यादा पढ़े। वह बिना पढ़े भी अध्ययन में लीन रहती थी।

उसकी पुस्तक 'पहले की बातें' (वड्र्स ऑव लॉग एगो) विविधतापूर्ण है। उसमें लेख हैं और उद्देश्यपरक कहानियां हैं।

पेरिस में वह बुद्धिजीवियों, दार्शनिकों आदि से मिलकर 'कॉस्मिक' संघ बना चुकी है।

मेरी उनकी रुचियां मेल खा गईं और प्यार के किनारे-किनारे हम चल पड़े। अपने-अपने को तोलते-बढ़ते रहे। शादी का मानस पहले नहीं था और हुआ तो आनन-फानन में शादी हो गई। आपने चाहा था कि उनका परिचय भेजूं, वह यह है।

आपसे मिलकर मीरा अल्फासा में बहुत परिवर्तन हुआ है। वह घंटों ध्यानमग्न रहती है। जापान में वह बौद्ध धर्म से भी परिचित हुई। उससे उनमें एक नया जीवन दर्शन आंख खोलने लगा। एक दिन बोली, "दिशार, भारत बुलाता है।"

"मुझे अमेरिका।"

"यह तुम्हारा पक्का निश्चय है, दिशार।"

"पक्का और तुम्हारा।"

"मेरा भी। मुझे लग रहा है कि अरविंद मेरी साधना के उपास्य देवता हैं।"

"जब तुमने गीता योग की सिद्धि प्राप्त की थी मीरा, तब तुमने कहा था कि तुम्हें आत्मदर्शन हुआ। श्री कृष्ण की प्राप्ति हुई।" पॉल दिशार ने कहा।

मीरा अल्फासा के पिता मरिस अल्फासा ने कहा, "मीरा, तुम्हारा सोच एकदम अलग है। तुम्हारे बड़े भाई ने गलती की थी, यह तुम भी जानती हो। जब उसने मेरे बहुत कहने पर भी अपनी गलती नहीं मानी तब मैंने उसे पीटना शुरू किया। तुम बीच में आकर बोल पड़ी, "मेरे भैया को फिर मारा-पीटा तो मैं घर छोड़कर चली जाऊंगी।"

"फिर कभी आपने उसके हाथ नहीं लगाया।" मीरा अल्फासा से कहा।

"पता नहीं ऐसा क्या हुआ, बेटी।"

"पिता जी, उस शक्ति को समझिए जिससे जीवन का प्रवाह मानव मात्र के कल्याण के लिए निरत होता है।"

"तुम्हारा उससे मन भरा नहीं क्या, मीरा?"

"नहीं, पिता जी। वह मन से बहुत ऊपर की बात है, जहां प्रवेश करने के बाद व्यक्ति लौट नहीं सकता, निरंतर आगे बढ़ता जाएगा।"

"अब तुम्हारे श्री कृष्ण अरविंद होने लगे।"

"होने लगने का क्या प्रश्न, दिशार वे हैं।"

"दिशार, तुम भी मान लो। मैं गणित का गहरा जानकार माना जाता हूं, फिर भी मैंने मीरा की बात मान ली कि दो और दो चार नहीं, बाईस भी होते हैं।" मरिस अल्फास ने कहा।

"पिता जी, संदर्भ को ओझल मत कीजिए वरना अर्थ का अनर्थ हो जाएगा।"

"हां संदर्भ तब प्रेम का था। प्रेम में दो दो बाईस होते। वहां मेरा गणित काम नहीं आता है।"

"तब दिशार, मैंने क्या अन्यथा कहा था?"

"अब दिशार तुम भी मान लो।"

"मान भी लो नहीं, तुम्हारा जिहन स्वीकारे तो।"

"अच्छा मैं चलता हूं।" मरिस अल्फासा फिर नहीं रुके।

"मीरा, तुमने क्या यह अंतिम निर्णय लिया है?"

"दिशार, मैं निर्णय लेने वाली कौन हूं! मुझे निरंतर आदेश मिल रहा है कि मैं पांडिचेरी जाऊं। मेरी शेष आध्यात्मिक यात्रा वहीं शुरू होगी।"

"लेकिन मैं वहां तुम्हारे साथ नहीं रुक सकूँगा।"

"मुझे अफसोस है, दिशार, मैं तुम्हें रुकने के लिए नहीं कहूंगी। शायद तुम रुकना भी चाहो तो वह संभव नहीं। मुझे मेरा अंतिम लक्ष्य मिल चुका है, लेकिन क्या तुम मुझे पांडिचेरी छोड़ते हुए आगे के लिए प्रस्थान कर सकोगे?"

"सोचना पड़ेगा।"

"यह शायद तुम्हारे साथ हमारी अंतिम यात्रा होगी।"

"तो क्या तुम पांडिचेरी से नहीं लौटोगी?"

"शायद नहीं।...हां, कभी नहीं। भारत मेरा घर है। अरविंद मेरे सर्वस्व है। सर्वस्व को पाकर कौन उस पक्ष से हटने की सोचेगा। कल रात, सोने के बाद, जब तुमने नाइट बल्ब ऑन किया था, उसके बाद मेरे स्वप्न में अरविंद आए थे। मुझे जगाया था। मुझसे कहा था, "तुम्हें अब तक पांडिचेरी आ जाना चाहिए था। क्या तुम नहीं चाहती हो तो रहने दो। जब तुम एक वर्ष पांडिचेरी में रहकर लौट रही थी तब तुम्हारी इच्छा थी और शायद, इसलिए तुमने कई बार दोहराया कि तुम कल चली जाओगी। तब तुम चाहती थी, दिल से चाहती थी कि मैं तुम्हें रोक लूं। एक बार झूठे ही कह दूं कि रुक जाओ तो तुम रुक जाती, परंतु वह समय अनुकूल नहीं था।"

"और अब है, मीरा।"

"हां दिशार, तुम्हें कोई आपत्ति है क्या?"

"तुम सदा अपना मार्ग स्वयं खोज कर उस पर चलती रही हो। हर निर्णय तुमने स्वयं लिया है। यहां तक कि मेरे से शादी करने का निर्णय भी तुम्हारा था, क्योंकि कई मास तक मेरा प्रस्ताव ठंडे बस्ते में पड़ा रहा और मैं शादी की आशा छोड़ चुका था।"

"वह पवित्र संध्या थी। मैं पुस्तकालय से निकल कर सीधा तुम्हारे पास आई थी और कहा था कि यदि तुम तैयार हो तो मुझे कोई आपत्ति नहीं है।"

"क्योंकि तुम मुझसे शादी करने के लिए तैयार हो।" इसी के साथ मैंने उसकी कमर में हाथ डालकर अपनी ओर खींच कर उसके कई चुंबन ले लिए थे और आस-पास की ओर देखकर कहा था, "थैंक्स गॉड। कम-से-कम अब एक छत के नीचे रह सकेंगे। आत्मा की जिज्ञासा और जीवन-दर्शन की गुत्थियों को दो शरीर एक प्राण होकर शेअर कर सकेंगे।"

"दिशार, इसमें इतने खुश होने की कोई बात नहीं है। दरअसल, तुम्हारी पारदर्शिता ने मुझे विवश कर दिया। निश्छलता स्वयं अपना ऐसा गुरुत्वाकर्षण है कि उसके सामने जिद की अस्मिता आर्द्र हो उठती है।"

यह सच है कि प्रेम के इस ताबीज के साथ बंधे हम दोनों, अलग खयालात और अलग सोच के होने पर भी, न कभी टकराए और न कभी एक-दूसरे के क्षेत्र में अनचाहे दखल दी। मर्यादा का पालन यहां तक निभाया कि दस्तक देकर एक-दूसरे के कमरे में दाखिल हुए और अब जब लग रहा है कि हम चौराहे पर आ खड़े हुए हैं, तब कहीं बहुत भीतर एक साझे एहसास में सदा बाहर नदी के अचानक लुप्त हो जाने जैसा दृश्य सामने आ खड़ा हुआ है। मुझे आशा है कि आपकी जिज्ञासा के लिए ये संकेत नाकाफी न होंगे। आपका-पॉल दिशार।

पुनश्चः-तीन दिन तक यह पत्र मेरी राइटिंग टेबल पर पड़ा रहा। शायद यह ठीक ही हुआ, क्योंकि यह मजमून इस लेटर का हिस्सा अलग से ही बनता।

मैं लगातार तीन रात से जाग रहा हूं। इन तीनों रात में अनेक बार समय सीमा लांघ कर ऑर्गन, पियानो की मधुर और बारीक ध्वनि को अपने अंदर दूर से आती निर्झरी धुन के साथ सुन रहा हूं। देख रहा हूं कि रवींद्रनाथ ठाकुर आग्रह कर रहे हैं कि वह शांति निकेतन आएं, उसका उत्तरदायित्व वहन करें।

"काश, मैं ऐसा कर पाती। सच में बहुत प्रसन्न होती। भारत मेरी मातृभूमि है। यह मत पूछिए कि कैसे? हृदय तर्क नहीं मानता। आप यह तो मानेंगे ही कि मैं असत्य नहीं बोल सकती।... फिर भी, मैं भारत की माटी से जुड़ूंगी, अंदर का उद्दाम उच्छ्वास तो अभी तक यही है, ठाकुर।"

ये अद्‌भुत चित्र मेरे सामने साकार हैं। मैं देख पा रहा हूं जबकि अन्य जो भी कोई वहां आया, बैठा और लौट गया। वह इस सबको नहीं जानता। कमरे के बाहर लिखा हुआ है कृपया तभी आएं जब अपने पर यह विश्वास हो कि रत्ती भर की आहट नहीं करेंगे। सांस रोके आएंगे और सांस रोके लौट जाएंगे।

कारण, जापान में तीन-चार साल में ही मीरा अल्फासा अभिजात परिवारों में अत्यंत लोकप्रिय हो गई थी। अर्द्ध रात को बीते काफी समय हो गया।

मुझे झपकी लगी ही थी कि मैं पार्श्व संगीत के साथ सुन रहा हूं। बिलकुल वह मीरा की संगीतमय आवाज है, जो मेरे हृदय में तन्हाई के लम्हों में अनुगूंजने लगती है। वह है –

गाओ, धरा, तुम गाओ, जी भर कर गाओ
गाओ, अम्बर, तुम गाओ, स्वर को भूलकर गाओ
जातियो, मानवो, अब तुम भी गाओ, गाते जाओ
सब रस मिलकर दिव्य हो जाओ एक साथ।

अनंत आनंद चुपचाप उतर रहा है
उल्लास अंतरंग हिलोरे ले उठा है
चौखट पर आ खड़ा गतिमान् अक्षय आलोक
दिग् दिगंत सब आलोकित कर रहा है।

अब मेरे लिए यह कहना संभव नहीं है
कौन विश्व है-मैं हूं या वह है
वह मेरे भीतर है या मैं उसके भीतर हूं
यह कैसा करुणा कमल खिल रहा है।

अचानक दृश्य बदला। इस गीत के बाद एक ज्योति अंदर आई। उजाला उज्ज्वल से उज्ज्वल होता गया। मीरा कह रही थी तेज स्वर में–नाथ, आपने क्यों कष्ट किया? मैं तो आ ही रही थी कुछ दिनों में ही आपके पास। वह ज्योति ओझल हो गई।

यथार्थतः मीरा अल्फासा को बुखार आया था, वह निमोनिये में बदल गया था। डॉक्टर हैरान। सारे उपचार धराशायी। जीवन को खतरा। कोई दवा काम नहीं कर रही है। उनमें स्वप्न बड़बड़ा रहा है यदाकदा, भूले भटके कि –

मैं लौटने को तैयार हूं, मेरे प्रभु,
हर जीवन इस यात्रा का एक पड़ाव है
मैं वहां नहीं जा सकी तो क्या,
इसका अर्थ यह कदापि नहीं होगा
कि मेरी यात्रा का समापन हो गया।

नहीं देव, यह यात्रा अनवरत चलती रहेगी
उस महाचक्र की तरह जिसे आप चला रहे हैं
मैं भी आपके साथ-साथ निरंतर चलूंगी

उस दिशा में, उस प्रीतिकार प्रतीक चिह्न की ओर
जहां से मुझे, बीच रास्ते, लौटना पड़ रहा है।

मीरा में थोड़ी सी चेतना लौटी। मैंने पूछा, "कैसी हो अब तुम।"

"आत्मा कभी रुग्ण नहीं होती, दिशार।"

"समझ सकता हूं, वह कभी मरती भी नहीं।"

"मैंने उन्हें सूचना दे दी है।"

"किसे, दिशार?"

"अरविंद को।"

"क्यों कष्ट दिया उन्हें। वह कुछ दिन पहले आए थे।"

"क्या कह रहे थे?"

"कुछ नहीं, दिशार। सिर्फ देख भर रहे थे अपनी प्रफुल्ल दृष्टि से शांत तेजस्विता के साथ।"

"चलो, यह अच्छा ही हुआ, मीरा।"

"दिशार, परमात्मा के लोक में बुरा कुछ नहीं होता है। वह भरमाता जरूर है। भरमाता भी वह है, जिसका अस्तित्व नहीं है। हम अनजाने लोग उसके अनस्तिव से कांपने लगते हैं-युद्ध उसी की छाया का आभास है।"

फिर मीरा ने करवट बदल ली और कहा, "जरा मेरी पीठ सहला दो, दिशार।"

"बहुत दर्द कर रही है क्या?"

"वह तुम्हारे हाथ के जादू का इंतजार कर रही है, दिशार।"

"वह सो गई। एक करवट सोई। दिन परदे पर दस्तक दे उठा। अब उनकी प्रिय शिष्या यानुकी डॉक्टर के साथ आई।"

मीरा के मुख मंडल पर लावण्यमय तेज युतिमान हो रहा था। उसका अनिंद्य सौंदर्य, निर्मल हृदयाभास और निर्दोष आंतरिक आभा मिलकर एक प्रकाश चक्र बना रहे थे। लगा जैसे उसकी देह पर सुनहरा जरदोजी का बैगनी किमोनो जगमगा उठा हो।

डॉक्टर के जाने के बाद मैं चल पड़ा। डॉक्टर की राय थी, "मीरा संकट में है। ईश्वर ही उसकी रक्षा करे। आप लोग प्रार्थना कर सकते हैं।"

अब मुझे आज्ञा दीजिए कि मैं अनजाने इस पत्र को विस्तार दे गया। वह आपको ईश्वर मानती है, ऐसा मुझे लगने लगा है।

मेरे प्रणाम सहित आपका पॉल दिशार।

अरविंद पत्र पढ़ चुके थे। वह मानों पत्र नहीं मीरा अल्फासा को देख रहे थे। पत्र उनके सामने साकार हो उठा था। वह गुमसुम से बैठे हुए कहीं

बहुत गहरे में उतर चुके थे, जहां रास्तों का भ्रम नहीं होता, उनकी माया नहीं खिलती-फैलती, सब शांत, निर्विकार और खिलते हुए शतदल सा होता है। जहां नदी में झरने गुनगुनाते हैं और मेघ चंबर डुलाते हैं।

अरविंद संध्या के समय बाहर आए तो मणि चक्रवर्ती ने बताया कि गोविंद सरकार आया था। वह स्पेन हो आया है। आधेक घंटे प्रतीक्षा करता रहा। फिर बोला कि उसे कल मद्रास (चिन्ने) जाना है। गुरुदेव से कहिए कि

गुरुआनी जीवन-मरण के युद्ध में फँसी हुई है। उनकी प्रतीक्षा में सांस समेटे हुए खटिया की पाटी को वह अंतः करों से पकड़े हुए है। अरविंद ने सुना। दूर सागर की लहरें मानों उसे दोहराने लगी हों ताकि जग सारा सुन ले।

"आप किस सोच में पड़ गए, अरविंद।"

"वह सच कहता है।"

"फिर?"

"मैं सागर तक जा रहा हूं।"

"मैं भी चलूं।"

"नहीं, मणि, तुम्हारी यहां जरूरत है। मेरे लौटने तक यहीं बने रहो।" वह इतना कह चल पड़े उस खड़ाऊं को पहन कर जो मीरा अल्फासा ने जापान से भिजवाई थी। वह लिखकर कि उसने चरण अवश्य छुए थे, उनको नापा नहीं था। फिर भी, उसे लगता है कि उसका अंदाज गलत नहीं होगा। प्रायः वह नंगे पांव निकल जाते थे, परंतु आज उन्होंने पहली बार खड़ाऊं पहनी थी, जब से वह खड़ाऊं वहां आई थी। मणि चक्रवर्ती उनको जाते देखता रह गया। दिनोदय हो रहा था। इसका मतलब है कि दिन हुआ नहीं था। जैसे न दिन होता है और न रात। फिर भी रोज दिन होता है और रोज रात आती है। उन्हें सभी उस रूप में मानते हैं।

यह छोटी-सी बात बहुत बड़ी थी। जबकि छोटी-बड़ी का अंतर उसकी समझ में आज तक नहीं आया। उस रात अरविंद मीरा अल्फासा के निवास पर रात्रि भोज के लिए पहुंचे। पॉल दिशार वहीं था। मणि चक्रवर्ती भी अंदर आ चुका था।

"आपने फ्रांस में क्या देखा, मीरा?" अरविंद पूछ रहे थे।

मीरा अल्फासा ने सुभीताजनक बैठक लेकर कहा, "पेरिस का वह दक्षिण था। जहां फ्रांस के राजाओं के दुर्ग हैं। वे बड़े दुर्ग हैं। वहां एक दुर्ग म्युजियम में बदल गया था।

उसकी बहुत प्रशंसा सुन रखी थी। वहां मैं प्रसिद्ध चित्रकारों के चित्र देख रही थी। एक चित्र के सामने खड़ी होकर मैं कहने लगी, "मैं तो अपने केश इस तरह नहीं बांधती ओर न उस तरह का आभूषण पहनती। इस रंग की पोशाक भी मैंने कभी नहीं पहनी।"

अगल-बगल में लोग मझे साश्चर्य देख रहे थे। मैं उनको देखकर सहम गई। वह पूछ रही थी, "अरविंद, मेरे साथ ऐसा क्यों होता है? क्यों मैं प्राचीन चीजों को देखकर उनमें खो जाती हूं?"

"क्योंकि तुम में पुरानी यादें ताजा हो जाती हैं।" अरविंद ने कहा। "क्या आपके साथ भी कभी ऐसा हुआ?"

"नहीं। मुझे पहले जन्म ने कभी नहीं छेड़ा?"

"पर क्यों, अरविंद?"

"मैं नहीं कह सकता।"

"पुनर्जन्म मानते हैं।"

"जब जन्म होगा तो पुनर्जन्म भी होना निश्चित है। यह एक चक्र है-जन्म, मरण और पुनर्जन्म का चक्र।"

जब मीरा अल्फासा शांत रह गई, तब पॉल दिशार ने पूछा, "संत तपस्वी, महात्मा नारी से दूर क्यों रहते हैं? मध्यकाल में तपस्वी स्त्री को माया मानता था। उनको तप भंग करने का साधन समझता था। आप क्या कहेंगे?"

"हमारे यहां अभी-अभी रामकृष्ण परमहंस हुए हैं, उन्होंने पत्नी का कभी त्याज्य नहीं किया। श्री कृष्ण स्वयं शादीशुदा थे। उनकी रास लीलाएं इस दृष्टि से अत्यंत महत्त्वपूर्ण हैं। स्त्री पुरुष की उसी तरह शक्ति है जैसे पुरुष स्त्री की।"

"भोजन तैयार है।"

सब उठ खड़े हुए।

विजय नाग कह रहा था, "आपका तार है, अरविंद।" फिर भी अरविंद ने नहीं सुना।

तब मणि चक्रवर्ती ने कहा, "आपका तार।" उसी के साथ तार सामने रख दिया।

अरविंद के सामने से सारा छाया चित्र हट गया। उनके हाथ में तार था। तार कलकत्ता से आया था। वह तार पढ़कर अवसन्न रह गए। उनका सारा शरीर शून्य हो गया। उनकी आंखें बह पड़ीं। विजय नाग, मणि चक्रवर्ती और कुछ अन्य जने अरविंद की आंखों से जलधारा प्रवाहित देखकर सन्नाटे में आ गए।

कुछ देर बाद मणि चक्रवर्ती ने पूछा, "क्या हुआ?"

अरविंद ने धीरे से आंख उठाई। अश्रु पोंछे और कहा, "मणि, तुम्हारी गुरुआनी अब यहां कभी नहीं आएंगी।"

"क्या! वह...नहीं...।"

"हां, नहीं रहीं, नाग।" इतना कहकर अरविंद उठ खड़े हुए और अपने कमरे में जाते हुए बोले, "उनके निधन का प्रचार नहीं हो। मैं तीन दिन तक ध्यान में रहूंगा-किसी से मिलूंगा नहीं।"

अरविंद अंदर चले गए। दूसरे दिन दूसरा तार आया। तार खुला हुआ था। दरवाजे के नीचे से अंदर सरका दिया। अरविंद ने दोपहर को वह तार देखा। तार पॉल दिशार ने दिया था। उसमें लिखा था–मीरा को आपने बचा लिया। आभार। अब वह पूर्ण स्वस्थ हैं। डॉक्टर इसे चमत्कार मानता है।

अरविंद ने तार एक तरफ सरका दिया। उनमें उथल-पुथल मची। उनके सामने गोविंद सरकार का पत्र था। उसने लिखा था–मेरा ज्योतिष में विश्वास बढ़ चला है। ज्योतिष वर्तमान का भविष्य है और अतीत की पृष्ठभूमि।

आप एक को बचा सकते हैं–अपने अतीत होते वर्तमान को अथवा वर्तमान के भविष्य को। यह निर्णय आपको करना है कि आप किसको बचाना चाहते हैं।

मैं मीरा अल्फासा से मिल चुका हूं। मैंने उनमें आपका भविष्य झलकता देखा है।

गुरुआनी को नहीं देखा, परंतु मां शारदा यानी देवी से उनकी जन्म कुंडली पाई थी। वह साक्षात् देवी हैं। उनका निर्मल चरित्र, कांक्षारहित समर्पण और निःस्वार्थ सेवा भाव अतुलनीय है। मैं आपके चयन की बेसब्री से प्रतीक्षा करूंगा। पत्र पर हस्ताक्षर नहीं थे।

पत्र एक पत्रवाहक यह कहकर दे गया था कि यह पत्र गुरुदेव के नाम है गोविंद सरकार का। उस रोज कछ पत्रकार आए थे। उनका साक्षात्कार लेना चाह रहे थे तो उन्होंने साक्षात्कार देने से मना कर दिया तब उनके साथ आई उस लड़की ने कहा, "मैं पत्रकार नहीं हूं, परंतु होना चाहती हूं। क्या आप मुझे मेरी जिज्ञासाओं का उत्तर देने की कृपा करेंगे।"

उसका नाम था नंदिनी अय्यर। रंग गोरा, उगते हुए सूर्य की लालिमा और चमक तथा बड़ी-बड़ी गोल आंखों में शौर्य की लपट और तेजस्वी मुख मंडल।

अरविंद ने कहा, "पूछ सकती हो, नंदिनी।"

"आप शादीशुदा हैं या कि...।"

"शादीशुदा।"

"आप अपनी पत्नी को साथ नहीं रखते हैं।"

"हां।"

"कब से?"

"शादी के बाद, शायद एक डेढ़ साल के बाद से हमारा उसका साथ रहना नहीं हुआ।"

"क्यों?"

"यह लंबी कहानी है।"

"रखना चाहते तो...।"

"रखता तो वह कष्ट पाती।"

"पति से चौदह-पंद्रह साल अलग रहकर उसने क्या सुख पाया?"

"आप जिसे सुख मान कर चलती हो, सुख वह नहीं है।"

"मतलब?"

"सुख का संबंध संदर्भ से है।"

"यहां आप उन्हें बुलवा सकते थे।"

"कोशिश की थी।"

"पर सफलता नहीं मिली थी।"

"कोई खास कोशिश नहीं की। वह साक्षात् देवी है, पुण्यात्मा। सदा मेरे साथ रहती है जैसे मैं उसके साथ। जीवन में अनेक बार ऐसे उतार-चढ़ाव आते हैं कि उनके संबंध में सांसारिक परिभाषाएं काम नहीं आतीं।"

"धर्मगुरु विवाह क्यों करते हैं?"

"मैं धर्मगुरु नहीं हूं, नंदिनी।"

"धर्मपालक तो आप अपने को मानेंगे न।"

"माना जा सकता है।"

"महात्मा बुद्ध, कन्फ़्यूशियस, टॉल्सटाय आदि ने अपनी पत्नी के साथ जो किया, क्या उचित था?"

"सवाल मेरे उचित-अनुचित मानने का नहीं है, नंदिनी। यह सब उनकी अपनी-अपनी परिस्थितियों और संदर्भ का है।...जब व्यक्ति में अचानक परिवर्तन होने लगते हैं। उसे प्रश्न घेरने लगते हैं। उसमें आध्यात्मिक जिज्ञासाएं सिर उठाने लगती हैं, तब वह व्यक्ति विवश हो जाता है।...दूर क्यों जाएं, मेरे साथ ऐसा ही हुआ है।...हमारी शादी को लगभग अठारह वर्ष हो रहे हैं। इन अठारह वर्षों में हम साथ-साथ शायद अठारह माह नहीं रह पाए। फिर भी, न मृणालिनी का प्रेम कम हुआ और न मेरा। हम सदा समर्पित रहे परस्पर। ऐसा नहीं होता तो मैं सिद्धि पा लेने के बाद मृणालिनी से आग्रह नहीं करता कि वह यहां आ जाए और मेरे कार्य में सहयोगी बने।"

अरविंद को लेकर इस प्रकार की कटुतापूर्ण बातें उछाली जा रही थीं। उन्होंने मणि से कहा भी था, "बाढ़ नदी का वास्तविक स्वरूप नहीं होती। बाढ़ स्वतः हटती है और नदी पुनः कलकल कलगान करते हुए फिर निर्मल गति से बहने लगती है। नंदिनी भी उसी प्रकार का शिकार हुई है। वह स्त्री है। उसकी पुरुष के प्रति कोई गलत धारणा न बने, यह सोचकर इसे भी

सामाजिक–आध्यात्मिक कार्य मानते रहे थे। अरविंद सहज होकर अपने को संयमित करते हुए उसे समझा रहे थे।"

"क्षमा करें, मि. अरविंद, मैं आपको थोड़ा पीछे ले जाना चाहती हूं। यह पत्र आपने मोतीलाल राय को अगस्त 1912 में लिखा था। पांडिचेरी से कि–मेरी व्यक्तिगत साधना पूरी तरह सफल हो गई और उस पर अंतिम मोहर लग चुकी है और वह सत्त् साक्षात्कार तथा परब्रह्म में कई घंटों तक अवस्थित पाकर पूर्णता के किनारे जा लगी है। अब मेरी भावी साधना जीवन के लिए, व्यावहारिक तथा ऊर्जा के लिए है– तात्त्विक ज्ञान और ऊर्जा के लिए नहीं, जिसे मैं पहले ही पा चुका हूं, वस्तु तथा भौतिक देह में संस्थित तथा जीवन में मेरे कार्य के प्रति उन्मुख ज्ञान एवं ऊर्जा के लिए है...लिखा था न।"

"हां, लिखा था। इससे पूर्व आपने कलकत्ते से अपनी पत्नी मृणालिनी को यह पत्र भी लिखा था, जिसमें आपने लिखा है कि "मैं यह अनुभव कर रहा हूं कि कोई महान् परिवर्तन हमारे जीवन में शीघ्र आनेवाला है। यदि ऐसा होता है तो हमारी समस्त आकांक्षाओं की इतिश्री हो जाएगी।" इससे आपका क्या यह आशय स्पष्ट नहीं होता है कि आप पति–पत्नी बनकर नहीं रह सकेंगे या उस रिश्ते को नहीं निभा सकेंगे?"

"इसी पत्र में मैंने आगे यह भी लिखा था कि "मुझे मां के आदेश निरंतर हो रहे हैं। एक बार यदि परिवर्तन पूर्ण हो जाता है तो हम दोनों की जुदाई कभी नहीं होगी, क्योंकि तब मां के आदेश स्थाई हो जाएंगे।" इस ओर आपका ध्यान गया ही होगा, नंदिनी।"

"क्यों न हम पहले इस पत्र की अगली कुछ पंक्तियां पूरी कर लें?"

"कीजिए, नंदिनी अय्यर, वह भी कीजिए ताकि नारी का कल वर्तमान का अतीत या परछाई बनकर न रह जाए।"

"आपने लिखा था, मि. अरविंद, योगसिद्धि का वह दिन निकट है इसके बाद निष्काम कर्म का प्रवाह उच्छल रूप में प्रवाहित होने लगेगा। कल अथवा परसों उसके चिह्न दृश्यमान होंगे। फिर मैं आपसे मिलूंगा। फिर आप क्या उनसे दो–तीन मास में उनसे मिल सके थे?"

"नहीं।"

"पर क्यों? क्या आपकी धर्म पत्नी सॉरी नो धर्मपत्नी। जब पति धर्मपति नहीं कहलाता तो पत्नी धर्मपत्नी क्यों? धर्म भाई इसके लिए प्रयुक्त नहीं होता है। क्यों है न?"

"हां, तो?"

"तो यह है, मि. अरविंद, आपकी पत्नी आपके पत्र का विश्वास पाकर आपके शीघ्र आने की प्रतीक्षा कर रही होगी। सपने संजो रही होगी।"

"हो सकता है।"

"यही सच है, मि. अरविंद आप कलकत्ते आकर लौट गए, क्योंकि आपके पास इतने काम थे कि आपको सिर उठाने की फुर्सत नहीं थी।...यह आपने अपनी पत्नी को लिखा भी है, मि. अरविंद। क्या मैं जान सकती हूं कि पति के पास अपनी पत्नी से मिलने का भी समय क्यों नहीं था? पत्नी मात्र साधन नहीं, साध्य है, के अनुसार विवाह धर्म वह पति की तरह साध्य है। शेष सब साधन हैं, पत्नी नहीं। इस जानकारी को पाकर उसके मन पर क्या बीती होगी, उसकी कल्पना कोई नवविवाहिता ही कर सकती है? पुरुष तो कदापि नहीं। संसार में किसी पुरुष ने, टाल्सटॉय को छोड़कर, किसी दूसरे पति ने अपनी पत्नी के साथ ऐसा नहीं किया होगा। क्या एक साधक का इसमें दम्भ या पत्नी के प्रति उपेक्षा भाव नहीं झलकता है? याद रहे, मि. अरविंद, पुरुष के इस दोहरे चरित्र ने हमारे समाज को अस्थिर, उपेक्षित तथा अपमानित किया है। यह प्रश्न आपके बाद भी उठेंगे, महात्मा बुद्ध की तरह कि वे साधना सफल पाकर अपने घर लौटे, मात्र अपनी संतान को लेने और अपने धर्म में दीक्षित कर प्रचार-प्रसार कार्य शुरू करवाने के लिए। जो धर्म गुरु आम्रपाली को अपने धर्म में जगह दे सकता है... वह अपनी पत्नी से साथ आने का आग्रह क्यों नहीं कर सका? बौद्ध धर्म के अपूर्ण और पतन होने का एकमात्र यही कारण है। पत्नी समाज की धुरी है मि. अरविंद। आप क्या कहना चाहेंगे?"

"मैंने कभी झूठ नहीं बोला और न कभी झूठ लिखा। यह सच था कि मैं अपने कार्यों में बेतरह से व्यस्त था।"

"व्यस्त्ता व्यवस्था नहीं देती है, मि. अरविंद। क्या इसे यों नहीं समझा जा सकता कि आप अपनी पत्नी से बचने या भागने का रास्ता तलाश रहे थे? पुरुष में करुणा नहीं होती। प्रभु करुणामय हो ही नहीं सकता। करुणा धरा की अस्मिता है, पत्नी की मांग का सिंदूर है। आप अपनी पत्नी के प्रति इतने निष्ठुर हो गए कि...।"

"इसका उत्तर आपको मेरी पत्नी से मिलेगा, नंदिनी। आप उनसे पूछें।"

"आपसे क्यों नहीं मि. अरविंद? मंत्र तो आपका पढ़ा है और उसका अर्थ पूछने आप मुझे अपनी पत्नी के पास भेजना चाहते हैं। क्या मैं आपसे यह जान सकती हूँ?"

"वह मैं बता चुका हूँ नंदिनी, परन्तु उससे तुम संतुष्ट नहीं हो, यह तुम्हारी विवशता है।"

"यह भी मेरी विवशता है कि सन् 1912 कर अगस्त में प्राप्त सिद्धि की सूचना आपने चंद्रनगर रहने वाले अपने मित्र मोतीलाल राय को तो दी, परंतु पत्नी को इस संबंध में एक शब्द नहीं लिखा। पत्नी को उसके भी छह साल बाद सूचना दे रहे हैं। इन छह सालों में उसका जीवन आपकी साधना की सफलता के लिए मंदिरों में हाथ जोड़ता रहा, व्रत-उपासना करता रहा। अपनी पत्नी से आपने इतनी बड़ी बात इतने वर्षों तक क्यों छिपायी?"

"इसे तुम नहीं समझ सकती, नंदिनी।"

"यदि आप ईमानदारी से समझाना चाहें तो मैं समझने की कोशिश अवश्य कर सकती हूं, मि. अरविंद। लेकिन आप हवाई बातों में उलझाना चाहें तो मैं विवश हूं।"

"ध्यान रहे, सत्य कभी बोझिल नहीं होता और हृदय को तर्क से नहीं समझा जाता। क्या तुम्हें इस समय वातावरण कुछ-कुछ बोझिल सा नहीं लगने लगा है?"

"या आपको।"

"आवेश उत्तेजना बाढ़ की निशानी है। उबाल को थमने दो। मैं फिर से तुम्हें समय दूंगा, क्योंकि तुम्हारी पृष्ठभूमि एकदम सामाजिक संस्था की निष्ठा से संबद्ध है, जबकि हमारे समाज की व्यवस्था का संचालन साधु धर्म से होता है। भारतीय और पाश्चात्य समाज की व्यूह रचना में यही मुख्य अंतर है कि वह पाने के लिए संघर्ष कर रहा है और हम छोड़ने के लिए। एक संघर्ष में तेज लपटों वाली ज्वाला है और दूसरे के संघर्ष में ज्वाला को शांत करने के लिए अमृत। विष और अमृत का यही तो भेद है।"

"आप चाहते हैं कि हमें उठ जाना चाहिए।"

"यही तुम भी चाहती हो, नंदिनी।"...यह सवाल न केवल तुम्हारा है बल्कि परंपरा से चली आ रही उस सत्त प्रक्रिया का है, जिसे हमने नई पीढ़ी और पुरानी पीढ़ी के नाम से बांट रखा है। नई पीढ़ी स्वीकार को अभिशाप मानती है, अहिंसा को कायरता या कापुरुषता। जबकि पुरानी पीढ़ी स्वीकार को वरदान मानकर चलती है और अहिंसा को पौरुष का प्रतीक।

"नहीं यह मुझे स्वीकार नहीं है।"

"पर मुझे है।" "वह समझौता है।"

"समझौता विषय नहीं है।"

"पर हो सकता है।"

"सकते और हैं में बहुत अंतर है। सकते में संदेह झांकने लगता है, ताकि उसमें पहले से ही दरार दिखने लगती हैं।"

"परंतु है में नहीं, यही न। हकीकत यह है कि है में जिद शामिल है। जिद में अहिंसा नहीं, हिंसा है। व्यक्ति को मारो तो चलेगा भी एक सीमा तक, लेकिन विचार को मारो तो असहनीय होगा।"

"विद्रोह होगा। लपटें उठेंगी।"

"उससे आप गुजर चुके हैं, अरविंद।"

"अब भी गुजर रहा हूं। पहले दूसरे के प्रति विद्रोह था, आग थी, परंतु अब अपने प्रति है।"

"यह आपकी दार्शनिकता है, अरविंद।"

"दर्शन सत्य का स्वभाव है, नंदिनी।" इस बार अरविंद के मुख मंडल पर सहज मुस्कान उभर आई। उनकी आंखों में ज्योति गहराई और खखार कर कहने लगे, "एक बात तो स्पष्ट है कि तुम मुझसे लड़ने के लिए पूरी तैयारी से भेजी गई हो, बेटी।"

नंदिनी अय्यर कुछ सकपकायी। उसने तुरंत अपने को संभाला। वह कुछ कहने को हुई कि अरविंद बोल पड़े, "हर प्रश्न उत्तर के लिए नहीं होते।...देखा जाए तो अधिकांश प्रश्न इसी कोटि में आते हैं। इन्हीं से भेदाभेद, गैर बराबरी और असमानता के प्रश्न उठते हैं और ये परस्पर भी लड़ते हैं...जानती हो प्यार तकरार नहीं चाहता। वह तो सुगंध है, अशरीरी है। उसके होने का मतलब है मिनी। मिनी को तोड़ते जाओ, तोड़ते जाओ और इतना तोड़ो कि वह चूरा हो जाए। फिर भी चखो तो वह वही मधुर मिठास लिए होगी जो वह पहले लिए थी-तनिक सी भी उसमें कूटने-पिसने की कड़ुवाहट नहीं होगी, बेटी।"

नंदिनी को बेटी ने घेर लिया। संबंधों की आंतरिक जंजीर ऐसे जकड़ने लगती है कि फिर कोई उससे बाहर निकलना चाहे तो संभव नहीं है, मात्र छटपटाहट के।

"हम तुम्हें मुक्त करते हैं, नंदिनी, उस घेरे से जो हमारी सामाजिक संपदा की नींव है-रिश्ता या संबंध है...तुम नंदिनी होकर आई हो, तुम्हारी इच्छा है कि तुम नंदिनी होकर ही लौटो तो भी हम तुम्हारे सहयोगी हैं, अपना कदम पीछे हटा लेते हैं।" अरविंद ने धीरे-धीरे कहा। नंदिनी अय्यर भौंचक्की सी देखती रह गई। क्या अरविंद ने दूसरे के मन को पढ़ने की साधना में महारत हासिल कर ली है? सम्मोहन सच से दूर ले जाने का अचूक साधन है। अरविंद ने अंत में कहा, "अब तुम जाओ, नंदिनी। जाते समय यह याद रखना कि बिना गहरी जांच-पड़ताल किए कोई ऐसा कदम मत उठाना, जिससे तुम्हें अपने आप पर लज्जित होना पड़े। सच यही है कि हमारे मन में किसी के प्रति रत्ती भर नफरत नहीं हो, सबके प्रति आदर भाव हो, करुणा हो और समूची मानव जाति के कल्याण की अमल आकांक्षा हो...ईश्वर तुम्हारा कल्याण करे, हमारा यही आशीर्वाद है।"

अरविंद इतना कहकर खड़े हुए और अंदर की ओर मुड़ गए। कई दिनों से उनके बारे में गलत प्रचार किया जा रहा था। वह यह भी समझ रहे थे कि ब्रिटिश सरकार अभी तक परछाई की तरह उनका पीछा कर रही है। नंदिनी भी उसी की एक कड़ी है।

वह अंदर आकर लेट गए। आंखें बंद कर लीं, लेकिन उनको नींद नहीं आई। चित्त शांत था। यदाकदा मृणालिनी आ खड़ी होती थी। वह टकटकी लगाए उधर देखते रहते थे। वह उससे पूछते थे, "क्या चाहती हो?"

"यह सत्य नहीं है, स्वामी, मेरी आत्मा आपके पास आ चुकी है।"

"मैंने ऐसा अनुभव किया था, मृणा।"

"यह आपकी भ्रांति है, स्वामी।"

"हो सकता है।"

"अब मैं कहां जाऊं?"

"जहां तुम जाना चाहती हो?"

"काश, यह मुझे ज्ञात होता।"

"फिर मैं क्या करूं?"

"जो आपका करणीय हो, स्वामी वह कीजिए और कुछ नहीं।" मृणालिनी की ओर वह देखते रहे। फिर उठे। पानी भरा जग उठाया और दो-चार चूंट पानी मुंह में भरकर उसे इधर घुमाते रहे। फिर बाश बेसिन में जाकर उसे उल्था कर दिया। अब वहां मृणालिनी कहां थी?

रात का भोजन नहीं किया। केवल एक गिलास दूध लिया। कुछ देर ध्यान किया। शरीर कुछ शिथिल हो रहा था। लेटकर अज्ञात ज्योति बिंदु पर ध्यान लगाने का प्रयत्न किया और ऐसा करते हुए वह सो गए।

पता नहीं कब और कैसे लंदन से प्रे आ गई। वह उठ बैठे। उसका हालचाल पूछा और सामने पड़ी कुर्सी पर बैठ जाने के लिए कहा। पूछा, "बहुत वर्षों बाद भारत आई हो।"

"आते ही आपके पास आई हूं।" 'आर्य' पत्रिका पढ़ी। लगा कि पूरी पत्रिका एक ही के द्वारा लिखी गई है। क्या पूरे 64 पृष्ठ का मैटर आप ही लिखते हैं, अरविंद?

"फिलहाल तो मैं ही लिख रहा हूं-प्रतिदिन दो सवा दो पृष्ठ।"

"बहुत मेहनत की है-एकदम बेहतरीन दार्शनिक पत्रिका। मैं सारी रात उसे ही पढ़ती रही और बीच-बीच में तुम्हारे बारे में अनुमान लगाती रही कि तुम कभी मेरे छात्र थे और आज मेरे अध्यापक। 'वेद रहस्य', 'यानी कविता', 'दिव्य जीवन', 'गीता-प्रबंध' आदि पर क्या खूब लिखा है कि अपने प्रतिभा संपन्न छात्र का माथा चूमने का मन करता है।...

"नहीं।"

"तुम्हें पता था कि..."

"हां था। बुलाया भी था।"

"नहीं जा सके।"

"क्योंकि...।"

"कारण नहीं, अरविंद। वह वक़्त कारण का नहीं होता है।...क्या बीमारी थी?"

"मलेरिया।"

प्रे ने कुछ दिमाग पर जोर डालकर पूछा, "मलेरिया तो तुम्हें भी हुआ था।"

"हां, पर आपको यह किसने बताया?"

"नाम में रुचि क्यों है?...बहुत जोर का ज्वर था।"

"हां, सारे कंबल ओढ़ने पर भी देह पीत पत्र की तरह कांपती रही थी।"

"तब पत्नी...।"

"मृणालिनी।"

"तुम्हारे पास थी।"

"थी।"

"क्या उसने तुम्हारी सेवा-सुश्रूषा में कोई कसर छोड़ी थी।"

"नहीं, प्रे। उसने दिन-रात एक कर दिया था। मेरी शैया के पायंते एक कोने में बैठी रहती थी। पंखा झलती, सिर-माथे, पांव में मालिश करती। दवा पिलाती। मेरा मन पसंद भोजन बनाती। मैं टोकता-रोकता तो कह देती थी-कृपया मुझे अपने मन का कर लेने दो। रोको-टोको नहीं।" अरविंद का कहते-कहते स्वर नम पड़ता गया। उनके चेहरे पर उदासी घिर आई।

"लेकिन जब उसे मलेरिया हुआ तब आपने क्या किया? उसके आग्रह पर गए तक नहीं। क्यों अरविंद, क्या आपको नहीं लगा कि जाना चाहिए था?"

"लगा, प्रोफेसर प्रे, लगा परंतु..."

"परंतु की यहां जरूरत नहीं है।" प्रे ने बैठने का रुख बदल कर कहा, "मैंने आपके 'सावित्री' पर दिए वक्तव्य को पढ़ा था कि उसमें बहुत आश्चर्य की बात तो यह है कि उसमें आपकी अपनी अनुभूति भी है। वह एक अंतप्रकाश की शाश्वत खोज है। कैसे कह जाते हो तुम अरविंद, यदि कोई दुःखी है, निराश है, क्षुब्ध है, असफल है, संकट में है तो उसे सावित्री उठा लेनी चाहिए। मनोयोग से पढ़ना चाहिए तो उसका अवसाद-संकट धुएं की तरह अदृश्य हो जाएगा।" यह तुमने ही कहा है न?

क्या कभी तुमने सोचा, अरविंद, आज मुझे तुम्हें तुम कहते हुए संकोच हो रहा है। मैंने सोच तो था कि तुम बहुत आगे निकल जाओगे, परंतु इतने आगे निकल जाओगे कि विश्वविद्यालय और उनके पुस्तकालय दोनों ही छोटे पड़ जाएंगे।"

"आप जरूरत से ज्यादा तारीफ कर गई हैं, जो आपके स्वभाव के एकदम विरुद्ध है। आपको तारीफ करने में सब कंजूस मानते थे।"

"फिर भी, मैंने तुम्हारी तारीफ करने में कभी कोताही नहीं बरती।"

"क्या-क्या देख लिया यहां आकर?"

"क्या देख पाती। यहां कोई दिखाने वाला कहां है? और जिसकी उम्मीद लेकर चली आई थी, वह आश्रम खोलकर बैठ गया है।"

"यहां आश्रम जैसा तो कुछ नहीं है।"

"नींव रखी जा चुकी है तो हो भी जाएगा, अरविंद।"

"अरविंद ने ध्यान से प्रे की ओर देखा। वह जरा भी नहीं बदली। उसका वही सदाबहार रूप रंग, वही छरहरा देह और वही होठों की मुस्कान आंखों में उतर जाने वाली। उम्र की कहीं कोई लकीर नहीं। वह पूछ रहे थे, "क्या लीजिएगा।"

"आज कुछ नहीं।"

"कुछ तो जरूर, प्रोफेसर प्रे।"

"गुरु दक्षिणा दोगे क्या, अरविंद?"

"यह मेरा सौभाग्य होगा, प्रोफेसर? आप आज्ञा कीजिए।"

"तुम आज जगत् गुरु हो, अरविंद।"

"नहीं प्रोफेसर। आपके सामने मैं वही अरविंद हूं जो तब था जब पढ़ता था।"

"तुमने शादी की है न।"

"हां की थी। वह अब नहीं रही।"

"उससे प्यार किया था।"

"हमारे यहां शादी से पूर्व प्यार नहीं होता।"

"हमारे यहां होता है तो शादी नहीं होती और होती भी है तो सफल नहीं होती। हम कितने प्रतिकूल है।"

"हम भी कहां अनुकूल हैं।"

"वह कहां सिधारी?"

"कलकत्ते, प्रे।"

"तुम तब वही थे क्या?"

"हां, परंतु वह अभी पुस्तकाकार रूप में भी नहीं आया है और उसमें संशोधन परिशोधन चल रहा है।"

"वह धारावाहिक तो सामने आया ही है और आपने उसके बारे में वक्तव्य भी अत्यंत डूबे हुए दार्शनिक की तरह दिया है।"

"हां, प्रे, वही मेरी साधना का सुफल है। मेरे योग का ऊर्जा है और अक्षय आनंद का स्रोत है।"

"पर उसमें सावित्री है। सत्यवान को वह यमदूत से लेकर लौटती है। पर कब तक नारी पुरुष को मृत्युद्वार से लौटा कर लाती रहेगी? क्या कभी पुरुष की चेतना में वह पीड़ा अंतर्दृष्टि बनेगी, जिससे वह 'सावित्री' को

मृत्यु के बाद लौटा सके-सप्राण?...मुझे नहीं मालूम कि तुमसे वह क्यों नहीं बना जो सहज ही तुम्हारी पत्नी मृणालिनी से बन गया? अरविंद, यह प्रश्न मुझे तुम्हारे ऋषि-द्वार तक लाया है। उत्तर मुझे नहीं, तुम्हें चाहिए और अपने लिए चाहिए।...अच्छा अरविंद, मुझे अब चलना है।" कहकर प्रे ने कलाई पर बंधी घड़ी में झांका और बिना मुड़े आगे बढ़ गई। अरविंद अवाक् से उसे देखते रह गए। तभी उनकी आंख खुली। धीरे से उठे। पानी भरा जग उठाया और एक गिलास में पानी उलटा। खिड़की पर परदे जोरों से हिल रहे थे।

अरविंद चौंक पड़े। उनका ध्यान दरवाजे की ओर गया। दरवाजा खुला हुआ था और बाहर की लाइट जली हुई थी, जिसे वह बंद करके सोये थे। अचानक उन्हें किसी की पदचाप सुनाई पड़ी। वह सुनते रहे। फिर उस पदचाप के पीछे चल पड़े। पदचाप सीढ़ियां उतर रही थी। वह नीचे आए। पदचाप बंद। वह काफी देर तक खड़े रहे। फिर कोई आहट सुनाई नहीं पड़ी। वह लौट पड़े। यह स्वप्न भी नहीं था। स्वप्न होता तो पदचाप कैसे सुनाई पड़ती? फिर क्या प्रे सचमुच आई थी? क्या यही कहने आई थीं कि सत्यवान कब सावित्री को लौटाने में सक्षम होगा। उसे उस दिन की बेसब्री से प्रतीक्षा है। उन्होंने सिर झटका और सीढ़ियां चलने लगे।

41

आज समुद्री हवाएं अपेक्षाकृत और दिनों के कुछ अधिक प्रशांत थीं और हलकी-हलकी कुछ नम भी थी। आश्चर्य, समुद्र भी प्रशांत था। सूर्य के साथ मेघ आंख मिचौली खेल रहे थे। चारों ओर अनायास हर्ष का सा वातावरण बनता नजर आ रहा था। साथ ही, उजास की बारीक रेखा उभर कर तुरंत ओझल हुए जा रही थी।

24 अप्रैल, 1920 की दोपहर पूर्व की बेला थी। जहाज से मीरा अल्फासा और पॉल दिशार उतर कर बाहर आए थे। समुद्र के किनारे वायड हाउस में वे पहुंचे थे। जापान से पांडिचेरी तक की यात्रा आंखों में स्वप्न लिए ऐसे बीत गई थी कि कुछ पता ही नहीं चला कि समुद्र की नमकीन हवाओं से कब संबंध टूट गया और कब पांडिचेरी आ गए।

दोनों खूब नहाये। हल्का लंच लिया और सो गए। जब आंख खुली तब रात्रि थी। आज उन्होंने अरविंद से मिलना ठीक नहीं समझा या यह कहना ज्यादा उचित है कि उन्हें प्रमाद ने घेर लिया था।

रात को सोने से पहले एक दिन पॉल दिशार ने कहा, "मीरा, मैं यहां ज्यादा दिन नहीं ठहरूंगा।"

"तुम्हारा जाना पक्का है।"

"जैसे तुम्हारा ठहरना, मीरा।"

"क्या तुम मेरा साथ नहीं दोगे।"

"यही मैं तुमसे कहूं तो...।"

"इस तरह हमें सोचना बंद कर देना चाहिए।" मीरा अल्फासा ने कहा और उदास हो गई।

"मैंने कभी नहीं सोचा था कि..."

"मैंने भी, दिशार, ऐसा नहीं सोचा था।"

"पर असोचा घट रहा है और वह भी मेरे कारण, मीरा।"

"वो क्यों।"

"न मैं सन् 1910 में यहां आता और न अरविंद से मिलता। मिलता तुम से भी तो उस सबका जिक्र नहीं करता।"

"फिर भी, यही होता दिशार। ईश्वरीय आदेश को स्वीकारने के अतिरिक्त हमारे पास दूसरा कोई चारा ही नहीं है।"

"तुम अरविंद के साथ रहकर दिव्य जीवन प्रतिष्ठित करने में उनकी मदद करोगी। उनकी सहयोगिनी बनोगी।"

"हां दिशार, जब मैं उनसे पहली बार मिली थी तब मेरा पिछला जो भी कुछ था, एकदम रिक्त हो गया। तदुपरांत शनैः-शनैः उसी रिक्तता या शून्यता में जो सृजित-निर्मित होता गया, वह शांत, ब्रह्मरूप, विराट्, भास्वर और सीमारहित था...अनंत...अनंत के पार।...तुम उस अनंत और सीमाशून्यता का अनुभव कर पाते तो तुम मेरे से कोई प्रश्न नहीं करते और चुपचाप मेरी तरह उस अक्षय विराट् के प्रति पूर्णतः समर्पित हो जाते और अपने लिए शेष निःशेष कुछ बचाकर नहीं रखते। मेरी तरह तुम्हारा भी नया जन्म होता नवजात शिशु की भांति। तुम भी गदगदानुभूति से भर उठते।"

"तुम, मीरा, जापान में आत्माभिव्यक्ति और आत्मदर्शन कराने में पीछे नहीं रही। वह महिला, जिसे तुमने उसकी आत्मा से साक्षात्कार कराया था, तुमसे कई माह बाद मिलने पर कह उठी थी, आप धन्य हैं। आत्मदर्शन होते ही मुझे तीव्र अनुभूति हुई कि मेरा देश और मेरा मिकाडो (जापान का सम्राट) उसके सामने कुछ नहीं है। जबकि हमें जन्मघुटी में ही यह मंत्र दिया जाता है कि जननी, जन्मभूमि और मिकाडो स्वर्गादपि गरीयसी है।"

"उसने भी तुम्हें लकड़ी का बना सेंडिल दिया था और पहनने के लिए किमोनो दिया था।"

"दिशार और उसी ने मुझे चेरी के पुष्पों से भी मिलवाया था-आत्मा के पुष्पों से। तुम्हें शायद यह पता नहीं है कि वह सुंदर, संवेदनशील और सुनहरे रंग

का वाद्ययंत्र बजाने वाली युवती पेरो एक गणिका थी। आत्मदर्शन के बाद वह भिक्षुणी बन गई और दूर चली गई। उसने चलते हुए मुझसे कहा था, "गणिका होना मेरी कोई विवशता नहीं थी और गणिका धर्म से मुक्त होना भी मेरे लिए तनिक भी जटिल नहीं हुआ- तिनका सा भ्रम सहज टूट गया। मैं जग चुकी थी और अब मैं आपकी कृपा करुणा से अत्यंत आनंदमयी और निर्द्वन्द्व हूं।" उसने झुकझुक कर शुक्रिया अदा किया था। बौद्धों का वह देश जितना शालीन, अतिथि भक्त और प्रकृति पर निछावर होने वाला है, उतना ही मितभाषी, आलौकिक अनुभूतियों से भरा हुआ है और सिर से पांव तक कर्मठ है।

"हां मीरा, यह अद्‌भुत और निराला देश है।"

"जहां हम रहते थे, मैंने वही एक बागान बना लिया था।"

"जहां से तुम नित ताजा सब्जी लेकर आती थी।"

"हां दिशार, उसकी भी एक मनोरम और संवेदनशील कहानी है।" शायद वह अंतर्कथा मैंने तुम पर जाहिर नहीं की। उस दिन भी नहीं की, जबकि तुमने कहा था कि मुझे तुम्हारा किचिन टाइमटेबल बहुत रास आया। सचमुच तुमने तो एक किचिन केमिस्ट्री को जन्म दे डाला। इस विषय पर तुम साधिकार लिख सकती हो और दुनिया को एक नया जीवन प्रदान कर सकती हो। तुम रोज-रोज किचिन में ऐसा नया कैसे कर पाती हो, मीरा?

"हां कहा था, मीरा।" पॉल दिशार ने हामी भरी गरदन हिलाकर और चुरुट से एक धीमा कश खींच।

"दिशार, तुम इसे मेरा पागलपन या दीवानापन मान सकते हो, मुझे कोई एतराज नहीं होगा और तुम्हें यह जानकर और भी आश्चर्य होगा कि जिसे तुम किचिन प्रिप्रेशन का टाइमटेबल मानकर उसे किचिन केमिस्ट्री से संबोधित कर उठे हो, वह मात्र उस असफल कलाकार की अन्यतम पेंटिंग बन गई, जिसने अपने से हार कर अपना सामना करने का साहस खोकर और धीमे आवेश में बड़े-मोटे कागज पर रंग दे मारे थे ओर मन ही मन कहा था, "ओ जगत् के नियंता-सृष्टा अब तुझसे मांगने के लिए उस कटोरे को ही उलटकर तोड़ डाला है। अब तू भी मुक्त और मैं भी मुक्त। मैं पेंटिंग की लत से मुक्त और तेरे आगे हाथ पसारने से मुक्त कि तू मेरी कूची में वह अदृश्यमान् जगत् उलट दे जिससे पाक-साफ दुनिया हर्ष से नाच उठे आत्मविभोर होकर। परंतु तूने आज तक ऐसा नहीं किया तो हमने भी कच्ची गोलियां नहीं खेली हैं, यह भी दुनिया के आलीशान और सर्वोत्कृष्ट कलाकार के इस स्वाभिमान और अपनी इस हृदय-आकांक्षा को ही गर्त में डाल देते हैं। अब हमने वह सारा साजो समान ही गर्त में डाल दिया है, जिससे लालसा का समुद्र हममें हिलोरे लेता था और स्वाभिमान से छाती चौड़ी कर, सिर उठाए दुनिया के सामने आना चाहता था। जानते हो, दिशार, उस असफल कलाकार के साथ

क्या हुआ।" मीरा अल्फासा ने हृदय के वायलिन पर अज्ञात धुन निकालते हुए अत्यंत भावुक होकर पूछा।

"क्या हुआ, मीरा।"

"यह पूछो कि क्या न हुआ उसके साथ! सब कुछ हुआ और उसकी आंखों के सामने हुआ। वह आंखें फाड़े देखता रह गया। वह असफल चित्रकार फ्रेम में कसे उस बड़े और मोटे कागज को बाहर जाकर दफनाना चाहता था ताकि उसकी कोई निशानी उसे आहत करने के लिए शेष नहीं रहे। ठीक उसी वक्त, एक अति संभ्रात युवती ने प्रवेश किया और मेरे हाथ से पेंटिंग लेकर उसमें डूबकर देखने लगी और मेरी प्रिय कविता 'एक देवता का श्रम' गुनगुनाने लगी। कभी धीरे से, कभी तेजी से कि धरती पर स्वर्ग झुका लाएंगे। हर हालत में उन्हें इस माटी के अंदर आना होगा/बोझ इसी धरती के अंतर का ले/कंटक भरी राह पर चलते ही जाना होगा/ [ही हू वुड बिंग दि हेवन्स हीयर/मस्ट डिसेंड हिमसेल्फ इन टू क्ले/ एण्ड दि बर्डन ऑव अर्थली नेचर बीयर/एण्ड ट्रेड दि डोलरिस वे।] वह असफल कलाकार तब अवाक रह गया जब उस अभिजात स्वप्न परी सी युवती ने उसे बताया कि वह उसकी इस बेशकीमती कृति को वर्ल्ड स्टेट्स की पेंटिंग्स प्रतियोगिता 'कम' प्रदर्शन में रखना चाहती है और...और, दिशार, वह दुनिया के नामी कलाकारों में आ गया। ठीक वैसे ही दिशार, जब मैं बागान में सब्जी तोड़ने पहुंचती थी तब मुझे दो तरह की आवाज सुनाई पड़ती थी। एक तो कहती थी, "हमें आज नहीं, हमारी मालकिन, आज नहीं।" दूसरी आवाज आती थी, "हमें लीजिए, हमें लीजिए। हम तड़के से ही आपके कोमल स्पर्श और संवेदनशील हृदय की प्रतीक्षा में है कि कब आप हमारा अन्तः स्पर्श करें और हम हर्ष से झूम उठे।...सच यही है, दिशार। मैं स्वयं आश्चर्यचकित रह गई। इससे पहले मैंने पेड़-पौधों को बोलते नहीं सुना था। नहीं देखा था। मेरे लिए संवाद के वे मूक होते क्षण सर्वाधिक महत्त्व के थे। यह रहस्य है मेरी किचिन केमिस्ट्री और किचिन के मनमोहक कार्यक्रम (टाइमटेबल) का। क्या तुम यहां यह सब अतीन्द्रिय आनंद में सराबोर होना चाहोगे।"

"नहीं, मीरा। मुझे बोहेमियन लाइफ जीने का चाव नहीं है।"

"तुम इसे बोहेमियन लाइफ कहते हो।"

"नहीं, मुझे इसे भाग्यवादी कहना चाहिए।"

"भाग्यवादी हमारी विवशता है।"

"ठीक उस असफल कलाकार की सफलतम उपलब्धि की भांति।"

"मैं यहां भी सोचती हूं।"

"तुमने यहां भी प्रबंधन अपने हाथ में ले लिया है।"

"कोई और रास्ता नहीं था।"

अरविंद सबके लिए सामान्य जन थे। उनके प्रति गुरु भक्ति भाव नहीं था और न गुरु और शिष्य का आचरण और शिष्टाचार। मैंने वह सब शुरू किया है स्वयं उनके प्रति संपूर्ण समर्पण भक्ति और विनय भाव से। अभी तक सबके मुख पर उनका नाम रहता था–अरविंद।

"तुमने अरविंद को सबसे अलग किया। उन्हें उच्चासन पर बिठलाया। स्वयं नीचे बैठी। संबोधन बदले। अरविंद को गुरु पद की गरिमा से प्रतिष्ठित किया। शिष्य नीचे बैठने लगे। तमने एक सर्वथा आकर्षक और नयनाभिराम रूप दे डाला।"

"उनके लिए यही सर्वथा उपर्युक्त था, दिशार। अब 'गेस्ट हाउस' से नए हाउस में जाने की तैयारी करेंगे। एक भव्य तथा सहज, शालीन और प्राकृतिक वातावरण तैयार करेंगे ताकि उनकी सिद्धियां, उपलब्धियां, शक्तियां और अतिमानस से हमारा समाज लाभ ले सके।" मीरा अल्फास आज हलके पीले रंग की रेशमी साड़ी पहने हुए थी और उसकी आंखों में सम्मोहन द्वीपों का मेला सा लगा हुआ था।

"जानता हूं मीरा, तुम्हें अपनी सिद्धि मिल गई, जिसकी तलाश में तुम अपने आपको छिपाए दूसरों का मन रखने का यत्न कर रही थी।" पॉल दिशार गंभीर होकर कहे जा रहा था, "मैं यहां से जल्दी ही अमेरिका के लिए निकल जाता, परंतु मैं ऐसा नहीं कर सका या कहूं कि मेरी आत्मा ने मुझे ऐसा करने की अनुमति नहीं दी। प्यार पागल होता है, मीरा, यह मेरी समझ में शरू से घर किए था–तम्हें पहली बार देखकर जबकि मैं तम्हारे बारे में कुछ नहीं जानता था कि तुम एक लड़के की मां हो और अपने पति से तलाक ले चुकी हो। यह सब मुझे मालूम पड़ा तो भी मुझमें कोई परिवर्तन नहीं हुआ। तुमने तो कह दिया था, "दिशार, हमें जल्दी में कोई कदम नहीं उठाना है। मुझमें शादी के प्रति अभी कोई लगाव जैसी बात नहीं है। मुझे भी अपने को समझाना और तैयार करना होगा। मुझे यह काम सरल नहीं लगता है। फिर भी, मुझे सोचने में वक्त लगेगा और तुम भी भावुकता के इस ज्वारभाटे के पार निकल जाओगे।"

"सचमुच मैं तुमसे धीरे-धीरे इतना प्यार करने लगा हूं कि मैं अपने को व्यक्त करने से नहीं रोक सका।"

"और सचमुच दिशार, मैंने तुम्हारे बारे में एक अच्छे दोस्त से ज्यादा कभी कुछ सोचा भी नहीं। कोई जरूरी भी नहीं है कि प्यार को संबंधों में जकड़ा जाए। प्यार सुगंध है। उसे कोई कैद नहीं कर सकता।"

"तो क्या विवाह एक कैद है।"

"शायद नहीं, परंतु वह हो सकता है जैसे मेरे साथ हुआ, दिशार।"

"क्या हुआ, मीरा।"

"हमारा पहला प्यार शुष्क प्यार था। प्यार के अतिरिक्त और कुछ नहीं था। वह प्यार का अहसास मां के कहने से दिमाग में होता हुआ दिल में उतर गया। हेनरी मरिस्ये विख्यात गुस्ताव चित्रकार मरयो का शिष्य था, मितभाषी, सुंदर, हृष्ट-पुष्ट, इकहरी देह का सवा छह फुट की ऊँचाई वाला शांत, प्रसन्न और उदार व्यक्तित्व का धनी था।

मैं उन्नीस पूरे कर रही थी या करने वाली थी। पेंटिंग का शौक रखती थी। रंगों और कूची का ज्ञान संतोष देनेवाला था। कृत्तिव सदा मुझे तृप्ति प्रदान करता रहा है। वह पेंटिंग्स बहत बढिया कर लेता था। खासतौर पर पश-पक्षियों और प्रकति की। पर वह आर्थिक रूप से कमज़ोर था।"

"तुम इन चित्रों को आर्ट गैलरी तक क्यों नहीं ले जाते।" मीरा अल्फासा ने उसके कमरे के चित्रों को देखकर कहा। वह बोला, "मीरा, इनके जुबान नहीं है...और होगी भी तो हम नहीं समझ पाते। मैं कुछ-कुछ समझ लेता हूं। मेरा हृदय करुणा से भर उठता है।"

"इसका मतलब क्या हुआ, हेनरी।"

"ठीक से तो मैं भी नहीं जानता। तुमने मीरा, पेरिस में चेरी पेड़ों के बगीचे के बारे में सुना है क्या।"

"देखा भी। वहां एक बहुत सुंदर शेर पिंजरे में रहता है। इंसान को देखकर वह गुर्राता है। उसकी दहाड़ अच्छे-अच्छों के दिल को दहला देती है।"

"हां वही, मीरा। मैंने उसको बैठाकर चित्र बनाया है-वो सामने देखो।"

"वह कैसे! वह बैठा कैसे होगा? यह तो इंसान को देखते ही दहाड़ने लगता है।"

"वसंत के मध्य में, उस दिन गुडफ्राइडे का दिन था। दोपहर ठंडी हो चली थी। मैं पिंजरे तक गया। वह गुर्राया। मैंने कहा-दोस्त, तुम मेरे साथ दोस्ती करोगे।" उसने ध्यान से मेरी ओर देखा और फिर अपनी ओर देखकर मानों मुझे बताया हो, "क्या इंसान दोस्ती करने के लायक है। यदि होता तो एक दोस्त दूसरे दोस्त के साथ कभी ऐसा विश्वासघात नहीं करता कि अपने दोस्त को कैद कर उसका तमाशा बनवा देता। क्षमा दोस्त, मैं उनमें से नहीं हूं। मैं एक चित्रकार हूं।

"...तो तुम मेरा चित्र बनाना चाहते हो।"

"हां।" "इसके लिए मैं किसी एक पोज में बैठ जाऊँ।"

"हां, दोस्त।"

"और तुम दोस्ती के नाम पर उसे बनाकर बेच दो। अच्छे पैसे कमा लो।"

"कदापि नहीं, दोस्त। मैं पेड़-पौधे, पशु-पक्षियों और प्रकृति के चित्र बनाता हूं, परंतु उन्हें बेचता कभी नहीं। तुम्हें मुझ पर विश्वास करना चाहिए, दोस्त। ये दोस्त तुमसे कभी गद्दारी नहीं करेगा।"

"और वह मान गया।" मीरा अल्फासा ने उसके चेहरे को पढ़ते हुए कहा।

"हां, मीरा, वह मान ही नहीं गया, आधेक घंटे तक एक पोज में बैठा भी रहा।" वह आगे बोला, "जब पेड़ विनती करते हैं कि उसे नहीं काटो और लोग उसकी टहनियां या उसे जड़ से ही काट देते हैं तो वह रोता है। तुमने शायद किसी पेड़ को रोते नहीं देखा होगा, मीरा, मैंने देखा है। फिर बताओ, मैं उन्हें कैसे बेचं? बेचने के लिए मैं इंसानों के चित्र बनाता हूं।"

"क्यों।"

"इंसान एक मंडी है। वह अपने से लेकर सबको बेच देता है। उसे कीमत चाहिए। उन चित्रों में मेरा मन नहीं रमता। वह मेरा व्यवसाय है। वे पेंटिंग्स मेरे से अच्छी भी नहीं बनती हैं।"

"इसका मतलब यह हुआ कि गरीबी हमारे जीने की पहली शर्त होगी।"

"मुझे गरीबी से कतई परहेज नहीं है।"

"वह मूडी था। वह अपने में केंद्रित था। उसे आध्यात्म में रत्ती भर भी रुचि नहीं थी। हम अंदर से कटते गए और एक दिन खुशी-खुशी अलग ही हो गए, दिशार।"

"आज शायद हम उसी मोड़ पर खड़े हुए हैं, लेकिन मैं तलाक नहीं चाहता।"

"तुम्हें उम्मीद है कि तुम अमेरिका से लौट पाओगे।"

"शायद नहीं।"

"या एकदम नहीं।"

"शायद यही ज्यादा सही है।"

"फिर भी, तुम..."

"तुम चाहो तो...।"

"तैयार हो।"

"क्योंकि मैं अपने प्यार को खोना नहीं चाहता।"

"यह जीवन भी क्या है, दिशार। हमने कभी सोचा भी नहीं था।"

"फिर भी हम जी रहे हैं।"

"जिंदगी की यही कहानी है, यही उसका फलसफा है।...तुम यहां जिओ, मैं वहां... एक-दूसरे की यादों के साथ कभी पुनर्मिलन की हलकी सी उम्मीद के साथ।"

"शायद मेरे लिए यह संभव न हो।"

"पर मेरे लिए सिर्फ यही संभव है, मीरा।"

"मीरा अल्फासा चुप रह गई। उसे कुछ सूझा ही नहीं। वह जानती थी कि पॉल दिशार की कल की बुकिंग है। वह कल अमेरिका के लिए चल पड़ेगा। पर अभी बताया नहीं। पॉल दिशार ने याद दिलाया, "आज रविवार है।"

"हां है, दिशार।"

"आठ बज रहे हैं।"

"हां।"

"अरविंद आने वाले हैं।"

"प्रायः रविवार को साथ भोजन लेते हैं।"

"तो मैं चलूंगा।"

"तुम दिशार, साथ नहीं दोगे।"

"मेरे लिए आज यह संभव नहीं है। कहता हुआ वह उठ खड़ा हुआ। मीरा अल्फासा देखती रही, वह वहां से चलकर सीढ़ियां उतर रहा था। पगला, जा रहा है। रुकेगा नहीं। इतने दिन रुक गया, यही बहुत बड़ी बात है। अन्यथा आते ही जाना चाहता था। कितना खुशदिल, खुशमिजाज और साफ हृदय वाला मित्र है। चलो, अब नई राह, नई दिशा और नई जिंदगी का सबसे बड़ा पड़ाव। उसे पुनः वही खटपट की आवाज पहले कुछ तेज होती सनाई पड़ने लगी। ऐसा बहत कम होता है कि व्यक्ति के चलने में एक लय हो, एक आनंद प्रदान करने वाला ऐसा संगीत हो, जिसे बारंबार सुनने के लिए मन-हृदय आतुर हो उठे। उसने पढ़ा था कि ऋषियों के हर साधारण-से-साधारण कार्य से असाधारणता की अनुभूति है। जैसे जब अरविंद भोजन शुरू करते हैं, वह रसमग्न होने लगते हैं। हर कौर को धीमे-धीमे चबाकर, रस बनाकर आनंद प्रफुल्लता से स्वीकार करते हैं। जैसे जब वह नहीं बोलते हैं, तब कभी-कभी लगता है कि वह किसी से संवाद कर रहे हैं। जैसे उनके पास आते-आते व्यक्ति अपने को भूलने लगता है और उनसे जो कुछ सुन पाता है, उसे हमेशा सुनता रहना चाहता है।"

ऐसा उसी व्यक्ति से संभव है, जिसने अंतरंग-बहिरंग ऊंचाइयों को अपने में आत्मसात कर लिया हो। अरविंद समुद्र देखने के लिए एक जगह रुक गए। उनके साथ जो थे, वे भी रुक गए। धीरे-धीरे वह ध्यानमग्न होते गए और कुछ देर में एकाग्र और एकतार हो गए। वह एक ही धोती नीचे से ऊपर तक अपने तन पे लपेटते थे। वैसा हर एक नहीं कर सकता। करेगा तो वह वैसा दीखेगा नहीं। उसमें वह प्रीतिकर लावण्य कहां से लाएगा, जिससे धोती रागात्मक संबंध उनसे बनाती है।

मीरा अल्फासा ने जैसे ही सुना कि सागर की लहरें गा रही हैं, वे स्तुति गान कर रही हैं, वे अरविंद का आशीर्वाद लेने के लिए मचल उठी है, वे उनकी आरती कर रही है। वैसे ही वह अपने ध्यान में अरविंद को लाकर पूछने लगती हैं, "मैं देख सुन रही हूं, क्या वह सच है या...।" मीरा, संदेह वह कांटा है जो निकल जाने पर भी पीड़ा का अनुभव कराता रहता है। तुम इस समय न कान से सुन रही हो और न आंखों से देख रही हो, न नाक से

सूंघ रही हो। न स्पर्श की अनुभूति में हो, क्योंकि यहां जो कुछ अनुभव हो रहा है, वह इंद्रियों की पहुंच से परे है। कल्पना करो, तुम विश्व की सर्वश्रेष्ठ चोटी एवरेस्ट पर जा खड़ी हुई हो, जहां प्रभंजन नहीं है, जहां हरित संसार नहीं है, जहां मात्र हिम का अनंत विश्व है, जहां पानी नहीं है, कलकल करती ध्वनि नहीं है, जहां शोर नहीं है। पक्षी नहीं है तो वहां उनका कलगान भी नहीं है। क्या तुम उस अपार की अपार अनभति में लिपटी स्वयं को अपार होने की ललक से नहीं भरती जा रही हो! क्या तुम आंतरिक समर्पण के अंतर्द्वार पर हर पल उसमें समाविष्ट होने की प्रतीक्षा में आतुर नहीं हुए जा रही हो! क्या तुम्हारा मन लौटने की कांक्षा से शून्य नहीं हो उठा है? क्या तुम्हारे हृदय में स्वर रहित अनुगूंज नहीं गूंज उठी है।...इसलिए मीरा, न इस समय तुम सुन रही हो, न देख रही हो, इस समय तुम अपार के साथ हो, अपार हो। जैसे सागर की ये मधुरतम लहरें उछलना छोड़कर एकदम नीरव हो उठी हों। ऐसी नीरव कि उससे आगे नीरवता कल्पनातीत है, क्योंकि वहां अद्वैत नहीं रहा है, असमानता नहीं रही है, धरती नहीं रही है, सर्वस्व ब्रह्मांड हो गया है आकांक्षारहित, आकार शून्य और रंगहीन।

कुछ देर बाद जब उसने सुना कि अरविंद कह रहे हैं, "आगे बढ़ो।"

"आगे समुद्र है।"

"वह तो हर जगह है। सब तरफ है। नहीं होते हए भी है और होते हए भी नहीं है। मीरा, तुम किस समुद्र की बात कर रही हो।" मीरा अल्फासा चौंक पड़ी। उसने आंखें खोलीं। वहां समुद्र नहीं था। वहां समुद्र का तट भी नहीं था। वहां तो द्वार पर संगीत दस्तक दे रहा था। जैसे ही द्वार खोला तो देखा दिशार अरविंद के साथ है। वे दोनों अंदर आ रहे थे। वह द्वार के एक ओर बगल में खड़ी मौन थी।

42

आज सब रंग खिले थे मानों प्रकृति नया वर्ष मना रही हो, नव श्रृंगार कर रही हो और नव रूप धारण कर रही हो। यह बात तब की है जब मीरा अल्फासा भारत आने की तैयारी में जुटी हुई थी कि क्या-क्या लेकर चले अपने आराध्य देव के लिए, तब उनको लगा कि वह यह तो ले ही नहीं जा सकती, जिसने उन्हें सबसे अधिक मोहित किया है, उनकी अंतर्दृष्टि को खोला है और चिर आनंद के अतिरेक में डुबाए रखा है। उसे वह कैसे उन्हें भेंट कर सकेगी!

जापान की महिलाएं और बच्चों से बात करते हुए और बच्चों की बात करते हुए वह कितनी समर्पित, तल्लीन, आनंद-प्रफुल्ल, विशुद्ध, स्नेहिल, ममतामयी, प्रकाशमयी, स्फूर्तिमयी, प्रस्फुरण संकुल, सृजन आस्थामयी, विराट

और बाल सुलभ हो जाती हैं कि सारा प्राकाट्य आलोक से गद्‌गद हो उठता है। मातृत्व ही उनकी सर्वोत्तम साधना है। पूजा-अर्चना है और संपूर्ण आध्यात्म है। वह नवीन देहयष्टि में बसने वाली आत्मा के लिए अत्यंत मनोयोग से भूमि तैयार करती हैं, वातावरण बनाती हैं और नवीन मानस सृजन का आह्वान करती हैं।

जापान में शिशु जगत् ही स्वर्ग है। वहां स्वर्ग बच्चों से ही है। माताओं के पीठ पर सवार झूलते हुए बच्चे अपनी मनोरम आंखों से अग-जग को सम्मोहित कर लेते हैं। इतना निश्छल प्यार, अंतरात्मा से लगाव और देवता तुल्य व्यवहार यदि धरती पर कहीं है तो वह जापान में है, जापान में है, जापान में है। झिलमिलाते किमोनो (एक वस्त्र) से सजे-संवरे बच्चे साक्षात् ईश्वर की अनुभूति कराते हैं। ईश्वर कहीं है तो यहां है, इन बच्चों में है, जिनके प्रति वहां धर्म से ज्यादा बच्चों के प्रति समर्पण है, लगाव है, प्यार है, ममता है।

वैसे तो वहां कोई बच्चा रोता नहीं है। सब हर्ष उत्फुल्ल रहते हैं और मान लो कि कहीं खरोंच-चोट लग जाए तो उनसे इतना भर कहना है कि क्या तुम समुराह नहीं हो? फिर क्या है कि वे सुमनों की सी मुस्कान बिखेर देते हैं। यह सब वह कैसे भेंट कर सकेगी?

स्वयं अपने बच्चों को वह उस प्यार को नहीं दे सकी, जिसका वह हकदार था। प्यार की फसल उगानी है तो वह बच्चों से ही संभव है। कई बार मीरा अल्फासा के मन में आया कि वह वहां मातृत्व ग्रहण करे, मानो वह उसके लिए अमृत साधना के समान होगा। वह जब टोकियो का वह विस्तृत बाजार देखती, जहां बच्चे-युवा सदा पुस्तकों की खरीदारी करते होते और मनपसंद पुस्तकें पाकर हर्षोन्माद से भर उठते, तब उसे लगता कि यही जगह दुनिया का स्वर्ग है। पॉल दिशार कह रहा था, "मीरा तुम क्यों इस स्वर्ग को छोड़कर पांडिचेरी जा रही हो।"

"नहीं जानती, दिशार। लगता है कि जानने से भी आगे बहुत कुछ है जो हमारी किताबों में नहीं है।"

"वो बुला रहा है।"

"तुमने तो यहां महात्मा बुद्ध की मधुर वाणी को भी सुना है, जिन्होंने तुम्हारे सुनहले प्रकाश से आवृत्त हीरा देखा था जो पूर्णता के पार भी पूर्ण था। वही तुम्हारे वलय वृत्त की अनुपम सृजन है।"

"हां दिशार, यह भी सच है।"

"उसने ही तो तुम्हें चालीस पार के चिह्न मिटाकर सत्रह-अठारह वर्ष की पड़ोसी के अतुलनीय सौंदर्य से विभूषित किया है।"

"वह प्राणिक चमत्कार है। योग का अन्तः मंत्र। वहीं से मैं मानसिक स्तर

से प्राणिक स्तर तक पहुंच पाई। मैं स्वयं इस आश्चर्यजनक और अभूतपूर्व परिवर्तन से गद्‌गद हो उठी। अवस्था के प्रभाव-चिह्न कैसे अदृश्य हो गए। दिशार, इससे आगे की यात्रा अरविंद के साथ की है, जिसके लिए मैं पूर्णतया अपने आपको तैयार कर चुकी हूं। मैंने महात्मा बुद्ध का संदेश सुना, अब मैं अपना वह स्वर सुनना चाहती हूं जिसे सुनकर भेद के समस्त स्तरों का स्वयं ही लोप हो जाता है। वह अन्यतम स्थिति क्या होगी, मैं उसकी कल्पना नहीं कर सकती। मुझे तो जापान की इस अक्षय सौगात के मंत्र सारे अग-जग तक पहुंचाने हैं। तुम्हारी सहायता का आग्रह करती हूं, परंतु तुम्हें वह स्वीकार नहीं है। मुझे नहीं पता कि मैं कैसे तुम्हारे अस्वीकार की कठोर भूमि पर स्वीकार के सरस पौधों को उगाऊं।" मीरा अल्फासा का स्वर विगलित हो रहा था। उसके प्राण स्फुरित हो उठे थे-एकदम झंकृतिमय लयात्मक अंतरंग संपुट से आवृत्त।"

"मुझे तुम्हारी प्रसन्नता में प्रसन्नता है, मीरा। मुझे तुम्हारी राह के शिखर दर शिखर चढ़ने से आत्म-उल्लास है। मैं स्वेच्छा से तुम्हारे उन्नत मार्ग के लिए प्रार्थना करता रहा हूं और आगे भी करता रहूंगा आजीवन। विश्वास की यह अदृश्य थाती सदा हमें बांधे रहेगी जिंदगी के उस स्वर्ग से, जिसकी चेतना ने हमारी राहों को एकमएक कर दिया था। वह सपना था पर था अपूर्व, असाध ारण और प्राणोर्जा से लबालब। मैं उस सपने के साथ अपने आगे की यात्रा की ओर निर्बाध बढ़ता रहूंगा। तुम अपना खयाल रखना और कभी किसी मोड़ पर तुम्हें मेरी आवश्यकता पड़े तो तुम्हें मुझे परखने में गलती नहीं करनी चाहिए।"

पॉल दिशार चला गया। मीरा की आंखें नम हो आईं। क्यों न होती, सच्चा प्यार कभी झूठ नहीं बोलता, न एक-दूसरे के रास्ते में आता है और न कुछ अपेक्षा लेकर चलता है। वही उसने तब किया था, जब मीरा अल्फासा ने करीब-करीब शादी के संबंध में टाल दिया था। वह बराबर मिलता रहा था। टेनिस का अच्छा खिलाड़ी था, उसकी बारीकियां खूब समझता था। वह चाहता तो जीत सकता था परंतु नहीं, सदा हारता रहा और उसे पौइंट बनाने का सहज अवसर देता रहा। एक दिन उसने कह ही डाला, "तुम मुझे जिताकर क्या चाहते हो, दिशार।"

"क्या चाहूंगा, मीरा। मैं अपने प्यार को सदा जीत्ते देखना चाहता हूं। इसमें भी तुम्हें कोई एतराज है तो कहो, मैं टेनिस छोड़ दूंगा।"

"तुम मुझमें इतना एतमाद क्यों व्यक्त कर रहे हो।"

"काश, मेरे पास तुम्हारे इस क्यों का उत्तर होता? मुझे तुमसे कुछ नहीं चाहिए, तुम्हें यह भी मैं एतमाद दिलाना चाहता हूं।"

इसके बाद वह दो माह तक नहीं मिला। मीरा अल्फासा गहरे सोच में पड़ गई। कहीं वह बीमार न हो गया हो। हारकर वह उसके घर पहुंची। वह बीमार ही था। उसने शिकायत की। वह मुस्करा कर बोला, "मुझे सहानुभूति

नहीं चाहिए, मीरा। मैं कोई मौका तुम्हें ऐसा नहीं देना चाहता, जिससे तुम्हें तनिक सा भी यह लगे कि मैं तुम पर दबाव बनाना चाहता हूं। मेरी जिंदगी एक दबीच कपड़े के समान है जो पिट छिटकर भी मुस्कराना नहीं भूलती।"

"तब भी जब मैंने अपना निर्णय लेने में कोई कोताही नहीं की हो।"

"क्या मतलब।"

"मुझे तुम्हारा साथ पसंद है, दिशार तुम शादी की डेट निकलवा लो।"

"सच, मीरा।"

"यह शायद कभी तुमने ही कहा था कि प्यार कभी झूठ नहीं बोलता।"

अब तक जहाज बहुत दूर जा चुका था। वह अकेली उसे छोड़ने आई थी। उसके जाने के बाद सबको यह पता चल सका कि वह अमेरिका के लिए जा चुका है। दो दिन तक वह अपने कमरे में बंद रही। अरविंद से भी नहीं मिली, जबकि दोनों ऊपर की मंजिल में पास-पास रहते थे। बाहर हाथ से तख्ती पर लिखकर टांग दिया था-प्लीज डोंट डिस्टर्ब मी। किसी ने मीरा अल्फास की तन्हाई में जरा भी नहीं झांका था। आज तीसरा दिन था। वह स्वयं बाहर आई। अरविंद के कमरे में गई। दस्तक दी। स्वयं अरविंद ने दरवाजा खोला। धीरे से कहा, "अंदर आओ, मीरा।"

मीरा अल्फासा अंदर आकर उनके पास कुर्सी पर बैठ गई। अरविंद ने कहा, "सम्मोहन का आकर्षण उतरते-उतरते उतरता है, ठीक बाढ़ के पानी की तरह।"

"पॉल दिशार में आसक्ति का मोह नहीं था। अद्भुत तटस्थता भी। उसका एकाकी समर्पण में विश्वास था। निर्लिप्त था। जाते वक्त तक तसल्ली देता रहा, कहता रहा, "मीरा, हम एक-दूसरे के हृदय से शुभचिंतक हैं। फिर एक-दूसरे के हित से किसी को तकलीफ क्यों होनी चाहिए। तुम अपना सारा ध्यान अपने लक्ष्य पर केंद्रित रखना, जिसके लिए सब कुछ छोड़ा, उसमें कोई खामी नहीं रहनी चाहिए। मेरे लिए तुम्हारा साधना का शिखरीय मुकाम हर्ष का विषय होगा।...सच तो यह है कि शादी के बाद से हमारी व्यक्तिगत जिंदगी धीरे-धीरे सार्वजनिक होने लगती है। व्यक्ति सबके लिए जी सके, विवाह का यही धर्म है।" मीरा अल्फासा में पॉल दिशार छाया हुआ था, "मैंने कहा, वह मान गया। उफ् तक नहीं की।"

"मीरा हमें अपना अतीत भूलना पड़ेगा, यदि आगे बढ़ना है।"

"भूलना क्या कहने मात्र से संभव है।"

"सर्वेश्वर के लिए सबको छोड़ना पड़ता है। यह सहज प्रक्रिया है, ऐसा तुम भी अनुभव करोगी कि पॉल दिशार एक सीमा तक तुम्हारे साथ चल सकता था, शेष यात्रा उसे अकेली ही पूरी करनी पड़ेगी, यदि संभव हुई। फिर भी, तुम्हारा निर्णय सुरक्षित है।"

"मैंने निश्चय बदलना नहीं सीखा है अरविंद, यह मेरा आखिरी फैसला है।"

"बाहर चलोगी। आवोहवा में बदलाव आएगा तो मन ग्रंथियों की रूढ़ियों से मुक्त होने में सहजता पा सकेगा।"

"चलिए।"

"यों ही चलेंगी क्या।"

"हां यों ही। यों भी मैं ठीकठाक हूं।"

"चलना हमारी नियति है तो..."

दोनों सीढ़ियां उतरने लगे। सिर्फ चलने की आवाज भी बहुत महीन और गहरी, क्योंकि हर कदम एक अदृश्य लय से बंधा हुआ था। बाहर आए तो आसमान कुछ-कुछ दूधिया-सा रंग बिखेर रहा था। काफी दूर निकल गए गुमसुम। हवा कुछ-कुछ तेज थी और समुद्र हलका सा शांत। वे दोनों जब थकने से लगे तब लौटने लगे। अरविंद कह गए थे कि उन्हें यात्रा करनी है इस पार से उस पार और उससे भी पार, जिसके पार कुछ बचता नहीं है आगे जाने के लिए।

"इस ब्रह्मांड में आगे-पीछे क्या रह जाता है। जो आगे है, वह कभी पीछे और जो कभी पीछे था, वह आगे।"

"वहां आगे-पीछे का भेद ही नहीं रहता। भेद रहते हुए आगे बढ़ने का प्रश्न ही नहीं उठता।"

"यह सत्य का एक पक्ष है।"

"दूसरा जानना है।"

"नहीं, उससे आगे जानना नहीं है, सिर्फ अनुभव करना है। अनुभव भी ऐसा जिसके पास अतीत नहीं हो। यदि हो तो वर्तमान में। उस वर्तमान में जिससे उसका अनागत अलग न हो।...अवचेतन में हमारा पार्थिव अतीत निहित है और अतिचेतन में हमारा अनागत। दिव्य सत्य के वास्तविक स्वरूप की अभिव्यक्ति में वह कंटक बन सकता है। 'सावित्री' में मैंने संकेत दिया है-मानव के वक्षः स्थल में छिपे इस वैरी को यदि जीत न लिया तो मर्त्य अपने उज्ज्वल अनागत को गंवा बैठेगा। इस अंतःयुद्ध से मुक्ति पाना संभव नहीं है।"

इस तरह, अरविंद, अतिमानसिक जीवन की प्राकृतिकता, सहजता स्वाभाविकता अतिमानसिक कला में कैसे प्रकट होगी?

"श्वेताश्वर उपनिषद् के अनुसार जगत् एक ही दिव्य तत्त्व से निर्मित हुआ है-अर्थात् वही पुरुष है और वही स्त्री, वही बालक-बालिका। वही जराजर्जर लाठी का अवलंब लिए चलता है। नील और हरित विहग वही है और वही लोहित वर्ण के नयनों वाला विहग भी है। बिना तत्त्व एक एकतारता के रूपांतर संभव नहीं हैं।" वह कहते गए, मीरा सुनती रही।

अचानक मीरा अल्फासा के ध्यान में आया कि वे दोनों समुद्र के तट के नजदीक खड़े हुए उस ज्वारभाटा की मद्धिम गति से अनभिज्ञ बने हुए थे जो उन्हें घुटनों-घुटनों भिगो कर लौट चुका था। वह बोली, "हमें चलना चाहिए। ज्वारभाटा तेज होने वाला है।"

अरविंद कुछ नहीं बोले। वे समुद्र से पीछे हटने लगे। समुद्र ज्वारभाटा बनाने में लगा हुआ था। जल्दी ही वे दोनों समुद्र से दूर आ गए। सीढ़ियां चढ़कर दोनों एक पल के लिए रुके। फिर शुभ रात्रि के साथ अपने-अपने कमरे की ओर मुड़ गए। मीरा अल्फासा हारी थकी सी पलंग पर आ गिरी। उससे उठना नहीं हो रहा था। दरवाजा उसने बंद जरूर किया था, लेकिन उसके कुंडी नहीं लगाई थी। तेज हवा के झोंके के साथ वह खुल गया था। बाहर वर्षा हो रही थी। हवा तेज थी इस कारण वर्षा की बौछारों ने उसे जगा दिया था। वह आश्चर्यचकित होकर उठी। घड़ी की ओर देखा-सुबह के पांच बज रहे थे। उसकी देह अब भी तंद्रिल थी, उसके आंखें भारी थीं और मन वर्षा की फुहारों से भीगा हुआ सामने के वट वृक्ष की ओर देख रहा था, जिसके नीचे कोई दिशाहारा सुस्ता रहा था-यह थी मीरा की अलसाये मन से बनाई गई वह पेंटिंग जिसे वह अनेक बार पूरे करने की दृष्टि से बैठी थी, परंतु वह उसमें कुछ नहीं कर सकी। उलटे अपने से पूछ बैठी कि किसने कहा कि पेंटिंग अधूरी है? क्यों नहीं उसे पूरा माना जा सकता? यह अधूरी पूरी क्या होती है? वह पूरी है। आगे बढ़कर उसने किनारे रखी पेंटिंग को उठाया और दक्षिण दिशा के खाली पड़े स्थान पर अचक से रख दिया ताकि उसका अधूरापन उसे पूरे करने के लिए उत्तेजित नहीं कर सके, नहीं भ्रमित कर सके और चुनौती बनी रह सके। इसी के साथ उसने दरवाजा बंद किया, चटकिनी लगाई और पलंग पर जा लेटी।

43

धीरे-धीरे सब कुछ बदल गया। दृष्टि भी बदली, कर्म भी और उपासना भी। अरविंद अब सबके लिए अरविंद न रहकर, देवता होते चले गए। संध्या वार्ताएं होने लगीं। ध्यान का कार्यक्रम गति पकड़ गया। यह प्रचारित होने लगा कि अरविंद को सर्वोत्कृष्ट सिद्धि अधिमानस का लाभ हुआ है। इस कारण वह कम-से-कम मिलते-जुलते हैं। एक ही बात समझाते हैं कि पृथ्वी से जितना चंद्रमा दूर है उतना ही दूरी मन से अधिमानस की है तथा अतिमानस की दूरी उतनी ही है जितनी पृथ्वी से सूर्य की। यों गूढ़ और विलक्षण योग

के अवतरण की उन्हें अनुभूति होने लगी है।

इस बीच अरविंद इतने एकाकी हो गए कि मीरा अल्फासा के अतिरिक्त उनसे कोई मिल नहीं सकता था। बहुत जरूरी हुआ और वह भी 'सावित्री' को लेकर तो कोई मिल पाता था। तब वह खाना भी अपने कमरे में ही मंगवा लेते थे।

अरविंद का कुछ पता ही नहीं चला कि मीरा अल्फासा कैसे उस स्थान को आश्रम का भव्य रूप देने में, उसे आधुनिक सौजन्यता से समृद्ध करने में और उसे एक विधि विधान के अंतर्गत लाने में दिन रात लगी हुई है। वह फ्रांस की भी मदद ले रही है।

वह पावन दिवस भी आ पहुंचा जो मीरा अल्फासा की योजना के अंतर्गत अत्यंत महत्त्वपूर्ण था-26 नवंबर, 1926 का दिन।

अभी शाम के छह नहीं बजे थे। दिनांत नहीं हुआ था। प्रकाश फैला हुआ था। प्रकाश में लालिमा थी-अनंत प्रशांति थी। सभी शिष्य पुस्तकालय के बरामदे में एकत्र हो चुके थे। मीरा अल्फासा की आंखों में चमक थी और मुख मंडल पर गहरा आत्म संतोष। इस दिन के लिए वह कब से कल्पना बुनकर प्रतीक्षारत थी। ऐसे लोगों को एक स्थान पर एकत्र कर सकें जो संसार के झमेलों से दूर रहकर अपना सारा समय प्रभु को निछावर कर सकें। उनके पास भगवान् के काम के अलावा कोई काम नहीं हो। देखें फिर क्या होता है?

वह समाज अपने समाज को क्या दे सकता है? समाज उससे क्या ले सकता है एक अति उत्तम समाज, समर्पित तथा निष्ठावान् समाज। ऐसा समाज जो शंकराचार्य और महात्मा बुद्ध के द्वारा मूल्यांकित समाज न हो यानी वह भ्रम-भ्रांति और अविद्या मात्र न हो बल्कि वेदांत स्थापित जगत् ही ईश्वर हो। वह हो अरविंद के अनुसार। अर्थात् संसार जैसा सामने है वह दिव्य दृष्टि से परे का है। बस्तुतः जो उसे होना है उसका वह धुंधलका तथा विकृत रूप है। वह हर दृष्टि से ईश्वर की शक्ति, तेज, प्रेम तथा सौंदर्य के लिए हो। उसे इस दिशा में निरंतर उन्नत होते जाना है।

क्या खूब साज-सज्जा। सादगी पूर्ण, परंतु सबसे अलग। एक कुर्सी, नीचे फर्श। उसके पीछे काला परदा पृष्ठभूमि में। उस परदे पर तीन चीनी ड्रागन बने हुए थे। प्रत्येक ड्रागन की पूंछ अगले ड्रागन के मुख में। चीनी मान्यता के अनुसार जब तीन ड्रागन इस तरह होंगे तब पृथ्वी पर ऋतम् का अंतप्रकाश होगा और ये तीनों हैं-पृथ्वी, मन और अंतर्प्रकाश। इस समय मीरा अल्फासे और अरविंद धीरे-धीरे अभिवादन के प्रयुत्तर में हाथ जोड़े मंच की ओर बढ़ रहे थे। सब भक्तगण खड़े हुए थे। अरविंद कुर्सी पर बैठे। उनके पास रखे मूढ़े पर मीरा अल्फासा बैठ गई। उसके बाद सब बैठ गए।

प्रशांत नीरवता।

प्रफुल्ल वातावरण।

नीरव समीर।

हर पल दिव्यानुभूति मय।

अरविंद का दाहिना हाथ मीरा के माथे के ऊपर, दूसरे हाथ से वह सबको आशीर्वाद दे रहे थे।

ध्यान शुरू।

प्रत्येक पल उत्पल प्रकाश।

भक्तगणों के सिर पर हलका सा दबाव। नव ऊर्जा की अनुभूति। गरिमा का उद्घाटित स्रोत। प्रकाश प्रदीप प्रदीप्त।

अरविंद ने मीरा से पूछा था, "यह सब क्या है।"

"अपने आराध्य देव के प्रति विनम्र समर्पण भाव की सहज अभिव्यक्ति।"

"न हो तो।"

"क्यों न हो? सिद्धि प्राप्त करने का प्रयत्न आपका था। उस सिद्धि के उपलक्ष्य में आनंदोत्सव मनाने का अधिकार है आपके भक्तगणों का। उन्हें इस आनंद से आप वंचित नहीं कर सकते। मीरा अल्फासा के साथ चलने से पहले अरविंद ने पूछा था, "कहां ले जा रही हैं, मीरा।"

"जहां आपके भक्तगण ले जाना चाह रहे हैं, वहां।"

"क्यों।"

"इस प्रश्न का कोई अर्थ नहीं है। त्योहार-पर्व जन अपने लिए मनाता है, अपनी खुशी के लिए मनाता है और अपने हित के लिए मनाता है। उसे हम इस नन्हें से आनंद से वंचित नहीं कर सकते।"

"हमारे यहां परंपराएं रूढ़ होकर दुर्गंध देने लगती है।"

"नहीं अरविंद, परंपराएं कभी रूढ़ नहीं होतीं। रूढ़ हम होते हैं, संकीर्णता की दलदल में हम कदम रखते हैं। परंपराएं नव ऊर्जा, नव कांति और नव दृष्टि प्रदान करती हैं। चूंकि हमारा पतन हो रहा होता है इस कारण हम इनका मनचाहा प्रयोग करने लगते हैं।"

"कुछ भी हो मीरा, पर है तो अनुचित ही।"

"क्या इस उत्सव को हो जाने के बाद हम इन जटिलताओं पर बात नहीं कर सकते।" भीरा ने मध्यम मार्ग अपनाते हुए कहा।

"अब और क्या बात करने के लिए रह गया है, मीरा। प्रबंधन तुम्हारे हाथ में है। अंधेरे से उजाले में लाने के लिए एक साधक की उपलब्धियां तुम्हें ही पहुंचानी हैं। तुम स्वयं उस राह की एकनिष्ठ तपस्विनी हो।" अरविंद रुक-रुक कर कह रहे थे। मीरा अल्फासा जान रही थी कि अरविंद शनैः-शनैः लोक से पलायन लेकर अंतर्लोक में डूबते जा रहे हैं। उनका संपूर्ण ध्यान सावित्री पर केंद्रित होता जा रहा है। उसने एक बार पूछ ही लिया था कि आप 'सावित्री' को बारंबार क्यों संशोधित एवं परिष्कृत करते जा रहे हैं?

"मीरा, यह प्रश्न अपने से करके जानो कि क्या उत्तर मिलता है।"

"मैं कई कवियों से मिल चुकी हूं। उनका कहना है कि कविता कब लिखी गई यह पता ही नहीं चलता। तब कविता होती है या वो, जिसके लिए कविता लिखी जा रही है और जो उसमें होता है।"

"मीरा वे कवि है। कविता उनका लक्ष्य है। मेरा लक्ष्य कविता नहीं, मेरी वह संपूर्ण साधना का अमरत्व है जो शनैः-शनैः आगे बढ़ता गया है। मैं उसके साथ चलता गया हूं।

तभी तो मैं एक साथ चार-छह पुस्तकें, वह भी एक-दूसरे भिन्न विषय पर, लिख सका हूं। जैसे 'दि लाइफ डिवाइन' (दिव्य जीवन), 'दि सिंथेसिस ऑफ योग' (योग समन्वय), 'एसेज ऑफ द गीता' (गीता प्रबंध), 'दि सीक्रेट ऑफ दि वेद' (वेद रहस्य), 'दि ह्यूमन साइकिल' (मानवीय युग चक्र), 'दि आइडियल ऑफ ह्यूमन युनिटी' (मानवीय एकता का आदर्श) इत्यादि ग्रंथ ऐसे ही हैं।...मीरा, यह सच है कि मैं जो लिखता हूं, उस पर विचारता नहीं हूँ।"

"फिर 'सावित्री' के चरण पर चरण क्यों कर बदल जाते हैं।"

"मुझे लिखने के लिए रत्ती भर भी प्रयास नहीं करना पड़ता है। मैं तो मात्र ऊर्ध्व शक्ति को कार्य करने देता हूं। यह उस पर निर्भर है कि वह कब काम करना बंद करती है। वह बंद करती है तो कलम मेज पर रख देता हूं। कभी मैं भी जब बौद्धिक स्तर पर हुआ करता था, तब कभी-कभी प्रयत्न कर उठता था, क्योंकि तब मैं सोचता होता था और उसके परिणामस्वरूप कुछ-न-कुछ अदलना-बदलना पड़ जाता था।"

"और अब।"

"जब से योगशक्ति का सान्निध्य मिला है और वह मुझमें सक्रिय हुई है, तब से मुझे याद नहीं पड़ता कि कभी मैंने गद्य और पद्य में अदला बदली की है। सच यह है कि मैं चाहे 'आर्य' के लिए लिख रहा हूं-चौसठ पृष्ठ मैं ही लिखता था और वह भी दार्शनिक विषयों पर जिसका मुझे कोई ज्ञान नहीं था-अथवा किसी पत्र का उत्तर दे रहा हूं, मेरे लिए दोनों ही एक समान थे। मैंने कभी सोचकर नहीं लिखा। मैं राजनीतिज्ञ, कवि तो रहा भी हूं, परंतु दार्शनिक कभी नहीं। मेरा लिखा वह दर्शन है भी नहीं। है तो स्वतः ही वह दर्शन प्रभावित कदापि नहीं है। हो सकता है कि दर्शन उससे प्रभावित हो। वह भी मैं ठीक से नहीं जानता।" इस समय अरविंद एकदम अकेले थे और हत्थेदार कुर्सी पर बैठे चिंतन मुद्रा में बने हुए थे। मुझे अपने लिखने से बहुत आराम मिलता है, क्योंकि उसमें सोचने का कार्य नहीं रहता। दिमाग एकदम कूल, तरोताजा और शांत। उन्होंने पांव कुछ फैला लिए थे।

"प्रश्न फिर भी अपनी जगह पर है, अरविंद। जबकि सात वर्ष के भीतर आपने 'गीता प्रबंध', 'वेद रहस्य', 'योग समन्वय' आदि महत्त्वपूर्ण और कालजयी कृतियां लिख डालीं तब आखिर 'सावित्री' में ऐसा क्या है जो दशक के दशक उसमें लगते जा रहे हैं और अभी भी लिखना शेष है। क्या ऊर्ध्व सत्ता अपने संदेश में निरंतर परिवर्तन करवाना चाह रही है।" मीरा अल्फासा एकदम पारदर्शी बनी रही। उनमें योग और ध्यान में आकर जो आ बैठता था, वह उसे अनुभव करने पर अरविंद के सामने बेझिझक प्रस्तुत कर देती थीं।"

"मीरा, तुम्हारा प्रश्न एकदम यथार्थ है। ऐसा लगता भी है और आगे भी लगता रहेगा, क्योंकि उसके साथ निरंतर चलते रहते हुए भी पूर्ण नहीं होने से यह संदेश जन्मता है कि मैं अपने लेखन में जिस ऊर्ध्व शक्ति को लाता हूं और दायित्व उसी पर डालता हूं तो क्या 'सावित्री' में किया गया निरंतर संशोधन, परिवर्तन इत्यादि इसी ऊर्ध्व शक्ति के कारण हैं? क्या वह एकाग्र और एकचित्त नहीं है? क्या वह स्थिर नहीं है।" इतना कहकर अरविंद रुक गए। पानी लिया। बाहर से अंदर देखने लगे। इतने अंदर कि अंदर का फिर छोर और तल उनमें ही आत्मसात हो गया।"

मीरा अल्फासा ने अनुभव किया कि ऐसे समय अरविंद में आमूलचूल परिवर्तन होता देखा जा सकता है। उनकी पलकें स्थिर रह जाती। आंखें खुली हुई होती, परंतु वे कहीं और होतीं। उनके मुखमंडल पर से परतें उतरती जातीं। शनैः-शनै। एक तत्त्व आलोकित होने लगता, पूर्ण ऊर्जा से, तेज गति से और अंतर्ध्वनियों के समन्वय से। इस समय एक चक्र उभरता है प्रकाश की अनगिनत रश्मियों के लिए और उससे चतुर्दिक पारदर्शी प्रकाश दिव्य अनुभूति से भरकर लहलहा उठता है। पावन पवित्र हो जाता और सौम्य शुभ्र!

मीरा अल्फासा इन क्षणों में अपने में नहीं रह पाती। गूंगी हो जाती। तब ध्वनि एकरस होती। वह ध्वनि होती अरविंद की जो कह रहे थे, "मीरा, जैसे-जैसे मुझे रूपांतर योग में उन्नति के स्तर पर एक के बाद एक पार करते जाने का अनुभव होता गया और मैं उच्च से उच्चतर की ओर बढ़ने लगा, वैसे ही वैसे उस उच्चतम चेतना से 'सावित्री' भी निरंतर ऊपर उठती गई। यह स्वतः ही हुआ। मेरे लिए 'सावित्री' साधन रह गई-एक प्रतीक। जैसे-जैसे चेतना के ऊंचे से ऊंचे स्तर को पार करता गया वैसे-ही-वैसे 'सावित्री' भी उठती गई। वह एक योगी की उच्चतर चेतना की यात्रा का परिणाम है। जैसे-जैसे प्रयत्न करने का अभ्यास छूटता जाएगा और अन् प्रयत्न की स्थिति बनती जाएगी, वैसे ही वैसे अपना होम होता जाएगा और धरा का अवतरण होता जाएगा। महत्तर मानस स्वतः प्रकट होने लगेगा।

'सावित्री' उसी का परिणाम बनता जा रहा है। वह योगी की अंतर्यात्रा की शिखरीय ऊंचाई हैं एक बार मानव नीरव होने की अवस्था में रमने लगे, फिर अपने आप निःस्वन हुआ मानस अन्यतम अनुभूति में पहुंच कर सीधे उस परम तत्त्व से जो ज्ञानी और विज्ञानी दोनों से बहुत ऊपर की स्थिति में है, प्रेरणा ले सकेगा तथा तद्नुसार चल सकेगा। यही वह कारण है जो 'सावित्री' को पूरा नहीं होने दे रहा है। यह कार्य मेरा नहीं, उसका है, मुझे उसके आदेश को मानने के अलावा और कोई रास्ता दृष्टिगोचर नहीं होता है। सत्य का प्रकट्य ही ऐसा है कि वहां तर्क नहीं ठहर पाता, सोच मौन हो जाता है और अकर्म सक्रिय।'

एक लंबी यात्रा से वे दोनों लौटे। बहुत लंबी यात्रा से। अब आकार सामने था, निराकार अदृश्य हो रहा था। लगभग पैंतालीस मिनट का ध्यान टूटा था। चतुर्दिक दिव्य दर्शन का आभास हो रहा था-एक आलौकिक प्रकाश अनुभूत होने लगा था। चंहु ओर नीरव एकांत्ता परिव्याप्त थी। कुछ समय बाद एक-एक करके शिष्य उठे और वह उनको प्रणाम करते हुए यथास्थान बैठ गए। अंत में अरविंद और मीरा उठे। उनके बीच से बाहर चले गए। तब एक अंग्रेज महिला का उद्घोष गूंज उठा –

"ईश्वर का अवतार भौतिक स्वरूप में हुआ है। उन्होंने मृत्यु तथा दुःख पर विजय पा ली है। वे अमरत्व को धरा पर लेकर आए हैं।"

क्या आज, कभी श्रीकृष्ण, अधिमानस लोक के अधिष्ठता, अरविंद की दैहिक चेतना में उतर आए हैं? आज के दिन अरविंद ने मीरा को क्यों मां से संबोधित किया? इसी दिन, उस समारोह के बाद से अरविंद एकांतवास में चले गए। उनका स्थान मां ने लिया।

इस दिन अरविंद का सिद्धि दिवस घोषित किया गया। इस दिन आश्रम की नींव पड़ गई। अरविंद परदे के पीछे चले गए और मीरा अल्फासा अर्थात् मां सामने आई। यह कैसा पुण्य दिवस था कि चौबीस शिष्य दिव्य अनुभूति के संपर्क में आए थे और उनके हृदय में मंत्र अपना रहस्य खोल रहे थे। मीरा (मां), अपने कमरे में लोट आई। उनके चित्त पर गहरे दिव्य-चिह्न उतर कर उनमें ही समाते गए। एक सहज सान्निध्य की सबको अनुभूति हुई।

अरविंद खिड़की के पास आकर मौन दृष्टि से आसमान की निस्तब्धता को अवलोक रहे थे। अब वह अरविंद न रह कर योगाचार्य हो गए थे। जब वह अरविंद थे, तब कितनी सहजता से निःस्वन बह रहे थे। किसी निर्जन

नदी की तरह। उनका चित्त संतोष से गद्गद था और अब...। वह स्मित भर ताकते रह गए। खिड़की पर परदे खींच दिए। उनकी खिड़की पर दो रंग

के डबल परदे थे, जिनसे वह अंधेरे को गहरा कर सूक्ष्म प्रकाश की ओर बढ़ सकते थे। यह सब मीरा के अनुचिंतन, दीर्घ दृष्टि और प्रबंधन का कोशल था। उनमें से एक ओर अरविंद का उदय हो रहा था। वह तटस्थ भाव से उस अरविंद को अवलोकते हुए पलंग पर आ बैठे।

44

यह भी एक कठिन तपस्या थी कि मीरा अल्फासे के सत् प्रयत्नों और अथक परिश्रम से उस छोटे से आश्रम का विस्तार होने लगा। साधकों की संख्या बढ़ने लगी। अरविंद गहरे एकांतवास में चले गए। मीरा अल्फासा के अलावा वह प्राय: किसी से नहीं मिलते थे। जानकारी उन्हें सब रहती थी। दुनिया भर के अखबार और पत्रिकाएं आती थीं। योग द्वारा संसार की गतिविधियों पर उनका ध्यान था।

अपने भक्तगणों, जिज्ञासुओं और साधकों की समस्याओं वाले पत्रों को लेकर वे बैठ जाते थे। कभी मीरा उन पत्रों को पढ़ती थीं। वह उनसे भी उत्तर पूछते थे, फिर उत्तर लिखवा देते थे। इस कार्य में उनके आठ से नौ घंटे लग जाते थे। एक रात, रात्रि भोज के बाद कमरे में टहलते हुए मीरा अल्फासा ने पूछा, "आप इतना समय इन पत्रों को क्यों देते हैं।"

वह कुछ देर तक अपने स्वभाव के अनुसार मौन रहे। फिर स्वयं उठे मोमबत्ती जलाई। प्रकाश ने आंख खोलकर चतुर्दिक झांका। चारों ओर उजाला पाकर वह प्रसन्न हुआ। मोम के नन्हें प्राणों की ज्योति ने तमस को उजाले में बदल दिया।

मीरा अल्फासा अरविंद के मौन और मौन में बन रहे अकर्म की अदृश्य भाषा को पढ़ने में सक्षम हो चुकी थीं। वह बहुत ध्यान से देख रही थीं कि अरविंद ने उस नन्हीं ज्योति को मन-ही-मन प्रणाम किया। फिर उसके सामने से हटे और उसकी बगल में से होकर धीरे-धीरे अपने स्थल पर लौट आए। उनके होंठों में तनिक स्मित विलुलित हुई और आंखों में उतर कर वह ओझल हो गई। वह कहने लगी, "सब तो यहां आ नहीं सकते। संभव भी नहीं है। फिर उनके मार्ग की बाधाएं कैसे दूर हों? वे पत्र लिखते हैं, मुझे नवोदित संसार की पदचाप सुनाई पड़ती है। कभी-कभी लगता है कि श्रीकृष्ण बांसुरी की अन्यतम अंतर्ध्वनि से आह्वान कर उठे हैं और गोपिकाएं सारे कामकाज छोड़कर उधर चली आई हैं, आती जा रही हैं, जिधर बांसुरीवादक मुरारि तर्यक मुद्रा में आत्मलीन खड़े हुए हैं।...ये पत्र मुझे गोपियों का स्मरण कराते हैं। आश्चर्य कि बांसुरीवादक वह हैं, मैं नहीं हूं,

़र भी, उनके आने की अनुभूति मुझे हो रही है। क्या तुम इन पत्रों को पढ़कर सुनाते हुए ऐसा अनुभव नहीं करती हो।"

"हां करती हूं।"

"तो क्या कभी तुम्हें ये पत्र बाल गोपाल की अनुभूतियों से नहीं भर देते हैं।"

"मेरे सामने बाल गोपाल अठखेलियां करने लगते हैं।"

"एक बार तुमने मुझे बतलाया था कि बच्चों का स्वर्ग इस धरती पर कहीं है तो वह है जापान में है, जहां बालकों का सर्वाधिक ध्यान रखा जाता है।"

"हां, बताया था गुरुदेव।"

"तुम मुझे अरविंद ही कहो, मीरा।...तुम मेरे लिए सिर्फ मीरा हो और मैं तुम्हारे लिए मात्र अरविंद। माना कि तुमने हमें पुस्तकालय भवन से ध्यान गृह में ला बैठाया है और है इस तपोभूमि को तुमने न केवल एक स्वस्थ तथा मनोरम परिदृश्य में बदल दिया है, बल्कि उसका सारा उत्तरदायित्व भी तुमने अपने ऊपर ले लिया है और मुझे पूरी स्वतंत्रता दे दी है ताकि मैं निरंतर, अबाध गति से आंतरिकता से लयबद्ध होकर साधना में तल्लीन बना रहूं।"

"वो तो...मुझे लगा कि...।"

"क्या लगा है।"

"कि साक्षात् आप आदेश दे रहे हैं कि मीरा...जब हम-तुम नहीं रहेंगे तब भी यह पावन अन्तःज्योति अविराम तमस के पार के मार्ग को प्रशस्त करती रहेगी।"

अरविंद उस दिव्य आलोक से ज्योतिर्गमय हो उठे जो संकल्पनाओं का केंद्र है। तमस के पार का मार्ग...। अवचेतना का साम्राज्य। चतुर्दिक एक घना विशाल जंगल। जहां कोई मनुष्य नहीं प्रवेश कर सकता। जहां कोई मार्ग नहीं, मात्र निर्जन जंगल और घनीभूत होते अंधकार के। अब आगे बढ़ना है। कैसे बढ़ें?

कैसे क्या, आपके अंतर्निदेश से आगे बढ़े।

"मैं नहीं हूं, मीरा। इस मैं को मैंने पार किया है तो उसने मुझे अवचेतना के घने और गहरे तमस भरे जंगल में ला पटका और पूछा था-क्या तुझे मैं के पार का यह स्वर्ग स्वीकार है।"

"अब मैं कहां हूं, भाई। फिर स्वीकार या अस्वीकार का अर्थ ही क्या है।"

"तो यह घोरतम तमस में पड़े-पड़े मैं विहीन अवस्था के संताप को भोगते रहो और अपनी सत्ता को छोड़ने की सजा पाते रहो, अरविंद। मैं जा रहा हूं। फिर मत पुकारना, गिड़गिड़ाना और न शिकायत करना, क्योंकि मैंने तुम्हें अंतिम

बार अवसर प्रदान किया है कि तुम चाहो तो अब भी मेरे साथ लौट सकते हो और पुनः अपने स्वर्ग में अपनी सत्ता की पूर्व सहानुभूति से जुड़ सकते हो।"

"नहीं भाई, नहीं। मुझे सत्ताविहीन रहने दो।"

"तुम्हें...। अरे, अब तुम हो ही कहां? फिर तुम अपनी क्या बात कर रहे हो? तुम एक रीढ़विहीन इंसान मात्र रह गए हो। संज्ञात्मक इस जगत् से जैसे ही कोई अन्यत्र चला जाता है, वैसे ही उसके सारे तार इस दुनिया से कट जाते हैं। वह घनघोर और भयावह निर्जन जंगल के यहां अंधकार से घिर कर रह जाता है, जहां आंखें अंधी हो जाती हैं, कान सुनने की शक्ति खो बैठते हैं, मुख से कोई आवाज नहीं निकलती है, नासिका गंधरहित हो जाती है और स्पर्श का एहसास तनिक भी नहीं होता। हा हा हा...अरविंद, तुम्हें इस तमस स्वर्ग पर हार्दिक बधाई।"

"मीरा वहां तमस था। तुम भी उस तमस से गुजर चुकी हो।"

"आप ही मुझे अपने साथ वहां ले गए थे, अरविंद।"

"फिर मैं-तुम कहां रहे? सर्वात्म हो गए। भेदाभेद कोई नहीं। न नारी, न पुरुष। न आकार, न निराकार। न सीमा, न असीमा। न धरा, न अंतरिक्ष। कहीं कुछ भी नहीं। तब तुमने क्या किया था।"

"पूछा था यह क्या है?...आपने कहा था अवचेतना का साम्राज्य।"

"यह कैसा साम्राज्य है।"

"क्यों, साम्राज्य कैसा होता है।"

"यहां हम एक-दूसरे को देख नहीं सकते, छू नहीं सकते, पुकार नहीं सकते, गंध नहीं ले सकते तो फिर।"

अब वह सत्ता छोड़कर यहां आ गए जिनके प्रश्न तुम दोहरा रही हो। वह संसार यहां नहीं हैं यहां तक पहुंचना भी संभव नहीं है। पहले पहल जब मैं यहां पहुंचा था तो ध्वनिरहित नाद संज्ञाशून्य हुआ मानों संकेत से पूछ रहा था, "अब।"

"कौन सा वह संकेत या जो बराबर बता रहा था-इस अंधकार के पार जाना है।"

"यहां पार नहीं है। कोई किनारा भी नहीं है। यहां तमस के विकराल सागरों के सागर हैं। न यहां चंद्र है, न सूर्य।...विकट असंसार है।"

"तो क्या हुआ? यहां भय भी नहीं है।"

"तुम डरो नहीं।"

"डरने वाला तो बहुत पीछे छूट गया, भाई। फिर डर कैसा।"

"अरविंद वह विशाल और घना अरण्य। घनघोर और अनंत। सब आकर्षण से परे। महाशून्य। वह तो..."

"आओ, पीछे-पीछे आओ। पदरहित पदचिह्न बनाओ। आती जाओ।"

"आती गई। चुपचाप पीछे-पीछे। बिना आहट किए।"

"वो...वो...।"

संभूति...अस्ति का लगातार संभूति में संक्रमण। उत्सृजन। तद् एकम्। अधिमानस का निस्सरण...चेतना के महान् विघटन का सूत्रपात...अधिकाधिक सांद्र...उत्सर्जन दर उत्सर्जन... अधिमानस, संबोधी मानस, उद्भाषित मानस... ऊर्ध्व मानस...और मानस।...मीरा, उत्सर्जन समाप्त...भविष्य के लिए ज्योतिर्मय आशा की दिव्य दीप्ति! प्रत्येक कोशाणु सच्चिदानंद। परम... दिव्य...चिर आनंद...ज्योति रूप...आनंद रूप! आती जाओ, मीरा...आती जाओ, जगत् के अनंत पार, छोरों के छोर से परे, महत् सरस में प्रवेश। प्रवेश के पार।... भास्वरता...स्पंद...अनेक में एक संकेद्रण...अतिमानसिक चेतना...रूपांतरण!... अवतरण...मीरा, अवतरण...तमसों का...।

"अरविंद रूपांतरण...रूपांतरण!"

अनुगूंज निर्ध्वनि सा होता रहा स्पंदन रहित पर जड़ नहीं। जड़त्व नहीं। प्राणत्व मय!

वहां बैठे-बैठे एक बार फिर मीरा अल्फासा अरविंद के साथ चौत्यिक, आध्यात्मिक और अतिमानस रूपांतरण से...और आगे से आगे होकर लौट आई। अब सामने अरविंद थे। मीरा अल्फासा अनुभूति के पार के समस्त द्वारों से आगे होकर निर्धार से उठी। अरविंद कह रहे थे, "हमारे भक्त-शिष्य भी तो तिमिराच्छन्न स्थिति के आस-पास पहुंच कर अवाक् रह जाएंगे... दृष्टिविहीन। तब कौन करेगा उनकी मदद। कौन देगा यह संकेत कि हमने तुमने जो रास्ता बनाया है-वह उधर है, उधर बढ़ो और तमस के पार जाओ, चलते जाओ, तब तक चलते जाओ, जब तक ये तमस महाज्योति की अनंत दिव्यता से भरकर नहीं जगमगा उठे।...इसी से इन पत्रों में मैं अपने को खपाता हूं, मीरा।..तुम यहां, आश्रम में इसी कार्य को अंजाम दे रही हो।"

"धन्य हुई, अरविंद।"

"निर्जन के इस कोलाहलरहित शून्य में आ बैठकर मीरा, कोई धन्य या कृतार्थ नहीं होता, क्योंकि वह उनके पार होता है जहां भाषा नहीं होती। वहां आवाज नहीं होती।"

"कल मुझे यही कहना है कि व्यक्त का अव्यक्त, साकार का निराकार और उससे आगे, बहुत आगे की योग-माया अभी शेष है, जब रूपांतरण से होकर अग-जग गुजर रहा होगा।"

"तुम वही कह सकती जो मुझसे कहा जा रहा, मीरा। मैंने तुम्हें मीरा से मां इसीलिए कहा है कि तुम में जननी का अक्षत स्रोत मौन प्रवाहित हो रहा है। संकीर्तन की अंतर्ध्वनि वहीं से होती है, जिसकी तलाश में सब रहते हैं-कम या ज्यादा।...सच अपना स्वरूप स्वतः ही उस तरह ग्रहण कर लेता है जैसे जल या अग्नि, गंध या अनुभूति। एक साकार है-जल और अग्नि।

दूसरा निराकार है साकार होने की संभावना के साथ-गंध या अनुभूति स्पर्श से आगे का स्पर्श-अस्पर्श से परे का अतः साक्ष्य है। सच यह है कि हम शब्दों से उसे व्यक्त नहीं कर सकते। शब्द के पास वह शक्ति नहीं है, जिससे वह माध्यम बन सके। अशरीरी के परे की यात्रा में जब योगी होता है तब उसे गूंगे के गुड़ की अननुज्ञात अनुभूति होती है। वह परछाइयों से परे का जगत् परे के अंतर्जगत से आगे का होता है, जिसे अनुभूति छू नहीं पाती, परंतु जगत् के लिए उसका स्पर्श होना जरूरी है। तभी तो तमस ज्योति में परिणत हो पाएगा। हमें उस शुभ की प्रतीक्षा करते रहना है। कोई जरूरी नहीं है कि वह इस जन्म में कुछ हो सके। उसके लिए कई जन्म भी नाकाफी हो सकते हैं और एक जन्म भी काफी। यह साधक पर निर्भर हैं।"

"और यदि हो सका तो...। क्या यह संभव नहीं है कि रूपांतरण क्रम शीघ्र प्रारंभ हो सके।"

"शायद नहीं, मीरा।"

"शायद भक्त अधिक समय तक प्रतीक्षा नहीं कर पाएं।"

"नहीं, मीरा। जो भक्त होगा, योग साधना का मार्ग अपनाने लगेगा, वह उस मार्ग से पीछे नहीं लौट सकता। हमें आशावान् होना चाहिए कि उसकी कृपा सहज और शीघ्र हो। पर कैसे, इसका हमें इंतजार करना होगा।"

मीरा अल्फासा कुछ नहीं बोली। अरविंद भी एक मैगजीन हाथ में उठा चुके थे। मीरा ने सोचा कि उसे उठ जाना चाहिए, क्योंकि उसे जाने के लिए तो वह कहेंगे नहीं। अरविंद समझ गए कि वह उठने वाली है। वह बहुत धीमे स्वर में कहने लगे, "मैं तुम्हें एक पुस्तक देना चाहता हूं पर शर्त यह है कि तुम मझे उसके संबंध में अपनी तटस्थ राय दोगी।...इस मैगजीन में उसकी समीक्षा छपी है। तुम इस मैगजीन को भी ले जाना और उस सामने रखी नीले रंग की पुस्तक को भी। पुस्तक उठा लाओ, मीरा।"

मीरा अल्फासा उस पुस्तक को उठा लाई और पुस्तक देखकर बोली, "यह पुस्तक तो फ्रेंच भाषा में है।"

"लांजा देल वास्तो की है अपनी भारत यात्रा को लेकर-'स्रोत यात्रा।" तुम पढ़ना और जानना कि भारत और उसके अंतः उद्घाटन को यह पुस्तक कहां तक पूरा करती है?...अपने बंगाल की तरह फ्रेंचवासी भी भावुक, कलात्मक अभिरुचि वाले और संगीत के प्रति लगाव रखने वाले होते हैं।...तुम दोनों का तुलनात्मक अध्ययन भी करना चाहो तो कर सकती हो। कहीं गहरे में जाकर दोनों के सांस्कृतिक दृष्टिाकण में भी कहीं कोई आंतरिक पहचान मिल सकती है।...आगे तुम ज्यादा ठीक बता सकोगी, क्योंकि...।

"मैं फ्रांस की हूं और भारत को अपना घर मानती हूं।"

"केवल इतना ही नहीं है बल्कि तुम में भारत का लोकोत्तर अध्यात्म भी रच पच गया है और तुम में दिव्य अंतर्दृष्टि निरंतर सक्रिय रहने लगी है।"

"मैं पूरा-पूरा न्याय करने का प्रयत्न करूंगी।"

"तब हमें शुभरात्रि कहकर विदा हो जाना चाहिए।"

"ठीक है, शुभरात्रि।"

"रात्रि शुभ हो। जाते हुए इस कैंडिल को बुझा कर, पार्श्व में रखे कैंडिल को जलाकर कांच के उस हलके रंग वाले गोले को उस पर रख देना।"

यह सब कर मीरा अल्फासा चली गई। अब हलके रंग का उजास वहां फैल गया था जो चांदनी रात में भी रात्रि की नीलिमा के अस्तित्व में चार चांद लगाए हुए था। उनमें माता की अनुकंपा साकार होकर धरा पर उतरेगी कि चरण गूंजने लगे –

ओ तेजस्वी अग्रदूत! मैंने सुन ली है तेरी कातर पुकार
कोई शक्ति उतरेगी धरा पर और तोड़ेगी इसके लौह नियमों को।
कर देगी धरा के दुर्भाग्य को परिवर्तित
अपने निज आत्मा बल से।
समग्र संस्कृति को धारण कर लेने योग्य एक असीम मन गंभीर प्रशांति
से संपन्न एक मधुर और उग्र हृदय
देवों के अनुराग से भरा आएगा यहां,
उसमें निहित होंगी समस्त शक्तियां और महानताएं
सौंदर्य मूर्तिमान् होकर विचरेगा और
इस धरा पर मेघ सम कुंतलों में आनंद करेगा विश्राम,
और अमर प्रेम उसकी देह में
नीड़ वृक्ष की तरह, अपने शोभायमान पंख फड़-फड़ाएगा।
विषाद शून्य रागों का संगीत उसके आकर्षण को बुनेगा,
संपूर्णता की वीणा उसकी वाणी में लयताल करेगी,
स्वर्ग से निर्झर उसकी हंसी में कल-कल करेंगे,
उसके अधर होंगे प्रभु के माधुर्य का मधु कोश,
उसके अंग-अंग होंगे स्वर्गीय आनंद के स्वर्णिम पात्र,
उसके उरोज सुशोभित होंगे जैसे स्वर्ण-खुशनुमा पुष्प,
नीरव वह धारण करेगी अपने अंदर महान् प्रज्ञा को।

अरविंद डूबते चले गए। उनमें आशा की रश्मियां फैलती चली गई। वह पलंग पर आ लेटे। उस टिमटिमाते मद्धिम रंगीन रोशनी को देखते हुए अपने

पर चादर खींच ली और मन-ही-मन कहा-तेरी सौगात, तुझे समर्पित, मेरे प्रभु! मेरे परम आचार्य, मेरे प्राण।

45

नवंबर का अंतिम सप्ताह। सन् 1938। अब तक आश्रम में अनेक नई गतिविधियां प्रारंभ हो चुकी थीं। 24 नवंबर को उन्हें सुबह अपने भक्तों को दर्शन देने थे। श्रद्धालुओं, दार्शनार्थियों में तत्कालीन अमेरिका के राष्ट्रपति विल्सन की पुत्री कुमारी विल्सन भी थी। वह 'दिव्य जीवन' पढ़कर अपने को नहीं रोक सकी। क्या कोई मनुष्य ऐसा ग्रंथ लिख सकता है? वह उस महान विभूति के दर्शन अवश्य करेगी। वह तीन दिन पहले वहां आ गई थी और वहां की लोकोत्तर गतिविधियों, ध्यान, मनन और अन्य गतिविधियों से बहुत प्रभावित हुई थी और उसने मन बना लिया कि ऐसे दिव्य पुरुष का प्रवचन अवश्य सुनेगी।

कितनी दूर-दूर से भक्त आ रहे थे। कुमारी विल्सन में जिज्ञासा जगी कि वह उनसे उनके आने का कारण पूछे। तभी सामने नीरदवरण पड़ गए। उसने प्रणाम किया। नीरदवरण रुक गए। वह पूछ रही थी, "आप यहीं रहते हैं क्या।"

"आपका अनुमान सत्य है...मिस मिसेज..."

"मिस विल्सन।"

"हां तो मिस विल्सन।"

"मैं अमेरिका से आई हूं।"

"स्वागत है। मेरे योग्य कोई सेवा।"

"जिज्ञासा, श्रीमान्।"

"यद्यपि मैं जिज्ञासा का उत्तर देने में सक्षम नहीं हूं तथापि मैं कोशिश करूंगा कि..."

"मान्यवर अरविंद क्या देव पुरुष हैं।"

"मनुष्य में सर्वस्व के अवतरण-प्रतीक।"

"मैं कुछ नहीं समझी।...क्या वह सुप्रीम पावर हैं।"

"इस तरह के प्रश्नों का उत्तर आपको कल सुबह उनके दर्शन से मिल जाएगा।"

"क्या वह सम्मोहन का प्रयोग करते हैं।" कुमारी विल्सन ने पुनः प्रश्न किया।

"मुझे चलना होगा।"

कुमारी विल्सन ने एक अन्य व्यक्ति से पूछा, "कहां से आए हो।"

"दिल्ली से।"

"क्यों आए हो।"

"कल सुबह प्रभु प्रकट होंगे।"

"गॉड।"

"हां।"

"क्या अरविंद गॉड हैं।"

"हां, हमारे लिए।"

"कैसे।"

"इतनी दूर से हमारे दुःख-दर्द, आधि-व्याधि दूर कर देते हैं।"

"वो कैसे।"

"हम पत्र लिखते हैं। पत्र द्वारा अपने कष्ट निवारण की प्रार्थना करते हैं।"

"और कष्ट दूर हो जाता है।"

"हां, हो जाता है। यहां हम जैसों की संख्या अधिक है।"

"तो वह जादूगर हुए।"

"नहीं, मेम साहब, वह श्रीकृष्ण हैं। वे श्रीकृष्णा। जिन्होंने संपूर्ण महाभारत अपने सर्वांगीण ईश्वरीय रूप से संचालित किया था-सुदर्शनधारी श्रीकृष्ण।"

"हां मैडम, वह हमारे भगवान् हैं।" दूसरे भक्त ने कहा।

बात को विराम देने की दृष्टि से उनमें से एक ने कहा, "बेटी, तुम सच्चे मन से प्रार्थना करके देख लो।"

"वह पूर्ण होगी।"

"जैसे कल सुबह वह नहीं आएंगे। लीजिए यह प्रार्थना की।"

सब चकित और दुःखी हो गए।

"यह भी कोई प्रार्थना है। आप इतने सारे भक्तों की कामना पर पानी क्यों फेरना चाहती हैं।"

"पानी नहीं, तुम्हारी बात का विश्वास, क्योंकि वह ईश्वर हैं तो मेरी प्रार्थना सुन चुके होंगे।"

"कृपया आप ऐसा अशुभ नहीं बोलें।"

धीरे-धीरे सब लोग चले गए। कुमारी विल्सन अपने कक्ष में आ गई और सोचने लगी कि क्या यह संभव नहीं हो सकता कि उनके भक्त अंधविश्वास से बाहर आ सकें? भारत अंध रूढ़ियों, अंध परंपराओं और धार्मिक संकीर्णताओं के कारण ही दासता का अभिशाप भोग रहा है। लंबे समय तक वह मुस्लिम साम्राज्य के नृशंस अत्याचार, शोषण और अन्याय को सहता रहा। उसके पास वैभवशाली अतीत के स्वप्न हैं, उत्कट संस्कृति के अंतर्दृश्य हैं और उच्च सभ्यता का साक्ष्य हैं। फिर भी, वह पतन की दलदल

में फंसा हुआ है। क्या अरविंद का इस दिशा में ही यह प्रयास नहीं है जो नव संस्कृति और नव सभ्यता के आकर्षण केंद्र आज फिर से बन रहा है? स्वामी विवेकानंद जैसे महानतम महापुरुष ने संसार की धर्मसभा में कैसे श्रेष्ठतम भारत के सनातन धर्म की पुनर्स्थापना की थी कि अन्य धर्म के शक्ति संपन्न अध्येता, व्याख्याकार और सचेतक मुंह बाए उनकी ओर देखते रह गए। क्या उसे अरविंद से समय मिल सकेगा? क्या वह अपने मस्तिष्क में उठ रही इस आंधी का समाधान 'दिव्य जीवन' के ऋषि से पा सकेगी? अथवा वह मात्र उनके दर्शन लाभ पाकर लौट जाएगी?

कुमारी विल्सन ने हाथ-मुंह धोकर कुछ समय ध्यान किया। ध्यान में योगी अरविंद को अपने केंद्र में लाई। वह जब ध्यान में बैठती थी तब सर्वप्रथम वह अरविंद को नमन कर दोहराती थी, "हे सजीव देह में सजीव आत्मा के महानतम योगी, हे सत्य स्पंद के ऋषि, हे पार्थिव चेतना में रूपांतरण के अन्यतम स्वामी, मैं मात्र तुम्हारे दर्शन करने के लिए यहां तक नहीं आई हूं, यथार्थतः मुझे आप लेकर आए हैं, आपने ही मेरे प्राणों में वह स्फूर्ति और सजग चेतना का प्रार्दुभाव किया है। हे धरा को स्वर्ग में बदलने वाले संत, निस्संदेह संसार एक ही दिव्य तत्त्व से बना है पर वह क्यों बारंबार स्व शक्ति केंद्र से पदच्युत होकर पतन की गर्त में गिरता है? वह कैसे अग्निशिखा से निष्पन्न होगा? कैसे न्यैष्टिक रज का तत्त्वांतरण तप्त सुवर्ण रज से होगा।" फिर वह निर्जन मौन के अंतः प्रकोष्ठ में से होते हुए उस विराट् अंतः बिंदु में समाती गई, जिसने उसे भारत में आने की अंतःप्रेरणा प्रदान की थी।

कुमारी विल्सन ने अपने पिता से कहा था, "मैं गुलामी में जी रहे उस भारत के अंतः योगी के दर्शन करने भारत जाना चाहती हूं जो आने वाले दुनिया को कष्ट कारा से बाहर लाकर एक स्वर्गिक स्वराज्य की स्थापना के स्वप्न बो रहा है।"

"तुम जा सकती हो, प्रिय बेटी, लेकिन स्मरण रहे, तुम्हें चमत्कारों से परे रहना है। भारत अद्‌भुत देश है। उसमें अद्‌भुत सहनशक्ति और धैर्य है, उसमें अमीरी और गरीबी के दो ध्रुव अपनी पराकाष्ठा पर सक्रिय हैं, उसमें धर्म और अपधर्म के कृत्रिम संयोग की अंतःसृष्टि है। मायवी और अंधविश्वास की धरती पर खड़ा वह देश आज भी पराङ्मुखी ही है, परावलंबी है, पराभिमुख है। तुम जान-पूछ सको तो यही जानना-पूछना कि हे जगत् पर स्वर्ग लाने के स्वप्नद्रष्टा, जगत् गुरु के पद पर प्रतिष्ठित योगी, कृपया इन सीधी सादी अंतर्मन की जिज्ञासाओं का स्पष्ट उत्तर देकर अनुग्रहीत कीजिए ताकि मैं उसे विश्व में प्रसाद स्वरूप बांट सकूँ।"

"मेरा प्रयत्न यही रहेगा, डैड।"

"हम विश्वस्त नहीं हैं। फिर भी, हमारी कामना है कि तुम अपने प्रयत्न में सफल होकर लौटो।"

इसके बाद कुमारी विल्सन अपने पलंग पर आकर तत्काल गहरी नींद के शांति पर्व में उतरती चली गई। आज सबको जल्दी सोना था, क्योंकि जल्दी उठकर पूर्णतया तरोताजा होकर साधक-ऋषि के परमात्मा स्वरूप की एक झांकी के दर्शन करने थे। साक्षात् ईश्वर के दर्शन। ईश्वर के शब्दोच्चारण से मनुष्य का रोम-रोम आनंद से भर उठता है। जब वह उसे साक्षात् देखेगा तब उसके मानस-अंत: मानस की आनंदानुभूति का क्या ठिकाना! कोई नहीं जानता। जिज्ञासा सबमें थिरक रही होती है। कल्पनातीत सत्य से साक्षात्कार। ब्रह्मांड के सृष्टा से साक्षात्कार। रोंगटे खड़े कर जाता कल्पना-स्वप्न का यह समन्वित परम उच्छ्‌वास! एक प्रशांत सघन और गहन नीरवता। बहिर-अंतर अद्‌भुत एकरसता। द्वंद्वशून्यता! सिर्फ एक नन्हा सा प्रकाश। रास्ते के ऊपर वाले कमरे में, जहां अरविंद सो रहे हैं, वह पुण्य प्रकाश प्राण दीप बना स्थिर हैं। कदाचित् उसे भी उस सुबह की प्रतीक्षा है, जब अरविंद रूपांतरण की सहज प्रकाश्य शक्ति के साक्षात् केंद्र बने सामने होंगे।

अद्‌भुत! कल्पनातीत। आश्चर्य ही आश्चर्य!

चतुर्दिक सौम्य तमिर। न कोई ध्वनि और न कोई उजाला। मात्र हुलसित प्राणों का एक दीप। पहरेदार! अद्‌भुत प्रहरी प्रतिदिन की तरह जगमगा रहा था। बता रहा था-वहां ईश्वर का वास है। वे निद्रा कर्म में अनुरत हैं, तप लीन हैं।

वहां सबको नींद आई। समय पर आई। कुतूहल ने नींद में व्यवधान नहीं डाला। कोई नहीं जग रहा था। सारा अग-जग सो रहा था। एक स्वप्न बना प्रदीप नन्ही ज्योति-अस्तित्व का प्रतीक बना शांत था। एकदम आंख खोले शिशु की तरह निद्रानिमग्न तथा निष्कंप! अरविंद 'सावित्री' की तरंगों पर तैरते हुए आनंदमय हो रहे थे। उनकी एक ओर ढेर सारे पत्र रखे हुए थे, जिनके उत्तर देने थे। मीरा अल्फासा सुबह जल्दी उठकर सारी व्यवस्था संभालने के कारण उनके कमरे से चली आई। रात ढल रही थी। दिन का उजास गर्भ में था और दो घंटे बज चुके थे।

अब सो जाना चाहिए। सुबह जल्दी उठना भी था। सन् 1926 से उन्होंने अपने को इस एकांत कमरे में बंद किया हुआ था। सन् 1938 की 24 नवंबर की सुबह पलकों के पहरे में थी। अतिमानसिक ज्योति की किरणें उतरने लगी थीं। चतुर्दिक अंतप्रकाश का हर्ष महक रहा था।

सुबह साढ़े सात बजे से दर्शन कार्यक्रम प्रारंभ होगा। अरविंद सोने से पहले बाथरूम की ओर चल पड़े। अभी वह कुछ ही कदम आगे बढ़े होंगे कि वह व्याघ्र चर्म से टकरा कर धड़ाम से फर्श पर आ गिरे। उस निस्तब्ध वातावरण में एक तेज आवाज अनुगूंज उठी। उधर पुराणी ने स्विच ऑन

किया। प्रकाश ने आंख मलते हुए चहुं ओर देखा। दो बज चुके थे। मीरा अल्फासा के लिए वह पानी गरम करने के लिए चल पड़ा।

अरविंद ने कोशिश की वह उठ जाएं, परंतु उनकी कोशिश कामयाब नहीं हुई। मीरा अल्फासा ने आवाज सुनी थी या उन्हें ऐसा लगा था। यह ठीक से नहीं कहा जा सकता है। वह अरविंद के कमरे की ओर बढ़ती चली गई। कमरे के अंदर जैसे ही पहुंची वैसे ही वह कांप उठी। अरविंद फर्श पर शांत पड़े हुए थे। अब क्या था कि उन्होंने आपात्कालीन घंटी बजा दी। पुराणी दौड़ा। मीरा को सीढ़ियों के पास खड़ा पाया। मीरा ने कहा, "जाओ, डॉ. मणिलाल को तुरंत बुला लाओ, अरविंद गिर पड़े हैं।"

पुराणी दौड़ गया। मीरा अल्फासा ने उनकी ओर देखकर कहा, "अभी डॉक्टर आ रहा है। क्या मेरी सहायता से उठ सकेंगे।"

अरविंद ने सिर हिलाकर कहा, "नहीं, मीरा। मैं ठीक हूं। डॉक्टर को आने दो।"

"डॉ. मणिलाल गुजरात से दर्शनार्थ कल ही आए हैं।"

"उन्हें भेजा गया है, मीरा।"

डॉ. मणिलाल अरविंद के पांव की परीक्षा करने लगे। मीरा पंखा झलने लगी। नीरदवरण डॉक्टर की सहायता कर रहे थे। अरविंद का दाहिना घुटना मुड़ा हुआ था। मीरा अल्फासा पूछ रही थीं, "दर्द हो रहा है क्या।"

उत्तर में अरविंद के अधर पर मुस्कान की रेखा खींची रह गई। उनकी आंखों में शांति थी। चेहरा हलकी सी कांति बिखेर रहा था। डॉ. मणिलाल ने उनके पांव का मुआयना करते हुए जैसे ही उनका पांव इधर-उधर किया वैसे ही वह कराह उठे।

"जांघ की हड्डी टूटी है।" डॉ. मणिलाल ने कहा। सरकारी अस्पताल से पेरिस पलस्तर आया। फलतः पेरिस पलस्तर से प्रारंभिक उपचार तो कर दिया, परंतु उससे तसल्ली नहीं हुई। पुराणी और चंपक लाल के साथ दो और लोगों ने मिलकर उन्हें फर्श से उठाकर पलंग पर लेटा दिया।

सुबह होने से पहले ही इस दुर्घटना की खबर परिसर में फैल गई। उनके लिए प्रार्थनाएं होने लगीं। हजारों लोग के चेहरे मुरझा गए। एक वृद्ध व्यक्ति ने पूछा जो कश्मीर से आया था, "क्या अब दर्शन नहीं होंगे।"

"देखो।"

"हड्डी टूटी है, तो दर्शन का प्रश्न ही नहीं उठता।"

मीरा अल्फासा समय पर पहुंची। प्रार्थना हुई और फिर उस दुर्घटना के कारण दर्शन आयोजन को रद्द करने की घोषणा कर दी गई। बहुत दुःख जताया। परिस्थितियां ही ऐसी हो गई थीं कि कोई कुछ नहीं समझ पा रहा

था। फिर भी लोग एक-दो-दिन और रुके। रात के ग्यारह बजे रेडिओलॉजिस्ट पहुंचे। उनके कई एक्स-रे लिए। तुरंत ही फोटो निकाली।

अरविंद के दाहिने घुटने के ऊपर का फोयर टूटा था। टूट कर आपस में जुड़ गया था। इस सारे उपचार कार्यक्रम में अरविंद एकदम शांत रहे, तटस्थ रहे और चुपचाप सब कुछ देखते रहे। उनका पौरुषेय रूप वेद वर्णित हिरण्यमय पुरुष जैसा लग रहा था।

उधर कुमारी विल्सन अपने कमरे में चुपचाप बैठी रहीं। उसने खाना भी नहीं खाया। क्या उसका कहा मानकर देवपुरुष अरविंद ने दर्शन नहीं दिए। संशय तो उसमें ही उठा था और कहा भी तो उसने ही था कि कल दर्शन न दें तो...। वह स्वयं अपने से मुंह छिपा रही थी। जैसे-तैसे वह रात को मीरा अल्फासा के कमरे तक पहुंच गई। काफी देर बाहर खड़ी रही। अपने ही द्वंद्व में उलझती रही। हार कर दरवाजे पर दस्तक दी। अंदर से कोई आवाज नहीं आई। न रत्ती भर खटपट हुई। वह हवाओं के झोंकों को देखने का प्रयास करती रही। तभी उसने सुना, "कौन।"

"मैं कुमारी विल्सन।"

"इस वक्त...कोई जरूरी काम।"

"हां, मेरे लिए इससे जरूरी दूसरा कोई काम नहीं हो सकता।"

"तुम अंदर आ सकती हो।"

वह अंदर आई। कुर्सी पर बैठ गई।

"मैं तुम्हारी क्या मदद कर सकती हूं।" मीरा अल्फासा ने कहा।

"मदर, मुझे रास्ता दिखाओ।"

"कहती रहो विल्सन, मुझे सुनने दो। रास्ता तो वह दिखलाएगा। हम सबको एक वही रास्ता दिखलाता है। फिर भी..."

"मुझसे भयानक गलती हुई है।"

"अब तुम उस छाया से मुक्त हो।"

"ईश्वर पर कोई आसुरी या विरोधी शक्ति आक्रमण नहीं कर सकती। क्या श्रीकृष्ण किसी भील के साधारण तीर से मर सकते थे?...नहीं ना। ईश्वर अपनी लीला समेट कर जाने लगे थे तो मृत्युलोक की मर्यादा का उन्होंने पालन किया था।"

"तुम कहना क्या चाहती हो, मि. विल्सन।"

"यही कि इसकी दोषी मैं हूं। सिर्फ मैं! यह सब मेरे कारण हुआ। मेरे संशय को निर्मूल करने के लिए। एक सज्जन ने कहा था-तुम्हारी मनोकामना यहां पूर्ण होगी।" मैंने कहा, "यदि मैं कहूं कि कल सुबह दर्शन किसी को नहीं मिले तो।..."

वह बोला, "शुभ-शुभ बोल, बिटिया।" यह बात आई गई हो गई। मैं अपने कमरे में सोचती रही कि यह मैंने क्या कह दिया?...परंतु सबकी

यही मान्यता थी, उन सबमें से एक मैं भी थी जो यही सोचती थी कि कल सुबह दर्शन अवश्य होंगे। कोई कारण नहीं है कि सुबह दर्शन न हों। फिर मैंने कितना गलत सोच डाला कि...इतने सारे सज्जनों की मनोकामना के विरुद्ध यह क्या किया! परंतु फिर भी मैं अपने चित्त में अपनी बात पर अड़ी रही और..."

"तुम चिंत्ति नहीं होओ, मिस विल्सन, जो होता है वह शुभ होता है। उन्हें कोई कष्ट नहीं है।...तुमको जानना था, वह तुम जान चुकी हो।"

"परंतु दर्शन...।"

"वह संभव नहीं है।"

"फिर मैं यहां से क्या लेकर जाऊंगी और अमेरिका पहुंच कर क्या बताऊंगी। वहां मुझे इस दर्शन-अनुभव पर एक सोसाइटी में कुछ बोलना भी है।"

"तुम उनका साहित्य पढ़ लो। अपने मन में, एकाग्र होकर उनका ध्यान करो तो तुम्हें उनके दर्शन का लाभ अवश्य मिलेगा। आज तो वे हैं, कल नहीं होंगे तो भी भक्त जन यहां आते रहेंगे, उनके दर्शन का लाभ लेते रहेंगे और रूपांतरण होता रहेगा।...अब मुझे सोना है।"

कुमारी विल्सन उठ खड़ी हुई। मीरा अल्फासा ने कहा, "ये कुछ फल हैं, लेती जाओ। दूध तुम्हारे कमरे में पहुंच जाएगा। ध्यान रहे, अपनी भूख के साथ कभी अन्याय मत करना, जितनी इच्छा हो और जो इच्छा हो लेना अवश्य। ईश्वर तुम्हारा कल्याण करे, अब तुम जा सकती हो।"

कुमारी विल्सन की बुद्धि चक्कर खाने लगी। क्या यह सब पूर्व नियोजित था। क्या उन्हें सब मालूम हो जाता है? फल क्या मेरे लिए मंगवा गए थे? क्या मुझे उनके पास जाना था? मैंने कुछ नहीं खाया, यह उन्हें मालूम था। पर कैसे? यह चमत्कार मात्र नहीं हो सकता। अवश्य अपूर्व सत्ता व शक्ति के द्वारा संभव हुआ है। कल सुबह वह पांडिचेरी छोड़ देगी। यह उसने नहीं बताया।

सुबह फिर हुई। आसमानी सुबह थी। हवा में ठंडक थी। कार आ खड़ी हुई थी। उसका मन हो रहा था कि वह उनको नमन करती जाए। पर कैसे? उनका कार्यक्रम तो सुनिश्चित है। कार में अटैची रखी जा चुकी थी। वह भारी मन से उतर रही थी कि बाहर से मीरा अल्फासा टहल कर आ रही थीं। उसने उनको झुककर नमन किया। मीरा अल्फासा ने उसके सिर पर हाथ रखकर आशीर्वाद दिया। तभी चम्पकलाल एक थैली में कुछ लेकर आया। वह बोली, "अमेरिकावासियों के लिए लेती जाओ आश्रम का यह आशीर्वाद।"

मीरा अल्फासा फिर वहां रुकी नहीं, आगे बढ़ गई। कार स्टार्ट हो गई। उसने पुनः आश्रम को नमन किया। फिर नम आंखों से धुंधलाते चित्र-परिदृश्यों का भावुक मन से वह देखती रही उस ऋषि आत्मा का स्मरण करते हुए।

46

समय सदा एक सा नहीं रहता है। मौसम जैसे बदलता है वैसे ही मनुष्य के स्वभाव में भी कुछ-न-कुछ परिवर्तन आता है। जहां मीरा अल्फासा टेनिस कोर्ट में प्रायः जाती थी। खूब खेलती थी और पसीने-पसीने हो जाती थी, वहीं अरविंद अपनी पुरानी आदत को पाले हुए थे-सिगार पीना उनसे नहीं छूटता था। एक दिन मीरा ने अरविंद के हाथ से जली हुई सिगार ले ली। अरविंद उसकी ओर देखते रह गए। मीरा अल्फासा बोली, "देवदास गांधी, गांधी जी के पुत्र, ने कैसा ताना कसा था।"

यही न कि हम धूम्रपान से इतनी आसक्ति क्यों रखते हैं?

"हां, यही।"

"हमारा भी उत्तर था कि आप धूम्रपान से इतनी विरक्ति क्यों रखते हैं?. ..था उनके पास कोई जवाब?"

"क्षमा कीजिए, ऐसा हमने पहली बार किया है और बहुत थककर तथा अपने से हार मानकर किया है कि आपके होंठों से सिगार छीन ली। किस अधिकार से हमने ऐसा किया, यह हम नहीं जानते।...पॉल दिशार को पीने की बहुत आदत थी। पर पीते प्रायः वह घर में थे। एक बार जब वह हमें भी पिलाने की जिद करने लगे तब हमने शराब की सारी बोतलों को इधर-उधर फेंक कर तोड़ डाला। चारों ओर से शराब की दुर्गंध आने लगी। हमने सोच लिया था कि आज वह हंगामा खड़ा करेंगे। उन पर नशा सवार था। वह कुछ भी कर सकते थे। हम उन क्षणों का बेसब्री से इंतजार कर रहे थे, जब वह विस्फोटक की तरह भड़क उठेंगे, परंतु ऐसा नहीं हुआ। पॉल दिशार ने संयत स्वर में कहा, "मीरा, तो समझ लो, आज से इन क्षणों से, हमने शराब छोड़ दी। अपने प्यार को मैं स्वप्न में भी खफा नहीं कर सकता।"

"और ऐसा हुआ। जब पहली बार मैं उनसे मिल रहा था, तब उन्होंने मेरी ओर सिगार बढ़ाई थी, परंतु मैं इनकार हो गया था।"

"तो मुझे भी...।"

"यह आपका अपना निर्णय होगा।"

"तुम्हारा क्यों नहीं, मीरा।"

"मेरा भी।"

"हमने भी आज से, इसी वक्त से सिगार छोड़ दी, मीरा। अब तो तुम खुश हो।"

"मैं कैसे आपका आभार मानूं।"

"सिगार के सारे पैकिट को जलाकर। अब से हम सिगार के हाथ नहीं लगाएंगे। एक बात और बताए देते हैं मीरा, हम अंदर से क्या हैं, इसे हम से ज्यादा कोई दूसरा नहीं जानता। मैं जानता हूं कि मैं नहीं हूं। क्या तुम जब पेंटिंग में तन्मय होती हो, तब तुम्हें पता होता है क्या कि तुम कर रही हो? तब कौन कर रहा होता है? ठीक वैसे ही मैं सिगार नहीं पीता होता था और न यह मेरी आदत थी, बल्कि तब वही होता था एकमात्र वही, और मैं नहीं रहता था। परंतु तुम्हारा मेरे पर अधिकार है, मीरा। अधिकार दिए नहीं, लिए जाते हैं। मुझे खुशी है कि हम-तुम इस स्थिति तक अपने होने में उसकी ही सत्ता में विलीन हैं, उससे विलग होने का अनुभव नहीं कर पाते...।"

"आपको मैं सिगार लाकर दूं तो।"

"उसे अब स्वीकार नहीं होगी। वह राजी है, बस यही तो आवश्यक है।..मैंने तुम पर यह सब उन एकांतिक क्षणों में प्रकट किया था। कोई और सत्ता ऊपर से आकर हम में अंतर्लीन हुई थी और सर्वाल्य की मानसिकता से भी हम परे थे। सामान्यतया वैराग्यपूर्ण त्याग न होकर यह सर्वथा मेरे अपने ढंग की एक विचित्र तपस्या है। उससे मुझे वह शक्ति दृष्टि मिली है कि मैं उसके कार्य को करने में स्व बोध से परे जा पहुंचा हूं, जहां घृणा, उपेक्षा, अनादर, शोषण, अन्याय, अहंकार आदि कुछ भी नहीं है।" अरविंद का स्वर अत्यंत आनंदमय होकर थिरक रहा था। उनका रेशमी धोती जिसका एक भाग ऊपर तक जाता था, फिर भी उनकी छाती खुली रहती थी, वहां से हट चुका था।

मीरा अल्फासा अनुभव कर रही थी कि उनका जीवन स्वतः ही संपूर्ण समर्पित होकर एकराग, एकतान, एक लय और एकात्म हो चुका है। वह चाहकर भी अपने लिए नहीं सोच सकती। उनके पास उनका अपना रहा ही क्या है। वह कुछ भी नहीं जिसके प्रयोग करने पर कुछ रहता है जो दृष्टिगत नहीं होता। रेत के प्राण में रेत नहीं रहता। वहां प्राण होता है जो रेत होने पर भी अपने पर कोई पदचिह्न बने नहीं रहने देता, मात्र उसके पद चिह्नों के जो हर पल बदलते रहते हैं। जब मीरा सन् 1906-1907 में अल्जीरिया गई थी। तब उत्तरी अफ्रीका में अल्जीरिया एक फ्रांसीसी उपनिवेश था। वहां वह ट्लेमसेन शहर में उनके पास रही थी जो गूढ़ विद्याविद् थे-मैंसिये तेयों और उनकी पत्नी तेयों। मदाम तेयों प्रायः समाधि में रहती थी। फिर भी वह छोटे-मोटे काम करती रहती थी-वह चलती-फिरती रहती थी, कुछ वार्तालाप कर लेती थी।

दक्षिणी अल्जीरिया का ट्लेमसेन एक छोटा सा, एक उपत्यका के मध्य पर्वतों से घिरा, शहर है, जिसके पास सहारा का विश्व प्रसिद्ध मरुस्थल है। फिर भी वह हरा-भरा, अपनत्व वाला शहर है। वहां के निवासी अरबी व्यवसायी हैं। वहां एक अद्भुत चमत्कार पाया। वह जब तेयों के साथ घूमने जाती थी तो घर का ताला लगाकर, खिड़कियां बंद कर, उन पर परदे खींच कर जाती थी, परंतु लौटकर घर के अंदर जब पलंग के पास पहुंचती थी, तब तकिये के पास हुस्नहेना पुष्पों की एक छोटी माला पाती थी। वह उसकी मादक सुगंध में अपने को भूल जाती थी। वे फूल कहां से आते थे? हालांकि वे फूल उनके बगीचे के थे। वह उपत्यका वाला छोटा शहर उस नदी के कारण हरा-भरा था जो उस उपत्यका से होकर पूरे वर्ष वहां से गुजरती थी। हालांकि सहारा के रेगिस्तान की फिर भी परछाई उसे घेरे हुए थी, क्योंकि वहां की जलवायु शुष्क तथा तप्त है। वह वहां जैतून वृक्ष के नीचे भरी दुपहरी में ध्यानमग्न होकर अनुभव करती थी कि हिम शिलाएं उनके पार्श्व से अनछुए गुजर रही हैं वहां एक दिन तेयों आई और बोली, "उठ, तुझे अभी लंबी यात्रा करनी है। तेरे जीवन में एक महापुरुष आने वाला है।"

"कैसे मदाम?...कहां से।"

"यहां नहीं। तू उसके पास स्वयं जाएगी। उससे लौटकर आएगी। फिर उसके पास ही सदा-सदा के लिए लौट जाएगी।"

"और पॉल।"

"फिर तो उसे जाना ही होगा-एक म्यान में दो तलवार नहीं रह सकती।"

एक दिन उसी जैतून वृक्ष के नीचे जब मीरा अल्फासा ध्यानमग्न थी तब उसे किसी के होने का अनुभव हुआ। आंखें स्वयं खुल गईं। फों-फों की ध्वनि करता चारेक हाथ का एक सर्प फन फैलाए उसे घूर रहा था। इस प्रकार का गेहुंवन सर्प भयंकर विषैला होता है। उसके काटते ही व्यक्ति की तत्काल मौत हो जाती है। वह गुस्साया हुआ था। अब। डर के मारे उसकी घिग्घी बंध गई। क्या करूं? आंखें पुनः बंद। सारा ध्यान अंदर ही अंदर उस पर केंद्रित। फों-फों बंद। थोड़ी देर बाद किसी के छलांग लगाकर तालाब में कूदने की आवाज आई। आंख खुली तो वहां कोई नहीं था सर्प भी नहीं। तभी तेयों की आवाज सुनी, मीरा, जहां तुम ध्यानमग्न बैठी हो, वहीं उस गेहुंवन सर्प का बिल है। तुम उसके बिल को घेरे बैठी थी। उसे थोड़ा सा दूध पिलाओ। फिर देखना वह तुम्हारा कितना विश्वसनीय और पक्का न केवल मित्र बन जाएगा बल्कि संरक्षक भी और उसने ऐसा ही किया। वह सर्प उसका अभिन्न मित्र बन गया। फिर आवाज सुनी, "यह जीवन दोस्ती के लिए है, घृणा, वितृष्णा, हिंसा के लिए नहीं है। प्यार ही इस जीवन का मूल मंत्र है। वह अब भी सुन रही थी। स्पष्ट सुन रही थी जबकि अरविंद

मौन थे। आंखें बंद किए, लेकिन वह सुन रही थी, "मीरा, प्राण से प्राण का सम्मिलन तुम्हें यहां लाया था ताकि तुम चेतन में, अचेतन में समस्त प्राणी जगत् की मां बनकर सर्वमाता के रूप में प्रतिष्ठित हो सको। तुम उनकी निद्रावस्था में जाकर उनके तमस को हर सको और अपने साथ प्रकाशमय होने का आह्वान कर सको। मुझे प्रसन्नता है कि तुम उस कार्य को निरंतर करती चली जाओगी, जिसे अविराम होते देखने की पानी में डूबी मेरी इच्छा थी। अब तुम जाओ।

रात काफी हो चुकी है। स्वयं रात भी अब सोने जा रही है। अब कोई पहरेदार उसके लिए नहीं जग रहा है।"

अचानक यह क्या! यथार्थतः अरविंद ध्यानावस्थित हो गए। उनके नेत्र हलके-हलके बह रहे थे। उनके अरुण कपोलों पर आकर वे मौक्ति से चमक रहे थे ठीक कमल या गुलाब के पत्ते पर ठहरी ओस की बूंदों के मानिंद जो हलके से उजास में युतिमान हो उठी थी। वह युति तंद्रा मुक्त थी, जागृति का रोमांच लिए नृत्यमयी हो उठी थी।

धीरे-धीरे मीरा अल्फासा उठी, मुड़ी ओर चल पड़ी बिना आहट किए। एक बार सोच के सभी अंतर्पटों पर परदा गिरा कर। अपने कमरे में आई तो पाया कि उनकी टेबल पर पत्र रखा हुआ है। वह पलंग पर बैठ गई। उस पलंग पर जिस पर उन्हें मखमल की अनुभूति होती थी, उस पलंग पर नहीं या कहें लकड़ी के उस लंबे चौड़े तख्त पर नहीं जो अरविंद के अंतर्मन की मखमल की परतों दर परतों वाला सुरभि संगीतमय सा मुलायम और परम आरामदेह गद्दा है। सिर की ओट से उठा हुआ। अन्यतम भावनाओं की तख्त कम गद्दा। उस पर सोते हुए वह जागते भी रहते हैं, आंखों को बंद किए देखते भी रहते हैं। बंद कानों से सुनते रहते हैं। वह कब, किधर से उसमें आकर समा जाते हैं। वह नहीं जानती कि उन क्षणों में निराकार की साकार अनुभूति उसे कहां तक अपने साथ तन्मय कर जाती है कि उसका तन, मन और आत्मा सब एक राग हो उठते हैं और वह नहीं रहती, वही हो जाती है, जिसे आगे-पीछे होना है।

मीरा अल्फासा पत्र खोल चुकी थी। पत्र देखते ही उसे पॉल दिशार के दो वर्ष पहले आए पत्र की याद ताजा हो गई थी कि जब वह भी उसके साथ अल्जीरिया के टुलेमसेन शहर में दूसरी बार सन् 1907 में आई थी। उसने अपने उस पत्र में उस नजदीकी और निश्छल स्मृति को कुरेद डाला था, जिससे वह पाइन के दरख्तों के स्थान पर साप्ये यानी क्रिसमस पेड़ को रोपा गया था। साप्ये उत्तरी यूरोप के हिमानी देशों के पेड़ थे। क्या अद्‌भुत अनुभव हुआ था तेयों को कि वह खुशी से पागल हो उठी-प्राकृतिक वातावरण के विरुद्ध एक नवीन स्थापना। ओह, उसका भाग्य और ईश्वर का आशीर्वाद!

क्या से क्या हुआ और कितना अच्छा हुआ। तेयों ने उस समूचे रमणीक स्थल से आत्मसात कराया था।

अफसोस, उसने पॉल दिशार के उस पत्र का उत्तर नहीं दिया, जिसे लेकर वह कई दिनों तक अल्जीरिया के ट्लेमसेन से गुजरने वाली उस सदाबहार नदी का अपने में गहरा अनुभव करती थी। वहीं तो पॉल दिशार ने उसकी कमर में हाथ डालकर कहा था, "डार्लिंग, यह जगह बहुत खूबसूरत है, परंतु तुम से अधिक नहीं है, क्योंकि तुम इस समय मेरे इतने नजदीक हो जितना शायद मैं अपने नजदीक नहीं हूं। प्यार के वे गूंगे क्षण थे जिनमें वे दोनों बेसुध थे और उन दोनों का दिल पियानो की ध्वनि पर थिरक उठा था, कितना अपनत्व भरा था...यह जगह अंत में भी बहुत सुकून देगी, क्योंकि उनके अंत की प्रतीक कबें सदाबाहर नदी और दरख्तों की खुश्बू के कारण हमेशा स्वत: हरी रहेंगी और प्यार की लोरियां सुनाती रहेंगी।"

अब उसका दूसरा खत था लंबे अंतराल के बाद। लिखा था –

मीरा, यह भी एक इतिहास ही है कि मैं दूसरा पत्र लिखने की गलती कर रहा हूं। क्यों कर रहा हूं, यह नहीं जानता और न ही जानना चाहता, क्योंकि यह बात मैं तुम पर पहले भी प्रकट कर चुका हूं कि मुझे गलतियों से प्यार है। जी चाहता है कि मैं बारंबार गलतियां करता जाऊं। पहले सोच गया था कि तुम हो तो फिर गलती करने से कैसा डर, तुम संभाल ही लोगी।...ऐसा तुमने अनेक बार किया भी था, मीरा। पर अब कौन संभालने वाला है। कौन का साया हट जाने से व्यक्ति बिना जड़ का दरख्त रह जाता है। यह बात तुम नहीं समझ सकोगी। शायद मैं भी नहीं समझ पाता यदि पिछले माह तुम्हारा पहला पति हेनरी परिस्ये के साथ नहीं होता। वह इस समय अमेरिका का प्रिय चित्रकार है। उसकी एकल प्रदर्शनियों की यहां धूम है। मैं उसे इस तरह पहचान पाया कि उसने हू-ब-हू तुम्हारा चित्र बना रखा था। उस चित्र में तुम एक नवजात शिशु को अपनी गोद में लिए हुए बाहर की ओर देख रही थी। दरवाजा खुला हुआ था। दरवाजे से हटकर एक वृक्ष की दो डालें नीचे लटकी हुई थीं। मैंने पूछा, "इस पेंटिंग की कीमत क्या है।"

"यह पेंटिंग बिकाऊ नहीं है।"

"फिर इसे यहाँ क्यों लगा रखा है।"

"यह मेरा पहला और आखिरी प्यार है, जिससे तलाक हो चुका है... और कुछ।"

"नहीं और कुछ नहीं।...क्या इस पेंटिंग में जो युवती है, उसका नाम मीरा आल्फासा था।" हेनरी मरिस्ये मेरी ओर देखता रह गया।

"और तुम।"

"मैं उसका दूसरा पति, पॉल दिशार हूं जो अब खारिज हो चुका है।"

"कैसा।"

"वह आजकल पांडिचेरी में है-एक योग साधक के पास।"

"उसका नाम।"

"अरविंद है। मैं उसे जानता हूं। मैं ही मीरा अल्फासा को उसके पास ले गया था।"

"और तुम 'आउट', वह 'इन'।"

"शायद।"

"अब भी कोई उम्मीद है।"

"नहीं।"

"क्या बता सकते हो, क्यों।"

"मैंने उससे स्पष्ट कर दिया था कि मैं किसी सुप्रीम पॉवर अथवा आध्यात्मिक ऊंचाई पाने की तलाश में नहीं हूं। फिर मैं पांडिचेरी नहीं रह सकता। वह मेरा मुकाम नहीं है। हो भी नहीं सकता। न मुझे योग रास आता है।"

वह बोली, "तुम स्वभाव से दार्शनिक हो।"

"परंतु गुह्य विचार प्रेमी नहीं हूं और न क्रियात्मक योग के प्रवृति में रुचि रखता हूं। अल्जीरिया में तुम्हारे साथ था-खुली हवा, खुले आसमान और खुले मन के साथ। मुझमें तुझमें तयों लगाव पैदा नहीं हो सका।"

"तो तुम अलविदा करने की तैयारी का मानस बना चुके हो।"

"यह वाक्य मेरा होना चाहिए था।"

"उसमें बहुत देर हो गई, दिशार।"

"मुझे उसका मलाल नहीं है।...बस यही कुछ था, मि. हेनरी।...और तुम्हारे साथ...।"

"मीरा अल्फासा का फैसला। मैं चित्र बनाता था अपने लिए अलग जिन्हें मैं बेचता नहीं था, बेचने के चित्र अलग होते थे। गरीबी मेरा संस्कार बन चुकी थी और संतोष मेरा मिजाज। मुझमें कोई चाह नहीं थी। कौन था मेरा, सिवा मेरे चित्र गुरु गुस्ताव मुर्यो के। उन्होंने शादी करवा दी।"

"बिना पूर्व परिचय के।"

"कुछ-कुछ ऐसा ही।"

"क्या तुम्हें मीरा...।"

"पसंद आई थी पर शादी...यों समझ लो हो गई। उसने एक पुत्र को जन्म दिया। मेरा लगाव उसमें यहां से शुरू हुआ, परंतु उसमें यहीं से कुछ-कुछ अलगाव! मैं सामान्य था।... मैंने उसे समझाया था कि तुम्हारे पिता बैंकर थे। घोड़ागाड़ी भी थी। शानदार कोठी भी, लेकिन जब अचानक बैंक फेल हो गई।"

"मरिस्ये, मेरे पिता ईमानदार हैं, उनका कोई दोष नहीं था।"

"मैं मानता हूं मीरा, परंतु इस पर भी उन पर भारी अर्थदंड हुआ तो।"

"और हम सड़क पर आ गए।"

"नहीं मीरा। मैं धरती पर पैदल चलते रहना चाहता हूं। मेरी जिंदगी का सबब अपनी पेंटिंग के साथ-साथ चलते जाना है। पेंटिंग मेरा रोजगार नहीं है, वह मेरी अस्मिता की अनुभूति है-वहां मैं हूं...वह मैं जिसमें मैंने उसके रंगों में अपने को स्वेच्छा से समर्पित कर दिया है और मैं शून्य में विलीन हो गया हूं।...पर दोस्त, मैं उसे नहीं रोक सका। चाहा भी नहीं। सोच गया कि वह सुगंध का एक झोंका था। आया, चला गया।" हेनरी मारिस्ये ने कहा और उठ खड़ा हुआ। मैंने उससे नहीं पूछा कि वह कहां रहता है। सोचा कल फिर आऊंगा, पता कर लूंगा।

दूसरे दिन गया। वह वहां से जा चुका था। एक स्कूल की सहायतार्थ उसने वहां प्रदर्शनी लगाई थी पंद्रह दिन के लिए। पता नहीं कि अब वह कहां गया होगा! उसने जिस स्कूल की सहायता की थी, मैं वहां गया था। वह स्कूल अंधे बहरे और गूगों बच्चों के लिए था। दिन में वहां के बच्चों को पेंटिंग सिखाता था और शाम को आर्ट गैलरी में जा पहुंचता था। खैर, उसका अध्याय यहीं अधूरा रह जाता है। एक बात और बता दूं कि उसने शादी नहीं की है। पूछा तो कहने लगा, "मैं दूसरी बार वह गलती नहीं करना चाहता हूं।"

"शादी गलती, है क्या।"

"उस व्यक्ति के लिए जिसे अपनी कला से प्यार हो।"

"तुम्हारी दृष्टि से किसी कलाकार को शादी नहीं करनी चाहिए।"

"मैं दूसरों के बारे में कुछ नहीं कह सकता। मुझे शुरू से अपनी पेंटिंग, उनके रंगों और तूलिका से प्यार था। मेरी पहली शादी तभी हो गई थी। चूंकि मीरा अल्फासा भी पेंटिंग करती थी तो सोचा था हमराही बनकर बीहड़ों को पार कर जाएंगे, परंतु मुझे इसका अफसोस नहीं है कि उन निर्जन और बीहड़ों का राही हमेशा मनुष्य अकेला होता है, उसके साथ कोई नहीं होता।"

मुझे यह सब लिखना था, मीरा। इस पत्र के लिखने का यही कारण है कि तुम्हें बता सकूँ कि हेनरी मरिस्ये बिना किसी सिद्धि प्राप्त किए अपने जुनून में इतना आगे बढ़ चुका है कि परछाइयां उसका पीछा नहीं कर सकती।

एक दूसरा सच यह है कि मुझे तुम्हें पत्र लिखने का बहाना मिल गया। समझ सकता हूं कि तुममें और पानी में कोई अंतर नहीं है, वह अपनी जगह बना ही लेता है। तुम भी अब तक उस अज्ञात को जान चुकी होगी, जिससे इस ब्रह्मांड की संरचना हुई है। यदि नहीं तो तुम अवश्य उसके करीब होगी। अच्छा, हार्दिक शुभकामनाओं के साथ-पॉल दिशार।

पत्र खत्म होते-होते, क्योंकि पत्र को उसने एक साथ पूरा नहीं पढ़ा था, रुक-रुक कर पढ़ा था। एक घंटे के करीब हो गया होगा। वह सोच कर इस स्तर से ऊपर निकल कर अब वह उन यादगारों को दफना चुकी थी, जिनसे अतीत वर्तमान के यदाकदा आड़े आ खड़ा होता है।

अब वह मां है। अरविंद ने यह संबोधन यों ही नहीं दिया है। मां के लिए यह संसार पुत्रवत् है, परंतु क्या ऐसा है? यह प्रश्न उसने अरविंद से उन दिनों किया था, जब वह पलास्तर से जकड़े लकड़ी के पुराने तख़्त पर शांत और निर्विकार लेटे हुए थे। उसने पूछा था, "क्या अतीत भूला जा सकता है, अरविंद।"

"प्रयत्न से नहीं, मीरा। मारने से कोई चीज मरती नहीं है। जबर्दस्ती करने से दुःखों की टीस बहुत दूर तक पीछा करती है। तुम...।" कहते-कहते अरविंद रुक गए। छत की ओर देखने लगे। फिर निगाहें नीचे फर्श पर फैला दीं। फर्श और साफ हो गया। उनका चिंतनमुखी मुखमंडल एकदम पारदर्शी हो उठा।

"मुझे...आपको...या मुझे..."

"यदि तुम मुझे के घेरे से बाहर आना चाहती हो तो उस सबको उस वृहत् ब्रह्मांड में सम्मिलित कर लो, जिसमें मिल जाने से किसी की कोई पहचान नहीं बचती और फिर उस पहचान के लिए सिर दर्द नहीं सताता।" अरविंद की स्थापना शक्ति अभूतपूर्व थी। वह कहने लगे, "मृणालिनी का अवसाद मेरी शक्ति बना। उसकी तपस्या से मुझे बल मिला। वह मुझ में समाविष्ट हो गई। अब उसका अपना अलग अस्तित्व नहीं है। वह मेरे संपूर्ण का ही तो हिस्सा थी और तुम भी, मीरा मेरी तपस्या का बल हो। मुझमें हो, मुझसे अलग कतई नहीं। जितनी भी सत्ता की अलग-अलग इकाइयां नजर आती हैं, उनका कारण मन है। मन से जैसे-जैसे आगे बढ़ते जाओगे तो पाओगे, एक जगह पर पहुंच कर कि वहां तुम भी नहीं हो, मात्र वही है, जिसे वहां होना चाहिए। फिर कोई भेदाभेद नहीं रहता। मेरा यह दीर्घकालीन एकांत, अपने आप में, अपने से मुक्त होकर उस सबका हो जाने देना का ही प्रयासहीन समर्पण है। जब कभी कोई प्रसंग-संदर्भ अनायास उठकर सिर उठाए तब उसको बड़े प्यार से पूरी निष्ठा से अपने में स्वीकार कर लो तो देखोगी कि न वहां कोई दूसरा है और न तुम हो मात्र एक वही है, जिसके प्रति तुम्हारा संपूर्ण सहज आत्मसमर्पण हुआ है।"

मीरा अल्फासा ने उठकर खिड़की से परदा हटाया। जैसे ही खिड़की खोली वैसे ही तेज समुद्री हवाएं जो अब तक पेड़-पौधों से अठखेलियां कर रही थीं, उन्हें सोने नहीं दे रही थीं अर्रा कर समूचे कमरे में उस शैतान बालक की तरह चली आई जो उस कमरे में आने की जिद कर रहा था और मौका पाकर घुस आया हो। पीछे-पीछे उसकी मां जो उसे पकड़ना-रोकना चाह रही थी और आगे-आगे वह बालक जो वहां धमाल मचाना चाह रहा

था। चूहा और बिल्ली का खेल होने लगा था। वह अपनी साड़ी का पल्लू संभाले नहीं संभाल सकी, वह लहरा कर दूर तक जा पहुंचा था। उसे उसने लहराने दिया। तेज हवा को नथुनों से होकर स्नायुओ में भरने दिया। चूंकि हवा में न केवल ठंडक मात्र थी बल्कि वह ऊंचे-ऊंचे दरख्तों से छन कर आ रही थी और साथ में पुष्पों की सुगंध चुराकर भाग रही थी।

थोड़ी देर में ही मीरा अल्फासा की सारी देह, देह का अंग-अंग और अंग-अंग का प्रत्येक रेशा परिमलमय हो गया। पल्लवी आस्था उनमें उतरती चली आई ऋग्वेद की स्वरमयी बांसुरी की इस धुन के साथ –

हे वैश्वाग्नि। हे सर्वव्याप्त देव। तू ही इस चराचर जगत्, संपूर्ण लोकों और उनके वासियों की नाभिग्रंथी है, जन्म पाने वाले हर प्राणी पर तेरा ही नियंत्रण है, स्तंभ तुल्य एक तू ही उन्हें बांधे-थामे हुए है..तू द्युलोक का शीश है, इस धव्यिणि की नाभि है, दोनों लोकों में संचार करने वाली तू ही है।

हे अग्नि, तेरा जो तेज द्यावापृथ्वी में, वनस्पतियों में, नदी-नालों में परिव्याप्त है, जिसके माध्यम से तूने इस विराट् अंतरिक्ष को प्रसारित किया है, तू प्रकाश की सप्राण सागर है दिव्य दृष्टि है।

वह खिड़की से बादलों की ओट होते, फिर उनसे बाहर आते शुभ चंद्र को निहार रही थी मंत्र मुग्ध हुई। अरविंद सामने आ खड़े हुए थे। वह बता रहे थ-मीरा, देखो-देखो, अनुभव करो, अनुभवों के पार जाओ, जहां दिव्यता पर छाई धुंध हट चुकी है। वही वेदों का लुप्त सूर्य है। स्मरण आ रहा है कि प्रकाशमय अतिचेतन के भीतर जो समग्र शाश्वत रूप से स्वतः व्यक्त रहता है, वही संपूर्ण तमाच्छन्न रूप में इस भौतिक जगत् की भासमान अचेतन जड़ता को अपने में धारण किए है। तुम देख रही हो, सुन समझ रही हो। ऊर्ध्वास्थित सत्य एक निम्न सत्य को सक्रिय करेगा।

सुनती हो, वह तुम्हीं तो हो मीरा, जिसने मेरी संपूर्ण साधना को अपरिहार्य पद्धति से जोड़ा।...वह तुम्हीं तो हो, जिसने पांडिचेरी आने से पूर्व ही स्वयं अतिमानस का भान पा लिया था।

तुमने ही तो चुपचाप मेरे कान में कहा था, "लो मैं आ गई, अरविंद। अब तुम्हारी प्रतीक्षा की सीमा समाप्त हुई। हमारी तुम्हारी चेतना एक है। हमारा मंतव्य एक है।"

कोई प्रश्न नहीं। फिर समाधान किस बात का!

आओ, मेरे पास आओ, और...और नजदीक आती जाओ, सीमाओं के पार...जहां से तुम्हारा रूपांतरण शुरू होता है, मुझे भी अपने साथ ले चलो। बहा ले चलो हर भेदाभेद को मिटाकर एकमएक हो जाने दो।

"ठहरो मीरा, वहीं ठहरो।"

"क्यों अरविंद, क्यों? वहां-यहां की सीमा तो कब की जाती रही। नदी सागर में मिलकर अपना अस्तित्व मिटा डालती है और सागर अपने अस्तित्व के मनोरम ताप से निरंतर ऊ र्वगामी होता जाता है और फिर प्रसन्न होकर तथा आनंद निमग्न होकर अपने पर ही बरसने लगता है और अपने रंध्र-रंध्र में उसे समाने देता है।"

"पर तुम किस रूप में रहोगी वहां।"

"क्या अभिप्राय है।"

"प्रेयसी, सहयोगी, मित्र, मां और और..."

"ये रूप कब के मिट चुके होंगे।"

"कैसे।"

"जन्म से। मैं तुम्हारी ओर...हां जन्म से...बहती आ रही हूं...कभी हवा बनकर, कभी गंध बनकर...कभी प्यार बनकर, कभी ममता बनकर, कभी मित्र-सखा बनकर...मैं तुम में और तुम मुझमें बहे चले आ रहे हो। कुछ पता है, तुम माथा पकड़े बैठे-पुराणी की प्रतीक्षा कर रहे थे, क्योंकि तुम्हारे सिर में तेज दर्द हो रहा था, तब कौन आया था तुम्हारे पास, किसने दबाया था तुम्हारा माथा और कुछ समय बाद किसने कहा था-तुम आ गई, मीरा। अब मैं निश्चिंत हुआ। तुम संभालो, मुझे राग-अनुराग विहग बन उड़ लेने दो, जहां तक उड़ सकता हूं, इन प्राणों के पंखों में मधुर-मधुर छलकती प्राण वायु भर कर।"

"हां-हां...मैंने ही कहा था।"

"तुमने प्रे से भी कहा था, वह तुम्हें बहुत चाहती थी, मुझे मत रोको प्रे, मेरा कोई इंतजार कर रहा है।"

"कौन है वह? जब तुम सात साल के थे, तब से यहां हो, अपने वसंत के ज्वारभाटे उठने तक। फिर वहां कौन इंतजार कर रहा है।"

"विश्वास करो प्रे, मैं असत्य नहीं बोलता।"

"तो जाओ, मेरे प्राण, जाओ। मुझमें प्रतीक्षा करने का जबर्दस्त माद्दा है। मेरी अनंत शुभकामनाएं, ओ अंतरिक्ष के स्वर्ण विहग, मैं तुम्हारे कार्य की बाधा नहीं बनूंगी, तुम्हारी प्रतीक्षा करूंगी जहां तक कर सकी।"

"हां...हां...याद आ रहा है।"

"और तुमने ही अपने पत्र में लिखा था कि..."

शायद इस बीच तुम्हें इस बात का पता चल गया होगा कि जिसके भाग्य के साथ तुम्हारा भाग्य जुड़ा है, वह बड़ा ही विचित्र मनुष्य है। इस देश में आजकल के मानुष का जैसा मनोभाव है, उसके जीवन का जैसा लक्ष्य है, कर्म जैसा क्षेत्र है, ठीक वैसा मेरा नहीं है। सामान्य मानुष असामान्य अभिमत, असामान्य प्रयत्न, असामान्य उच्चाशा को जो कुछ कहते हैं उसे संभवतः तुम जानती हो। इस सब भावों को पागलपन कहते हैं।

पागल के हाथों में पड़ना एक स्त्री के लिए बहुत अशुभ है, क्योंकि स्त्री जाति की संपूर्ण आशा सांसारिक दुःख सुख से संबद्ध है। पागल अपनी स्त्री को सुख नहीं देता, दुःख ही देता है।

ऋषियों ने एक उपाय सुझाया, वह मैं तुम्हारे सामने रख रहा हूं मृणालिनी, तुम लोग दूसरे की अपेक्षा 'पतिः परमो गुरुः' को केंद्र में लाओ। स्त्री स्वामी की सहधर्मिणी है, अतः पति जिस कार्य को स्वधर्म मानकर ग्रहण करे, उसी में तुम सहायता देना, परामर्श देना, उत्साहवर्धन करना, उन्हें देवता मानना, उन्हीं के सुख से सुख, उनके ही दुःख में दुःख मानना। कार्य का चुनाव करना पुरुष का अधिकार है, सहायता तथा उत्साहवर्धन करना स्त्री का अधिकार है। उससे पूछ रहे थे तुम अरविंद, क्या तुम इस विषय में उनकी सहधर्मिणी बनना स्वीकार करोगी?...अंत में आग्रह किया था कि वह इन बातों को गोपनीय रखे, किसी पर प्रकट न करे, विचार करे।

"हां...हां...लिखा था।"

"फिर क्या हुआ अरविंद। वह स्वाभिमानी स्त्री थी। अपने अधिकार क्षेत्र को बखूबी समझती थी।...पुरुष मार्ग का अनुसंधान करे, स्त्री क्यों नहीं? स्त्री पुरुष की पिछलग्गू क्यों बने?...अभी वह आ भी नहीं सकती, क्योंकि तुम साधना में हो और फकीरी ओढ़े हो।"

काश! एक बार तुम उसके सामने पहुंच जाते तो पाते कि स्त्री महाचंडी भी है और महाचंडी किसी पुरुष के पथ का अनुगमन नहीं करती। पुरुष को ही उसकी शरण में आना होता है-जन्म से लेकर संपूर्ण जीवन तक।...यह बात दूसरी है कि स्त्री वह न हो जिससे विवाह रचाया हो या प्यार किया हो, कोई दूसरी स्त्री हो पर होगी वह स्त्री ही। पुरुष की हर साधना के पीछे किसी स्त्री का तप ही है।

"अरविंद, चाहे मैं तुम से बहुत छोटी हूं। पढ़ाई-लिखाई में भी तुमसे बहुत पीछे हूं, लेकिन विवाह सूत्र में बंधकर हम दोनों एक समान हैं। यह पागलपन क्या पुरुष जाति को विवाह पूर्व आभास नहीं कराता? दूसरे की जिंदगी, उसकी इच्छाओं, उसकी अग्नि ओर उसकी स्वप्नाकांक्षाओं पर ध ूलि डालने वाले तुम कौन हो? किसने दिया है तुम्हें यह अधिकार? किन ऋषियों की बात करते हो. अरविंद? उन ऋषियों की जो स्वयं मेनका-उर्वसी पर प्राण निछावर कर बैठे थे या उनकी जो अपनी तपस्या में इतने मगरूर थे कि अपनी सहधर्मिणी की तप्त ज्वाला को शांत करने के स्वप्न पर उसे पाषाणवत् हो जाने का अभिशाप देकर अपने नग्न अहम् को झूठी तसल्ली दिला सके थे।...नहीं...नहीं अरविंद, यदि तुम अरविंद हुए तो क्या, मैं भी मृणालिनी हूं...अरविंद की छाया नहीं, अपने अस्तित्व की चिर स्वामिनी और इसी लिए वह नहीं आई, उसने अपनी देहरी पर प्राण ही दे दिए। कह दिया-आना तो

तुम्हें ही पड़ेगा अरविंद। डोली में बैठाकर भी तुम सबके सामने ले गए थे। मैं अपने घर की देहरी नहीं लांघ पाऊंगी। इस मर्यादा का निर्वाह पति बने हो तो तुम्हें ही करना होगा, अरविंद। तुम चाहे कितने रूपांतरण की वैतरणी पार कर जाओ, कितनी अधिमानसिक-अतिमानसिक चेतनाओं के पार चले जाओ! कैसा भी स्वर्ग जाल फैलाओ? तृप्ति-अतृप्ति के मोह जाल के द्वंद्व-फंदों से दूर ले जाकर मानसरोवर के अमृत कुंड में डुबकी लगवाकर ब्रह्मतुल्य या ब्रह्ममय हो जाने की बात करो, करते रहो पर जीवन-जगत् की एक ही वैतरणी है सहजीवनीय आस्था, सहजीवनीय समर्पण की समग्र आकांक्षा।"

"यह तुम्हें क्या हो रहा है आज।"

"जो तुम्हें नहीं हुआ या हुआ तो इसे तमस के पीछे ले जाकर ढकेल दिया।"

"माया, मीरा, महामाया। बचो, इससे बचो।"

"बचने को रहा क्या है अरविंद। आओ, चलें।...चलें, अरविंद।"

इस बार हवा का बहुत तेज झोंका आया। अरविंद का स्वर गूंज उठा, "खिड़की बंद करो। तमस आसुरी हो गया है।"

मीरा अल्फासा ने बड़ी मुश्किल से खिड़की बंद की। चारों ओर देखा नीला-नीला सा बिल्ली की आंखों सा उजास नन्हे शिशु की तरह आंखें खोले हुए था, चुपचाप स्थिर मन होकर! उसने अपनी साड़ी संभाली। खिड़की पर परदा खींचा।

बवंडर सा बवंडर। कोलाहल पर कोलाहल। थमने का नाम नहीं। उसकी सारी देह हिमानी-सी कुछ-कुछ कांपती हुई। कितना भयावह बवंडर। तूफान। वह हांफ तो नहीं रही, परंतु उसे हांफने का एहसास हो रहा था। उसने मन-ही-मन अरविंद का ध्यान किया और अपने पलंग पर आकर लेट गई। पलकें भारी हो चली थीं। मन थका-थका था और आंखों में नींद उतरती जा रही थी। उसने आंखें बंद की। कुछ देर में ही वह सो गई।

47

नवंबर 1950 का प्रथम सप्ताह बीत रहा था। अरविंद आजकल हर एक से उससे संबंधित प्रश्न कर रहे थे। जैसे कैसे हो? सुबह से रात तक काम करते-करते थक गए होगे। बीच-बीच में थोड़ा आराम भी कर लिया करो। शरीर थकता भी है। उसका ध्यान भी रखना जरूरी है। घर कब गए थे? चिट्ठी पत्री देते रहते हो? घर में सब कुशल तो हैं। पैसे-वैसे भी भेजते रहते हो? क्या कभी तुम्हारा मन छुट्टी मनाने का नहीं करता?

आश्रम के प्रति वह ललक भरी दृष्टि रखते थे। कहते थे, "आश्रम, मां को सौंपा जा चुका है।"

इसी समय सामने से मीरा अल्फासा आ जाती। वह कहते, "तुम्हारी उम्र बहुत लंबी है, मीरा। अभी तुम्हारी ही बात हो रही थी। तुम ठीक तो हो।"

मीरा अल्फासा तनिक गंभीर थी और सुस्त। अभी तक उसके चित्त पर से उस रात के परिदृश्य का किंचित मात्र ही सही पर असर था। हालांकि उसने अपने को काफी उबार लिया था। अरविंद कह रहे थे, "चित्त मलिन मत करो। अपने आपको जिसके हवाले कर चुकी हो, उस पर ही विश्वास बनाए रखो। वह अंतिम सत्य है। तुम विकार रहित हो, निष्पाप हो। निश्चित रहो कि तुम्हारी समीक्षा सामान्य मापदंड नहीं कर सकते और न तुम्हें उनकी समीक्षा की चिंता करनी है। मुझ पर कितनी बार तरह-तरह के आरोप लगे। मुझे बदनाम करने की कम कोशिशें नहीं हुई, परंतु मैंने उस पर ध्यान नहीं दिया। मेरे एक पेशे से वकील शिष्य ने उस पर कानूनी कार्यवाही करने की मुझसे अनुमति चाही भी, लेकिन मैंने उसे समझा-बुझाकर शांत कर दिया। आत्मज्ञान हो जाने पर व्यक्ति इन बातों पर ध्यान नहीं देता।"

मीरा अल्फासा के सोच में दो-तीन दिन से लगातार उठ रही आंधी ने प्रेरित भी किया कि वह उनके सामने अपनी समस्या रखे।

कल रात मीरा अल्फासा के स्वप्न में वह भंयकर और कुरूप महिला आई थी, जिसके काले लंबे बाल खुले थे और जिसके बड़े-बड़े दांतों पर ताजा खून जमा था।

वह चिल्ला-चिल्ला कर पूछ रही थी, "तेरी इतनी हिम्मत कैसे हुई कि तू अरविंद के साथ बैठे। क्या तू उसकी विवाहिता है? यह पूर्व है, यहां पश्चिम की उच्छंखलता नहीं चलेगी। अगर अरविंद के साथ कोई महिला बैठ सकती है तो वह है उनकी पत्नी देवी मृणालिनी। तू नहीं। तुझे शर्म नहीं आती परपुरुष के साथ उठते-बोलते, हंसी-ठिठोली करते।"

"साधना।"

"साधना करने के लिए पश्चिम काफी है। तू वहीं जा वरना मुझसे बुरा कोई नहीं होगा।"

उस चुडैल को अपनी ओर बढ़ते हुए देखकर मीरा अल्फासा हांफती हुई उठ बैठी। कहीं कोई नहीं था। उसने पास रखा पानी भरा गिलास उठाया और गटगट पी गई।

अरविंद पूछ रहे थे, "आज तुम्हारा चित्त एक जगह नहीं है। कभी-कभी विट्ठल जैसे रसोइया भी मिलते हैं, मीरा। वह जाते-जाते तुम सबके सामने मुझे धमकी देकर गया था कि उसकी पहचान एक फकीर है जो काल जादू जानता है। उससे वह मुझे दिन में तारे दिखवा देगा। उसने वैसा किया भी।

तब हम लोग गेस्ट हाउस में रहते थे। यह शायद जून, 1921 की बात है।"

"हां जब रात को प्रतिदिन पत्थर आने शुरू हुए थे।"

"तब मैंने कहा था-कुछ नहीं होगा, उधर ध्यान मत दो। तुम लोग मुझे खिड़की बंद करने की सलाह दे रहे थे। मैंने मना कर दिया। पत्थर आए, परंतु मेरे एक भी पत्थर नहीं लगा। पुलिस भी पहरे देने लगी, परंतु पत्थरों का आना नहीं रुका। अचरज की फेंकने वाला नजर नहीं आता। बाहर से आते पत्थर नजर नहीं आते। वहीं सामने गिरते। वह नौकर विजय के कमरे में इसलिए संरक्षण में रखा गया था, क्योंकि उन पत्थरों का केंद्र वही था।"

"हां...हां...मैंने नौकर को गेस्ट हाउस से बाहर करवा दिया और पत्थर आना बंद हो गए।" मीरा अल्फासा ने कहा।

"हां मीरा, मुझे लगता है कि वह स्पेनिश औरत जो अपने को लड़की समझने की भूल करने में अपना गौरव समझती थी...।"

"जिसे मैंने प्रश्रय दिया था।"

"हां वही।"

"तो।"

"अंदर-ही-अंदर तुमसे ईर्ष्या रखती थी। जान चुकी थी कि मेरे हर एक काम को तुम करती हो। जब तुम आती हो तो मेरे कमरे से नीरोद, चंपक लाल और यदि और कोई होता था तो वे बाहर चले जाते थे। मैं तुम्हारे आने पर ही कमरे में टहलता था। चूंकि अभी पांव ठीक से नहीं पड़ता था। हड्डी टूटने से जुड़ने तक की प्रक्रिया पूरी हो चुकी थी। फिर भी, पांव सीधा नहीं पड़ता था।...हां, तो मैं कह रहा था।..." अरविंद याद करने लगते कि वह क्या कह रहे थे। अब तक उनकी नजर भी कमजोर हो चुकी थी।

"वह स्पेनिश औरत...।" मीरा अल्फासा ने स्मरण कराया।

"हां वही, मीरा। वह गुह्य विद्या जानती है यद्यपि वह आश्रम से बाहर रहती है तथापि वह गुह्य विद्या का तुम पर प्रयोग करती है...और शायद तुम्हें उसने परेशान भी किया है... मेरे पास आओ...और पास आओ। आंखें बंद करो। ध्यान लगाने की चेष्टा करो।...लगा गया ध्यान। अच्छा बताओ, क्या नजर आ रहा है।"

कुछ देर बाद मां के होंठ हिलते। उसमें कुछ बदलाव नजर आता। अरविंद पूछते, "तुम कौन हो।"

"कीथ।"

"क्या चाहती हो।"

"बदला।"

"कैसा बदला।"

"वह मेरे रास्ते में आती है।"

"कौन।"

"आपकी मुंह बोली...मीरा। उसने ही मुझसे पॉल दिशार को छीना था। उसने ही बाद में पॉल दिशार को दूध में से मक्खी की तरह निकाल बाहर फेंका था। अब वह आपके पास है।"

"तो।"

"उसे बाहर निकालो, वह मेरा आदेश है।"

"वरना।"

"बदले की आग सब कुछ राख कर देगी।"

"और कुछ।"

"बस।"

"हां, बस।"

"यह ले, मैं निकालता हूं।"

वह चीखी चिल्लाई। कहने लगी, "मुझे नहीं अरविंद, उसे...वह नागिन है. ..ऐसी नागिन जिसका डसा पानी नहीं मांगता।...मुझे नहीं...यह अन्याय कर रहे हो। आप उस नागिन को दूध पिला कर पाल पोस रहे हो जो तुम्हारा सर्वनाश करने वाली है...हा...हा...। पछताओगे...मुझे निकाल कर, बहुत पछताओगे।"

"तू जा।" "जाती हूं और कहे जाती हूं..." "एक शब्द भी नहीं कहना। बस तू जा। फिर कभी इधर दिखलाई मत देना।" कुछ देर सन्नाटा रहा। अरविंद ने कहा, "आंखें खोल दो, मीरा।"

मीरा अल्फासा ने आंखें खोल दीं। उसने काफी रिलैक्स महसूस किया। अरविंद ने पूछा, "अब मीरा, क्या अनुभव कर रही हो?

"आराम। स्वस्थ हूं।"

"तुम स्वस्थ ही रहोगी, परंतु...।"

"परंतु क्या।"

"फिर से कभी ऐसी आपदा आए तो अपने गुरु का स्मरण करना। कोई आपदा पास नहीं फटकेगी। कभी-कभी क्या होता है कि आसुरी शक्तियां इस घात में रहती हैं कि कब वह कमजोर नजर आए या लापरवाह हो जाए तो तुरंत आक्रमण कर दे।"

"क्या वे आप पर भी..."

"हां, आक्रमण कर सकती नहीं बल्कि उन्होंने आक्रमण किया था, तभी तो मेरी टांग की हड्डी टूटी। अभी तक लंगड़ाता चल रहा हूं। पर अब वे शक्तियां परेशान हो कर भाग चुकी हैं।"

"फिर तो..."

"मुझे अपने को ठीक कर लेना चाहिए मीरा, यही न।"

"हां, यही अरविंद। आप अतिमानस...।" मीरा आगे कुछ कहती कि अरविंद कह उठे, "दो बातों का ध्यान रखना, मीरा। पहली यह भगवत्कृपा हो

और दूसरी तुम्हारी ओर से श्रद्धा-भक्ति, निष्ठा से पूर्ण समर्पण बना रहे। यह जीवन ईश्वर के कार्य और उसकी अभिव्यक्ति के लिए तुम्हें उपहार में मिला है-ईश्वर द्वारा प्रदत्त सर्व उपहारों का शिरोमणि-मानुष जन्म। उसकी महती कृपा का प्रतिफल। जो मैं करता हूं वो तू भी कर। मेरी तरह तू भी स्वतंत्र है, परंतु उच्छृखल नहीं। तू मन प्राण और देह के रूपांतरण के अतिरिक्त और कुछ चाह नहीं करना। यह चाह भी कम से कम होती जाए। चाहे कैसी भी विषम परिस्थितियां आएं, चाह की सीमा मत बढ़ाना। घबराना भी नहीं। चाह को शून्य में बदलती जाना, जिसके अभ्यास के अंतिम दौर से तुम लगभग गुजर चुकी हो या गुजरने वाली हो। उसने तुम्हें अपने काम के लिए स्वाधीनता दी है। तुम इसके अलावा कुछ भी नहीं हो।"

"मैं यही अनुभव करती हूं।"

"इस अनुभव को प्रगाढ़ होने दो। इतना प्रगाढ़ कि तुम अनुभव की सीमा लांघ जाओ... अतिमानसिक सत्य बन उभरो और दूसरों को उबारने का माध्यम बनो।...पुल। हां, मीरा, पुल। निष्ठा समर्पण का पुल। जिस पर से सारा जगत् वैतरणी पार कर सके। ध्यान रखना, मानुष की श्रद्धा भक्ति, प्रेम-निष्ठा, त्याग-समर्पण और करुणा-ममता जितनी पूर्ण होती जाएंगी, मां भगवती की कृपा भी उतनी सघन और अधिक होती जाएगी। ऐसी एक स्थिति आएगी जहां पूर्ण होगा-भात्र पूर्ण, उसके बीच कुछ भी नहीं। भगवती मां की कृपा साक्षात् ईश्वर की अनुमति का परिणाम है।"

"जी, अरविंद।"

"तुमने देखा, अनुभव किया कि हम स्नान नहीं कर सकते थे-स्पंज बाथ हमें दिया जाता था। फिर शाबर बाथ लेने लगे। ठंडे-गरम पानी से स्नान करने लगे।...यह प्रश्न उठता है कि वह साधक कैसा, जो अपने को स्वस्थ नहीं कर सकता और जो दूसरों को स्वस्थ करता है और यहीं से बैठा-बैठा ठीक करता है. जबकि रोगी उससे हजारों मील दर होता है...भक्त इसी कारण उसके प्रति श्रद्धावत् हैं जबकि हमारे विरोधी, जिन्हें आसुरी ताकतें खड़ा करती रही हैं, इस बात को लेकर हमारी कटु आलोचना करते हैं कि हम जो नजर आते हैं, वह है नहीं। साधक रोगी नहीं हो सकता। यदि वह साधक होगा तो रोगी नहीं होगा। हमारी जांघ की हड्डी टूटी, उसे अनेक डॉक्टर आज तक पूरी तरह ठीक नहीं कर पाए। हमारे देखने और सुनने की शक्ति क्षीण हो रही है। हमारी यादगार भी धोखा देने लगी है। हमारे होंठ कांपते हैं और हाथ भी। हम स्वयं नहीं लिख पाते। क्या यह एक योगी के लक्षण हैं...फिर वह फ्रेंच लेडी जिसे उन्होंने मां बना दिया है, उनकी कौन है? क्या एक विधुर योगी को क्या एक विदेशिन युवती को साथ रखना भारतीय संस्कृति के लिए अनुकूल है?...मीरा, यह सब हो रहा है, इसमें ब्रिटेन का भी हाथ

है और उन भारतीयों का भी जो अकारण हमसे तुमसे ईर्ष्या रखते हैं...परंतु हमें उनकी चिंता नहीं। विदेशी पत्रकारों ने भी ऐसे प्रश्न किए थे ओर चाहा था कि वह सफाई पेश करें। पत्रकारों को अपनी रोटी पकाने से मतलब है। उन्हें जनता को उत्तेजित करने वाली ऐसी कहानी चाहिए, जिसमें मर्यादा लांछित की गई हो।" इतना कहकर अरविंद ने रूमाल से अपने होंठ पोंछे। अपनी बैठक बदली। पास में गिलास में रखा पानी उठाया और गटगट चढ़ा गए। फिर मुंह पोंछा और गहरी सांस लेकर कहा, "पत्रकारिता हमने भी की है। पत्रकारिता भ्रम तथा उत्तेजना फैलाने के लिए नहीं होती। पत्रकारिता तलवार की धार पर चलना है। तभी तो हमारी पत्र-पत्रिकाओं को ब्रिटिश सत्ता चाहकर भी नुकसान नहीं पहुंचा सकी।...तुम हमारे लिए विदेशी धन ला रही हो और हम एक षड्यंत्र में लिप्त हैं। हमने उन विदेशी पत्रकारों से केवल इतना ही कहा, "आप आश्रम की मर्यादा का पालन कर सकें तो कुछ दिन यहां रुकें और जानें। फिर जो आप पर प्रभाव बने, वह लिखें। जहां तक मेरा व्यक्तिगत सवाल है तो मुझे इन प्रश्नों का उत्तर नहीं देना है।...तुम इस सबसे जो सोच सको और वही करो। जो तुम्हें तुम्हारी आत्मा अनुमति दे, वही लिखो...यही पत्रकारिता का असली धर्म है।"

मीरा अल्फासा ठगी सी रह गई। क्या अरविंद सब जानते हैं? फिर भी, शांत बने रहते हैं। वह कुछ नहीं कह पाई। अरविंद ने कहा, "अब, तुम अपने व्यस्त कार्यक्रम को पूरा करो। अब से तुम्हें परेशान करने कोई आसुरी शक्ति नहीं आ सकेगी। तुम्हारा मार्ग प्रशस्त है।"

मीरा अल्फासा कुछ देर तक यथावत् बैठी रही। फिर यकायक उठी और उसने अरविंद के चरणों में प्रणति की। अरविंद की आंखों में जल भर आया। उनका सीधा हाथ उसके सिर पर आ ठहरा। वह भर्राये कंठ से इतना ही कह पाए, "तुम सदा स्वधर्म का पालन करो और मानव जाति के कल्याण का व्रत पूरा करो।"

मीरा अल्फासा चली गई। अरविंद ने आंखें बंद कर लीं और अपनी समस्त ऊर्जा स्रोत पर जमा दी। वह मन-ही-मन कह उठे शरीर वही करो जो आत्मा से निर्देश मिले। मीरा को विशुद्ध बना रहने दो और उसकी आत्मा के आलोक का चहुं ओर प्रभा मंडल बना रहने दो। वह देवी है। पवित्र आत्मा है। उसे जगत् के आविर्भाव का आभास भी है। वह मेरे उद्देश्य को नहीं, मुझे जो निर्देश मिला है, उसे भी पूरा करने जा रही है। अतिमानस प्रकाश से कठिन, जटिल और दुर्बोध सहज संपन्न हो और असंभव भी संभव हो। पूर्व में ही माइंड ऑव लाइट (ज्योतिर्मन) से कार्य हो रहा था, अब अतिमानस स्वतः ही धरा पर उतरता आ रहा है। मां से यह सिद्ध हो। सिद्ध हो!! सिद्ध! हो!!! यही मेरी विनम्र प्रार्थना है, अर्चना है और आग्रह

है।" इसके बाद वह लेट गए। शून्य में, शून्य से आगे, सीमारहित लोक में पहुंचते चले गए–अकेले, शांत चित्त, आकांक्षारहित और स्वयं में ऊर्जा ज्योति लिए, अंधकार–प्रकाश के पार, जहां कोई वैतरणी नहीं, विपदा, बाधा, आधि–व्याधि नहीं।

48

"अंतिम बार कहना क्या उचित होगा? अथवा कुछ अंतिम होता ही नहीं। शरीर तक जब हम सोच कर रह जाते हैं, तब अंतिम एक सीमा का अंत सा लगता है। जैसे हवा का भी जन्म होता, अग्नि का भी। हवा मरती दिखलाई पड़ती है क्या? परंतु बहुत अर्से से बंद कमरे से जो सड़न सी आती, अनुभव होती है वह क्या है? सूखी लकड़ी से, पत्थरों को आपस में रगड़ने से जो अग्नि प्रकट होती है, उसमें सूखी लकड़ी और पत्थर की क्या भूमिका है? मीरा, उसके पार तुम जा चुकी हो। यदि शरीर को हम अतिमानसिक भावापन्न मानते हैं तो अनुभव की पूरी–पूरी भौतिक, प्राणिक और मानसिक शक्ति को लेकर लौट सकते हैं और भगवान् को अभिव्यक्त कर सकते हैं। अवतार तथा विभूतियों से हमारा यही अभिप्राय है। इच्छा मृत्यु क्या है? यही तो है कि यदि हम शरीर को अतिमानसिक भावापन्न कर सके तो शरीर रखा जा सकता है।" अरविंद बहुत धीमे–धीमे कह रहे थे लेटे हुए।

मीरा अल्फासा निरंतर नोट कर रही थी कि उनके शरीर में तेजोमय परिवर्तन तेजी से हुआ है–वह हिरण्यमय पुरुष हो गए हैं। वह मानो दीप्ति का ही आकार हो। मीरा अल्फासा ने कहा, "आपको अतिमानसिक भावापन्न स्थिति प्राप्त है।

"तो।"

"आपको मेरे साथ बना रहना होगा।"

"पर क्यों, मीरा?"...तुम ऐसा क्यों समझती हो कि मुझे इच्छा मृत्यु की सीमा बनाए रखनी चाहिए। मैंने तुम्हें भीष्म पितामह की कथा सुनाई थी–अठारह दिन...।

"महाभारत के शर शय्या पर पड़े रहे महाभारत का अवसान देखने तक...फिर।"

"हां मीरा, वही सब कुछ।...क्या मिला उन्हें? वह जानते थे।...मुझे अतिमानसिक भावापन्न स्थिति में रहकर शरीर को बनाए रखने की आवश्यकता नहीं है, क्योंकि तुम हो और तुम्हें शेष कार्य निष्पादित करने हैं। मेरा समय दस्तक दे रहा है...आ जाओ, अरविंद, अब लौट आओ। तो

मेरा कर्तव्य है कि..."

"नहीं...नहीं, अरविंद। कृपया नहीं।"

"मृत्यु विलाप करने का समय नहीं है। वह समाधि का एक छोर है। देह का महोत्सव।.. वो रहा मेरा वासुदेव, मीरा कारागार में आकर उसने ही मुझे जगाया था। मुझे उसके साथ जाना है, यही मेरी इच्छा-मृत्यु है। मनुष्य कभी मरता नहीं। देह शाश्वत नहीं है, भौतिक तत्त्वों से निर्मित है-ऐसी निर्मिति सदा एक सी नहीं रहती। रह भी नहीं सकती। यह एक सहज प्रक्रिया है, मुझे तुम्हें यही समझना-अनुभव कराना शेष रहा था।...आंखें बंद करो, कान, नाक आदि सब बंद करो।...अब शून्य में से गुजर रही हो। शून्य में शून्य. ..फिर शून्य...और महा शून्य...अब शून्य प्रकाश! ठहरो ठहरो और सुनो-हे प्रभु तूने वचन दिया है। आज ही प्रातः दिया है कि तू और तेरा सब कुछ यथावत् रहेगा और धरा के परिवेश को तब तक नहीं छोड़ेगा जब तक धरा का रूपांतर न हो जाए।...वर दे कि हम इसे अद्‌भुत उपस्थिति के साक्ष्य बन सकें, अब से हमारे भीतर की हर वस्तु इस संकल्प पर आधृत हो कि हम अधिक-से-अधिक पूर्णता के साथ तेरे श्रेष्ठ कार्य की सिद्धि हेतु समर्पित हों।...अब धीरे-धीरे आंखों खोलो।"

मीरा ने आंखें खोली। नव दिन शांत भाव से श्रद्धावनत था। वह तैयार हुई। कलैंडर की ओर देखा-5 दिसंबर, 1950। यह उसने क्या देखा? क्या सुना? वह तैयार होकर सीधे अरविंद के कमरे में आई। सब उठकर पहले की तरह चले गए। अरविंद आंखें बंद किए लकड़ी के तख्त पर लेटे हुए थे। डॉक्टर का दल स्पष्ट कर चुका था कि वे किसी प्रकार की बाह्य स्पर्श के प्रति चैतन्य नहीं है।

"फिर डॉक्टर, वे रह-रहकर आंखें खोल रहे हैं, पानी मांग रहे हैं। वह क्या है।" मीरा अल्फासा पूछती।

"मां, इस संबंध में हम कुछ नहीं कह सकते।...हर प्रकार की चिकित्सा बेअसर हो चुकी है। मूत्र विष संचार की स्थिति अत्यधिक सक्रिय है।"

"तो!"

"गहरी सुषुप्ति।"

"अर्थात् कौमा की..."

"मां उनके रक्त में देह का वह विषैला द्रव्य पूरी तरह फैल चुका है।"
"आपका मानना है कि..."

"आज की रात शायद ही...एक डॉक्टर ने कहा।"

दूसरा डॉक्टर कहने लगा, "ऐसी स्थिति में रहने पर थोड़े ही समय में उनकी देह काली पड़ने लगेगी।"

"और फिर।" मीरा अल्फासा ने पूछा, "विकृति...विकृति के चिह्न, मां।

यही सब कुछ होना शेष है।"

"यदि मैं नहीं मानें तो।"

"तथ्यों को झुठलाने से काम नहीं चलेगा, मां। सत्य कठोर होता है।"
"वे ऐसे सत्यों से बहुत ऊपर हैं, जिनका संबंध मात्र इस भौतिक जगत् से है या तक है।"

"आप अधिक समझ सकती हैं, मां।"

"कृपया आप लोग, थोड़े समय के लिए अरविंद के पास मुझे अकेला छोड़ दें।"

सब लोग चले गए। दो दशकों से अधिक समय से अरविंद उसी कमरे में, साधारण तख्त और एक धोती से शरीर को आधे से कम ढके, नंगे पांव, नीरवता लिए रह रहे थे।

मीरा अल्फासा आती तो वह मुस्कराते। कभी जब से टांग की हड्डी जुड़ी थी चलकर, टहल कर बताते थे और कहते थे, "मीरा, तुम कभी अकेली नहीं रहोगी, मेरे न रहने पर भी।"

"यह आप क्या अशुभ बात कह उठे हैं। मीरा आपकी परछाई है।"

"परछाई अब पूर्णतया सक्रिय और सचैतन्य रहेगी। वह है अब भी।"

"नहीं, आप मुझे अकेला छोड़कर कहीं नहीं जाओगे।"

"तुम तो जानती हो मीरा, आदमी कहीं नहीं जाता है और हमारे तुम्हारे जैसा आदमी कहां जाएगा?...कहीं नहीं। वो वासुदेव है न। उसका ध्यान करो। शक्ति मां का ध्यान करो। इस धूलि-धरा के संबंधों को यदि स्वीकारती हो तो तुम्हें इस अप्रत्याशित घटना को एकदम सहज, पूरे विश्वास के साथ, पूर्ण ध्यान केंद्रित कर, अति प्रसन्न मन से, जिससे टेनिस खेलने जाती हो, प्राणी मात्र का कल्याण करती हो और उसकी ड्यूटी को निभाती हो, लेना है। यही जीवन से आत्मा का साक्षात्कार है। इसीलिए, सामान्य जन की तरह नहीं, उस परम शक्ति के सत्य जो तुम में हर समय विद्यमान रहती है, इस दृश्यांतरित समूचे परिदृश्य को स्वीकारना। मानुष के होने का यही मतलब है कि..."

"अरविंद, मेरी कुछ समझ में नहीं आ रहा है।"

"तुम्हारे लिए समझने को रह क्या गया है, मीरा। तुम संपूर्ण हो। संपूर्ण कुछ पर आधृत नहीं होता। तुम उसे घटाओगी तो भी वह शून्य रहेगा और यदि तुम कुछ बढ़ाओगी तो भी शून्य रहेगा। फिर समझ में क्या नहीं आ रहा है? प्रसन्नता से विदाई दो-यह विदाई एक योगी की एक योगिनी द्वारा हो रही है। इस विदाई का समूचा ब्रह्मांड सांस रोके प्रतीक्षा कर रहा है। पता नहीं, कब से वह इस प्रतीक्षा में है।"

मीरा अल्फासा ने ध्यान से देखा-अरविंद शांत लेटे हुए हैं। चौड़ा ललाट, बंद शांत नयन, उन्नत नासिका, सुदृढ़ ओष्ठ रक्तिम, सफेद लहराती दाढ़ी,

श्वेत मूंछे, श्वेत सिर के बालों को दो भागों में बांटा हुआ, सिर के श्वेत बालों से ढके कान, चौड़े स्कंध और विशाल छाती पर नीचे पहनी हुई धोती का एक भाग, बाएं स्कंध तथा छाती को लपेटे हुए पीठ के पीछे की ओर–यह हिरण्यमय मानुष की शुभ्र देह रेखांकन था।

अरविंद पलक खोले सोए हुए थे। मीरा अल्फासा ने सुना, "तुम अपने को कभी अकेला मत समझना, मीरा। तब भी नहीं जबकि मैं न रहूं। मेरी संपूर्ण शक्तियां तुम्हारी हैं। तुम्हें जब भी आवश्यकता होगी मैं तुम्हारे साथ होऊंगा।"

"परंतु...।"

"किंतु परंतु योगियों की भाषा नहीं होती। योगी के जो कुछ हृदय में होता है, वह उस सब को उगल देता है। वह अपने पास कुछ नहीं रखता। तुम्हें इन सब बातों का ध्यान रखना होगा, तभी तुम्हें मनोवांछित फल मिल सकेगा।"

"क्या-क्या ध्यान रख सकूँगी, यह मैं नहीं जानती।"

"जितना जानती हो, उतना ही पर्याप्त है, वही ध्यान रखना। यथार्थतः तुम जितना जानती हो, उससे ज्यादा जानने के लिए कुछ है भी नहीं, मीरा।"

"तो यह आपका अंतिम फैसला है।"

"मेरा कोई फैसला नहीं है। मैं फैसला करने वाला कौन हूं? एक वही है जो फैसले लेता है। हमें तो उसके हुक्म की तामील करनी है।"

"आपने 'सावित्री' पूरा कर लिया।"

"मैंने नहीं, उसने। पता नहीं अर्द्धविराम लगाया है या अल्प विराम... विराम तो शायद नहीं।"

"सावित्री" आपकी तपस्या का अमृत है, अरविंद।

"बेशक आएं। न आएं। आवश्यकता होगी तो हम बुलवा लेंगे।"

"चंपक, तुम तो हो न।"

"हां मां, मैं तो गुरुदेव के पास ही रहूंगा।"

मीरा अल्फासा चली गई। अरविंद में हलकी सी सिहरन हुई। उनका दायां हाथ जरा हिला। चंपकलाल ने देखा कि कहीं उन्होंने आंख तो नहीं खोली। नहीं खोली। उसे तसल्ली हुई।

अरविंद चेहरे पर स्मित ने पहरा देना प्रारंभ किया। नहीं, वह स्मित नहीं थी। वह स्वर्णिम उजास था जो धीरे-धीरे कमरे पर छाता जा रहा था। अरविंद चौंके। उनके सामने प्रे आ गई थी। वह पूछ रहे थे, "तुम्हें बहुत प्रतीक्षा करनी पड़ी, प्रे।...तुम तो पाश्चात्य सभ्यता में पली-बढ़ी हुई थी, तुम्हें तो..."

"अपवाद कहां नहीं होते, अरविंद।"

"अब।"

"वहां नहीं तो यहीं सही, अरविंद।"

"अपने पीछे मुड़कर देखो।"

प्रे ने पीछे मुड़कर देखा। एक अति सुंदर युवती खड़ी थी बनारसी साड़ी पहने, मांग में सिंदूर भरे, हाथों में कंगन, गले में मटर माला, बांह पर बावजूद और पांवों में पाजेब।

"कौन है वह।"

"मेरी पत्नी-मृणालिनी।"

"नमस्कार बहन, आप।"

"मैं अरविंद की टीचर थी लंदन में।"

"प्रोफेसर। कृपालु थीं।"

"अब तो मुझे चलना होगा।"

"नहीं, कोई कहीं नहीं जाएगा।"

"क्यों, अरविंद।"

"क्योंकि वह पीछे खड़ा है। मुड़कर देखो।"

"दोनों ने मुड़कर देखा, उधर कुछ नहीं था। अरविंद ने कहा, "आंख बंद करके देखो, देखती जाओ।...कोई प्रश्न नहीं। वैसे भी वहां प्रश्न नहीं ठहरते।"

उन्होंने ऐसा ही किया।

डॉ. सान्याल की दृष्टि अरविंद पर जमी रह गई। डॉ. सेन ने वह अद्‌भुत दृश्य देखा। डॉ. भूपेंद्र की आंखों के सामने चकाचौंध छा गया। डॉ. सेन से नहीं रहा गया। उसने कहा, "आप लोगों ने कुछ देखा क्या।"

"उसके होने का वह अमृत है।"

तदुपरांत वह अनुगूंज बंद हो गई। मीरा अल्फासा ने पुनः अरविंद की ओर देखा। वह विश्राम कर रहे थे। डॉक्टर को बुलवाया। अरविंद को डॉ. सेन ने कैथेटर लगाया। उससे पहले तो उनकी हालात में सुधार लगा था, परंतु बहुत जल्दी उन्हें ज्वर ने घेर लिया।

उन्होंने पिछली तीनों रातें कष्ट में बिताई थीं। डॉ. सान्याल ने जब पूछा, "कोई कष्ट।"

"कैसा कष्ट, डॉक्टर! आनंद में हूं।"

"डॉ. भूपेंद्र उठ खड़े हुए। रविवार का दिन था। रक्त परीक्षण जरूरी हो गया था, अतः डॉ. भूपेंद्र ने रक्त लिया।"

"डॉ. सेन, मुझे लगता है कि उनके गुर्दे ने काम करना बंद कर दिया है।"

"मूर्छित हो रहे हैं।" डॉ. भूपेंद्र का स्वर था।

"चेतना खो चुके हैं, डॉ. सेन।"

"सांस लेने में भी कठिनाई हो चली है डॉ. भूपेंद्र।"

"अब उन्हें दवा देना जरूरी है, मदर।" डॉ. सान्याल ने कहा।

"दीजिए।" मीरा अल्फासा ने गंभीर स्वर में कहा।

"जगाया जाए।"

"नो डॉक्टर, वे जागृत अवस्था में ही हैं। आप कहकर देखिए।"

"मुंह खोलिए।"

"मुंह नहीं खुला।"

मीरा अल्फासा ने कहा, "दवा लेनी है।"

अरविंद ने मुंह खोल दिया। उन्हें दवा दे दी गई। अल्फासा ने बताया, "वह अंदर से पूरी तरह सचेत हैं।"

डॉक्टर लोग चुप बने रहे।

चंपकलाल अरविंद के पास बैठा हुआ था। यदाकदा वह चंपकलाल पर शांति युक्त दृष्टि डालते, पूछते कुछ नहीं। उनके होंठ खुलते। खुलकर रह जाते। आज तो अमल किरण को भी अंदर आने का अवसर मिल गया था जबकि वह उनके सेवकों में नहीं था। उनका ध्यान कक्ष लंबा था। वह इधर से उधर के दूसरे कोने तक देखते रहते थे। वह देखना भी आश्चर्य तथा चमत्कार से भरा था, क्योंकि ऐसा लगता था जैसे वह किसी को देख रहे हैं, परंतु वास्तव में ऐसा होता नहीं था। वह उनकी खुली आंखों का भ्रम था।

मीरा अल्फासा ने डॉ. सान्याल से पूछा, "रात का एक बज रहा है...क्यों डॉक्टर, मैं थोड़ी देर बाद आऊं तो।"

"क्या देखना था।" डॉ. सान्याल ने पूछा।

डॉ. भूपेंद्र ने कहा, "एक हिरण्मय प्रभा, एकदम ज्योत्स्नोज्ज्वल! अप्रतिम ज्योति। पल भर के लिए सारा कमरा दिव्य प्रभा से आलोकित हो गया था।"

डॉ. सान्याल अरविंद की नाड़ी पकड़े कह उठे, "चंपक, मदर को बुला लाओ।"

"कोई खास बात, डॉक्टर।"

"तुम उन्हें बुला लाओ, बस।"

चंपक लाल ने ध्यान से अरविंद की ओर देखा। अरविंद आराम से सो रहे थे। वह ऊपर चला गया।

"डॉ. सेन, जरा तुम नाड़ी देखो।" डॉ. सान्याल ने उनके सामने वाली कुर्सी पर से उठते हुए कहा। आखरि में डॉ. भूपेंद्र ने देखा। डॉ. सान्याल पूछ रहे थे, "क्या आप लोग भी वही सोच पाए हो, जो मैंने सोचा है।"

"क्या सोचा है।"

"ही इज नो मोर। क्या टाइम हो रहा है, डॉ. भूपेंद्र।" डॉ. सान्याल ने कहा।

डॉ. सत्येंद्र ने प्रवेश के साथ कहा, "इस वक्त रात्रि के एक बजकर छब्बीस मिनट, डॉक्टर सान्याल। क्या बात है।"

"आप लोग भी नब्ज देख लें।"

इसी समय मीरा अल्फासा आ गई। आते ही अरविंद की ओर देखा, "योगी कभी नहीं मरता डॉक्टर्स, परंतु मेडिकल साइंस के निर्णय में योगी भी मृत्यु को प्राप्त होता है...है न, डॉक्टर बंधुओ।"

"अब क्या करना होगा।"

"क्या करना चाहिए।"

"इससे पहले कि उनकी देह का रंग काला पड़ने लगे हमें...।" कहते-कहते डॉ. भूपेंद्र रुक गए।

"हमें प्रतीक्षा करनी होगी।"

"जैसा आप उचित समझें मदर, परंतु वह प्रतीक्षा गुरुदेव को...।" डॉ. सान्याल का स्वर गंभीर था।

"यहां से विज्ञान विराम लेता है, अतिमानस की अंतर्यात्रा प्रारंभ होती है। हमें उसकी प्रतीक्षा करनी चाहिए।" मीरा अल्फासा यह कह कर चली गई। बाहर आकर व्यवस्था करने लगी कि एक रोजबुड की लकड़ी का बक्सा बने। उसमें चांदी के पर्त और रेशमी कपड़े का अस्तर लगे। समाधि स्थल उधर बने। इसी से ज्ञात हो गया कि भगवान् ने देह त्याग दी है। मीरा अल्फासा ने कहा, "ठहरो, जो हुआ है, वह होना ही था, परंतु हमें अपने भगवान् के आदेश का पालन करना है, तनिक सा भी रुदन नहीं, आवाज नहीं, कोई विषाद नहीं। अन्यथा उससे आपके भगवान् को दुःख पहुंचेगा।"

मीरा अल्फासा अंदर चली गई। अपने कमरे आकर ध्यानमग्न हो गई। पूछने लगी, "आज से दो माह पूर्व आपने कहा था मीरा, आज रसोई की प्रिप्रेशन क्विजीन (फ्रेंच भोजन पकाने की एक शैली) के अनुसार करो, जैसी तुमने जब सन् 1914 में आई थी रविवारीय रात्रि भोज पर की थी। हालांकि मैं खाऊंगा कितना, परंतु चलूँगा स्वाद से।" किन्हीं कारणों से वह क्विजीन शैली पर रसोई तैयार न कर सकी। फिर उनकी तबीयत खराब हो गई। फिर चाह कर भी नहीं बना सकी और न उनको याद दिलाने का साहस कर सकी।

रवींद्रनाथ ठाकुर की 'गीतांजलि' की चर्चा करते हुए उस दिन कहा था, पिछले माह 'मीरा, दि डैथ इज नॉट ए कल उ सेक (फ्रेंच वर्ड = बंद गली)' कभी-कभी वह अंग्रेजी में फ्रेंच शब्दों मुहावरों आदि का प्रयोग प्रसन्न होकर करने लगते थे और कहते भी थे, "पारस्परिक सहयोग-सौहार्द्र,

मिलनसारिता, सह-अस्तित्व आस्था को सुदृढ़ता तब मिल सकेगी, जब दुनिया की भाषाओं का कोश एक-दूसरे का सहयोग करेगा, एक-दूसरे का इस्तेमाल करने की क्षमता अपने में विकसित कर सकेगा। बोलचाल का व्यवहार परस्पर सहज हो सकेगा।" मीरा अल्फासा को उनका मुक्त तथा संयत दृष्टिकोण का स्मरण हो आया था। अरविंद खखार कर कह रहे थे, "मीरा, इस पुस्तक में भी मृत्यु को त्रासद और दुखांत घटना नहीं माना है। मैं तो इसे जीवन का उल्लास पर्व मानता हूं। इसमें दुःख क्यों? अफसोस क्यों? रोना धोना क्यों? काश, मानव जाति मृत्यु का सम्मान-स्वागत करना अपने व्यवहार में ला पाती तो रूपांतरण से स्वर्ग का स्वप्न शीघ्र ही साकर होने लगता।"

"अरविंद, आजकल आप मृत्यु के प्रसंग पर ज्यादा ध्यान देने लगे हैं।"

"मृत्यु जीवन का सर्वोत्तम पक्ष है। हमें उसे अपना मित्र बनाना चाहिए। वह मेरा पक्का दोस्त है। जानती हो, रवींद्रनाथ ठाकुर क्या कहा करते थे।"

"क्या।"

"किसमें इतना साहस-हौसला और बल है कि वह उठकर स्वयं दरवाजा खोले और उसका हार्दिक स्वागत करता हुआ कहे, "यहां आओ, पास बैठो, मित्र। मैं वस्त्र बदल कर तुम्हारे साथ चलता हूं।"

"लोग तो मुझसे डरते हैं, भाई।"

"वे तुम्हारे उदात्त रूप को नहीं जानते। वे तुम्हारी सच्ची मित्रता के क़द्रदान नहीं हैं वे अपने स्वार्थ में लिप्त हैं, परंतु मैं तो...!"

"आप महान् हैं योगी, अरविंद।"

"क्यों भाई? यह गाली क्यों।"

"क्योंकि आप जीवन की सच्चाई को जानते हैं। जो डरते नहीं, वे पराक्रमी, निष्ठावान् और ईश्वर के सबसे नजदीक हैं। मृत्यु का दूसरा नाम ही ईश्वर है। जो ईश्वर को जानना चाहता है, उसे इसी आशीर्वाद की प्रतीक्षा रहती है।"

"अब हमारे उसके बीच के सारे परदे उठ जाएंगे, कोई दरोदिवार हमारे बीच में नहीं रहेगी। जो वो है, हम वही हो जाएंगे।"

"अच्छा तो आप वस्त्र बदलकर आएं।"

"अभी आया।"

तेज पवन का झोंका आया। सुगंध महक उठी। मीरा अल्फासा बाहर आई और सीधे सभास्थल पर पहुंची और चतुर्दिक शांत भीड़ को देखकर कहने लगी, "सज्जनो, हम सब पर्व मनाने यहां एकत्र हुए हैं। आपके ईश्वर को देखने जानने के लिए न केवल भारत से डॉक्टर आए हैं बल्कि फ्रांस आदि

देश से भी आए हैं। वे सब उस करिश्मा का भेद जानना चाहते थे, जिसके परिणामस्वरूप आपके ईश्वर की देह काली नहीं पड़ी, उससे सड़ांध नहीं आई और वेदों में जिसे हिरण्मय आभा कहा है, वही आत्मा वह सजीवता और वह सुरभि उनमें अभी तक विद्यमान है। लगता है कि वे सो रहे हैं। अभी थोड़ी देर में उठ बैठेंगे। स्मरण रहे, योगी कभी नहीं मरता। महर्षि अरविंद उनमें से ही एक योगी थे। वे अमर हैं। जब भी उनका कोई भक्त उन्हें याद करेगा, तभी वे भागे हुए अपने भक्त के पास, उसका दुःख निवारण हेतु चले आएंगे। जैसे वह अपने श्रद्धालुओं के पत्र द्वारा कष्ट निवारण करते थे, वैसे ही अब भी वे करेंगे। निष्ठा और श्रद्धा का यही प्रतिफल है।" इसके बाद दो मिनट तक मौन रहा।

फिर सबकी उपस्थिति में रोजवुड निर्मित बक्से को समाधि में उतारा गया। बिना किसी कर्म कांड और विधि विधान के। प्रकाशमय मौन चतुर्दिक आच्छादित हो गया। सहस्रों आंखें नम थीं भारी मन से। शाम के पांच बज रहे थे। 9 दिसंबर की वह शाम ठहर गई थी। पुष्प वृष्टि हुई। फिर धीरे-धीरे सब शांति पूर्वक लौट लिए। मन-ही-मन नमन तथा श्रद्धा भाव समर्पित करते हुए। मीरा अल्फासा पहले अरविंद के कमरे में गई। वहां कुछ देर ठहरी।

फिर अपने कमरे के लिए सीढ़ियां चढ़ने लगी। फिर रुक गई, क्योंकि हर पल उन्हें लगता रहा कि अंदर से अरविंद पुकार उठेंगे, "मीरा बैठो, मैं अभी आया। आज कुछ खास बातें तुमसे करनी हैं।"

मीरा अल्फासा बैठी रह गई। भगवान् के चरणों का स्मरण करते हुए प्रणति भाव से।

इतिहास प्रकृतिस्थ हो गया। पुनराख्यान स्तंभित बने रहे भित्ति चित्र से। वाग्मिता विवक्षा विमुक्त होकर अवसन्न रह गई। स्वर्णिम रश्मियां समूचे वातावरण पर उतर कर छा गई। पता नहीं, मीरा को नींद आ गई अथवा वह स्वप्न में खो गई या किसी आहट पर कान दिए अपलक निहारती रह गई उस दिव्य प्रभा को।

❑❑❑

डायमंड बुक्स
नवीनतम साहित्य
लछिमा की आँखें
भारती का सपूत
लोई का ताना
यशोधरा जीत गई
देवकी का बेटा
रत्ना की बात
कब तक पुकारूँ
रांगेय राघव
पत्रकार गाँधी
गांधी और अंबेडकर
खोल कर देखो
मनोज धीमान
इश्क मोहब्बत और प्यार
ज्योतिष प्रकाश का विज्ञान
मनस्विनी
स्पर्श हिमालय
हिमालय में टैगोर और गीतांजलि
हरि अनन्त हरि कथा अनन्ता
डायमंड बुक्स
X-30, ओखला इंडस्ट्रियल एरिया, फेज-II नई दिल्ली-110020 फोन :011-40712200
ई-मेल : sales@dpb.in Shop online at www.diamondbook.in

CPSIA information can be obtained
at www.ICGtesting.com
Printed in the USA
LVHW041934220323
742311LV00004B/81

9 789356 845855